- Großbritannien und überseeische Besitzungen
- Frankreich und überseeische Besitzungen
- Niederlande und überseeische Besitzungen
- Portugal und überseeische Besitzungen
- Spanien und überseeische Besitzungen
- Russland und seine Einflussgebiete in Sibirien und Alaska

BUCHNERS KOLLEG

# 11

# Geschichte

Ausgabe
Baden-Württemberg

C.C.Buchner Verlag

# Buchners Kolleg Geschichte 11
**Ausgabe Baden-Württemberg**

Unterrichtswerk für die Oberstufe

Herausgegeben von Dieter Brückner, Julian Kümmerle und Markus Reinbold

Bearbeitet von Pascal Angladagis, Dieter Brückner, Ebru Cosan, Caroline Galm, Kirsten Galm, Benedikt Grimmler, Volker Herrmann, Ursula Hepp, Sonja Klotz, Julian Kümmerle, Markus Reinbold, Eva Rolker, Philipp Stahlhut, Alexander Wallusch und Regine Winkle

Zu diesem Lehrwerk sind erhältlich:
- Digitales Lehrermaterial **click & teach** Einzellizenz, Bestell-Nr. 320611
- Digitales Lehrermaterial **click & teach** Box (Karte mit Freischaltcode), ISBN 978-3-661-32061-8

Weitere Materialien finden Sie unter www.ccbuchner.de.

Dieser Titel ist auch als digitale Ausgabe **click & study** unter www.ccbuchner.de erhältlich.

1. Auflage, 1. Druck 2021
Alle Drucke dieser Auflage sind, weil untereinander unverändert, nebeneinander benutzbar.

Das Werk folgt der reformierten Rechtschreibung und Zeichensetzung. Ausnahmen bilden Texte, bei denen künstlerische, philologische oder lizenzrechtliche Gründe einer Änderung entgegenstehen.

Auf verschiedenen Seiten dieses Buches finden sich Mediencodes. Sie verweisen auf optionale Unterrichtsmaterialien und Internetadressen (Links).
Haftungshinweis: Trotz sorgfältiger inhaltlicher Kontrolle wird die Haftung für die Inhalte externer Seiten ausgeschlossen.



Redaktion: Markus Brogl und Julia Luibrand
Korrektorat: Kerstin Schulbert
Layout, Satz, Umschlaggestaltung und Grafiken: mgo360 GmbH & Co. KG, Bamberg
Druck und Bindung: Firmengruppe Appl, aprinta Druck, Wemding

www.ccbuchner.de

ISBN 978-3-661-**32051**-9

## Wege in die Moderne

## Herrschaftsmodelle im 20. Jahrhundert: Bedrohung von Demokratie und Freiheit

# Anhang

# Zur Arbeit mit dem Buch

**Auftaktseiten**
leiten mit großformatigen Bildern, einem einführenden Text und den Kompetenzerwartungen in das Großkapiteln ein.

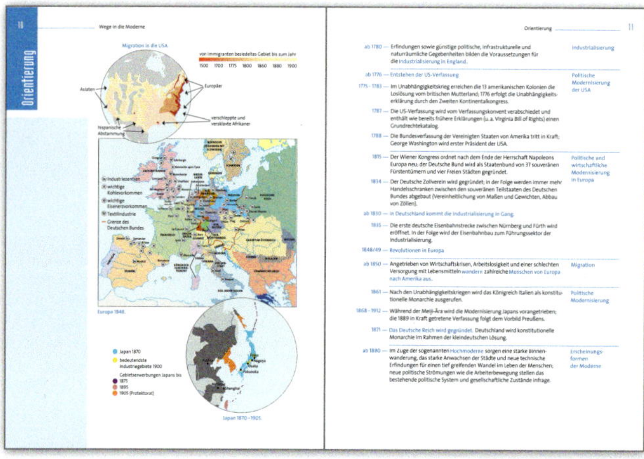


**Orientierungsseiten**
bieten mit Karten, auch zu den Fenstern zur Welt, und einer Chronologie Orientierung in Raum und Zeit. Ereignisse und Prozesse, die der Bildungsplan vorgibt, sind hervorgehoben.

**Blaue Basisseiten**
vermitteln die grundlegenden Kompetenzen, die im Bildungsplan gefordert werden.

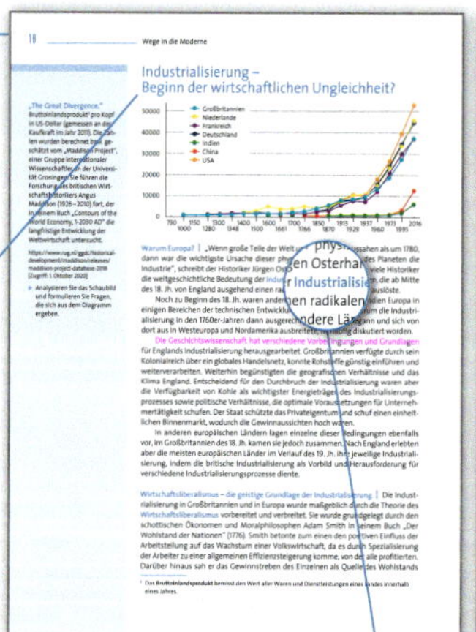

**Grüne Zusatzseiten**
ermöglichen die Aneignung der zusätzlichen Kompetenzen, die im fünfstündigen Kurs gefordert werden.

**Leitfragen** schaffen einen (zielgerichteten) Zugang für eine problemorientierte Bearbeitung der Darstellungstexte und Materialien.

**Begriffe**, die der Bildungsplan vorsieht, sind im Darstellungstext hervorgehoben. Erklärungen zu ihnen bietet das Glossar im Anhang. Oberstufengemäße Materialien stärken die wissenschaftspropädeutische Ausrichtung des Geschichtsunterrichts.

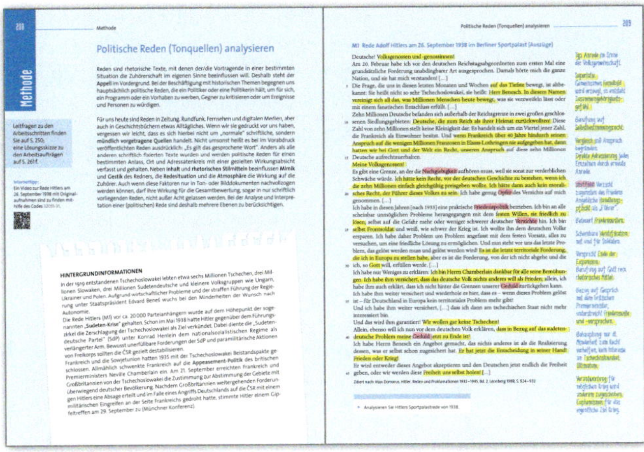


**Methoden**
erläutern historische Arbeitstechniken für die eigenständige Erarbeitung und Wiederholung an einem konkreten Beispiel. Leitfragen zu den Arbeitsschritten und Lösungsskizzen zu den Arbeitsaufträgen befinden sich im Anhang.

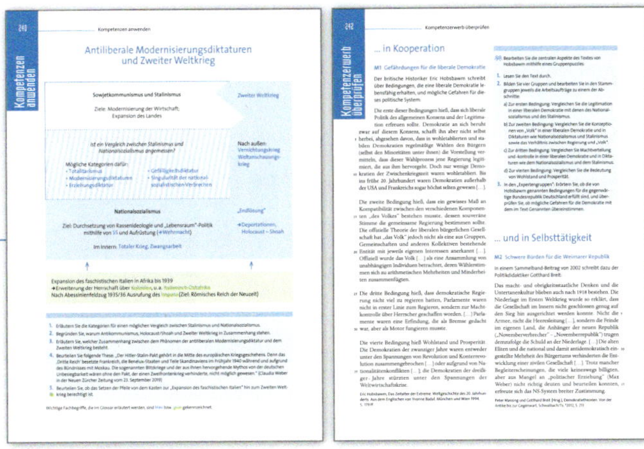


**Kompetenzen anwenden**
Auf dieser Doppelseite visualisiert ein Schaubild die Bezüge der wesentlichen Aspekte des Kapitels. Ein Rückgriff auf die behandelten historischen Arbeitstechniken ermöglicht die Festigung der erworbenen Kompetenzen. Musterlösungen im Anhang dienen der eigenständigen Überprüfung der Ergebnisse und der Vorbereitung auf das Abitur.

**Kompetenzen überprüfen**
In Kooperation und Selbsttätigkeit kann auf diesen Seiten das vergangene Halbjahr in den Blick genommen werden. Auch dazu werden im Anhang Erwartungshorizonte angeboten. Das erleichtert eine effektive Vorbereitung auf das Abitur.

**Der Blick aufs Ganze** Diese Arbeitsaufträge rahmen das vorangegangene Kapitel.

Angebot zur Kooperation innerhalb der Lerngruppe

**F / H** Angebote zum Fordern (F) und Helfen (H) ermöglichen binnendifferenziertes Arbeiten.

■ Diese Arbeitsaufträge behandeln Inhalte des fünfstündigen Kurses, die sich auf den Basisseiten für den zweistündigen Kurs befinden.

Hinter diesen Codes befinden sich Links oder Zusatzmaterialien

**Zug der „Northern Pacific Railway".**
Foto um 1900.
Die US-amerikanische Eisenbahngesellschaft „Northern Pacific Railway" wurde 1864 auf Initiative der US-Regierung gegründet, um eine transkontinentale Eisenbahnverbindung im Norden der Vereinigten Staaten zu bauen. Mit dem Bau wurde 1870 begonnen, der erste Zug fuhr am 8. September 1883.

**Der Berliner Reichstag.**
Collage aus Fotos von 1895 (links) und 2007 (rechts).
Das Gebäude wurde nach Plänen des Architekten Paul Wallot zwischen 1884 und 1894 im Stil der Neorenaissance errichtet. Durch den Reichstagsbrand 1933 und den Zweiten Weltkrieg wurde der Bau stark beschädigt. In den 1990er-Jahren wurde das Reichstagsgebäude grundlegend umgestaltet und erhielt die begehbare Glaskuppel über dem Plenarsaal. Seit 1999 tagt dort der Deutsche Bundestag.

**Potsdamer Straße, Berlin.**
Kolorierte Fotopostkarte um 1905.
Die Potsdamer Straße entwickelte sich ab 1900 zu einer der verkehrsreichsten Straßen im Deutschen Reich. Sie steht sinnbildlich für die urbane Lebensform der Hochmoderne. Dort wurde 1924 auch die erste Ampel im Deutschen Reich in Betrieb genommen.

# 1. Wege in die Moderne

Welche Wege führten in die Moderne? Was ist überhaupt die Moderne? Welche Chancen und Risiken bergen die Modernisierungsprozesse, die sich seit dem ausgehenden 18. Jh. in Europa und weltweit vollziehen?
Diesen Fragen gehen Sie im folgenden Kapitel nach und werden abschließend die Bedeutung dieser Modernisierungsprozesse für die Gegenwart beurteilen können.
Dabei stehen grundlegende Prozesse wie die Industrialisierung, Nationalstaatsbildung, politische Partizipation und kulturelle Liberalisierung im Fokus. Sie werden den Blick auf die politische und wirtschaftliche Modernisierung Deutschlands und der USA richten, ggf. auch auf Italien und Japan. Sie werden erfahren, dass die Erscheinungsformen der Moderne vielfältig waren und die Beschleunigungserfahrungen der Moderne ambivalente Reaktionen bei den Zeitgenossen ausgelöst haben. Lassen sich die radikalen und gewalttätigen Veränderungsprozesse in der ersten Hälfte des 20. Jh. als Folgen dieses Beschleunigungsprozesses deuten? Diese Frage wird am Ende des Kapitels den Bogen zum zweiten Halbjahr spannen. Abschließend werden Sie die Wandlungsprozesse des 21. Jh. mit der Industriemoderne vergleichen. Findet die Moderne in der Postmoderne ihren Abschluss?

## Kompetenzen

Am Ende des ersten Halbjahres sollten Sie Folgendes können:

- ... den Begriff der Modernisierung erläutern.
- ... politische und wirtschaftliche Modernisierungsprozesse in Europa seit dem ausgehenden 18. Jh. analysieren und deren Bedeutung für die Gegenwart beurteilen.
- ... die europäischen Revolutionen von 1848/49 charakterisieren und ihre Folgen bewerten.
- ... die politische und wirtschaftliche Modernisierung in den USA analysieren und deren Folgen bewerten.
- ... Erscheinungsformen der Moderne um die Jahrhundertwende erläutern sowie ambivalente Reaktionen auf Beschleunigungserfahrungen erklären.
- ... Migration als Folge der Industrialisierung analysieren.
- ... die Modernisierung Japans um 1900 beschreiben und deren Folgen charakterisieren.
- ... Wandlungsprozesse im 21. Jh. charakterisieren und mit der Industriemoderne vergleichen.

Migration in die USA.

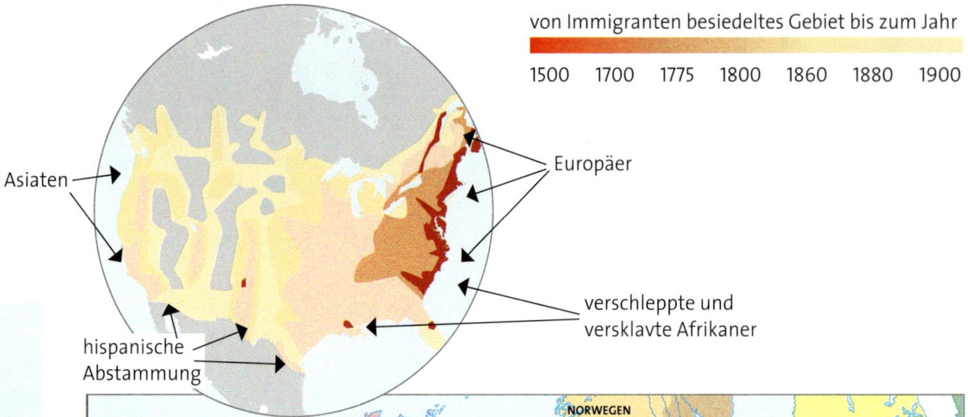

Europa 1848.

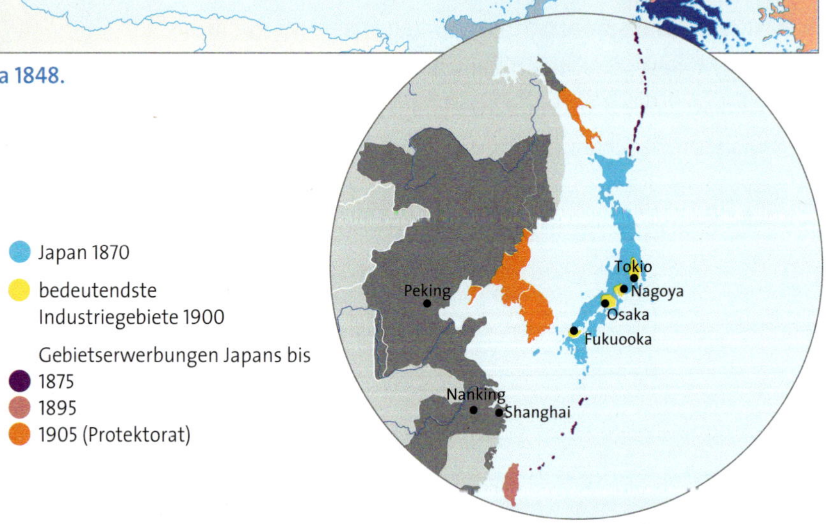


Japan 1870–1905.

| | | |
|---|---|---|
| ab 1780 — | Erfindungen sowie günstige politische, infrastrukturelle und naturräumliche Gegebenheiten bilden die Voraussetzungen für die Industrialisierung in England. | Industrialisierung |
| ab 1776 — | Entstehen der US-Verfassung | Politische Modernisierung der USA |
| 1775–1783 — | Im Unabhängigkeitskrieg erreichen die 13 amerikanischen Kolonien die Loslösung vom britischen Mutterland; 1776 erfolgt die Unabhängigkeitserklärung durch den Zweiten Kontinentalkongress. | |
| 1787 — | Die US-Verfassung wird vom Verfassungskonvent verabschiedet und enthält wie bereits frühere Erklärungen (u. a. Virginia Bill of Rights) einen Grundrechtekatalog. | |
| 1788 — | Die Bundesverfassung der Vereinigten Staaten von Amerika tritt in Kraft; George Washington wird erster Präsident der USA. | |
| 1815 — | Der Wiener Kongress ordnet nach dem Ende der Herrschaft Napoleons Europa neu; der Deutsche Bund wird als Staatenbund von 37 souveränen Fürstentümern und vier Freien Städten gegründet. | Politische und wirtschaftliche Modernisierung in Europa |
| 1834 — | Der Deutsche Zollverein wird gegründet; in der Folge werden immer mehr Handelsschranken zwischen den souveränen Teilstaaten des Deutschen Bundes abgebaut (Vereinheitlichung von Maßen und Gewichten, Abbau von Zöllen). | |
| ab 1830 — | In Deutschland kommt die Industrialisierung in Gang. | |
| 1835 — | Die erste deutsche Eisenbahnstrecke zwischen Nürnberg und Fürth wird eröffnet. In der Folge wird der Eisenbahnbau zum Führungssektor der Industrialisierung. | |
| 1848/49 — | Revolutionen in Europa | |
| ab 1850 — | Angetrieben von Wirtschaftskrisen, Arbeitslosigkeit und einer schlechten Versorgung mit Lebensmitteln wandern zahlreiche Menschen von Europa nach Amerika aus. | Migration |
| 1861 — | Nach den Unabhängigkeitskriegen wird das Königreich Italien als konstitutionelle Monarchie ausgerufen. | Politische Modernisierung |
| 1868–1912 — | Während der Meiji-Ära wird die Modernisierung Japans vorangetrieben; die 1889 in Kraft getretene Verfassung folgt dem Vorbild Preußens. | |
| 1871 — | Das Deutsche Reich wird gegründet. Deutschland wird konstitutionelle Monarchie im Rahmen der kleindeutschen Lösung. | |
| ab 1880 — | Im Zuge der sogenannten Hochmoderne sorgen eine starke Binnenwanderung, das starke Anwachsen der Städte und neue technische Erfindungen für einen tief greifenden Wandel im Leben der Menschen; neue politische Strömungen wie die Arbeiterbewegung stellen das bestehende politische System und gesellschaftliche Zustände infrage. | Erscheinungsformen der Moderne |

# Was bedeutet „Modernisierung"?

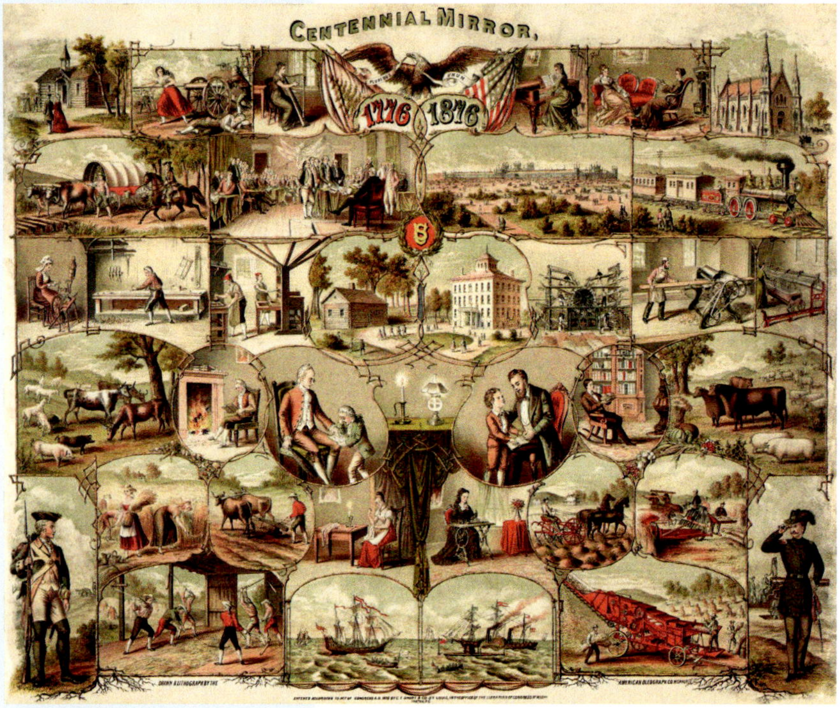


**„Centennial Mirror."**
Poster anlässlich der 100-jährigen Unabhängigkeit der USA, Lithografie, 1876.

- Analysieren Sie die Gestaltung der Bildquelle.
- Erläutern Sie die Intention der Bildquelle.
- Entwickeln Sie einen Slogan zu der Bildquelle. Verfassen Sie einen kurzen Text dazu.
- Beurteilen Sie, inwiefern die Bildquelle Modernisierung und Moderne zeigt.

**Moderne und Modernisierung – zwei vieldeutige Begriffe** | Wenn wir im Alltag von modern sprechen, meinen wir, dass etwas neuartig, auf der Höhe der Zeit ist. In der Geschichtswissenschaft wird der Begriff **Moderne** für die Jahrzehnte um 1900 verwendet. Damals hatten sich die politischen, wirtschaftlichen, gesellschaftlichen Verhältnisse und die Denkweisen grundlegend verändert oder der Umbruch war in vollem Gang. Schon die Zeitgenossen hatten daher das Gefühl, dass sich ihre Zeit von vorangegangenen Epochen deutlich unterschied und dass sie sich auf einer neuen Entwicklungsstufe befanden. Mit einem Wort: Sie erlebten sich als modern. Und da manche dieser zentralen Wandlungsvorgänge bis in unsere Gegenwart hineinwirken, nehmen auch wir sie immer noch als modern wahr.

Die Grundlagen der Moderne sehen Historiker in der Zeit der Aufklärung und der Französischen Revolution. Die „Geburt der modernen Welt" verorten sie vor allem im 19. Jh. Diese Entwicklung hin zur Moderne nennt man **Modernisierung**.

Während der Fachbegriff der Moderne also einen bestimmten Zeitpunkt oder auch Zeitraum bezeichnet, betont der Begriff Modernisierung den Wandlungsprozess und dessen außergewöhnliche Geschwindigkeit.

**Modernisierung als historische Kategorie** | Seit den 1950er-Jahren wird das Thema Modernisierung von Historikern, Ökonomen, Politikwissenschaftlern und Soziologen verstärkt untersucht und diskutiert. Dabei ist Modernisierung zumeist als Fortschritt betrachtet worden, der durch gesellschaftlichen, kulturellen, politischen und wirtschaftlichen Wandel gekennzeichnet ist.

Dieser Wandel fand in besonderer Intensität in der Zeit von 1750 bis 1850 innerhalb Europas und Nordamerikas statt. Die Entwicklungen, welche in diesem Zeitraum stattfanden, veränderten die Gesellschaften von Grund auf und werden daher als Basisprozesse bezeichnet. Dazu gehören
- der Übergang von der Stände- zur Klassengesellschaft,
- der Wandel von der Agrar- zur Industriegesellschaft,
- der Beginn eines langfristigen Wachstums der Pro-Kopf-Einkommen und der Wirtschaftsleistung,
- ein starkes Bevölkerungswachstum, Binnenwanderung und Urbanisierung,
- eine rationale Lebensführung durch Verwissenschaftlichung und Bildungsexplosion,
- die Ausweitung politischer Partizipation sowie Demokratisierung,
- die Bildung von Nationalstaaten einerseits und die zunehmende Globalisierung,
- zudem auf persönlicher Ebene eine zunehmende soziale Mobilität und Individualisierung.

Diese Auflistung – die man noch weiterführen könnte – zeigt die Menge der Wandlungsprozesse, welche in einem relativ kurzen Zeitraum stattfanden. Indem sie sich überschnitten, gegenseitig verstärkten und bedingten, beschleunigten sie in besonderer Weise die Veränderungen.

**Motor der Modernisierung: eine Doppelrevolution** | Der Historiker Eric Hobsbawm prägte den Begriff der **Doppelrevolution**. Damit wollte er zum Ausdruck bringen, dass im 18. Jh. fast gleichzeitig zwei Revolutionen begannen bzw. stattfanden:

In England beobachtet man zwischen 1750 und 1850 ein rapides wirtschaftliches Wachstum und einen intensiven technischen Wandel, die zusammen als **Industrielle Revolution** bezeichnet werden. Die Industrialisierung veränderte das Wirtschaftsleben, die Arbeitswelt, die Gesellschaft und den Alltag der Menschen. Infolge der britischen Industrialisierung begannen Industrialisierungsprozesse auch in anderen Ländern jeweils in unterschiedlichen Geschwindigkeiten und Zeiträumen.

Wenig später setzte eine **politische Revolution** ein. Durch den Unabhängigkeitskampf der Vereinigten Staaten von Amerika ab dem Jahr 1776 entstand der erste demokratische Verfassungsstaat der Welt. Und im Jahr 1789 begann die Französische Revolution. Beide Revolutionen stellen einen radikalen Bruch in der Geschichte dar.

Die politische Revolution einerseits und die Industrielle Revolution andererseits bildeten den Ausgangspunkt für eine Vielzahl von Modernisierungsprozessen und stellen zwei wichtige Antriebskräfte der Modernisierung im 19. Jh. dar. Indem sie innerhalb eines relativ kurzen historischen Zeitraums gleichzeitig abliefen, beschleunigten sie die Modernisierung und prägten so die moderne Welt maßgeblich.

**Modernisierung – ein problematischer Begriff?** | Wenn man von Modernisierung einerseits und Tradition andererseits spricht, muss man bedenken, dass Prozesse wie die Modernisierung sehr komplex ablaufen.

- Trotz der Abschaffung von Privilegien stammte die große Mehrheit der Generäle und führenden Politiker in vielen Staaten Europas bis ins 20. Jh. aus dem Adel.
- Die Erklärungen der Menschen- und Bürgerrechte in den USA und in Frankreich hatten in den großen politischen Revolutionen zwar festgestellt, dass alle Menschen von Natur aus frei geboren werden. Dies führte aber in beiden Ländern nicht sofort zur Abschaffung der Sklaverei.
- Als Frauen wie Männer in Fabriken arbeiteten, waren sie noch lange nicht rechtlich gleichgestellt und wurde ihr Leben von traditionellen Rollenbildern geprägt.
- Obwohl in vielen Verfassungen zuvor ausgegrenzte Bevölkerungsgruppen wie beispielsweise Juden gleichberechtigt waren, wirkten in vielen Köpfen Vorurteile noch lange weiter nach.
- Wenn in Verfassungen Wahlen vorgesehen waren, hieß das noch lange nicht, dass alle Männer gleiches Wahlrecht hatten; ein Frauenwahlrecht gab es nirgendwo.
- Während Länder sich industrialisierten und wirtschaftlich wuchsen, bedeutete das nicht automatisch auch politischen Fortschritt wie Demokratisierung.

Die Modernisierung begann also nicht nur zeitversetzt und verlief unterschiedlich rasch und intensiv. Auch in jedem einzelnen Staat erfasste sie die verschiedenen Lebensbereiche nicht gleichzeitig und auch nicht gleich stark; manche Reste der Tradition blieben erhalten und wirkten weiter. Die eine Moderne gab es nicht, sondern unterschiedliche Wege in die Moderne.

Zu berücksichtigen ist auch, dass Modernisierung nicht automatisch mit Fortschritt gleichzusetzen ist und dass sie nicht nur positive Folgen hat. Ein Grund für die positive Sicht auf Modernisierung liegt darin, dass sie fast ausschließlich aus einer europäischen und nordamerikanischen Perspektive untersucht und bewertet wurde.

**Internettipp:**
Wissenschaftliche Artikel zu den Begriffen „Moderne“ und „Modernisierung“ finden Sie unter dem Code 32051-01.

## M1 Historische Modernisierungstheorie

Der deutsche Historiker Hans-Ulrich Wehler beschreibt in seiner „Deutsche[n] Gesellschaftsgeschichte“ verschiedene Basisprozesse der Modernisierung:

Es ist eine der Grundannahmen dieser Arbeit, dass sich bis zum Ende des 18. Jahrhunderts eine beispiellose universalgeschichtliche Zäsur im Westen angebahnt hatte. […] Wirtschaft, Sozialhierarchie, Herrschaft und Kultur werden hier als Hauptachsen der Gesellschaft angesehen und zugleich in ihrer Wechselwirkung im Verlauf des neuzeitlichen Modernisierungsprozesses vor allem während der beiden letzten Jahrhunderte verfolgt. […] Im Anschluss wiederum an Weber[1] wird unter der Modernisierung und dem Evolutionsziel der Wirtschaft die Durchsetzung des Kapitalismus bis hin zum hochentwickelten Industriekapitalismus verstanden; im Hinblick auf die Sozialschichtung die damit zusammenhängende Durchsetzung „marktbedingter Klassen“ bis hin zu großen, politisch handlungsfähigen „sozialen Klassen“; im Hinblick auf die politische Herrschaft die Durchsetzung des bürokratisierten Anstaltsstaates (seit dem 19. Jahrhundert in der Regel in der Form des Nationalstaates); im Hinblick auf die Kultur die Durchsetzung der „Rationalisierung“ in wachsenden Bereichen des kulturellen Lebens in dem vorn umrissenen weiten Sinn, wie das am Aufstieg der Wissenschaften, der Säkularisierung und „Entzauberung“ der Welt, an der Ausdehnung des Zweck-Mittel-Denkens einer instrumentellen Vernunft am augenfälligsten zutage tritt.

Hans-Ulrich Wehler, Deutsche Gesellschaftsgeschichte, Bd. 1, München 1987, S. 12 ff.

1. Arbeiten Sie heraus, welche Basisprozesse laut Wehler Teil der Modernisierung sind. Ordnen Sie diese in Kategorien oder Bereiche.
2. Analysieren Sie Wehlers Modernisierungstheorie: Entwickeln Sie Begriffspaare, die sich vor und nach der Modernisierung gegenüberstehen.

## M2 Kategorie historischen Wandels

Der Historiker Thomas Nipperdey zum Begriff Modernisierung und seiner Tragfähigkeit als Kategorie für historischen Wandel:

Modernisierung ist ein Begriff, der in den letzten zwanzig Jahren, ausgehend von der Soziologie in den USA, zu einem Modebegriff geworden ist. […] Er soll den einmaligen Prozess des ungeheuer schnellen ökonomischen, sozialen, kulturellen, politischen Wandels beschreiben, der sich in den letzten zweihundert Jahren, seit der Doppelrevolution des späten 18. Jahrhunderts, der industriellen und der demokratischen Revolution, zuerst in der europäisch-atlantischen Sphäre und dann in der ganzen Welt abgespielt hat.
Modernisierung tritt an die Stelle älterer universalgeschichtlicher Begriffe, die den gleichen Vorgang zu beschreiben suchten: Aufstieg und Auflösung des Kapitalismus, industrielle Revolution, Rationalisierung, Säkularisierung, Demokratisierung, Europäisierung oder Verwestlichung. Denn offenbar ist dieser komplexe und interdependente[2] Vorgang nicht mit Begriffen aus der Ökonomie, der Technik, der Religion, der Geistesgeschichte, der Kultur oder der Politik allein zu erfassen. Darum eben wählt man den farbloseren, aber allgemeineren und umfassenderen Begriff Modernisierung, und man kann damit bisher vernachlässigte Wandlungsprozesse – vor allem den Wandel des Staates und den Wandel der Rolle des Einzelnen im politischen, sozialen, kulturellen System – besser beschreiben. […]
Kritik ist inzwischen auch Mode. Ich hebe drei Punkte hervor: Diesem Konglomerat von Eigenschaften fehlt ein wirklich nachgewiesener, innerer Zusammenhang, eine Ordnung, eine Hierarchie der Faktoren. […] Wo der Sprung zwischen Tradition und Moderne zu finden ist, wird nicht gesagt. Sodann: Eine solche Beschreibung endet in einer Fülle von Dichotomien[3] (prämodern – modern), während die historische Wirklichkeit aus Übergängen und Mischungen besteht; die Welt der Tradition ist nicht einfach statisch, die Welt der Moderne nicht einfach dynamisch, und in der Geschichte der letzten zweihundert Jahre ist beides in keiner Gesellschaft getrennt und einfach entgegengesetzt. […] Schließlich: Das Konzept ist in Gefahr, eine bestimmte Norm, ein Ideal von Modernität anzusetzen. […] Trotz dieser Einwände kann man die Konzepte Modernisierung und Modernität sinnvoll benutzen. Es handelt sich um Idealtypen, die uns die Wirklichkeit präziser begreifen und erklären lassen. Der Unterschied moderner und traditionaler Gesellschaften bleibt evident[4]. Die Gefahren, von denen die Einwände sprechen, lassen sich bei methodisch kritischem Gebrauch des idealtypischen Modells vermeiden. Und wir brauchen ein universalgeschichtliches Konzept, wenn wir die Geschichten der einzelnen Gesell-

[1] **Max Weber** (1864–1920): deutscher Soziologe, der als einer der ersten die Ursachen und Auswirkungen des Modernisierungsprozesses beschrieb

[2] **interdependent**: voneinander abhängend, von gegenseitigen Abhängigkeiten geprägt

[3] **Dichotomie**: zweigliedrige Einteilung, z. B. ein gegensätzliches Begriffspaar ohne Schnittmenge

[4] **evident**: offenkundig, keines Beweises bedürfend

schaften in den letzten zweihundert Jahren vergleichend und zusammenfassend zu dem verbinden wollen, was sie gewesen sind, zu einer Geschichte.

Thomas Nipperdey, Nachdenken über die deutsche Geschichte, München 1986, S. 52–58

1. Erklären Sie den Begriff „Doppelrevolution“.
2. Erörtern Sie die Relevanz des Modernisierungsbegriffes für die Geschichtswissenschaft. | F

## M3 Traditional und Modern

Der deutsche Historiker Hans-Ulrich Wehler hat 1975 folgenden Katalog von Begriffen zusammengestellt, um seine modernisierungstheoretischen Vorstellungen anschaulich zu machen:

| | traditional | modern |
|---|---|---|
| **Alphabetismus**[1] | gering | hoch |
| **Berufe** | einfach, stabil | ausdifferenziert, wechselnd |
| **Soziale Bewegung** | stabil | mobil |
| **soziale Differenzierung** | gering | hoch |
| **Einkommen** | niedrig, große Unterschiede | hoch, tendenzielle Angleichung |
| **Familie** | Dominanz großer Primärgruppe | Kernfamilie, konkurrierender Gruppeneinfluss |
| **Herrschaft** | lokal, personal | zentralistisch, anonym |
| **Kommunikation** | personal | Medien |
| **Konflikte** | offen, disruptiv[2] | institutionalisiert, eingehegt |
| **soziale Kontrolle** | direkt, personal | indirekt, bürokratisch |
| **Lebenserwartung** | gering | hoch |
| **Mobilität** | gering | hoch |
| **politische Partizipation**[3] | gering | groß |
| **Produktivität** | gering | hoch |
| **Recht** | religiös, personalistisch | abstrakt, formelle Verträge |
| **Religion** | Dogmatik, Staatsbeistand | Säkularisierung, Trennung von Staat und Kirche |
| **Siedlungsweise** | ländlich | städtisch |
| **Sozialstruktur** | homogen, stabile lokale Gruppen | heterogen, hohe Mobilität |
| **Technik** | gering | hoch |
| **Wirtschaft** | agrarische Subsistenzweise[4] | Technologie |

Zitiert nach: Hans-Ulrich Wehler, Modernisierungstheorie und Gesellschaftsgeschichte, in: Ders., Die Gegenwart als Geschichte, München 1995, S. 20 (gekürzt)

1. Erklären Sie einzelne Begriffspaare. Hier ein kurzes Beispiel: „Recht: In traditionellen Gesellschaften ist das Rechtswesen oft an religiösen Werten orientiert und ein Urteil wird nicht unabhängig von Macht und Einfluss der Prozessbeteiligten gesprochen. In modernen Gesellschaften ...“
2. Wehler hat diese Gegenüberstellung als „Dichotomien-Alphabet“ bezeichnet. Erläutern Sie den Begriff.
3. Erläutern Sie, inwiefern Modernisierung nicht nur positiv verstanden werden kann. | F

---

[1] **Alphabetismus**: Fähigkeit, lesen und schreiben zu können
[2] **disruptiv**: störend
[3] **Partizipation**: Teilhabe
[4] **agrarische Subsistenzweise**: bäuerliche Wirtschaft für den Eigenbedarf

## M4 Die Ambivalenz[1] der Moderne

In der Einleitung zum fünften Band der „Weltgeschichte" thematisiert der Historiker Walter Demel die Vielschichtigkeit des Begriffes „Moderne":

Um die Mitte des 18. Jahrhunderts begann nämlich eine Epoche globaler revolutionärer Umbrüche auf vielen Gebieten: Demographie, Wirtschaft, Technik, Kultur, Politik. Natürlich bedeutete auf jedem dieser Gebiete „Revolution" konkret etwas anderes. [...] Da derartige Revolutionen sich jedoch bis heute fortsetzen beziehungsweise immer noch global ausbreiten, ist die Zäsur von 1880/1914 nicht so leicht zu rechtfertigen. [...] Zumindest aber wird man sagen dürfen, dass im „langen 19. Jahrhundert" die (westliche) Moderne entstand. [...] Das schloss eine zunehmende interne, funktionale Komplexität moderner Gesellschaften keineswegs aus, war aber das Ergebnis eines Prozesses des „Nacheiferns". Denn Modernität heißt eben zunächst einmal, sich – wie Europa beziehungsweise der „Westen" – für modern zu halten beziehungsweise [...] diesen Zustand im eigenen Land anzustreben. Inhaltlich lässt sich Modernität mit Schlagworten wie Individualisierung, Fortschrittsoptimismus, Rationalisierung, Säkularisierung, Verdichtung und Beschleunigung der Kommunikation umreißen. Daraus resultierte – trotz wachsender Nationalisierung – auch eine verstärkte Internationalisierung, vor allem nach 1850: Weltausstellungen, Internationale Frauenkonferenzen, Rotes Kreuz, Sozialistische Internationalen, Olympische Spiele, um nur einige nichtstaatliche Einrichtungen zu nennen. Partizipation und Emanzipation, aber auch Nationalismus, Rassismus und Disziplinierung kennzeichnen ebenfalls die Moderne. Dies macht deutlich, dass Moderne ein widersprüchliches, dialektisches[2], von Antinomien[3] geprägtes Phänomen ist, gehörte zu ihr doch auch, sozusagen systemimmanent, die Sehnsucht nach einer überschaubaren Welt, die antimodernistische Kritik, ja der Anarchismus. Von daher kann man den Ersten Weltkrieg als einen Höhepunkt der Krise der Moderne betrachten.

Walter Demel, Einleitung, in: WBG Weltgeschichte, Bd. 5, Darmstadt 2010, S. 1f.

1. Erklären Sie, inwiefern Modernisierung ein „Prozess des ‚Nacheiferns'" ist.
2. Beurteilen Sie, ob Modernität als Fortschritt verstanden werden kann.

[1] **Ambivalenz**: Zwiespältigkeit, Zerrissenheit der Gefühle und Bestrebungen, Spannungszustand
[2] **dialektisch**: gegensätzlich
[3] **Antinomien**: Widersprüche

## M5 Viele Modernen

Der israelische Soziologe Shmuel N. Eisenstadt kritisiert Modernisierungstheorien wie folgt:

Der Begriff *multiple modernities* [...] richtet sich gegen die in den 1950er-Jahren vorherrschenden Sichtweisen der „klassischen" Modernisierungs[...]-theorien [...]. Sie alle nahmen an [...], dass das kulturelle Programm der Moderne, wie es sich im modernen Europa entwickelte [...], letzten Endes in allen modernen und in der Modernisierung begriffenen Gesellschaften die Oberhand gewinnen und mit der Ausbreitung der Moderne schließlich überall auf der Welt gelten würde. Diese Annahmen wurden durch die Realität, wie sie sich bereits in den frühen Bezugssystemen der Moderne und erst recht nach dem Zweiten Weltkrieg abzeichnete, nicht bestätigt. Die tatsächliche Entwicklung der Gesellschaften, die einen Modernisierungsprozess durchgemacht haben, hat die homogenisierenden und hegemonialen Annahmen dieses westlichen Programms der Moderne widerlegt. [...] Der Gedanke der *multiple modernities* geht davon aus, dass sich die heutige Welt – und die Geschichte der Moderne überhaupt – am ehesten als Geschichte einer in ständiger Neu- und Umbildung begriffenen Vielfalt von kulturellen Programmen verstehen und erklären lässt. [...] Eine der wichtigsten Implikationen des Begriffs *multiple modernities* ist, dass Moderne nicht gleich Verwestlichung ist und dass die westlichen Muster der Moderne nicht die einzigen „authentischen" Formen der Moderne sind, auch wenn sie historisch Vorrang haben und für andere Muster immer noch einen grundsätzlichen Bezugspunkt darstellen. Von zentraler Bedeutung für die Analyse der sich ständig verändernden Vielfalt der Moderne ist die Tatsache, dass sich diese eigenen Muster, die in vielerlei Hinsicht radikal von dem „ursprünglichen" europäischen Muster abwichen, nicht nur in den nicht-westlichen Gesellschaften bildeten, [...] sondern auch – und tatsächlich zuallererst – in Gesellschaften, in denen im Rahmen der westlichen Expansion scheinbar rein westliche institutionelle Systeme entstanden, nämlich in den Gesellschaften Nord- und Südamerikas.

Shmuel N. Eisenstadt, Theorie und Moderne. Soziologische Essays, Wiesbaden 2006, S. 473 ff.

▶ Erklären Sie in eigenen Worten, was Eisenstadt unter dem Begriff „multiple modernities" versteht.

## M6 Das immerwährende Rätsel der Moderne

Christopher A. Bayly schreibt in seinem Buch „Die Geburt der modernen Welt“ über die Merkmale der Moderne:

Behandeln wir nun das Thema „Moderne“, ein Wort, das im Titel dieses Buches und in allen zeitgenössischen Wissenschaften vom Menschen verwendet wird. In den 1950er- und 1960er-Jahren verwendeten S. N. Eisenstadt (1966) und andere dieses Wort für eine Reihe von globalen Entwicklungen, die zusammenwirkten und die sprunghafte Veränderung in menschlicher Lebensorganisation und Erfahrung erzeugten, die diese Wissenschaftler „Modernität“ nannten. [...] Dieses Modell beruhte in vielerlei Hinsicht auf dem Werk des deutschen Soziologen Max Weber, das 50 Jahre früher entstanden war. [...] Sie alle verorteten die Ursprünge der Moderne im 16. Jahrhundert, betrachteten aber das 19. Jahrhundert als ihre entscheidende Phase. Sie alle privilegierten den Westen als den Ursprung globalen Wandels, was nicht westlich war, galt als „Rezipient“, der schließlich „aufholen“ würde.

In den 1980er-Jahren wurden die „Modernisierungstheoretiker“ der Nachkriegszeit von einigen untereinander zerstrittenen Lagern angegriffen. [...] Wirtschaftshistoriker begannen daran zu zweifeln, dass die menschliche Evolution eine Phase der Industrialisierung durchlaufen „musste“. Soziologen führten die islamische Revolution im Iran 1979 oder den Vormarsch des evangelischen Christentums in den USA gegen die Vorstellung vom Triumph des Säkularismus ins Feld. [...] Auch im ersten Jahrzehnt des 21. Jahrhunderts bleibt das Problem „Moderne“ verwirrend. [...]

In diesem Buch wird davon ausgegangen, dass das Wesentliche des Modernseins darin liegt, sich für modern zu halten. Modernität ist das Bestreben, „auf der Höhe der Zeit zu sein“, ein Prozess des Nacheiferns und Ausleihens. Man kann wohl nur schwer bestreiten, dass immer mehr Menschen zwischen etwa 1780 und 1914 der Ansicht waren, dass sie modern seien oder dass sie in einer modernen Welt lebten, ob sie das nun mochten oder nicht. [...]

Einerseits also war das 19. Jahrhundert das Zeitalter der Modernität, eben weil eine beachtliche Anzahl von Denkern, Staatsmännern und Wissenschaftlern, die die Ordnung der Gesellschaft dominierten, meinten, dass es so sei. Es war auch deshalb ein modernes Zeitalter, weil ärmere und untergeordnete Menschen in der ganzen Welt dachten, dass sie ihren Status und ihre Lebenschancen verbessern könnten, indem sie Kennzeichen dieser mythischen Moderne übernahmen, ob es nun Taschenuhren, Regenschirme oder neue religiöse Texte waren. [...]

Und doch reicht es für einen Historiker sicherlich nicht zu sagen, dass etwas der Fall war, nur weil die Leute dachten, dass dem so gewesen sei. In welchem Maße vermitteln rekonstruierbare politische, soziale und ökonomische Trends „in der Welt“ jenseits der offen geäußerten Ideologien, Reden und Texte den Eindruck, dass in dieser Periode etwas entstand, das als das Moderne bezeichnet werden könnte? In diesem Buch wird der Standpunkt vertreten, dass zeitgenössische Veränderungen so schnell vor sich gingen und so grundsätzlich miteinander interagierten, dass diese Periode zu Recht als „die Geburt der modernen Welt“ bezeichnet werden kann. Sie umfasst die Geburt des Nationalstaats, der die Zentralisierung der Macht oder die Loyalität gegenüber einer ethnischen Gemeinschaft forderte, sowie die massive Ausweitung globaler geschäftlicher und intellektueller Verbindungen. Diesen tief greifenden Veränderungen gemeinsam war die internationale Verbreitung der Industrialisierung und eines neuen urbanen Lebensstils. Das Verschmelzen all dieser Trends weist auf einen Sprung in der sozialen Organisation der Menschen hin. Der Bereich und der Umfang des Wandels nahmen dramatisch zu. Modernität war nicht nur ein Prozess, sondern auch eine Periode, die Ende des 18. Jahrhunderts begann und sich bis zum heutigen Tag in unterschiedlichen Formen fortgesetzt hat.

Christopher A. Bayly, Die Geburt der modernen Welt, Frankfurt am Main 2006, S. 24 ff. (Übersetzt von Thomas Bertram und Martin Klaus)

1. Arbeiten Sie den Gedankengang von Christopher Bayly heraus.
2. Vergleichen Sie den Begriff „Modernität“ mit den Begriffen „Moderne“ und „Modernisierung“.

### Der Blick aufs Ganze

1. Erstellen Sie ein Strukturbild von Modernisierung. Stellen Sie Merkmale, Entwicklungslinien und Kontroversen übersichtlich dar. Dies kann in der Gruppe mithilfe der Methode Placemat bearbeitet werden.
2. Überprüfen Sie die Darstellung von Modernisierung im „Centennial Mirror“: Welche Basisprozesse werden dargestellt? Inwiefern ist die Gegenüberstellung passend? Welche Entwicklungen fehlen oder werden bewusst weggelassen? Welche Kontinuitäten lassen sich nicht im Sinne eines „Vorher-Nachher-Schemas“ gegenüberstellen?
3. Bewerten Sie die Aussagekraft der verschiedenen Begriffe „Moderne“, „Modernisierung“ und „Modernität“ für die Geschichtswissenschaft.

# Industrialisierung – Beginn der wirtschaftlichen Ungleichheit?

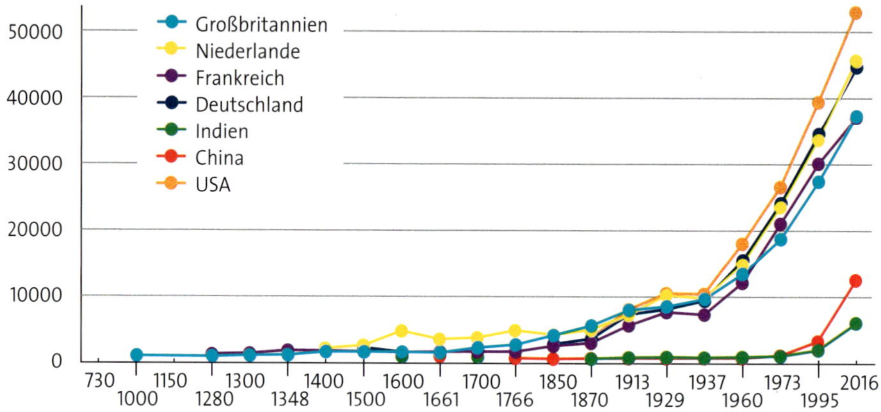


**„The Great Divergence."**
Bruttoinlandsprodukt[1] pro Kopf in US-Dollar (gemessen an der Kaufkraft im Jahr 2011). Die Zahlen wurden berechnet bzw. geschätzt vom „Maddison Project", einer Gruppe internationaler Wissenschaftler an der Universität Groningen. Sie führen die Forschung des britischen Wirtschaftshistorikers Angus Maddison (1926–2010) fort, der in seinem Buch „Contours of the World Economy, 1-2030 AD" die langfristige Entwicklung der Weltwirtschaft untersucht.

https://www.rug.nl/ggdc/historical-development/maddison/releases/maddison-project-database-2018 [Zugriff: 1. Oktober 2020]

▶ Analysieren Sie das Schaubild und formulieren Sie Fragen, die sich aus dem Diagramm ergeben.

**Warum Europa?** | „Wenn große Teile der Welt um 1910 anders aussahen als um 1780, dann war die wichtigste Ursache dieser physischen Verwandlung des Planeten die Industrie", schreibt der Historiker Jürgen Osterhammel. Wie er haben viele Historiker die weltgeschichtliche Bedeutung der **Industrialisierung** hervorgehoben, die ab Mitte des 18. Jh. von England ausgehend einen radikalen Wandlungsprozess auslöste.

Noch zu Beginn des 18. Jh. waren andere Länder wie China oder Indien Europa in einigen Bereichen der technischen Entwicklung weit überlegen. Warum die Industrialisierung in den 1760er-Jahren dann ausgerechnet in England begann und sich von dort aus in Westeuropa und Nordamerika ausbreitete, ist häufig diskutiert worden.

Die Geschichtswissenschaft hat verschiedene Vorbedingungen und Grundlagen für Englands Industrialisierung herausgearbeitet. Großbritannien verfügte durch sein Kolonialreich über ein globales Handelsnetz, konnte Rohstoffe günstig einführen und weiterverarbeiten. Weiterhin begünstigten die geografischen Verhältnisse und das Klima England. Entscheidend für den Durchbruch der Industrialisierung waren aber die Verfügbarkeit von Kohle als wichtigster Energieträger des Industrialisierungsprozesses sowie politische Verhältnisse, die optimale Voraussetzungen für Unternehmertätigkeit schufen. Der Staat schützte das Privateigentum und schuf einen einheitlichen Binnenmarkt, wodurch die Gewinnaussichten hoch waren.

In anderen europäischen Ländern lagen einzelne dieser Bedingungen ebenfalls vor, im Großbritannien des 18. Jh. kamen sie jedoch zusammen. Nach England erlebten aber die meisten europäischen Länder im Verlauf des 19. Jh. ihre jeweilige Industrialisierung, indem die britische Industrialisierung als Vorbild und Herausforderung für verschiedene Industrialisierungsprozesse diente.

**Wirtschaftsliberalismus – die geistige Grundlage der Industrialisierung** | Die Industrialisierung in Großbritannien und in Europa wurde maßgeblich durch die Theorie des **Wirtschaftsliberalismus** vorbereitet und verbreitet. Sie wurde grundgelegt durch den schottischen Ökonomen und Moralphilosophen Adam Smith in seinem Buch „Der Wohlstand der Nationen" (1776). Smith betonte zum einen den positiven Einfluss der Arbeitsteilung auf das Wachstum einer Volkswirtschaft, da es durch Spezialisierung der Arbeiter zu einer allgemeinen Effizienzsteigerung komme, von der alle profitierten. Darüber hinaus sah er das Gewinnstreben des Einzelnen als Quelle des Wohlstands

[1] Das **Bruttoinlandsprodukt** bemisst den Wert aller Waren und Dienstleistungen eines Landes innerhalb eines Jahres.

und als die Antriebskraft der Wirtschaft an. Der freie Wettbewerb und das Wechselspiel von Angebot und Nachfrage würden das Gemeinwohl fördern, da nur solche Güter und Dienstleistungen bestehen blieben, für die auch eine Absatzmöglichkeit vorhanden sei. Der Staat dürfe die wirtschaftlichen Prozesse nicht nach eigenen Interessen steuern, wie das im Merkantilismus geschah. Vielmehr müsse er sich darauf beschränken, günstige Rahmenbedingungen für die Wirtschaft zu schaffen.

**Industrielle Revolution oder Industrialisierung?** | Der historische Wandlungsprozess, der grob zwischen 1750 und 1850 zuerst in England stattfand, wird oft als Industrielle Revolution bezeichnet. Die Formulierung betont die radikale Umwälzung großer Teile von Technik, Wirtschaft und Gesellschaft. Diese Umwälzung ist aber bis heute nicht zu Ende. Auf diese erste Industrielle Revolution folgten eine zweite, dritte und vierte bis hin zur heutigen digital vernetzten globalen Industrie. Angesichts der Tatsache, dass die Industrialisierung also ein langfristiger, bis heute nicht abgeschlossener Prozess ist, bevorzugen Historiker heute den Begriff der Industrialisierung. Indem er bis in die Gegenwart hineinwirkt, ist er ein wichtiges Merkmal der Moderne.

**Was ist „Industrialisierung"?** | Die Industrialisierung hat vier charakteristische Merkmale. Das erste Merkmal ist der zunehmende Einsatz von Maschinen, die die menschliche Arbeitskraft um ein Vielfaches übersteigen und diese ersetzen. Diese Maschinen werden mit künstlich erzeugter Energie angetrieben, die aus fossilen Brennstoffen wie Kohle erzeugt wird, und ermöglichen eine Massenproduktion.

Das zweite Merkmal ist eine tiefgreifende Veränderung der Arbeitswelt. Die Produktion wird in Fabriken konzentriert und dort arbeitsteilig organisiert. Die Mehrzahl der Menschen arbeitet nicht mehr im primären Sektor, also in der Landwirtschaft, sondern im sekundären Sektor. D. h., sie verarbeitet im gewerblichen oder industriellen Bereich Rohstoffe zu Industrieerzeugnissen.

Hinzu kommt, dass viele Menschen dorthin ziehen, wo Fabriken stehen oder entstehen, also überwiegend vom Land in die entstehenden und wachsenden Städte. Und die meisten von ihnen arbeiten nicht mehr im Haus, in dem sie leben, oder in dessen unmittelbarer Umgebung, sondern sie gehen jeden Tag – teilweise sogar weite Strecken – zur Arbeit. Aus Agrargesellschaften werden auf diese Weise Industriegesellschaften.

Und schließlich lässt sich die Industrialisierung als Prozess der Beschleunigung charakterisieren: Erfindungen und technische Innovationen auf den unterschiedlichsten Gebieten folgen rasch aufeinander, eine Neuerung zieht die nächste nach sich. Die Bevölkerung wächst in kurzer Zeit wie nie zuvor in der Geschichte der Menschheit. Die Lebensverhältnisse der Menschen ändern sich teilweise radikal. Und all das fällt zusammen mit einem beträchtlichen Wirtschaftswachstum, das zwar am Anfang nicht explodiert, aber über einen langen Zeitraum kontinuierlich steigt.

**Internettipp:**
Das Deutsche Museum bietet einen virtuellen Rundgang durch den Bereich „Kraftmaschinen" unter dem Code 32051-02.

**Industrialisierung als Geschwindigkeitsrevolution** | Die von James Watt verbesserte Dampfmaschine ermöglichte unter Einsatz fossiler Energie den Antrieb verschiedenster industrieller Produktionstechniken. Sie bewirkte eine Innovation, die Industrie, Verkehr und Kommunikation veränderte: die Eisenbahn. Sie ermöglichte Verkehr und Transport unabhängig von der körperlichen Arbeit von Menschen oder Tieren und von natürlichen Gegebenheiten wie Wind oder Flussläufen. Damit revolutionierte sie den Personen- und Warenverkehr sowie die Übermittlung von Informationen. Darüber hinaus erzeugte die Eisenbahn einerseits die Nachfrage nach Gütern wie Kohle, Stahl und Maschinen, andererseits ermöglichte sie deren Beförderung und Entwicklung.

Zusammen mit der Ausbreitung der Telegrafie erzeugte die neue Transporttechnologie eine bisher unbekannte Geschwindigkeit. Deshalb wird die Industrialisierung auch als **Kommunikations- und Verkehrsrevolution** bezeichnet.

## M1 Ursachen und Voraussetzungen für die Industrialisierung Englands und Europas

### a) Religiöse Mentalitäten und Bodenschätze

Manche Historiker haben, angeregt durch Ideen des deutschen Soziologen Max Weber, darum die Ursachen industrieller Entwicklung in einer bestimmten religiösen Mentalität vermutet. So wurde vor allem die Vorreiterrolle Großbritanniens mit einer „protestantischen Ethik" zu deuten versucht, die man britischen Unternehmern zuschrieb. Stark verkürzt gesagt, hätten diese materiellen Erfolg als Zeichen eines gottgefälligen Lebens interpretiert und deshalb alle Energie darangesetzt, reich zu werden. [...] Überzeugender als mit religiösen Mentalitäten lassen sich [...] Unterschiede durch die verschiedene Ausstattung der einzelnen Länder und Regionen mit Bodenschätzen erklären. [...] Bezeichnenderweise verfügte die erste Industrienation Großbritannien über die größten und am leichtesten abbaubaren Kohlevorkommen in Europa.

Christoph Nonn, Das 19. und 20. Jahrhundert, Paderborn 2007, S. 55 f. (übersetzt von Thomas Bertram und Martin Klaus)

### b) Institutionelle Vorteile

Zunächst gewährleisteten relativ stabile staatliche Institutionen, dass sich ökonomische Fortschritte lohnten. Urheberrechte entwickelten sich außerhalb Großbritanniens nur langsam, doch das englische Gewohnheitsrecht und das Römische Recht in Kontinentaleuropa stützten in hohem Maße das Privateigentum. Erfinder und Neuerer konnten reich werden, wenn sie ihre Trümpfe richtig ausspielten. Ländliches und städtisches Grundeigentum waren relativ sicher vor Beschlagnahme durch den Staat oder Heimfall[1], zumindest in Westeuropa. [...]
Ein zweiter, mittelfristiger Wettbewerbsvorteil der Europäer und Amerikaner lag im kommerziellen Bereich. Sie hatten Finanzinstitutionen [Banken, Börsen etc.] geschaffen, die relativ unabhängig von den Vermögen einzelner Großkaufleute und den Launen der Regierung waren.

Christopher A. Bayly, Die Geburt der modernen Welt, Frankfurt am Main 2006, S. 81 ff.

### c) Kriegskapitalismus

Eine derartig radikale und rasante Neugestaltung der Welt war nur möglich durch ein neues Instrument zur Organisation von Handel, Produktion und Konsum, das ich „Kriegskapitalismus" nenne. [...] Der Kriegskapitalismus gedieh nicht in den Fabriken, sondern auf Feldern; er war nicht mechanisiert, sondern flächen- und arbeitsintensiv, da er auf der gewaltsamen Enteignung von Land und Arbeitern in Afrika, Asien und den Amerikas beruhte. Diese Enteignungen brachten großen Wohlstand und neue Erkenntnisse mit sich, was wiederum den Reichtum, die Institutionen und Staaten Europas stärkte – alles zentrale Voraussetzungen für Europas herausragende wirtschaftliche Entwicklung im 19. Jahrhundert. [...]
Dies alles führte dazu, dass die Europäer in der Lage waren, die jahrhundertealten Welten der Baumwolle zu dominieren, sie zu einem einzigen Imperium mit dem Zentrum Manchester zu verschmelzen und schließlich auch die globale Ökonomie aufzubauen, die uns heute selbstverständlich erscheint.

Sven Beckert, King Cotton. Eine Geschichte des globalen Kapitalismus, München 2014, S. 12 f. (übersetzt von Martin Richter und Annabel Zetler)

### d) Die Macht der Geographie

Die moderne Welt entstammt, im Guten wie im Bösen, Europa. [...] Das Klima, das vom Golfstrom bestimmt wird, segnete die Region mit der richtigen Menge an Regen, um im großen Stil Ackerbau zu betreiben, und der richtigen Beschaffenheit des Bodens, um die Pflanzen gedeihen zu lassen. Dies ermöglichte ein Bevölkerungswachstum in einer Gegend, in der weitgehend ein Arbeiten rund ums Jahr möglich ist [...]. Und der Winter stellt einen zusätzlichen Vorteil dar, denn einerseits bleibt er warm genug, dass man arbeiten kann, andererseits ist er kalt genug, um viele der Keime abzutöten [...].
Gute Ernten bedeuten einen Überschuss an Nahrung [...]. [Diese] erlaubt [...] den Menschen, an mehr als nur den Anbau von Nahrungsmitteln zu denken und sich Ideen und Technologien zuzuwenden. Westeuropa hat keine echten Wüsten, das Permafrost-Ödland beschränkt sich auf wenige Gebiete im hohen Norden [...]. Die Flüsse sind lang, gemächlich, schiffbar [...]. Sie münden in verschiedene Neben- und Weltmeere an Küsten [...], die zahllose natürliche Häfen bieten. [...] Geographisch befinden sich die Briten in einer guten Position. [...] Nicht zu widerlegen ist, dass die Gewässer rund um die Insel und die Bäume auf ihr den Aufbau einer großen Marine und die wirtschaftlichen Bedingungen, die die Industrielle Revolution entzündeten, ermöglichten [...].

Tim Marshall, Die Macht der Geographie. Wie sich Weltpolitik anhand von 10 Karten erklären lässt, München 2015, S. 105 und 123 f. (übersetzt von Birgit Brandau)

1. Fassen Sie die Positionen der Autoren jeweils in einer These zusammen und vergleichen Sie die Thesen.
2. Entwickeln Sie ein (multikausales) Erklärungsmodell auf Grundlage der Thesen der Autoren. | F
3. Erörtern Sie, welche Thesen Sie persönlich mehr oder weniger überzeugen.

[1] **Heimfall:** das Zurückfallen eines Eigentums an die ursprünglich Berechtigten oder den Staat (z. B. beim Tod des letzten Eigentümers, wenn keine Erben vorhanden sind)

## M2 Die Begründung der Marktwirtschaft

Der schottische Ökonom Adam Smith postuliert 1776 eine neue Wirtschaftsordnung:

Tatsächlich fördert er [der Einzelne] in der Regel nicht bewusst das Allgemeinwohl noch weiß er, wie hoch der eigene Beitrag ist. [...] Und er wird [...] von einer unsichtbaren Hand geleitet, um einen Zweck zu fördern, den zu erfüllen er in keiner Weise beabsichtigt hat. [...] [...] Der Einzelne vermag ganz offensichtlich aus seiner Kenntnis der örtlichen Verhältnisse weit besser zu beurteilen, als es irgendein Staatsmann oder Gesetzgeber für ihn tun kann, welcher Erwerbszweig im Lande für den Einsatz seines Kapitals geeignet ist [...]. Ein Staatsmann, der es versuchen sollte, Privatleuten vorzuschreiben, auf welche Weise sie ihr Kapital investieren sollten, würde sich damit nicht nur, höchst unnötig, eine Last aufbürden, sondern sich auch gleichzeitig eine Autorität anmaßen, die man nicht einmal einem Staatsrat oder Senat, geschweige denn einer einzelnen Person getrost anvertrauen könnte [...]. So wird in jeder Wirtschaftsordnung, in der durch besondere Förderung mehr volkswirtschaftliches Kapital in einzelne Erwerbszweige gelenkt werden soll, als von selbst dorthin fließen würde [...], in Wirklichkeit das Hauptziel unterlaufen, das man zu fördern vermeint. Sie verzögert den Fortschritt des Landes zu Wohlstand und Größe [...]. Gibt man daher die Systeme der Begünstigung und Beschränkung auf, so stellt sich ganz von selbst das einsichtige und einfache System der natürlichen Freiheit her. Solange der Einzelne nicht die Gesetze verletzt, lässt man ihm völlige Freiheit, damit er das eigene Interesse auf seine Weise verfolgen kann [...]. Im System der natürlichen Freiheit hat der Souverän lediglich drei Aufgaben zu erfüllen, die sicherlich von höchster Wichtigkeit sind, aber einfach und dem normalen Verstand zugänglich: erstens die Pflicht, das Land gegen Gewalttätigkeit und Angriff anderer unabhängiger Staaten zu schützen, zweitens die Aufgabe, jedes Mitglied der Gesellschaft soweit wie möglich vor Ungerechtigkeiten oder Unterdrückung durch einen Mitbürger in Schutz zu nehmen oder ein zuverlässiges Justizwesen einzurichten, und drittens die Pflicht, bestimmte öffentliche Anstalten und Einrichtungen zu gründen und zu unterhalten, die ein Einzelner oder eine kleine Gruppe aus eigenem Interesse nicht betreiben kann, weil der Gewinn ihre Kosten niemals decken könnte, obwohl er häufig höher sein mag als die Kosten für das ganze Gemeinwesen.

Adam Smith, Der Wohlstand der Nationen. Eine Untersuchung seiner Natur und seiner Ursachen. Aus dem Englischen übertragen und herausgegeben von Horst Claus Recktenwald, München 1978, S. 371, 572 und 582

1. Nennen Sie die Aufgaben, auf die sich laut Adam Smith der Staat beschränken sollte.
2. Bewerten Sie Smiths These von der Übereinstimmung des Interesses des Einzelnen mit demjenigen der Gesellschaft.
3. Vergleichen Sie Smiths Konzept mit der gegenwärtigen Wirtschaftspraxis. Begründen Sie Gemeinsamkeiten und Unterschiede. | F

## M3 Bericht aus Manchester

Ein preußischer „Fabrikenkommissar" spioniert 1814 die Industriebetriebe in England aus und berichtet:

Zu Hunderten sieht man fünf und sechs Stock hohe Fabrikgebäude hervorragen, zur Seite mit turmhohen Schornsteinen versehen, welche schwarzen Steinkohlendampf aushauchen [...]. Die Häuser sind davon schwarz gefärbt. Der Fluss, welcher Manchester bewässert, ist so mit ausgeflossenen Farbflotten angefüllt, dass er selbst einer Farbenbrühe ähnlich sieht. [...] Baumwollenspinnereien sieht man von aller Gattung und Art. Um Arbeitslohn zu ersparen, hat man die Anlagen [...] so weit getrieben, dass 600 Spinnspillen von einer erwachsenen Person und von zwei Kindern versehen werden. Zwei Mules [Spinnmaschinen], welche diese Anzahl Spillen enthalten, stehen sich gegenüber. Die Wagen werden durch die Kraft der Dampfmaschine wechselseitig ausgezogen; das Zurückschieben derselben besorgt die erwachsene Person, welche ihren Platz in der Mitte hat. Die Kinder sind zu beiden Seiten zum Anknüpfen der gerissenen Fäden in Bereitschaft. [...] Ein Kind verdient des Tages 1/2 bis 1 Schilling; ein erwachsenes Mädchen oder eine Frau 1 bis 2 Schillinge; ein Mann die Woche 1 bis 2 Pfund Sterling. In den großen Spinnereien sind die verschiedenen Arten von Maschinen wie die Bataillone in einer Armee aufgestellt. Die Maschinenteile werden so viel wie möglich von Eisen, die Gestelle jetzt ganz aus Gusseisen verfertigt. Außer dass das Gusseisen in mehreren Gegenden wohlfeiler als Nutzholz ist, wird durch die Anwendung desselben an Raum sowie an Versicherungskosten gespart.

Bericht des Fabrikenkommissars May über seine Reise in England, zitiert nach: Gerhard Henke-Bockschatz, Industrialisierung, Schwalbach/Ts. 2003, S. 48

1. Nennen Sie die technischen, ökologischen und sozialen Informationen des Berichtes.
2. Beurteilen Sie, welche Informationen für die preußische Regierung von besonderem Interesse waren.

## M4 Handwerkliche und industrielle Produktion in der Welt

| Länder | 1750 | 1800 | 1830 | 1860 | 1880 | 1900 | 1913 |
|---|---|---|---|---|---|---|---|
| Europa insgesamt | 23,1 | 28,0 | 34,1 | 53,6 | 62,0 | 63,0 | 57,8 |
| Großbritannien | 1,9 | 4,3 | 9,5 | 19,9 | 22,9 | 18,5 | 13,6 |
| Deutschland | 2,9 | 3,5 | 3,5 | 4,9 | 8,5 | 13,2 | 14,8 |
| Frankreich | 4,0 | 4,2 | 5,2 | 7,9 | 7,8 | 6,8 | 6,1 |
| Italien | 2,4 | 2,5 | 2,3 | 2,5 | 2,5 | 2,5 | 2,4 |
| Russland | 5,0 | 5,6 | 5,6 | 7,0 | 7,6 | 8,8 | 8,2 |
| USA | 0,1 | 0,8 | 2,4 | 7,2 | 14,7 | 23,6 | 32 |
| Asien insgesamt | 76,8 | 71,2 | 63,3 | 39,2 | 23,3 | 13,4 | 10,2 |
| Japan | 3,8 | 3,5 | 2,8 | 2,6 | 2,4 | 2,4 | 2,7 |
| China | 32,8 | 33,3 | 29,8 | 19,7 | 12,5 | 6,2 | 3,6 |
| Indien | 24,5 | 19,7 | 17,6 | 8,6 | 2,8 | 1,7 | 1,4 |

Andrew Porter (Hrsg.), The Oxford History of the British Empire, Vol. III: The Nineteenth Century, Oxford/New York 1999, S. 69

Die Werte bezeichnen den prozentualen Anteil von handwerklicher und industrieller Produktion. Die Angaben zur vorindustriellen Produktionsweise sind durch Hochrechnungen und Schätzungen ermittelte Näherungswerte, d. h. aus den gesicherten Daten der industriellen Zeit abgeleitet. Die Statistik bezieht sich auf alle Waren, die unter Einsatz von menschlicher oder maschineller Arbeitskraft aus Rohstoffen hergestellt oder weiterverarbeitet werden.

1. Analysieren Sie, was sich aus der Statistik über die Industrialisierung der Länder sagen lässt.
2. Vergleichen Sie die Daten mit dem Schaubild „The Great Divergence“ (s. S. 18).

## M5 Aufschwung und Technologie

Der Historiker Toni Pierenkemper erläutert Neuerungen der Industrialisierung:

Dies erscheint als das historisch Einmalige des europäischen Industrialisierungsprozesses. Die betroffenen Nationen erzielten ein langfristiges und stetiges Wirtschaftswachstum. Immerhin erlebte Großbritannien seit den 1760er-Jahren, d. h. seit mehr als zweihundert Jahren, eine durchschnittliche jährliche Steigerung des Pro-Kopf-Sozialprodukts von 1,2 Prozent, und Deutschland und Frankreich folgten mit ähnlichen Raten, nämlich mit 1,7 Prozent seit den 1830er- [Frankreich] bzw. seit den 1850er-Jahren [Deutschland]. Nun hat es allerdings auch zu vorindustriellen Zeiten bemerkenswerte ökonomische Aufschwungphasen gegeben. Diese vollzogen sich jedoch immer in kleinräumig organisierten traditionellen Gesellschaften, in denen Ernteschwankungen, Krankheiten und Seuchen sowie Kriege und Eroberungen diesen gelegentlichen Aufschwüngen bald ein Ende setzten. Die traditionellen Gesellschaften stießen bei ihren Versuchen, zu einer langfristigen ökonomischen Expansion zu kommen, immer wieder an quasi natürliche Grenzen. Entscheidend für die Befangenheit in dem durch die Natur gesetzten Rahmen waren vor allem technische Gründe. Innovationen erfolgten nur vereinzelt und bauten nicht aufeinander auf. Der Mensch hatte die „Methode der Erfindung“ noch nicht erfunden. Dies gelang erst in der Industriellen Revolution. Hier erfolgte erstmals, und von nun an andauernd, die systematische Anwendung von Wissenschaft und Technologie auf die Produktion von Gütern und Dienstleistungen. Traditionelle Gesellschaften [...] blieben in einem Teufelskreis der Armut befangen [...]. Realisierte Zuwächse wurden bald wieder durch eine wachsende Bevölkerung aufgezehrt. Diese latente Armut der vorindustriellen Welt konnte erst durch die Industrialisierung überwunden werden.

Toni Pierenkemper, Umstrittene Revolutionen. Industrialisierung im 19. Jahrhundert, Frankfurt am Main 1996, S. 26 f.

1. Erklären Sie, was mit der „Methode der Erfindung“ gemeint ist.
2. Stellen Sie Hypothesen auf, welche Faktoren in traditionellen Gesellschaften (Z. 29) zuvor eine ökonomische Expansion verhindert hatten. | F
3. Stellen Sie grundlegende Veränderungen während der Industrialisierung dar.

## M6 Eisenbahn- und Telegrafendichte

Eine Karte von 1901 zeigt die globale Eisenbahn- und Telegrafendichte um 1900:

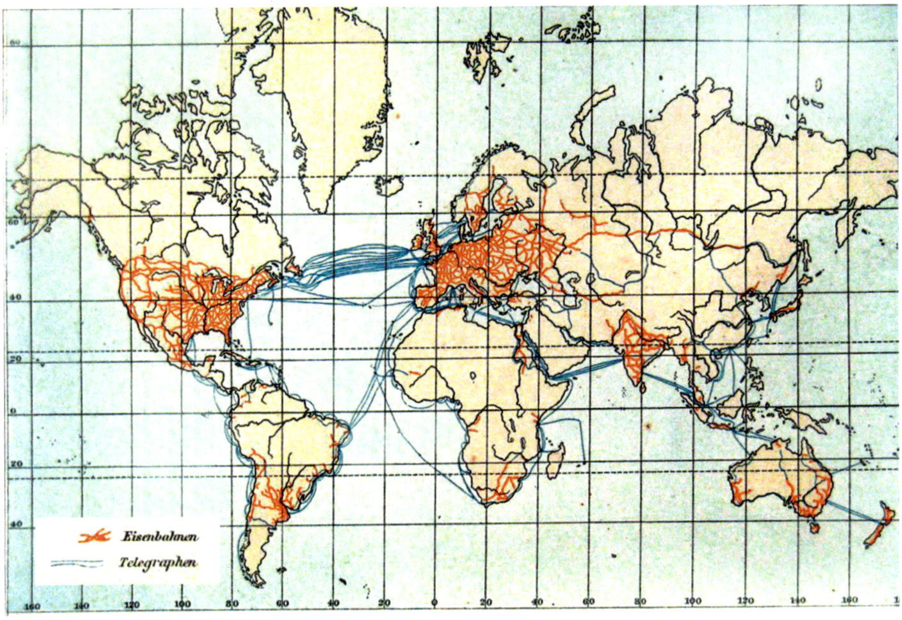


1. Entwickeln Sie Erklärungshypothesen zur Eisenbahn- und Telegrafendichte um 1900. Welche Rückschlüsse lassen sich aus den Verbindungen ziehen? Wodurch lässt sich die dargestellte Verbreitung erklären?
2. Erläutern Sie, welche Auswirkungen das Eisenbahn- und Telegrafennetz auf den Alltag, die Politik und die Wirtschaft hatte.
3. Beurteilen Sie, inwiefern die Entwicklung der Eisenbahn als Indikator für Industrialisierung herangezogen werden kann. | H

## M7 Geschwindigkeitsrevolution?

Der Historiker Jürgen Osterhammel schreibt in seinem Buch „Die Verwandlung der Welt" über die Beschleunigung im 19. Jahrhundert:

Ist vielleicht Beschleunigung die charakteristische Erfahrung, die im Übergang ins 19. Jahrhundert besonders viele Menschen teilten?
Infolge der Erfindung der Dampfmaschine und ihrer mechanischen Kombination mit Rädern und Schiffsschrauben wurde das 19. Jahrhundert zur Epoche der Geschwindigkeitsrevolution. Auch wenn sich erst im 20. Jahrhundert dank der Luftfahrt und der Perfektionierung des Straßenverkehrs die Transportgeschwindigkeit dramatisch erhöhte, so bedeuteten die Eisenbahn und der Telegraph doch den entscheidenden Bruch mit aller früheren Geschichte. Sie waren schneller als die schnellste Pferdekutsche und der schnellste Postreiter.
Der Transport von Menschen, Gütern und Nachrichten löste sich aus den Fesseln der Biomotorik. Diese Entwicklung hatte keine anderen als technologische Ursachen. […] Die Erfahrung physischer Beschleunigung war eine direkte Konsequenz neuer technischer Chancen.

Jürgen Osterhammel, Die Verwandlung der Welt. Eine Geschichte des 19. Jahrhunderts, München 2009, S. 126

1. Arbeiten Sie aus dem Text heraus, welche Bedeutung technologischer Fortschritt für den Verkehr im 19. Jh. hatte.
2. Die Entwicklung von Eisenbahn, Dampfschiff und Telegrafie im Zuge der Industrialisierung wird oft als Verkehrs- und Kommunikationsrevolution bezeichnet. Vergleichen Sie die Begriffe mit der Bezeichnung „Geschwindigkeitsrevolution".

### Der Blick aufs Ganze

1. Bearbeiten Sie die Aufgaben zu M1 a)–d) arbeitsteilig. Verteilen Sie in einer 4er-Gruppe die Texte. Arbeiten Sie aus dem Text die Thesen des Autors heraus und erläutern Sie, was Sie daran überzeugt. Stellen Sie den anderen Gruppenmitgliedern Ihre Ergebnisse vor.
   Diskutieren Sie in der Gruppe, welche Thesen Sie mehr und weniger überzeugen.
   Erstellen Sie eine Rangliste der Faktoren, die als Ursachen der Industrialisierung gelten.
2. Stellen Sie die Merkmale der europäischen Industrialisierung dar.
3. Gestalten Sie in einer Gruppe ein Lernplakat zur europäischen Industrialisierung in Form eines Strukturbildes. | H
4. Beurteilen Sie, ob mit der Industrialisierung die globale wirtschaftliche Ungleichheit begann.

# Die Etappen der Industrialisierung – Deutschland im Aufholprozess?

**Ludwigsbahn.**
Lithografie, 1836, Künstler unbekannt.
Die Ludwigsbahn von Nürnberg nach Fürth wurde 1835 als erste Eisenbahnlinie Deutschlands eröffnet. Allerdings wurde die Dampflokomotive „Adler" in Newcastle gefertigt und der Lokomotivführer war der britische Ingenieur William Wilson.

**Internettipp:**
Informationen zur Dampflokomotive „Adler" finden Sie unter dem Code 32051-03.

**Bevölkerungswachstum und Agrarrevolution** | In Großbritannien begann sich um 1700 die Landwirtschaft zu verändern. Verschiedene technische Innovationen sowie die intensivere Landnutzung hatten eine Steigerung der landwirtschaftlichen Produktivität zur Folge. Verbesserte Hygienebedingungen und medizinische Errungenschaften sorgten dafür, dass die Sterbequote, insbesondere die Säuglingssterblichkeit, sank. So kam es in Großbritannien zu einem massiven Bevölkerungswachstum. Viele Menschen standen für gewerbliche Tätigkeiten zur Verfügung und steigerten die Nachfrage nach Konsumgütern. Das durch die Produktivitätssteigerung anwachsende Kapital stärkte den Aufbau der Industrie.

**Textilproduktion als Schrittmacherindustrie** | „Wer Industrielle Revolution sagt, meint Baumwolle", schrieb der Historiker Eric Hobsbawm. In England entwickelte sich vor dem Hintergrund der **Agrarrevolution** die Textilproduktion zum weltweit ersten industriellen Wirtschaftszweig. Diese leichtindustrielle Phase beruhte in erster Linie auf dem Einsatz von technischen Neuerungen zur Automatisierung und der Massenproduktion von Baumwollwaren in neu entstandenen Fabriken. Die Textilindustrie in England traf auf eine durch das Bevölkerungswachstum steigende Nachfrage. Indem sie die verschiedenen Industrialisierungsprozesse anregte und bündelte, wurde sie zur **Schrittmacherindustrie**.

**„Nachzügler" Deutschland** | Während die erste Phase der Industrialisierung in England aufgrund ihrer Dynamik schon vor 1800 eine Industrielle Revolution bewirkte, setzte die Industrialisierung in Deutschland deutlich später ein. Dies lag unter anderem an der Zersplitterung in zahlreiche Kleinstaaten, an staatlichen und wirtschaftlichen Beschränkungen und am Fehlen eines kolonialen Handels. Erst mit der Bauernbefreiung bis zur Mitte des 19. Jh., der Gründung des Deutschen Zollvereins 1834 und der Durchsetzung der Gewerbefreiheit wurden Voraussetzungen für einen Industrialisierungsprozess geschaffen. In Deutschland wurde aber nicht die Textilindustrie zur Schrittmacherindustrie, sondern die Maschinen-, Stahl- und Kohleindustrie. Mitte des 19. Jh. wurden diese Industriezweige führend, weshalb diese Phase als schwerindustrielle Phase bezeichnet wird. Als zentraler Motor dieser Entwicklung trieb die Eisenbahn als Basisinnovation den deutschen Industrialisierungsprozess voran.

**Stufen industrieller Entwicklung** | Der amerikanische Ökonom und Wirtschaftshistoriker Walt Whitman Rostow entwickelte ein Modell, das in der wirtschaftlichen Entwicklung eines Landes fünf Phasen unterscheidet. Ausgangspunkt ist die traditionelle Agrargesellschaft, welche sich durch geringe Produktivität und Wachstum auszeichnet. Zweite Phase ist die Anlaufperiode, in der günstige Rahmenbedingungen geschaffen werden. Das dritte Stadium bezeichnet Rostow als „Take-off“, das sprunghafte Wachstum weniger Industriezweige in wenigen Jahrzehnten. An dieser Phase zeigen sich besonders die Unterschiede im Industrialisierungsprozess Großbritanniens und Deutschlands. Während in England ab 1780 die Textilindustrie zum „Take-off“ führte, begann dieser in Deutschland erst ab 1850. Anschließend folgt laut Rostow das Reifestadium: Die Industrialisierung erfasst zunehmend die gesamte Gesellschaft und die Produktivität erlaubt weiteres Bevölkerungswachstum. Schließlich folgt das Zeitalter des Massenkonsums.

**Eisenbahn gegen Postkutsche.**
Spottbild, um 1835.

- Vergleichen Sie die beiden Darstellungen der Eisenbahn (S. 24/25).
- Bewerten Sie, inwiefern die beiden Darstellungen einen typischen Umgang mit Innovationen zeigen.

**Industrialisierung als sektoraler Wandel** | Eine zentrale Entwicklung der Industrialisierung war die Veränderung der wirtschaftlichen **Sektoren**. Man unterscheidet drei Sektoren: Der erste umfasst die Landwirtschaft und den Bergbau – also die Produktion von Rohstoffen. Der zweite ist das Handwerk und die Industrie – also die Weiterverarbeitung von Rohstoffen zu Erzeugnissen. Der dritte Wirtschaftssektor beinhaltet Dienstleistungen aller Art – das Angebot von Fähigkeiten und Wissen. Während der Industrialisierung kam es zu einer Veränderung der Beschäftigungsstruktur. Arbeitsplätze in der Industrie führen zum Wachstum des industriellen Sektors, während durch Einsatz von Maschinen und Innovationen die Leistungsfähigkeit der Landwirtschaft steigt und somit weniger Arbeitskräfte benötigt werden – der erste Sektor schrumpft.

**Deutschland wird Industriestaat** | Mitte des 19. Jh. begann in Deutschland die **Frühindustrialisierung**. Hier fungierte die Eisenbahn als Schrittmacherindustrie, indem sie gleichzeitig Nachfrage für Maschinenbau und Schwerindustrie erzeugte, effizientere Produktionsabläufe durch neue Transportmöglichkeiten schuf und Investitionen sowie technische Innovationen förderte.

Gegen Ende des 19. Jh. folgte in Deutschland das, was auch als zweite Industrielle Revolution bezeichnet wird. Mit der elektrotechnischen und der chemischen Industrie entwickelten sich zwei neue Wachstumsbranchen zu Führungssektoren. Anders als in der Schwerindustrie beruhte der Erfolg nicht mehr auf der Übernahme entsprechender Technologien aus dem Ausland, sondern auf eigenen Innovationen. Verantwortlich für diesen Erfolg waren nicht zuletzt Reformen in Bildung und Forschung. Diese schufen die Voraussetzungen für zahlreiche Erfindungen und stellten das benötigte technisch-naturwissenschaftliche Fachpersonal bereit. Ende des 19. Jh. entwickelte sich Deutschland zur drittgrößten Industrienation und die Industrialisierung erfasste alle Bereiche der Gesellschaft. Diese Phase wird als **Hochindustrialisierung** bezeichnet.

## M1 Industrielle Entwicklungen im Vergleich

### a) Veränderungen der Beschäftigungsstruktur

Die folgende Tabelle zeigt den Anteil der Beschäftigten in Landwirtschaft (L), Industrie (I) und Dienstleistung (DL) in Prozent:

| | ca. 1800 | | | ca. 1850 | | | ca. 1900 | | | ca. 1950 | | | 1980/90 | | |
|---|---|---|---|---|---|---|---|---|---|---|---|---|---|---|---|
| | L | I | DL | L | I | DL | L | I | DL | L | I | DL | L | I | DL |
| Großbritannien | 40 | 30 | 30 | 22 | 48 | 30 | 9 | 51 | 40 | 5 | 49 | 46 | 2 | 29 | 69 |
| Dänemark | – | – | – | 59 | 26 | 14 | 47 | 24 | 29 | 25 | 33 | 42 | 6 | 27 | 67 |
| Deutschland | 62 | 21 | 17 | 56 | 24 | 20 | 40 | 39 | 21 | 19 | 45 | 36 | 3 | 40 | 57 |
| Frankreich | – | – | – | 52 | 27 | 21 | 41 | 29 | 29 | 27 | 36 | 37 | 6 | 30 | 64 |
| USA | 74 | – | – | 55 | 21 | 24 | 40 | 28 | 32 | 12 | 30 | 58 | 3 | 26 | 71 |

Christoph Buchheim, Industrielle Revolutionen. Langfristige Wirtschaftsentwicklung in Großbritannien, Europa und Übersee, München 1994, S. 33

### b) „Wer Industrielle Revolution sagt, meint Baumwolle" (Eric Hobsbawm)

Jahresdurchschnitte des Rohbaumwollverbrauchs (in tausend Tonnen)

| | Österreich-Ungarn | Frankreich | Deutschland | Russland | Großbritannien |
|---|---|---|---|---|---|
| 1751–1760 | – | – | – | – | 1,3 |
| 1761–1770 | – | – | – | – | 1,7 |
| 1771–1780 | – | – | – | – | 2,3 |
| 1781–1790 | – | 4,0 | – | – | 8,1 |
| 1791–1800 | – | – | – | – | 13,9 |
| 1801–1814 | – | 8,0 | – | 0,9 | 31,8 |
| 1815–1824 | – | 18,9 | – | 1,0 | 54,8 |
| 1825–1834 | 6,8 | 33,5 | 3,9 | 1,8 | 105,6 |
| 1835–1844 | 14,3 | 54,3 | 11,1 | 6,1 | 191,6 |
| 1845–1854 | 26,5 | 65,0 | 21,1 | 21,5 | 290,0 |
| 1855–1864 | 32,7 | 74,1 | 42,0 | 34,3 | 369,4 |
| 1865–1874 | 40,8 | 85,9 | 85,6 | 53,1 | 475,8 |
| 1875–1884 | 67,1 | 99,5 | 134,3 | 109,6 | 605,0 |
| 1885–1894 | 96,9 | 127,0 | 208,2 | 158,3 | 691,8 |
| 1895–1904 | 135,4 | 174,0 | 309,3 | 251,7 | 747,7 |
| 1905–1913 | 191,4 | 231,1 | 435,4 | 352,2 | 868,8 |

Carlo M. Cipolla und Knut Borchardt (Hrsg.), Europäische Wirtschaftsgeschichte, Bd. 4, Stuttgart 1985, S. 509

### c) Gewichte und Wachstumsraten ausgewählter Branchen der Industrie

| Branche | Großbritannien | | Deutschland | |
|---|---|---|---|---|
| | Gewichte* | Wachstumsrate+ | Gewichte* | Wachstumsrate+ |
| Chemie | 2.0 | 4.86 | 5.0 | 6.39 |
| Elektronik | 0.8 | 6.00 | 1.5 | 8.00 |
| Kohle & Textilien | 30.00 | 1.92 | 14.00 | 2.58 |

* Durchschnitt des Anteils der Branchen an der Gesamtwertsteigerung der Produktion („Industrie und Handwerk"), 1880–1913 in %

+ Wachstum der Nettowertschöpfung pro Jahr, 1880–1913 in %

Richard Tilly, Industrialisierung als historischer Prozess, Europäische Geschichte online [Zugriff: 02.10.2020]

1. Vergleichen Sie die industrielle Entwicklung Großbritanniens und Deutschlands. Sie können dies mithilfe der Methode Gruppenpuzzle durchführen.
2. Beurteilen Sie, inwiefern sich die Daten als Indikatoren für Industrialisierung eignen.

## M2 Der Führungssektorkomplex

Der deutsche Historiker Dieter Ziegler bewertet die Rolle der Eisenbahn für die deutsche Industrialisierung:

Der Begriff des „Führungssektors“ ist der Entwicklungsökonomie entlehnt und bezeichnet den strategischen Kern des Industrialisierungsprozesses.

Die Textilindustrie konnte im deutschen Fall trotz einiger bemerkenswerter Ansätze in der ersten Hälfte des 19. Jahrhunderts die Rolle eines Führungssektors nicht spielen. [...] Obwohl die Mechanisierung der Textilindustrie in allen Bereichen seit der Jahrhundertmitte deutliche Fortschritte erzielte und sich das Wachstum in allen Produktbereichen bei gleichzeitig deutlich steigender Arbeitsproduktivität spürbar beschleunigte, erreichten auch die Baumwollspinnereien und Webereien als die modernsten Teilbranchen keine mit der Eisen- und Stahlindustrie oder gar dem Maschinenbau vergleichbare Spitzenstellung auf dem Weltmarkt.

Die „Lokomotivfunktion“ in der Industrialisierung der Zollvereinsstaaten übernehmen vier Branchen: der Steinkohlenbergbau, die Eisen- und Stahlindustrie, der Maschinenbau und die Eisenbahnen. Wegen der starken wechselseitigen Verflechtung der Branchen spricht man auch von einem Führungssektorkomplex, in dessen Zentrum die Eisenbahnen standen: zum Bau und Betrieb von Eisenbahnen benötigte man Stahl, Steinkohle und Lokomotiven; für die Stahlproduktion benötigte man Steinkohle und für die Produktion von Steinkohle benötigte man Förderanlagen, Pumpen und andere Maschinen. Für alle Industrien, die genannten und die meisten anderen, standen die Eisenbahnen schließlich als Transportmittel zur Verfügung, das durch die Verbilligung der Transportkosten die erreichbaren Märkte vergrößerte und damit einen weiteren Impuls zur Ausweitung der Produktion lieferte. [...]

| Lieferung von/an in % | Eisenbahn | Kohlenbergbau | Stahlproduktion | Hochöfen |
|---|---|---|---|---|
| **Eisenbahn** | | | | |
| 1840er-Jahre | | 0 | | |
| 1850er-Jahre | | 1 | | |
| 1860er-Jahre | | 25 | | |
| **Kohlenbergbau** | | | | |
| 1840er-Jahre | 0 | 7 | 5 | |
| 1850er-Jahre | 2 | 7 | 12 | |
| 1860er-Jahre | 3 | 7 | 30 | |
| **Stahlproduktion** | | | | |
| 1840er-Jahre | 32 | | | |
| 1850er-Jahre | 36 | | | |
| 1860er-Jahre | 27 | | | |
| **Hochöfen** | | | | |
| 1840er-Jahre | | | 84 | |
| 1850er-Jahre | | | 88 | |
| 1860er-Jahre | | | 92 | |

Nach: Rainer Fremdling, Technologischer Wandel und internationaler Handel im 18. und 19. Jahrhundert: Die Eisenindustrien in Großbritannien, Belgien, Frankreich und Deutschland, Berlin 1986, S. 336

[...] Im Folgenden soll deshalb das Führungssektorkonzept am Beispiel der Eisenbahnen genauer betrachtet werden. Nach der auf den amerikanischen Ökonomen Walt Rostow (1916–2003) zurückgehenden Theorie muss ein Sektor folgende Kriterien erfüllen, um als ein Führungssektor bezeichnet werden zu können:

1. ein überdurchschnittliches Wachstum,
2. ein großes und zunehmendes gesamtwirtschaftliches Gewicht,
3. sinkende Produktionspreise bzw. steigende Produktqualität aufgrund von Produktivitätsfortschritten sowie
4. starke Ausbreitungseffekte („spread effects“) – vom Wachstumssektor ausgehend – auf andere (abhängige) Sektoren.

Alle diese Kriterien wurden in den Staaten des Deutschen Zollvereins während des dritten Viertels des 19. Jahrhunderts fast lehrbuchartig durch den Eisenbahnsektor erfüllt.

Dieter Ziegler, Die Industrielle Revolution, Darmstadt [3]2012, S. 51f.

1. Erklären Sie den Begriff des „Führungssektors“ und vergleichen Sie ihn mit dem häufig verwendeten Begriff „Schrittmacherindustrie“.
2. Beurteilen Sie die „Lokomotivfunktion“ der Eisenbahn in Deutschland.
3. Charakterisieren Sie Basisinnovationen und Führungssektoren, die in der Geschichte eine Schrittmacherrolle eingenommen haben, und erläutern Sie deren Bedeutung. | F

**Der Blick aufs Ganze**

1. Charakterisieren Sie die Industrialisierung Deutschlands als Aufholprozess.
2. Beurteilen Sie, inwiefern die Industrialisierungsprozesse von Großbritannien und Deutschland im 19. Jh. als beispielhaft gelten können.

# Objekte als historische Quellen interpretieren

Leitfragen zu den Arbeitsschritten finden Sie auf S. 244;
eine Lösungsskizze zu den Arbeitsaufträgen auf S. 252.

Historischen Themen und Ereignissen nähern wir uns überwiegend über Darstellungen in Büchern und über Bild- und Textquellen. Doch auch **Objekte**, also gegenständliche Quellen, ermöglichen einen Zugang zur Geschichte. Oft nehmen wir sie im Alltag gar nicht wahr, aber sie umgeben uns fast überall, nicht nur in Museen. Indem man sie betasten, betreten oder unmittelbar betrachten kann, ermöglichen solche Objekte, **Geschichte mit allen Sinnen** zu erfahren. Sie können etwas repräsentieren, sie können eine Geschichte erzählen oder Ausdruck einer spezifischen Entwicklung sein. Gleichzeitig ist es aber nicht leicht, aus ihnen unmittelbare historische Informationen zu gewinnen. Um den historischen Wert eines Objekts zu erfassen, benötigen wir einerseits eine bestimmte **methodische Herangehensweise** und andererseits **Hintergrundinformationen**.

Arbeiter der Württembergischen Uhrenfabrik Schwenningen.
Foto um 1900.

**HINTERGRUNDINFORMATIONEN**

Der dargestellte **Schlüsselapparat** ist eine Erfindung des US-amerikanischen Juweliers William LeGrand Bundy, der diesen im Jahr 1888 patentieren ließ. 1893 wurde er auf der Weltausstellung in Chicago vorgestellt.
Gegen Ende des 19. Jh. arbeiteten immer mehr Menschen in Industriebetrieben, deren Arbeitsabläufe einer **konkreten Zeiteinteilung** unterlagen. In Fabriken gab es festgelegte Arbeitszeiten, die Produktion war abhängig von exakten Lieferterminen und der Lohn wurde nach Stunden gezahlt.
Die **„Württembergische Uhrenfabrik"** erwarb im Jahr 1900 die Lizenz, die Schlüsselapparate der Firma Bundy in Deutschland zu bauen. Sie unterhielt nicht nur eine Niederlassung in Schwenningen, sondern in der Zeit zwischen 1903 und 1909 auch in Dresden, später in Magdeburg.
Das Objekt ist Ausdruck einer grundlegend **veränderten Zeiterfahrung** der Menschen infolge des Industrialisierungsprozesses. Während es für uns heute selbstverständlich ist, den Tag in Stunden, Minuten und Sekunden zu organisieren, war die Zeitwahrnehmung der Menschen in vorindustrieller Zeit geprägt vom Ablauf der Jahreszeiten sowie dem Wechsel von Tag und Nacht. Exakte Zeitmessung war ein Privileg von wenigen, die überwiegende Mehrheit hatte dafür keine Verwendung. Mit der Industrialisierung änderte sich das grundlegend. Die Zeit der Industriegesellschaft richtete sich nach abstrakten Zeiteinheiten. Als Wandlungsprozess, der bis in unsere Gegenwart hinein wirkt, ist er ein **Merkmal der Moderne**.

**M1 Bürk-Bundy-Schlüsselapparat**

Technoseum Mannheim

1. Analysieren Sie den abgebildeten Schlüsselapparat.
2. Stellen Sie eine Hypothese auf, in welchem Zeitraum der Apparat hergestellt wurde.
3. Erläutern Sie die Bedeutung des Objektes für die Epoche der Industrialisierung.

# Die Revolutionen von 1848/49 – eine gescheiterte politische Modernisierung?

**Europa 1848/49.**

- Analysieren Sie die Karte.
- Bilden Sie Hypothesen, warum die Aufstände in ganz Europa scheiterten.

Hauptorte revolutionärer Erhebungen
Abdankung eines Monarchen
Hauptschlagrichtungen konterrev. Truppen
Nationalitätenkonflikte in revolt. Staaten
Grenze des Deutschen Bundes
Kleinstaaten innerhalb des Dt. Bundes

1. Ausbruch der Revolution in Palermo (12. Jan. 1848) / Niederschlagung durch neap. Truppen (15. Mai 1849)
2. Ausbruch der Revolution in Paris (22. Feb. 1848) / Ausr. der Republik (26. Feb.)
3. Ausbruch der badischen Revolution (1. März 1848) / Niederschl. durch dt. Bundestruppen (23. Juli 1849)
4. Beginn des Münchener Aufstandes (3. März 1848) / Abdankung von König Ludwig I. (20. März)
5. Ausbruch der Revolution in Wien (13. März 1848) / Sieg der Konterrev. nach Niederschl. des Wiener Oktoberaufstandes (31. Okt.)
6. Revolutionsausbruch in Buda u. Pest (15. März 1848) / Niederschl. durch österr. und russische Truppen (Okt. 1849)
7. Ausbruch der Revolution in Berlin (18. März 1848) / Sieg der Konterrevolution (ab Mai 1849)
8. Ausbruch der Revolution in Mailand (18. März 1848) / Rückeroberung durch österr. Truppen (6. Aug.)
9. Großpoln. Aufstand in Posen (ab 20. März 1848) / Niederschlagung durch preuß. Truppen (Mai 1848)
10. Ausbruch der Revolution in Venedig (22. März 1848) / Ausrufung der Republik (23. März) / Auflösung der Republik nach österr. Rückeroberung (28. Aug. 1849)
11. Aufstand in Moldau (April 1848) / rasche Niederschl. durch mold. Truppen / Russ. Besatzung (ab Juli 1848)
12. Beginn des Pfälzer Aufstandes (2. Mai 1849) / Niederschlagung durch preuß. Truppen (19. Juni 1849)
13. Beginn des Dresdner Maiaufstandes (3. Mai 1849) / Niederschl. durch sächs. und preuß. Truppen (9. Mai)
14. Ausbruch der Rev. in Siebenbürgen (15. Mai 1848) / Ende der Unruhen nach Sieg österr. und russ. Truppen
15. Beginn des Prager Pfingstaufstandes (12. Juni 1848) / Niederschlagung durch österr. Truppen (17. Juni 1848)
16. Aufstand in der Walachei (Juni 1848) / N. durch osm. Truppen (Sep. 1848)
17. Ausrufung der Röm. Republik (9. Feb. 1849) / Niederschl. durch franz. u. span. Truppen (Juli 1849)

**Die Idee des Liberalismus |** Als Folge der Französischen Revolution verbreitete sich die Idee des **politischen Liberalismus** zu Beginn des 19. Jh. in Europa. Die **Liberalen** forderten die Beschränkung der absoluten Monarchie durch **Verfassungen** und daraus resultierend **konstitutionelle Monarchien**. Ebenso traten sie für Freiheit von adliger und kirchlicher Herrschaft und für staatsbürgerliche Gleichheit ein. Als Vorbild diente die Verfassung, die aus der Französischen Revolution hervorgegangen war, in der erstmals in Europa **Menschen- und Bürgerrechte** festgeschrieben wurden. Nach Vorstellung der Liberalen sollte in konstitutionellen Monarchien Gewaltenteilung herrschen, die Legislative **Parlamenten** übertragen werden, die gewählt werden. Die Ausgestaltung des Wahlrechts war unter den Liberalen umstritten. Meist wurde das **Zensuswahlrecht** favorisiert, das ein Stimmrecht an einen bestimmten Besitz band. In einigen europäischen Staaten wurden als Folge der napoleonischen Herrschaft Verfassungen und Volksvertretungen in den Jahren zwischen 1812 und 1822 eingeführt, so in Baden, Württemberg, Bayern, Spanien, Portugal, den Niederlanden und Norwegen. In Preußen, Österreich und Russland sperrten sich die Monarchen gegen diese Entwicklung und gründeten 1815 gegen die Bewegungen, die das Prinzip der Volkssouveränität forderten, die „Heilige Allianz". Diese betonte das Gottesgnadentum und sollte die absolutistische Herrschaft verteidigen.

**Nationalbewegungen |** Neben der liberalen Bewegung traten **Nationalbewegungen** in verschiedenen Regionen Europas gegen das Prinzip der dynastischen Herrschaft ein. Burschenschaften forderten einen liberalen deutschen **Nationalstaat**, der aus dem Deutschen Bundes hervorgehen sollte.

In Nord- und Mittelitalien und in Spanien kam es in den 1820er-Jahren zu nationalliberalen Revolutionsbewegungen, die durch österreichische bzw. französische Truppen niedergeschlagen wurden. Protest wurde im Keim erstickt, Zensur und Polizeiüberwachung sollten die Verbreitung kritischer Stimmen und jede Opposition verhindern. Trotzdem kam es in Frankreich 1830 erneut zu einer Revolution, die eine neue Verfassung forderte. Diese löste Unruhen in vielen weiteren Staaten Europas aus. Auf Druck von Straßendemonstrationen erhielten die norddeutschen Mittelstaaten im Deutschen Bund Verfassungen. In Polen kam es zu Aufständen gegen die russische, preußische und österreichische Hoheit; ebenso wieder in Nord- und Mittelitalien gegen Österreich. Belgien löste sich in einer Revolution von den Niederlanden.

Eisenbahnlinien sowie Flugschriften und Zeitungen erleichterten den Oppositionellen die Kommunikation. Wie nach 1815 wurden Vertreter nationaler und liberaler Bewegungen inhaftiert, die Presse zensiert und Universitäten scharf kontrolliert. Auf diese Phase der Unruhen folgte eine Phase der Restauration. Nachträglich entstand dafür der Begriff **„Vormärz“**, da im März 1848 der Funke einer weiteren Revolution von Frankreich auf viele Staaten Europas übersprang.

**Die Revolutionen 1848 und 1849** | Auslöser war die am 22. Februar 1848 in Paris ausgebrochene Revolution. Die Ausrufung der **Republik** fand in kurzer Zeit in den Regionen des Deutschen Bundes, des heutigen Italiens und Polens sowie im österreichischen Kaiserreich breiten Widerhall. Die sogenannten „Märzforderungen“ zeigten, dass die deutschen Revolutionäre sehr unterschiedliche Ziele hatten. Die Sozialisten forderten eine gerechtere Verteilung von Geld und Eigentum. Andere riefen nach Volksbewaffnung, Pressefreiheit, Schwurgerichten und vor allem nach Verfassungen. Die **Demokraten** forderten die Abschaffung der Monarchie und befürworteten eine Republik. Quer durch alle Gruppen ertönte im Deutschen Bund der Ruf nach einem gesamtdeutschen Parlament und einem deutschen Nationalstaat. Ungarn und Italiener kämpften ebenfalls für einen eigenen Nationalstaat, losgelöst von Österreich.

Zunächst versuchten die Herrscher, den Aufruhr zu besänftigen, indem sie Freiheitsrechte gewährten, unbeliebte Minister entließen und Wahlen und Verfassungen versprachen. Eine gesamtdeutsche verfassunggebende Nationalversammlung wurde ebenfalls gestattet. Am 18. Mai 1848 kam die **Nationalversammlung** in der Frankfurter Paulskirche zusammen. Für ihre Wahl hatte erstmals ein **allgemeines und gleiches Wahlrecht** aller Männer ab 25 Jahren gegolten.

**Gegenrevolution** | Die große Mehrheit der Landbevölkerung konnte mit den Forderungen nach Freiheit und Mitbestimmung wenig anfangen. Sie gab sich damit zufrieden, dass die Belastungen der Grundherrschaft gemindert wurden. Sozialisten und Demokraten radikalisierten sich. Liberale Bürger fürchteten Gewalt und die Forderungen der Unterschichten nach gleichem Recht für alle und nach Umverteilung des Besitzes. Damit näherten sie sich den Konservativen an, die die bestehenden Macht- und Besitzverhältnisse erhalten wollten und in einer konstitutionellen Monarchie aber einen erträglichen Kompromiss sahen.

Im Herbst 1848 setzte mit dem Einsatz des preußischen und des österreichischen Militärs gegen Aufständische die **Gegenrevolution** ein. Dennoch konnten im Dezember 1848 die „Grundrechte des deutschen Volkes“ sowie im März 1849 eine „Verfassung des Deutschen Reiches“ für einen deutschen Bundesstaat ohne Österreich verabschiedet werden, die Freiheitsrechte enthielt und eine konstitutionelle Monarchie vorsah.

Nachdem am 3. April 1849 König Friedrich Wilhelm IV. von Preußen die deutsche Kaiserkrone abgelehnt hatte, brachen radikaldemokratische Aufstände in Baden, Sachsen, Westfalen und in der Pfalz aus, gegen die unter preußischer Führung militärisch vorgegangen wurde. Die letzten revolutionären Kräfte mussten sich am 23. Juli in Rastatt ergeben. Die Gegenrevolution hatte gesiegt, die Grundrechte wurden 1851 für nichtig erklärt und der Deutsche Bund als fürstlicher Staatenbund wieder eingesetzt. Auch in Ungarn wurden die Revolutionäre vom russischen und österreichischen Militär besiegt. In Frankreich wurde die Republik 1852 wieder vom Kaisertum abgelöst und in Italien wurde die Nationalbewegung ebenfalls durch österreichische Truppen niedergeschlagen.

**Internettipp:**
Die „Erinnerungsstätte für die Freiheitsbewegungen in der deutschen Geschichte“ in Rastatt bietet Informationen zu den Freiheitsbewegungen im 19. Jh. online an; einsehbar unter dem Code 32051-04.

## M1 Die europäischen Revolutionen von 1848/49

Der Historiker Arnd Bauerkämper fasst die Ereignisse der europäischen Revolutionen folgendermaßen zusammen:

### Frankreich

In Frankreich hatte sich nach dem Aufstand in Paris und dem Rücktritt des Königs Louis Philippe[1] schon im Februar 1848 eine provisorische Regierung gebildet, deren Anhänger in der zwei Monate später gewählten Nationalversammlung die Mehrheit stellten. Nachdem im Juni 1848 eine Erhebung der Arbeiter und Gesellen, Kleinhandwerker und Ladenbesitzer von der Regierung niedergeschlagen worden war, verbannten die Militärgerichte mehr als 4000 Aufständische. Am 8. November 1848 wurde in Frankreich schließlich eine neue republikanische Verfassung verabschiedet, die einen Präsidenten als Exekutivgewalt neben eine gesetzgebende Versammlung stellte. Aus den Präsidentenwahlen ging am 10. Dezember 1848 Louis Napoleon Bonaparte, der Neffe des früheren Kaisers, siegreich hervor [...]. Ein Aufstand radikaler Demokraten scheiterte im Juni. Als daraufhin 36 Parlamentsabgeordneten ihr Mandat entzogen und das Vereinsrecht eingeschränkt wurde, mutierte Frankreich zur autoritären Republik. Obwohl sich die gesetzgebende Versammlung in den folgenden Jahren auf die Stabilisierung der neuen Ordnung beschränkte, löste sie Louis Napoleon Bonaparte am 2. Dezember 1851 auf. Im darauffolgenden Jahr konnte er schließlich als Napoleon III. ein plebiszitäres[2] Kaisertum etablieren, mit dem die zweite französische Republik beendet war.

### England und Irland

Trotz der anhaltenden Unzufriedenheit der Unterschichten waren politische Probleme in England vor 1848 weitgehend entschärft worden, sodass revolutionäre Unruhen ausblieben. Hier hatte schon 1832 eine Parlamentsreform, der eine Protestwelle der städtischen Bevölkerung voranging, die adlige Vorherrschaft eingeschränkt. [...] Die Reform Bill[3] stärkte auch die politischen Kompetenzen des Unterhauses, auf dessen Mehrheit sich seit 1841 alle Premierminister stützten. In Irland waren seit 1845/46 rund eine Million Menschen (ein Achtel der Bevölkerung) verhungert. 1848 wurde ein Aufstand brutal niedergeschlagen.

### Schweiz

In der schweizerischen Eidgenossenschaft war 1848 nach dem Bürgerkrieg zwischen liberalen und konservativen Kantonen im vorangegangenen Jahr eine bundesstaatliche Verfassung verabschiedet und durch die neue Vereinigte Bundesversammlung am 6. November 1848 erstmals ein Bundesrat und Bundespräsident gewählt worden.

### Apennin-Halbinsel

Genährt von Hunger und Arbeitslosigkeit, hatte sich im Kirchenstaat, im Königreich Neapel-Sizilien und in den nördlichen Herzogtümern eine revolutionäre Bewegung gebildet, die Anfang 1848 die päpstliche Herrschaft und Österreich offen herausforderte. Das Zentrum der Revolution bildete die Republik Venedig. Die Aufständischen gerieten im Großherzogtum Toskana, im Königreich Sardinien-Piemont und in Lombardo-Venetien aber schnell in die Defensive, nachdem die österreichische Armee im Sommer 1848 Venetien und Mailand besetzt hatte. Im März 1849 wurde auch das Königreich Sardinien-Piemont endgültig von österreichischen Truppen besiegt. Außer Österreich intervenierte auch Frankreich in Italien, so dass hier die Reaktion durchweg die Oberhand gewann. Im April 1849 wurde die Revolution in Sizilien niedergeschlagen und mit der Kapitulation der Republik Venedig vor den überlegenen österreichischen Truppen die Restauration durchgesetzt.

1 Er wurde von verschiedenen bürgerlichen Gruppen und der Arbeiterschaft zur Abdankung gezwungen.
2 **plebiszitär**: vom Volk bestimmt
3 **Reform Bill**: hier Reformgesetz

### Österreich

In der österreichisch-ungarischen Monarchie wurde der verfassunggebende Reichstag am 22. Juli 1848 von Erzherzog Johann feierlich eröffnet, jedoch ohne Abgeordnete aus dem Königreich Ungarn. Ungarn verfolgte das Ziel, gegen die österreichische Vorherrschaft einen eigenen Nationalstaat zu etablieren. Am 8. Oktober 1848 verhängte der Reichstag [in Wien] das Kriegsrecht über Ungarn und zudem wurde die Auflösung des ungarischen Reichstages verfügt. Im März 1849 löste Kaiser Franz Joseph den verfassunggebenden Reichstag selbst wieder auf, nachdem er drei Tage zuvor eine Verfassung erlassen hatte, die ohne das Zutun der Volksvertretung entstanden war. Auf Bitte des österreichischen Kaisers waren Ende Mai 1949 rund 200 000 russische Soldaten über die Pässe der Karpaten nach Ungarn vorgedrungen und unterstützten die Unterwerfung Ungarns.

### Dänemark

In Dänemark war schon am 28. Januar 1848 eine neue Verfassung angekündigt worden, die den Absolutismus beseitigte. Nach einer Protestdemonstration in Kopenhagen erklärte der neue dänische König Friedrich VII. sich im März 1848 zum konstitutionellen Monarchen. Damit war die politische Umwälzung in Dänemark beendet. Jedoch geriet das Königreich schnell in den Strudel der Revolution, die sich in den Staaten des Deutschen Bundes vollzog. Hier hatte die Nationalbewegung im Vormärz eine gemeinsame Verfassung für die beiden Herzogtümer Schleswig und Holstein verlangt, [...] die nicht der Kontrolle der dänischen Regierung unterstanden. [Es kam zu einer militärischen Auseinandersetzung zwischen schleswig-holsteinischen Verbänden, dänischen und preußischen Truppen.] Im Friedensvertrag vom 2. Juli 1850 gewann Dänemark schließlich sogar offiziell die Herrschaft über Schleswig und Holstein zurück.

### Niederlande

In den Niederlanden hatten politische Reformen einer Revolution die Grundlage entzogen. Hier hatte die Sezession der südlichen Gebiete und die darauffolgende Bildung des Königreiches Belgien 1830/31 beträchtlichen politischen Sprengstoff hinterlassen. Als die revolutionären Erhebungen in Deutschland und Frankreich die monarchische Herrschaft bedrohten, ließ der König in den Niederlanden Reformen zu, die zur Verabschiedung einer Verfassung mit Grundrechtsgarantien und einem Zwei-Kammer-System führten. Die Niederlande wurden damit zu einer konstitutionellen Monarchie auf föderativer Grundlage.

### Polen

Auf dem Gebiet der ehemaligen Adelsrepublik Polen-Litauen war ein Aufstandsversuch der Nationalbewegung im preußisch beherrschten Großherzogtum Posen schon im Februar 1846 gescheitert, und auch in Galizien, dem nun österreichischen Teil Polens, konnte sich eine neu gebildete Nationalregierung nur wenige Tage halten. Das polnische Nationalkomitee, das sich im März 1848 in Berlin konstituiert hatte, einigte sich nicht auf eine einheitliche Politik gegenüber der Entscheidung der preußischen Regierung, die Provinz Posen in ein Gebiet für den künftigen deutschen Nationalstaat und ein Herzogtum Gnesen zu trennen. Ein bewaffneter Aufstand gegen den Teilungsplan scheiterte schließlich im Mai 1849.

Nach: Arnd Bauerkämper, Die Revolution von 1848/49. Gemeinsames Erleben und Scheitern in Europa?, in: Themenportal Europäische Geschichte, 2006, www.europa.clio-online.de/essay/id/fdae-1313 [Zugriff: 19.11.2020]

1. Stellen Sie den Verlauf der europäischen Revolutionen von 1848/49 stichwortartig dar (Darstellungstext, Karte, M1).
2. Charakterisieren Sie die europäischen Revolutionen von 1848/49 als Versuche politischer Modernisierung.

## M2 Auf die „Niederlage der Revolution“

Unter dem Titel „‚Rundgemälde von Europa im August MDCCCXLIX‘ – Karikatur auf die Niederlage der Revolution“ wird die Lithografie von Ferdinand Schröder in der satirischen Zeitschrift „Düsseldorfer Monatshefte“ 1849 veröffentlicht:

1. Beschreiben Sie die dargestellten Personen und Handlungen. Ordnen Sie die Personen den Staaten Preußen, Sachsen, Bayern, Württemberg, Österreich, Ungarn, Russland, Frankreich, Dänemark, England und Irland zu. | H
2. Erklären Sie, wie der Karikaturist Ferdinand Schröder die Revolutionen als Zeitgenosse bewertet.
3. Arbeiten Sie – ausgehend von den Details der Karikatur – die Folgen der europäischen Revolutionen 1848/49 heraus (Darstellungstext, M1, M2).

## M3 Scheitern der Revolutionen?

**a) Der Historiker Thomas Nipperdey über das Scheitern der Revolutionen von 1848/49:**

Die eigentliche Ursache des Scheiterns ist, […] die Tatsache, dass gleichzeitig zu viele und zu gegensätzliche und sich überkreuzende Probleme anstanden. Die Revolution stieß auf den Widerstand der alten Mächte, das war klar; aber diese Mächte waren stärker, als es zunächst geschienen hatte: Der monarchische Sinn und der Sinn für Legalität waren im Volk noch weit verbreitet; das Militär funktionierte noch und ging nicht, oder kaum, zur Revolution über. […] Und was an sozialer Spannung und Konfliktstoff der Revolution zugute gekommen war, wurde durch die Agrarreformen und die günstige Konjunktur 1848/49 abgebaut. […] Wie die Freiheit hatte auch die Einheit ihre großen Probleme. Sie stieß mit den europäischen Mächten und dem neuen Nationalismus der Völker zusammen […], denn die deutsche nationale Demokratie konnte so wenig auf ihre Ansprüche verzichten wie die dänische, so wenig wie die Großmächte auf ihre Gleichgewichtsinteressen.

Thomas Nipperdey, Deutsche Geschichte 1800–1866. Bürgerwelt und starker Staat, München 2013, S. 663–669

**b) Der Historiker Arnd Bauerkämper nimmt die Erfolge der Revolutionen in den Blick:**

Gemessen an den Zielen ihrer Träger, scheiterten die Revolutionen von 1848 trotz Teilerfolgen überall in Europa. Jedoch war damit keineswegs die Hoffnung auf politische Reformen und einen nachhaltigen gesellschaftlichen Aufbruch erloschen, der in der Revolution bereits in ganz Europa erlebt worden war. 1848 hatten Bürger in unterschiedlichen europäischen Staaten und Regionen gegen die Herrschenden mehr politische Partizipation, gesellschaftliche Gleichstellung und die Sicherung ihrer Rechte durchgesetzt. Zudem war mit der grenzüberschreitenden Erhebung ein europäischer Kommunikationsraum entstanden. Dieser Prozess der Europäisierung brach mit dem Scheitern der Revolution keineswegs vollständig ab, denn auch die Gegenrevolution vollzog sich nicht nur in einzelnen National- und Territorialstaaten und Regionen, sondern auch in einem gesamteuropäischen Beziehungsgeflecht. So ist in der Historiografie zur deutschen Revolution hervorgehoben worden, dass die Beratungen der Paulskirchenversammlung von der Niederschlagung der Aufstände in Paris und Prag im Juni 1848 ebenso nachhaltig geprägt und überschattet wurden wie vom Konflikt um Schleswig-Holstein und den Friedensvertrag von Malmö. Inwiefern aber war die Unterdrückung der Revolution in Europa miteinander verflochten? Wie wirkte die Reaktion in einzelnen europäischen Staaten und Regionen auf die Akteure in anderen Gebieten Europas zurück? Inwieweit trug auch die Gegenrevolution zur Europäisierung bei?

Arnd Bauerkämper, Die Revolution von 1848/49. Gemeinsames Erleben und Scheitern in Europa?, in: Themenportal Europäische Geschichte, 2006, www.europa.clio-online.de/essay/id/fdae-1313 [Zugriff: 19.11.2020]

**c) Der Historiker Jürgen Osterhammel stellt das „Scheitern" der Revolutionen in einen größeren historischen Zusammenhang:**

Wenn man schließlich das „Scheitern" der Achtundvierziger-Revolutionen in einen längeren Zeithorizont rückt, dann relativiert es sich deutlich. Wir können nur darüber spekulieren, wozu ein Erfolg der Revolution geführt hätte. Frankreich wäre Republik geblieben […]. Bei einem Sieg der italienischen und ungarischen Rebellen wäre das Habsburgerreich als Vielvölkerstaat zerfallen, in Deutschland hätte sich die Richtung auf Verfassungsstaat und breitere politische Partizipation beschleunigt. Man muss aber unterscheiden zwischen den Wirkungen, die von der Revolution, *wie sie war*, ausgingen und denen, die von einer siegreichen Revolution hätten ausgehen *können*. Die konservativen Oligarchien, die den Sturm überdauert hatten, reagierten mit einer neoabsolutistischen Politik, die keinen Zweifel daran ließ, wo die Macht – gerade auch die nun gestärkte militärische Macht – lag, dennoch aber zu Zugeständnissen bereit war. Die Suche Napoleons III. nach Akklamation[2] aus dem Volk, die österreichische Besänftigung der ungarischen Oberschicht im verfassungspolitischen „Ausgleich" von 1867 […] und die Gewährung des allgemeinen und gleichen Männerwahlrechts in der Verfassung des Deutschen Reiches von 1871 waren solche Zugeständnisse, fraglos ganz unterschiedlicher Art. Eine zweite ebenso unumkehrbare Langzeitfolge bestand darin, dass viele gesellschaftliche Gruppen lernten, die oft für sie selbst überraschende Erfahrung der Politisierung in festere institutionelle Formen zu gießen. Daher markieren die europäischen Revolutionsjahre einen Wendepunkt in einer Entwicklung „von den überlieferten Formen kollektiver Gewalt zur organisierten Interessendurchsetzung".

Jürgen Osterhammel, Die Verwandlung der Welt, München 2009, S. 780 f.

1. Arbeiten Sie heraus, wie die Historiker die Revolutionen von 1848/49 beurteilen.
2. Bewerten Sie die Folgen der europäischen Revolutionen von 1848/49.
3. Entwickeln Sie Hypothesen, welche Auswirkungen eine siegreiche Revolution hätte haben können. | F

## Der Blick aufs Ganze

1. Überprüfen Sie, ob die Charakterisierung als „Versuch politischer Modernisierung" für die europäischen Revolutionen von 1848/49 treffend ist.
2. Erörtern Sie, ob die Revolutionen von 1848/49 eine gescheiterte Modernisierung darstellen.

Diese Einheit kann mithilfe der Kooperationsform „Meinungslinie" durchgeführt werden.

Phase 1: Bilden Sie eine Meinungslinie zur o.g. These, die sich zwischen den Polen „Ja" und „Nein" erstreckt. Positionieren Sie sich nach der Analyse der Karte auf S. 30 auf der Linie. Stellen Sie Ihre Hypothesen vor, ob/warum/in welchem Maße die Revolution (nicht) scheiterte.

Phase 2: Bearbeiten Sie M1-M3.

Phase 3: Positionieren Sie sich erneut auf der Linie. Stellen Sie Ihr Hauptargument für Ihre Positionierung vor. Evaluieren Sie, ob und wenn ja, warum sich Ihre Position im Vergleich zu Phase 1 verändert hat.

[1] **Akklamation**: Zustimmung, Bestätigung

# Risorgimento – Freiheit und nationale Einheit für Italien?

**Monumento Nazionale a Vittorio Emanuele II.**
Vittorio Emanuele II. war König von Sardinien-Piemont und wurde 1861 zum ersten König von Italien, das er bis 1878 regierte. Das Nationaldenkmal, das auch „Altar des Vaterlandes" genannt wird, wurde zwischen 1885 und 1927 erbaut. Das Gebäude steht im Zentrum Roms.

- Beschreiben Sie das abgebildete Nationaldenkmal.
- Bilden Sie Hypothesen zum Anspruch, den die italienische Monarchie mit dem Standort und der Gestaltung des Monuments für sich erhob.

**Italien, das Land der Italiener** | Mit diesen Worten umschrieb der spätere italienische König Vittorio Emanuele II. am 2. April 1860 die neue politische Situation in seinem Land. Denn die Apennin-Halbinsel war zuvor geteilt in eine ganze Reihe von Regionen, die ihre eigene Geschichte hatten, sich wirtschaftlich und kulturell stark unterschieden und in denen Dialekte gesprochen wurden, die in anderen Regionen kaum mehr verstanden wurden. Zum anderen erstreckten sich zuvor die Herrschaftsgebiete vieler europäischer Staaten über die Apennin-Halbinsel: Nach dem Wiener Kongress gehörte der gesamte Norden mit Ausnahme des unabhängigen Königreiches Sardinien-Piemont zu Österreich, das auch einige der Fürstentümer in Mittelitalien kontrollierte. Der größte Teil des Südens stand zusammen mit Sizilien unter spanischer Herrschaft und dazwischen lag der vom Papst regierte Kirchenstaat. Als nach dem Sturz Napoleons auf dem Wiener Kongress 1815 die Restauration der alten Ordnung beschlossen wurde und damit die liberalen Errungenschaften verloren gingen, formierte sich vor allem in den gebildeten und besitzenden Schichten Widerstand. Es entstand eine Bewegung für die Freiheit und nationale Einheit Italiens – das **Risorgimento**.

**Das junge Italien** | Der Widerstand gegen die Beschlüsse des Wiener Kongresses regte sich in allen Teilen des Landes und führte zu lokalen Aufständen. Dabei waren sich die einzelnen Gruppen lediglich darin einig, dass sie eine nationale Einigung anstrebten. Auf welchem Weg dieses Ziel erreicht werden und wie der zu schaffende Staat ausgestaltet werden sollte, darüber gingen die Meinungen weit auseinander. Auf der einen Seite stand der radikale Flügel um Giuseppe Mazzini. Er forderte eine demokratische Verfassung und eine Republik und gründete 1831 im französischen Exil den Geheimbund „Junges Italien". In den 1830er- und 40er-Jahren versuchte diese Gruppe, mehrere Aufstände zu organisieren, die aber am fehlenden Rückhalt in der Bevölkerung scheiterten. Allerdings trugen sie dazu bei, dass der Aufbau eines künftigen Staates in einer breiter werdenden Öffentlichkeit diskutiert wurde. Während die Radikalen die Strategie verfolgten, die Einigung durch eine **„Revolution von unten"**, aus dem Volk heraus durchzusetzen, und eine Republik mit demokratischer Verfassung anstrebten, befürworteten ihre politischen Gegner eine **„Revolution von oben"**: Gemäßigte Liberale und aufgeklärte Konservative sahen in einer konstitutionellen Monarchie die richtige Staatsform und wollten diese durch die herrschenden Eliten einrichten.

**Die Internationalisierung des Konfliktes** | Einen deutlichen Aufwind erfuhr die nationale Bewegung kurz vor der Jahrhundertmitte. Im Jahr 1846 liberalisierte Pius IX. den Kirchenstaat, indem er einen Staatsrat und eine Bürgerwehr einführte. Zusätzliche Stoßkraft ging von der 1847 in Turin gegründeten Zeitschrift „Il Risorgimento" aus.

Sie wurde zum Sprachrohr der gemäßigten Kräfte und forderte die Einigung Italiens unter der Führung des Königreiches von Sardinien-Piemont. Im Gegensatz zu Mazzini sah ihr Wortführer, Graf Camillo Benso von Cavour, in der wirtschaftlichen Modernisierung die Voraussetzung für die politische Entwicklung. Unter dem wachsenden Druck erließen einige Herrscher Verfassungen, auch im Königreich Sardinien-Piemont. Dadurch errang dieser Staat eine Führungsrolle innerhalb der Einigungsbewegung, weil er als einziger eine Regierung hatte, die von der Bevölkerung nicht als verlängerter Arm einer fremden Macht wahrgenommen wurde.

Von den revolutionären Bestrebungen 1848/49 wurde auch Italien erfasst. Letztlich scheiterten die Bürger aber mit ihrem Wunsch nach Unabhängigkeit. Einerseits war die militärische Überlegenheit Österreichs und Spaniens zu groß, andererseits verhinderte ihre Uneinigkeit über die politischen Ziele den Erfolg.

**Das Jahrzehnt der Entscheidung** | Die Niederlage in der Revolution schwächte die demokratische Bewegung. Konservative Kräfte um Graf Camillo Benso von Cavour, der 1852 Ministerpräsident im Königreich Sardinien-Piemont geworden war, wurden ab jetzt zunehmend die Träger der Einigungsbewegung. Sie erkannten, dass Italien die Einheit nicht aus eigner Kraft schaffen konnte, sondern der Hilfe anderer Staaten bedurfte. Im Bündnis mit Frankreich besiegte Sardinien-Piemont 1859 Österreich. Daraufhin sagten sich norditalienische Gebiete von der österreichischen Herrschaft los und schlossen sich Sardinien-Piemont an.

Der Freiheitskämpfer Giuseppe Garibaldi avancierte zum Führer der radikalen demokratischen Bewegung und wandte sich offen gegen die gemäßigten Pläne Cavours und gegen die Vormachtstellung Sardinien-Piemonts im Einigungsprozess. 1860 führte er einen erfolgreichen Feldzug gegen die spanische Herrschaft und eroberte von Sizilien aus ganz Süditalien. Cavour befürchtete die Gründung einer süditalienischen Republik. Um ein Vordringen Garibaldis nach Mittelitalien und bis nach Rom zu verhindern, ließ er französische Truppen in Teile des Kirchenstaates einmarschieren. Doch als sich bei einer weiteren Volksabstimmung auch die Menschen in Süditalien für einen Anschluss an Sardinien-Piemont entschieden, verzichtete Garibaldi auf seinen Machtanspruch. Damit war der Weg zur Einigung geebnet. Im März 1861 wurde in Turin das Königreich Italien ausgerufen. Letztlich führten vor allem Kriege zur Einigung Italiens, erzielte Gebietsgewinne wurden jedoch nachträglich durch Volksabstimmungen legitimiert.

**Vollendung der Einheit – in Freiheit?** | Die Verfassung Sardinien-Piemonts von 1849 wurde schrittweise auf das Königreich übertragen. Italien wurde ein zentralistischer Nationalstaat im Kleid einer konstitutionellen Monarchie mit einem Zensuswahlrecht, das nur etwa 1,9 Prozent der männlichen Bevölkerung die Teilhabe ermöglichte. Zudem änderte sich an der Abhängigkeit der weitgehend armen Landbevölkerung im Süden von lokalen Grundbesitzereliten nichts.

Die territoriale Einigung war in den Augen vieler 1861 noch nicht vollendet. Venetien stand noch unter österreichischer Herrschaft und der Kirchenstaat mit Rom wurde von französischen Truppen geschützt. Im Zuge der Auseinandersetzungen zwischen Preußen und Österreich um die Vorherrschaft im Deutschen Bund schloss die junge italienische Monarchie einen Bündnisvertrag, in dem Italien Preußen seine Unterstützung im Kriegsfall zusicherte. Zur Belohnung fiel nach dem preußischen Sieg 1866 Venetien an Italien. Und als Frankreich wegen des Krieges gegen Preußen 1870 die Schutztruppen aus dem Kirchenstaat abzog, marschierten italienische Truppen dort ein. Nach einer Volksabstimmung, bei der die Mehrheit für die Vereinigung mit Italien stimmte, wurde das Gebiet des Vatikanstaates integriert und Rom 1871 zur neuen Hauptstadt des Königreiches Italien.

**Giuseppe Mazzini** (1805–1872): italienischer Freiheitskämpfer

**Graf Camillo Benso von Cavour** (1810–1861): Staatsmann und Unternehmer, Ministerpräsident Sardinien-Piemonts und Italiens

**Giuseppe Garibaldi** (1807–1882): italienischer Freiheitskämpfer

## M1 Südeuropa nach dem Wiener Kongress

— Grenzen Kgr. Italien 1861–1866 — Erwerbungen bis 1914

1. Analysieren Sie die Karte.
2. Erläutern Sie die politische und kulturelle Situation auf der Apennin-Halbinsel in der ersten Hälfte des 19. Jh. (M1, Darstellungstext).

## M2 Das junge Italien

Giuseppe Mazzini, der Gründer des Geheimbundes „Junges Italien", schreibt im Juli 1831:

Das junge Italien ist republikanisch und unitarisch. Republikanisch: Denn in der Theorie sind alle Menschen der gleichen Nation dazu berufen, nach dem Gesetze Gottes und der Menschheit frei, gleich und verbrüdert zu sein. Die republikanische Verfassung ist die einzige, welche diese Zukunft sichert. Die Souveränität liegt ausschließlich in der Nation, dem einzigen fortschrittlichen und ewigen Deuter des höchsten sittlichen Gesetzes, überall, wo das Privilegium an der Spitze des sozialen Baues eingesetzt ist, verdirbt es die Gleichheit der Bürger, verzweigt sich in den Gliedern und bedroht die Freiheit des Landes, überall, wo die Souveränität in mehreren verschiedenen Mächten anerkannt ist, steht der Vergewaltigung der Weg offen. […]

Das „junge Italien" ist unitarisch: Denn ohne Einheit gibt es keine wirkliche Nation, weil es ohne Einheit keine Macht gibt, und Italien, umgeben von unitarischen Nationen, die kräftig und eifersüchtig sind, vor allem mächtig sein muss. Der Föderalismus würde es zur Machtlosigkeit der Schweiz führen, und es müsste notgedrungen dem Einfluss der einen oder anderen angrenzenden Nation verfallen. Der Föderalismus würde der Rivalität der verschiedenen Orte, die heute erloschen ist, neues Leben geben und so Italien ins Mittelalter zurückführen.

Giuseppe Mazzini, Politische Schriften, Leipzig 1911, S. 103 ff., zitiert nach: Wolfgang W. Mickel (Hrsg.), Politik und Gesellschaft, Bd. 1, Frankfurt am Main 1978, S. 72 f.

1. Arbeiten Sie heraus, welche politischen Positionen Mazzini vertritt.
2. Erläutern Sie, inwiefern Mazzinis Gedanken als revolutionär und modern bezeichnet werden können.

## M3 Statuto Albertino

Das Statuto Albertino, benannt nach König Carlo Alberto Amadeo von Sardinien-Piemont, wurde von diesem am 4. März 1848 ohne Beteiligung des Volkes oder von Volksvertretern erlassen. Diese Verfassung war von 1848 bis 1861 im Königreich Sardinien-Piemont gültig und wurde ab 1861 auf das neu gegründete Königreich Italien übertragen. In diesem war sie bis 1946 in Kraft.

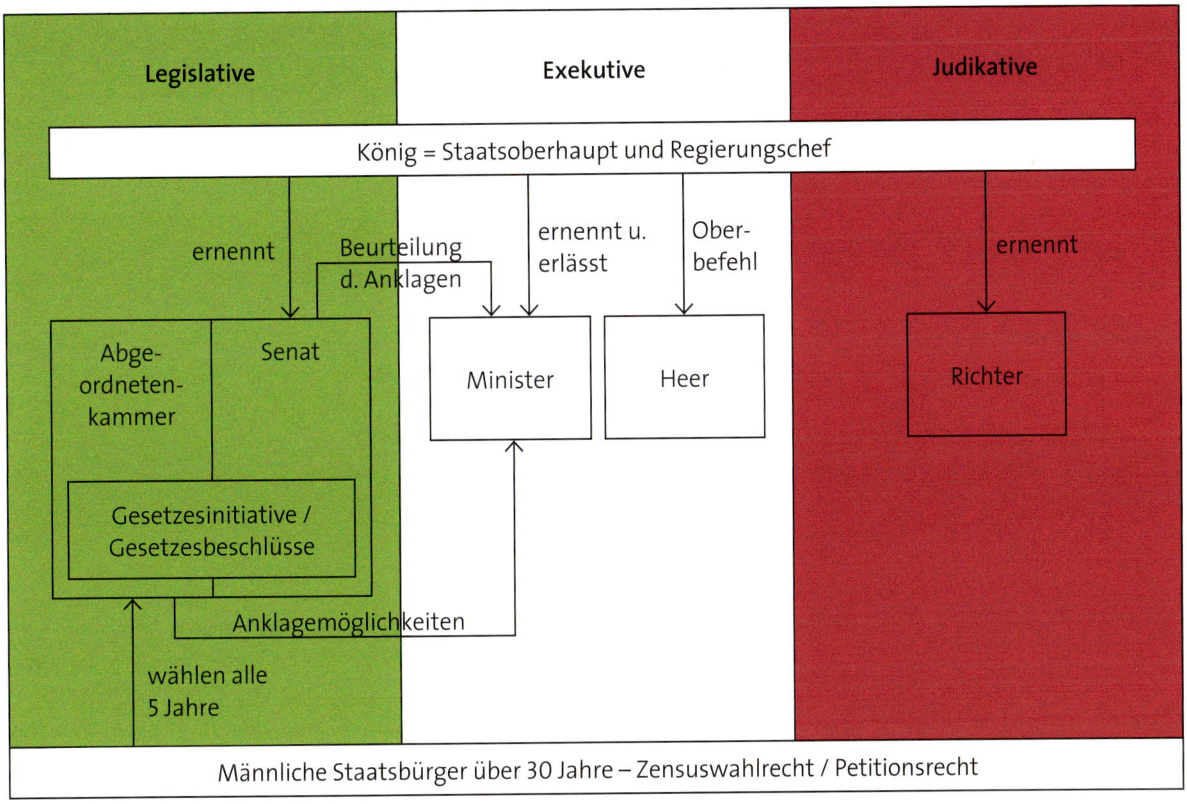


1. Analysieren Sie das Schaubild zum „Statuto Albertino“.
2. Beurteilen Sie, welche Elemente der Verfassung als modern bezeichnet werden können.

## M4 Die Einigung Italiens wird vorbereitet

In einem Brief berichtet Cavour König Vittorio Emanuele II. von Savoyen über eine Unterredung mit Napoleon III. vom 24. Juli 1858:

Der Kaiser [schnitt] die Frage an, welches der Grund meiner Reise war. […] Er sei entschlossen, Sardinien mit allen Kräften in einem Kriege gegen Österreich zu unterstützen, vorausgesetzt [dass sich] dieser Krieg […] [vor] der öffentlichen Meinung Frankreichs und Europas rechtfertigen ließe. Da die Suche nach einer solchen Sache die größte Schwierigkeit […] darstellte, […] schlug [ich] zuerst vor, die Beschwerden […] [wegen] des mit uns geschlossenen Handelsvertrages [geltend zu machen] […]. Darauf erwiderte der Kaiser, eine Handelsfrage könne nicht einen Krieg veranlassen, der bestimmt sei, die Landkarte Europas zu verändern […]. Meine Stellung wurde ungemütlich, weil ich nichts Bestimmtes mehr vorzuschlagen hatte. Der Kaiser kam mir zu Hilfe, und wir machten uns zusammen daran und durchliefen alle italienischen Staaten, um diesen so schwer zu findenden Kriegsgrund zu suchen. Nachdem wir die ganze Halbinsel erfolglos durchreist hatten, kamen wir beinahe unerwartet in Massa und Carrara an, und dort entdeckten wir, was wir so eifrig suchten […]. [Wir] kamen […] überein, dass ein Appell der Bevölkerung an Eure Majestät provoziert werden sollte, der Ihren Schutz erbitten und sogar die Annexion dieser Herzogtümer durch Sardinien verlangen würde. Eure Majestät würden

[…] eine […] drohende Note an den Herzog von Modena richten. Der Herzog würde, im Vertrauen auf die Unterstützung Österreichs, eine freche Antwort erteilen. Daraufhin würde Eure Majestät Massa besetzen, und der Krieg könnte beginnen […]. Wir gingen darauf zu der großen Frage über: Wie soll das Kriegsziel aussehen? Der Kaiser gab ohne Weiteres zu, dass es notwendig sei, die Österreicher aus Italien hinauszuwerfen […]. Nachdem das künftige Schicksal Italiens festgelegt war, fragte mich der Kaiser, was Frankreich bekommen würde und ob Eure Majestät Savoyen und die Grafschaft Nizza abtreten würden. Ich erwiderte […], Sie seien […] bereit, Savoyen zu opfern, obwohl es Sie hart ankomme, auf ein Land Verzicht zu leisten, das die Wiege Ihrer Familie gewesen sei.

Zitiert nach: Heinz Dieter Schmid (Hrsg.), Fragen an die Geschichte, Bd. 3, Frankfurt am Main 1977, S. 220

1. Arbeiten Sie die Strategie Cavours heraus.
2. Beurteilen Sie diese Strategie im Kontext der italienischen Nationalstaatsbildung.
3. Vergleichen Sie Cavours Vorgehen mit dem Bismarcks beim Deutsch-Französischen Krieg 1870, nachdem Sie das Kapitel zur deutschen Nationalstaatsbildung bearbeitet haben. | F

## M5 Einhundert Jahre Italien

Die italienische Post gab 1961 diese Briefmarke heraus. Sie erinnert an die einhundertste Wiederkehr der Einigung Italiens.

Der Text lautet: „1861 Einhundertjahrfeier der Einheit Italiens"

1. Analysieren Sie die Briefmarke.
2. Erläutern Sie die Darstellung und begründen Sie, ob sie Ihrer Ansicht nach angemessen ist.

## M6 Erfindung der italienischen Nation

Anlässlich der 150. Wiederkehr der Einigung Italiens erscheint am 17. März 2011 der folgende Artikel von Nikos Tzermias in der Neuen Zürcher Zeitung:

Vor 150 Jahren, am 17. März 1861, wurde der König von Piemont-Sardinien, Viktor Emanuel II., zum König von Italien proklamiert. Der damals geschaffene zentralistische Nationalstaat war eine Fehlkonstruktion mit bis heute negativen Folgen. In kaum einem anderen Land stehen so viele gigantische Nationaldenkmäler wie in Italien. Riesig sind nicht nur die Statuen des Grafen Camillo von Cavour, von Giuseppe Mazzini und Giuseppe Garibaldi. Irrwitzig kolossal ist auch das 81 Meter hohe und 135 Meter breite Nationaldenkmal für Viktor Emanuel II., den ersten König des am 17. März 1861 gegründeten Nationalstaats Italien. […] Mit seinem Altar des Vaterlands sakralisiert das „Vittoriano" die Idee des einen und unteilbaren Italien und schlägt den Bogen zum Römischen Reich, das auch den faschistischen Diktator Mussolini inspirierte. […] Dieser übersteigerte, zunehmend aggressive Nationalismus wurde damit gerechtfertigt, dass Italien ähnlich wie Deutschland, dem die Schaffung des Nationalstaates gar erst 1871 unter preußischer Führung gelang, eine „verspätete Nation" sei, die einen Nachholbedarf in der Kolonialpolitik aufweise. Im Fall Italiens war der „imperiale" Nationalismus, der schon vor Mussolini begonnen hatte, aber auch Ausdruck eines starken Minderwertigkeitsgefühls. Die Hoffnungen, dass Italien mit der Schaffung eines Einheitsstaates endlich rasch zu einer politisch und wirtschaftlich erstrangigen europäischen Nation aufsteigen würde, waren enttäuscht worden. Der Erste Weltkrieg, an dem sich Italien aus nationalistischer Expansionslust beteiligte, forderte 600 000 Menschenleben, ohne dass sich die erhofften Terraingewinne voll realisieren ließen. […] Die Schaffung des Nationalstaates war […] alles andere als zwangsläufig, sondern zwanghaft. Das eine und unteilbare Italien entsprach 1861, rund dreizehn Jahrhunderte nach dem Ende des Römischen Reichs, einem Wunschbild, das mit den realen Verhältnissen scharf kontrastierte und noch heute in mancher Hinsicht wirklichkeitsfremd geblieben ist. Es wurde deshalb auch schon gefragt, ob die Einigung Italiens ein historischer Unfall gewesen sei. […] Während des Risorgimento war Italien immer noch stark fragmentiert. […] Noch heute manifestiert sich die wechselhafte Geschichte in Italien in einem starken Regionalismus oder noch häufiger in einem an die Heimatstadt gebundenen Lokalpatriotismus. Nicht von ungefähr werden in Italien die Staatsbürger wie die Städter als Cittadini bezeichnet. Selbst in sprachlicher Hinsicht stellte Italien zur Zeit des

Risorgimento längst keine Einheit mehr dar. Es gab keine Sprache, die noch eine Mehrheit der Bewohner der Halbinsel verstanden hätte. In den verschiedenen Landesteilen wurden zum Teil stark voneinander abweichende, direkt auf das Vulgärlatein zurückgehende Idiome gesprochen. Das erste italienische Parlament, das Viktor Emanuel zum König ausrief, tagte gar auf Französisch, das die Parlamentarier noch am ehesten beherrschten. […] Dass Italien zur Zeit des Risorgimento fast nur noch einen geografischen Begriff darstellte, wie es einmal der Fürst Metternich formulierte, war einem Großteil der damaligen italienischen Politiker und Intellektuellen durchaus bewusst. Der von Mazzini und Garibaldi vertretene Unitarismus war umstritten, und als Alternative wurden föderalistische Modelle diskutiert. Der Mailänder Intellektuelle und Revolutionär Carlo Cattaneo sah im Unitarismus eine Gefahr für die Freiheit des einzelnen Bürgers. Selbst die piemontesischen Ministerpräsidenten Cavour und Massimo D'Azeglio wandten sich vor der Einigung gegen die Schaffung eines zu zentralistischen Nationalstaats. Kritisch war auch die Äußerung von D'Azeglio zu verstehen, Italien sei geschaffen worden, doch müssten erst noch die Italiener gemacht werden. […] Cavour und D'Azeglio zweifelten allerdings vor allem an der Kompatibilität des Südens mit dem Norden. Mit dem weder von Cavour noch vom König gutgeheißenen, doch erfolgreichen Freischärler-Feldzug Garibaldis im Mai 1860 durch Sizilien und Kalabrien wurde Piemont-Sardinien jedoch unter Zugzwang gesetzt. Es schickte seine eigenen Truppen nach Süden, um die Kontrolle über die Ereignisse nicht zu verlieren. Aus machtpolitischen Gründen wurde in der Folge dann doch ein sehr zentralistischer Staat unter Herrschaft der Savoyer Könige durchgesetzt. […] Die Einigung beruhte vorwiegend auf kriegerisch erzielten Annexionen, die durch Plebiszite legitimiert wurden, an denen sich die große Mehrheit der Bevölkerung wegen des erwähnten Zensuswahlrechts nicht beteiligte. Der neue Staat schien in Teilen des Volks anfänglich durchaus begrüßt zu werden, doch nicht aus Nationalbewusstsein, sondern in der Erwartung einer Verbesserung der unmittelbaren Lebensverhältnisse. Vorab im Süden wurden diese Hoffnungen aber bald enttäuscht, was im Mezzogiorno[1] regelrechte Volksaufstände auslöste und auch den Nährboden für die Plage der Mafia bildete. Zur Unterdrückung der Unruhen, die offiziell als Banditentum heruntergespielt wurden, stand über Jahre hinweg ein Heer von rund 100 000 Mann im Einsatz, und die Auseinandersetzungen forderten mehr Menschenleben als alle Unabhängigkeitskriege des Risorgimento zusammen. Die Aufstände hingen vorab damit zusammen, dass Garibaldis Versprechen einer Landreform nicht eingelöst wurde und die feudalistischen, von Großgrundbesitzern dominierten Wirtschaftsstrukturen belassen wurden. Für Unzufriedenheit sorgten auch eine hohe Steuerbelastung durch den Zentralstaat, der bei der Modernisierung der Infrastruktur vorab den Norden begünstigte. Weitere Komplikationen ergaben sich 1870 mit der Besetzung des Kirchenstaates, nach welcher Rom im Jahr darauf italienische Hauptstadt wurde. Obwohl der Katholizismus zur Staatsreligion erklärt wurde und dem Papst Freiheit und Sicherheit garantiert wurden, forderte Pius IX. die Gläubigen in der Bulle „non expedit" dazu auf, sich nicht an Wahlen zu beteiligen. […]

Nikos Tzermias, Die Erfindung der italienischen Nation (17. März 2011), in: Neue Zürcher Zeitung, www.nzz.ch/die_erfindung_der_italienischen_nation-1.9922649 [Zugriff: 18.08.2020]

1. Arbeiten Sie die These und die Argumente des Autors heraus.
2. Erörtern Sie, ob die italienische Nationalstaatsbildung ein Erfolg gewesen ist. Dies können Sie mithilfe der Kooperationsform „Fishbowl" durchführen.

[1] **Mezzogiorno**: ital. für Mittag, gemeint ist der Süden Italiens.

## Der Blick aufs Ganze

1. Es gibt Historiker, die die italienische Nationalstaatsbildung als eine „nachholende Modernisierung" charakterisieren. Überprüfen Sie diese Einschätzung.
2. Gestalten Sie eine Visualisierung, die den Prozess der italienischen Einigung verdeutlicht. | F

# Die deutsche Nationalstaatsbildung – eine nachholende Modernisierung?

**Kaiserproklamation im Spiegelsaal des Versailler Schlosses.**
Ölgemälde (270 x 270 cm mit Rahmen) von Anton von Werner, 1885 (Ausschnitt).
Das Bild entstand im Auftrag des Kaisers zum 70. Geburtstag Bismarcks. Im linken Teil des Gemäldes stehen Kaiser Wilhelm I. und der Großherzog von Baden (den Arm zur Ausrufung des Kaisers erhoben), der Kronprinz, die deutschen Fürsten und die Vertreter der Hansestädte. Vor den Stufen sind Bismarck in weißer Uniform, der die Proklamation des Kaisers verliest, und Generalstabschef Helmuth von Moltke zu sehen. Bismarck trug tatsächlich eine blaue Uniform.

- ▶ Analysieren Sie das Gemälde.
- ▶ Stellen Sie Hypothesen auf, welche Rolle das Gemälde und das darauf abgebildete Ereignis im Prozess der deutschen Nationalstaatsbildung spielten.

**Nach der Revolution: Rückschritt oder Modernisierung?** | Mit dem Ende der Revolution von 1848/49 war die Gründung eines Nationalstaates, der Einheit und Freiheit für alle Deutschen bringen sollte, gescheitert. Statt Freiheit herrschte ein reaktionäres Klima der Unterdrückung und statt Einheit die Vielstaaterei des Deutschen Bundes. Viele blickten auf das Vorbild Frankreich und auf seine moderne Verfassung. Hier bildeten Staat und Nation eine Einheit und sowohl die Abgeordneten der Nationalversammlung als auch der Präsident wurden in allgemeinen und gleichen Wahlen von allen volljährigen Männern bestimmt.

Doch auch in Deutschland wirkten Liberalismus und Nationalismus weiter. Viele versammelten sich über die Landesgrenzen hinweg bei Turn-, Sänger- oder Schützenfesten und gründeten Vereinigungen wie den „Deutschen Schützenbund“ (1861) oder den „Deutschen Sängerbund“ (1862). Nach wie vor existierten liberale Parteien. Im preußischen Landtag spielten sie sogar eine dominante Rolle. Der 1859 gegründete „Deutsche Nationalverein“ setzte sich mit offizieller Duldung des preußischen Königs für eine „kleindeutsche Lösung“ ein, also für die Einigung Deutschlands unter Ausschluss – auch des deutschsprachigen – Österreichs, angeführt von Preußen. Dies stieß aber auf den entschiedenen Widerstand Österreichs, das die Führungsrolle im Deutschen Bund ebenfalls beanspruchte.

Die 1850er-Jahre waren von Stillstand und Unterdrückung geprägt. Bewegung brachte ein Konflikt in Preußen.

**Ein Konflikt und Kriege bahnen den Weg zur Einheit** | Der preußische König Wilhelm I. wollte 1861 das stehende Feldheer erheblich verstärken. Doch die liberale Mehrheit im Landtag verweigerte ihm die Haushaltsmittel, da die von Bürgerlichen geführte preußische Landwehr durch diese Heeresreform geschwächt wurde. Wilhelm lehnte die Vorstellung eines parlamentarischen Budgetrechts in Heeresfragen ab und beanspruchte als Monarch die alleinige Entscheidungsgewalt für sich. Die Verfassung sah für diesen Fall kein Kompromissverfahren vor. Die Ernennung Otto von Bismarcks zum preußischen Ministerpräsidenten im September 1862 brachte die Wende. Als Konservativer war er ein kompromissloser Verfechter der Dominanz des Monarchen.

Zunächst setzte Bismarck die Heeresreform durch und regierte ohne offiziell genehmigten Haushalt. Ein Krieg des Deutschen Bundes gegen Dänemark 1864 begünstigte die von Bismarck favorisierte „kleindeutsche Lösung". Der Streit um die Kriegsbeute Schleswig-Holstein zwischen Österreich und Preußen lieferte den Anlass für eine militärische Lösung der „Deutschen Frage". 1866 verlor das Habsburgerreich im „Deutschen Krieg" gegen Preußen. Letzteres war damit zur Vormacht im Deutschen Bund aufgestiegen.

Die bürgerliche Nationalbewegung begrüßte den neuen Bund. Sie störte es nicht, dass der Norddeutsche Bund nicht durch eine **„Revolution von unten"**, sondern durch Machtpolitik „von oben" entstanden war. Für sie wog schwerer, dass er ein Bundesstaat war mit gemeinsamer Verfassung und einem gewählten Bundestag, mit Bismarck als Kanzler und Wilhelm I. als Bundespräsidenten.

**Wilhelm I.** (1797–1888): preußischer König (1861–1888) und Deutscher Kaiser ab 1871

**Alle gegen Frankreich: die Reichsgründung** | Die süddeutschen Fürstentümer und Königreiche waren mit ihrer teils katholischen, anti-preußisch gesinnten Bevölkerung wenig geneigt, ihre Eigenständigkeit aufzugeben und sich dem Norddeutschen Bund anzuschließen. Doch diese Staaten fühlten sich gleichzeitig durch Frankreichs aggressive Außenpolitik bedroht. Bismarck nutzte dies geschickt aus, um mit ihnen geheime „Schutz- und Trutzbündnisse" auszuhandeln.

1870 provozierte Bismarck den französischen Kaiser Napoleon III. zu einer Kriegserklärung gegen Preußen. Er gab im Juli 1870 mit Billigung des Königs ein bewusst verkürztes Telegramm („Emser Depesche") an die Presse, das den französischen Kaiser diplomatisch demütigte, sodass dieser mit einer Kriegserklärung antwortete. Nun sahen sich die süddeutschen Staaten gezwungen, ihre Truppen auf der Grundlage der „Schutz- und Trutz-Bündnisse" in Bewegung zu setzen.

Im September 1870 kapitulierte Napoleon III. nach der französischen Niederlage in der Schlacht von Sedan und begab sich in deutsche Gefangenschaft. Während der Krieg noch andauerte, bemühte sich Bismarck um einen Beitritt der süddeutschen Herrscher zu einem künftigen kleindeutschen Nationalstaat. Am 18. Januar 1871 ließ Wilhelm I. sich im Spiegelsaal des Schlosses von Versailles vor den versammelten Fürsten und Generälen zum Deutschen Kaiser ausrufen. Damit stand der formalen Gründung des **Deutschen Kaiserreiches** nichts mehr im Wege. Durch eine **„Revolution von oben"** war ein deutscher Nationalstaat entstanden.

**Eine moderne Verfassung?** | Auf der Grundlage der Verfassung des Norddeutschen Bundes erhielt das Deutsche Kaiserreich im Frühjahr 1871 eine Verfassung. Das Reich war ein „ewiger Bund" der beigetretenen Monarchen und Freien Städte und eine konstitutionelle Monarchie mit dem preußischen König als Erbkaiser und einem Bundesrat als Vertretung der 25 Einzelstaaten, der an der Gesetzgebung mitwirkte. Auf der anderen Seite stand ein mit allgemeinem Männerwahlrecht gewählter Reichstag mit Budgetrecht. Die Regierung mit Bismarck als Reichskanzler war jedoch nur dem Kaiser verantwortlich und konnte nur von diesem ernannt oder entlassen werden. **Grundrechte** enthielt die Verfassung im Gegensatz zu der des Jahres 1849 nicht. Die oktroyierte[1] **Reichsverfassung** enthielt liberale und monarchisch-konservative Vorstellungen, das Gewicht lag aber deutlich auf letzteren.

**Internettipp:**
Einen Videoclip des ZDF zur Einigung Deutschlands finden Sie unter dem Code 32051-05.

[1] **oktroyieren**: aufzwingen

## M1 „Eisen und Blut“

Am 23. September 1862 hat das Abgeordnetenhaus mit 308 gegen elf Stimmen den Etat der Militärverwaltung gestrichen. Sieben Tage später, kurz nach seinem Amtsantritt, hält Otto von Bismarck, der neue preußische Ministerpräsident, eine programmatische Rede vor der Budgetkommission des preußischen Abgeordnetenhauses, in der er unter anderem sagt:

Nicht auf Preußens Liberalismus sieht Deutschland, sondern auf seine Macht; Bayern, Württemberg, Baden mögen dem Liberalismus indulgieren[1], darum wird ihnen doch keiner Preußens Rolle anweisen; Preußen muss seine Kraft zusammenfassen und zusammenhalten auf den günstigen Augenblick, der schon einige Male verpasst ist; Preußens Grenzen nach den Wiener Verträgen sind zu einem gesunden Staatsleben nicht günstig; nicht durch Reden und Majoritätsbeschlüsse werden die großen Fragen der Zeit entschieden – das ist der große Fehler von 1848 und 1849 gewesen – sondern durch Eisen und Blut.

Otto von Bismarck, Die gesammelten Werke, Bd. 10, Berlin 1928, S. 138 f.

1. Charakterisieren Sie Bismarcks politische Grundsätze anhand dieser Rede.
2. Ordnen Sie die Rede in den Prozess der deutschen Nationalstaatsbildung ein (Darstellungstext, M1).
3. Beurteilen Sie, inwiefern die politischen Grundsätze Bismarcks im Prozess der deutschen Nationalstaatsbildung Anwendung gefunden haben (Darstellungstext, M1).

## M2 Programm der Nationalliberalen Partei

Das Gründungsprogramm der Nationalliberalen Partei vom 12. Juni 1867 legt die Ziele der Partei folgendermaßen dar:

Als im vorigen Jahre der alte Bund zusammenbrach und die preußische Regierung den ernsten Willen bekundete, das nationale Band zu erhalten und die deutsche Einheit auf festeren Grundlagen herzustellen, da war es uns nicht zweifelhaft, dass die liberalen Kräfte der Nation mitwirken müssten, wenn das Einigungswerk gelingen und zugleich die Freiheitsbedürfnisse des Volkes befriedigen sollte. [...] Wir verkannten niemals das Schwierige der Aufgabe, im Zusammenwirken mit einer Regierung, welche jahrelang den Verfassungskonflikt aufrechterhalten und ohne Budgetgesetz verwaltet hatte, mit unvollkommenen konstitutionellen Waffen die freiheitliche Entwicklung zu fördern. Aber wir unterzogen uns dieser Aufgabe mit dem festen Willen, durch fortgesetzte ernste Arbeit die Schwierigkeit zu überwinden, und mit der Zuversicht, dass die Größe des Zieles die Tatkraft des Volkes stärken wird. Denn uns beseelt und vereinigt der Gedanke, dass die nationale Einheit nicht ohne die volle Befriedigung der liberalen Ansprüche des Volkes erreicht und dauernd erhalten und dass ohne die tatkräftige und treibende Macht der nationalen Einheit der Freiheitssinn des Volkes nicht befriedigt werden kann. Deshalb ist unser Wahlspruch: Der deutsche Staat und die deutsche Freiheit müssen gleichzeitig mit denselben Mitteln errungen werden. Es wäre ein verderblicher Irrtum zu glauben, dass das Volk, seine Fürsprecher und Vertreter nur die Interessen der Freiheit zu wahren brauchen, die Einheit dagegen auch ohne uns durch die Regierung auf dem Wege der Kabinettspolitik werde aufgerichtet werden. Die Einigung des ganzen Deutschlands unter einer und derselben Verfassung ist uns die höchste Aufgabe der Gegenwart. Einen monarchischen Bundesstaat mit den Bedingungen des konstitutionellen Rechts in Einklang zu bringen, ist eine schwere, in der Geschichte bisher noch nicht vollzogenen Aufgabe; die Verfassung des Norddeutschen Bundes hat sie weder vollständig im Umfange, noch in endgültig befriedigender Weise gelöst. Aber wir betrachten das neue Werk als den ersten unentbehrlichen Schritt auf der Bahn zu dem in Freiheit und Macht gefestigten deutschen Staate. Der Beitritt Süddeutschlands, welchen die Verfassung offenhält, muss mit allen Kräften und dringlich befördert werden, aber unter keinen Umständen darf er die einheitliche Zentralgewalt in Frage stellen oder schwächen. [...] Die Endziele des Liberalismus sind beständige, aber seine Forderungen und Wege sind nicht abgeschlossen vom Leben und erschöpfen sich nicht in festen Formeln. Sein innerstes Wesen besteht darin, die Zeichen der Zeit zu beachten und ihre Ansprüche zu befriedigen. Die Gegenwart spricht deutlich, dass in unserem Vaterlande jeder Schritt zur verfassungsmäßigen Einheit zugleich ein Fortschritt auf dem Gebiete der Freiheit ist oder den Antrieb hierzu in sich trägt.

Zitiert nach: Hagen Schulze, Der Weg zum Nationalstaat. Die deutsche Nationalbewegung vom 18. Jahrhundert bis zur Reichsgründung, München 1985/1997, S. 168 ff.

1. Ordnen Sie die Aussagen des Textes in einer Tabelle den Kategorien „liberal“ und „national“ zu.
2. Erörtern Sie die These des Historikers Hagen Schulze, die Gründung der Nationalliberalen Partei 1867 sei „das Ende der bürgerlichen Nationalbewegung“ gewesen.

[1] **indulgieren**: Nachsicht üben

## M3 Die Emser Depesche

Im Juli 1870 weilt der preußische König Wilhelm I. zur Kur in Bad Ems, als ihn Graf Benedetti, der Botschafter Frankreichs, beim Spaziergang anspricht und seine weitreichenden Forderungen bezüglich der Bewerbung des Hauses Hohenzollern um die spanische Königswürde vorträgt. Heinrich Abeken, Begleiter des Königs und Verbindungsmann Bismarcks, berichtet über die Vorgänge in einem Telegramm vom 13. Juli, der „Emser Depesche“, nach Berlin:

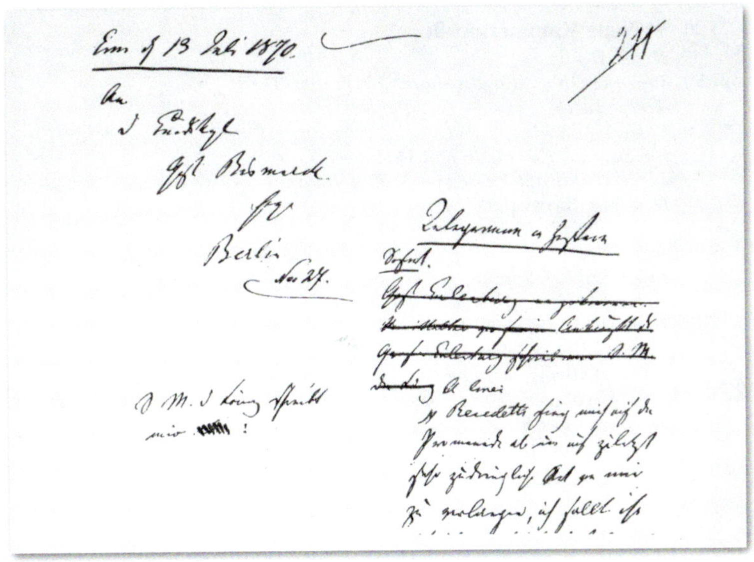

**Emser Depesche.**
Manuskript Heinrich Abekens.

Ems, den 13. Juli 1870.

S. M.[1] der König schreibt mir:
„Graf Benedetti[2] fing mich auf der Promenade ab, um auf zuletzt sehr zudringliche Art von mir zu verlangen, ich sollte ihn autorisieren, sofort zu telegrafieren, dass ich für alle Zukunft mich verpflichte, niemals wieder meine Zustimmung zu geben, wenn die Hohenzollern auf ihre Kandidatur zurückkämen. Ich wies ihn, zuletzt etwas ernst, zurück, da man à tout jamais[3] dergleichen Engagement nicht nehmen dürfe, noch könne. – Natürlich sagte ich ihm, dass ich noch nichts erhalten hätte, und da er über Paris und Madrid früher benachrichtigt sei als ich, er wohl einsähe, dass mein Gouvernement wiederum außer Spiel sei.“
S. M. hat seitdem ein Schreiben des Fürsten bekommen. Da S. M. dem Grafen Benedetti gesagt, dass er Nachricht vom Fürsten[4] erwarte, hat Allerhöchstderselbe mit Rücksicht auf die obige Zumutung, auf des Grafen Eulenburg[5] und meinen Vortrag beschlossen, den Grafen Benedetti nicht mehr zu empfangen, sondern ihm nur durch einen Adjutanten sagen zu lassen: dass S. M. jetzt vom Fürsten die Bestätigung der Nachricht erhalten, die Benedetti aus Paris schon gehabt, und dem Botschafter nichts weiter zu sagen habe.
S. M. stellt Eurer Exzellenz anheim, ob nicht die neue Forderung Benedettis und ihre Zurückweisung sogleich sowohl unseren Gesandten als in der Presse mitgeteilt werden sollte.

*Bismarck gibt folgende Mitteilung an die Presse weiter:*
Berlin, den 13. Juli 1870.
[zur Station: 11.15 nachm.]

Nachdem die Nachrichten von der Entsagung des Erbprinzen von Hohenzollern der Kaiserlich Französischen Regierung von der Königlich spanischen amtlich mitgeteilt worden sind, hat der französische Botschafter in Ems an S. M. den König noch die Forderung gestellt, ihn zu autorisieren, dass er nach Paris telegrafiere, dass S. M. der König sich für alle Zukunft verpflichte, niemals wieder seine Zustimmung zu geben, wenn die Hohenzollern auf ihre Kandidatur wieder zurückkommen sollten. S. M. der König hat es darauf abgelehnt, den französischen Botschafter nochmals zu empfangen, und demselben durch den Adjutanten vom Dienst sagen lassen, dass S. M. dem Botschafter nichts weiter mitzuteilen habe.

Otto von Bismarck, Die gesammelten Werke, Bd. 6, Berlin, S. 369 und 371

1. Analysieren Sie die beiden Versionen der Emser Depesche.
2. Beurteilen Sie die Bedeutung der Emser Depesche im Prozess der deutschen Nationalstaatsbildung.
3. Vergleichen Sie das Vorgehen Bismarcks mit dem Vorgehen Cavours im Prozess der italienischen Nationalstaatsbildung.

---

[1] **S. M.**: Seine Majestät
[2] **Vincent Graf von Benedetti**: französischer Botschafter in Berlin
[3] **à tout jamais** (frz.): für immer, für die Zukunft
[4] Gemeint ist hier Karl Anton Fürst von Hohenzollern-Sigmaringen, dessen Sohn Leopold der spanische Thron angeboten worden war. Nach der Erbregelung des Hauses Hohenzollern hatte nicht der Sohn, sondern sein Vater das letzte Wort über die Entscheidung, ob Leopold die Kandidatur annehmen sollte.
[5] **Graf Friedrich zu Eulenburg**: preußischer Innenminister

## M4 Der Weg zur Reichseinigung

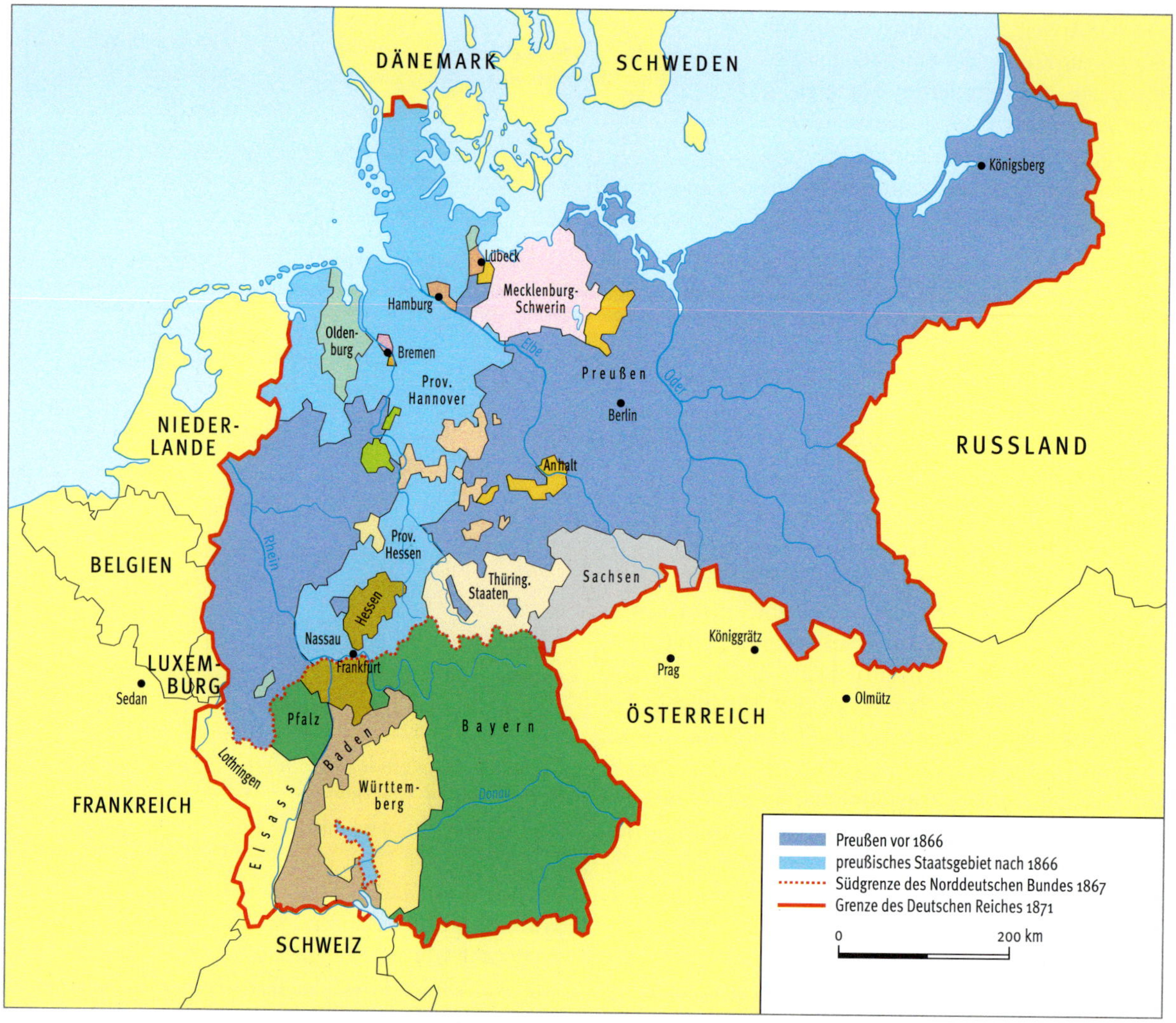


1. Analysieren Sie die Karte.
2. Erläutern Sie die Etappen der deutschen Nationalstaatsbildung von 1866 bis 1871 (M4, Darstellungstext).

## M5 Erscheinungsformen des Nationalstaates

Der deutsche Historiker Theodor Schieder (1908–1984) versuchte, die Bildung von Nationen und Nationalstaaten in Europa während des 19. und des 20. Jh. zu analysieren. Er identifiziert drei Erscheinungsformen des Nationalstaates in Europa:

I[m Zeitalter der Revolution] hat sich die Nationalisierung des modernen Europa, die für den nationalsouveränen Staat den Vorrang vor allen anderen Staatsformen beanspruchte, vollendet, aber nicht in einem einmaligen großen Anlauf und mit überall gleichen Mitteln, sondern in einem langen Prozess, innerhalb dessen wir drei Etappen unterscheiden können. Jede dieser drei Etappen stellt nicht nur eine besondere zeitliche Phase dar, sondern hat ganz verschiedene Ergebnisse, Nationalstaaten verschiedenen Typs hervorgebracht. In der ersten Etappe bildet sich der moderne Nationalstaat […] durch eine innerstaatliche Revolution, in der die Gemeinschaft der Bürger einen bereits bestehenden Staat auf bestimmte politische Werte und am Ende auf den Volkswillen, die volonté générale im Sinne Rousseaus, die Nation als Willensgemeinschaft neu gründet. Das subjektive Bekenntnis zu dem auf diese

Weise neugeschaffenen Staat bleibt das einzige Merkmal einer politischen Nationalität, nicht etwa Sprache, Volksgeist oder Nationalcharakter. Die berühmte Definition des Abbé Sieyès lautet: Eine Nation ist „eine Gesamtheit von vereinigten Individuen, die unter einem gemeinsamen Gesetz stehen und durch dieselbe gesetzgebende Versammlung vertreten sind". Nation ist also Staatsbürgerschaft, nicht in erster Linie Sprach- und Kulturgemeinschaft, wenn beides auch zusammenfallen kann und in der Regel zusammenfällt. […] Man kann diesen Typus des Nationalstaats nationalrevolutionär und nationaldemokratisch nennen, da in ihm das Prinzip der Volkssouveränität in verschiedenen Abwandlungen wirksam und unter Freiheit der Nation in erster Linie innere Freiheit, innere Selbstbestimmung der Nation verstanden wird. […]

Die zweite Phase steht im Zeichen der Entstehung von Nationalstaaten aus staatlich getrennten Teilen von Nationen, die ihre politische Zerrissenheit überwinden wollen. Der nationalrevolutionäre Akt gestaltet nicht einen vorhandenen Staat um, sondern will einen neuen schaffen. […] [Die Nation] erscheint als eine *vor* dem Staat gegebene, entweder historisch oder kulturell oder als sozialer Verband begründete Größe. […] Staatliche Trennung kulturell und sprachlich homogener Völker wird als Zwangsordnung empfunden und ihr gegenüber staatliche Vereinigung im nationalen Staat als Aufrichtung einer natürlichen Ordnung. […] „Einheit" ist ein beinahe magisches Wort in dieser zweiten Phase und überwiegt sehr oft gegenüber „Freiheit" […].

In der dritten Phase geht es wiederum um ein anderes Problem […]. Das politische Bewusstsein dieser Bewegungen und der sie tragenden Völker wird nicht *im* und *am* Staat entwickelt, sondern durch die Gegnerschaft gegen den bestehenden Staat geprägt. Der bestehende Staat ist das Fremde, das Trennende, die Gewalt, die der Entfaltung der nationalen Persönlichkeit entgegensteht, die eigenen nationalen Traditionen, die in vielen Fällen vor die großen Reichsbildungen zurückreichen, zerstört. Daraus folgt noch etwas anderes: Im Bereiche der großen dynastischen Reichsgebilde […] bildet sich der moderne Nationalstaat nicht durch Zusammenschluss getrennter Teile, sondern durch Abtrennung, durch Sezession. Äußere und innere Freiheit fallen zusammen oder besser: innere demokratische Freiheit wird durch äußere Freiheit erst ermöglicht.

Theodor Schieder, Typologie und Erscheinungsformen des Nationalstaats in Europa, in: Historische Zeitschrift 202 (1966), S. 58–81, S. 62 ff.

1. Arbeiten Sie die drei Erscheinungsformen des Nationalstaates heraus.
2. Begründen Sie, welcher Erscheinungsform die deutsche Nationalstaatsbildung zugeordnet werden kann.
3. Ordnen Sie den Erscheinungsformen weitere Beispiele von Nationalstaatsbildungen in Europa zu. | H
4. Theodor Schieder schreibt selbst: „Nimmt man alle Abweichungen zur Kenntnis, so erweist sich das Drei-Phasen-Schema höchstens als ein Prinzip, das uns eine idealtypische Vereinfachung sehr komplizierter Vorgänge gestaltet". Erörtern Sie die Vor- und Nachteile dieses Schemas. | F

## Der Blick aufs Ganze

1. Überprüfen Sie, ob es sich bei der deutschen Nationalstaatsbildung um eine Form nachholender Modernisierung handelt (Darstellungstext, M5).
2. Der deutsche Historiker Hans-Ulrich Wehler schreibt über die deutsche Nationalstaatsbildung: „Wie ihre formative [gestaltende] Anfangsphase jeder Institution ihren Stempel aufdrückt, wurde auch der deutsche Neustaat durch […] Entscheidungen im Sinne der von Bismarck verfochtenen Politik auf lange Zeit geprägt."[1]
   Erläutern Sie die Entscheidungen Bismarcks, die Wehler als „Stempel" charakterisiert, und bewerten Sie auf dieser Grundlage die deutsche Nationalstaatsbildung.

Sie können diese Einheit mithilfe der Kooperationsform W-E-G (Wissen – Erlernen – Gelernt) bearbeiten:

1. Bilden Sie Arbeitsgruppen von mehreren Personen.
2. Notieren Sie gemeinsam unter der Rubrik „W", was Sie bereits über das Thema „deutsche Nationalstaatsbildung" wissen.
3. Bestimmen Sie in Einzelarbeit unter der Rubrik „E", was Sie an diesem Thema interessiert und was Sie erfahren möchten. Stellen Sie dies Ihren Gruppenmitgliedern vor.
4. Systematisieren Sie Ihre Erkenntnisinteressen in der Gruppe und teilen Sie diese untereinander auf.
5. Versuchen Sie, Ihre Fragen mithilfe des Materials zu beantworten. Weiten Sie ggf. Ihre Recherche dafür aus.
6. Finden Sie sich nach Abschluss der Recherche wieder in der Gruppe zusammen und halten Sie Ihre Lernergebnisse unter der Kategorie „G" gemeinsam fest.

[1] Hans-Ulrich Wehler, Deutsche Gesellschaftsgeschichte, Bd. 3: Von der Deutschen Doppelrevolution bis zum Beginn des Ersten Weltkriegs 1849–1914, München 1995, S. 482

Methode

# Verfassungsschemata auswerten

Der Aufbau eines Staates ist oft kompliziert und Verfassungen umfassen viele eng beschriebene Seiten. Verfassungsschemata können dabei helfen, Zusammenhänge, Strukturen und Beziehungen anschaulich zu machen. Sie stellen konstruierte Hilfsmittel dar und ersetzen keine historischen Quellen und Darstellungen. Grafiken vereinfachen, lassen manche Aspekte weg und berücksichtigen Entwicklungen und Veränderungen nur bedingt. Ihre Vorteile sind, dass sie Wesentliches deutlich und Vergleiche leichter möglich machen, als es ein reiner Text könnte. Jedes Schaubild muss aber zunächst einmal richtig gelesen und dann geprüft werden.

Leitfragen zu den Arbeitsschritten finden Sie auf S. 244;
eine Lösungsskizze zu den Arbeitsaufträgen auf S. 253.

## HINTERGRUNDINFORMATIONEN

Bei der **deutschen Verfassung**, die **1871 in Kraft** trat, fielen Verfassungstext und Verfassungsrealität schon bald weit auseinander. Dem Text nach war der Souverän nicht das Volk oder der Kaiser, sondern die im Bundesrat zusammengeschlossenen deutschen Fürsten, unter denen der Kaiser als König von **Preußen** lediglich **primus inter pares** (dt.: „Erster unter Gleichen") war. Anders wäre die Zustimmung einiger süddeutscher Staaten – besonders Bayerns – für die Reichseinigung nicht zu erlangen gewesen. Ab 1890 spielte sich der neue Kaiser Wilhelm II. aber derart in den Vordergrund, dass die anderen deutschen Fürsten hinter ihn zurücktraten und in der Öffentlichkeit kaum noch wahrgenommen wurden. In der Theorie gab es ferner keine Reichsregierung: Nur Bismarck bekleidete das **Amt des Reichskanzlers** und war ausschließlich dem Kaiser gegenüber verantwortlich. In der Praxis ließ sich diese Konstruktion aber nicht durchhalten, und 1878 wurde in dem sogenannten Stellvertretergesetz bestimmt, dass der Reichskanzler für bestimmte Ressorts Stellvertreter bestimmen durfte. Diese agierten faktisch als Minister und bildeten eine Regierung, auch wenn sie selbst nur den Titel von Staatssekretären hatten und ihre Bürokratien lediglich als „Ämter" bezeichnet wurden. Aus diesem Grund heißt bis heute das deutsche Außenministerium offiziell „Auswärtiges Amt". Bei den **Wahlen** zum Reichstag wurde ferner das allgemeine und gleiche Männerwahlrecht eingeführt und damit ein Wahlrecht installiert, das eines der demokratischsten in Europa darstellte. Bismarck war sich sicher, dass die meisten Bauern konservativ wählen würden, doch verlief die demografische Entwicklung anders, als er vorausgesehen hatte: Durch die rapide Industrialisierung und Verstädterung entstand schon bald eine wachsende Arbeiterklasse, die sich mehrheitlich in der Sozialdemokratie organisierte. Dem Text der Verfassung nach hatte der **Reichstag** – abgesehen vom Budgetrecht – kaum Kompetenzen. Aber schon seit der Mitte der 1890er-Jahre stellte sich heraus, dass ein Reichskanzler oder ein Staatssekretär, der das Vertrauen des Reichstages verloren hatte, sich kaum halten konnte. Auch waren in der Verfassung keine **politischen Parteien** vorgesehen. Schon in den 1870er-Jahren waren diese aber nicht mehr aus dem politischen Leben wegzudenken, und ihre Bedeutung stieg bis 1914 kontinuierlich weiter an.

Wilhelm II. (1859–1941): seit 1888 König von Preußen und Deutscher Kaiser. Nach seiner Abdankung im Jahre 1918 lebte er im Exil im niederländischen Doorn.

**M1 Die Verfassung des Deutschen Reiches vom April 1871**

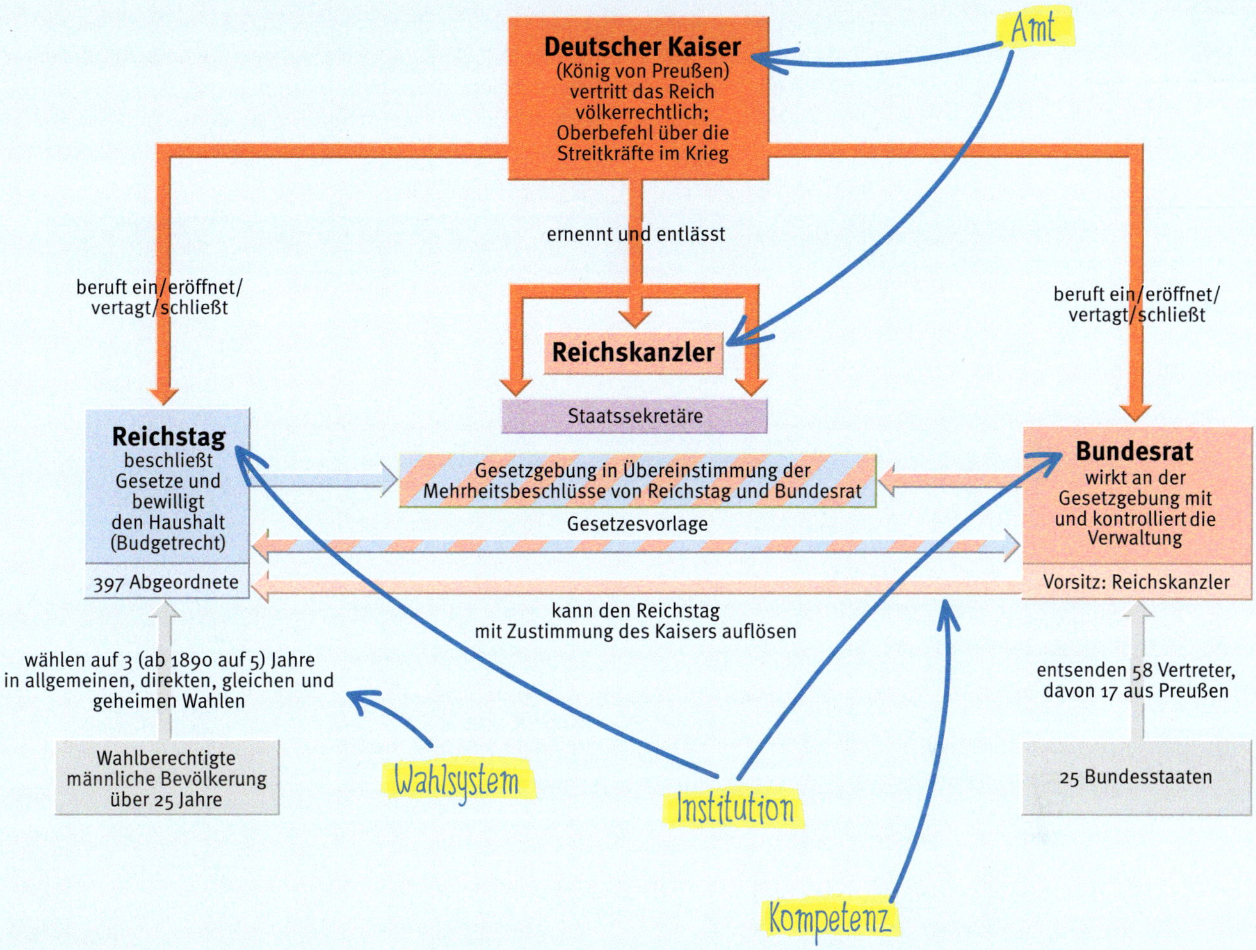


1. Beschreiben Sie den Aufbau des Schaubildes und stellen Sie die Kompetenzen der jeweiligen Verfassungsorgane dar.
2. Die Verfassungstheorie und die Verfassungsrealität fallen sehr weit auseinander. Analysieren Sie die entsprechenden Unterschiede. Berücksichtigen Sie dazu die Hintergrundinformationen.
3. Überprüfen Sie, wer die Regierung in der Theorie und in der Realität verkörpert.

Methode

# Lieder als historische Quellen interpretieren

Leitfragen zu den Arbeitsschritten finden Sie auf S. 245; eine Lösungsskizze zu den Arbeitsaufträgen auf S. 245 f.

Lieder gehören zu den eher wenig genutzten historischen Quellen. Doch sind sie Ausdruck der Zeit, in der sie entstanden sind und in der sie gesungen wurden. Lieder erinnern an individuelle und kollektive Erfahrungen, verkünden religiöse oder politische Einstellungen, erzeugen solidarische oder ablehnende Gefühle. Sie sind in der Regel leicht lernbar und reproduzierbar. Man kann sie unabhängig von Ort und Zeit mit und ohne Instrumente singen. Zielsetzung und Wirkung eines Liedes müssen nicht identisch sein. Sie hängen von der Weitergabe und oft auch von Umdichtungen des Textes ab. Auch Perspektive und Hörgewohnheiten der Menschen, die sie singen und hören, spielen eine große Rolle. Dennoch lassen sich Charakter und Aussage von Liedern durch ein analytisches Vorgehen recht genau bestimmen.

| Polaritätsprofil | | | | | | |
|---|---|---|---|---|---|---|
| | sehr | ziemlich | ein wenig | ziemlich | sehr | |
| kräftig | | | | | | gedämpft |
| kühl | | | | | | gefühlvoll |
| angenehm | | | | | | unangenehm |
| feierlich | | | | | | ungezwungen |
| angespannt | | | | | | gelöst |
| geordnet | | | | | | zufällig |
| volltönend | | | | | | dünn |
| kontrastreich | | | | | | einförmig |
| gehemmt | | | | | | schwungvoll |
| vertraut | | | | | | ungewohnt |
| ausdrucksvoll | | | | | | matt |
| traurig | | | | | | froh |
| vergnügt | | | | | | ernst |
| aufdringlich | | | | | | zurückhaltend |
| einfach | | | | | | kompliziert |
| vorwärtsstrebend | | | | | | ruhend |
| geheimnisvoll | | | | | | durchschaubar |
| zurückhaltend | | | | | | mitreißend |
| lebhaft | | | | | | müde |
| interessant | | | | | | langweilig |
| merkwürdig | | | | | | vertraut |

Aus: Michael Sauer, Lieder im Geschichtsunterricht, Geschichte lernen Heft 50 (1996), S. 6

**HINTERGRUNDINFORMATIONEN**

„Die Wacht am Rhein" ist eines der **berühmtesten deutschen Nationallieder** des 19. Jh. Max Schneckenburger war 21 Jahre alt, als er den Text als Reaktion auf die Rheinkrise 1840 schrieb. Das Gedicht und eine erste Vertonung blieben unbekannt, bis Carl Wilhelm, Männerchorleiter in Krefeld (Rheinland), im März 1854 eine zweite Version komponierte. Diese wurde drei Monate später in Koblenz zur Silberhochzeit des späteren Königs- und Kaiserpaares Wilhelm und Augusta gesungen und daraufhin schnell populär, auch durch die Aufnahme in das erste Liedheft des 1862 gegründeten Deutschen Sängerbundes. Im Krieg von 1870/71 entwickelte sich das Lied zu einem **Kampf- und Kriegslied** – danach war es so etwas wie die heimliche Nationalhymne des neu gegründeten Deutschen Kaiserreiches.

## M1 Max Schneckenburger: Die Wacht am Rhein

1. Es braust ein Ruf wie Donnerhall,
wie Schwertgeklirr und Wogenprall:
zum Rhein, zum Rhein, zum deutschen Rhein!
Wer will des Stromes Hüter sein?
Lieb Vaterland, magst ruhig sein,
lieb Vaterland magst ruhig sein;
Fest steht und treu die Wacht, die Wacht am Rhein,
fest steht und treu die Wacht, die Wacht am Rhein.

2. Durch Hunderttausend zuckt es schnell,
und aller Augen blitzen hell:
Der Deutsche, bieder, fromm und stark,
beschützt die heil'ge Landesmark[1]!
Lieb Vaterland …

3. Er blickt hinauf in Himmelsau'n,
wo Heldenväter niederschau'n,
und schwört mit stolzer Kampfeslust:
‚Du, Rhein, bleibst deutsch wie meine Brust!'
Lieb Vaterland …

4. ‚Und ob mein Herz im Tode bricht,
wirst du doch drum ein Welscher[2] nicht;
reich wie an Wasser deine Flut
ist Deutschland ja an Heldenblut.'
Lieb Vaterland …

5. So lang ein Tropfen Blut noch glüht,
noch eine Faust den Degen zieht
und noch ein Arm die Büchse spannt,
betritt kein Feind hier deinen Strand!
Lieb Vaterland …

6. Der Schwur erschallt, die Woge rinnt,
die Fahnen flattern hoch im Wind:
Am Rhein, am Rhein, am deutschen Rhein,
wir alle wollen Hüter sein!
Lieb Vaterland …"

Zitiert nach: Manfred Sievritts, Lied – Song – Chanson, Bd. 2: Politisch Lied, ein garstig Lied?, Wiesbaden 1984, S. 394

1. Analysieren Sie musikalische Gestaltung (Polaritätsprofil) und Text des Liedes.
2. Erläutern Sie, in welchem Kontext das Lied entstanden ist.
3. Bewerten Sie die Entwicklung des Liedes zu einer Art heimlichen Nationalhymne des Deutschen Kaiserreiches (M1, M2).

## M2 „Die Wacht am Rhein" und die Reichsgründung

Am 26. Mai 1871 bittet die Leitung des Deutschen Sängerbundes Reichskanzler Bismarck, er möge dem Komponisten des Liedes eine Unterstützung zukommen lassen. Zur Begründung heißt es:

Möchte man […] der nicht geringen Bedeutung eingedenk sein, die die Macht eines patriotischen, inmittelst zur Nationalhymne gewordenen Liedes auf die Entwicklung der verwichenen großen Zeitepoche ohnfehlbar ausgeübt hat. Unter den begeisterten Klängen der ‚Wacht am Rhein' eilte sofort das geeinte deutsche Volk in Nord und Süd freudig zu den Waffen, um den frevelhaften Übermut des tollen Erbfeindes zu brechen, unter dem Donner der Geschütze ertönte oft jene herzerhebende Melodie, beim Lagerfeuer im fernen Feindesland belebte der Klang der ‚Wacht am Rhein' unsere kampfermatteten Heldenbrüder zu neuen Siegestaten, und jetzt wird dieselbe bereits in Fleisch und Blut des deutschen Volkes übergegangene Weise unsere lorbeergeschmückten Krieger in die traute Heimat zurückgeleiten.

Bismarck sagt eine jährliche Zahlung zu. An den Komponisten schreibt er am 24. Juni:

Sie haben durch die Komposition von Max Schneckenburgers Gedicht: ‚Die Wacht am Rhein' dem deutschen Volke ein Lied gegeben, welches mit der Geschichte des eben beendeten, großen Krieges untrennbar verwachsen ist. Entstanden zu einer Zeit, wo die deutschen Rheinlande in ähnlicher Weise wie vor einem Jahre von Frankreich bedroht schienen[3], hat ‚Die Wacht am Rhein' ein Menschenalter später, als die Drohung sich verwirklichte, in der begeisterten Entschlossenheit, mit welcher unser Volk den ihm aufgedrungenen Kampf aufgenommen und bestanden hat, ihren vollen Anklang gefunden. Ihr Verdienst, Herr Musikdirektor, ist es, unserer letzten Erhebung die Volksweise geboten zu haben, welche daheim, wie im Felde dem nationalen Gemeingefühle zum Ausdruck gedient hat.

Zitiert nach: Manfred Sievritts, Lied – Song – Chanson, Bd. 2: Politisch Lied, ein garstig Lied?, Wiesbaden 1984, S. 395 f.

Unter folgendem Code 32051-06 kann das Lied angehört werden.

[1] **Landesmark**: Gebiet an der Grenze des Landes
[2] **Welscher**: Französisch sprechender Mensch (abwertend)

[3] Gemeint ist die sog. Rheinkrise 1840, ausgelöst durch Forderungen der französischen Öffentlichkeit, der Rhein solle die Ostgrenze Frankreichs bilden.

# Entstehen durch die Industrialisierung moderne Gesellschaften in Europa?

**„Das neue Verhältnis zwischen Arbeiter und Unternehmer."**
Karikatur aus dem „Neuen Postillon", Schweiz 1896.

- Analysieren Sie die Karikatur.
- Gestalten Sie den Inhalt einer Sprech- bzw. Denkblase zu einer der dargestellten Personen.

**Karl Marx** (1818–1883): Journalist, Philosoph und Begründer des Marxismus

**Bürgerliche Klassengesellschaft – eine Auswirkung der Industrialisierung?** | Durch die Verbreitung der Lohnarbeit in den Fabriken entstand im Zuge der Industrialisierung eine neue gesellschaftliche Gruppe: die Arbeiterschaft. Der Adel musste seine Rolle als gesellschaftliche Elite mit den aufstrebenden Unternehmern teilen oder zum Teil sogar abgeben. Auf der anderen Seite gewannen die aus dem Bürgertum stammenden Unternehmer an Bedeutung als wichtigste Arbeitgeber und als Steuerzahler. Aus den durch Geburt bestimmten Ständen wurden durch die Abschaffung der Privilegien gesellschaftliche Klassen, die sich nicht mehr durch Abstammung, sondern durch ihre wirtschaftliche Stellung in der Gesellschaft definieren. So entstand aus der Stände- oder Feudalgesellschaft im 19. Jh. eine **Klassengesellschaft**.

Der Philosoph und Ökonom Karl Marx analysierte die gesellschaftlichen Veränderungen. Laut Marx führte die Industrialisierung dazu, dass sich die Gesellschaft mehrheitlich in zwei Klassen spaltete: **Bourgeoisie**[1] und **Proletariat**[2]. Erstere bestehe aus den Unternehmern, welche über die Produktionsmittel (Maschinen, Fabriken, Kapital) verfügten, während die Arbeiter, das Proletariat, nur ihre Arbeitskraft verkaufen konnten.

**Industrialisierung: Wohlstand für wenige?** | Das hohe Bevölkerungswachstum im 19. Jh. führte zu einem Überangebot an Arbeitskräften, sodass die Unternehmer die Löhne senken konnten. Obwohl die Wirtschaft wuchs, reichten die Löhne der einfachen

[1] **Bourgeoisie**: franz. für Bürgertum; Marx bezeichnet damit die herrschende soziale Klasse der Gesellschaft.
[2] **Proletariat**: Der Begriff leitet sich ab von der Bezeichnung für diejenigen Bürger im Alten Rom, die nichts anderes besaßen als ihre eigenen Nachkommen (lat. proles).

Arbeiter häufig nicht aus, um das Überleben der Familien zu sichern. Frauen und Kinder waren gezwungen, zum Familieneinkommen beizutragen. Dadurch wuchs das Angebot an Arbeitskräften weiter, die Löhne blieben niedrig und die Arbeitsbedingungen schlecht. Die Beschäftigten litten unter hohen Belastungen: Tägliche Arbeitszeiten von 16 bis 18 Stunden waren keine Seltenheit. Gearbeitet wurde an sechs Tagen in der Woche, Urlaub gab es nicht. Lediglich die Sonn- und Feiertage waren meist frei. Durch unzureichenden Schutz kam es zu Arbeitsunfällen, in deren Folge die Invaliden arbeitslos wurden, sofern sie überlebten.

Die Lebenserwartung war gering, was auch an den Wohnverhältnissen lag: In den „Mietskasernen“ der Arbeiter herrschten katastrophale hygienische Zustände (oft kein fließendes Wasser, keine Kanalisation) sowie drängende Enge. Das geringe Einkommen erlaubte nur einfachste Ernährung und schlechte Gesundheitsversorgung. Die Frage, wie diese Zustände beseitigt werden können, wurde bereits von Zeitgenossen als **Soziale Frage** bezeichnet.

**Reform oder Revolution?** | Während auch von Kirchen und Unternehmern Versuche zur Lösung der Sozialen Frage unternommen wurden, war es vor allem die **Arbeiterbewegung**, die die materiellen Lebensumstände und die Bildung der Arbeiterschaft zu verbessern suchte. Marxisten oder Kommunisten sahen in einer sozialistischen **Revolution** die einzige Lösung der Sozialen Frage. Im Gegensatz dazu hielten gemäßigte Arbeiterführer es für möglich, die Soziale Frage durch **Reform** zu lösen. Um dieses Ziel zu erreichen, mussten jedoch die Arbeiter einen größeren Einfluss auf die Politik gewinnen. Daher war ihre zentrale Forderung die Einführung des allgemeinen, gleichen, direkten und geheimen Wahlrechts. In den 1860er- und 70er-Jahren bildeten sich in vielen europäischen Ländern sozialistische Parteien (Deutschland, Österreich, Dänemark, Schweden etc.). Im Jahr 1864 schlossen sich die sozialistischen Parteien Europas erstmals in der „Internationalen Arbeiterassoziation“ zusammen, einer Vorläuferin der bis heute existierenden „Sozialistischen Internationale“. Grundsätzlich ist in den verschiedenen Ländern Europas zu beobachten: Je mehr Arbeiterbewegungen in ihrer Arbeit behindert und Sozialisten verfolgt wurden, desto früher bildeten sich sozialistische Parteien und verfolgten einen radikalen, revolutionären Kurs. In Großbritannien beispielsweise waren Gewerkschaften bereits 1824 zugelassen. Unternehmer betrachteten Arbeitervertreter als Verhandlungspartner.

**Internettipp:**
Die Friedrich-Ebert-Stiftung betreibt ein Portal zur Geschichte der deutschen Arbeiterbewegung; zu finden unter dem Code 32051-07.

**Zuckerbrot und Peitsche** | Im Deutschen Reich galt zwischen 1878 und 1890 das sog. Sozialistengesetz. Sozialistische Vereine wurden verboten und Parteiführer aus dem Land gewiesen. Durch die **Sozialistenverfolgung** sollten die Arbeiterparteien politisch ausgeschaltet werden. Gleichzeitig versuchte Bismarck durch **Sozialpolitik** die Arbeiterschaft mit dem Staat zu versöhnen und führte ab 1883 eine gesetzliche Krankenversicherung, Unfallversicherung und Alters- und Invaliditätsversorgung ein. Dank dieser Gesetze verbesserte sich die soziale Sicherheit der Arbeitnehmer spürbar. Krank zu werden oder dauerhaft nicht mehr arbeiten zu können, war nun nicht mehr gleichbedeutend mit dem Verlust jeglichen Einkommens. Allerdings sorgten die Versicherungen nur für absolute Notfälle und oft reichten die Bezüge nicht aus.

Die von Bismarck angestrebte Schwächung der Sozialdemokratie wurde mit diesen Maßnahmen nicht erreicht. Als das „Sozialistengesetz“ aufgehoben wurde, gründete sich die Sozialdemokratische Partei Deutschlands (SPD). 1912 wurde sie die stärkste Fraktion im Reichstag. Auch in Schweden stellte die sozialistische Partei vor dem Ersten Weltkrieg die stärkste Fraktion im nationalen Parlament. In Frankreich wurde die Gründung von Gewerkschaften und Berufsverbänden 1884 erlaubt. Um die Jahrhundertwende entstanden auch dort Sozialgesetze und eine Fürsorge für Bedürftige.

**Otto von Bismarck** (1815–1898): von 1862 bis 1890 mit kurzer Unterbrechung preußischer Ministerpräsident; 1871–1890 deutscher Reichskanzler

## M1 Die Lage der Arbeiter

Der Professor für Rechts- und Staatswissenschaft Franz Josef Ritter von Buß ist der erste deutsche Politiker, der auf das Los der Arbeiter aufmerksam macht. Am 25. April 1837 spricht er im Badischen Landtag über das „soziale Problem“:

Das Fabrikwesen erzeugt eine Hörigkeit neuer Art. Der Fabrikarbeiter ist der Leibeigene eines Brotherrn, der ihn als nutzbringendes Werkzeug verbraucht und abgenutzt wegwirft. […] Der Fabrikarbeiter ist aber nicht bloß der Leibeigene eines Herrn, er ist der Leibeigene der Maschine, die Zubehörde einer Sache. […] Um leben zu können, muss er arbeiten: Nicht immer findet er alsbald Arbeit in einer andren Fabrik; […] und sah man nicht oft Fabrikherren zum Zweck gemeinsamer Herabdrückung des Lohnes sich verbünden?
Auch die politische Stellung des Fabrikarbeiters ist trostlos. Wegen seiner Abhängigkeit kann er politische Rechte nicht genießen, und würden sie ihm auch gewährt, so würde er, als Werkzeug seines Brotherrn, sie nach dessen Laune ausüben müssen. Nach der gesamten Stellung des Arbeiters kann der Staat ihm nicht einmal den Schutz gewähren, den das materielle Recht ihm schuldet: Nur als Armer fühlt der Arbeiter die Wohltaten des Staatsverbandes. […] Die Tendenz unserer Staaten zur Überbevölkerung und [die] anschwellende Anzahl der Fabrikarbeiter führt […] zu einer wahren Massenarmut. […] Eine Ersparung ist dem Arbeiter selbst bei günstigen Verhältnissen nur in geringem Maße möglich; jede längere Unterbrechung der Arbeit zwingt ihn, die öffentliche Hilfe anzusprechen. […] Die Schaffung einer Masse von Fabrikproletariern wirft […] nicht bloß einen verheerenden Krankheitsstoff in die Gesellschaft, sondern in ihr wird auch eine furchtbare, stets bereite Waffe den politischen Faktionen angeboten. Die Tendenz des Umsturzes, wahrlich in unsern Tagen nur zu sehr verbreitet, findet in den Fabrikheloten[1] die nahen Verbündeten, einmal weil ihre eigne unbehagliche Stellung in jeder gesellschaftlichen Veränderung ihnen eine Abhilfe vorspiegelt, ferner weil sie in dem die Fabrikherren schützenden Staat den eignen Feind erblicken.

Zitiert nach: Ernst Schraepler (Hrsg.), Quellen zur Geschichte der sozialen Frage in Deutschland, Bd. 1: 1800–1870, Göttingen [3]1964, S. 66–70

1. Beschreiben Sie die Situation der Arbeiter.
2. Erläutern Sie die Probleme, die nach Buß aus der sozialen Lage der Arbeiter entstehen.
3. Entwickeln Sie Lösungsansätze zu der angeführten Kritik.

[1] **Helot**: griech. für Sklave

## M2 Manifest der Kommunistischen Partei

Karl Marx und Friedrich Engels veröffentlichen im Februar 1898 im Londoner Exil das „Manifest“. Darin heißt es:

Die Geschichte aller bisherigen Gesellschaft ist die Geschichte von Klassenkämpfen. Freier und Sklave, Patrizier und Plebejer, Baron und Leibeigener, Zunftbürger und Gesell, kurz, Unterdrücker und Unterdrückte standen in stetem Gegensatz zueinander, führten einen ununterbrochenen, bald versteckten, bald offenen Kampf, einen Kampf, der jedes Mal mit einer revolutionären Umgestaltung der ganzen Gesellschaft endete oder mit dem gemeinsamen Untergang der kämpfenden Klassen. […]
Die aus dem Untergang der feudalen Gesellschaft hervorgegangene moderne bürgerliche Gesellschaft hat die Klassengegensätze nicht aufgehoben. Sie hat nur neue Klassen, neue Bedingungen der Unterdrückung, neue Gestaltungen des Kampfes an die Stelle der alten gesetzt. Unsere Epoche, die Epoche der Bourgeoisie, zeichnet sich jedoch dadurch aus, dass sie die Klassengegensätze vereinfacht hat. Die ganze Gesellschaft spaltet sich mehr und mehr […] in zwei große, einander direkt gegenüberstehende Klassen: Bourgeoisie und Proletariat. […] Im Anfang kämpfen die einzelnen Arbeiter, dann die Arbeiter einer Fabrik, dann die Arbeiter eines Arbeitszweiges an einem Ort gegen den einzelnen Bourgeois, der sie direkt ausbeutet. […] Auf dieser Stufe bilden die Arbeiter eine über das Land zerstreute und durch die Konkurrenz zersplitterte Masse. […] Aber mit der Entwicklung der Industrie vermehrt sich nicht nur das Proletariat; es wird in größeren Massen zusammengedrängt, seine Kraft wächst […]. […] Es werden ferner […] durch den Fortschritt der Industrie ganze Bestandteile der herrschenden Klasse ins Proletariat hinabgeworfen oder wenigstens in ihren Lebensbedingungen bedroht. […] Wenn das Proletariat im Kampfe gegen die Bourgeoisie sich notwendig zur Klasse vereint, durch eine Revolution sich zur herrschenden Klasse macht und als herrschende Klasse gewaltsam die alten Produktionsverhältnisse aufhebt, so hebt es mit diesen Produktionsverhältnissen die Existenzbedingungen des Klassengegensatzes, die Klassen überhaupt, und damit seine eigene Herrschaft als Klasse auf.

Karl Marx, Die Frühschriften, Stuttgart 2004, S. 594–596

1. Charakterisieren Sie die Entwicklung der Klassengesellschaft nach Marx.
2. Beurteilen Sie, welche Wirkung diese Thesen auf die verschiedenen Gesellschaftsgruppen im 19. Jh. hatte.
3. Beurteilen Sie die Aktualität des Modells angesichts der historischen und gegenwärtigen Erfahrungen. | H

## M3 „Vorwärts, mit Dampf!"

Karikatur aus der sozialdemokratischen Zeitschrift „Der wahre Jakob" vom Mai 1892. Die Waggons tragen die Aufschriften Deutschland, Frankreich und England.

1. Erklären Sie die Symbolik der Karikatur.
2. Beurteilen Sie, welche Bedeutung die Forderung nach einem Acht-Stunden-Tag für die Arbeiter Ende des 19. Jh. in Europa hatte.

## M4 „The Strike in the region of Charleroi"

Gemälde von Robert Koehler aus dem Jahr 1886.

1. Beschreiben Sie detailliert die dargestellte Situation und die Figuren.
2. Gestalten Sie einen Dialog zwischen dem Unternehmer und dem Wortführer der Arbeiter. Spielen Sie diesen vor.
3. Diskutieren Sie, wie im Sinne einer Streitschlichtung ein friedlicher Kompromiss zwischen den verschiedenen Interessen aussehen könnte.

## M5 Gothaer Programm

1875 fordert die Sozialistische Arbeiterpartei Deutschlands:

1. Allgemeines, gleiches, direktes Wahl- und Stimmrecht mit geheimer und obligatorischer Stimmabgabe aller Staatsangehörigen vom zwanzigsten Lebensjahre an für alle Wahlen und Abstimmungen in Staat und Gemeinde. Der Wahl- oder Abstimmungstag muss ein Sonntag oder Feiertag sein.
2. Direkte Gesetzgebung durch das Volk. Entscheidung über Krieg und Frieden durch das Volk.
3. Allgemeine Wehrhaftigkeit. Volkswehr anstelle der stehenden Heere.
4. Abschaffung aller Ausnahmegesetze, namentlich der Press-, Vereins- und Versammlungsgesetze; überhaupt aller Gesetze, welche die freie Meinungsäußerung, das freie Denken und Forschen beschränken.
5. Rechtsprechung durch das Volk. Unentgeltliche Rechtspflege.
6. Allgemeine und gleiche Volkserziehung durch den Staat. Allgemeine Schulpflicht. Unentgeltlicher Unterricht in allen Bildungsanstalten. Erklärung der Religion zur Privatsache.

Die Sozialistische Arbeiterpartei Deutschlands fordert innerhalb der heutigen Gesellschaft:

1. Möglichste Ausdehnung der politischen Rechte und Freiheiten im Sinne der obigen Forderungen.
2. Eine einzige progressive Einkommensteuer für Staat und Gemeinde, anstatt aller bestehenden, insbesondere der das Volk belastenden indirekten Steuern.
3. Unbeschränktes Koalitionsrecht.
4. Einen den Gesellschaftsbedürfnissen entsprechenden Normalarbeitstag. Verbot der Sonntagsarbeit.
5. Verbot der Kinderarbeit und aller die Gesundheit und Sittlichkeit schädigenden Frauenarbeit.
6. Schutzgesetze für Leben und Gesundheit der Arbeiter. Sanitätliche Kontrolle der Arbeiterwohnungen, Überwachung der Bergwerke, der Fabrik-, Werkstatt- und Hausindustrie durch von den Arbeitern gewählte Beamte. Ein wirksames Haftpflichtgesetz. […]

Protokoll des Vereinigungs-Kongresses der Sozialdemokraten Deutschlands, abgehalten zu Gotha vom 22. bis 27. Mai 1875, Leipzig 1875, S. 78–79, zitiert nach: Hans Fenske (Hrsg.), Im Bismarckschen Reich 1871–1890, Darmstadt 1978, S. 141f.

1. Ordnen Sie zu, welche Forderungen innerhalb des Kaiserreiches durchzusetzen wären und welche nur als Folge einer Revolution erreichbar wären.
2. Charakterisieren Sie das Gothaer Programm.
3. Gestalten Sie ein Streitgespräch zwischen einem gemäßigten Arbeiterführer und einem Marxisten über das Gothaer Programm der SAPD.

## M6 Die moderne Klassengesellschaft

Der Historiker Dieter Ziegler schreibt über die gesellschaftlichen Veränderungen durch die Industrialisierung:

Mit dem Durchbruch der marktwirtschaftlichen Wirtschaftsordnung hatte sich […] auch die Ordnung der Gesellschaft fundamental verändert. Die alte, durch ständische Privilegien strukturierte Feudalgesellschaft wurde von der Marktgesellschaft abgelöst, deren strukturierendes Merkmal der Besitz von bzw. die Verfügungsgewalt über Kapitalgüter darstellt – oder aber deren Nichtbesitz. Dem französischen Soziologen Pierre Bourdieu folgend sollte der Kapitalbegriff dabei allerdings weiter gefasst werden als der klassische Marxsche Begriff der Produktionsmittel. Bourdieus Kapitalbegriff ergänzt das materielle Kapital (Vermögen, Produktionsmittel) durch die Dimension des kulturellen oder […] des sozialen Kapitals […]. Auf diese Weise wird erklärlich, weshalb […] Berufsgruppen wie Unternehmer und Universitätsprofessoren derselben sozialen Klasse, dem Bürgertum, angehören. […] Der Unternehmer verfügt über materielles, der Universitätsprofessor über kulturelles Kapital. In einer Klassengesellschaft wird die Einbindung in die gesellschaftliche Hierarchie nicht mehr wie in der Ständegesellschaft […] durch die Geburt festgelegt. In der Theorie ist es […] denkbar, dass ein Mensch im Laufe seines Lebens die soziale Klasse verlässt, in die er hineingeboren wurde. Praktisch war das […] sehr schwierig und kam im 19. Jahrhundert […] selten vor. […] Das Charakteristikum der Marktgesellschaft des 19. Jahrhunderts war […] die Herausbildung der sozialen Klasse der Fabrikarbeiterschaft. […] Was ihre soziale Lage betrifft, war auch die industrielle Fabrikarbeiterschaft vielfach in sich geschichtet. An der Spitze stand eine „Arbeiteraristokratie" von handwerklich hoch qualifizierten Facharbeitern (Setzer, Drucker, Lithografen, Goldschmiede, Steinmetze, Buchbinder). Sie wurden nicht nur […] recht gut bezahlt, sondern sie verdienten auch mehr als manch selbstständiger Handwerksmeister. […] Deutlich schlechter erging es den angelernten und schließlich den ungelernten Arbeitern. Bei den letzteren handelte es sich zum größten Teil um die erste Generation der vom Land zugewanderten Angehörigen der ländlichen Unterschicht.

Dieter Ziegler, Die Industrielle Revolution, Darmstadt [3]2012, S. 97

1. Erklären Sie den Begriff der Klassengesellschaft und begründen Sie, inwiefern diese sich als Auswirkung der Industrialisierung herausbildete.
2. Beurteilen Sie diese sozialen Veränderungen.
3. Vergleichen Sie die Situation im 19. Jh. mit der Gegenwart. | F

## M7 Socialist Jack

Der sozialistische Schachtelteufel, Karikatur aus der britischen Satirezeitschrift Punch vom 28. September 1878.

1. Analysieren Sie die Karikatur.
2. Beurteilen Sie die deutsche Sozialistenverfolgung aus britischer Sicht.

## M8 Sozialistengesetz

Das „Gesetz gegen die gemeingefährlichen Bestrebungen der Sozialdemokratie" galt vom 22. Oktober 1878 bis zum 30. September 1890:

§ 1 Vereine, welche durch sozialdemokratische, sozialistische oder kommunistische Bestrebungen den Umsturz der bestehenden Staats- oder Gesellschaftsordnung bezwecken, sind zu verbieten.
Dasselbe gilt von Vereinen, in welchen sozialdemokratische, sozialistische oder kommunistische auf den Umsturz der bestehenden Staats- oder Gesellschaftsordnung gerichtete Bestrebungen in einer den öffentlichen Frieden, insbesondere die Eintracht der Bevölkerungsklassen gefährdenden Weise zutage treten. […]

§ 9 Versammlungen, in denen sozialdemokratische, sozialistische oder kommunistische auf den Umsturz der bestehenden Staats- oder Gesellschaftsordnung gerichtete Bestrebungen zutage treten, sind aufzulösen. Versammlungen, von denen durch Tatsachen die Annahme gerechtfertigt ist, dass sie zur Förderung der im ersten Absatze bezeichneten Bestrebungen bestimmt sind, sind zu verbieten. Den Versammlungen werden öffentliche Festlichkeiten und Aufzüge gleichgestellt. […]

§ 11 Druckschriften, in welchen sozialdemokratische, sozialistische oder kommunistische auf den Umsturz der bestehenden Staats- oder Gesellschaftsordnung gerichtete Bestrebungen in einer dem öffentlichen Frieden, insbesondere die Eintracht der Bevölkerungsklassen gefährdenden Weise zutage treten, sind zu verbieten. Bei periodischen Druckschriften kann das Verbot sich auch auf das fernere Erscheinen erstrecken, sobald aufgrund dieses Gesetzes das Verbot einer einzelnen Nummer erfolgt. […]

§ 17 Wer an einem verbotenen Vereine (§ 6) als Mitglied sich beteiligt oder eine Tätigkeit im Interesse eines solchen Vereins ausübt, wird mit Geldstrafe bis zu fünfhundert Mark oder mit Gefängnis bis zu drei Monaten bestraft. Eine gleiche Strafe trifft denjenigen, welcher an einer verbotenen Versammlung (§ 9) sich beteiligt oder welcher nach polizeilicher Auflösung einer Versammlung (§ 9) sich nicht sofort entfernt. Gegen diejenigen, welche sich an dem Vereine oder an der Versammlung als Vorsteher, Leiter, Ordner, Agenten, Redner oder Kassierer beteiligen oder welche zu der Versammlung auffordern, ist auf Gefängnis von einem Monat bis zu einem Jahr zu erkennen. […]

Zitiert nach: Helga Grebing, Arbeiterbewegung. Sozialer Protest und kollektive Interessenvertretung bis 1914, München 1985, S. 149 f.

1. Erklären Sie, warum das Gesetz jeweils die Begriffe „sozialdemokratisch", „sozialistisch" und „kommunistisch" einzeln aufzählt.
2. Beurteilen Sie auch in Bezug auf das Gothaer Programm der SAPD (M5), inwiefern das Gesetz dazu diente, den Staat vor feindlichen Bestrebungen zu schützen.

### Der Blick aufs Ganze

1. Erörtern Sie, inwiefern sich durch die Industrialisierung moderne Gesellschaften herausgebildet haben.
2. Vergleichen Sie die Stände- mit der Klassengesellschaft.
3. Beurteilen Sie, ob der Begriff der Klassengesellschaft auf die Gesellschaft(en) der Gegenwart zutrifft. Dies kann mithilfe der Ampelabfrage geschehen.

# Erschafft die Industrialisierung eine neue Familie?

**„Familienidyll."**
Ölgemälde, Darstellung einer wohlhabenden, gutbürgerlichen Kleinfamilie von Louis Neustaetter (1829–1899), Deutschland 1868.

**Arbeiterfamilie.**
Foto vom 27.6.1910, Wohn- und Schlafraum in der Manteuffelstraße 64 in Berlin: Während die Mutter Knallbonbons fertigt, müssen die beiden Kinder helfen. Raummaße: 4,00 m lang, 2,75 m breit, 2,60 m hoch.

**Die Industrialisierung verändert die Familie** | Die typische Familie bestand im 18. Jh. aus einer erweiterten Haushaltsgemeinschaft: Eltern, Kinder, Großeltern sowie Gesinde und ggf. Verwandte lebten und arbeiteten gemeinsam unter einem Dach. Eine Trennung von Arbeits- und Privatleben gab es nicht, denn die Familie war nicht nur eine Lebens-, sondern auch eine Produktionsgemeinschaft. Alle Familien- und Haushaltsmitglieder arbeiteten auf dem Bauernhof oder im Handwerksbetrieb und trugen zum gemeinsamen Lebensunterhalt bei. Mit dem Wandel von der Agrar- zur Industriegesellschaft wurden Erwerbsarbeit und Haushalt zunehmend voneinander getrennt. Die Arbeit fand für immer mehr Menschen außer Haus statt, die Zahl der Bauern sank. Damit wurde die Familie zur Konsumgemeinschaft. Und angesichts der beengten Wohnverhältnisse in der Stadt entwickelte sich die ehemalige Groß- und Mehrgenerationenfamilie häufig zur Zweigenerationen- und Kleinfamilie.

**Die „ideale" bürgerliche Familie** | Schon im 18. Jh. bildete sich ein Idealbild der **bürgerlichen Familie** heraus. Ihm zufolge wurde die Ehe durch eine Liebesheirat begründet, bei der die Hoffnung auf eine große Mitgift oder gesellschaftliches Ansehen keine Rolle spielten.

Die Ehe- und Hausfrau hielt mit ihrer umsichtigen und sparsamen Führung des Haushalts dem Ehemann „den Rücken frei" und war ihm eine verständnisvolle Partnerin. Ihren Kindern war sie eine fürsorgliche Mutter. Im geschützten Bereich der Familie konnte der Nachwuchs mit der selbstlosen Zuwendung der Mutter bürgerliche Tugenden wie Bildung, Fleiß und Sauberkeit erlernen. Der Mann wiederum arbeitete außer Haus und sollte nach den damals herrschenden Vorstellungen in der Lage sein, mit seinem Einkommen allein den Lebensstandard der bürgerlichen Familie zu sichern. Die Zuschreibung dieser Männer- und Frauenrollen ist dabei weder naturgegeben noch seit Urzeiten üblich, sondern ein Resultat der industriellen Entwicklung.

Kinder wurden in vorindustrieller Zeit nicht anders behandelt als Erwachsene. Erst im 19. Jh. setzte sich die Erkenntnis durch, dass es sich bei der Kindheit um eine schutzbedürftige Entwicklungsphase handelt. Der Kampf gegen die Kinderarbeit und die Durchsetzung der allgemeinen Schulpflicht waren die logische Konsequenz.

Die Wohnung bot den einzelnen Familienmitgliedern Privatsphäre. Gleichzeitig war sie harmonischer Rückzugsraum gegenüber dem zunehmend durch Rationalität, Technik und Konkurrenzkampf geprägten Alltag. Feiern zu den Höhe- und Wendepunkten des Lebens fanden nun nicht mehr in erster Linie in der Öffentlichkeit statt, sondern im „trauten Heim". Und auch Feste wie Weihnachten und Ostern wandelten sich zum Familienfest.

Ein solches Familienleben und solche Frauen- und Männerrollen konnten sich nur Menschen leisten, die ein gesichertes Einkommen hatten. Es wurde aber zum Idealbild auch der Gesellschaftsschichten, die von einem solchen Familienleben nur träumen konnten.

Dabei war es nicht unumstritten. Viele empfanden dieses Leben als einengend und sie hielten nur mühsam die schöne Fassade nach außen aufrecht. Vertreterinnen der Frauenbewegung kritisierten das bürgerliche Familienleben wegen der beschränkten Entfaltungsmöglichkeiten für die Frauen, da es deren Rolle auf die „drei K: Küche, Kinder, Kirche" reduzierte.

**Internettipp:**
Ein Dossier zum Thema „Familie" der Bundeszentrale für politische Bildung finden Sie unter dem Code 32051-08.

**Die Arbeiterfamilien** | Für Arbeiter war das bürgerliche Familienmodell bis weit ins 20. Jh. hinein Vorbild und Ideal. Vor allem die anwachsende Schicht der Facharbeiter konnte es sich leisten, eine Familie zu gründen und einen Haushalt zu führen. Auch sie legten Wert darauf, dass die Ehefrauen nicht außerhalb des Hauses arbeiten mussten, sondern sich um die Kinder kümmern konnten.

Doch für die meisten **proletarischen Familien** sah die Realität anders aus. Sie konnten sich die bürgerliche Rollenverteilung nicht leisten. Um den Lebensunterhalt bestreiten zu können, mussten beide Ehepartner arbeiten. Dies führte häufig zu einer Doppelbelastung der Arbeiterfrauen. Sie mussten nicht nur durch Erwerbsarbeit zum Familieneinkommen beitragen, sondern zugleich nach bürgerlichem Vorbild die Rolle der treusorgenden Ehefrau und Mutter erfüllen.

Aufgrund der langen Arbeits- und Wegezeiten konnte von einem Familienleben oder gar von Freizeit kaum die Rede sein. Viele Kinder mussten bis zum gesetzlichen Verbot der Kinderarbeit hinzuverdienen. Ihnen blieb kaum Zeit und Energie für die Schule. Sobald die Schulpflicht endete, suchten sie sich eine Arbeit, blieben aber aus Kostengründen meist noch in der Wohnung der Eltern, die oft nur aus einem einzigen Raum bestand. Die Lage besserte sich erst gegen Ende des 19. Jh. mit den steigenden Reallöhnen und dem in den 1920er-Jahren staatlich geförderten Bau von Arbeiterwohnungen.

## M1 Lebenstreppen

Drucke von Ferdinand Leibner, um 1900. Beide Darstellungen waren mit einer Größe von 41 x 50,5 cm als Wandbilder gedacht.

Die Vignetten an den einzelnen Stufen finden Sie auf S. 277.

1. Vergleichen Sie die Rollenbilder von Frau und Mann anhand der beiden Darstellungen. | H
2. Ordnen Sie die Rollenbilder aus M1 in das Konzept der bürgerlichen Familie ein (Darstellungstext).
3. Begründen Sie, warum das bürgerliche Ideal für große Bevölkerungsgruppen nicht erreichbar war.

## M2 Bürgerliches Familienleben

Wie das tägliche Arbeitspensum in einem Ingenieurshaushalt einer süddeutschen Mittelstadt ausgesehen hat, beschreiben Marie Baum (1874–1964) und Alix Westerkamp (1876–1944) Ende der 1920er-Jahre:

Die Familie besteht aus dem Hausherrn, der Hausfrau, einer Stütze, einer Hausgehilfin und drei vorschulpflichtigen Kindern [...]. Der Hausherr ist Ingenieur bei einem Großbetrieb der Nachbarstadt. Er fährt täglich um 7 Uhr im eigenen Kleinauto fort und kommt abends frühestens ½ 6 Uhr, oft später heim. [...] Die Hausfrau, vor ihrer Heirat Sozialbeamtin, ist seither berufslos. Sie betätigt sich im Haushalt anordnend, einteilend und rechnend, hilft gelegentlich in der Küche, besorgt im Sommer das Einmachen und zusammen mit dem Hausherrn die Gartenarbeit, führt alle Besorgungen aus und beschäftigt sich sehr intensiv mit den Kindern. Geistig rege nimmt sie an Vorträgen außerhalb des Hauses teil und pflegt religionswissenschaftliche Studien.
Die Stütze, die das Familienleben teilt, versorgt die Kinder, näht, hilft bei der Hausarbeit und bei der wöchentlich stattfindenden Reinigung der Wäsche und vertritt die Hausfrau, wenn diese, was häufig vorkommt, den Hausherrn auf Dienstreisen begleitet.
Der Haushilfe liegt die Reinigung der Zimmer, die Küche und die Besorgung der Wäsche ob; soweit ihre Zeit dazu reicht, hilft sie bei der Gartenarbeit. Die kleinen Kinder halten sich während des Sommers viel im Garten auf und werden nachmittags einige Stunden ausgefahren bzw. spazieren geführt.
Die Hausschneiderei erfordert alle 6–8 Wochen einige Tage; sie wird mithilfe einer Näherin durchgeführt.
Das Eigenhaus umfasst 6 kleine Zimmer, zwei Wohnräume, zwei Schlaf-, ein Kinder-, ein Gastzimmer, welches zurzeit von der Stütze bewohnt wird, und eine Mädchenkammer. Dazu Bad, Küche und Diele. Der 500 qm große Garten wird vom Hausherrn und der Hausfrau versorgt, außer Blumen wird auch Gemüse gepflanzt und im Hause verbraucht.

Zitiert nach: William H. Hubbard, Familiengeschichte. Materialien zur deutschen Familie seit dem Ende des 18. Jahrhunderts, München 1983, S. 238 f.

1. Beschreiben Sie die Lebensverhältnisse und Aufgabenverteilung in der Ingenieursfamilie.
2. Vergleichen Sie die Lebensverhältnisse dieser bürgerlichen mit einer Arbeiterfamilie.

## M3 Haushaltsrechnung einer Arbeiterfamilie

1903 gibt eine Berliner Arbeiterfrau einer Zeitschrift Auskunft: Mit 65 Pfennig pro Stunde gehört ihr Mann zu den Spitzenverdienern unter den Arbeitern. Ein Hilfsarbeiter erhält lediglich ca. 35 Pfennig Stundenlohn. Die Wohnung der Familie besteht aus einer sehr kleinen Stube und einer Küche:

Unsere Familie besteht nur aus drei Personen: Vater, Mutter und einem zwölfjährigen Knaben. Wir blieben glücklicherweise 1902 sowohl von Arbeitslosigkeit wie von schwerer Krankheit verschont. Abgesehen davon, dass ich dem Haushalte baren Verdienst zuführe, spare ich nicht wenige Ausgaben. Wäsche, Kleidung, die Arbeitskleidung des Mannes inbegriffen, ebenso meine Hüte, fertige ich selbst an. Nur das Schuhwerk und der Sonntagsanzug des Mannes wird fertig gekauft. Beiläufig sei bemerkt, dass es uns seit vier Jahren erst 1902 möglich war, einen neuen Sonntagsanzug für den Mann zu beschaffen. Unsere Wohnung, die für drei Personen zu klein ist, liegt in einem Vorort und ist deshalb verhältnismäßig noch „billig“. [...] Ich frage: Wie bitter müssen die Sorgen, wie hart die Entbehrungen der Tausende und Zehntausende von Arbeiterfamilien sein, für welche bei gleichem Einkommen wie dem unserigen jene Umstände in Wegfall kommen, die unsere Lage günstig beeinflussten? Im Allgemeinen trifft man in einem proletarischen Heim mehr als ein einziges Kind an; die Ausgaben für die Wohnung sind vielfach höher als in unserem Falle, weil nicht im Vorort gewohnt werden kann oder zahlreiche Kinder da sind; Krankheit und Arbeitslosigkeit sind häufige Gäste im Proletariat.

Marie Jeetze, Einnahmen und Ausgaben einer Berliner Arbeiterfamilie, zitiert nach: Ruth Glatzer, Das Wilhelminische Berlin. Panorama einer Metropole 1890–1918, Berlin 1997, S. 116–118

1. Beschreiben Sie die Lebensumstände von Arbeiterfamilien.
2. Entwickeln Sie Ansätze, um die Lage von Arbeiterfamilien zu verbessern. | F

### Der Blick aufs Ganze

1. Analysieren Sie die Auswirkungen der Industrialisierung auf das Konzept der Familie.
2. Bewerten Sie den Wandel der Familie von der Produktions- zur Konsumgemeinschaft.

Diese Einheit kann auch mithilfe der Kooperationsform „Lernpyramide“ durchgeführt werden.
Phase 1: Bearbeitung von M1 in Einzelarbeit.
Phase 2: Bearbeitung von M2 bzw. M3 (arbeitsteilig) in Partnerarbeit.
Phase 3: Bearbeitung von „Der Blick aufs Ganze“ in der 4er-Gruppe.

# Wege in die Moderne

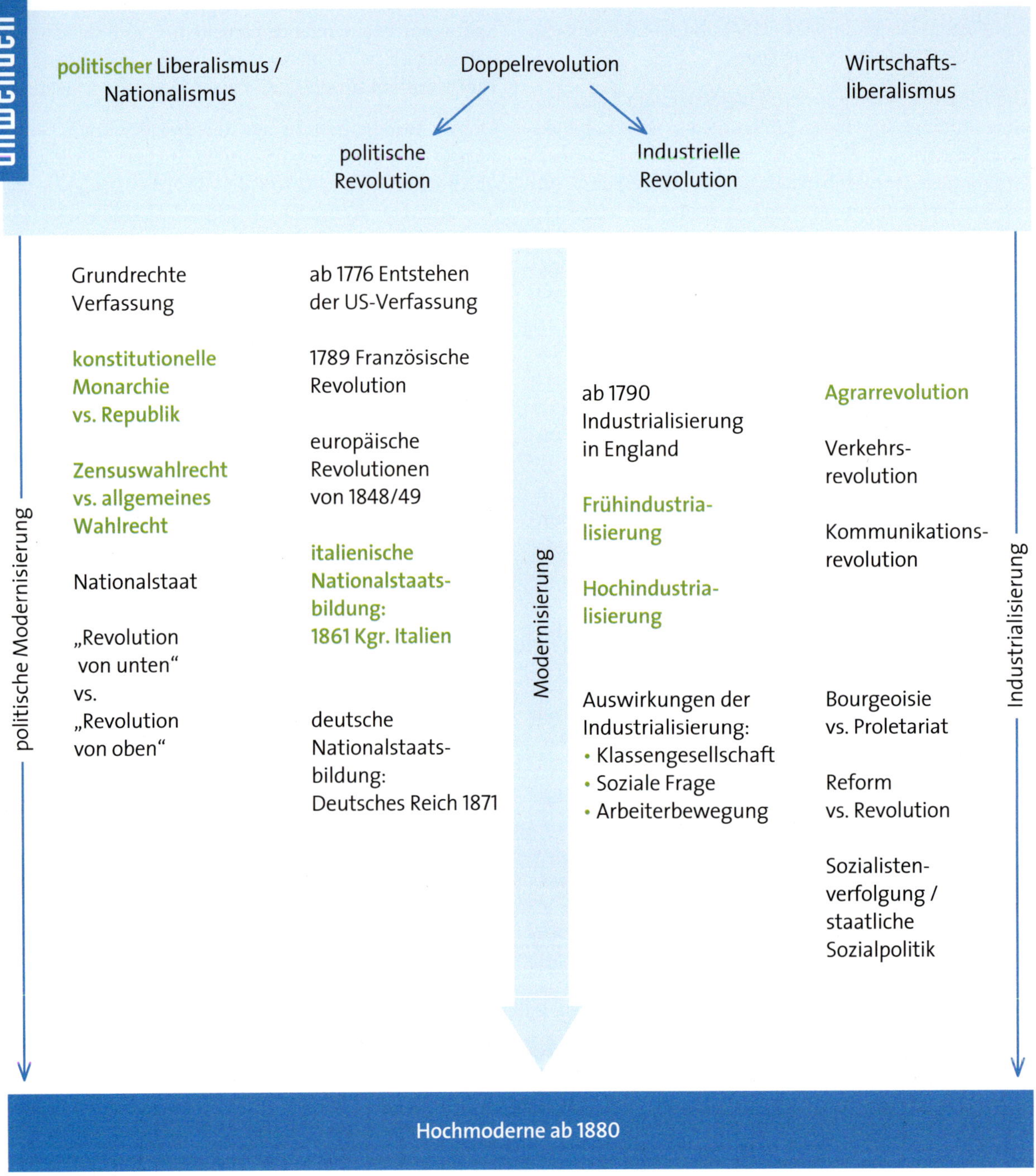


1. Analysieren Sie die Modernisierungsprozesse seit dem ausgehenden 18. Jh. bis zur Hochmoderne mithilfe des Strukturbildes.
2. Erläutern Sie die Bedeutung der Ideologien des Liberalismus und des Nationalismus für die Prozesse der politischen und wirtschaftlichen Modernisierung.
3. Beurteilen Sie die Bedeutung der Modernisierungsprozesse für die Gegenwart.

# Verfassungsschemata auswerten

## M1 Die geplante Reichsverfassung der Paulskirche (1849)

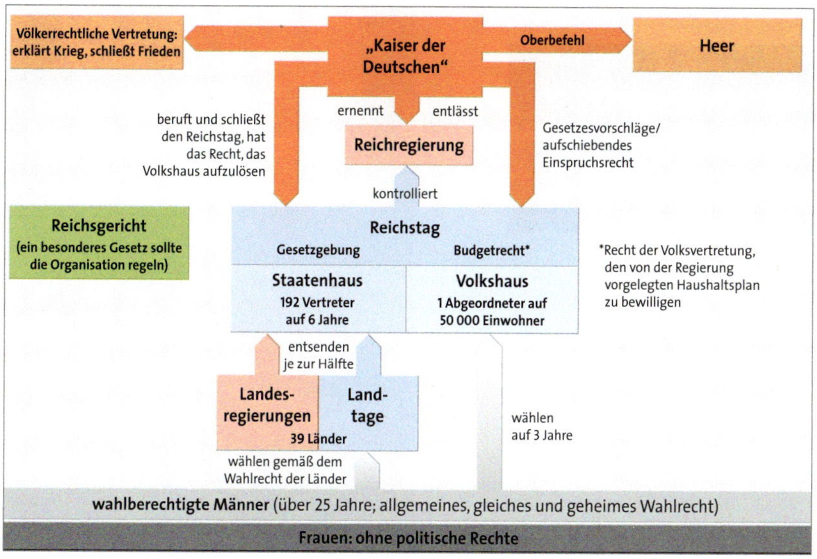


28 deutsche Staaten erkannten im April 1849 die Reichsverfassung an, aber die Regierungen in Wien und Berlin sowie die Königreiche Bayern, Hannover und Sachsen beharrten darauf, dass nur eine mit fürstlichen Regierungen vereinbare Verfassung Gültigkeit beanspruchen könne. Der preußische König Friedrich Wilhelm IV. wies am 3. April 1849 die Kaiserkrone aus den Händen des Volkes zurück. Der durch diese Verfassung rechtlich konstruierte deutsche Nationalstaat wurde nicht verwirklicht.

1. Beschreiben Sie den Aufbau des Schaubildes und stellen Sie die Kompetenzen der Verfassungsorgane dar.
2. Vergleichen Sie das Verfassungsschema mit demjenigen des Deutschen Reiches von 1871 (S. 49).

# Lieder als historische Quellen interpretieren

## M2 Des Deutschen Vaterland

1813 verfasst der deutsche Schriftsteller und Historiker Ernst Moritz Arndt (1769–1860) während der Befreiungskriege gegen die napoleonische Herrschaft das folgende Lied, das 1814 zum ersten Mal aufgeführt wird, zunächst aber recht erfolglos bleibt. In den 1820er- und 30er-Jahren wird es in der liberalen Nationalbewegung populär und häufig gesungen. Die ersten vier Strophen lauten:

Was ist des Deutschen Vaterland?
Ist's Preußenland, ist's Schwabenland?
Ist's, wo am Rhein die Rebe blüht?
Ist's, wo am Belt die Möwe zieht?
O nein! nein! nein!
Sein Vaterland muss größer sein.

Was ist des Deutschen Vaterland?
Ist's Bayerland, ist's Steierland?
Ist's, wo des Marsen Rind sich streckt?
Ist's, wo der Märker Eisen reckt?
O nein! …

Was ist des Deutschen Vaterland?
Ist's Pommerland, Westfalenland?
Ist's, wo der Sand der Dünen weht?
Ist's, wo die Donau brausend geht?
O nein! …

Was ist des Deutschen Vaterland?
So nenne mir das große Land!
Ist's Land der Schweizer? Ist's Tirol?
Das Land und Volk gefiel mir wohl;
Doch nein! …

Nach: http://gutenberg.spiegel.de/buch/gedichte-2227/58 [Zugriff: 04.02.2016]

Den vollständigen Text und ein Hörbeispiel finden Sie unter dem Code 32051-09.

1. Analysieren Sie die musikalische Gestaltung und den Text des Liedes.
2. Erläutern Sie den Kontext, in dem das Lied entstanden ist.
3. Stellen Sie Hypothesen auf, welche Auswirkungen das Lied auf die deutsche Nationalstaatsbildung hatte.

# Die politische und wirtschaftliche Modernisierung in den USA – ein „Gilded Age“?

**„Gilded Age.“**
1873 veröffentliche der US-amerikanische Schriftsteller Mark Twain zusammen mit seinem Freund und Verleger Charles Dudley Warner die Novelle „The Gilded Age: A Tale of Today“ und prägte damit den Epochenbegriff „Gilded Age“.

- ▶ Analysieren und vergleichen Sie die beiden Buchcover.
- ▶ Stellen Sie Hypothesen auf, worum es in der Novelle von Mark Twain gehen könnte und welche Merkmale für das „Gilded Age“ kennzeichnend sein könnten.

**Innere Konflikte** | Nur wenige Jahrzehnte nach ihrer Gründung wurden die USA von inneren Konflikten belastet: In den nördlichen Bundesstaaten führten die voranschreitende Industrialisierung und der entstehende uneingeschränkte Kapitalismus zu einer Krise des Handwerks und zur Ausbeutung der Arbeiter. Bauern stöhnten unter der Last ihrer Hypotheken, und im Süden konnten Kleinbauern mit der Arbeitskraft der von Sklaven betriebenen Plantagenwirtschaft nicht konkurrieren. Darüber hinaus drängte die immer größere Zahl von Einwanderern vehement nach Westen in die Lebensräume der indigenen Bevölkerung. Sie alle warfen der seit der Unabhängigkeit in Washington herrschenden politischen Elite aus den nordöstlichen Bundesstaaten vor, versagt zu haben, ihre Macht zu missbrauchen und in die eigene Tasche zu wirtschaften. Hinzu kam, dass aufstrebende Unternehmer sich von der Wirtschaftspolitik der Regierung ungebührlich eingeschränkt sahen und dass die Südstaaten sich durch die nordöstlichen Staaten und ihr „Establishment“ benachteiligt fühlten. Aus der weit verbreiteten Unzufriedenheit entstand die Forderung nach Abbau der Ungleichheit in der weißen Bevölkerung durch eine neue Wirtschaftspolitik und durch mehr Demokratie, aber auch nach Siedlungsraum im Westen.

**Demokratisierung der USA** | Viele dieser Unzufriedenen sammelten sich um die Mitte der 1820er-Jahre in der demokratischen Partei. 1829 wählten sie den aus dem damaligen Westen der USA stammenden und aus einfachen Verhältnissen zu Reichtum und Einfluss gelangten Aufsteiger Andrew Jackson zum Präsidenten. Er und seine Unterstützer hatten den Wählern versprochen, jedem Weißen seine wirtschaftliche Unabhängigkeit und ein Leben in Freiheit und Gleichberechtigung zu sichern. Jackson erweiterte das Wahlrecht auf Bundesebene, das bislang nur Männern mit Grundbesitz zugestanden hatte, auf alle weißen Männer über 21. Er beschränkte den Einfluss der

Bundesregierung auf die Wirtschaft und stärkte die Rechte der Bundesstaaten gegenüber Präsident und Kongress in Washington. Weiterhin schuf er die Tradition, dass jeder neu gewählte Präsident die wichtigsten Beamten- und Beraterstellen neu besetzte. Dadurch beendete er den Einfluss der alten Eliten. Andererseits besetzte jeder Präsident nun diese Stellen mit Förderern und Weggefährten, egal, ob sie kompetent waren oder nicht. Diese **„Jacksonian Democracy"** wurde als ein wichtiger Schritt hin zur Demokratisierung der USA empfunden, zur Beteiligung von immer mehr Weißen an der Politik und zur Politisierung der Massen. Gleichzeitig wurden die Grundlagen für das moderne, noch heute bestehende Zweiparteiensystem von Democratic und Republican Party gelegt, auch wenn letztere erst 1854 formell gegründet wurde.

**Andrew Jackson** (1767–1845): US-amerikanischer Politiker und der siebte Präsident der Vereinigten Staaten von Amerika (1829–1837)

**Die Wirtschaft wächst |** Der schon zur Zeit der Jacksonian Democracy einsetzende wirtschaftliche Aufschwung beschleunigte sich seit den 1870er-Jahren rasant. Die Schattenseite dieses Wachstums war die unverhohlene Ausbeutung der Arbeiter durch niedrige Löhne, überlange Schichten und Kinderarbeit. Erste Versuche, die Verhältnisse durch die Gründung von Gewerkschaften, den **Trade Unions**, zu verbessern, waren zunächst wenig erfolgreich. Zum einen, weil ein Überangebot an Arbeitskräften herrschte. Zum anderen, weil bis weit in die zweite Hälfte des 19. Jh. nur wenige Arbeiter dort organisiert waren: Um 1880 waren es nur zwei Prozent aller Arbeiter und rund zehn Prozent der Industriearbeiter. Hinzu kam, dass viele Gewerkschaftsführer – trotz einiger spektakulärer Streiks – lange Zeit auf Kooperation und Verhandlungen setzten. Dies führte dazu, dass von der 1881 gegründeten Federation of Trades and Labor Unions sich im Jahr 1905 43 Einzelgewerkschaften abspalteten, die einen härteren Kurs gegenüber den Arbeitgebern forderten. Bildlich gesprochen war in dieser Wachstumsphase also nicht alles Gold, was glänzte, daher prägte der Schriftsteller Mark Twain für sie die Bezeichnung **„Gilded Age"**.

**Laissez-faire und Big Business |** Das blieb auch in der bis zum Ersten Weltkrieg dauernden Phase der Hochindustrialisierung so. In dieser Phase entwickelten sich die USA zur weltweit größten Industrienation. Es war die Zeit des **„Big Business"**, in der dem wirtschaftlichen Aufschwung scheinbar keine Grenzen mehr gesetzt waren. Zum allseits bewunderten Vorbild wurden jetzt die „Self-Made-Men": Männer, die als erfolgreiche Unternehmer aus einfachen Verhältnissen riesige Vermögen erwirtschaftet hatten. Übersehen wurde dabei, dass diese Unternehmer oft an der Spitze sogenannter Trusts standen: Firmen und Firmenzusammenschlüsse vor allem in der Stahl-, Öl- und Chemieindustrie, die eine Monopolstellung hatten und damit die Preise und Löhne nach Belieben diktierten. Sie bestachen auch Parteiführer, hohe Beamte und Regierungsmitglieder. Damit stärkten sie deren ohnehin vorhandene Bereitschaft zu einer **Laissez-faire**-Politik und verhinderten bis ins 20. Jh. hinein die Verabschiedung von Anti-Trust-Gesetzen. Regierung und Verwaltung setzten vielmehr auf die Eigeninitiative der Wirtschaft und lehnten staatliche Eingriffe zugunsten der sozial schwächeren Bevölkerungsschichten strikt ab. In diesem unternehmerfreundlichen Klima verurteilten auch viele Gerichte immer wieder Gewerkschaftsvertreter, die zur Durchsetzung der Arbeiterinteressen Streiks organisiert hatten.

Im selben Zeitraum entstand vor allem aus Angestellten und besser qualifizierten und spezialisierten Arbeitern eine neue Mittelschicht. Ihre Mitglieder verfügten über höhere Einkommen und konnten sich viele industriell produzierte und dank der verbesserten Transportmöglichkeiten überall verfügbare Güter leisten. Dies war die Geburtsstunde des für die Moderne charakteristischen **Massenkonsums**, der bald nicht nur Güter für den Alltagsgebrauch und Statussymbole des neuen Mittelstandes umfasste, sondern auch die immer preiswerter angebotenen Zeitschriften und Unterhaltungsbücher sowie die Besuche von Kinos und Boulevardtheatern.

**Internettipp:**
Quellen zur Geschichte der USA in Originalsprache finden Sie unter dem Code 32051-10.

## M1 Wirtschaft und Bevölkerung in den USA zwischen 1800 und 1900

| | 1800 | 1820 | 1840 | 1860 | 1880 | 1900 |
|---|---|---|---|---|---|---|
| Bevölkerung (Millionen) | 5,3 | 9,6 | 17,1 | 31,5 | 50,3 | 76,1 |
| Bruttosozialprodukt (Milliarden $ im Wert von 1860) | 0,3 | 0,6 | 1,6 | 4,1 | 8,4 | 17,3 |
| Durchschnittliche Pro-Kopf-Produktion ($ im Wert von 1860) | | | | | | |
| a) in den Vereinigten Staaten | 61 | 64 | 95 | 130 | 167 | 227 |
| b) im Süden (Gesamtbevölkerung) | – | – | 72 | 94 | 85 | 116 |
| c) im Mittelwesten und den Präriegebieten | – | – | 65 | 88 | 164 | 234 |
| d) im Fernen Westen | – | – | – | – | 317 | 370 |
| e) im Nordosten | – | – | 128 | 181 | 235 | 311 |
| Verteilung des Privatvermögens | | | | | | |
| a) Das reichste 1 % der Bevölkerung besaß | 21 % | (1810) | – | 24 % | – | 31 % |
| b) Die reichsten 10 % der Bevölkerung besaßen | 69 % | (1810) | – | 72 % | – | 74 % |

Willi Paul Adams (Hrsg.), Die Vereinigten Staaten von Amerika, Frankfurt am Main 1977, S. 179

1. Analysieren Sie die wirtschaftliche Entwicklung der USA im 19. Jh.
2. Erläutern Sie, warum die Zeit zwischen 1870 und 1900 – ausgehend von Mark Twains Novelle – als „Gilded Age“ bezeichnet wird.

## M2 Bedingungsfaktoren der Expansion

Die Bedingungsfaktoren der Expansion der US-amerikanischen Wirtschaft ab 1870 erläutert der Historiker Jürgen Heideking folgendermaßen:

Zwischen 1870 und 1890 schnellte die Einwohnerzahl der USA von 40 auf über 60 Mio. Einwohner empor, wobei knapp ein Drittel des Zuwachses auf das Konto der Immigration ging. Die großen Schifffahrtslinien boten immer billigere Atlantikpassagen an, und in den USA lockten wie eh und je günstiges Farmland, hohe Löhne, politische Freiheit und religiöse Toleranz. […] Durch den Bevölkerungszuwachs und die verkehrsmäßige Erschließung des Kontinents kam nun erst die Tatsache voll zum Tragen, dass die USA über einen riesigen Binnenmarkt verfügten, der – anders als in Europa – nicht durch politische Grenzen und Zollschranken behindert wurde. In diesem nationalen Markt standen natürliche Ressourcen wie Land, Bodenschätze und Holz praktisch unbegrenzt zur Verfügung. Im Zuge der weltweiten Abkehr von der Freihandelspolitik, die sich seit den 1870er Jahren vollzog, schützten auch die USA ihre Industrien durch hohe Zölle gegen die ausländische Konkurrenz. Diese Zölle sorgten für viel innenpolitischen Zündstoff und beschworen auch erste Handelskonflikte, etwa mit dem Deutschen Reich, herauf. Sie erfüllten aber ihren Zweck, den industriellen Wachstumsprozess abzusichern und zu beschleunigen. Da die Löhne in den USA trotz der Masseneinwanderung relativ hoch blieben, ließ der Anreiz niemals nach, Arbeitskräfte durch Maschinen und neue Technologien einzusparen. […] Wachstum und Expansion wurden schließlich durch das generelle Meinungsklima des späten 19. Jahrhunderts gefördert. […] In den USA popularisierte v. a. der Yale-Professor William Graham Surnner „sozialdarwinistische“ Ideen. […] Nach Surnner war dem Wohl der Zivilisation am besten gedient, wenn der Staat die starken, zur Machtausübung und zur Übernahme von Verantwortung befähigten Individuen gewähren ließ und ihre Rechte, speziell das Eigentumsrecht, schützte. Im Bewusstsein der Öffentlichkeit verband sich diese Philosophie mit traditionellen Vorstellungen von individueller Freiheit und begrenzter Regierung; der Gedanke […] diente zur Rechtfertigung des laissezfaire-Kapitalismus, der sich in den USA um diese Zeit besonders vehement durchsetzte.
Bis zum Bürgerkrieg hatten die Einzelstaaten das Wirtschaftsleben in ihrem jeweiligen Bereich kontrolliert und reguliert. Ihr Einfluss ging aber in dem Maße zurück, wie die wirtschaftlichen Aktivitäten die Grenzen von Staaten und Regionen zu überwinden begannen. Die Bundesregierung war vorerst weder zur nationalen Wirtschaftsregulierung befähigt, noch hielt man sie für berechtigt, eine solche Aufgabe zu erfüllen. Von ihr wurde allenfalls erwartet, dass sie die Wirtschaft durch Subventionen und Zölle stimulierte, und dass sie durch die Verhinderung von Monopolen für Chancengleichheit sorgte. Auf diese Weise entstand im föderativen System der USA gewissermaßen eine „staatsfreie“ Sphäre […].

Jürgen Heideking, Geschichte der USA, Tübingen [2]1999, S. 199 – 203

1. Arbeiten Sie die Bedingungsfaktoren der wirtschaftlichen Expansion der USA nach Heideking heraus.
2. Erläutern Sie die wirtschaftliche Modernisierung der USA (Darstellungstext, M1, M2).
3. Beurteilen Sie die Rolle der politischen Modernisierung der USA im Hinblick auf die wirtschaftliche Entwicklung (Darstellungstext, M1, M2).

## M3 Das Gesetz des Wettbewerbs

Andrew Carnegie wandert im Alter von 13 Jahren aus Schottland ein und verdient sein erstes Geld als Hilfsarbeiter in einer Textilfabrik. Zwischen 1860 und 1900 erwirbt er ein riesiges Vermögen vor allem als Stahl- und Bergbauunternehmer. 1889 schreibt er:

Das Gesetz des Wettbewerbs [...] mag zwar für den Einzelnen gelegentlich hart sein, für die Menschheit ist es jedoch zum Besten, weil es auf jedem Gebiet das Überleben des Tüchtigsten sicherstellt. Daher akzeptieren und begrüßen wir große Ungleichheit der Lebensbedingungen, die Konzentration von Industrie und Handel in den Händen von Wenigen und das Gesetz des freien Wettbewerbs zwischen ihnen [...], da sie für den künftigen Fortschritt der Menschheit nicht nur günstig, sondern notwendig sind. [...] Der Sozialist oder Anarchist, der die gegenwärtigen Verhältnisse umstürzen will, greift in Wirklichkeit die Grundlage der Zivilisation überhaupt an, denn die Zivilisation begann mit jenem Tag, an dem der fähige, fleißige Arbeiter zu seinem unfähigen und faulen Gefährten sagte: „Wenn du nicht säest, sollst du nicht ernten.“ So wurde die Periode des primitiven Kommunismus beendet durch die Trennung der Drohnen von den Bienen. [...] Die Zivilisation überhaupt beruht auf der Heiligkeit des Eigentums – das Recht des Arbeiters auf seine hundert Dollar bei der Sparkasse ebenso wie das Recht des Millionärs auf seine Millionen. Wer diesen ausgeprägten Individualismus durch Kommunismus ersetzen will, dem sei gesagt: Die Menschheit hat das versucht. Die Verdrängung des Kommunismus war Voraussetzung jeglichen Fortschritts seit jenen barbarischen Tagen bis zur heutigen Zeit. Die Ansammlung von Reichtum durch jene, die über die Fähigkeit und Energie verfügen, ihn hervorzubringen, hat der Menschheit nicht geschadet, sondern genützt.

Andrew Carnegie, Wealth, in: North American Review, 148 (1889), S. 655 f. (übersetzt von Boris Barth)

1. Charakterisieren Sie die Prinzipien des „Gesetzes des Wettbewerbs“, wie es Andrew Carnegie entwirft.
2. Andrew Carnegie zählt neben John D. Rockefeller (Erdölindustrie), Cornelius Vanderbilt (Eisenbahn) und Gustavus Swift (Fleisch- und Nahrungsmittelindustrie) zu den bedeutendsten Wirtschaftsmagnaten des Big Business. Erläutern Sie die Rolle des Big Business für die Entwicklung des Laissez-faire-Kapitalismus (Darstellungstext, M3).
3. Erörtern Sie die Chancen und Gefahren des Laissez-faire-Kapitalismus.

## M4 „The Monsters Monopoly“

Karikatur, ca. 1884. Die Standard Oil Company war bis zu ihrer Umorganisation 1906 das größte Erdölraffinerie-Unternehmen der Welt. John D. Rockefeller begründete mit diesem Unternehmen einen legendären Reichtum.

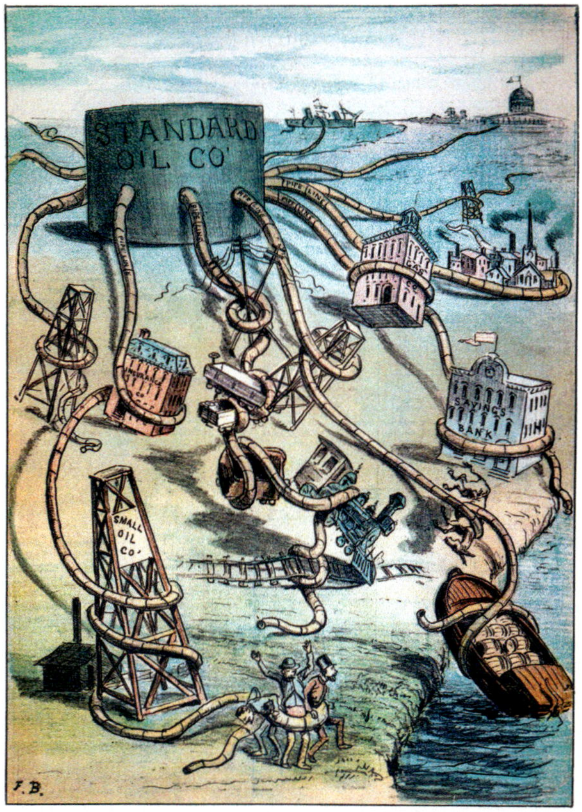


1. Analysieren Sie die Karikatur.
2. Arbeiten Sie den Standpunkt des Zeichners zur Standard Oil Company heraus.
3. Erläutern Sie mithilfe der Karikatur die gesellschaftliche Dimension des Big Business.

## M5 Mitgliederzahlen der Gewerkschaften von 1897 bis 1940

| Jahr | Arbeitnehmer (in Tausend; ohne Landwirtschaft) | Gewerkschafts-mitglieder (in Tausend) | Prozent |
|---|---|---|---|
| 1897 | n.b. | 447 | n.b. |
| 1900 | 17326 | 868 | 0,5 |
| 1905 | 21112 | 2022 | 9,6 |
| 1910 | 25449 | 2140 | 8,4 |
| 1915 | 28647 | 2583 | 9,0 |
| 1920 | 30900 | 5048 | 16,3 |
| 1925 | 34507 | 3510 | 10,2 |
| 1930 | 38358 | 3401 | 8,9 |
| 1935 | 42173 | 3584 | 8,5 |
| 1940 | 44256 | 8717 | 19,7 |

Nach: Udo Sautter, Die Vereinigten Staaten. Daten, Fakten, Dokumente, Tübingen/Basel 2000, S. 134

1. Analysieren Sie die Statistik.
2. Erläutern Sie die Entwicklung der Zahlen mithilfe des Darstellungstextes.
3. Beurteilen Sie die Rolle der Trade Unions im dargestellten Zeitraum.

## M6 Konflikte eskalieren

Der italienischstämmige amerikanische Arbeiter Dominic Del Turco, der seit 1924 in der Stadt Aliquippa (Pennsylvania) bei der John & Laughlin Steel Corporation im Stahlwerk arbeitet, erinnert sich an die Anfänge der Gewerkschaftsbewegung:

Nein, damals hatten wir keine Gewerkschaften. Sie haben [Schwarze] aus dem Süden hergebracht um sie gegen die Weißen zu stellen und uns davon abzuhalten, uns zu organisieren. Sie konnten sie für sehr geringen Lohn bekommen. Natürlich haben auch die Weißen nur wenig bekommen. Das ist kein Geheimnis. Freizeit hatten wir keine. 1924 bin ich in die Fabrik eingetreten, und von 1924 bis 1929, fünf aufeinanderfolgende Jahre, habe ich sechs, manchmal sieben Tage in der Woche gearbeitet, entweder zehn Stunden am Tag oder zehneinhalb Stunden in der Nacht, keine Freizeit. Niemand bekam das gleiche Gehalt. Sie hatten, was sie nannten, die „blonden Jungs“; diesen zahlten sie einen bestimmten Lohn. Und der Rest bekam weniger. Einer bekam einen höheren Lohn und ein anderer ein niedrigeres Gehalt. Das war die Politik der Gesellschaft. Sie hat das alles so festgesetzt, abhängig davon, ob du der Firma sympathisch warst. [...] Wir haben angefangen, das zu untersuchen, und fanden heraus, dass einige der Arbeiter, die als Leute der Gesellschaft angesehen wurden – wenn ich Leute der Gesellschaft sage, meine ich, dass sie mehr mit dem Management zu tun hatten als mit den Leuten, die hier drinnen arbeiteten –, mehr Geld verdienten. [...] Als wir begannen, eine Gewerkschaft zu organisieren, war ein Mann namens Mike Keller dabei. Es macht mir nichts aus, seinen Namen zu erwähnen, denn er ist aus diesem Grund umgekommen. Er war ein Serbe aus Aliquippa. Ein „blonder Junge“ der Gesellschaft [...] hat ihn angegriffen. Als wir die Gewerkschaft in Aliquippa organisiert haben, war die Polizei gegen uns, die Feuerwehr, alle staatlichen Gruppen waren gegen uns. [...] 1935 stand Keller direkt vor einer Absperrung der Polizei auf der Mitte der Straße. Ich war nicht weit von ihm. [...] Und da kam dieser Typ rüber zu ihm [zu Keller] und fing ohne jeden Grund an ihn zusammenzuschlagen. [...] Und er verprügelte ihn so schlimm, dass er fünf oder sechs Jahre später an den Folgen der Schläge gestorben ist. [...] Und die Polizei stand herum und hat sich nicht bewegt, weil sie die Anweisung hatte, nicht einzugreifen. Das ist die Art, wie die J&L [die Stahlgesellschaft] die Leute kontrolliert hat. Aber es hat nicht funktioniert, weil viele Arbeiter so erregt über dieses Vorgehen waren, dass wir uns noch mehr verpflichtet fühlten, die Gewerkschaft zu organisieren. In den 1930er-Jahren [...] versuchten sie, mich für die Kommunistische Partei anzuwerben, und ich habe ihnen gesagt, dass man Kommunismus und Gewerkschaft nicht vermischen soll. [...] Ich bin ein Arbeiter und ich werde einer bleiben. Und ich bin ein Christ. Ich glaube nicht an den Kommunismus.

Jon Gjerde (Hrsg.), Major Problems in American Immigration and Ethnic History. Documents and Essays, Boston 1998, S. 353 ff. (übersetzt von Boris Barth)

1. Stellen Sie die Situation des Arbeiters dar.
2. Erläutern Sie die Schwierigkeiten, die mit gewerkschaftlichem Engagement einhergingen.
3. Vergleichen Sie die antikommunistische Haltung des Autors mit den Ausführungen Andrew Carnegies zum Kommunismus (M3). | F

## M7 „Consumers Guide"

Titelblatt eines Versandkataloges, 1899. Das Chicagoer Versandhaus „Sears, Roebuck and Company" wurde Mitte der 1880er-Jahre gegründet. Versandhäuser waren vor allem in ländlichen Regionen populär, weil Kunden bequem per Post nach einem Katalog Waren aller Art bestellen konnten.

1. Analysieren Sie die Gestaltung des Titelblattes.
2. Arbeiten Sie heraus, mit welchen Mitteln das Versandhaus versucht, Kunden zu gewinnen.
3. Charakterisieren Sie das Titelblatt des Kataloges als Ausdruck des Massenkonsums (Darstellungstext, M7).
4. Gestalten Sie ein Werbeplakat eines Ladenbesitzers, mit dessen Hilfe der Popularität des Versandhandels Grenzen gesetzt werden sollen. | F

### Der Blick aufs Ganze

1. Stellen Sie grafisch die Folgen der politischen und wirtschaftlichen Modernisierung der USA dar.
2. Bewerten Sie, ob es sich beim Prozess der Modernisierung um ein „Gilded Age" handelte.
3. Bilden sie zwei Gruppen, von denen eine die Rolle der Unternehmer einnimmt, die die Laissez-faire-Politik und die Bildung von Großkonzernen verteidigt, während die zweite Gruppe als Vertreter der Trade Union gegen Trusts und für die Verbesserung der Arbeitsbedingungen eintritt. Entwickeln Sie Argumente jeweils für Ihre Seite und führen Sie anschließend eine Debatte durch (z. B. in Form einer Parlamentsanhörung). Zur Durchführung eignet sich die Kooperationsform „Amerikanische Debatte". | F
4. Diskutieren Sie, welche Chancen auf Umsetzung die Forderungen der Gewerkschaften hatten.

# Entsteht durch die Modernisierung der USA ein „Land der unbegrenzten Möglichkeiten“?

**„American Progress.“**
Gemälde von John Gast, um 1872.

- Analysieren Sie das Bild unter dem Gesichtspunkt der Modernisierung. Beschreiben Sie die verschiedenen Bildelemente und ordnen Sie ein, welche für „amerikanischen Fortschritt“ stehen, welche für die Tradition.
- Erläutern Sie, inwiefern das Bild die Vorstellung eines „Landes der unbegrenzten Möglichkeiten“ ausdrückt.

**Eine moderne Verfassung** | Nach dem gewonnenen Unabhängigkeitskrieg bildeten die USA als föderaler und demokratisch-republikanischer Staat ein neues politisches Gegenmodell zu den europäischen Monarchien und Ständegesellschaften. 1787 wurde die Verfassung von den „Gründervätern“ verabschiedet, die in ihren Grundzügen bis heute gilt. Diese erste geschriebene **Verfassung** der neueren Geschichte beruht auf den Prinzipien der Volkssouveränität und der Gewaltenteilung. An der Spitze des Gesamtstaates und der Exekutive steht als Staatsoberhaupt und Regierungschef der mit großen Machtbefugnissen ausgestattete Präsident. Ihm steht als Legislative der von zwei Häusern gebildete Kongress gegenüber: Die Bevölkerung eines jeden Bundestaates wählt alle vier Jahre zwei Senatoren in den Senat, die einflussreiche Interessenvertretung der Bundestaaten gegenüber dem Gesamtstaat. Die Bevölkerung der Einzelstaaten wählt – ebenfalls alle vier Jahre und abhängig von der jeweiligen Bevölkerungszahl – Abgeordnete in das Bundesparlament, das Repräsentantenhaus. Ein Oberstes Gericht (Supreme Court) überwacht die Einhaltung der Verfassungsbestimmungen. Grund- und Menschenrechte wurden bereits früh in den ersten zehn Ergänzungsartikeln zur Verfassung (Amendments) garantiert, die als „Bill of Rights“ 1791 in Kraft getreten sind. Die drei Staatsgewalten sind grundsätzlich unabhängig voneinander. Ein System von „checks and balances“ sorgt dafür, dass sie sich gegenseitig kontrollieren und in ihrer Machtausübung hemmen.

**Das Wahlrecht wird ausgeweitet** | Obwohl die politische Ordnung auf dem Grundsatz der Volkssouveränität beruhte, war das **Wahlrecht** anfänglich noch stark eingeschränkt. Zum einen durften nur Männer mit Grundbesitz – also nur rund zehn Prozent der Bevölkerung – wählen. Zum anderen konnten auch sie die Kandidaten für das Präsidentenamt und den Präsidenten nicht direkt wählen, sondern nur Wahlmänner bestimmen, die das Recht hatten, den nach ihrer Meinung am besten geeigneten Kandidaten zu wählen. Dies rief bald laute Kritik hervor. Daher ließen in den ersten beiden Jahrzehnten des 19. Jh. immer mehr Einzelstaaten auch weiße Männer ohne Grundbesitz zur Wahl zu. Und auf Bundesebene erweiterten im Zuge der „Jacksonian Democracy“ mehrere Zusatzartikel der Verfassung das Wahlrecht, sodass um 1830 alle weißen Männer, die das 25. Lebensjahr vollendet hatten, wahlberechtigt waren. Afroamerikaner allerdings durften erst ab 1870 an den Wahlen teilnehmen, Frauen erst ab 1920.

Im Rahmen der „Jacksonian Democracy" ging auch die Nominierung der Wahlmänner für die Präsidentschaftswahl von den Parlamenten auf das Volk über. Und die Parteikandidaten wurde von nun an nicht mehr in den Hinterzimmern der Parlamente oder in den Salons der Einflussreichen, sondern auf Parteitagen bestimmt und aufgestellt.

**Von Boom zu Boom** | Die Laissez-faire-Politik schuf günstige Voraussetzungen für einen zweiten wirtschaftlichen **Boom** ab der Mitte der 1890er-Jahre, der die USA trotz kurzzeitiger Wirtschaftskrisen zur wichtigsten Industriemacht der Welt aufsteigen ließ: 1913 betrug ihr Anteil an der Welt-Industrieproduktion 32 Prozent. Voraussetzungen dieses Aufstiegs waren die 1890 offiziell als abgeschlossen erklärte Erweiterung des Staatsgebiets bis zum Pazifik durch Kauf, Krieg und Eroberung, die damit mögliche Erschließung schier unbegrenzter Ressourcen an Land und Rohstoffen, insbesondere Kohle, Stahl und Erdöl, der Ausbau der Infrastruktur, vor allem des Eisenbahn- und Kanalnetzes, sowie die ungebrochene Einwanderung von Siedlern und Arbeitskräften aus Europa und schließlich auch aus Asien: Zwischen 1860 und 1890 kamen mehr als zehn Millionen Menschen; allein im Jahr 1911 erreichte die Zahl der Immigranten die Millionengrenze. Zusätzlich beschleunigt wurde der Boom durch eine Reihe epochaler technischer Erfindungen. In jedem Jahr wurden durchschnittlich zwischen 15 000 und 20 000 Patente angemeldet. Telegraf und Telefon revolutionierten die Kommunikationstechnik, und die Nutzung der Elektrizität erschloss eine vielfältig einsetzbare neue Energiequelle.

**Neue Produktionsmethoden** | Erste Versuche nach der Jahrhundertwende zur Sprengung der Trusts waren wenig erfolgreich, auch die Organisation der Arbeiter in Trade Unions setzte sich erst langsam durch. Den Forderungen des „Progressive Movement" zur Verbesserung der Arbeitsverhältnisse und dem Kampf gegen Armut stand nach 1900 eine zunehmende Mechanisierung durch **Taylorismus** und **Fordismus** gegenüber, die einen weiteren Höhepunkt des Big Business hervorriefen.

Mit dem nach Frederick Winslow Taylor benannten Begriff Taylorismus bezeichneten schon die Zeitgenossen ein wissenschaftliches Verfahren, das Arbeitsabläufe systematisch in ihre Einzelabschnitte zerlegt und nach dem „one best way" sucht, auf dem man die Einzelschritte so rasch und gut wie möglich ausführen kann. Dieser „one best way" wird dann zur Norm, nach der Arbeiter trainiert werden und nach der sie ihre Arbeit zu verrichten haben. Das wichtigste Planungsmittel wird die Stoppuhr. Arbeiter, die die Norm am besten erfüllen, dürfen mit Prämien rechnen. Da sie aber durch diese Methode der Produktionssteuerung nur noch wie Zahnräder in einem großen Mechanismus betrachtet werden und funktionieren sollen, wurde der Einsatz von Stoppuhr und Prämienlohn durch einen Sonderausschuss des Kongresses in staatlichen Fabriken als antisolidarisch und demokratiefeindlich verurteilt und verboten. Das Streben, Arbeitsabläufe zu optimieren, war dadurch freilich nicht aus der Welt zu schaffen.

Dieses Streben leitete auch den Automobilhersteller Henry Ford. Doch er ging einen anderen Weg. Es ging Ford um die Produktion preiswerter und qualitätsvoller Güter in Arbeitsteilung am Fließband unter hohem Einsatz von Maschinen, denen die Arbeiter in erster Linie zuarbeiten oder die sie am Laufen halten. Hier bestimmte das Tempo der Maschine den Herstellungsprozess. Von den Arbeitern hat Ford hohe Arbeitsdisziplin gefordert, die auch streng überwacht wurde. Zum anderen war er aber auch bereit, den Arbeitern hohe Löhne zu zahlen. Zum einen, um sie zu motivieren, zum anderen, um den Absatz und damit die Produktion anzukurbeln. Ford zahlte seinen Arbeitern so viel, dass sie in drei Monaten so viel verdienten wie das Auto kostete, das sie am Fließband produzierten.

Ergebnis des nach ihm benannten Fordismus war eine standardisierte Massenproduktion von Konsumgütern.

**Frederick Winslow Taylor** (1856–1915): US-amerikanischer Ingenieur und Begründer des Prinzips der Prozesssteuerung von Arbeitsabläufen

**Henry Ford** (1863–1947): Ingenieur und Gründer des Automobilherstellers Ford Motor Company

## M1 „Das Land der unbegrenzten Möglichkeiten"

1903 publiziert der Berliner Unternehmer und Mitbegründer der Dresdner Bank Ludwig Max Goldberger (1848–1913) ein viel gelesenes Buch, nachdem er acht Monate die USA bereist hat, um das wirtschaftliche Potenzial des Landes zu analysieren. Der Titel des Buches „Das Land der unbegrenzten Möglichkeiten" wird bald zu einem feststehenden Begriff:

Der Zaubergarten der Vereinigten Staaten hat auf einem wunderbar reichen Boden Wunderwerke des Menschengeistes entstehen sehen, und nicht das kleinste Wunder liegt darin, dass die höchste Anspannung, die darauf sann, durch Maschinenkräfte den Arbeiter abzulösen, in der Annäherung an das erstrebte Ziel immer mehr Händen nährende und fruchtbare Arbeit gab. Nicht ausschließlich segensvolle Kräfte wirken in jenem Zaubergarten; nicht alles ist eitel Licht und Sonne. Aber im Großen und Ganzen strahlt aus der Neuen Welt auf die Mutter ihrer Kultur, die Alte Welt, heller Glanz zurück, weit mehr dazu angetan, unserer Spannkraft neuen Antrieb zu geben, als uns mit verzagender Missgunst zu erfüllen. Wir dürfen mit Anerkennung auf die jüngere Welt jenseits des Ozeans blicken, der wir den Gebrauch und selbst einen naturgemäß vorübergehenden, kleinen Mehrgebrauch der „Ellenbogenfreiheit" gern nachsehen. [...] Ist doch in ihm [dem amerikanischen Arbeiter] das Bewusstsein lebendig, dass nicht wenige der großen Industrie- und Handelsmänner des Landes selbst aus der Klasse der Vermögenslosen hervorgegangen sind und täglich neu hervorgehen, ebenso wie er weiß, dass mancher, der heute Hunderttausende im Vermögen besitzt, vielleicht morgen wieder genötigt ist, als Arbeiter oder Angestellter von vorn anzufangen. Deshalb und ferner weil in Erziehung, Unterricht und im sozialen Verkehr Klassen- und Kastenunterschiede nur in beschränktem Umfange existieren, erweckt der Luxus, den sich der Begüterte gestatten kann, im Amerikaner kein Neidgefühl, das ihn missvergnügt und unlustig macht, sondern eröffnet seinem Optimismus immer wieder die Zuversicht, es recht bald oder erneut zu ähnlichen Glücksumständen bringen zu können. In solcher jeden Einzelnen beseelenden Hoffnung verschlägt es dem amerikanischen Arbeiter nichts, dass weder Staat noch Unternehmertum ihn mit zwangsweiser oder freiwilliger Fürsorge, mit Wohlfahrtseinrichtungen umgeben haben. Kein Industrieller hat ihn nach Art der Krupp und Stumm mit Wohnhäusern versehen, keine staatliche Kranken-, Unfall-, Invaliditäts- oder Altersversicherung nimmt ihm die Sorge für die Zukunft ab oder erleichtert sie ihm. Manchmal hat es mir [...] fast den Anschein erweckt, als wolle man drüben das alles schon um deswillen nicht, weil man vermeint, selbst den Schein bekämpfen zu müssen, als sei man nicht stark genug, sich aus eigener Kraft vor den Folgen der Krankheit oder der Erwerbsunfähigkeit zu sichern.

Ludwig Max Goldberger, Das Land der unbegrenzten Möglichkeiten, Berlin [8]1911, S. 15 und 201 f.

1. Arbeiten Sie heraus, woran Goldberger festmacht, dass es sich bei den USA um ein „Land der unbegrenzten Möglichkeiten" handelt.
2. Stellen Sie die Unterschiede des amerikanischen Systems im Vergleich zur deutschen Fürsorgepolitik dar (Z. 38–42).

## M2 Herstellung des Ford Modell T am Fließband

Foto, 1911.
Arbeiter setzen am ersten Montagefließband der Welt Schwungrad-Magnetzünder für das Ford T-Modell in Detroit zusammen. Zwischen 1908 und 1916 verkauften sich in den USA etwa 1,5 Millionen Exemplare dieses beliebten Modells.

1. Erläutern Sie mithilfe des Fotos die Begriffe Taylorismus und Fordismus (Darstellungstext, M2).
2. Erörtern Sie die Vor- und Nachteile dieser Produktionsmethode.

## M3 Effizienter Automobilbau

Henry Ford gründet 1903 die Ford Motor Company, die nach kurzer Zeit einfache Automobile in großer Stückzahl günstig herstellen kann. In seinen 1922 veröffentlichten Memoiren schreibt er:

Man erspare zwölftausend Angestellten täglich zehn Schritte und man hat eine Weg- und Kraftersparnis von fünfzig Meilen erzielt. Dies waren die Methoden, nach denen die Produktion meines Unternehmens eingerichtet wurde. […] Der ungelernte Arbeiter verwendet mehr Zeit mit Suchen und Heranholen von Material und Werkzeugen als mit Arbeit und erhält dafür geringen Lohn, da das Spazierengehen bisher immer noch nicht sonderlich hoch bezahlt wird. Der erste Fortschritt in der Montage bestand darin, dass wir die Arbeit zu den Arbeitern hinschafften, statt umgekehrt. […]

Die bei der Montage befolgten Grundregeln lauten:

1. Ordne Werkzeuge wie Arbeiter in der Reihenfolge der bevorstehenden Verrichtungen, sodass jeder Teil während des Prozesses der Zusammensetzung einen möglichst geringen Weg zurückzulegen hat.
2. Bediene dich der Gleitbahnen oder anderer Transportmittel, damit der Arbeiter nach vollendeter Verrichtung den Teil, an dem er gearbeitet hat, stets an dem gleichen Fleck – der sich selbstverständlich an der handlichsten Stelle befinden muss – niederlegen kann. Wenn möglich, nutze die Schwerkraft aus, um den betreffenden Teil dem nächsten Arbeiter zuzuführen.
3. Bediene dich der Montagebahnen, um die zusammenzusetzenden Teile in handlichen Zwischenräumen an- und abfahren zu lassen.

Das Nettoresultat aus der Befolgung dieser Grundregeln ist eine Verminderung der Ansprüche an die Denktätigkeit des Arbeitenden und eine Reduzierung seiner Bewegungen auf das Mindestmaß. Nach Möglichkeit hat er ein und dieselbe Sache mit nur ein und derselben Bewegung zu verrichten.

Henry Ford, Mein Leben und Werk, Leipzig 1923, S. 89 ff. (übersetzt von Curt und Marguerite Thesing)

1. Analysieren Sie, worin die Modernisierung der Produktionsprozesse bestand.
2. Bewerten Sie die Position, die dem Menschen in diesem System zugedacht ist.

## M4 „Fordismus"

Die Historiker Adelheid von Saldern und Rüdiger Hachtmann schreiben 2009 über das „fordistische Jahrhundert":

Die mit dem Namen Henry Ford verbundene Einführung der Fließbandarbeit und der Produktstandardisierung […] machte […] nur einen Teil der Neuerungen aus. Ein anderer Teil war dem Ingenieur Frederick W. Taylor zu verdanken, dem Schöpfer der […] „wissenschaftlichen Betriebsführung". […] Während bei Taylor und dem nach ihm benannten „System" die penible Einhaltung der Zeitvorgaben durch eine personalaufwändige Kontrolle seitens des betrieblichen Managements erreicht werden soll, wird sie bei Ford durch das laufende Band erzwungen. […] Entsprechend den Vorstellungen Henry Fords ermöglichte die Fließbandproduktion die Herstellung standardisierter Massenware; dadurch sanken die Produktionskosten, und dies wiederum erlaubte eine generöse Lohnpolitik (Fünf-Dollar-Lohn) sowie einen Acht-Stunden-Arbeitstag. Falls diese Prinzipien national verallgemeinert würden – so postulierte Ford –, würde sich die Massenkaufkraft kontinuierlich steigern lassen, und schließlich könne allen Bevölkerungsschichten das Glück des Massenkonsums zuteilwerden. Nach Auffassung des „weißen Sozialisten" Ford konnten die gegensätzlichen Interessen von Kapital und Arbeit ohne Veränderung der Eigentumsverhältnisse dauerhaft miteinander versöhnt werden – eine Hoffnung, der auch die reformerisch gesinnten Gewerkschaften anhingen.

Zitiert nach: https://zeithistorische-forschungen.de/2-2009/4508 [Zugriff: 22.02.2021]

1. Erläutern Sie den Zusammenhang zwischen Taylorismus, Fordismus, Boom und Massenkonsum.
2. Bewerten Sie die Tragfähigkeit der in Zeile 20–25 geäußerten Hoffnung.

### Der Blick aufs Ganze

1. Entwickeln Sie ein Verfassungsschema der USA auf Grundlage der Informationen im Darstellungstext. | F
2. Erörtern Sie, ob es sich bei den USA um ein „Land der unbegrenzten Möglichkeiten" handelte. Berücksichtigen Sie dabei sowohl die politische als auch die wirtschaftliche Modernisierung.

Diese Einheit kann mithilfe der Kooperationsform „Advance Organizer" durchgeführt werden.

Gestalten Sie als Gruppe eine „Lernlandkarte".

Schritt 1: Halten Sie fest, was Sie mit der Wendung „Land der unbegrenzten Möglichkeiten" assoziieren.

Schritt 2: Erarbeiten Sie Fragestellungen an diese Einheit.

Schritt 3: Beantworten Sie diese Fragestellungen mithilfe des Darstellungstextes und der Materialien. Weiten Sie Ihre Recherche ggf. aus.

Schritt 4: Halten Sie Ihre Arbeitsergebnisse auf einer „Lernlandkarte" fest.

# Wie reagieren Menschen und Gesellschaften auf die Beschleunigungserfahrungen der Moderne?

**„Die Märkische Schweiz vom Schnellzug aus gesehen."**
Erschienen in der Zeitschrift „Kladderadatsch" 1860.

- Analysieren Sie die Karikatur.
- Nennen Sie Phänomene, die Sie mit den Begriffen „Beschleunigung" und „Beschleunigungserfahrung" assoziieren.

**Wachstum der Städte** | In der Phase der **Hochmoderne** waren in Industriestaaten zwei Trends zu beobachten: ein enormer Bevölkerungszuwachs und eine Binnenwanderung vom Land in die Stadt. Beides führte zu einem Wachstum der Städte. Im Jahr 1871 lebten 30 Prozent der Deutschen in Orten über 2000 Einwohnern, 1910 waren es bereits 60 Prozent. Einerseits wuchsen traditionelle Verwaltungs- und Handelszentren (Frankfurt, Nürnberg, Leipzig), andererseits breiteten sich in den Industrierevieren Arbeitersiedlungen rasant aus. In vielen Städten entstand zwischen der einstigen Altstadt und dem neuen Bahnhof eine Achse, um die herum Vororte, Wohnsiedlungen, Villenviertel und eingemeindete Dörfer wuchsen. Anders als auf dem Land oder in der Kleinstadt war in den großen Städten das Konsum- und Wissensangebot vielfältiger, es gab mehr Begegnungs-, Informations- und Freizeitmöglichkeiten. Es entstand eine neue Lebensform, die sich von der auf dem Land und in der Kleinstadt unterschied. Die Historiker sprechen von **Urbanisierung**.

**Wanderungsbewegungen** | Ein weiteres Kennzeichen der Hochmoderne neben der Urbanisierung war die wachsende **Mobilität**: Bevölkerungswachstum und Soziale Frage veranlassten viele Menschen auszuwandern. Die zahlenmäßig größte Wanderungsbewegung fand allerdings im Inland statt. Dabei werden zwei Formen unterschieden: die Fernwanderung über hunderte Kilometer durch das gesamte Land und die Nahwanderung im Umkreis von rund 50 Kilometern einer Stadt. Die Fernwanderung betraf vorwiegend junge Männer, die in den entstehenden Industriegebieten und in den Großstädten Arbeit suchten. Wandernde Familien und junge Frauen, die ein Auskommen als Dienstmädchen suchten, bildeten die Hauptgruppe der Nahwanderer.

Insgesamt folgte die Wanderungsbewegung einer Ost-West-Richtung, von den ländlichen Gebieten östlich der Elbe in die Industriereviere an Rhein und Ruhr. Eine Bilanz des Jahres 1907 zeigt zweierlei: Gut die Hälfte der Deutschen lebte nicht mehr an ihrem Geburtsort. Und die Stadtbevölkerung wurde deutlich jünger, die Dörfer vergreisten. Verantwortlich für diese Binnenwanderung waren sogenannte Push- und Pull-Faktoren. Eine Anziehung (Pull) bestand in der Attraktivität der Großstadt durch Aufstiegsmöglichkeiten, höheres Einkommen oder bessere Ausbildung (Universitäten). Eine Abstoßung (Push) verursachten Verarmung, Verlust der Arbeit, fehlende Ausbildungsmöglichkeiten. Viele Mitglieder kinderreicher Familien zogen in die (Groß-)Stadt, weil sie sich dort bessere Lebensverhältnisse erhofften. Erleichtert wurden alle diese Formen der Mobilität durch den Ausbau des Straßen- und Eisenbahnnetzes, durch die Erfindung des Dampfschiffes und später durch die Verbreitung des Automobils.

**Folgen der Urbanisierung** | Mit der Aussicht auf Aufstieg, Geld, Bildung konnten die wachsenden Städte auch als Chance begriffen werden. Hier trafen die Neuerungen zuerst ein, es gab ein riesiges kulturelles Angebot vom Tanzcafé bis zum Kino, vom Theater bis zum Kunstmuseum, von Sport und Freizeit. Warenhäuser und Reklame lockten mit Konsum, neueste Trends erfuhr man in der Presse, bei Vorträgen und Massenveranstaltungen. Straßenbahnen und Vorortzüge machten die Bewegung innerhalb der Stadt einfach, alles schien hier schneller, neuer, leichtlebiger. Die Beschleunigung des Alltagslebens im Verkehr und auf der Arbeit, aber auch in Bezug auf Neuigkeiten und Nachrichten machte auch vielen Angst. Insbesondere sogenannte Modernisierungsverlierer fühlten sich in der neuen Arbeits- und Lebenswelt entwurzelt: Gewerbetreibende und Handwerker, deren Berufe überflüssig geworden waren oder die unter dem Preisdruck der Massenware aufgeben mussten; Menschen, die ihre Wohnungen durch hohe Mieten verloren; Zugewanderte, die keinen Anschluss fanden; oder Arbeiter, die durch Unfälle, Krankheiten oder Pleiten ihre Arbeit verloren.

**Café Maxim Friedrichstraße 218.**
Plakatentwurf von Robert Reimann, vor 1905.

**Die Frauenbewegung im 19. Jh.** | Viele, die sich benachteiligt fühlten oder ihren Interessen Nachdruck verleihen wollten, schlossen sich in der Zeit der Hochmoderne in Massenorganisationen zusammen. Zu ihnen gehörte die Frauenbewegung. Sie vertrat vier Hauptforderungen zur Verbesserung der politischen, rechtlichen, gesellschaftlichen und wirtschaftlichen Lage der Frauen: 1. das Recht auf Erwerb und freie Berufswahl, 2. Zugang zu Bildung, 3. aktives und passives Wahlrecht, 4. rechtliche Gleichstellung der Frau. Die einzelnen Bewegungen, die sich in Europa und den USA verstärkt ab den 1860er-Jahren bildeten, gewichteten ihre Schwerpunkte oft verschieden. In Deutschland kam es zur Organisation zahlreicher Verbände – kein leichtes Unterfangen, war doch Frauen die Gründung und der Beitritt zu Vereinen und Parteien untersagt. Gleichwohl setzte durch das Engagement von Einzelpersonen und der Frauenverbände ein langsames Umdenken ein. 1899 erlaubte Baden als erster deutscher Staat Frauen die Immatrikulation an einer Universität. 1908 wurde dann reichsweit das Abitur für Frauen möglich. Damit war eine der Hauptforderungen der bürgerlichen deutschen Frauenbewegung erfüllt. 1913 stellten Frauen sechs Prozent aller Studierenden an deutschen Hochschulen. Das Recht auf Arbeit war für die Frauen der unteren Schichten kein Ziel – sie mussten notgedrungen arbeiten, um ihre Familien zu ernähren.

**Internettipp:**
Wie sich die Errungenschaften der Frauenbewegung auf die Gesetzgebung auswirkten, zeigt eine Übersicht unter dem Code 32051-11.

**Internettipp:**
Über die Geschichte des Frauenwahlrechts informiert folgender Code 32051-12.

Als billige Arbeitskräfte in den Fabriken und Dienstmädchen in gutbürgerlichen Haushalten waren sie durchaus gefragt. Die sozialistische Frauenbewegung kämpfte somit eher für die Verbesserung der Arbeitsverhältnisse und für die Gleichstellung der Frau. Ab 1908 durften Frauen Parteien beitreten. Das Wahlrecht aber, die oft in der öffentlichen Wahrnehmung deutlichste Forderung der Frauen, wurde ihnen in Teilen Europas und den USA erst nach dem Ersten Weltkrieg gewährt. In Deutschland war dies 1918 der Fall, in den USA 1920, in Frankreich 1944.

Zu den neuen Massenorganisationen gehörten auch die Gewerkschaften. Sie waren aus Vereinigungen hervorgegangen, in denen sich einzelne Berufsgruppen aus dem Handwerk, aber auch Bergleute und Textilarbeiter organisierten hatten, und wurden ab der zweiten Hälfte des 19. Jh. zu den wichtigsten Interessenvertretungen der Arbeiter. In Deutschland waren die freien Gewerkschaften, die größte Gruppe mit bald Millionen von Mitgliedern, eng mit der SPD verbunden, die christlichen Gewerkschaften mit dem Zentrum, die „Gewerkvereine" mit den Liberalen. Sie setzten auf Unterhandlungen und orientierten sich am angelsächsischen Modell der Trade Unions, während die wesentlich erfolgreicheren freien Gewerkschaften trotz offizieller Verbote ab den 1880er-Jahren Streiks als Mittel des Arbeitskampfes einsetzten. Wo die Gewerkschaften – wie in Großbritannien und Deutschland – einig waren oder großen Zulauf hatten, konnten sie in teilweise zähen Verhandlungen mit den Arbeitgebern die Arbeits- und Lebensverhältnisse der Arbeiterinnen und Arbeiter verbessern. Von den Regierungen wurden Gewerkschaften jedoch noch lange als Unruhestifter und potenzielle Revolutionäre betrachtet. Und im Deutschen Reich setzte die Regierung noch kurz vor dem Ersten Weltkrieg gegen Streikende das Militär ein.

**Politisierung der Massen** | Frauenbewegung und Gewerkschaften sind Belege für eine **Politisierung** der Massen. Diese schritt in ganz Europa während des 19. Jh. voran. Sie hatte mehrere Ursachen: Immer mehr Menschen profitierten von der Schulpflicht und konnten Zeitungen, Magazine und Flugblätter lesen, die teilweise in riesigen Auflagen verbreitet wurden. Die Eisenbahn erhöhte nicht nur die Mobilität, sondern beschleunigte auch die Verbreitung und den Austausch von Informationen. All das erleichterte es den Menschen, sich eine Meinung zu bilden und sich an politischen Diskussionen zu beteiligen. In immer mehr Staaten erreichten die Bevölkerungen die Einführung des Männerwahlrechts. Die große Mehrheit nahm dieses Recht auch wahr – im Deutschen Reich waren es um 1900 mehr als 85 Prozent – und artikulierte so ihre politische Meinung. Gebündelt wurden politische Meinungen durch Parteien. Sie hatten sich überall in Europa aus älteren Wahlvereinen und lockeren Zusammenschlüssen gebildet, indem sie sich eine feste Organisation und Satzungen gaben. Sie gründeten Ortsvereine und veranstalteten regelmäßig öffentliche Parteiversammlungen. Mit ihren Programmen gaben sie Antworten auf wichtige politische Fragen und stellten sich mit ihren Kandidaten zur Wahl. Schon lange vor 1900 hatte sich das bis heute bekannte Parteienspektrum von sozialistischen bzw. sozialdemokratischen, liberalen, christlichen und konservativen Parteien herausgebildet.

**Der radikale Nationalismus** | Die Nation, verstanden als eine homogene, sprachliche und kulturelle Einheit mit tiefen Wurzeln in der Vergangenheit, wurde beinahe überall in Europa zum Leitbild, das sich vor allem über Abgrenzung definierte. Wer zur Gemeinschaft der Nation gehörte, bestimmten die – in ihrem Denken radikalen – Nationalisten über Herkunft. Wer nicht dieselbe Sprache sprach, sich nicht auf dieselbe geschichtliche Herkunft berief und bezog, gehörte nicht dazu. Anhänger internationaler Strömungen (Katholiken, Sozialisten) oder Menschen, die einer angeblich anderen Rasse angehörten, galten als Bedrohung für den homogenen Staat und bargen die Gefahr der Einflussnahme von außen. Pseudowissenschaftliche Erklärungen kamen in Mode, die die Menschen in „Rassen" einteilten und nach angeblich „wertvolleren" und „weniger wertvollen" einordneten. Damit ließ sich nicht nur der Imperialismus auf fremden Kontinenten, sondern auch das Vorgehen gegen die angeblichen „Fremdkörper" im eigenen Staat rechtfertigen. Großen Einfluss erlangte der **Sozialdarwinismus**, der Elemente der Evolutionslehre unzulässig auf den Menschen übertrug. Der „Kampf ums Dasein" und die daraus sich ableitende Durchsetzung des Überlebensfähigsten wurden als vermeintlich wissenschaftliche Grundlage gesehen für die Konkurrenz mit anderen Staaten, für wirtschaftliche Laissez-faire-Politik und für rassistische Theorien. Dieser **Radikalnationalismus** fand Eingang in viele Gesellschaftsschichten, insbesondere im einst liberalen Bildungs- und im Kleinbürgertum. Seine Ideen fanden bereits im 19. Jh. zahlreiche Anhänger, ihre volle und verderbliche Wirkung entfalteten sie schließlich nach dem Ersten Weltkrieg.

**Militarismus und Antisemitismus** | Der Radikalnationalismus führte zu einer Hochschätzung des Militärs (**Militarismus**). In Deutschland hatten die sogenannten Einigungskriege, die zwischen 1864 und 1871 zur Gründung des Deutschen Kaiserreiches geführt hatten, das Prestige der preußischen Armee enorm gesteigert. „Schneidiges" Auftreten und Uniformen genossen hohes Ansehen. Vom Postboten über den Dorfpolizisten bis zum Eisenbahner kopierten Uniformträger das militärische Vorbild, der männliche Nachwuchs trug aus Begeisterung für die kaiserliche Kriegsflotte Matrosenanzüge. Das Vertrauen auf die eigene Waffenkraft stärkte auch die aggressive Außenpolitik unter Wilhelm II. Sie zeigte sich in der Aufrüstung der Flotte und in brutalen Kriegen (Niederschlagung des Boxeraufstandes, Völkermord an den Herero und Nama). Juden wurden als internationales, „heimatloses" Volk diffamiert, da sie aus Sicht vieler angeblich der Idee des einheitlichen Nationalstaates diametral gegenüberstanden. Die Bewegung des **Antisemitismus** wurde in neuer Form belebt. Aus dem religiösen Judenhass wurde ein politisch motivierter, der sich rassisch begründete. Juden wurden fälschlicherweise mit Ausbeutung (Banker, Firmeninhaber, Kaufhausbesitzer), mit intellektueller „Zersetzung" (Intellektuelle, Journalisten, „jüdische Presse") und mit dem generell Anderen assoziiert. Damit konnten sowohl die oberen Klassen, die sich vor dem (sozialistischen) Internationalismus, der Konkurrenz in Geschäft und Bildung fürchteten, als auch die unteren Schichten mit Schlagworten wie „jüdischem Wucher" und Verschwörungstheorien von der jüdischen Weltherrschaft angesprochen werden. Antisemitische Vereine und politische Parteien hatten zwar nur wenige Mitglieder, ihre Ansichten fanden jedoch Eingang in die Vorstellungen vieler. Antisemitische Literatur und Presse, aber auch Übergriffe auf jüdische Mitbürger wurden Teil des Alltags.

**Kinder exerzieren am Strand von Swinemünde.**
Foto von 1913.
Aus erzieherischen Gründen stiftete der Kunstmaler Georg Schmitt ein Schiffsmodell, an dem Kinder und Jugendliche in Marineuniform Soldat spielen konnten.

- Erläutern Sie den Begriff des Militarismus am Beispiel des Fotos.
- Erklären Sie, inwiefern der Militarismus eine Reaktion auf die Beschleunigungserfahrung der Moderne darstellt.

## M1 Beschleunigung des Lebens

Der Historiker Karl Lamprecht beschreibt 1912, wie sich der wirtschaftliche und technische Wandel auf die Menschen auswirkt:

Die Zeit wurde früher als ein in längeren Phasen seines Verlaufes indifferenter Vorgang erfasst, der nur gelegentlich von einschneidenden Ereignissen durchbrochen wurde. Es waren Zeitalter, welche sich mit einer Turmuhr begnügten [...]. Heute dagegen will jedermann [...] seine genau gehende Taschenuhr haben, wo möglich mit Sekundenzeiger, denn es bedarf der Übersicht wenigstens über die Minuten zu genügender Einteilung des Tages. [...] Was also den modernen Zeitbegriff zunächst kennzeichnet, das ist die genaue praktische Beachtung des kleinen Zeitabschnittes: Fünfminutenaudienzen, Minutengespräche am Telefon, Sekundenproduktion der Rotationsdruckmaschine, Fünftelsekundenmessung beim Fahrrad: moralisch ausgedrückt Pünktlichkeit. Kein Zweifel, dass diese Beachtung der Sekunde zunächst und zum großen Teil den modernen Verkehrseinrichtungen verdankt wird. Darum ist sie, der Allgegenwart dieser Einrichtungen entsprechend, vom Zeitbegriff auf andere, verwandte Vorstellungen übertragen worden, ist Präzision, Genauigkeit geworden. [...] Stärker aber noch als der Sinn für Zeit ist die Raumanschauung im Verlaufe der jüngsten Entwicklung umgebildet worden; und man kann die sei es unbewusste sei es bewusst durchgeführte Erziehung zu einer neuen Raumanschauung geradezu als einen der wesentlichsten Vorgänge des geistigen Bildungsprozesses der jüngsten Vergangenheit bezeichnen. Das, was hier durch den neuen Verkehr zunächst geweckt wurde, war das Gefühl gleichsam der Allgegenwart auf der Erde. Dampfschiff, Eisenbahn, Telegraf sind gleichsam heimatlos; sie sind allen Klimaten und sonstigen geografischen Bedingungen zugänglich. Darum machen sie auch heimatlos, lösen vom Boden, geben innerhalb der Erdverhältnisse unendlichen Horizont.

Zitiert nach: Jens Flemming u. a. (Hrsg.), Quellen zur Alltagsgeschichte der Deutschen vom Mittelalter bis heute, Bd. 7: 1871–1914, Darmstadt 1997, S. 42 f.

1. Erläutern Sie, wie der Zeitgenosse Lamprecht die Erfahrung von Beschleunigung begründet.
2. Vergleichen Sie die Beschreibungen mit unserem heutigen Zeit- und Raumbewusstsein. | F

## M2 Leitspuren der Hochmoderne

Der deutsche Historiker Ulrich Herbert (*1951) bezeichnet die Zeit zwischen 1890 und 1990 als Hochmoderne und argumentiert, sie als historische Einheit zu betrachten.

Anders als in den Jahrzehnten zuvor waren die der Industrialisierung innewohnenden Tendenzen seit der Jahrhundertwende nicht mehr auf spezifische Gruppen und wenige Regionen begrenzt, sondern verwandelten das Leben nahezu aller Menschen – und zwar innerhalb einer Generationenspanne und so grundlegend, wie nie zuvor in der Geschichte. Intensität und Dynamik dieser Veränderungen stellten die Zeitgenossen vor außerordentliche Herausforderungen. Die in den Folgejahrzehnten festzustellenden politischen, gesellschaftlichen und kulturellen Bewegungen, die mit großer Radikalität auftreten, sind vor allem als Versuche der Reaktion, der Antwort auf diese Herausforderungen zu verstehen, die zum einen als nie gekannter Fortschritt, zugleich aber als tiefe, existentielle Krise der bürgerlichen Gesellschaft empfunden wurden. Die Suche nach einem Ordnungsmodell von Politik und Gesellschaft, das auf diese rasenden Veränderungen reagierte und sowohl Sicherheit wie Dynamik versprach, Gleichheit wie Wachstum, prägte die folgenden Jahrzehnte. [...] Es gibt einige Leitspuren, die über längere Zeiträume verfolgt werden können: die [...] Frage nach dem Verhältnis von industrieller Gesellschaft und politischer Ordnung ist eine davon, ebenso die nach dem Aufkommen und Abflauen des deutschen Radikalnationalismus; nach dem Umgang mit der Kultur der Moderne und der Massengesellschaft; nach der Dynamik der Gewalt und des Krieges; nach dem Verhältnis von Eigenem und Fremdem; nach der Konvergenz entwickelter industrieller Gesellschaften. Dabei wird versucht, die verschiedenen Felder der Untersuchung – klassisch: der Politik, der Gesellschaft, der Wirtschaft und der Kultur – miteinander zu integrieren und die Zusammenhänge zwischen diesen Feldern aufzuzeigen. Kultur wird dabei in einem weiten Sinn verstanden, als Reflexion und Verarbeitung gesellschaftlicher Prozesse [...].

Ulrich Herbert, Geschichte Deutschlands im 20. Jahrhundert, München 2014, S. 17 und 20

1. Arbeiten Sie heraus, wie Herbert die Hochmoderne skizziert.
2. Erläutern Sie den historischen Ansatz von Herbert.
3. Gestalten Sie eine Visualisierung des Ansatzes von Herbert. Ordnen Sie in diese die Begriffe Hochmoderne, Urbanisierung, Mobilität, Beschleunigung, Modernisierungsverlierer, Massenorganisation, Politisierung, Frauenbewegung, Militarismus, Antisemitismus, Radikalnationalismus, Sozialdarwinismus ein (Darstellungstext, M2). | F

## M3 Wachstum deutscher Großstädte 1875–1910

Aufgeführt sind die Städte, die 1910 mehr als 200 000 Einwohner hatten. Die zeitgenössische Definition von Großstadt umfasste allerdings bereits alle Städte über 100 000 Einwohner.

| Stadt | 1875 | 1890 | 1910 | Wachstumsraten (in %) |
|---|---|---|---|---|
| Berlin | 966 859 | 1587 794 | 2071 257 | 114,3 |
| Bremen | 102 532 | 125 684 | 217 437 | 112,1 |
| Breslau | 239 050 | 335 186 | 512 105 | 114,2 |
| Charlottenburg[1] | 25 847 | 76 859 | 305 978 | 1083,8 |
| Chemnitz | 78 209 | 138 954 | 287 807 | 268,0 |
| Dortmund | 57 742 | 89 663 | 214 226 | 271,0 |
| Dresden | 197 295 | 276 522 | 548 308 | 177,9 |
| Düsseldorf | 80 695 | 144 642 | 358 728 | 344,6 |
| Duisburg | 37 380 | 59 285 | 229 438 | 513,8 |
| Essen-Ruhr | 54 790 | 78 706 | 294 653 | 437,8 |
| Frankfurt a. M. | 103 136 | 179 985 | 414 576 | 302,0 |
| Hamburg | 264 675 | 323 923 | 931 035 | 251,8 |
| Hannover | 106 677 | 163 593 | 302 375 | 183,5 |
| Kiel | 37 246 | 69 172 | 211 627 | 468,2 |
| Köln | 135 371 | 281 681 | 516 527 | 281,6 |
| Königsberg | 122 636 | 161 666 | 245 994 | 100,6 |
| Leipzig | 127 387 | 295 025 | 589 850 | 363,0 |
| Magdeburg | 87 925 | 202 234 | 279 629 | 218,0 |
| München | 193 024 | 349 024 | 596 467 | 209,0 |
| Nürnberg | 91 018 | 142 590 | 333 142 | 266,0 |
| Stettin | 80 972 | 116 228 | 236 113 | 191,6 |
| Stuttgart | 107 273 | 139 817 | 286 218 | 166,8 |
| Zahl der Städte mit mehr als 100 000 Einwohnern | 271 | 394 | 576 | 112,5 |

Nach: Gerd Hohorst u. a. (Hrsg.) Sozialgeschichtliches Arbeitsbuch II. Materialien zur Statistik des Kaiserreichs 1870–1914, München [2]1978, S. 45 f.

1. Beschreiben Sie die dargestellte Entwicklung.
2. Ordnen Sie die Städte geografisch ein und benennen Sie mögliche Faktoren, die zu dieser Entwicklung beigetragen haben (Darstellungstext, M3).
3. Bewerten Sie, welche gesellschaftlichen Konsequenzen sich aus der gezeigten Entwicklung ergeben.

[1] heute Berlin-Charlottenburg

## M4 Wahrnehmungen der Großstadt

**„Ich und die Stadt."**
Gemälde von Ludwig Meidner (1884–1966), 1913.

**„Berliner Straßenszene."**
Ölgemälde von Ernst Ludwig Kirchner (1880–1938), 1913.

1. Beschreiben Sie die verschiedenen Darstellungen der Großstadt und vergleichen Sie diese.
2. Nennen Sie Aspekte der Urbanisierung (Darstellungstext, Glossar) und ordnen Sie diese den Darstellungen zu.
3. Erörtern Sie die Vor- und Nachteile des Lebens in einer Großstadt um 1900 aus der Perspektive verschiedener Schichten.

## M5 Landflucht

Ein landwirtschaftlicher Verein aus Ostpreußen analysiert 1872 die Arbeitsmarktsituation auf dem Land:

Vor wenigen Jahren noch hatten wir alle Ursache, mit den hiesigen Arbeiterverhältnissen sehr zufrieden zu sein, denn die Lohnsätze waren im Verhältnis zu anderen Gegenden niedrig, die Arbeiter willig und nicht ungeschickt. In neuerer Zeit ist aber hierin eine unliebsame Veränderung eingetreten, und der Mangel an ländlichen Arbeitern macht sich auch bei uns immer mehr bemerkbar. Veranlassung hierzu haben zunächst die Eisenbahn- und Chausseebauten gegeben, bei denen die Arbeiter unter freierer Bewegung höhere Löhne als in der Landwirtschaft sich erwerben. Hierzu kommt noch eine bedeutende Auswanderung von Arbeitern nach Amerika und nach Galizien. Eine große Zahl von hiesigen Arbeitern wandert überdies alljährlich nach Berlin und den anderen Provinzen des Staates aus, um sich in Fabriken, bei Eisenbahnbauten oder anderen Unternehmungen einen lohnenderen Verdienst zu suchen, als die Landwirtschaft zu gewähren imstande ist [...]. Segen haben die auswandernden Arbeiter [...] keineswegs von ihrem höheren Verdienste, indem sie bei der schlechten unregelmäßigen Ernährung, dem Übernachten unter freiem Himmel oder unzureichender Bedachung bei den Eisenbahnbauten körperlich oft ebenso sehr geschädigt werden, wie sie durch Branntweintrinken und durch die Gesellschaft meistens verkommener Subjekte, in welcher sie sich bewegen, moralisch zugrunde gehen [...]. Als ein Zeichen der Zeit haben wir endlich noch zu erwähnen, dass Forderungen von höheren Löhnen unter Androhung der Arbeitseinstellung hier im vergangenen Sommer während der Erntezeit mehrfach vorgekommen sind, wobei die Arbeiter ihre Forderungen gewöhnlich durchsetzten.

Zitiert nach: Jürgen Kocka und Bernd Mütter, Wirtschaft und Gesellschaft im Zeitalter der Industrialisierung, München 1984, S. 102

1. Erläutern Sie die Begriffe „Urbanisierung“, „Mobilität“ und „Modernisierungsverlierer“ am Beispiel der Landflucht aus Ostpreußen (Darstellungstext, M5).
2. Gestalten Sie ein Rollenspiel, bei dem Arbeiter auf den Verwalter eines landwirtschaftlichen Betriebes treffen und versuchen, ihre Forderungen durchzusetzen.

## M6 Neue Dimensionen der Kommunalpolitik

Der Historiker Hans-Ulrich Wehler (*1931) schildert die Rolle der städtischen Kommunen bei der Bewältigung der Probleme, die mit der Urbanisierung einhergehen:

Da sich die Urbanisierung innerhalb einer Zeitspanne von einer Generation entwickelte, stand die städtische Kommunalpolitik plötzlich einer Vielzahl von herandrängenden Problemen gegenüber. [...] Auf der anderen Seite besaßen die deutschen Städte zu dieser Zeit – im vorgesehenen gesetzlichen Rahmen und mit dem üblichen staatlichen Genehmigungsvorbehalt – ein relativ hohes Maß an politischer Autonomie, die von tatkräftigen, reformwilligen Kommunalpolitikern und Verwaltungsfachleuten genutzt werden konnten. [...] An erster Stelle stand der Problemdruck, der sich mit der Urbanisierung aufstaute. Ihm gegenüber schien eine Laissez-faire-Einstellung völlig unangemessen zu sein. Denn die Städter mussten vor den schmerzhaften Folgen der Deregulierung der Wirtschafts- und Sozialverfassung durch die liberale Gesetzgebung geschützt werden. Insofern trugen die Kommunen mit ihrem „Sozialnetz“ zuerst die Hauptlast jener Probleme, die später „sozialstaatlich“ aufgefangen wurden. [...] Mit diesem säkularen Vorgang war unvermeidlich verbunden der Ausbau eines städtischen Berufsbeamtentums, das sich bei der Rekrutierung und Ausbildung, dem Karriereverlauf und der Verwaltungstechnik aufs Engste an der Staatsbürokratie orientierte. Die bisher vorwiegende ehrenamtliche Tätigkeit im Dienst des Honoratiorenregiments wurde erst zurückgedrängt, dann vollends ersetzt durch hauptberufliche Verwaltungs- und Rechtsspezialisten im Dienst der Kommunalpolitik. Wegen der Kommunalisierung von Wirtschaftsbetrieben und Bauplanung, von Schul- und Gesundheitswesen übernahmen bald auch Ingenieure und Architekten, Philologen und Ärzte die Funktion eines städtischen Beamten.

Hans-Ulrich Wehler, Deutsche Gesellschaftsgeschichte, Bd. 3: Von der „Deutschen Doppelrevolution“ bis zum Ersten Weltkrieg 1849–1914, München 1995, S. 523 ff.

1. Stellen Sie Rolle und Funktion der Kommunen als Folge der Urbanisierung dar.
2. Arbeiten Sie heraus, wie die Kommunen auf die Veränderungen der Urbanisierung reagieren.
3. Ordnen Sie den Maßnahmen, die die Kommunen ergreifen, Problemfelder zu, auf die die Kommunen reagieren. | F

## M7 Organisation als Grundzug der Zeit

Der evangelische Pfarrer und Politiker Friedrich Naumann (1860–1919), der nach dem Ersten Weltkrieg als erster Vorsitzender der Deutschen Demokratischen Partei (DDP) und Mitglied der Weimarer Nationalversammlung am Entwurf der Weimarer Reichsverfassung mitarbeitet, schreibt 1906 darüber, wie sich die entstehende Massengesellschaft auf Wirtschaftsleben und Politik auswirkt:

Der Einzelmensch hört auf, eine Größe für sich zu sein. Er gleicht einem Getreidekorn, das auf dem Gummiband durch das Lagerhaus gefahren wird. Es kann an seiner Stelle springen und tanzen, wird aber währenddessen mechanisch weitergeschoben und von den Rändern des Bandes in die Mitte zurückgeworfen, sobald es sich verirrt. Damit ändern sich die seelischen Zustände des Menschen. Das alte Ideal, für sich allein etwas zu sein, verblasst und verkümmert. Es war und ist ein schönes und hohes Ideal, aber undurchführbar im Massenvolke. Alle Verhältnisse werden vom Gedanken der Organisation, das ist der Regelung der Menge, durchdrungen. Es wird ein Stolz des Menschen, in großen Betrieben zu stehen, in weite Verbindungen hineingezogen zu sein. Oft ist dieser Stolz noch gemischt mit einem schmerzlichen Rückblick auf Zeiten, wo der Einzelne für sich etwas war. Aber was hilft es? Selbst der Landmann beginnt sich zu organisieren. Alle fühlen, dass sie gemeinsam ihre Geschäfte machen müssen, dass auf Vereinzelung wirtschaftliche Todesstrafe gesetzt ist. Diese Änderung unserer Gegenwart ist eines der interessantesten Erlebnisse. Es kommt uns allen unerwartet, denn die Parole der geistigen Bewegung, die der Gegenwart vorausging, war die Unabhängigkeit des Einzelmenschen. Die Philosophen [...] haben das Ich in die Höhe gehoben, die Dichter, vor allem Schiller, haben es gefeiert, die ganze Strömung des bürgerlichen Liberalismus war voll von dem Klang und Widerklang: Der Einzelne ist seines Glückes Schmied! Man zerbrach die alten Verbände und Zünfte, um den Einzelnen frei zu machen, und verlangte vom Staat, dass er nichts anderes tue, als das Eigentum zu schützen und den Einzelnen sich bewegen zu lassen. Mit viel echtem Idealismus wurde diese Kunde vom Sieg des Individualismus vernommen und weitergegeben. Und doch ist heute alles voll von Motiven anderer Art. Alle Teile des Volkes treten mit Forderungen an den Staat heran. Die Forderungen der Sozialisten und Bodenreformer, die auf öffentliche Regelung der Produktion, des Wohnungs- und Hypothekenwesens hinauslaufen, finden willige Hörer. Der Staat und die Verbände werden Wirtschaftsfaktoren, an deren Notwendigkeit man glaubt. So wirkte das Wachsen der Masse [...]. Ein kleiner Kaufmann muss trotz formaler Freiheit genau das tun, was seine Verkaufsstelle von ihm fordert. [...] Der Tierzüchter muss marktgängige Ware liefern und findet deren Preis in der Zeitung. Es verbreitet sich ein Geist der Gebundenheit an ein dunkles Ganzes, das uns alle umfängt. Nicht als ob sich nicht besondere Talente der Bindung entziehen könnten, aber für den Durchschnittsmenschen sind die Existenzbedingungen festgelegt. Er kann sie als Glied seiner Gruppe zu verbessern suchen, aber nicht als persönliches Ich. Deshalb zahlt er Beiträge für seine Gruppenvertretung.

Zitiert nach: Rüdiger vom Bruch und Björn Hofmeister (Hrsg.), Deutsche Geschichte in Quellen und Darstellung, Bd. 8: Kaiserreich und Erster Weltkrieg 1871–1918, Stuttgart 2000, S. 129 f.

1. Charakterisieren Sie das Phänomen der Massenorganisation als Erscheinungsform der Moderne mithilfe der Überlegungen Friedrich Naumanns (Darstellungstext, M7).
2. Erläutern Sie das Verhältnis von Liberalismus und Massenorganisation. | F
3. Naumann postuliert, dass „für den Durchschnittsmenschen die Existenzbedingungen festgelegt sind". Erörtern Sie diese These.

## M8 Mitgliederentwicklung der Gewerkschaften 1890 bis 1914

1890 entstanden zahlreiche Gewerkschaften wieder neu. Dazu gehörten die von den beiden Sozialpolitikern Max Hirsch und Franz Duncker gegründeten liberalen Hirsch-Duncker'schen Gewerkvereine, die christlich-sozialen Vereine, die in den 1894 gegründeten christlichen Gewerkschaften aufgingen, sowie die sozialistischen Verbände, die sich unter einer 1890 eingerichteten Generalkommission als Freie Gewerkschaften zusammenschlossen:

| Jahr | Freie | Christliche | Hirsch-Duncker | Insgesamt |
|---|---|---|---|---|
| 1890 | 278 000 | – | 63 000* | 341 000 |
| 1895 | 259 000 | 5 000 | 67 000 | 331 000 |
| 1900 | 680 000 | 77 000 | 92 000 | 849 000 |
| 1905 | 1 345 000 | 192 000 | 116 000 | 1 653 000 |
| 1910 | 2 017 000 | 316 000 | 122 000 | 2 455 000 |
| 1913 | 2 549 000 | 343 000 | 107 000 | 2 999 000 |
| 1914 | 2 076 000 | 283 000 | 78 000 | 2 437 000 |

*1891

Nach: Volker Berghahn, Das Kaiserreich 1871–1914. Industriegesellschaft, bürgerliche Kultur und autoritärer Staat (Gebhardt Handbuch der deutschen Geschichte, Bd. 16), Stuttgart [10]2003, S. 337

1. Analysieren Sie die Statistik.
2. Charakterisieren Sie die Gewerkschaftsbildung als Erscheinungsform der Moderne (Darstellungstext, M8). | H

## M9 Die rechtliche Stellung der Frau um 1900

Zum 1. Januar 1900 tritt das Bürgerliche Gesetzbuch (BGB) in Kraft. Von einer Expertenkommission seit der Reichsgründung erarbeitet, vereinheitlicht es auf dem Gebiet des Deutschen Kaiserreiches das bürgerliche Recht. Die folgenden Artikel beziehen sich auf das Eherecht:

§ 1353 Die Ehegatten sind einander zur ehelichen Gemeinschaft verpflichtet. [...]

§ 1354 Dem Manne steht die Entscheidung in allen das gemeinschaftliche Eheleben betreffenden Angelegenheiten zu; er bestimmt insbesondere Wohnort und Wohnung. Die Frau ist nicht verpflichtet, der Entscheidung des Mannes Folge zu leisten, wenn sich die Entscheidung als Missbrauch seines Rechtes darstellt.

§ 1355 Die Frau erhält den Familiennamen des Mannes.

§ 1356 Die Frau ist, unbeschadet der Vorschriften des § 1354, berechtigt und verpflichtet, das gemeinschaftliche Hauswesen zu leiten. Zu Arbeiten im Hauswesen und im Geschäfte des Mannes ist die Frau verpflichtet, soweit eine solche Tätigkeit nach den Verhältnissen, in denen die Ehegatten leben, üblich ist.

§ 1357 Die Frau ist berechtigt, innerhalb ihres häuslichen Wirkungskreises die Geschäfte des Mannes für ihn zu besorgen und ihn zu vertreten. Rechtsgeschäfte, die sie innerhalb dieses Wirkungskreises vornimmt, gelten als im Namen des Mannes vorgenommen, wenn nicht aus den Umständen sich ein anderes ergibt. Der Mann kann das Recht der Frau beschränken oder ausschließen. Stellt sich die Beschränkung oder die Ausschließung als Missbrauch des Rechtes des Mannes dar, so kann sie auf Antrag der Frau durch das Vormundschaftsgericht aufgehoben werden. [...]

*Eheliches Güterrecht.* [...]

§ 1363 Das Vermögen der Frau wird durch die Eheschließung der Verwaltung und Nutznießung des Mannes unterworfen (eingebrachtes Gut). [...]

*Elterliche Gewalt.* [...]

§ 1627 Der Vater hat kraft der elterlichen Gewalt das Recht und die Pflicht, für die Person und das Vermögen des Kindes zu sorgen.

Zitiert nach: Anne Conrad und Kerstin Michalik (Hrsg.), Quellen zur Geschichte der Frauen, Bd. 3: Neuzeit, Stuttgart 1999, S. 136–140

1. Charakterisieren Sie die Rechtsstellung von verheirateten Frauen im Deutschen Kaiserreich ab 1900.
2. Entwickeln Sie Hypothesen, welche Forderungen die Frauenbewegung auf dieser Grundlage stellen könnte.

## M10 Das Programm des „Allgemeinen Deutschen Frauenvereins“

Der liberal-demokratische Allgemeine Deutsche Frauenverein (ADF) wird 1865 in Leipzig gegründet. In seinem Programm von 1905 heißt es:

II. Berufstätigkeit. Die Frauenbewegung betrachtet für die verheiratete Frau den in der Ehe und Mutterschaft beschlossenen Pflichtenkreis als ersten und nächstliegenden Beruf. Die befriedigende Erfüllung dieses Berufs muss im Interesse der Gesamtheit mit allen Mitteln der Bildung, der wirtschaftlichen Reform, des staatlichen Schutzes gesichert werden. Die Arbeit der Frau in der Erfüllung dieses Berufs ist wirtschaftlich und rechtlich als vollgültige Kulturleistung zu bewerten. In Anbetracht der großen Zahl von Frauen, die unverheiratet bleiben, und der weiteren Zahl derer, die in der Ehe keine ausreichende wirtschaftliche Versorgung finden können, ist die Berufsarbeit der Frau eine wirtschaftliche und sittliche Notwendigkeit. Die Frauenbewegung betrachtet die berufliche Frauenarbeit aber auch in weiterem Sinne und unabhängig von jeder äußeren Notwendigkeit als Kulturwert, da auch die Frau Träger hervorragender spezifischer Begabung sein kann und bei vollkommen freier Entfaltung ihrer Fähigkeiten auf vielen Gebieten geistiger und materieller Tätigkeit Aufgaben finden wird, die sie ihrer Natur nach besser lösen kann als der Mann. – In Bezug auf die wirtschaftliche Bewertung der beruflichen Frauenarbeit vertritt die Frauenbewegung den Grundsatz: gleicher Lohn für gleiche Leistung. [...]

III. Ehe und Familie. Die Frauenbewegung sieht in der Heilighaltung der Ehe die wesentlichste Bürgschaft für das körperliche und geistige Wohl der Nachkommenschaft und die Grundbedingung sozialer Gesundheit. Sie legt in Bezug auf die sexuelle Sittlichkeit Männern und Frauen die gleichen Pflichten auf und bekämpft die doppelte Moral, die einerseits dem Mann eine in jeder Hinsicht verhängnisvolle sexuelle Freiheit gewährt, andererseits die Frau mit ungerechter Härte trifft. Sie fordert für die Frau als Leiterin des Hauses und Erzieherin der Kinder, dass sie im Einklang mit der Höhe ihrer Verpflichtung und dem Wert ihrer Leistungen auch rechtlich die gleiche Verantwortung in allen Angelegenheiten der Ehe und der Familie trage wie der Mann. [...]

a) Die Frauenbewegung bekämpft mit allen ihr zu Gebote stehenden Mitteln die Prostitution [...].

b) Sie verlangt eine Reform der Ehegesetze, durch welche beiden Ehegatten das gleiche Verfügungsrecht in allen gemeinsamen Angelegenheiten, insbesondere der gleiche Anteil an der elterlichen Gewalt gesichert wird.

c) Sie verlangt gesetzliche Reformen betreffend die Rechte der unehelichen Kinder, Reformen, durch welche

dem unehelichen Vater größere Verpflichtungen gegen Mutter und Kind auferlegt werden.
IV. Öffentliches Leben, Gemeinde und Staat.
[…] a) Zulassung der Frauen zu verantwortlichen Ämtern in Gemeinde und Staat, vor allem solchen, die zu den Interessen der Frauen in besonders naher Beziehung stehen (Mädchenschulwesen, staatliche und kommunale Sozialpolitik, Arbeiterinnenfrage, Rechtspflege usw.). […]
f) Teilnahme der Frauen am politischen Wahlrecht.

Zitiert nach: Rüdiger vom Bruch und Björn Hofmeister (Hrsg.), Deutsche Geschichte in Quellen und Darstellung, Bd. 8: Kaiserreich und Erster Weltkrieg 1871–1918, Stuttgart ²2002, S. 137 ff.

1. Arbeiten Sie die Forderungen des ADF heraus.
2. Überprüfen Sie, inwieweit die Forderungen mit Ihren Hypothesen (s. M9) übereinstimmen.
3. Bewerten Sie das Geschlechterkonzept, das in den Forderungen zum Ausdruck kommt.

## M11 Frauenrechte und Arbeiterbewegung

Die sozialdemokratische, später kommunistische Politikerin Clara Zetkin (1857–1933) schreibt 1894 in der von ihr herausgegebenen Zeitschrift „Die Gleichheit“:

Umsonst war also die Liebesmüh der Frauenrechtlerinnen, den neuen Verband jungfräulich rein zu halten von jeder Berührung mit „offenkundig sozialdemokratischen Vereinen“. Die Damen können Gift darauf nehmen, dass auch ohne ihre Erklärungen es nicht einer einzigen zielbewussten proletarischen Frauenorganisation auch nur im Traume eingefallen wäre, Anschluss an den Verband zu suchen. Die deutsche Arbeiterinnenbewegung ist über die Zeit frauenrechtlerischer Harmonieduselei längst hinaus. Jede klare proletarische Frauenorganisation ist sich bewusst, dass sie sich durch einen solchen Anschluss eines Verrats an ihren Grundsätzen schuldig machen würde. Denn die bürgerlichen Frauenrechtlerinnen erstreben nur durch einen Kampf von Geschlecht zu Geschlecht, im Gegensatz zu den Männern ihrer eigenen Klasse, Reformen zugunsten des weiblichen Geschlechts innerhalb des Rahmens der bürgerlichen Gesellschaft, sie tasten den Bestand dieser Gesellschaft selbst nicht an. Die proletarischen Frauen dagegen erstreben durch einen Kampf von Klasse zu Klasse, in enger Ideen- und Waffengemeinschaft mit den Männern ihrer Klasse, – die ihre Gleichberechtigung voll und ganz anerkennen – zugunsten des gesamten Proletariats die Beseitigung der bürgerlichen Gesellschaft. Reformen zugunsten des weiblichen Geschlechts, zugunsten der Arbeiterklasse sind ihnen nur Mittel zum Zweck, den bürgerlichen Frauen sind Reformen der ersteren Art Endziel. Die bürgerliche Frauenrechtelei ist nicht mehr als Reformbewegung, die proletarische Frauenbewegung ist revolutionär und muss revolutionär sein.

Zitiert nach: Ute Gerhard, Unerhört. Die Geschichte der deutschen Frauenbewegung, Reinbek 1996, S. 180

1. Stellen Sie die Forderungen Clara Zetkins an die Frauenbewegung dar.
2. Vergleichen Sie die Forderungen Zetkins mit denen des Allgemeinen Deutschen Frauenvereins (M10, M11).
3. Gestalten Sie ein Streitgespräch zwischen einer Vertreterin einer proletarischen und einer bürgerlichen Frauenorganisation. | F

## M12 „Zur Frauenbewegung“

Postkarte um 1910.

1. Analysieren Sie die Postkarte.
2. Erläutern Sie den politischen Standpunkt, den die Postkarte ausdrückt.
3. Erörtern Sie die Chancen und Gefahren, die beide Strömungen der Frauenbewegung, bürgerlich und proletarisch, bergen.
4. Beurteilen Sie die Erfolgsaussichten der Frauenbewegung. | F

## M13 Vom Einigungsnationalismus zum Radikalnationalismus

Hans-Ulrich Wehler fasst eine Anzahl von Gründen zusammen, die aus dem Einigungsnationalismus, der 1870 in Deutschland sein Ziel verwirklicht sah, einen Radikalnationalismus werden ließen:

Insofern erlebte der Reichsnationalismus bereits bis zum Ersten Weltkrieg einen Radikalisierungsprozess, der sich auch in anderen westlichen Nationalstaaten dieser Zeit beobachten ließ. Wo sind seine Ursachen zu suchen? Ein Bündel von Faktoren wirkte hier zusammen, am wichtigsten sind drei von ihnen. Man kann den Radikalnationalismus als Reaktion auf schmerzhafte Modernisierungserfahrungen verstehen. Auf die „Herausforderung“ durch die deprimierenden Konjunkturfluktuationen des Industrie- und Agrarkapitalismus, auf die bitteren Klassenkonflikte, auf den Verlust vertrauter Weltbilder und den Aufstieg neuer, irritierender Deutungssysteme, etwa des fundamentalistischen Marxismus und Ultramontanismus[1], gab der ins Extreme gesteigerte Nationalismus seine „Antwort“. Den Belastungen der Individuen und Klassen setzte er seine Therapie der Spannungsbewältigung durch die innere Vollendung der nationalen Einheit entgegen: Alle Reichsfeinde und Fremden sollten ausgeschieden werden, damit die gereinigte Nation als monolithischer Block die Aufgaben des Tages bestehen konnte.
Diese Funktion wurde verstärkt durch seine Superioritätsdoktrin[2]: Die westliche „Zivilisation“ und das slawische „Asiatentum“ konfrontierte er mit der Überlegenheit deutscher „Kultur“ und „Bildung“, geschützt durch die gepanzerte Wehr des Militärstaats. In der europäischen Hegemonie sah er ebenso eine Mission des Reiches wie in dessen Vorstoß zur „Weltmacht“. Großartige Ziele boten einen Ausgleich für die Bürde des Alltags, die Statusängste und Orientierungsnöte, die der sozialökonomische Transformationsprozess unentwegt aufwarf. Insofern besaß der integrale Nationalismus eine kompensatorische Funktion, um mit „psychischem Einkommen“ die Kosten, die Anpassungsprobleme der Modernisierung wettzumachen.

Hans-Ulrich Wehler, Nationalismus. Geschichte, Formen, Folgen, München 2001, S. 79 f.

[1] **Ultramontanismus**: Strömung des romtreuen politischen Katholizismus; ultramontan bedeutet „jenseits der Berge“, gemeint sind damit die Alpen.

[2] **Superioritätsdoktrin**: Lehre von der Überlegenheit

1. Arbeiten Sie die Ursachen des Radikalnationalismus nach Wehler heraus.
2. Bewerten Sie die Folgen des Radikalnationalismus für die deutsche Innen- und Außenpolitik.

## M14 Ausprägungen des Antisemitismus

a) Der Journalist Otto Glagau schreibt in der vom liberalen Bürgertum gelesenen, in hoher Auflage erscheinenden illustrierten Familienzeitschrift „Gartenlaube“ 1876:

Ich will die Juden nicht umbringen oder abschlachten, sie auch nicht aus dem Lande vertreiben, ich will ihnen nichts nehmen, von dem, was sie einmal besitzen, aber ich will sie revidieren, und zwar funditus [von Grund auf] revidieren. Nicht länger dürfen falsche Toleranz und Sentimentalität, leidige Schwäche und Furcht uns Christen abhalten, gegen die Auswüchse, Ausschreitungen und Anmaßungen der Judenschaft vorzugehen. [...] Sie führen tatsächlich die Herrschaft über uns [...]. Die Weltgeschichte kennt kein zweites Beispiel, dass ein heimatloses Volk, eine physisch wie psychisch entschieden degenerierte Rasse, bloß durch List und Schlauheit und Wucher und Schacher über den Erdkreis gebietet.

Zitiert nach: Werner Bergmann, Geschichte des Antisemitismus, München 2010, S. 41–44

b) In der „Borkumer Zeitung“ vom Juli 1897 schreibt ein Emanuel Stockhausen in der Rubrik „Eingesandt“:

Sehr geehrter Herr Redakteur!
Verzeihen Sie, wenn ich mich in einer Angelegenheit an Sie wende, die, wie ich meinen sollte, allen rechtlich denkenden Badegästen auf Borkum gewiss schon aufgefallen ist. Es wird auf dem Festlande als ein großer Vorzug dieses wirklich an sich schon prächtigen Bades gepriesen, dass man hier keine Juden trifft. Darin möge jedem seine Neigung oder Abneigung gelassen werden. Aber dass man auf Borkum fast nirgends hinkommen kann, ohne mindestens hässliche Worte gegen das auserwählte Volk lesen zu müssen, das finde ich empörend und des Christen gewiss nicht würdig. Hoffentlich haben diese Zeilen die Wirkung, dass unsere Christen etwas duldsamer werden und nicht den Juden, wenn sie solche Beschimpfungen lesen müssen [...] Anlass geben, an ein Sprichwort zu denken, das von [...] Händen und Tisch und Wänden[3] spricht. Der [...] Kurdirektion unseren

[3] Anspielung auf das Sprichwort „Narrenhände beschmieren Tisch und Wände“.

Dank, wenn sie die unwürdigen Verzierungen zu entfernen Gelegenheit nimmt.

Zitiert nach: Tönjes Akkermann, Antisemitismus auf Borkum, Borkum 1993, unpaginiert

1. Arbeiten Sie die Vorurteile und Stereotypen gegenüber Juden aus dem Text von Otto Glagau heraus.
2. Erläutern Sie die Reaktion Emanuel Stockhausens auf antisemitische Handlungen auf Borkum.
3. Charakterisieren Sie das Phänomen des Antisemitismus (Darstellungstext, M14).

## M15 „Natürliche Schöpfungsgeschichte"

Im Jahr 1868 erscheinen gesammelt Vorträge des Mediziners und Zoologen Ernst Haeckel (1834–1919), in denen er die Entwicklungslehre Darwins auf den Menschen überträgt:

Die erste Menschenart würde der längst ausgestorbene Urmensch [...] bilden, den wir nach einheitlichen und monophyletischen[1] Deszendenz[2]-Hypothese als die unmittelbare Übergangsform vom menschenähnlichen Affen zum Menschen und als die gemeinsame Stammform aller übrigen Menschenarten zu betrachten hätten. [...] Wahrscheinlich entwickelten sich aus dieser Urmenschenart durch natürliche Züchtung verschiedene, uns bekannte, jetzt längst ausgestorbene Menschenarten, von denen zwei am meisten divergente, eine wollhaarige Art und eine schlichthaarige Art, im Kampf um's Dasein über die übrigen den Sieg davontrugen, und die Stammformen der übrigen Menschenarten wurden. Der wollhaarige Zweig breitete sich zunächst südlich des Äquators aus, indem er sich teils nach Osten (nach Neuguinea), teils nach Westen (nach Südafrika) hinüberwandte. Der schlichthaarige Zweig dagegen wandte sich hauptsächlich nach Norden und bevölkerte zunächst Asien; ein Teil desselben wurde aber auch nach Australien verschlagen und erhob sich hier nur wenig über die Stufe der ursprünglichen Bildung. Alle heute noch lebenden wollhaarigen Völker (Ulotriches) sind auf einer viel tieferen Stufe der Ausbildung stehen geblieben, als die meisten Schlichthaarigen. Sie alle haben die langköpfige und schiefzähnige Schädelform und die dunkle Hautfarbe beibehalten. Der ursprünglichen Stammform des wollhaarigen Astes in mancher Beziehung am nächsten steht vielleicht der Papua-Mensch oder Negrito (Homo papua) [...]. [...] Während einige Zweige dieser Menschenart sich verhältnismäßig hohem Grade der Kultur zugängig gezeigt haben, sind andere dagegen auf der niedrigsten Stufe der Menschheit stehen geblieben. Das letztere gilt auch von den nächstverwandten Hottentotten oder Schmiermenschen (Homo hottentottus), worunter wir nicht bloß die echten Hottentotten oder Quaiquas, sondern auch die viehischen Buschmänner und einige andere nächstverwandte Stämme des südlichen Afrika begreifen.

[1] **monophyletisch**: von einer Urform abstammend
[2] **Deszendenz**: Nachkommenschaft

Ernst Haeckel, Natürliche Schöpfungsgeschichte: Gemeinverständliche wissenschaftliche Vorträge über die Entwickelungslehre im Allgemeinen und diejenige von Darwin, Göthe und Lamarck im Besonderen, über die Anwendung derselben auf den Ursprung des Menschen und andern damit zusammenhängende Gründfragen der Natur-Wissenschaft, Berlin 1868, S. 514 ff.

1. Erläutern Sie die Vorgehensweise, mit der Haeckel die Abstammungslehre Darwins auf den Menschen überträgt.
2. Erläutern Sie, warum Haeckels Darstellung bereits bei manchen Zeitgenossen auf Kritik gestoßen ist.
3. Haeckel wird heute wissenschaftsgeschichtlich als einer der bedeutendsten deutschen Zoologen und Evolutionsbiologen angesehen, zugleich wird aber seine hochproblematische Wirkung betont. Begründen Sie, worin diese besteht.

### Der Blick aufs Ganze

1. Erläutern Sie die Phänomene Urbanisierung, Mobilität, Beschleunigung und Politisierung als Erscheinungsformen der Moderne.
2. Erklären Sie, wie Menschen und Gesellschaften auf die Beschleunigungserfahrungen der Moderne reagieren. | H
3. Gestalten Sie eine Wandzeitung, auf der Sie die Erscheinungsformen der Moderne um die Jahrhundertwende erläutern (Urbanisierung, Mobilität, Beschleunigung, Modernisierungsverlierer, Massenorganisation, Politisierung, Frauenbewegung) und die ambivalenten Reaktionen auf die Beschleunigungserfahrungen (Militarismus, Antisemitismus, Radikalnationalismus und Sozialdarwinismus) erklären. Teilen Sie sich die einzelnen Themen in der Gruppe auf.

# Zwischen Fortschrittsoptimismus und Verunsicherung – wie können wir die ambivalenten Reaktionen auf die Beschleunigung der Moderne erklären?

**„Metropolis."**
Gemälde von George Grosz, 1916/17.

- Analysieren Sie das Gemälde.
- Ordnen Sie einzelne Elemente des Gemäldes den Begriffen „Fortschrittsoptimismus" und „Verunsicherung" zu.

**Der Blick in die Zukunft** | Viele Zeitgenossen sahen im späten 19. Jh. eine Ära des Aufbruches, getragen von **Fortschrittsoptimismus**: Entdeckungen in der Medizin ließen auf bessere Gesundheit hoffen. Die chemische Industrie beschleunigte Industrialisierung und wirtschaftlichen Aufschwung und sicherte unter anderem eine von den Ernten unabhängigere Lebensmittelversorgung. Die Transportmittel wurden immer größer, schneller, alltäglicher. Imperialismus und Kolonisierung schmeichelten dem weit verbreiteten Nationalismus und vermittelten Europäern das zweifelhafte Gefühl, einer überlegenen Kultur anzugehören. Zwischen den unteren Schichten der Arbeiter und dem Bürgertum bildete sich der Mittelstand: die neue Gesellschaftsform der selbstständigen Handwerker und Geschäftsleute sowie der wachsenden Zahl der Verwaltungsbeamten und Angestellten. Die **Mittelstandsbewegung** strebte nach gesellschaftlichem Aufstieg und versuchte sich gegenüber den Gruppen der Unterschicht, insbesondere der Arbeiterschaft, abzugrenzen. Sie verkörperte sowohl die Sehnsucht nach Aufbruch als auch die Angst vor dem Abstieg.

Alle diese Phänomene trugen aber auch zu großer **Verunsicherung** bei. Der wirtschaftliche Aufschwung wurde durch Ereignisse wie die Gründerkrise (1873) in Deutschland abrupt und mit hohen Verlusten gebremst. Imperialismus und Nationalismus führten zu Konkurrenzdenken zwischen den Nationen und damit zu ständigen Konflikten und zu einer latenten Kriegsgefahr. Die rasante Industrialisierung brachte Verstädterung, Wohnungsnot, schlechte Arbeitsbedingungen und Löhne und erzeugte Unzufriedenheit in der Arbeiterschaft, die viele Angehörigen des Bürgertums erschreckte. Immer mehr sahen sich vom beschleunigten Alltag überfordert,

„Zivilisationskrankheiten" wie Stress, Angst und Depression wurden diagnostiziert. Hinzu kam die Empfindung, ein unbedeutendes, verschwindendes Teilchen einer Masse zu sein: auf der Arbeit in riesigen Hallen oder Büros, in Parteiversammlungen, in Kino und Kaufhaus, im Stadion. Auch viele der neuen Erfindungen konnten Angst machen. Fortschrittsoptimismus und Verunsicherung waren somit gleichermaßen Kennzeichen der Hochmoderne.

**Reaktionen auf die Verunsicherung** | Die **Dreyfus-Affäre** in Frankreich ist ein typisches Beispiel, wie sehr eine verunsicherte Gesellschaft gespalten werden konnte. Der jüdische Hauptmann Alfred Dreyfus wurde 1894 wegen angeblicher Spionage – wie sich später herausstellte – zu Unrecht verurteilt und erst 1906 rehabilitiert. Bis dahin standen sich im Parlament, in öffentlichen Debatten und in Straßenkrawallen nicht nur Ankläger und Verteidiger von Dreyfus einander gegenüber, sondern auch Anhänger und Gegner der Republik, Katholiken und Laizisten, und auch der weit verbreitete Antisemitismus spielte eine wichtige Rolle.

Dagegen war eine friedliche Reaktion auf die Erscheinungen der Hochmoderne die zivilisationskritische **Lebensreform**-Bewegung in Deutschland und der Schweiz. Sie bestand aus zahlreichen Strömungen, die z. B. in Landkommunen oder Jugendbünden, mit Reformhäusern und Biolandwirtschaft oder als Heilpraktiker eine Rückkehr zur Natürlichkeit erreichen wollten. Skeptiker sahen darin eine Realitätsverweigerung oder ein reaktionäres Weltbild, oft auf esoterisch-mystischer Grundlage.

**Formen der Massenkultur** | Verbesserte Arbeitsbedingungen, mehr Zugang zu Bildung, zusätzliche Freizeit durch geregelte Arbeitszeiten, höhere Einkommen und neue technische Möglichkeiten förderten vor allem in den größeren Städten die Herausbildung einer **Massenkultur**. Populär und vom Bildungsbürgertum anfangs abgelehnt wurden sportliche Wettkämpfe wie Fußball, Boxen oder Bahnradrennen. Großereignisse fanden in Velodromen und Stadien statt. Auf Skepsis stieß zu Beginn auch das Kino. 1895 wurde in Deutschland der erste Stummfilm präsentiert, schon 1913 gab es gut 2500 Kinos. Beliebte Alternativen zu Kino und klassischem Theater waren Kabaretts, Varietés, Tanzlokale und Boulevardbühnen. Werbung wurde auf Plakaten, Litfaßsäulen und vor allem in der Presse allgegenwärtig. Neue Drucktechniken ermöglichten enorme Auflagen von Tageszeitungen, Illustrierten und die Verbilligung des Buches. Großkaufhäuser boten in oft prächtigem Ambiente ein fast unüberschaubares Sortiment an.

**Die Klassische Moderne** | Auch in der Hochkultur spiegelt sich die ambivalente Reaktion auf die Veränderungen der Lebenswelt, das Nebeneinander von Fortschrittsoptimismus und Verunsicherung. Um 1900 beginnt die sogenannte **Klassische Moderne**. Eines ihrer typischen Kennzeichen ist das Nebeneinander vieler Stilrichtungen: Impressionismus, Expressionismus, Fin-de-Siècle und Dekadenz, Neoromantik und Neue Sachlichkeit existierten nicht nur nach-, sondern oft miteinander, beeinflussten die Literatur, die bildende Kunst und die Architektur. In der Malerei ging der Weg von der Gegenständlichkeit hin zur abstrakten Kunst. In der Architektur folgte auf den um 1890 revolutionären verspielten und verschnörkelten Jugendstil die Neue Sachlichkeit, die eine Rückkehr zur Zweckmäßigkeit und Rationalität forderte. 1919 wurde in Weimar das Bauhaus gegründet, das diese Ideen vor allem in der Architektur umsetzte. Die Klassische Moderne war ein eher städtisches, von einer Schicht des Bürgertums getragenes Phänomen. Es stieß aber auch auf heftige Ablehnung. Konservative in Groß- und Kleinbürgertum, die am klassischen Ideal des Erhabenen und Schönen festhielten, lehnten die Hauptströmungen der Klassischen Moderne als unmoralisch, krankhaft und gegen Sitten und Religion verstoßend ab.

## M1 Massenkultur

Publikum im Berliner Union Filmtheater, Foto von 1912:

Frauen in einem Londoner Großraumbüro, Foto um 1900:

1. Beschreiben Sie die beiden Fotos.
2. Erklären Sie mithilfe der Fotos die Begriffe „Massenkultur" und „Mittelstandsbewegung".
3. Beurteilen Sie, welche Elemente der Massenkultur und der Mittelstandsbewegung ein Ausdruck von Fortschrittsoptimismus sind und welche zu Verunsicherung führen können.

## M2 „Lichtgebet"

Gemälde von Hugo Höppener, 1894 oder 1924.
Der deutsche Maler und Illustrator (1868–1948), genannt Fidus, gehörte zu den Anhängern der lebensreformatorischen Ideen des Vegetarismus, der Lichtgläubigkeit, der Freikörperkultur und der naturgemäßen Lebensweise. Das Bild „Lichtgebet" ist sein bekanntestes. Er malte davon mehrere Versionen, die erste entstand 1891.

1. Beschreiben Sie das Gemälde „Lichtgebet".
2. Vergleichen Sie die Fotos aus M1 mit dem Gemälde. Stellen Sie Ihre Ergebnisse in Form von Gegensatzpaaren von Wörtern dar.
3. Erörtern Sie, inwiefern die Lebensreform-Bewegung eine Reaktion auf die Massenkultur der Moderne darstellt.

## M3 Titelseite „La libre parole“

Einer der schärfsten antisemitischen Agitatoren war Edouard Drumont. Im Jahr 1886 veröffentlichte er die Schrift „La France juive“, die im selben Jahr unter dem Titel“ „Das verjudete Frankreich“ auch auf Deutsch erschien. Im Erscheinungsjahr wurden etwa 100 000 Exemplare des Buches verkauft. Ab 1892 gibt Drumont die Zeitung „La libre parole“ („Die freie Rede“) heraus. Am 10. November 1894 erscheint eine Ausgabe mit einem Titelblatt, das Drumont selbst im Zentrum zeigt, wie er Alfred Dreyfus mit einer Kneifzange entsorgt.

2e Année. — N° 70 | Paris et Départements, le Numéro CINQ Centimes | Samedi 10 Novembre 1894

# LA LIBRE PAROLE

ILLUSTRÉE

La France aux Français!

RÉDACTION 14, Boulevard Montmartre | Directeur : ÉDOUARD DRUMONT | ADMINISTRATION 14, Boulevard Montmartre



**A propos de Judas Dreyfus**

— Français, voilà huit années que je vous le répète chaque jour!!!

1. Beschreiben Sie die antisemitischen Merkmale, mit deren Hilfe Alfred Dreyfus dargestellt wird.
2. Beschreiben Sie, wie und in welcher Rolle sich der Herausgeber der Zeitschrift, Edouard Drumont, selbst darstellt.
3. Erläutern Sie die Bildunterschrift „A propos de Judas Dreyfus – Français, voilà huit années que je vous le répète chaque jour!“ und das Diktum der Zeitschrift „La France aux Français“. | H
4. Erklären Sie, inwiefern Antisemitismus und Radikalnationalismus Reaktionen auf die Beschleunigung der Moderne darstellen.

## Der Blick aufs Ganze

1. Ordnen Sie die Begriffe „Massenkultur“, „Mittelstandsbewegung“, „Dreyfus-Affäre“, „Lebensreform“, „Klassische Moderne“ auf einer Mindmap den Kategorien „Fortschrittsoptimismus“ und „Verunsicherung“ zu.
2. Erklären Sie, welche Rolle die Kategorien „Fortschrittsoptimismus“ und „Verunsicherung“ spielen, um die ambivalenten Reaktionen auf die Beschleunigung der Moderne zu begreifen.
3. Gestalten Sie eine Visualisierung, in der Sie sowohl die Erscheinungsformen der Moderne als auch die ambivalenten Reaktionen auf die Beschleunigung der Moderne übersichtlich darstellen.
4. Diskutieren Sie Ihre Visualisierungen in der Lerngruppe. Dies können Sie mithilfe der Kooperationsform „Stilles Schreibgespräch“ durchführen, in dem Sie Ihre Visualisierungen jeweils einer Person für einige Minuten zur Verfügung stellen und diese Person ihre Fragen und Überlegungen zu Ihrer Visualisierung notiert. Diesen Vorgang können Sie mehrfach mit anderen Personen wiederholen.

# Zeitungen und Zeitschriften analysieren

Der Medienwissenschaftler Harald Burger definiert Zeitungen und Zeitschriften so: „Sie erscheinen regelmäßig („**Periodizität**"), sie sind allgemein zugänglich („**Publizität**"), sie vermitteln jüngstes Gegenwartsgeschehen („**Aktualität**"), in thematischer Hinsicht kennen sie keine grundsätzlichen Beschränkungen („**Universalität**"), sie werden gewerbsmäßig vertrieben und werden durch die Drucktechnik vervielfältigt."
Erste Zeitungen entstanden zu Beginn des 17. Jh., in denen Nachrichten übermittelt wurden. Im späten 19. Jh. wird die Presse aufgrund von technischen Neuerungen im Druckwesen und der Nachrichtenübermittlung (Telegraf, Telefon) sowie einer höheren Alphabetisierungsrate zum **Massenphänomen**. Zeitungen und Zeitschriften erschienen in riesigen Auflagen, ausgerichtet an bestimmte Zielgruppen, und wurden das Informationsmedium schlechthin.
Als historische Quelle erlauben Zeitungen und Zeitschriften einen Einblick in das zeitgenössische Leben. Aus ihnen können Informationen zur **Politik-, Wirtschafts-, Sozial-, Alltags- und Mentalitätsgeschichte** gewonnen werden. Zu beachten dabei ist, dass Zeitungen stark **adressatenorientiert** sind. Mit ihnen soll informiert, unterhalten und überzeugt werden. Sie prägen und kanalisieren Stimmungen und Meinungen. Um Zeitungen und Zeitschriften **historisch einordnen** zu können, sollten möglichst viele Informationen vorliegen, z. B. politischer Standort, Erscheinungsweise, Auflage, Erscheinungsort und Verbreitungsgebiet der Zeitung oder Zeitschrift.

Leitfragen zu den Arbeitsschritten finden Sie auf S. 245;
eine Lösungsskizze zu den Arbeitsaufträgen auf S. 255.

Erscheint in Leipzig
Mittwoch, Freitag, Sonntag.

Abonnementspreis
für ganz Deutschland 1 M. 60 Pf. pro Quartal.

Monats-Abonnements
werden bei allen deutschen Postanstalten auf den 2. und 3. Monat, und auf den 3. Monat besonders angenommen; im Königr. Sachsen und Herzogth. Sachsen-Altenburg auch auf den 1ten Monat des Quartals à 54 Pfg.

Inserate
betr. Versammlungen pr. Petitzeile 10 Pf., betr. Privatangelegenheiten und Feste pro Petitzeile 30 Pf.

Vorwärts

Central-Organ der Sozialdemokratie Deutschlands.

Bestellungen
nehmen an alle Postanstalten und Buchhandlungen des In- u. Auslandes.

Filial-Expeditionen.
New-York: Soz.-demokr. Genossenschaftsbuchdruckerei, 154 Eldridge Str.
Philadelphia: P. Haß, 480 North 3rd Street.
J. Boll, 1129 Charlotte Str.
Chicago: A. Lanfermann, 296 Division Street.
San Franzisco: F. Enß, 418 O'Farrell Street.
London: Bauditz, 5 Nassau Street, Middlesex Hospital.

Nr. 2. Mittwoch, 4. Oktober. 1876.

Bei Schluß der Redaktion, Montag Mittag, betrug die Zahl der angemeldeten Abonnenten 10,500.
Red. und Exped. des „Vorwärts".

goldene Kalb ausführte und die unsichtbare Hand nicht erblickte, welche mit Flammenschrift an die Wand das mene tekel — das Wort: Milliardenfluch! schrieb.
In der Nummer 371 der „Kölnischen Zeitung" allein befinden sich zehn Anzeigen über hereingebrochene Concurse, von welchen die Mehrzahl bedeutende Geschäfte betroffen hat. Gewöhnlich werden nur Diejenigen bedauert, welche direkt in den

In Bezug auf die Vertheilung der Schüler auf die Gymnasien und die Realschulen lehrt die Heß'sche Aufstellung, daß die Schülerzahl auf jenen ab-, auf diesen zugenommen und zwar so sehr, daß von 100 Gymnasiasten (unter Beiseitelassung der Brüche) nur 9 noch die Prima besuchen, während von 100 Realschülern 5 diese Stufe erreichen. Noch im Jahre 1868 besuchten von 100 Realschülern nur 3 die Prima, von 100 Gym-

### HINTERGRUNDINFORMATIONEN

Am 1. Oktober 1876 erscheint die erste Ausgabe des „Vorwärts" als **Parteizeitung** der Sozialdemokratischen Partei Deutschlands. Als Folge der Sozialistengesetze musste die Zeitung 1878 in Deutschland eingestellt werden und erschien ab 1879 unter dem Titel „Der Sozialdemokrat" in Zürich weiter. Nach Aufhebung des Sozialistengesetzes wurde die Zeitung 1891 in Berlin wiedergegründet. Während der Herrschaft der Nationalsozialisten erschien sie erst in Prag, dann in Paris. Nach dem Zweiten Weltkrieg wurde der „Vorwärts" ab 1948 wieder verlegt und erscheint bis in die Gegenwart. Er gibt die **Sicht der Sozialdemokraten** wieder und richtet sich an deren Mitglieder und Anhänger, ist aber kein reines internes Parteiblatt, d. h., er ist für das Gesamtpublikum zugänglich und kann von jedem erworben werden.

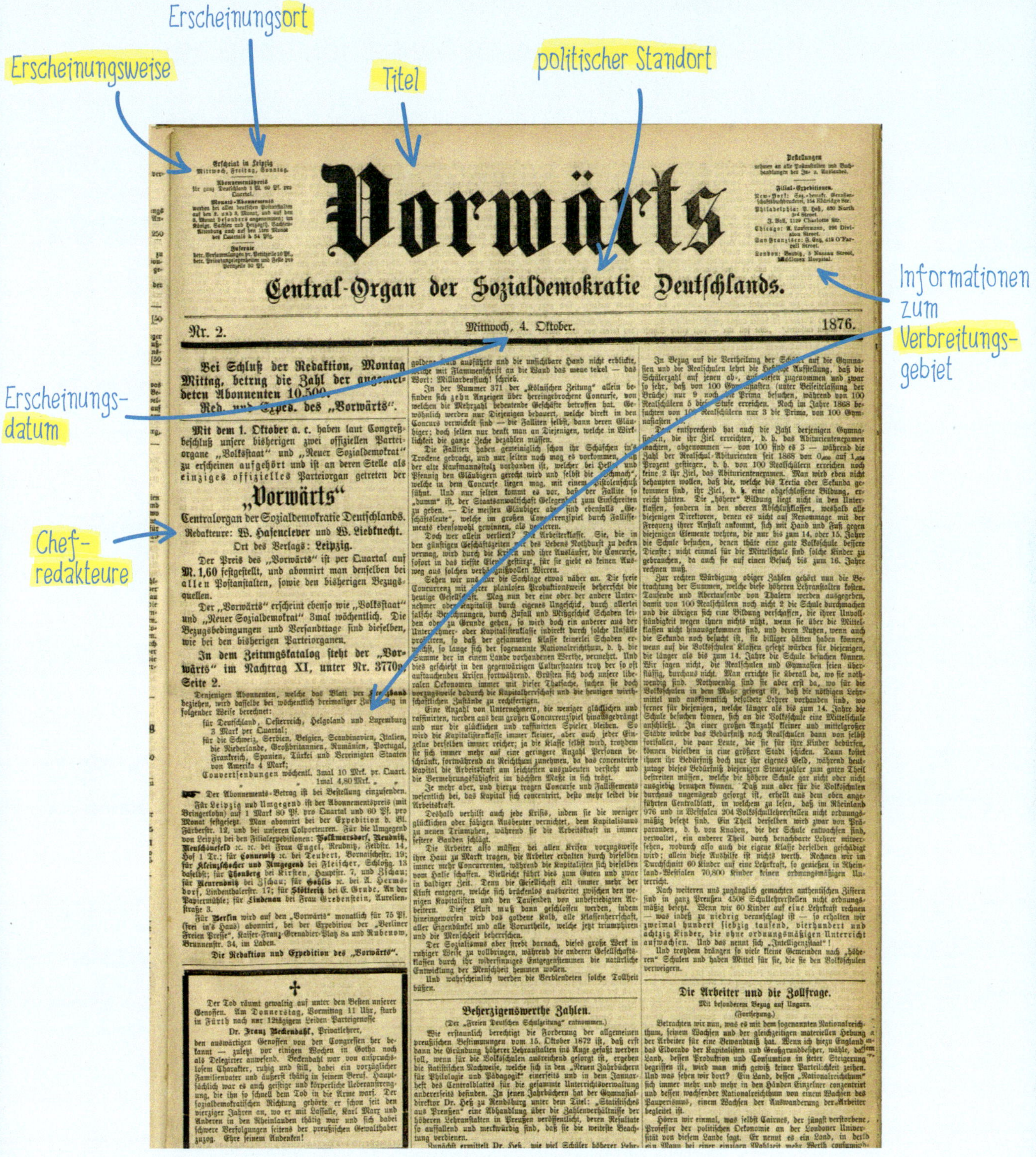


Vorwärts
Central-Organ der Sozialdemokratie Deutschlands.

Nr. 2. Mittwoch, 4. Oktober. 1876.

**Bei Schluß der Redaktion, Montag Mittag, betrug die Zahl der angemeldeten Abonnenten 10.500.**
**Red. und Exped. des „Vorwärts“.**

**Mit dem 1. Oktober a. c.** haben laut Congreßbeschluß unsere bisherigen zwei offiziellen Parteiorgane „Volksstaat“ und „Neuer Sozialdemokrat“ zu erscheinen aufgehört und ist an deren Stelle als einziges offizielles Parteiorgan getreten der

**„Vorwärts“**
Centralorgan der Sozialdemokratie Deutschlands.
Redakteure: **W. Hasenclever** und **W. Liebknecht.**
Ort des Verlags: **Leipzig.**

Der Preis des „Vorwärts“ ist per Quartal auf **M. 1,60** festgestellt, und abonnirt man denselben bei allen Postanstalten, sowie den bisherigen Bezugsquellen.

Der „Vorwärts“ erscheint ebenso wie „Volksstaat“ und „Neuer Sozialdemokrat“ 3mal wöchentlich. Die Bezugsbedingungen und Versandttage sind dieselben, wie bei den bisherigen Parteiorganen.

**In dem Zeitungskatalog steht der „Vorwärts“ im Nachtrag XI, unter Nr. 3770a, Seite 2.**

Denjenigen Abonnenten, welche das Blatt per Kreuzband beziehen, wird dasselbe bei wöchentlich dreimaliger Zusendung in folgender Weise berechnet:
für Deutschland, Oesterreich, Helgoland und Luxemburg 3 Mark per Quartal;
für die Schweiz, Serbien, Belgien, Scandinavien, Italien, die Niederlande, Großbritannien, Rumänien, Portugal, Frankreich, Spanien, Türkei und Vereinigten Staaten von Amerika 4 Mark;

1. Analysieren Sie das abgebildete Titelblatt des „Vorwärts“.
2. Ordnen Sie die Zeitung historisch ein.
3. Analysieren Sie stichprobenartig die Berichterstattung. Überprüfen Sie, an welchen Stellen der politische Standort deutlich wird.

# Warum migrieren Menschen im 19. Jh. in großer Zahl?

### Transatlantische Migration zwischen 1820 und 1924

| Empfängerland | Zeitraum | Anzahl |
|---|---|---|
| USA | 1821–1924 | 33 188 000 |
| Argentinien | 1857–1924 | 5 486 000 |
| Kanada | 1821–1924 | 4 520 000 |
| Brasilien | 1821–1924 | 3 855 000 |
| britische Karibik | 1836–1924 | 1 470 000 |

| Ursprungsland | Zeitraum | Anzahl |
|---|---|---|
| Großbritannien | 1846–1924 | 16 974 000 |
| Italien | 1846–1924 | 9 474 000 |
| Österreich-Ungarn | 1846–1924 | 4 878 000 |
| Deutschland | 1846–1924 | 4 533 000 |
| Spanien | 1846–1924 | 4 314 000 |
| Russland | 1846–1924 | 2 253 000 |
| Portugal | 1846–1924 | 1 633 000 |
| Schweden | 1846–1924 | 1 145 000 |

Nach: Walter Nugent, Crossings. The Great Transatlantic Migrations 1870–1914, Indianapolis 1995, S. 30

### Migration aus der Perspektive der Ursprungsländer zwischen 1871 und 1910

| Ursprungsland | 1871–80 | 1881–90 | 1891–1900 | 1901–10 |
|---|---|---|---|---|
| Irland | 661 | 1417 | 885 | 698 |
| Großbritannien | 504 | 702 | 438 | 653 |
| Italien | 105 | 336 | 502 | 1077 |
| Portugal | 289 | 380 | 508 | 569 |
| Spanien | | 362 | 438 | 566 |
| Norwegen | 473 | 952 | 449 | 833 |
| Schweden | 235 | 701 | 412 | 420 |
| Dänemark | 206 | 394 | 223 | 282 |
| Finnland | | 132 | 232 | 545 |
| Deutschland | 147 | 287 | 101 | 45 |
| Österreich-Ungarn | 29 | 106 | 161 | 476 |
| Frankreich | 15 | 31 | 13 | 14 |

(Anteil der transatlantischen Migranten pro 100 000 Einwohner)

Nach: Walter Nugent, Crossings. The Great Transatlantic Migrations 1870–1914, Indianapolis 1995, S. 43

- Analysieren Sie die Statistiken.
- Entwickeln Sie Hypothesen, warum Menschen im 19. Jh. in großer Zahl migrierten.

Die **Industrialisierung** löste im 19. Jh. die bislang größten Migrationsbewegungen der Weltgeschichte aus. Sie schuf für mehr als 80 Millionen Menschen sowohl die Anreize als auch die Transportmittel, um entweder innerhalb eines Landes für kürzere Zeit (Saisonarbeit) oder langfristig (Arbeitsmigration) den Wohnort zu wechseln (**Binnenmigration**) oder in andere Länder auszuwandern (**Auswanderung**).

**Gründe für die Migration** | Die Angst vor Gefängnis oder gar vor der Todesstrafe veranlasste politische Oppositionelle vor allem in der ersten Hälfte des 19. Jh. auszuwandern. Trotzdem waren sowohl kleinräumige als auch großräumige Migration überwiegend wirtschaftlich motiviert. Tatsächliche oder befürchtete Not (z. B. nach den Missernten 1816/17 und in den 1850er-Jahren) veranlasste Einzelne und ganze Familien zum Aufbruch. Umgekehrt zog der Arbeitskräftebedarf der neuen Bergbau- und Industriezentren, der wachsenden Städte sowie der Landwirtschaft (z. B. in Brasilien und dem Mittleren Westen der USA) Migranten an. Auch Meldungen über spektakuläre Goldfunde (z. B. Kalifornien 1848) verlockten vor allem junge Männer zur Auswanderung. In Europa gab es aber auch immer wieder Bemühungen von staatlicher Seite, Arme und unerwünschte Personen loszuwerden, indem ihre Auswanderung gefördert oder erzwungen wurde. Migration innerhalb größerer Länder (z. B. Preußen) und auch zwischen benachbarten Ländern wurde von staatlicher Seite kontrolliert, über lange Zeit aber auch gezielt erleichtert. Grundsätzlich wird Mobilität durch Ungleichgewichte erzeugt: zwischen ärmeren und reicheren Regionen, Agrargesellschaften und industrialisierten Gesellschaften, repressiven und freiheitlichen politischen Ordnungen.

Sowohl die Binnenmigration als auch die Auswanderung erfolgten oft in einer Art von Kettenreaktion: Migranten, die Kontakt zur alten Heimat hielten, erleichterten es Freunden und Verwandten, sich ebenfalls auf den Weg zu machen, indem sie Informationen lieferten und praktische Hilfe vor Ort leisteten. Stadtteile und ganze Regionen konnten so von bestimmten Migrantengruppen geprägt werden. Dies belegen Stadtteilnamen wie „Little Italy", „Little Germany", „China Town" usw. in vielen US-amerikanischen Städten oder die Bezeichnung „Ruhrpolen" für die in großer Zahl ins Ruhrgebiet eingewanderten polnischen Arbeiterfamilien. Viele Migranten zogen aber auch weiter – und einige kehrten aus sehr unterschiedlichen Gründen in die alte Heimat zurück, gleich, ob nun nach Verlust der letzten Ersparnisse oder nach dem Gewinn neuen Reichtums.

Neben der mehr oder weniger freiwilligen Migration gab es auch brutal erzwungene: Millionen von Menschen wurden versklavt und vor allem von Westafrika nach Süd- und Mittelamerika (hier vor allem nach Brasilien und in die Karibik) verschleppt, bevor die Sklaverei 1865 in den USA und 1888 auch in Brasilien verboten wurde.

**Auf dem Weg in die neue Heimat** | Vor den Auswanderern lag oft eine beschwerliche, mehrwöchige Reise. Auf den Schiffsfahrten über die Weltmeere führten schlechte Versorgung, Gedränge sowie mangelnde hygienische Verhältnisse an Bord zu Krankheiten. Unfälle und Schiffsunglücke waren an der Tagesordnung. Erst seit der Mitte des 19. Jh. verkehrten z. B. über den Atlantik zunehmend Dampfschiffe auf festen Routen, die die Strecke in die USA in zehn bis zwölf Tagen bewältigten und günstiger waren.

**Internettipp:**
Das „Deutsche Auswandererhaus" in Bremerhaven bietet vielfältige Informationen zu Ein- und Auswanderergeschichten unter dem Code 32051-13.

Die größte Schwierigkeit für die meisten Auswanderer bestand aber zunächst darin, Geld für die Fahrt aufzubringen. Häufig mussten sie ihren ganzen Besitz verkaufen und kamen dann mittellos an ihrem Ziel an – meistens ohne die dortige Sprache zu sprechen. Der gesamte Betrieb der Auswanderung wurde professionalisiert. Selbst in kleinen Städten gab es Agenten, die bei der Organisation der Reise halfen und für bestimmte Schiffspassagen warben.

Bis Mitte des 19. Jh. war die Ankunft in den Einwanderungsländern wenig geregelt. Nach einer kurzen ärztlichen Untersuchung und Zollkontrolle konnte jeder das Land betreten. Diese Maßnahme erleichterte die Kontrolle der Einwanderung. In der Regel erhielten Neuankömmlinge nach einigen Jahren die Staatsbürgerschaft, wenn sie sich in dieser Zeit ununterbrochen im Land aufgehalten hatten.

**Integration?** | Für Länder mit hoher **Zuwanderung** debattieren Historiker bis heute zwei konkurrierende Modelle der Gesellschaftsbildung: Die Theorie vom „Melting Pot" („Schmelztiegel") betont die integrative Leistung, die Einwanderer aus aller Welt oder zumindest deren Kinder zu akzeptierten Bürgern des Einwanderungslandes werden zu lassen, auch wenn sie ihre nationalen, religiösen oder regionalen Feste, Traditionen und Bräuche zunächst beibehielten. Diese Form der **Integration** schloss freilich nicht aus, dass sich insbesondere aufstiegsorientierte Einwanderer allmählich an die Lebensweise und das Wertesystem der im Einwanderungsland dominierenden Gruppe anpassten, um gesellschaftlich aufzusteigen.

Dem gegenüber steht das Bild von der „Salad Bowl" („Salatschüssel"), demzufolge viele Elemente unterschiedlicher Kulturen und Nationen durchmischt wurden, aber ihre Eigenheiten behielten. Dieses Modell beurteilt die integrative Kraft der Gesellschaft des Einwanderungslandes relativ skeptisch und berücksichtigt stärker Konflikte zwischen verschiedenen ethnischen oder religiösen Gruppen. Als Beleg gilt die dauerhafte Verfestigung von Gemeinschaften mit unterschiedlichen Verhaltensmustern und Wohngebieten in den großen Städten. Die Trennungslinien erfolgten dabei nach unterschiedlichen Kriterien, insbesondere nach Sprache, Religion bzw. Konfession, Reichtum, aber auch Hautfarbe.

## M1 Binnenwanderung in Deutschland während des 19. Jh.

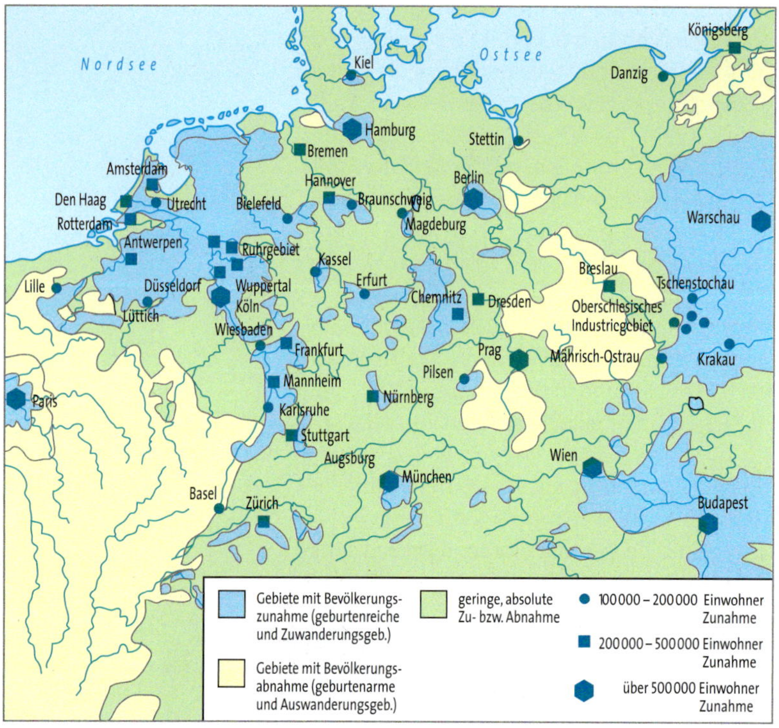


1. Analysieren Sie die Binnenmigration in Deutschland während des 19. Jh.
2. Entwickeln Sie Hypothesen, um die Bevölkerungsveränderungen zu erklären.
3. Erläutern Sie die Folgen der Binnenmigration.

## M2 Polnische Zuwanderung

Ins boomende Ruhrgebiet wandern nicht nur bis 1914 drei bis vier Millionen Deutsche aus der näheren Umgebung und aus weiter entfernten Gebieten Preußens ein, sondern auch etwa 400 000 Menschen polnischer Herkunft. Sie kommen aus dem preußischen Teilungsgebiet des ehemaligen Polens, aus Schlesien, der Kaschubei und Masuren, teilweise aus Galizien und dem russischen Teilungsgebiet. Die Masuren sind beispielsweise evangelisch, der überwiegende Teil der Zuwanderer aber katholisch. Eine Tageszeitung in Essen berichtet am 30. März 1899 über die Zuwanderung ins Ruhrgebiet:

Die Auswanderung der Polen nach dem Westen erfolgt in dem ausschließlichen Bestreben, die soziale Lage zu verbessern. […] Bisher hat niemand die Polen aus ihrer Heimat vertrieben, sie selbst verlassen freiwillig ihre heimatliche Scholle, vielmehr wird ihnen günstige Gelegenheit genug geboten, sich in den von der Rentengutskommission geschaffenen Rentengütern sesshaft zu machen. […] Unter den bisher auf diese Weise im Industriegebiet eingewanderten 80 – 100 000 Polen haben sich die evangelischen Vereine organisiert, die ihr Zentrum in Gelsenkirchen haben, bisher unseres Wissens von einer nationalpolitischen Agitation ferngehalten. […] Dagegen trägt das katholisch-polnische Vereinswesen durchweg einen nationalpolitischen Charakter. Es ist bezeichnend genug, dass die Leiter all dieser Vereine, die eifrigsten Agitatoren der ganzen Bewegung, der deutschen Sprache völlig mächtig sind. Sie nehmen vermöge ihrer intelligenteren Persönlichkeit meist eine sehr annehmbare soziale Stellung ein und haben für sich gar keinen Grund, über eine angebliche Zurücksetzung durch die Deutschen zu klagen, aus der sie doch bei der Agitation das meiste Kapital schlagen. Ihre Arbeit verfolgt keine Ziele, die ihnen oder ihren Landsleuten reale Vorteile bringen können. Das nationale Ziel ist der einzige Sinn ihrer Agitation. Man will in den polnischen Gemütern die Notwendigkeit und Wahrscheinlichkeit einer Wiederaufrichtung einer eigenen polnischen Nation beständig gegenwärtig erhalten, und diesem Glauben wird durch die Lauheit der Deutschen, dem Mangel an nationalem Selbstbewusstsein auch in diesem Falle kräftig Vorschub geleistet. […] In keiner anderen Nation als in der deutschen wäre ein solches Auftreten anders Sprechender gegen das Land, dessen Gastrecht man genießt, denkbar. […] Es ist eine Agitation, die auf eine Untergrabung der Lebensbedingungen eines Staates abzielt, wenn man systematisch fremde Kolonien am Erlernen der inländischen Sprache zu verhindern und da durch sie als Fremdkörper im Leibe der Nation zu konservieren bestrebt ist.

Zitiert nach: Hans Jürgen Brandt (Hrsg.), Die Polen und die Kirche im Ruhrgebiet 1871 – 1919, Münster 1987, S. 146 – 149

1. Beschreiben Sie die dargestellte Lage der polnischen Arbeiter.
2. Arbeiten Sie die Kritik des Journalisten heraus.
3. Erörtern Sie auf der Basis des Artikels das Spannungsverhältnis von Migration und Nationalismus.

## M3 Auswandererschiff

Zeichnung von 1864. Das Bild erschien in der „Gartenlaube“. Diese populäre Zeitschrift hatte eine Auflage von fast 400 000. Da sie an vielen öffentlichen Orten wie Gasthäusern und Leihbibliotheken auslag, erreichte sie eine Leserschaft, die insgesamt auf zwei bis fünf Millionen geschätzt wird.

1. Analysieren Sie das Bild und erklären Sie den Eindruck, den das Bild beim Betrachter hinterlässt.
3. Gestalten Sie eine fiktive biografische Skizze eines Auswanderers, der sich auf dem Schiff befindet. | F

## M4 Brief eines Auswanderers

Der Bauer Johann Witten (John Witten) wandert zusammen mit seiner Ehefrau Rebekka 1882 von Norddeutschland in die USA aus. Dort leben sie zunächst bei seinem Schwager in Illinois. Von dort aus ziehen sie bis nach Douglas County, Washington, im Westen der USA weiter. Hier kauft er Land und hat wirtschaftlichen Erfolg.

Douglas, Douglas County, Washington, den 22.9.1889

Werter Bruder Christoph!
[...]
Was meine Familie anbetrifft, sind wir recht gesund, meine drei Kinder sind allezeit recht lustig. Hinrich, Johann und Anna sind ihre Namen. So wie Du wohl schon von anderen erfahren hast, sind wir in eine ganz neue Gegend gezogen, allein darum, weil ich eigenen Landbesitz haben wollte. Land ist hier reichlich, fast umsonst zu haben, aber es kostet viel Mühe dieses Land in Kultur zu bringen. An Arbeit und Entbehrungen fehlet es hier nicht, so wie in jedem anderen Lande, und manche, die mit leeren Taschen ausgezogen sind, haben ihre liebe Not. Der Boden ist hier sehr reich und fruchtbar, nach Jahren haben wir eine schöne, deutsche Ansiedlung, kriegen hier auch eine deutsche lutherische Kirche und Schule. Die Gemeinde ist schon gegründet und morgen wird beraten über Kirchenbau. Ich bin mit zum Kirchenvorstand gewählt worden. Lieber Bruder, so mancher Deutscher denkt daheim, ach wenn ich doch in Amerika wäre, dort könnte ich besser leben als hier. Das ist wohl wahr, aber wer dem Müßiggang hier nach geht, der bringt es hier nicht weiter als in Deutschland. Wer hier aber arbeitet, wie es sich gebührt, und spart nach deutscher Sitte, der hat hier keine Not wegen Sorgen der Nahrung. Aber mit dem Reichwerden geht es hier wirklich nicht so schnell, wie der gute Deutsche daheim denkt. [...]

Zitiert nach: Wolfgang Helbich, Walter D. Kamphoefer und Ulrich Sommer (Hrsg.), Briefe aus Amerika. Deutsche Einwanderer schreiben aus der Neuen Welt 1830–1930, München 1988, S. 254

1. Arbeiten Sie die Motivation zur Migration heraus.
2. Erörtern Sie ausgehend von diesem Bild die Vor- und Nachteile von Migration in die USA.

## M5 Integration oder Isolation?

Der amerikanische Historiker David E. Kyvig schildert, wie die wachsende Einwanderung zu Beginn der 1920er-Jahre das Leben in den USA verändert:

Oft bleiben Migranten in den Städten, in denen sie ausgeschifft worden waren. Konsequenterweise hatten große Ankunftshäfen wie Boston, Philadelphia und vor allem New York große Einwandererbevölkerungen. [...] In anderen Fällen reisten Immigranten weiter in andere Städte, wo bereits Gruppen von Landsleuten sich niedergelassen hatten und es die Möglichkeit von Beschäftigung gab. [...] Wegen dieser hohen Konzentration von fremdsprachigen eingewanderten Bewohnern waren die amerikanischen Städte sehr unterschiedlich, klangen anders und sahen anders aus als die kleineren Gemeinden, in denen eine englischsprachige, dort geborene Bevölkerung lebte.

Verschiedene Nationalitäten von Immigranten tendierten dazu, sich in ihrer eigenen bestimmten Nachbarschaft innerhalb der Großstädte zu sammeln. In dem italienischen North End von Boston, der South Side von Philadelphia, der portugiesischen Nachbarschaft in Fall River, der jüdischen Lower East Side von New York, den slawischen und serbischen Enklaven von Pittsburgh und Cleveland, der polnischen Sektion von Chicago oder dutzenden von ähnlichen ethnischen Zusammenballungen auf der städtischen Landkarte, konnten Neuankömmlinge ihre vertraute Sprache, Lebensmittel, soziale Rituale, Kirchen und andere Bequemlichkeiten finden. Kein Wunder, dass sie dazu neigten, in derartigen Gemeinschaften zu leben und so viel wie möglich von der Kultur ihres Heimatlandes zu bewahren, als sich in die wenig vertrauten Gebräuche des neuen Landes zu integrieren. Kein Wunder auch, dass sie fremd und exotisch, wenn nicht sogar furchterregend auf die alteingesessenen Amerikaner wirkten, die in diesen Städten lebten, sie besuchten oder von ihnen hörten.

Noch weiter abseits und isoliert waren die Gesellschaften der Minderheiten. Trotz der Migration einer halben Million Afroamerikaner in die Städte des Nordens während des Ersten Weltkrieges lebten 85 Prozent der afroamerikanischen Minderheit noch in den ehemaligen Sklavenstaaten des alten Südens. Dort fanden sie sich außerordentlich isoliert. [...]

Kleinere Populationen von Minoritäten konnten anderswo im Lande gefunden werden. Hispanos lebten primär im Südwesten und Asiaten an der Westküste. Diese Gruppen befanden sich in einer vergleichbaren Situation wie die Afroamerikaner: sozial isoliert, politisch machtlos und ökonomisch benachteiligt

David E. Kyvig, Daily Life in the United States 1920–1939. Decades of Promise and Pain, Westport (Connecticut) 2002, S. 13 f. (übersetzt von Boris Barth)

1. Beschreiben Sie die Vor- und Nachteile, die diese ethnischen Netzwerke für die Zuwanderer und die Zuwanderungsländer mit sich brachten.
2. Arbeiten Sie die Problematik von „Integration und Isolation" heraus.

## M6 Akkulturation und Integration

Der Historiker Dirk Hoerder (*1943) schreibt über Migration:

Migranten geben am Ziel ihre alltägliche Lebensweise, ihre materielle Kultur nicht auf. Sie assimilieren sich nicht bedingungslos, sondern beginnen einen schrittweisen Prozess der Akkulturation, einer Annäherung an die neue Gesellschaft. Sie ändern Gewohnheiten und Praktiken, erlernen die neue Sprache oder zumindest die für sie relevanten Sprachregister in einem Prozess des Aushandelns von notwendigen oder geforderten Veränderungen. Sie sind bereit zu einer (teilweisen) Eingliederung (*accommodation, adjustment*) wobei die Empfängergesellschaft die Möglichkeiten zur Integration oder Inkorporation bieten muss. Ohne diese beidseitige Bereitschaft erfolgt eine Selbstsegregation oder Ausgrenzung. Die volle Teilhabe an der neuen Gesellschaft wird prozesshaft über – meist – drei Generationen erreicht. Die Rhetorik des „Kulturverlustes" belastet den Prozess, das Einbringen von Eigenheiten und Arbeitskraft, die die neue Gesellschaft ihrerseits verändern, erleichtert ihn. Je nach staatlich gesetztem Rahmen können Neuankömmlinge und Alteingesessene eine Gemeinschaft bilden oder in Nation und ethnische Enklaven zerfallen.

Dirk Hoerder, Geschichte der deutschen Migration. Vom Mittelalter bis heute, München 2010, S. 12 f.

1. Erläutern Sie, welche Faktoren beim Prozess der Akkulturation bzw. möglichen Integration eine Rolle spielen.
2. Erörtern Sie, inwiefern Migration Auswirkungen auf das nationale Selbstverständnis einer Gesellschaft hat.

## M7 Zusammenleben von Einheimischen und Zugewanderten

Der damalige Bundespräsident Joachim Gauck spricht am 29. November 2016 in Offenbach über das Zusammenleben von Einheimischen und Zugewanderten:

[...] Hier in Offenbach und hier in der Theodor-Heuss-Schule, wo so viele Schüler familiäre Wurzeln in so vielen Ländern haben, gerade hier kann man jene Entwicklung beobachten und auch verstehen, die wir mit dem Begriff Integration bezeichnen – einem Begriff, in dem so viele unterschiedliche Erwartungen, Vorstellungen, aber auch Emotionen stecken. Wir fragen uns: Wie verändern sich Menschen durch Einwanderung nach Deutschland? Wir fragen uns: Wie verändert sich Deutschland durch die Einwanderung? Und wie schaffen es Menschen trotz unterschiedlicher Traditionen, Religionen und Sitten, sich zum Wohl ihrer Stadt und zum Wohl unseres Landes zusammenzufinden?

Wenn ich heute also über Integration sprechen will, so möchte ich Revue passieren lassen, was im Zusammenleben von Einheimischen und Migranten in Deutschland gelungen ist und an welchen Stellen wir von beiden Seiten noch nachjustieren müssen. [...]

Viele von Ihnen, die Sie seit Langem mit dem Thema Migration vertraut sind, wissen: Selbst die beste Integrationspolitik kann Reibungen nicht gänzlich beseitigen. Denn es ist nun einmal so: Der Mensch fremdelt mit dem Fremden. [...]

Das mag uns gefallen oder nicht, aber es deckt sich mit vielen Lebenserfahrungen, die wir selber gesammelt haben. Fremd ist bereits der Städter, der in eine Dorfgemeinschaft zieht. [...] Oder fremd ist der Bayer, der eine Stelle in Hamburg findet. Fremd ist erst recht der Jugendliche, der als einziger Schwarzer an einer Werkbank in Dresden steht. Fremd ist immer derjenige, der nicht dazugehört, weil er die Geschichte der Mehrheit nicht teilt, nicht ihre historischen und kulturellen Prägungen, nicht ihre emotionale Vertrautheit, nicht ihre Normen, ihre Werte, Gesetze, ihre Vorlieben, ihre Interessen, häufig auch nicht ihre Sprache. Fremd ist immer der Außenseiter, der sich Etablierten gegenübersieht. [...]

Einwanderung erweitert unseren Blick. Sie bringt aber auch Probleme mit sich. Einwanderung ist immer beides: Bereicherung und auch Belastung, Gewinn und auch Verlust. Vor allem aber ist sie ein langer Prozess, der sich über viele Jahre und bei genauer Betrachtung sogar über Generationen hinzieht. [...]

Glücklicherweise hat Deutschland inzwischen genügend Menschen aus Einwandererfamilien, die selbstbewusst einfordern, als gleichberechtigte Bürger wahrgenommen zu werden. Und es gibt auch viele, die das nicht nur einfordern, sondern die das seit Jahr und Tag leben: Zugehörigkeit. [...] Sie bekennen sich zu diesem Land, sind deutsche Staatsbürger und verstehen sich ganz selbstverständlich als Deutsche: als Bürger, die hier ihr Zuhause gefunden haben, aber die Wurzeln ihrer Familien in der Türkei, in Russland, in Polen, im Iran, dem Irak oder dem Libanon keineswegs verleugnen wollen. Wenn wir uns Integration wünschen, so müssen wir keineswegs Assimilation verlangen.

Menschen, die in zwei Kulturen zuhause sind, sind wichtig. Sie sind wichtig als Brückenbauer, die die Mehrheitsgesellschaft für Minderheiten sensibilisieren und umgekehrt jene Zugewanderten die noch abseits stehen, an die Mehrheitsgesellschaft heranführen. [...] Zusammen mit der Mehrheitsgesellschaft bilden sie das neue „Wir", die Gemeinschaft der Verschiedenen, die sich durch gemeinsame Werte verbunden weiß. [...]

Integration ist nicht nur eine große Herausforderung für die aufnehmende Gesellschaft, sie ist auch eine Herausforderung für die Hinzukommenden. Wohl kann der Staat viel tun, und das muss er auch, denn er muss ja Nachteile ausgleichen. [...] Aber letztlich hängt es vom Willen eines jeden Einwanderers ab, ob er Deutschland als sein neues Zuhause betrachtet, seine Rechte und Pflichten wahrnehmen und Teil dieser Gesellschaft werden will. [...]

Joachim Gauck, Besuch in Offenbach zum Thema Integration: „Zusammenleben von Einheimischen und Zugewanderten, www.bundespraesident.de/SharedDocs/Reden/DE/Joachim-Gauck/Reden/2016/11/161129-Offenbach-Integration.html?nn=1891550 [Zugriff: 07.12.2020]

1. Arbeiten Sie aus dem Text heraus, wie Gauck den Begriff Integration definiert.
2. Erörtern Sie die Bedeutung von Migration für unsere gegenwärtige Gesellschaft.

### Der Blick aufs Ganze

1. Recherchieren Sie, wie viele Zuwanderer in Ihrem Heimatort leben, wann sie eingewandert sind und woher sie kommen. Beschreiben Sie das Zusammenleben in der Gemeinde oder in Stadtvierteln, die von Migration geprägt sind. | F
2. Diskutieren Sie die Frage, warum Menschen (im 19. Jh.) migrieren. Dies können Sie mithilfe der Kooperationsform „Fish-Bowl" durchführen.

   Bilden Sie dazu in Ihrer Lerngruppe Expertenteams zu den Themen „Binnenmigration" (Darstellungstext, M1), „Zuwanderung" (Darstellungstext, M2), „Auswanderung" (Darstellungstext, M3, M4) und „Integration" (M5, M6, M7) und entsenden Sie anschließend je eine Person des Expertenteams in den Innenkreis.

# Selbstzeugnisse analysieren

Leitfragen zu den Arbeitsschritten finden Sie auf S. 246; eine Lösungsskizze zu den Arbeitsaufträgen auf S. 256.

Selbstzeugnisse sind Äußerungen einer Person, in denen sie Auskunft über ihre Lebensverhältnisse, Erfahrungen, Wahrnehmungen, Wünsche, Hoffnungen, Ängste, Selbst- und Weltbilder gibt, z. B. in Autobiografien, Memoiren, Tagebüchern und privaten Briefen. In Selbstzeugnissen tritt die Person des Verfassers bzw. der Verfasserin selbst handelnd oder leidend in Erscheinung und sie sind in der Regel selbst verfasst, d. h. selbst geschrieben oder diktiert, jedenfalls aus eigenem Antrieb entstanden.
Im Hinblick auf historische Fragestellungen sind Selbstzeugnisse insbesondere für die Erforschung der Alltags-, Mentalitäts- oder Mikrogeschichte aufschlussreich.
Obwohl Selbstzeugnisse sozusagen „aus erster Hand" stammen, darf man sie nicht als unmittelbare Wiedergabe von historischen Fakten betrachten. Sie sind immer auch eine Ich-Konstruktion. In Autobiografien und Memoiren wird das sehr deutlich, aber auch in Briefen – ob bewusst oder unbewusst – geschieht eine (adressatenorientierte) Selbstkonstruktion. Auch in Tagebüchern werden im Moment der Aufzeichnung Deutungen miteingearbeitet. Dieser Konstruktionscharakter stellt ein Wesensmerkmal von Selbstzeugnissen dar.

**Faksimile des rechts transkribierten Briefes (Ausschnitt)**

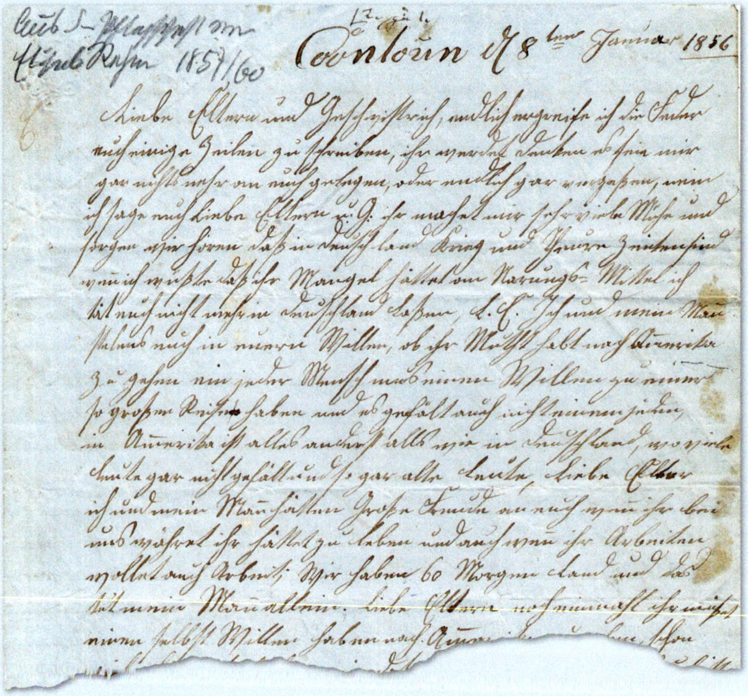

**HINTERGRUNDINFORMATIONEN**

Elisabetha Klein wurde als Elisabetha Rehm am 21. August 1825 als uneheliches Kind vermutlich in Pfullingen geboren. Es ist nicht bekannt, wann sie ausgewandert ist. Ihren Mann Georg(e) Klein/Kline lernte sie laut ihren Ausführungen wohl erst in den USA kennen.

## M1 Brief eines ausgewanderten Ehepaares

Ein in die USA ausgewandertes Ehepaar schreibt im Januar 1856 einen vierseitigen Brief an seine Angehörigen in Württemberg, der an verschiedene Personen gerichtet ist. Etwa drei Seiten des Briefes wurden von Elisabetha Klein verfasst, die abschließende Seite von ihrem Ehemann George:

*allgemeine Anrede*

Liebe Eltern und Geschwister [...] Wir hören, dass in Deutschland Krieg und teure Zeiten sind. Wenn ich wüsste, dass ihr Mangel hättet an Nahrungsmitteln, ich tät euch nicht mehr in Deutschland leben lassen. Liebe Eltern, ich und mein Mann stellen's euch in euern Willen, ob ihr Mut habt, nach Amerika zu gehen. Ein jeder Mensch muss einen Willen zu einer so großen Reise haben, und es gefällt auch nicht einem jeden. In Amerika ist alles anders als in Deutschland. [...] Wir haben 60 Morgen[1] Land und das tut mein Mann allein. Liebe Eltern noch einmal, ihr müsst euch selbst entscheiden, nach Amerika zu gehen [...].

*Argumente für Auswanderung*

*spezielle Anrede*

Liebe Schwester, wenn du recht Mut hast, nach Amerika zu gehen, dir will ich es gleich raten, weil du noch jung bist. Du kannst Geld verdienen und dabei noch fröhlich sein, aber eines [muss] ich dazusetzen: Du musst auch arbeiten, doch das sage ich auch: ein lediger Mensch braucht sich nicht zu bekümmern, wie er sein Leben macht, er darf nur arbeiten und brav sein. [...] Lieber Johannes, hast du noch Lust nach Amerika zu gehen, es gibt bei uns noch schönes Landgut, wenn du denkst, dass du noch so viel Geld übrig hast, bei uns ein Landgut zu kaufen, so besinn dich. Du brauchst nicht denken, ich muss so viel aufs Ratshaus zu bezahlen[2], was du machst, das ist dein und brauchst auch kein Ratshaus-Buch mehr. Bloß im Jahr einmal musst du etwas bezahlen für dein Landgut und dann kommt dir kein Steuereintreiber mehr an die Tore das ganze Jahr hindurch. [...]

*wirtschaftliche Argumente*

Liebe Eltern, [...] ich küsse und grüße euch noch einmal viele tausend Mal. Eure liebe und getreue Tochter Elisabetha Klein. Grüßet alle unsere Freunde.

Geliebte Schwiegereltern, [...] George Kline, Warrenwille P.O. Sommerset County N.S.N.A.
Ich grüße euch herzliche liebe Eltern und Freunde.
George Kline.

*Absatz von George Kline verfasst*

Stadtarchiv Pfullingen A 220 (Auswandererbriefe) (Stil und Rechtschreibung modernisiert)

1. Analysieren Sie den Auswandererbrief.
2. Überprüfen Sie, inwiefern hier eine (adressatenorientierte) Selbstkonstruktion vorliegt.

[1] **Morgen**: altes Flächenmaß, rund 3000–3500 m²

[2] Gemeint ist das Zahlen von Steuern.

# Japans Aufstieg zur Großmacht – Ergebnis einer Verwestlichung?

**„Ankunft der schwarzen Schiffe."**
Zeitgenössischer japanischer Druck.
Im Jahr 1853 erschienen US-amerikanische Kriegsschiffe an der japanischen Küste, um das Land zur Aufgabe seiner Isolationspolitik zu zwingen.

- Analysieren Sie den Druck.
- Erläutern Sie, mit welchen Mitteln das Eigene und das Fremde aus japanischer Sicht dargestellt werden.

**Erzwungene Öffnung |** Westlicher Einfluss und Christentum hatten in Japan um 1600 als Vorboten einer Invasion gegolten. Daher hatte man die „Abschließung" Japans nach außen beschlossen. Im Juli 1853 landete ein US-amerikanisches Flottengeschwader in der Bucht von Edo, dem heutigen Tokio, um die Öffnung des abgeschotteten Inselstaates für den Handel militärisch zu erzwingen. Japan willigte 1854 in einen Freundschafts- und Handelsvertrag über die Öffnung von Häfen und Handelsrechten ein. 1858 setzten die USA den ersten der extrem einseitigen sogenannten **Ungleichen Verträge** durch, die Japan in den Folgejahren auch mit anderen westlichen Mächten eingehen musste. Japan durfte nur geringe Zölle erheben, der diktierte Wechselkurs für Gold führte zu einem Abfluss des Edelmetalls ins Ausland, ausländische Staatsbürger unterstanden einer Sondergerichtsbarkeit und es wurde eine Meistbegünstigungsklausel vereinbart, d. h., alle Rechte, die Japan einem Land einräumen musste, galten rückwirkend auch für alle anderen. Japan war zur Halbkolonie geworden. Die Revision der Verträge wurde das Hauptziel der nächsten Jahre.

**Restauration oder Revolution? |** Der amtierenden Regierung wurde dies jedoch von vielen nicht mehr zugetraut. „Restauriert die Kaiserherrschaft und vertreibt die Barbaren!" Unter diesem Motto wurde die **Meiji-Restauration** eingeleitet. 1868 wurde die Regierung gestürzt, um dem Kaiser zu mehr Macht zu verhelfen, damit dieser die Souveränität des Staates wiederherstellen konnte. Der Kaiser wurde wieder Staatsoberhaupt. Zwar durchlebte Japan eine kurze Zeit der Unruhen, doch dank der Autorität des Kaisers und des um ihn geförderten **Kaiserkultes** konnte ein erstaunliches Umwälzungsprogramm in Angriff genommen werden. Die Fürstentümer wurden mit all ihren Privilegien (Steuern, Lehenvergabe) abgeschafft, es wurde ein Zentralstaat mit Präfekturen unter verbeamteten Gouverneuren eingeführt, 1888 zudem eine Kommunalreform nach deutschen Vorbild. Die Steuern wurden von Naturalien in Finanzabgaben umgewandelt, die Bauern befreit, der Kalender reformiert, ein neues Schulwesen aufgebaut, alle Bürger erhielten Niederlassungs- und Berufsfreiheit, das Kastensystem wurde aufgehoben. Die Reformer orientierten sich an den industrialisierten westlichen Staaten. Japan wurde 1890 eine konstitutionelle Monarchie und ein **Verfassungsstaat** nach preußisch-neoabsolutistischem Modell. An der Spitze stand der Kaiser, der das Kabinett einsetzte. Der Reichstag bestand aus Unter- und Oberhaus. Das Unterhaus ging aus Wahlen mit Zensuswahlrecht hervor, die Mitglieder des Oberhauses wurden von der Regierung bestimmt. Beide Häuser hatten gleiche Rechte, konnten sich also blockieren. Die Gesetze brachte das Parlament oder das Kabinett ein. Der als gottähnlich verehrte Kaiser blieb zwar im Hintergrund, besaß aber mit dem Kronrat als Beratungsgremium, dem Oberbefehl über die Armee und dem Recht auf Ernennung des Premierministers mächtige Instrumente. Mit dieser Verfassung passte sich Japan dem westlichen Modell der konservativen Monarchien an, in denen das Kaiserhaus, die traditionellen Eliten und die Armee ein Übergewicht in der Regierung hatten.

Die Folgen der Reformen: „Reiches Land, starke Armee" – Mit der Stärkung der Wirtschaft und der Aufrüstung des Militärs sollte Japans Position in Asien und gegenüber dem Westen gestärkt werden. Die Reformer befreiten die Kaufleute von ihrem niedrigen Status und gründeten moderne Industrieunternehmen nach westlichem Vorbild. Die Infrastruktur wurde zügig ausgebaut (erste Eisenbahnlinie 1872). Zahlreiche Großkonzerne entstanden, ein ökonomischer Aufschwung setzte ein. In der Hand des Staates blieben die Rüstungsbetriebe. 1872 wurde die Wehrpflicht eingeführt, militärisches Wissen und Gerät holte man sich vor allem aus Großbritannien (Flotte) und Deutschland (Aufbau des Heeres, Artillerie), eine massive **Aufrüstung** folgte. Bereits 1871 wurden Pläne zur Einnahme Koreas geschmiedet. Hauptziel der Außenpolitik aber blieb die Aufhebung der Handelsverträge. Dies gelang ab 1894, beginnend mit Großbritannien. 1911 wurde die Zollhoheit endgültig wiedererlangt.

**Meiji-tennō Mutsuhito**
(1852–1912):
nach seiner Regierungsdevise Meiji („erleuchtete Regierung") benannter Kaiser von Japan (1868–1912)

**Außenpolitischer Aufstieg** | Im Ersten Japanisch-Chinesischen Krieg (1894/95) erzielte Japan schnelle Erfolge und konnte dem geschwächten halbkolonialen Nachbarn China einen günstigen Friedensvertrag aufnötigen. Mit ihm begann der japanische **Imperialismus**: Taiwan wurde Kolonie, Korea geriet unter japanische Kontrolle. Während des gegen den westlichen Imperialismus gerichteten sogenannten „Boxeraufstandes"[1] in China setzte Japan seine Truppen aufseiten des Westens ein und verschaffte sich damit allgemeine Anerkennung. Großbritannien ging daraufhin 1902 ein Bündnis mit Japan ein. Es war der erste Vertrag auf gleicher Höhe zwischen einer westlichen Großmacht und einem asiatischen Land. Mit diesen Erfolgen im Rücken und sich der Stärke seines Militärs bewusst, erklärte Japan Russland im Februar 1904 den Krieg. Russlands Vorrücken nach Nordchina (Mandschurei, Korea) wurde zunehmend als Bedrohung empfunden. Zum Erstaunen der westlichen Welt wurde Russland besiegt. Allerdings brachten die Kämpfe auch Japan an den Rand der Erschöpfung.

**Japan als Großmacht** | Wie sehr das Prestige Japans in der gesamten Welt gestiegen war, zeigte der Wille der Großmächte, neue Abkommen mit Japan zu schließen. Großbritannien erneuerte noch 1905 den Freundschaftsvertrag, die USA und Frankreich schlossen ebenfalls Abkommen mit Japan. Selbst der vormalige Feind Russland wurde zum Partner in Verträgen, die die gegenseitigen Interessengebiete absteckten. Dies ermöglichte Japan 1910 die Annexion Koreas. 1912, als der Reform-Kaiser starb, war Japan asiatische **Großmacht** geworden, unabhängig und unangefochten auf wirtschaftlichem, politischem und militärischem Gebiet. Das Selbstbewusstsein war so groß, dass man 1914 aufseiten der Westmächte in den Ersten Weltkrieg eintrat. Am Ende gehörte Japan zu den Siegermächten, es war ein moderner, industrialisierter Verfassungs- und Rechtsstaat, der sich selbst zum imperialistischen Unterdrücker entwickelt hatte.

▶ Im Japanischen gibt es eine große Menge an Lehnwörtern aus europäischen Sprachen, viele davon gehen auf die Meiji-Zeit zurück, z. B. *modan garu* – engl. „modern girl" – ist die Bezeichnung für eine (junge) Frau, die sich westlich kleidet. Auch aus dem Deutschen wurden einige Wörter übernommen und deren Bedeutung im Japanischen leicht verändert. Versuchen Sie, die deutschen Ursprungswörter herauszufinden, indem Sie das Wort laut vorlesen oder vor sich hin flüstern. *noiroze / arubaito / bonbe / gomu / karunke.* | H

[1] sog. „Boxeraufstand": gewaltsamer Konflikt zwischen Chinesen und den imperialistischen Mächten

## M1 Reaktionen auf die Ungleichen Verträge

Durch die Ungleichen Verträge mit den USA (1858), Großbritannien (1854), Russland (1855), den Niederlanden (1856), Frankreich und Preußen (1861) sieht sich Japan dem wachsenden Einfluss der westlichen Mächte ausgesetzt. 1864 rät der Beamte Ikeda Nagaaki nach der Rückkehr der von ihm geleiteten ersten offiziellen Auslandsdelegation:

Eine genaue Prüfung der westlichen Länder zeigt, dass, obgleich sie alle unser Land begehren und nur auf eine passende Gelegenheit warten, über uns herzufallen, sie sich doch der Schwierigkeiten eines langen Krieges bewusst sind, da ihre Streitkräfte jenseits der Meere so weit von zu Hause entfernt kämpfen müssten [...]. Ist aber der Suez-Kanal [...] fertig, dann können sie mit ihren Kriegsschiffen direkt zu den Ländern des Ostens fahren, und die Seereise wird nur ein Drittel der jetzigen Zeit beanspruchen. Sollte es dann geschehen, dass neue Zwischenfälle in Japan passieren [...], dann kann es wohl sein, dass die Fremden sich zusammentun und ihre Eroberungspläne gemeinsam durchführen. [...] Unser sorgfältiges Studium der Verhältnisse des Westens scheint aber zu beweisen [...], dass alle Länder Europas im Verlauf von drei bis fünf Jahren in einen größeren Krieg verwickelt sein werden. Hat das Bakufu[1] bis dahin Recht und Gesetz in Japan wiederhergestellt, so wird es diese Spaltung der Fremden zu einer neuen Formulierung seiner Außenpolitik benutzen können. [...] Wir schlagen vor:

- Gesandte in alle Länder Europas zu senden;
- Verträge zu schließen – nicht nur mit europäischen Ländern, sondern mit allen anderen unabhängigen Ländern, damit wir uns im gegebenen Fall mit den einen gegen die anderen verbünden können;
- Studenten ins Ausland zu schicken, damit wir Kenntnisse des See- und Landkrieges erwerben;
- dass wir verschiedene westliche Zeitungen bestellen und uns so über die Ereignisse selbst informieren;
- dass es unseren Menschen erlaubt wird, in fremde Länder zu gehen, um Handel zu treiben und sich mit den Lebensbedingungen der Fremden vertraut zu machen.

Zitiert nach: Gertrude C. Schwebell (Hrsg.), Die Geburt des modernen Japan in Augenzeugenberichten, München ²1981, S. 82 f., 124 f. und 350 f.

1. Arbeiten Sie heraus, welche Maßnahmen der japanische Beamte als Reaktionen auf die Ungleichen Verträge vorschlägt.
2. Erläutern Sie die Sichtweise Ikeda Nagaakis auf die westlichen Länder.

[1] **Bakufu**: oberste Verwaltung Japans

## M2 Japan studiert den Westen

Fukuzawa Yukichi, Gründer der ersten westlich geprägten höheren Schule in Japan, der späteren Keio-Universität in Tokio, und bedeutendster Vertreter der nach 1868 einsetzenden Meiji-Restauration, nimmt zwischen 1860 und 1867 als Dolmetscher an den ersten Auslandsdelegationen nach Amerika und Europa teil. In seinen 1866 veröffentlichten Reiseberichten heißt es:

Das bisherige Verhalten der ausländischen Regierungen, die Schwäche Japans und die Unwissenheit der Japaner zu ihrem Vorteil auszunutzen, konfrontierte die Japaner mit schwierigen Problemen. Hier im Ausland jedoch konnte ich sehen, dass es auch gerecht gesinnte und freundliche Leute gab, was mich in meiner Ansicht, Japan sollte mit der übrigen Welt Verkehr pflegen, bestärkte. [...] Es bestand [...] keine Notwendigkeit, über solche Dinge wie Physik und Chemie, Maschinenbaukunde oder Elektrizität, Dampf, Buchdruckerei, industrielle Produktion und dergleichen Fragen zu stellen, da ich als Nichtfachmann ja sowieso nicht tief in diese Gebiete hätte eindringen können. Und das Allgemeine konnte ich leicht aus Büchern entnehmen. [...] [E]s gab viele andere Dinge, die ich wissen wollte, z. B. wie ein Spital finanziell geführt werde und wer die Mittel hierfür aufbringe. Bei einer Bank wollte ich wissen, wie die Ein- und Auszahlungen vor sich gingen, wie das Postrecht gestaltet sei, in Frankreich gab es eine Wehrpflichtverordnung, in England jedoch nicht [...]. Und dann gab es in der Politik das Wahlrecht, etwas gänzlich Unverständliches. Wenn man die Leute dort fragte, was denn das Wahlgesetz für ein Gesetz und was für ein Amt das Parlament sei, so hatten sie nur ein Lächeln übrig. [...] Ich erfuhr auch, es gäbe Parteien, die Konservativen und Liberalen, die sich auf das Schärfste gegenseitig bekämpften. Ich konnte nicht verstehen, warum sie einander in Friedenszeiten in der Politik befehdeten. Ich konnte mir nicht vorstellen, was diese Parteien machten.

Fukuzawa Yukichi, Eine autobiographische Lebensschilderung, übersetzt von Gerhard Linzbichler in Gemeinschaftsarbeit mit Hidenao Arai u. a., Tokio 1971, S. 151 f. und 156 f.

1. Stellen Sie die Bereiche dar, für die sich Fukuzawa Yukichi interessiert.
2. Begründen Sie, warum Unverständnis zwischen den Kulturen auftritt.

## M3 Kulturreise

„Auf der Culturreise. Die Japanesen, getreu ihrer Mission, die europäische Civilisation kennen zu lernen, gewinnen in Essen einen Einblick in dieselbe.“ Karikatur aus „Berliner Wespen. Illustrirtes humoristisches Wochenblatt“ vom 21. März 1873. Die japanische Delegation besichtigte am 7. und 8. März 1873 auch die Kanonenfabrik Krupp in Essen. Rechts im Bild: Firmeninhaber Alfred Krupp.

1. Analysieren Sie die Karikatur.
2. Erläutern Sie, wie die japanische Delegation dargestellt wird.
3. Vergleichen Sie die japanische und die deutsche Perspektive auf die Reisen der japanischen Delegationen (M2, M3).

## M4 Kaiser und Reformen: die Wirkung der Meiji-Ära

Der deutsche Arzt Erwin Bälz, von 1876 bis 1905 als Professor an der medizinischen Hochschule in Tokio und als Leibarzt der japanischen Kaiserfamilie tätig, schreibt um 1900 über die als Meiji-Ära („Erleuchtete Regierung“) benannte Regierung Kaiser Mutsuhitos (1868–1912):

Der jetzige Kaiser hatte kurz nach seiner Thronbesteigung im Jahre 1868 eine Proklamation erlassen, in der er dem Volk Anteil an der Regierung und eine Verfassung versprach. Aber die Männer am Staatsruder sahen bald, dass das Volk nicht entfernt dafür reif war. Man schob daher den Zeitpunkt wiederholt hinaus und schickte zunächst den Staatsrat – den späteren Fürsten – Ito[1] nach Berlin zum genaueren Studium der Verfassungen. [...] Die Verfassung, von Fürst Ito [...] bearbeitet, wurde unter ungeheurem Jubel des ganzen Landes am 11. Februar 1889 feierlich proklamiert und damit das Recht- und Pflichtbewusstsein zwischen Herrscher und Volk gesetzlich festgelegt. Es zeigte sich aber bald, dass die Verfassung vielen nicht liberal genug war. Denn das Wahlrecht war sehr beschränkt, und das Recht, die Minister zu ernennen, kam nicht dem Parlament zu. Man hat den Versuch gemacht, der Verfassung die Deutung zu geben, dass dies dennoch möglich sei. Das ist aber nur der Fall bei einer verkünstelten Auslegung. Ito selbst, der Vater der Verfassung, erklärte, das Recht, die Minister zu ernennen und zu entlassen, sei und bleibe ein Privileg des Kaisers, und bis jetzt ist diese Auslegung befolgt worden. [...] Fukuzawa[2] hat sich dem Berichterstatter einer großen amerikanischen Zeitschrift gegenüber geäußert: „Ich bewundere euer freies Land; wir selbst sind für eine Republik noch nicht reif und haben daher einen Kaiser. Aber das dürfen Sie mir glauben, dass schon jetzt der Kaiser in der Politik weniger zu sagen hat als der König in England.“ Diese Äußerung gab die Stimmung eines großen Teiles der gebildeten Japaner in den neunziger Jahren wieder. Und die Kenntnis dieser Stimmung ließ es der Regierung klug erschienen, nachgiebig zu sein, bis das Schicksal ihr eine Gelegenheit bot, ein einigendes Band für die ganze Nation neu zu schaffen, und zwar in Form des Krieges mit China wegen Korea. Und dieser Krieg hatte die von der Regierung gewünschte Folge: Das ganze japanische Volk war einig und begeistert durch die Erfolge der nationalen Waffen. [...] Das Nationalgefühl erwachte; es setzte eine gesunde Reaktion gegen die blinde Nachahmung alles Fremden ein. Man hörte viel weniger von den Herrlichkeiten der freien Staaten. [...] Die Person des Kaisers trat mehr und mehr in den Vordergrund. In jeder Schule, in jedem Amt wurde sein Bild aufgehängt, das jetzt bei feierlichen Gelegenheiten durch Verbeugen gegrüßt werden muss. Es erging ein Edikt, das die Grundlage aller sittlichen Erziehung der japanischen Jugend bildet und in dem der Kaiser als eine Art Vater seines Volkes erscheint. Und so wurde der Kult des Kaisers als eines gewissermaßen ideellen symboli-

[1] **Ito Hirobumi** (1841–1909): mehrfach Ministerpräsident Japans
[2] **Fukuzawa Yukichi** (1835–1901): Siehe M2.

schen Repräsentanten der Nation in den an sich uralten, aber jetzt wieder günstig vorbereiteten Boden mit voller Absicht gesät. Und man wird den führenden japanischen Staatsmännern nicht die Anerkennung versagen können, dass ihr planmäßiges Werk voll und ganz, manchmal fast über das beabsichtigte Maß hinaus gut gelang.

Toku Bälz (Hrsg.), Erwin Bälz. Das Leben eines deutschen Arztes im erwachenden Japan. Tagebücher, Briefe, Berichte, Stuttgart [3]1937, S. 95–97

1. Stellen Sie die Etappen der Modernisierung Japans dar.
2. Erläutern Sie die Rolle des Kaisers während der Meiji-Restauration.
3. Vergleichen Sie die japanische Nationalstaatsbildung mit der deutschen und der italienischen. | F

## M5 Proklamation der Verfassung

Die Proklamation der Verfassung im Thronsaal des Neuen Palastes in Tokio, Farbholzschnitt von Adachi Ginko, 1889. Am 11. Februar 1889, dem Gedenktag der Thronbesteigung des legendären ersten Kaisers Jinmu im Jahre 660 v. Chr., verkündete der Kaiser eine neue Verfassung, die unter Mitarbeit deutscher Juristen entstand und sich am Vorbild Preußens orientierte. Kaiser Mutsuhito steht unter dem mit dem traditionellen kaiserlichen Chrysanthemen-Emblem geschmückten Baldachin vor dem in Deutschland gefertigten Thron. Die Chrysantheme ist in Japan das Symbol für die Sonne und das Licht und wurde zum kaiserlichen Emblem. Auf dem Podest links im Bild sitzt die Kaiserin, in der rechten hinteren Ecke des Saales befinden sich die ausländischen Diplomaten.

1. Beschreiben Sie den Farbholzschnitt.
2. Erläutern Sie die dargestellte Symbolik. | H
3. Vergleichen Sie die Darstellung mit der „Kaiserproklamation im Spiegelsaal des Versailler Schlosses“ von Anton von Werner (S. 42). | F

## M6 „Bereichert das Land – stärkt die Armee“

Der Historiker Bernd Martin analysiert die Folgen des innen- und außenpolitischen Wandels Japans im Hinblick auf den Chinesisch-Japanischen Krieg:

Während der gesamten Meijizeit (1868–1912) wurden die Reformen im Inneren von kriegerischen Planungen und Aktionen nach außen hin begleitet. Bereits der Schlachtruf der Erneuerer „Bereichert das Land – stärkt die Armee“ enthielt schlagwortartig das gesamte Programm der angestrebten Modernisierung. […] Die von den Gründervätern der Meijizeit zur Staatsdoktrin erhobene Shinto-Ideologie[1] von der göttlichen Abstammung des Herrschers und seiner immerwährenden, ungebrochenen Herrschaft, forderte den Führungsanspruch des

[1] Der Shintoismus (von Shinto = „Weg der Götter“) ist eine hauptsächlich in Japan praktizierte Religion, die sich durch eine Vielzahl von Kulten und Glaubensformen auszeichnet und an die einheimischen Gottheiten (kami) gerichtet ist.

„Sohnes des Himmels" auf dem Pekinger Drachenthron direkt heraus. Fortan sollte Tokio zum Mittelpunkt eines großjapanischen Reiches werden und die Rolle Pekings übernehmen. Der kleine Bruder war angetreten, den großen Bruder zu entmachten, was den konfuzianischen Normen zutiefst widersprach. […] Zum eigentlichen Streitfall zwischen China und Japan wurde Korea. Das dem chinesischen Tributärsystem[1] zugehörige „Land der Morgenstille" entzog sich der japanischen Aufforderung zur Öffnung von Häfen und Aufnahme eines geregelten Handelsverkehrs. […] Keine zwanzig Jahre nach Unterzeichnung des ungleichen Handelsvertrages mit den Amerikanern zwang Japan nach amerikanischem Vorbild Korea 1876 einen Vertrag auf, der ihm Zollpräferenzen und Exterritorialität[2] […] einbrachte. Selbst noch durch ungleiche Verträge seiner vollen Souveränität beraubt, wandte Japan dieses imperialistische Herrschaftsinstrument bei seinem direkten Nachbarn an, betonte indes, wie es einst auch die Amerikaner getan hatten, das Land lediglich in die Familie der zivilisierten Staaten führen zu wollen. […] Diesem Anliegen halfen japanische Truppen in Seoul nach, indem sie den Königspalast besetzten und […] einen gefügigen jungen Monarchen als neuen Herrscher installierten. Der junge König von Japans Gnaden erklärte wunschgemäß China den Krieg, Peking sandte Verstärkung nach Korea. Der militärische Konflikt war nicht mehr aufzuhalten. Von den westlichen Großmächten unterstützte Großbritannien das japanische Vorgehen in Korea, um das russische Vordringen in Asien aufzuhalten. Das Reich des Tenno[3] bekam diese Statthalterrolle britischer imperialer Ambitionen ausdrücklich bestätigt, als Großbritannien am 16. Juli 1894 auf seine aus ungleichen Verträgen mit Japan herrührenden Sonderrechte verzichtete und das fernöstliche Inselreich als souveränen Partner in die Völkerfamilie aufnahm.

Bernd Martin, Ein Sieg des kleinen Bruders: Der Chinesisch-Japanische Krieg, in: DIE ZEIT (Hrsg.), Welt- und Kulturgeschichte. Epochen, Fakten, Hintergründe, Bd. 12: Das Zeitalter des Nationalismus, Hamburg 2006, S. 409–420, hier S. 409, 412 f. und 415–418

1. Charakterisieren Sie die außenpolitischen Folgen der Modernisierung Japans.
2. Erläutern Sie den japanischen Imperialismus.

## M7 Wahrnehmung Japans

Wie sich die Wahrnehmung Japans in der übrigen Welt nach dem Russisch-Japanischen Krieg veränderte, schildert der folgende Textauszug:

Der Sieg Japans – einer asiatischen Macht – über eine bis dahin als unbesiegbar geltende westliche Großmacht löste weltweite Begeisterung bei den Kolonialvölkern aus. Die nationalen Bewegungen erhielten neuen Auftrieb unter dem Schlagwort „Asien den Asiaten". […] Auch die islamische Welt feierte den japanischen Sieg enthusiastisch. Ägyptische, türkische und persische Dichter schrieben Oden auf Japan und seinen Tenno, islamische Mütter nannten ihre Söhne Togo nach dem Sieger von Tshushima[4], Togo Heihachiro[5]. Zeitweilig gab es sogar Überlegungen, ob Japan nicht zum „Befreier des Islam" vom westlichen Imperialismus und Kolonialismus werden könnte. Auch die vom Zarenreich unterdrückten europäischen Völker, Polen und Finnen, suchten Kontakt zu Japan, während sich in den westlichen Ländern – wieder besonders stark von England ausgehend – nun die Sorge vor einem zu sehr erstarkenden Japan in Warnungen vor der „Gelben Gefahr" niederschlug.

Christian Oberländer, Von den Ungleichen Verträgen zur Großmacht – Japans Weg zum modernen Nationalstaat, in: Josef Kreiner (Hrsg.), Geschichte Japans, Stuttgart 2018, S. 282 f.

1. Beschreiben Sie die veränderte Wahrnehmung Japans nach dem Russisch-Japanischen Krieg.
2. Erläutern Sie, worin die Vorbildfunktion der Entwicklung Japans für andere Länder lag.
3. Erörtern Sie die Chancen und Gefahren einer solchen Entwicklung.

### Der Blick aufs Ganze

1. Beschreiben Sie die Modernisierung Japans um 1900.
2. Beurteilen Sie, ob der Aufstieg Japans das Ergebnis einer Verwestlichung Japans war.

Sie können diesen Arbeitsauftrag mithilfe der Kooperationsform „Tableset/Placemat" durchführen. Bearbeiten Sie dazu den Arbeitsauftrag zunächst einzeln. Tragen Sie dann Ihr Ergebnis stichwortartig in Ihr Seitenfeld ein. Stellen Sie Ihr Ergebnis zur Diskussion, indem Sie das Blatt drehen, und erarbeiten Sie eine gemeinsame Stellungnahme in der Gruppe, die Sie in der Mitte des Blattes festhalten.

[1] Gemeint sind die China gegenüber tributpflichtigen Staaten. Neben Korea waren das Annam (Vietnam), Siam, Burma und Nepal.
[2] auch **Extraterritorialität**: Ausnahmestellung gegenüber der Hoheit des Aufenthaltsstaates, z. B. von Diplomaten
[3] **Tenno**: Titel des japanischen Herrschers
[4] **Tshushima**: entscheidende Seeschlacht im Russisch-Japanischen Krieg
[5] **Togo Heihachiro**: Admiral der japanischen Flotte in der Seeschlacht von Tshushima

# Wiederholt sich die Modernisierung des 19. Jh. in den Wandlungsprozessen des 21. Jh.?

**Industrie 4.0.**

- Analysieren Sie die Darstellung.
- Erläutern Sie anhand der Symbole, wie sich die industrielle Produktion im 21. Jh. verändert hat. | H

**Industrialisierung: Wohin geht der Weg?** | Die Industrialisierung war mit Mechanisierung, Akkord- und Fließbandarbeit nicht beendet. Ab den 1970er-Jahren startete eine dritte industrielle Revolution. Die Automatisierung durch Elektronik und Internet schritt voran. Menschen steuerten mit der Hilfe von Großcomputern z. B. Produktion und Transport von Gütern und tätigten international Finanzgeschäfte. In Büro und Haushalt hielten Personal Computer (PC), Handy und Smartphone Einzug.

Folgen dieser **Digitalen Revolution** waren die Entstehung eines neuen Industriezweigs und Dienstleistungssektors sowie eine Demokratisierung des Zugangs zu Wissen und Informationen. Einige wenige Konzerne wie Alphabet (Google), Amazon, Facebook und Microsoft haben eine dominierende, teilweise monopolartige Stellung auf den neu entstandenen Geschäftsfeldern erlangt, vergleichbar mit den Trusts des 19. und frühen 20. Jh. Ihr Erfolg beruht auf der Speicherung und Nutzung von Daten.

Seit einigen Jahren wird von einer vierten industriellen Revolution oder von „Industrie 4.0" gesprochen. Immer mehr Bereiche der Wirtschaft und des öffentlichen wie privaten Lebens sind digital miteinander vernetzt. Zwischen ihnen fließen riesige Mengen an Daten, die Maschinen auswerten, um sich selbst und die Arbeitsabläufe, in die sie eingebunden sind, ohne menschliche Unterstützung zu optimieren. Fachleute sprechen hier von „künstlicher Intelligenz".

**Tertiarisierung** | Die fortschreitende Industrialisierung beschleunigt eine Veränderung der Arbeitswelt, die bereits mit der Hochindustrialisierung begonnen hatte, die sogenannte **Tertiarisierung**. Im Laufe des 20. Jh. gewann in den Industriestaaten der Bereich der Dienstleistungen (z. B. in Verwaltung, Banken und Versicherungen, Tourismus, Steuer-, Rechts- und Unternehmensberatung sowie Informationstechnologie) eine immer größere Bedeutung. Dieser löste die Industrie als wichtigsten Sektor der Wirtschaft ab. Nicht mehr die Fabrik mit vielen Hundert Arbeitern, sondern Büros und Dienstleistungsbetriebe aller Art wurden zu typischen Arbeitsstätten. Regionen, in denen Bergbau, Schwer- und später Autoindustrie besonders prägend gewesen waren (z. B. das Ruhrgebiet in Deutschland, der Norden Englands, die Gegend um Detroit in den USA), erlebten eine Deindustrialisierung infolge des Wegfalls oder der Verlagerung industrieller Produktionsstätten. Damit vollzog sich ein Wandel von der Industrie- zur Dienstleistungsgesellschaft. In Großbritannien begann dieser Wandel zur **postindustriellen Gesellschaft** in der Mitte des 20. Jh. Die meisten anderen europäischen Länder vollzogen den Wechsel in den 1960er- und 70er-Jahren, die Bundesrepublik Deutschland beispielsweise Mitte der 1970er-Jahre.

**Postmoderne Gesellschaft** | Diese Umwälzungen veränderten nicht nur die Produktionsweise, sondern allgemein die Lebensbedingungen von Milliarden Menschen. Dies belegen folgende Beispiele:

- Die zunehmende Vernetzung und die Automatisierung der Arbeitsplätze durch neue Maschinen machen viele einfache Tätigkeiten überflüssig und gefährden Arbeitsplätze. Neue Arbeitsplätze entstehen aber vor allem für Tätigkeiten mit spezialisierten Kenntnissen. Menschen mit geringer Schul- und Berufsausbildung sehen sich daher als Verlierer von „Industrie 3.0 und 4.0".
- Hinzu kommt die Fragmentierung der Arbeitswelt. Globale Arbeitsteilung, stärkere Spezialisierung, individuelle Arbeits-und Lebensentwürfe und das schnellere Veralten von Qualifikationen bedeuten in vielen Branchen das Ende der lebenslänglichen Beschäftigung bei einem Arbeitgeber auf Basis einer einmal erworbenen Ausbildung.
- Unternehmen wie Google oder Facebook sammeln, verwerten und verkaufen Nutzerdaten in gigantischen Mengen. Aber auch Versicherungen, Banken, Firmen und staatliche Behörden nutzen die Möglichkeiten, Daten zu speichern und auszuwerten. Viele befürchten daher, dass wir zu „gläsernen Menschen" werden, deren Innerstes ausspioniert wird.
- Wieder andere fürchten angesichts der Tatsache, dass „künstliche Intelligenz" sich im Vormarsch befindet, eine „Herrschaft der Computer" über die Menschheit.

Viele neue Technologien und die Tatsache, dass sich die technologische Entwicklung immer mehr beschleunigt, rufen also Ängste hervor.

Hinzu kommt, dass Industrialisierung und Digitalisierung dem Einzelnen eine große Auswahl an (Konsum-)Möglichkeiten, Informationen, Meinungen und Lebensentwürfen bieten. Feste Strukturen (Familie, Vereine, Parteien, Glaubensgemeinschaften) haben nur noch bedingt Einfluss auf die Identitätsbildung. Die große Freiheit beim Handeln und Wählen verunsichert viele. Ersatz für den verlorenen Rückhalt finden sie durch neue Arten der sozialen Einbindung, z. B. durch die Nachahmung von Lebensstilen oder durch die Übernahme von Meinungen, die ihnen in digitalen Medien etwa durch Influencer, Trolls und Botts angeboten oder sogar aufgedrängt werden. Die Folge ist eine neue Form der Außensteuerung und Standardisierung, die vielen aber gar nicht bewusst ist. Als Beispiel können Lifestyle- und Schönheitsideale angeführt werden, welche durch die Werbung und die Medien im Allgemeinen vermittelt werden, aber auch Fake News. Durch solche Entwicklungen ist die Moderne immer deutlicher erkennbar in eine neue Phase eingetreten, die häufig als „**Postmoderne**" bezeichnet wird. Manche Historiker und Gesellschaftswissenschaftler stellen trotz aller Unterschiede auch Ähnlichkeiten zwischen der Postmoderne und den durch die rasche Modernisierung um die Wende vom 19. zum 20. Jh. verursachen Krisenerscheinungen fest.

## M1 Digitalisierung – schneller, höher, stärker

Der Historiker Andreas Rödder (*1967) beleuchtet die Erscheinungsformen der „Welt 3.0", der digitalen Welt im 21. Jh.:

In der digitalen Welt ist es jederzeit möglich, sich die Fernsehübertragung des Endspiels der Fußball-Weltmeisterschaft von 1974 anzusehen. Im Vergleich des legendären Münchener Finales mit einem durchschnittlichen Bundesligaspiel von 2015 wird sofort erkennbar, dass das Spiel unvergleichlich viel schneller geworden ist. Der Soziologe Hartmut Rosa hat die Steigerung des Lebenstempos allgemein als Kombination von Beschleunigung und Steigerungslogik interpretiert. Pro Zeiteinheit wird eine höhere Menge an Informationen verarbeitet oder an Tätigkeiten verrichtet. Die Erfindung der Waschmaschine machte die aufwändige Arbeit am Waschbrett und den Waschtag überflüssig. Eigentlich müsste ihre Anschaffung zu mehr freier Zeit geführt haben, wenn Familienmitglieder nun weniger sorgfältig mit ihrer Kleidung umgingen oder die Sauberkeitsanforderungen stiegen. Dem entgegen steht die allgemeine Erfahrung, dass trotz Zeitersparnis weniger freie Zeit bleibt. Dieses Beschleunigungsparadox erklärt Rosa durch den Umstand, dass die Mengenwachstumsraten die Zeitersparnis übertrafen, weil die Menge exponentiell, der Zeitgewinn aber nur linear wuchs. Beschleunigung fand auf mehreren Ebenen statt. Technische Beschleunigung sorgte dafür, Stoffe und Energien rascher umzuwandeln, Güter zügiger herzustellen oder Menschen, Güter und Informationen schneller zu bewegen. Sie erfolgte durch die Rationalisierung von Organisations-, Entscheidungs- und Kontrollprozessen, insbesondere durch die digitale Revolution. Dass darüber die Halbwertszeit von Wissen und relevanten Kulturtechniken zurückging, zum Beispiel in der Bedienung von technischen Geräten oder Computerprogrammen, bezeichnete Hermann Lübbe als „Gegenwartsschrumpfung". Menschen müssen sich in immer kürzeren Zeiten immer wieder neue Mittel zur Gegenwartsbewältigung aneignen; eine Ausbildung reicht nicht mehr für ein ganzes Berufsleben, vielmehr ist permanente Weiterbildung erforderlich. Zur Beschleunigung des sozialen und kulturellen Wandels gehörten auch die abnehmende Stabilität von Beschäftigung und Familien bis hin zu schnelleren Kameraeinstellungen und Schnittfolgen in Film und Fernsehen. Effizientere Zeitorganisation und „Multitasking" veränderten die Zeitrhythmen des Alltags. Angehörige hoch industrialisierter und individualisierter Gesellschaften fühlen sich in besonderem Maße unter Zeitdruck.

Andreas Rödder, 21.0: Eine kurze Geschichte der Gegenwart, München 2015, S. 32 f.

1. Erläutern Sie den Begriff „Digitale Revolution".
2. Vergleichen Sie die Beschleunigungserfahrung des 21. Jh. mit derjenigen des 19. Jh. (vgl. S. 74 ff.).

## M2 Gesellschaftlicher Wandel in Statistiken

Grafik 1
Entwicklung der Erwerbstätigen in Deutschland nach Wirtschaftssektoren
in % aller Erwerbstätigen (Inlandskonzept)

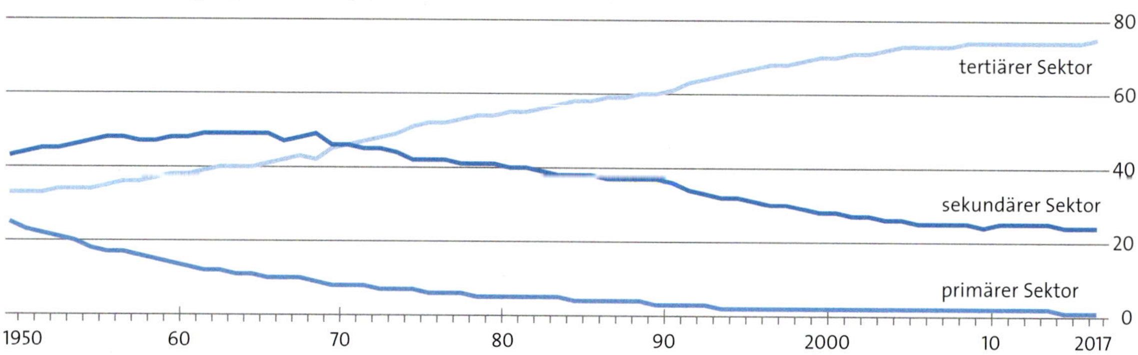


© Statistisches Bundesamt (Destatis), 2018 2018-01-0477

**Grafik 2**

Entwicklung der Erwerbstätigen(Inlandskonzept) im primären Sektor im internationalen Vergleich in %

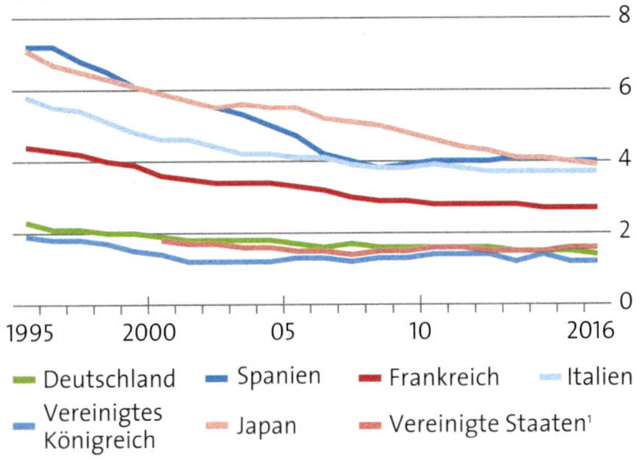


[1] International vergleichbare Daten liegen bei der OECD erst ab dem Jahr 2000 vor.

**Grafik 3**

Entwicklung der Erwerbstätigen (Inlandskonzept) im sekundären Sektor im internationalen Vergleich in %

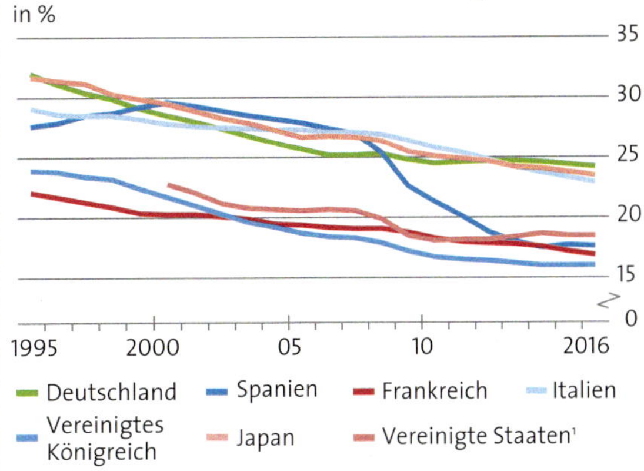


[1] International vergleichbare Daten liegen bei der OECD erst ab dem Jahr 2000 vor

**Grafik 4**

Entwicklung der Erwerbstätigen (Inlandskonzept) im tertiären Sektor im internationalen Vergleich in %

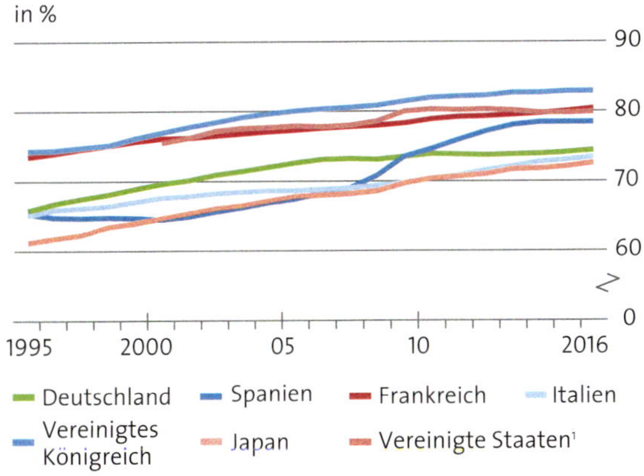


[1] International vergleichbare Daten liegen bei der OECD erst ab dem Jahr 2000 vor

Nach: Florian Schwahn, Christoph-Martin Mai und Michael Braig, Arbeitsmarkt im Wandel – Wirtschaftsstrukturen, Erwerbsformen und Digitalisierung. Bericht des Statistisches Bundesamt | WISTA | 3 | 2018, S. 26ff. www.destatis.de/DE/Methoden/WISTA-Wirtschaft-und-Statistik/2018/03/arbeitsmarkt-wandel-032018.pdf?__blob=publicationFile&v=5 [Zugriff: 09.12.2020]

**Grafik 5**

Ausmaß der Tertiarisierung in der Europäischen Union 2016

Verteilung der Erwerbstätigen (Inlandskonzept) auf die Sektoren in %

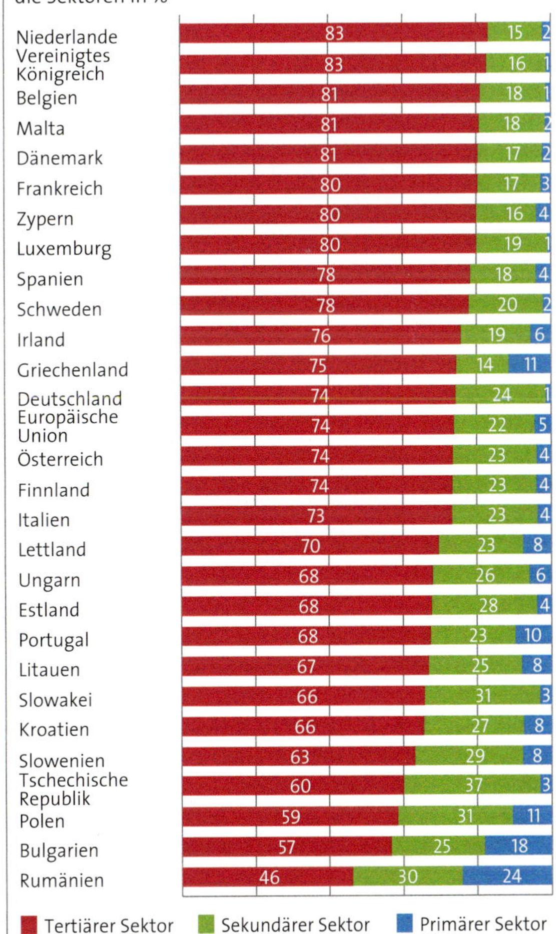


1. Erläutern Sie den Begriff Tertiarisierung mit Belegen aus den Statistiken.
2. Ordnen Sie die Tertiarisierung in Deutschland in den europäischen und globalen Kontext ein.
3. Vergleichen Sie den Prozess der Tertiarisierung mit der Industrialisierung im 19. Jh. (S. 18ff.).

## M3 Alles schon mal da gewesen

Das Wirtschaftsmagazin brand eins unterhält sich mit dem Historiker Andreas Rödder über Wandlungsprozesse in der Geschichte.

*brand eins: Herr Rödder, sehen Sie als Historiker Parallelen zwischen der digitalen Transformation der Gegenwart und der Industrialisierung im 19. Jahrhundert?*

A.R.: Die Parallelen sind massiv. Sie bestehen in der massenhaften Erfahrung von technischer Veränderung und Globalisierung einer scheinbar richtungslosen Beschleunigung und der Unkalkulierbarkeit der Entwicklung. […]

*brand eins: Was heute die Digitalisierung ist, war Anfang des 20. Jahrhunderts für viele Zeitgenossen die Elektrizität?*

A.R.: Exakt. Elektrizität war Disruption 1.0. Auch damals wurde schon über die „Abspannung der Seelenkräfte" geklagt und vermehrt „Neurasthenie" diagnostiziert – ein Krankheitsbild mit ganz ähnlichen Symptomen wie bei Burn-out. Ebenfalls ein starker Einschnitt waren um 1900 die neuen Medien. Durch Fotografie, Film und Schallplatten verlor der Augenblick seine Einmaligkeit. Das fotografische Porträt steht zwar in der Tradition der Porträt-Malerei, aber es war doch etwas völlig Neues: Optische und akustische Eindrücke wurden mechanisch reproduzierbar. Die Zeitgenossen haben diese Medienrevolution als grundlegende Umwälzung erlebt. Ähnliche Erfahrungen machen wir heute mit der weltweiten Kommunikation in Echtzeit. Das Internet steht in der Tradition des Telefons und des Telegrafen, aber es hat eine andere Bedeutung. Die viel größere Dichte und Quantität der Echtzeitkommunikation schlägt um in eine neue Qualität. Die jeweilige Erfahrung von Beschleunigung und Informationsdichte ist neu – der Transformationsprozess als solcher ist es nicht.

*brand eins: Inwiefern?*

A.R.: Was wir erleben, ist ein weiterer Beschleunigungsschub in einer größeren, übergreifenden Entwicklung, die spätestens mit den ersten Eisenbahnen des 19. Jahrhunderts einsetzte. Dass Kommunikationsmedien die Globalisierung begleiten und beschleunigen, beginnt nicht erst mit dem Internet. Das galt schon für die ersten Telegrafenverbindungen von Großbritannien nach Amerika und Indien in den 1860er- und 1870er-Jahren. Die Folgen der Digitalisierung sind in vieler Hinsicht nicht grundsätzlich neu. Kategorial neu war die erste Industrialisierung im 19. Jahrhundert.

*brand eins: Haben jene Kritiker, die beklagen, dass wir dauernd aufs Smartphone starren und unsere Zeit mit Katzenvideos verschwenden, ihre Vorläufer im 19. Jahrhundert der aufkommenden Massenpresse?*

A.R.: Schon 1844 wurde die „Vielleserei" beklagt, die die Willenskraft schwäche. Katzenvideos sind kein Grund für Kulturpessimismus. Es ist ja nicht so, als hätten die Industriearbeiter oder die Landbevölkerung früher nach einem langen Arbeitstag Thomas von Aquin gelesen. Noch vor wenigen Jahren hatte man Angst vor „Elektrosmog" durch Mobiltelefone, heute befürchtet man Aufmerksamkeitsverluste und Vereinsamung infolge exzessiven Internetkonsums. Auch die Klage über den Sittenverfall durch das Internet ist nicht neu. Der Shitstorm ist die virtuelle Form der Latrinenparole. Es gibt bestimmte Topoi und Narrative der Technik- und Medienkritik – und umgekehrt auch solche der Euphorie. […]

*brand eins: [Harald] Welzer[1] befürchtet, die Digitalisierung führe zu „einem neuen Totalitarismus". Er glaubt, dass uns Google beherrsche, „indem es das Ureigenste der Individuen besetzt". Steht das in einer Tradition der Angst vor Veränderungen?*

A.R.: Diese Form von Alarmismus ist eine der typischen Abwehrreaktionen auf die Beschleunigungsschübe der Moderne. Dass sich eine Argumentation innerhalb der bekannten Narrative der Technologiekritik bewegt, heißt nicht automatisch, dass sie falsch ist. Aber aus historischer Perspektive erkennt man zumindest, dass sich die Muster wiederholen, und das schafft eine heilsame Distanz. Es schützt vor Panik […].

*brand eins: Sehen Sie bei der Entstehung von Oligopolen Parallelen zwischen industrieller und digitaler Gründerzeit?*

A.R. Konzerngründer wie Mark Zuckerberg, Bill Gates oder Jeff Bezos sind die Eisenbahnkönige, die Fords und Rockefellers von heute. Wie die Macht der alten Industrie-Tycoons in den USA vor einem Jahrhundert zum Beispiel durch Antitrust-Gesetze eingehegt wurde, müssen auch die Silicon-Valley-Konzerne kontrolliert werden. Der Unterschied zur alten Industrialisierung ist, dass die Politik im Gegensatz zu den Internet-Konzernen vorwiegend nationalstaatlich agiert. […]

*brand eins: Welche [Entwicklung] wäre denn wünschenswert?*

A.R.: Entscheidende Aufgaben gibt es für die Bildungspolitik. Jugendliche dürfen nicht nur User und Konsumenten sein. Die Fähigkeit, moralisch zu urteilen, falsch und richtig zu unterscheiden, kann uns kein Algorithmus abnehmen. Selbständiges und kritisches Urteilsvermögen der Individuen, also der Kern der bürgerlichen Freiheit und Eigenverantwortung, sind gefährdet, wenn wir immer mehr Entscheidungen an Apps delegieren. Wir bezahlen diese Bequemlichkeit mit Entmündigung. Wenn aus Bürgern nur noch User

[1] **Harald Welzer**: deutscher Soziologe (*1958)

werden und demokratische Öffentlichkeit durch Social-Media-Kommunikation verdrängt wird, hat das Folgen für die Demokratie. Deshalb kann Netzpolitik nicht nur im Breitbandausbau bestehen. Das bürgerliche Projekt der Aufklärung, der Ausgang des Menschen aus der selbst verschuldeten Unmündigkeit, ist nach wie vor sehr aktuell.

Peter Laudenbach, Alles schon mal da gewesen. Interview mit Andreas Rödder, in: brand eins Wirtschaftsmagazin 07/2016. Online: www.brandeins.de/magazine/brand-eins-wirtschaftsmagazin/2016/digitalisierung/alles-schon-mal-da-gewesen [Zugriff: 02.02.2021]

1. Arbeiten Sie die im Interview erwähnten Parallelen zwischen Industrialisierung und Digitalisierung heraus.
2. Bewerten Sie Rödders Einschätzung.

## M4 Herausforderungen im 21. Jh.

Der israelische Historiker Yuval Noah Harari (* 1976) richtet ausgehend von den Erfahrungen des 20. Jh. einen Blick in die Zukunft:

Im 19. Jahrhundert schuf die industrielle Revolution neue Bedingungen und Probleme, mit denen keines der bestehenden gesellschaftlichen, wirtschaftlichen und politischen Modelle fertig wurde. Feudalismus, Monarchie und traditionelle Religionen waren nicht geeignet, mit industriellen Metropolen, Millionen entwurzelten Arbeitern oder dem sich fortwährend verändernden Charakter der modernen Ökonomie fertig zu werden. Folglich musste die Menschheit völlig neue Modelle entwickeln – liberale Demokratien, kommunistische Diktaturen und faschistische Regime –, und es bedurfte mehr als eines Jahrhunderts voll schrecklicher Kriege und Revolutionen, um mit diesen Modellen zu experimentieren, die Spreu vom Weizen zu trennen und die besten Lösungen umzusetzen. [...]
Die Herausforderung, vor die wir uns im 21. Jahrhundert durch Informationstechnologie und Biotechnologie gestellt sehen, ist vermutlich viel größer als die Herausforderungen, die in einer früheren Epoche Dampfmaschinen, Eisenbahnen und Elektrizität darstellten. Und angesichts der ungeheuren Zerstörungskraft unserer Zivilisation können wir uns weitere gescheiterte Modelle, Weltkriege und blutige Revolutionen gar nicht leisten. Dieses Mal nämlich könnten die scheiternden Modelle zu Atomkriegen, genmanipulierten Ungeheuern und einem vollständigen Zusammenbruch der Biosphäre führen. Folglich müssen wir uns heute besser schlagen als damals im Umgang mit der industriellen Revolution. [...]
Wenn wir das Tempo des Wandels drosseln, kann uns das Zeit verschaffen, um ausreichend Jobs zu generieren, die einen Großteil der Verluste ersetzen. Doch [...] wird kreatives Unternehmertum hierbei von einer Revolution in Bildung und Psychologie begleitet sein müssen. [...] Regierungen werden eingreifen müssen, indem sie einen Sektor für lebenslange Bildung subventionieren und zugleich ein soziales Sicherungsnetz für die unvermeidlichen Übergangszeiten zur Verfügung stellen. [...]
Wenn es uns gelingt, ein allgemeines wirtschaftliches Sicherungsnetz mit starken Gemeinschaften und sinnvollen Tätigkeiten zu verknüpfen, könnte sich die Tatsache, dass wir unsere Arbeit an Algorithmen verlieren, in Wirklichkeit als Segen erweisen. Ein deutlich furchterregenderes Szenario ist allerdings, dass wir die Kontrolle über unser Leben verlieren. Ungeachtet der drohenden Massenarbeitslosigkeit sollten wir uns weit mehr Gedanken machen, dass sich die Macht von den Menschen auf die Algorithmen verlagert, was den noch verbliebenen Glauben an die liberale Erzählung endgültig zerstören und dem Aufstieg digitaler Diktaturen Tür und Tor öffnen könnte.

Yuval Noah Harari, 21 Lektionen für das 21. Jahrhundert, München [3]2019, S. 71 – 86 (übersetzt von Andreas Wirthensohn)

1. Stellen Sie die Überlegungen Hararis stichwortartig in einer Grafik/Mindmap dar.
2. Erläutern Sie die möglichen Gefahren, die Harari aus historischer Warte für das 21. Jh. sieht.
3. Entwickeln Sie eigene Vorschläge, wie unsere Gesellschaft auf die Herausforderungen des 21. Jh. reagieren könnte.

### Der Blick aufs Ganze

1. Vergleichen Sie die Wandlungsprozesse im 21. Jh. mit der Industriemoderne.
2. Beurteilen Sie, ob sich die Modernisierung des 19. Jh. in den Wandlungsprozessen des 21. Jh. wiederholt.

Sie können diese Arbeitsaufträge mithilfe der Kooperationsform „Lerntempoduett" bearbeiten.
Phase 1: Vergleichen Sie die Wandlungsprozesse im 21. Jh. mit der Industriemoderne in Einzelarbeit.
Phase 2: Beurteilen Sie die Fragestellung, ob sich die Modernisierung des 19. Jh. in den Wandlungsprozessen des 21. Jh. wiederholt, in Partnerarbeit.
Phase 3: Stellen Sie Ihr Ergebnis dem Plenum vor.

# Wege in die Postmoderne

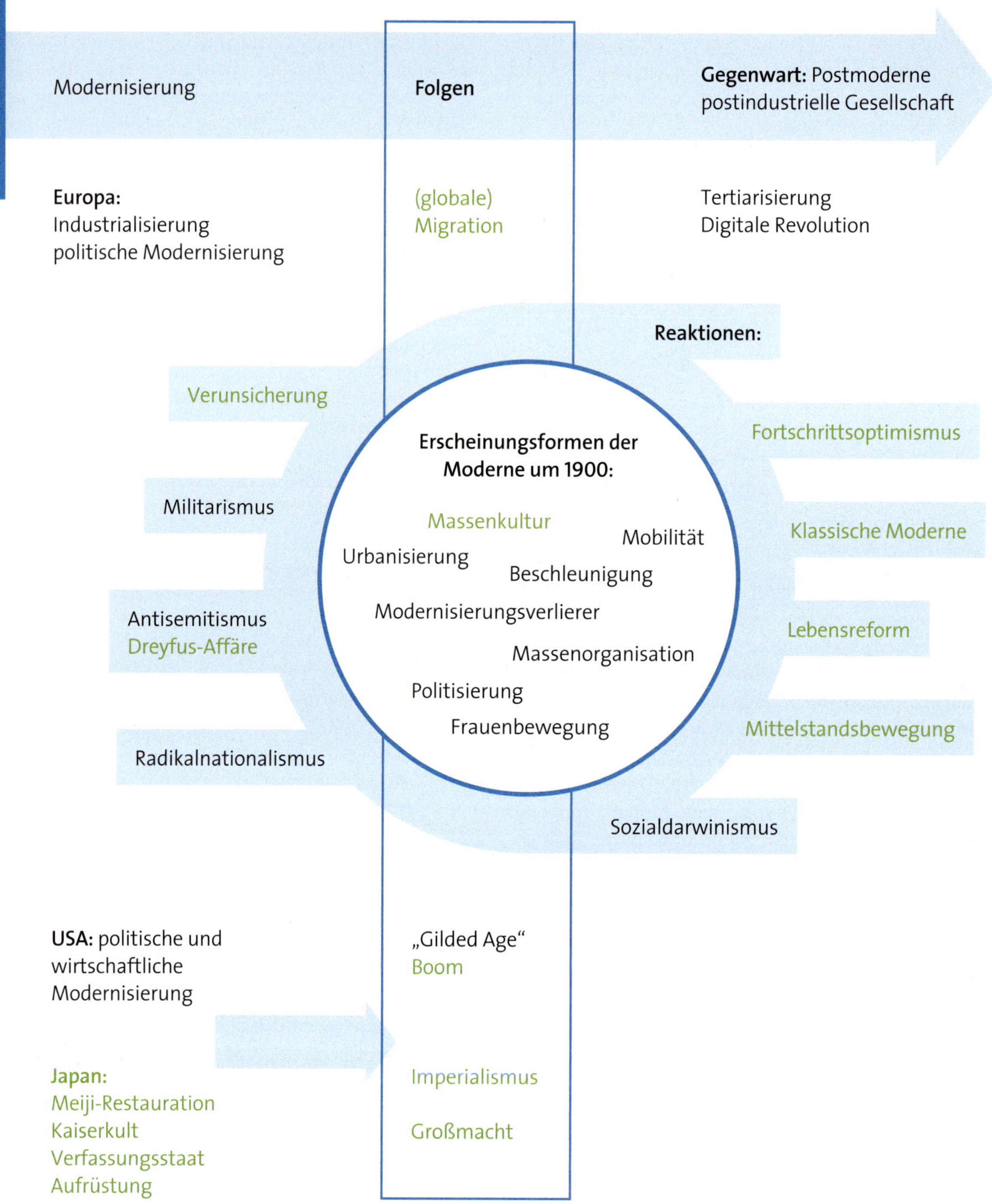


1. Vergleichen Sie den Modernisierungsprozess der USA (und Japans) mit dem innerhalb Europas.
2. Analysieren Sie die Erscheinungsformen und Folgen der Modernisierungsprozesse.
3. Beurteilen Sie die Bedeutung der Modernisierungsprozesse für die Gegenwart.

# Zeitungen/Zeitschriften und Selbstzeugnisse analysieren

## M1 Titelblatt der New Yorker Zeitung „The World" vom 16. April 1912

The World.

"Circulation Books Open to All."

VOL. LII. NO. 18,501. NEW YORK, TUESDAY, APRIL 16, 1912.

GREAT TITANIC SINKS; MORE THAN 1,500 LOST; 866 WOMEN AND CHILDREN KNOWN TO BE SAVED; SCORES OF NOTABLES NOT ACCOUNTED FOR

THE LOST LINER, HER POSITION AND THAT OF OTHER SHIPS WHEN SHE HIT ICEBERG

White Star Official Admits the Greatest Disaster in Marine History — J. J. Astor Rumored Lost, but Bride Saved — Text of Olympic's Fateful Message—Partial List Is Received.

HOPE THAT MANY WILL BE FOUND ON WRECKAGE.

Virginian and Parisian Reach Scene Too Late—They Are Joined by Other Steamers, Which Find Only Debris—Capt. Smith Believed to Have Gone Down with Ship—The Saved Suffer Severely from Exposure, After Floating in the Lifeboats for Eight Hours.

More than fifteen hundred souls, men, women and children, were lost, it is feared, in the wreck of the White Star liner Titanic, latest and greatest ship of the seas, which collided with an iceberg at 10.25 P. M. Sunday night and sank off the Banks of Newfoundland at 2.20 A. M. yesterday, less than four hours after she had struck.

Capt. Haddock of the Olympic sent this despatch by wireless to the White Star line last evening:

"Carpathia reached Titanic position at daybreak. Found boats and wreckage only. Titanic sank about 2.20 A. M., in 41.46 North, 50.14 West. All her boats accounted for, containing about 675 souls saved, crew and passengers included. Nearly all saved women and children. Leyland liner Californian remained and searching exact position of disaster. LOSS LIKELY TOTAL 1,800 SOULS.

The exact text of this despatch was closely guarded until after midnight by Vice-President Franklin of the White Star line, who received it at 7 o'clock. It gave the first definite news of the sinking of the Titanic and of the great loss of life.

But it is believed that the words "loss likely total 1,800 souls" is an error due to the ignorance of Capt. Haddock and the rescued passengers of the total number of persons aboard.

There were, according to the ship's manifest, 325 first cabin, 285 second cabin, and 710 steerage, a total of 1,320 passengers, and a crew of 860. This would make 2,180 persons aboard and some late comers not on the passenger lists are believed to have brought the total up to 2,200. Deducting 675 from this, the lost would only number 1,505, which Mr. Franklin believes to be correct.

A wireless despatch from the Olympic was picked up by a Boston operator late last night, in which it was stated that the Carpathia was on her way to New York with 866 passengers rescued from the Titanic. The rescued, the despatch read, were mostly women and children, and the despatch concluded:

"Grave fears are felt for the safety of the balance of the passengers and crew."

The disparity between this number of rescued, 866, and the 675 ment...



1. Analysieren Sie das abgebildete Titelblatt.
2. Überprüfen Sie stichprobenartig, ob die Berichterstattung einen (politischen) Standpunkt einnimmt.

## M2 „Ich bin gesund und kann Geld verdienen"

Der Bergmann Peter Klein stammt aus dem Saarland. In den USA arbeitet er als Goldgräber. Da er nicht lesen und schreiben kann, diktiert er seine Briefe vertrauenswürdigen Bekannten.

Liebe *Eltern*
Eueren Brief vom 27ten *April* habe ich empfangen, und gelesen daß jhr Gesund und wohl sein, und Euch gut befündet, was ich biß jetzt auch noch sein. Dann schreibet jhr mir, ich sollte wieder nach Deutschland kommen, was ich biß jetzt noch nicht im sinn habe; in Deutschland wieder forne anzufangne, und von jedem Steier [Steiger], oder sonst Buben herunter Putzen zu lassen, und still dabei zu sein daß könnte ich nicht mehr ertragen. jhr Glaubet villeicht, es würde mir schlecht Gehen hir, das ist nicht der fall, Ich bin Gesund und kann Geld verdienen hir, und wo ich biß jetzt noch sein in *Pottsville* bei *Johann Gothie*, da bin ich als wie bei Euch zu Haus war.
Dann schreibet mir, ich sollte Ludwig einen *Gold-Dollar* mitbringen, jch will in kurzer Zeit mein *Portrait* Euch zu schicken, und dan wenn es sich thun laßt, will ich so etwas schicken,
Mit Diesem schreiben Wünsche ich Euch wohl behalten, und meinen Gruß an Euch *alle* / *Peter Klein* / Meinen Gruß *John Gothie*.

Zitiert nach: Wolfgang Helbich, Walter D. Kamphoefer und Ulrich Sommer (Hrsg.), Briefe aus Amerika. Deutsche Einwanderer schreiben aus der Neuen Welt 1830–1930, München 1988, S. 370–371

1. Analysieren Sie den Auswandererbrief.
2. Überprüfen Sie, inwiefern hier eine (adressatenorientierte) Selbstkonstruktion vorliegt.

# ... in Kooperation

## M1 Gemälde „Tempo der Straße" (1918) von George Grosz (1893–1959)

Bearbeiten Sie die folgenden Arbeitsaufträge mithilfe der Kooperationsform „Lernpyramide".

1. Beschreiben Sie das Gemälde und notieren Sie Ihre Assoziationen (in Einzelarbeit).
2. Strukturlegen: Bei der Strukturlege-Technik geht es darum, zentrale Begriffe einer Lerneinheit in eine Struktur zu bringen und eine „Lern-Landkarte" zu erstellen. Dabei können Zusammenhänge zwischen Lerninhalten erkannt und in einer sinnvollen Struktur visualisiert werden. Im Austausch untereinander werden alternative Strukturen begründet und gegeneinander abgewogen. Wenden Sie in Partnerarbeit die Strukturlege-Technik an und gestalten Sie eine Struktur mit folgenden Begriffen. Ergänzen Sie Ihre Begriffe mit den Assoziationen aus A1. Am besten werden dazu die genannten Begriffe auf kleine Karteikarten notiert. So können sie flexibel angeordnet, die Anordnung begründet (Pfeile, Beziehungen usw.) und verändert werden.

Doppelrevolution | Nationalismus | Liberalismus | Urbanisierung | Soziale Frage | Klassengesellschaft | Mobilität | Beschleunigung | Modernisierungsverlierer | Militarismus | Antisemitismus | Radikalnationalismus | Sozialdarwinismus | Tertiarisierung | Postmoderne | Digitale Revolution | Postindustrielle Gesellschaft

3. Sie sind zu einem wissenschaftlichen Kongress mit dem Thema „Modernisierungsprozesse in Geschichte und Gegenwart" eingeladen. Sie gelten als Expertinnen und Experten für die Modernisierungsprozesse in Europa seit dem ausgehenden 18. Jh. Um Ihre Zuhörer nicht zu langweilen, haben Sie sich nach dem Motto „Ein Bild sagt mehr als tausend Worte" überlegt, mit obigem Bild (M1) wesentliche Inhalte zu veranschaulichen. Gestalten Sie einen Einleitungsvortrag, in dem Sie die Modernisierungsprozesse erläutern, und anschließend eine Diskussion in der Gruppe, in der sie die Bedeutung der Modernisierungsprozesse für die Gegenwart beurteilen.

# ... und in Selbsttätigkeit

## M2 Der Historiker Hans-Ulrich Thamer (*1943) zur Charakteristik der Moderne

Friedrich von Ancillon, preußischer Minister und Prinzenerzieher, beschrieb 1828 eine Erfahrung, die viele seiner Zeitgenossen teilten und die sie beunruhigte: „Alles ist beweglich geworden oder wird beweglich gemacht; und in der Absicht […], alles zu vervollkommnen, wird alles infrage gezogen, bezweifelt und geht einer allgemeinen Umwandlung entgegen." Die Welt war in Bewegung geraten, und die Richtung wie die Ursachen dieser permanenten Veränderung wurden z. T. deutlich (und polemisch) ausgemacht. […]

Modernisierung ist […] zu einem Schlüsselbegriff für die „Große Erzählung" einer universalen und linearen Fortschrittsgeschichte geworden. Der Begriff soll den einmaligen Vorgang eines ungeheuer schnellen ökonomischen, sozialen, kulturellen und politischen Wandels beschreiben, der sich in den letzten zweihundert Jahren, seit der Doppelrevolution des späten 18. Jahrhunderts, nämlich der industriellen und der politisch-demokratischen Revolution, in einem kumulativen und sich wechselseitig verstärkenden Prozess zunächst in der atlantischen, westeuropäischen, dann in den übrigen europäischen Zonen und schließlich in der ganzen Welt […] vollzogen hat. […]

Dass diese neue Zeit, die wir seit dem 20. Jahrhundert als Moderne bezeichnen, nicht nur die Geschichte eines unendlichen, linearen Fortschritts darstellt, sondern auch eine Verlustgeschichte bedeutet, war bereits für manche Zeitgenossen zu Beginn des 19. Jh. klar. […]

Seit den Katastrophen des 20. Jahrhunderts wurden die Ambivalenzen und Schattenseiten des Modernisierungsprozesses überdeutlich. Nicht nur das Nebeneinander von technisch-zivilisatorischer Moderne und Barbarei als Merkmal der deutschen Gesellschaft im Zivilisationsbruch des Holocaust wurde und wird als Extremfall für die Widersprüche der Moderne sichtbar; auch hat die endgültige Durchsetzung einer modernen Industriegesellschaft das Bewusstsein für die damit verbundene Auflösung der alten Lebensformen und traditionaler Bindungen verstärkt, hat die Sorge um die Labilität der Moderne wachsen lassen. Diese und andere Erfahrungen haben in der wissenschaftlichen Diskussion dazu geführt, dass man von dem allzu fortschrittsoptimistischen Begriff der Modernisierung Abschied nimmt und dem offeneren, zur Selbstkritik und zu größerer Reflexivität neigenden Begriff der Moderne den Vorzug gibt.

Hans-Ulrich Thamer, in: Zerbrochen sind die Fesseln des Schlendrians: Westfalens Aufbruch in die Moderne (Ausstellungskatalog, Westfälisches Museum für Kunst und Kulturgeschichte), Münster 2002, S. 125 ff.

1. Arbeiten Sie die Hauptaussagen des Textes heraus.
2. Erläutern Sie Thamers Unterscheidung der Begriffe Modernisierung und Moderne.
3. Beurteilen Sie, inwieweit mit Hans-Ulrich Thamer die Moderne als „Fortschrittsgeschichte" und als „Verlustgeschichte" bezeichnet werden kann.

**Lenin proklamiert am 25. Oktober (7. November) 1917 die Sowjetmacht.**
Ölgemälde von Wladimir A. Serow, 1947/48.

**Vereidigung des neuen Reichspräsidenten.**
Foto vom 12. Mai 1925.
Das Bild entstand im Reichstag der Weimarer Republik. Der neu gewählte Reichspräsident Paul von Hindenburg (Direktwahl durch die Wahlberechtigten) war als Generalfeldmarschall der ranghöchste Militär des deutschen Heeres im Ersten Weltkrieg. Hindenburg ernannte am 30. Januar 1933 Adolf Hitler zum Reichskanzler.

**Reichstagssitzung während der NS-Diktatur.**
Foto von 1935.
Das Bild wurde nach einer Rede Adolf Hitlers, seit 1934 „Führer und Reichskanzler", aufgenommen. Zu diesem Zeitpunkt tagten die Abgeordneten in der Berliner Krolloper gegenüber dem Reichstagsgebäude, das 1933 durch einen Brand beschädigt worden war.

# 2. Herrschaftsmodelle im 20. Jahrhundert: Bedrohung von Demokratie und Freiheit

Der Erste Weltkrieg (1914–1918) war eine Zäsur vor allem in der europäischen Geschichte. Unter anderem in Russland, Deutschland und Österreich-Ungarn stürzten die Monarchien. Mit der Weimarer Republik entstand die erste gesamtdeutsche Republik. Sie hatte schwere Startbedingungen. Angesichts der gravierenden Kriegsfolgen und des Zulaufs zu autoritären Bewegungen gerieten die Regierungen aller demokratischen Staaten massiv unter Druck. Auch wegen der vielen Millionen Toten wurde das liberale Menschen- und Staatsverständnis mit seiner Wertschätzung des Individuums zunehmend infrage gestellt.
In diesem Kapitel beschäftigen Sie sich mit dem Spannungsverhältnis zwischen Liberalismus und antiliberalen Bewegungen und Herrschaftsmodellen: Was sind deren Charakteristika? Worin unterscheiden sich die antiliberalen Bewegungen und welche Gemeinsamkeiten haben sie? Was begünstigte deren Popularität, was verhinderte gegebenenfalls deren Machtübernahme? Inwiefern prägte die russische Oktoberrevolution das Verhältnis zwischen den Staaten, inwiefern wirkte sie aber auch auf die Innenpolitik in anderen Ländern?
Welche Entwicklung nahm Russland bzw. die Sowjetunion unter Lenin und Stalin? Inwiefern besteht ein Zusammenhang zwischen den rasanten Modernisierungsprozessen im 19. Jh. und dem Antiliberalismus?

## Kompetenzen

Am Ende des ersten Halbjahres sollten Sie Folgendes können:

- ... das Modell der liberalen Demokratie charakterisieren.
- ... das antiliberale Modernisierungskonzept des Sowjetkommunismus charakterisieren.
- ... das antiliberale Modernisierungskonzept des italienischen Faschismus unter anderen rechtsgerichteten antiliberalen Bewegungen in Europa einordnen.
- ... Durchbruch und Ende der Weimarer Republik erklären.
- ... Gründe für die Widerstandsfähigkeit Frankreichs und der USA gegenüber antiliberalen Strömungen erörtern.
- ... die Ideologie des Nationalsozialismus erläutern.
- ... Machterwerb und Herrschaftspraxis des Nationalsozialismus analysieren und bewerten.
- ... den Umgang demokratischer Staaten mit dem Nationalsozialismus erklären und dessen Folgen beurteilen.
- ... die Herrschaftspraxis im Stalinismus charakterisieren und bewerten.
- ... den Zweiten Weltkrieg charakterisieren und bewerten.
- ... die Expansion des faschistischen Italien in Afrika charakterisieren.
- ... Gemeinsamkeiten und Unterschiede der antiliberalen Modernisierungsdiktaturen erläutern und bewerten.

## Die Krise der europäischen Demokratien.

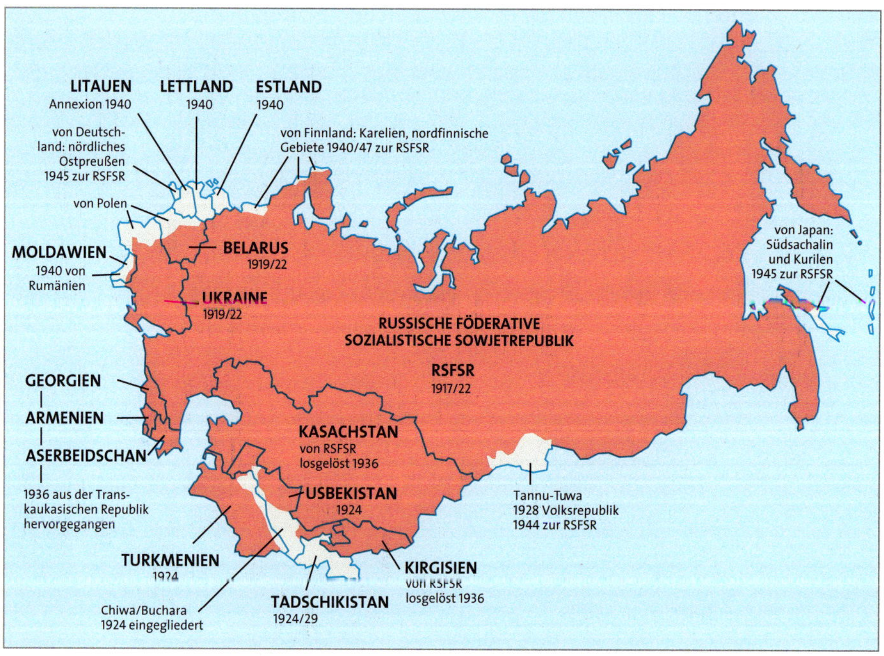


**Die Entstehung der Sowjetunion (UdSSR).**
Die UdSSR wurde am 20. Dezember 1922 gegründet. Zunächst war sie ein Zusammenschluss der RSFSR, der Ukrainischen, Belarussischen und Transkaukasischen Republik.

| | | |
|---|---|---|
| 1921–1929 | Hochkonjunktur in den USA; für die am Krieg beteiligten europäischen Staaten bedeuten die wirtschaftlichen Folgen (u.a. Umstellung auf Friedenswirtschaft, Inflation, Reparationen) eine große Belastung. | Weltwirtschaft nach dem Ersten Weltkrieg |
| 1929 | Am 24. und 29. Oktober brechen die Börsenkurse an der New Yorker Wall Street ein. Der Börsenkrach leitet die „Große Depression" ein, die in eine Weltwirtschaftskrise mündet. | |
| 1917 | In Russland dankt der Zar nach der Februarrevolution ab. Oktoberrevolution: Die Bolschewiki unter Wladimir Iljitsch Lenin übernehmen die Macht. | Sowjetkommunismus |
| 1924 | Lenin stirbt; Stalin übernimmt die Macht in der Sowjetunion. | |
| 1929–1953 | Stalinismus in der Sowjetunion | |
| 1918–1939 | Durchbruch und Scheitern der jungen parlamentarischen Demokratien | Weimarer Republik |
| 1918/19 | Novemberrevolution in Deutschland; Sturz der Monarchien<br>9. November 1918: Ausrufung der Republik<br>14. August 1919: Inkrafttreten der Weimarer Verfassung | |
| 1930–1933 | Präsidialkabinette | |
| 1919 | Gründung des Kampfbundes der „Fasci di Combattimento" durch Benito Mussolini | Italien |
| 1922–1943 | Faschismus in Italien | |
| 1936 | Nach der Eroberung Abessiniens verkündet Mussolini das neue italienische Imperium. | |
| 1929 | In zwei Phasen setzt US-Präsident Franklin D. Roosevelt mit dem sogenannten New Deal zahlreiche Reformen in Gang. | Resistenz gegen Antiliberalismus in Frankreich und den USA |
| 1934 | In Frankreich schließen sich Kommunisten und Sozialisten zu einem Wahlbündnis zusammen („Volksfront") und bilden später eine Regierungskoalition. | |
| 1933–1934 | Nach der Machtübertragung am 30. Januar 1933 an die Nationalsozialisten unter Adolf Hitler werden die Grundrechte außer Kraft gesetzt, eine Diktatur errichtet und die Länder „gleichgeschaltet". | Nationalsozialismus |
| 1939–1945 | Zweiter Weltkrieg | Zweiter Weltkrieg |
| 1939 | Am 1. September überfällt das Deutsche Reich Polen. | |
| 1941 | Am 22. Juni beginnt das Deutsche Reich seinen Feldzug gegen die Sowjetunion („Unternehmen Barbarossa"). | |
| 1945 | Bedingungslose Kapitulation Deutschlands am 8. Mai | |

# Der Liberalismus – heute noch zukunftsfähig?

**Erklärung der Menschen- und Bürgerrechte.**
Ölgemälde von Jean Jacques Lebarbier, 1790.
Die Frauengestalten symbolisieren „Frankreich“ (links) und „das Gesetz“ rechts. Die Inschrift dazwischen lautet: „Erklärung der Menschen- und Bürgerrechte. Beschlossen von der Nationalversammlung in den Sitzungen vom 20., 21., 23., 24. und 25. August 1789, angenommen vom König.“ Ganz oben ist das „Auge der Vernunft“ zu sehen.
Auf den beiden Tafeln sind neben der Präambel insgesamt 17 Artikel aufgelistet.

- Stellen Sie dar, welche Gesamtaussage mit den Symbolen und Personifikationen gemacht werden soll. | H
- Der zweite Artikel lautet übersetzt: „Der Zweck jeder staatlichen Vereinigung ist die Erhaltung der natürlichen und unveräußerlichen Menschenrechte. Diese Rechte sind Freiheit, Eigentum, Sicherheit und Widerstand gegen Unterdrückung.“ Bewerten Sie, ob das zu einer modernen Auffassung von Staat passt.

**Anschauungen und Prinzipien |** Vor dem Konservatismus und dem Sozialismus war der Liberalismus die erste der drei großen Ideologien des 19. Jh. Der Begriff wurde 1812 in Spanien geprägt. Dort nannten sich die Anhänger der Verfassung, die in diesem Jahr die „Cortes von Cadiz“ im nicht von Napoleon besetzten Teil Spaniens verkündeten, „die Freiheitlichen“ (span.: „Los Liberales“). Diese Konstitution hatte die zentralen Ideen der Französischen Revolution aufgenommen: Beschränkung der Herrschaft des Monarchen, Beseitigung adliger Privilegien und die Enteignung des Kirchenbesitzes.

Wesentliche Ideen des Liberalismus waren bereits im Zeitalter der Aufklärung entwickelt worden. Erstmals politisch wirksam wurden sie im Unabhängigkeitskampf der britischen Kolonien in Nordamerika und in der Französischen Revolution. Im Laufe seiner Geschichte erwies sich der Liberalismus nicht als starres Gedankengebäude, sondern wurde für immer neue politische Situationen und Herausforderungen weiterentwickelt.

Ausgangspunkt liberalen Denkens ist die Überzeugung, dass die Menschen von Natur aus gleich geboren, vernunftbegabt und damit zum Guten und zum Fortschritt fähig sind. Der Einzelne könne diese positive „Grundausstattung“ am besten verwirklichen in einem Staat, der sein materielles Wohl sichert und in dem er aktiv mitwirken kann. Daher wurde der Liberalismus im 18. Jh. zum Gegenentwurf von Absolutismus, Ständegesellschaft, Grundherrschaft und Merkantilismus sowie von jeder Form von Privilegien oder Bevormundung durch Traditionen und Autoritäten wie der Kirche. Der Liberalismus stärkte damit die Position und den Wert des Individuums. Liberale waren sich darin einig, dass die Durchsetzung und Wahrung des **Individualismus** die Gesellschaft nicht etwa ins Chaos stürzt, sondern ihr Wohlstand und Fortschritt bringt.

**Politische Freiheit und Gleichheit |** Die sich im 19. Jh. herausbildende politische Strömung des Liberalismus fußte nicht nur auf theoretischen Überlegungen. Sie konnte auf markanten politischen Weichenstellungen in der Geschichte aufbauen, bei denen der Zentralgewalt Freiheitsrechte abgetrotzt worden waren. Das gilt u. a. für die englische „Bill of Rights“ von 1689, mit der sich das Parlament erweiterte Rechte gegenüber dem Monarchen sicherte, sowie die amerikanische „Virginia Declaration of Rights“ von 1776, mit der sich diese Kolonie vom Mutterland Großbritannien für unabhängig erklärte und die erstmals allgemeingültige Grundrechte formulierte. Die französische „Erklärung der **Menschen- und Bürgerrechte**“ von 1789, die nach dem Beginn der Französischen Revolution Bestandteil der ersten, von der Nationalversammlung beschlossenen Verfassung wurde, nahm zentrale liberale Ideen auf und nannte vier fundamentale Grundrechte: das Recht auf Freiheit, Eigentum, Sicherheit und auf Widerstand. Diese Rechte sollten als von der Natur gegebenes Recht für alle Menschen gelten.

Die Kernforderungen von Freiheit und Gleichheit sollten durch **Partizipation** und **Pluralismus** gewährleistet werden. Demnach sollten die Staatsbürger mit ihren vielfältigen Überzeugungen nicht nur vor dem Gesetz gleich sein, sondern darüber hinaus auch berechtigt, sich an der Ausübung der Staatsgewalt zu beteiligen. Außerdem sollten sie das Recht haben, sich in Clubs, Gewerkschaften oder Parteien zusammenzufinden. Und sie sollten ihre eigene Meinung öffentlich vertreten und ihre Religion ungehindert ausüben können. Handlungen, Meinungsäußerungen, Wertvorstellungen und Weltanschauungen von Menschen durften nicht länger eingeschränkt werden, nur weil sie andere nicht teilten oder als störend empfanden.

**Was kennzeichnet die liberale Demokratie?** | Als logische Konsequenz aus naturrechtlich begründeten Menschenrechten, Partizipation und Pluralismus forderten Liberale eine **Parlamentarisierung** des Staates. Parlamente als Repräsentationen, d. h. Vertretungen des Volkes, sollten von diesem auf Zeit gewählt werden, um Gesetze zum Wohl des Volkes zu verabschieden. Die Volksvertreter sollten den Wählern verantwortlich sein und von diesen auch abgewählt werden können. Die Regierung war vom Vertrauen einer Parlamentsmehrheit abhängig. Dabei waren Sonderformen beispielsweise bei der konstitutionellen Monarchie möglich, in denen das monarchische Staatsoberhaupt die Regierung kontrolliert und auch das Parlament auflösen kann.

Um diese Grundlagen festzuschreiben und vor willkürlicher Veränderung zu schützen, forderte der Liberalismus geschriebene **Verfassungen**. Sie legten die politische Ordnung, die Befugnisse der einzelnen Institutionen und die Grundrechte der Bürger schriftlich, d. h. verbindlich und überprüfbar, fest.

Zu den liberalen Verfassungsprinzipien gehörte auch die bereits in der Aufklärung geforderte **Gewaltenteilung**, d. h. die Aufteilung der Staatsgewalt in die gesetzgebende Gewalt (Legislative), die vollziehende Gewalt (Exekutive) und die rechtsprechende Gewalt (Judikative). Diese drei Gewalten trugen gemeinsam die Verantwortung für das Wohl der Gesellschaft, kontrollierten sich aber gegenseitig um Konzentration von Macht zu verhindern. Das Parlament erhielt u. a. das Recht, die Regierung bei Machtmissbrauch zu stürzen, und Gerichte konnten als Berufungsinstanz auch eine Missachtung der Gesetze durch die Exekutive (z. B. der Regierung) ahnden.

Dort, wo der Liberalismus sich durchsetzen konnte, entstand eine neue politische und gesellschaftliche Ordnung, welche allen erwachsenen männlichen Bürgern Freiheit und Gleichheit in politischer, religiöser, gesellschaftlicher und wirtschaftlicher Hinsicht garantierte oder zumindest versprach: die moderne freiheitliche Demokratie.

**Wirtschaftlicher Liberalismus** | Eng mit der Ideologie des Liberalismus ist die klassische Theorie der **Marktwirtschaft** nach Adam Smith und John Stuart Mill verbunden. So wie sich das Individuum frei in Staat und Gesellschaft entfalten können sollte, sollte auch die Wirtschaft nicht von Vorgaben und Eingriffen des Staates oder von Regeln der Zünfte oder Gilden gegängelt werden. Die Ökonomen der klassischen Marktwirtschaft waren davon überzeugt, dass individueller Egoismus dem Wohlstand der Gesellschaft nützt. Anders als im Wirtschaftssystem des Merkantilismus oder im Zunfthandwerk sollte daher das freie Spiel von Angebot und Nachfrage herrschen und jedes Individuum volle Selbstverantwortung und wirtschaftliche Entscheidungs- und Handlungsfreiheit genießen. Der Staat war lediglich zuständig und verantwortlich für die Infrastruktur, für öffentlichen Einrichtungen wie Schulen und Krankenhäuser, für innere und äußere Sicherheit, für die Bereitstellung einer Währung sowie für die Erhaltung eines funktionierenden Rechtssystems. Darüber hinaus hatte er das Eigentum der Bürger zu garantieren. Er war damit quasi auf die Rolle eines „Nachtwächters“ reduziert, der höchstens im Notfall eingreifen durfte, wenn Gefahr drohte.

**Adam Smith** (1723–1790): schottischer Ökonom und Moralphilosoph. Sein Werk „An Inquiry into the Nature and Causes of the Wealth of Nations“ (dt.: Der Wohlstand der Nationen“) von 1776 lieferte die Grundlage für die Theorie des Wirtschaftsliberalismus.

**John Stuart Mill** (1806–1873): britischer Ökonom und Philosoph. Seine Werke, insbesondere „Über die Freiheit“, entwickelten den Liberalismus entscheidend weiter.

## M1 Eröffnung des Parlaments im Oberhaus

Zeichnung aus dem Jahre 1523.
Der König sitzt auf dem Thron, rechts von ihm zwei Erzbischöfe und ein Kardinal, links von ihm der Lordkanzler und ein weiteres Mitglied der Regierung. Der königliche Rat und die obersten Richter sitzen in der Mitte des Raumes. Auf der linken Seite sitzen die Bischöfe, dahinter die Äbte, auf der rechten Seite hat sich der Hochadel versammelt. Am unteren Bildrand hinter einer Schranke, hier kaum noch zu erkennen, stehen Mitglieder des Unterhauses, angeführt von ihrem „Speaker" (Mitte).
1215 hatte die Magna Charta Libertatum der königlichen Macht Grenzen gesetzt. Demnach durfte der Monarch nur dann Steuern erheben und Gesetze erlassen, wenn die beiden Kammern des Parlaments, bestehend aus Vertretern des Hochadels (Lords), des Landadels (Gentry) und der großen Kaufleute, zustimmten.

1. Recherchieren Sie, wie in der heutigen Zeit das britische Parlament eröffnet wird, und vergleichen Sie mit M1.
2. Die „Bill of Rights" (1689) stärkt die Stellung des Parlaments. Das Parlament, vor allem das Unterhaus, verfügte nun über die Steuern. Begründen Sie, warum dieses Recht zentral ist.

## M2 Was ist Freiheit? – zwei Antworten

**a) Grundlegend für den Liberalismus sind die Theorien des Briten John Locke (1632–1704). In seinem Werk „Zwei Abhandlungen über die Regierung" schreibt er:**

Um politische Gewalt richtig zu verstehen und sie von ihrem Ursprung abzuleiten, müssen wir betrachten, in welchem Zustand sich die Menschen von Natur aus befinden. Dies ist ein Zustand völliger Freiheit, innerhalb der Grenzen des Naturrechts ihre Handlungen zu regeln, und über ihren Besitz und ihre Personen zu verfügen, wie sie es für das Beste halten, ohne die Erlaubnis eines anderen zu fordern oder von seinem Willen abzuhängen. Ebenso ein Zustand der Gleichheit, [...] denn nichts ist klarer, als dass Geschöpfe derselben Gattung [...] untereinander gleich sein müssen; es sei denn, dass der Herr und Meister ihrer aller durch eine deutliche Kundgebung seines Willens einen über den anderen setzt. [...] Der Mensch hat in jenem Zustand eine unwiderlegbare Freiheit, über seine Person oder seinen Besitz zu verfügen; aber er hat keine Freiheit, sich selbst oder auch nur ein in seinem Besitz befindliches Geschöpf zu vernichten [...]. Der Naturzustand wird durch ein natürliches Gesetz regiert, das einen jeden verpflichtet. Dieses Gesetz ist die Vernunft, und sie lehrt die ganze Menschheit, wenn sie sie nur befragen will, dass, da alle gleich und unabhängig sind, niemand dem anderen an seinem Leben und Besitz, seiner Gesundheit und Freiheit Schaden zufügen soll. [...] Die natürliche Freiheit der Menschen besteht darin, frei zu sein von jeder höheren Gewalt auf Erden; nicht unter dem Willen oder der gesetzgebenden Autorität von Menschen zu stehen [...]. Die Freiheit der Menschen in Gesellschaft besteht darin, unter keiner anderen gesetzgebenden Gewalt zu stehen als der, welche durch Übereinkunft in dem Gemeinwesen eingesetzt worden ist [...].

John Locke, Zwei Abhandlungen über Regierung, übersetzt von Hilmar Wilmanns, Halle/Saale 1906, S. 122 f. und 130 f.

**b) John Stuart Mill (1806–1873) stellt im Jahr 1859 in seinem Werk „Über die Freiheit" folgende Regeln für das Zusammenleben von Menschen auf:**

Die Grundregeln sind: Erstens, dass das Individuum der Gemeinschaft nicht für seine Handlungen verantwortlich ist, soweit diese nur seine eigenen Interessen betreffen. [...] Zweitens, dass für solche Handlungen, die den Interessen anderer zuwiderlaufen, das Individuum verantwortlich ist und die Gesellschaft ihm eine soziale oder gesetzliche Strafe auferlegen kann, wenn sie der Meinung ist, dass die eine oder die andere zu ihrem Schutz nötig sei. [...] In vielen Fällen bereitet jemand anderen in legitimer Sache notwendig – und darum rechtmäßig – Unannehmlichkeiten oder Verluste oder vernichtet eine berechtigte Gewinnchance. Solche Interessengegensätze zwischen Einzelnen entstehen oft aus schlechten sozialen Einrichtungen, sind aber während ihres Bestehens unvermeidlich. [...] [W]er beim Ringen um einen erstrebten Preis den anderen vorgezogen wird, dem winkt Erfolg aus dem Verlust der anderen, aus ihren vergeblichen Bemühungen und enttäuschten Hoffnungen. [...] Mit anderen Worten: Die Gesellschaft gesteht den enttäuschten Mitbewerbern weder ein gesetzliches noch ein moralisches Privileg zu, von dieser Art Unannehmlichkeit verschont zu bleiben; und sie sieht sich nur dann berufen einzugreifen, wenn jemand Mittel angewandt hat, die man im allgemeinen Interesse nicht erlauben darf, nämlich Betrug, Verrat oder Gewalt.

John Stuart Mill, Über die Freiheit. Aus dem Englischen übertragen von Bruno Lemke, Stuttgart 2010, S. 135 f.

1. Beschreiben Sie, was „Freiheit" für John Locke und John Stuart Mill jeweils bedeutet.
2. Erläutern Sie, welche Staatsform den Autoren vermutlich am wünschenswertesten erscheinen würde.
3. Vergleichen Sie die Aufgaben des Staates, soweit das aus den beiden Texten hervorgeht.
4. Diskutieren Sie, was Mill wohl unter „schlechten sozialen Einrichtungen" versteht.

## M3 Über die Regierung

In John Lockes 1689 veröffentlichter Schrift „Two Treatises of Government", die einen großen Einfluss auf die späteren Staatstheorien haben sollte, heißt es u. a.:

Das große Ziel, mit welchem die Menschen in eine Gesellschaft eintreten, ist der Genuss ihres Eigentums in Frieden und Sicherheit, und das große Werkzeug und Mittel dazu sind die Gesetze, die in dieser Gesellschaft erlassen worden sind. Das erste und grundlegende positive Gesetz aller Staaten ist daher die Begründung der legislativen Gewalt – so wie das erste und grundlegende natürliche Gesetz, welches selbst über der legislativen Gewalt gelten muss, die Erhaltung der Gesellschaft und (soweit es vereinbar ist mit dem öffentlichen Wohl) jeder einzelnen Person in ihr ist. Diese legislative Gewalt ist nicht nur die höchste Gewalt des Staates, sondern sie liegt auch geheiligt und unabänderlich in jenen Händen, in die die Gemeinschaft sie einmal gelegt hat. [...] Bei der Schwäche der menschlichen Natur, die stets bereit ist, nach der Macht zu greifen, dürfte es jedoch eine zu große Versuchung darstellen, wenn dieselben Personen, die die Macht haben, Gesetze zu geben, auch die Macht in den Händen hätten, sie zu vollstrecken, wobei sie sich selbst von dem Gehorsam gegen die Gesetze, die sie erlassen, ausschließen und das Gesetz in seiner Gestaltung wie auch in der Vollstreckung auf ihren eigenen persönlichen Vorteil ausrichten könnten und damit schließlich von den übrigen Gliedern der Gemeinschaft gesonderte Interessen verfolgten, die dem Ziel von Gesellschaft und Regierung zuwiderlaufen. In wohlgeordneten Staatswesen, in denen nach Gebühr das Wohl des Ganzen berücksichtigt wird, wird deshalb die legislative Gewalt in die Hände mehrerer Personen gelegt, welche nach ordnungsgemäßer Versammlung selbst oder mit anderen gemeinsam die Macht haben, Gesetze zu geben, sobald dies aber geschehen ist, wieder auseinandergehen und selbst jenen Gesetzen unterworfen sind, die sie geschaffen haben. [...] Wann immer deshalb die Gesetzgeber danach trachten, dem Volk sein Eigentum zu nehmen oder zu zerstören oder es als Sklaven in ihre willkürliche Gewalt zu bringen, versetzen sie sich dem Volk gegenüber in den Kriegszustand. Dadurch ist es jeden weiteren Gehorsams entbunden und der gemeinsamen Zuflucht überlassen, die Gott für alle Menschen gegen Macht und Gewalt vorgesehen hat. Wann immer daher die Legislative dieses grundlegende Gesetz der Gesellschaft überschreiten und aus Ehrsucht, Furcht, Torheit oder Verderbtheit den Versuch unternehmen sollte, entweder selbst absolute Gewalt über Leben, Freiheit und Besitz des Volkes an sich zu reißen oder sie in die Hände eines anderen zu legen, verwirkt sie durch einen solchen Vertrauensbruch jene Macht, die das Volk mit weit anderen Zielen in ihre Hände gegeben hatte, und die Macht fällt zurück an das Volk. Was ich hier über die Legislative im Allgemeinen gesagt habe, gilt auch von dem höchsten Träger der Exekutive. Da man in ihn ein zweifaches Vertrauen gesetzt hat, einmal als Teil der Legislative und zum anderen durch die höchste Vollziehung der Gesetze, handelt er beidem zuwider, wenn er sich unterfängt, den eigenen Willen nach Belieben zum Gesetz der Gesellschaft zu erheben.

John Locke, Über die Regierung, herausgegeben von Peter Cornelius Mayer-Tasch, Stuttgart 1983, S. 101 ff., 111 und 167 (übersetzt von Dorothee Tidow)

1. Stellen Sie dar, wie Locke die Frage der Machtkonzentration in einem Staat regeln möchte.
2. Arbeiten Sie heraus, wie das Recht des Volkes auf politische Neuordnung im Einzelnen begründet wird.
3. Beurteilen Sie, inwieweit Lockes Vorstellungen den Menschenrechten den Weg bereiteten.

## M4 Vom Geist der Gesetze

Der Jurist und Schriftsteller Charles-Louis Baron de Secondat de Montesquieu beschäftigt sich intensiv mit dem englischen Regierungssystem und liest John Locke (M3). Die Ergebnisse seiner Studien fasst er 1748 in seiner Schrift „Vom Geist der Gesetze“ zusammen. Sie erscheint anonym in Genf und wird drei Jahre später in Frankreich verboten:

Es gibt wohl kein Wort, dem man mehr unterschiedliche Bedeutungen gegeben hätte, als dem Wort Freiheit. Kein Wort hat die Geister so vielfältig gefesselt. Die einen sahen darin die Leichtigkeit, mit der sie jemand, dem sie eine tyrannische Macht verliehen hatten, absetzen konnten. Die anderen sahen darin die Befugnis, denjenigen auszuwählen, dem sie gehorchen mussten. Wieder andere hielten sie für das Recht, Waffen tragen und Gewalttaten begehen zu können. Manche verstanden darunter das Recht, sich nur von einem Mann aus ihrer Nation oder nach ihren eigenen Gesetzen regieren zu lassen. [...] Demokratie und Aristokratie sind nicht freie Staaten aufgrund ihrer Natur. Die politische Freiheit ist nur unter maßvollen Regierungen anzutreffen. Indes besteht sie selbst in maßvollen Staaten nicht immer, sondern nur dann, wenn man die Macht nicht missbraucht. [...] Damit die Macht nicht missbraucht werden kann, ist es nötig, durch die Anordnung der Dinge zu bewirken, dass die Macht die Macht bremse. Ein Staat kann so aufgebaut werden, dass niemand gezwungen ist, etwas zu tun, wozu er nach dem Gesetz nicht verpflichtet ist, und niemand gezwungen ist, etwas zu unterlassen, was das Gesetz gestattet. [...] Politische Freiheit für jeden Bürger ist jene geistige Beruhigung, die aus der Überzeugung hervorgeht, die jedermann von seiner Sicherheit hat. Damit man diese Freiheit genieße, muss die Regierung so beschaffen sein, dass kein Bürger einen anderen zu fürchten braucht. Sobald in ein und derselben Person oder derselben Beamtenschaft die legislative Befugnis mit der exekutiven verbunden ist, gibt es keine Freiheit. Es wäre nämlich zu befürchten, dass derselbe Monarch oder derselbe Senat tyrannische Gesetze erließe und dann tyrannisch durchführte. Freiheit gibt es auch nicht, wenn die richterliche Befugnis nicht von der legislativen und von der exekutiven Befugnis geschieden wird. Die Macht über Leben und Freiheit der Bürger würde unumschränkt sein, wenn jene mit der legislativen Befugnis gekoppelt wäre, denn der Richter wäre Gesetzgeber. Der Richter hätte die Zwangsgewalt eines Unterdrückers, wenn jene mit der exekutiven Gewalt gekoppelt wäre. Alles wäre verloren, wenn ein und derselbe Mann beziehungsweise die gleiche Körperschaft entweder der Mächtigsten oder der adligen oder des Volkes folgende drei Machtvollkommenheiten ausübte: Gesetze erlassen, öffentliche Beschlüsse in die Tat umsetzen, Verbrechen und private Streitfälle aburteilen.

Montesquieu, Vom Geist der Gesetze. Aus dem Französischen übertragen von Kurt Weigand, Stuttgart 1965, S. 209, 211–213 und 215 f.

1. Erklären Sie, worin nach Montesquieu das Ziel der Staatsverfassung liegen soll.
2. Lesen Sie im Grundgesetz die Artikel 20 und 97. Prüfen Sie, inwiefern Montesquieus Ideen dort ihren Niederschlag finden.
3. Erörtern Sie, ob sich unsere Regierungspraxis (Einbindung des Parlaments in wegweisende politische Entscheidungen, Wahl der Richter des BVG) strikt an Montesquieus Vorstellung von Gewaltenteilung hält.

## M5 „Der Segen des Egoismus“

Peter Bofinger ist Professor für Volkswirtschaftslehre an der Universität Würzburg und Mitglied im Sachverständigenrat zur Begutachtung der gesamtwirtschaftlichen Entwicklung (umgangssprachlich die „Fünf Weisen“ genannt). In einem Artikel vom 24. August 2013 schreibt er:

[...] Auch 237 Jahre nach seinem Erscheinen ist der „Wohlstand der Nationen“ ein gut zu lesendes und in einigen Punkten nach wie vor hochaktuelles Buch. So setzt Smith sich intensiv mit der Angst vor der Globalisierung der Märkte auseinander, die damals so verbreitet war wie heute. Smith kommt dabei zu einem – zumindest für das 18. Jahrhundert – alles andere als selbstverständlichen Schluss: Der ungehinderte Austausch von Waren über die Landesgrenzen hinweg ist keine Gefahr für den Wohlstand der Nationen, sondern vielmehr eine entscheidende Quelle des Wohlstands.

Adam Smith leitet dies aus der Arbeitsteilung ab, deren Ergebnisse ihn beeindruckten. „Ein Arbeiter, der noch niemals Stecknadeln gemacht hat und auch nicht dazu angelernt ist (erst die Arbeitsteilung hat daraus ein selbständiges Gewerbe gemacht), so dass er auch mit den dazu eingesetzten Maschinen nicht vertraut ist (auch zu deren Erfindung hat die Arbeitsteilung vermutlich Anlass gegeben), könnte, selbst wenn er fleißig ist, täglich höchstens eine, sicherlich aber keine zwanzig Nadeln herstellen.“

Durch die Aufteilung der Herstellung auf 18 unterschiedliche Arbeitsvorgänge komme es zu einem unglaublichen Produktivitätsgewinn: [...]

Wenn die Arbeitsteilung die entscheidende Grundlage für den Wohlstand der Nationen bildet, ist es für Smith naheliegend, das Potential hierfür durch offene Märkte so weit wie möglich zu nutzen. Die Angst vor der Globalisierung, die im vergangenen Jahrzehnt auch in Deutschland die Diskussion beherrschte, ist also ein schlechter Ratgeber. Denn bei allen Schattenseiten der Globalisierung ist Adam Smith zuzustimmen, dass dabei der Wohlstand fast aller Nationen gestiegen ist.

Große Aktualität besitzen auch die Gedanken von Adam Smith über den Egoismus in einem marktwirtschaftlichen System. Während manche Hobby-Ökonomen im Ego-Kapitalismus einen Kalten Krieg mit für alle Beteiligten nachteiligen Folgen sehen, kommt Adam Smith zu einem völlig anderen Befund: „Nicht vom Wohlwollen des Metzgers, Brauers und Bäckers erwarten wir das, was wir zum Essen brauchen, sondern davon, dass sie ihre eigenen Interessen wahrnehmen. Wir wenden uns nicht an ihre Menschen-, sondern an ihre Eigenliebe, und wir erwähnen nicht die eigenen Bedürfnisse, sondern sprechen von ihrem Vorteil." Und genau dadurch, folgert Smith, ergibt sich eine für die Allgemeinheit vorteilhafte Entwicklung der Wirtschaft. Der von seinem Egoismus getriebene Unternehmer werde „von einer unsichtbaren Hand geleitet, um einen Zweck zu fördern, den zu erfüllen er in keiner Weise beabsichtigt hat."

[...] Aus ihrem Eigeninteresse heraus müssen sie [die Unternehmen] den Interessen ihrer Abnehmer gerecht werden. Aber wieso kann es dann in einer Marktwirtschaft zu Fehlentwicklungen kommen, wie wir sie in den Jahren vor der Finanzkrise beobachten konnten?

Adam Smith hielt es nicht für erforderlich, seine Leser darauf hinzuweisen, dass die wundersame Transformation durch die „unsichtbare Hand" nur dann funktioniert, wenn die Akteure einen langfristigen Zeithorizont haben. Bei Managern, die wie viele Investment-Banker nur auf das schnelle Geld aus sind, führt der Egoismus zum Desaster für alle. Die Herausforderung besteht also darin, in möglichst allen Bereichen des Wirtschaftslebens die Rahmenbedingungen so zu gestalten, dass die Akteure langfristig denken. Dann, so die Lehre von Adam Smith, ist es für die Wirtschaft letztlich zweitrangig, ob wir es mit Egoisten oder Altruisten zu tun haben.

Überraschend aktuell sind auch seine Ausführungen zur Einkommensverteilung. „Ganz sicher", schreibt Smith, „kann keine Nation blühen und gedeihen, deren Bevölkerung weithin in Armut und Elend lebt." Reichlicher Unterhalt erhöhe den körperlichen Einsatz des Arbeiters. „Dort wo die Löhne hoch sind, finden wir daher die Arbeiter immer fleißiger, gewissenhafter und schneller bei der Hand als dort, wo sie niedrig sind."

Die Bedeutung der Einkommensverteilung für das nachhaltige Wachstum von Volkswirtschaften hat in den vergangenen Jahren eine zunehmende wissenschaftliche Beachtung gefunden. So kommt eine neuere Studie des Internationalen Währungsfonds – ähnlich wie Adam Smith – zu dem Ergebnis, dass der Einkommensverteilung eine Rolle für ein nachhaltiges wirtschaftliches Wachstum zukommt. Und ganz im Sinne von Smith versucht Chinas Führung derzeit, über eine gerechtere Einkommensverteilung ein neues Wachstumsmodell zu finden.

Peter Bofinger, Der Segen des Egoismus (24.08.2013), www.faz.net/aktuell/wirtschaft/wirtschaftswissen/die-weltverbesserer/adam-smith-der-segen-des-egoismus-12536505.html 

1. Arbeiten Sie heraus, welche Grundbedingungen für das Funktionieren einer Marktwirtschaft genannt werden.
2. Entwickeln Sie Ansätze, wie der Staat auf nationaler und auf internationaler Ebene gemäß den genannten Vorstellungen agieren muss. Gehen Sie dabei auch auf die Frage ein, ob staatliche Subventionen oder Strafzölle für die heimische Wirtschaft zum Nachteil anderer Länder zulässig sein sollten.
3. Im Zusammenhang mit Globalisierung hat mittlerweile der Klimawandel eine große Bedeutung. Überprüfen Sie, ob die genannten wirtschaftlichen Prinzipien mit Klimaschutz vereinbar sind.

## M6 20-Pfund-Banknote

Auf der Banknote, die seit März 2007 durch die Bank of England ausgegeben wird, ist auf der Rückseite ein Porträt von Adam Smith abgebildet.

▶ Um die Neugestaltung der Banknote gab es kontroverse Diskussionen. Recherchieren Sie dazu.

## M7 House of Commons

### a) „Die Mutter aller Parlamente“

Kupferstich, um 1880. Das britische House of Commons wurde von Liberalen in ganz Europa bewundert. Ein Grund für viele war dabei auch, dass zur damaligen Zeit das Wahlrecht Vermögende bevorzugt und Frauen ausgeschlossen hatte.

### b) „Devolved Parliament“

Leinwandgemälde von Banksy, 2009.

1. Erklären Sie, warum die Künstler unterschiedliche Perspektiven gewählt haben und welches Verhältnis zum Betrachter sich daraus ergibt.
2. Vergleichen Sie beide Abbildungen. Welche Entwicklung wird suggeriert? | H
3. Banksy stellte mit seinem Gemälde den Rückschritt der ältesten parlamentarischen Demokratie dar. Auf Instagram schrieb er zu seinem Werk: „Lacht jetzt, aber eines Tages wird niemand mehr zuständig sein.“ Informiere dich über den Entstehungszusammenhang des Gemäldes und bewerte seine Sichtweise. | F

## M8 Über Schwächen der liberalen Demokratie

**a) José Ortega y Gasset (1883–1955), ein spanischer liberaler Philosoph, warnt 1930 vor dem Verlust der Freiheit durch totalitäre Massenbewegungen:**

Verhandlungen, Normen, Höflichkeit, Rücksichten, Gerechtigkeit, Vernunft! Warum erfand man das alles? Wozu der ganze Umstand? All das lässt sich in dem Wort der Zivilisation zusammenfassen [...]. Es dient dazu, die „civitas", die Gemeinschaft, das Zusammenleben, zu ermöglichen. [...] Zivilisation ist in erster Linie Wille zur Gemeinschaft. [...] Die politische Form, die den höchsten Willen zur Gemeinschaft verkörpert hat, ist die liberale Demokratie. Sie zeigt die Bereitschaft zur Anerkennung des Mitmenschen in vollster Entfaltung [...]. Der Liberalismus ist das politische Rechtsprinzip, [...] nach welchem die öffentliche Gewalt eine Stelle für jene frei lässt, die anders denken und fühlen als sie, das heißt als die Starken, als die Majorität. Der Liberalismus – wir dürfen das heute nicht vergessen – ist die äußerste Großmut; er ist das Recht, das die Majorität der Minorität einräumt, und darum die edelste Losung, die auf dem Planeten erklungen ist. Er verkündet den Entschluss, mit dem Feind, – mehr noch: mit dem schwachen Feind – zusammenzuleben. Die Wahrscheinlichkeit war gering, dass die Menschheit eine so geistreiche, halsbrecherische und widernatürliche Sache erfinden würde. So ist es kein Wunder, wenn dieselbe Menschheit entschlossen scheint, sie aufzugeben. Ihre Ausübung ist allzu schwierig und verwickelt, als dass sie auf dieser Erde Wurzel schlagen könnte. Mit dem Feind zusammenleben! Mit der Opposition regieren. Ist eine solche Humanität nicht fast schon unbegreiflich?

José Ortega y Gasset, der Aufstand der Massen, erw. Auflage, übersetzt von Helene Weyl, Berlin/Darmstadt/Wien 1960, S. 118–127, in: Detmar Doering (Hrsg.), Kleines Lesebuch des Liberalismus, Sankt Augustin 2015, S. 100 f.

**b) Jens Hacke, Professor für Politische Theorie und Ideengeschichte, schreibt in seinem Buch „Existenzkrise der Demokratie" von 2018:**

Zum demokratischen Selbstverständnis sollte neben aller Wachsamkeit auch Selbstbewusstsein auf das Erreichte gehören. Die Stärke der liberalen Demokratie liegt darin, dass sie verbesserungs- und lernfähig ist [...]. Ressentiment und Aggression richten sich gegen das Fremde und gegen diejenigen, die für Pluralität, Toleranz und kulturelle Vielfalt eintreten. Schuld an allem sind die Liberalen, damals wie heute. Beschleunigter Fortschritt, sozialer Wandel, internationale Krisen und ökonomische Ungewissheit machen Demokratien erneut anfällig für den Irrationalismus. Statt komplexer Problembewältigung will man einfache Lösungen, statt mühsamer Kompromisssuche herrscht die Sehnsucht nach Führung von oben, statt Möglichkeiten für das politische Engagement wahrzunehmen, erklärt man die politische Elite zum Sündenbock. [...] Natürlich reicht allein das Glaubensbekenntnis zur freiheitlich-demokratischen Grundordnung kaum aus. Sie ist ein fragiles Gut, und unsere Demokratie wäre nicht in gefährdeter Lage, wenn sie keine Schuld an ihrem derzeitigen Zustand trüge. Das Register der Fehlentwicklungen ist lang: die Technokratie der Europäischen Union, die neoliberale Inkaufnahme wachsender sozialer Ungleichheit, der fehlende Mut zum Entwurf des guten Lebens in einer künftigen ökologisch verantwortlichen Gesellschaft, die verspäteten Anstrengungen sozialer und politischer Integration von Zuwanderern, die Versäumnisse in der Prävention globaler Migration.

Jens Hacke, Existenzkrise der liberalen Demokratie? Geschichte wiederholt sich nicht, zitiert nach: www.freiheit.org/demokratie-existenzkrise-der-liberalen-demokratie [Zugriff: 09.01.2019]

1. Erklären Sie, was Ortega y Gasset und Hacke als Schwächen der liberalen Demokratie benennen.
2. Diskutieren Sie, welche Maßnahmen zur Festigung bzw. Weiterentwicklung der liberalen Demokratien nötig sind, um die im Text genannten Herausforderungen zu meistern.
3. Beurteilen Sie die Sichtweisen der beiden Autoren.

Zu Webseiten, die sich mit dem Thema „Freiheit und ihre Grenzen" befassen, führt Mediencode 32051-14.

## Der Blick aufs Ganze

1. Stellen Sie dar, welche Konstanten der Liberalismus bis heute hat bzw. inwiefern er sich verändert oder weiterentwickelt hat.
2. Erläutern Sie die Gründe für die Wandlungen des Liberalismus.
3. Nehmen Sie in einem World Café Stellung zu folgenden Fragen:
   a) Welchen Stellenwert und welchen Rahmen sollte individuelle Freiheit haben? Ziehen Sie dazu auch aktuelle Debatten heran.
   b) Welche Vor- und Nachteile hat die liberale Demokratie? Was wiegt schwerer? Gibt es bessere Alternativen?

# Liberales Denken in der Gesellschaft – Chance oder Zumutung?

**Der Salon von Madame Geoffrin.**
Historiengemälde von Gabriel Lemonnier, nach 1804.
Im Pariser Salon von Marie-Thérèse Geoffrin (1699–1777) trafen sich Adlige und Bürgerliche, Christen und Juden, Gelehrte, Schriftsteller und Kaufleute aus dem In- und Ausland, um über Kunst, Literatur, Philosophie, Religion, Politik und Ökonomie zu sprechen.
Madame Geoffrin sitzt hier auf der rechten Seite, sie trägt ein graues Kleid und eine schwarze Haube. An der hinteren Wand steht eine Büste des Philosophen, Geschichtsschreibers und Dichters Voltaire, der als der bedeutendste französische Aufklärer gilt.

- Erläutern Sie, inwiefern der Salon von Madame Geoffrin damalige gesellschaftliche Vorstellungen überwand.
- Salons waren eine frühe Form von Öffentlichkeit in (absolutistischen) Monarchien. Vergleichen Sie mit Beispielen heutiger Formen von Öffentlichkeit.

**Dynamik liberaler Gesellschaften** | Anhänger liberaler Demokratien sind oft von einem Fortschrittsoptimismus überzeugt, trotz zum Teil gegenläufiger Entwicklungen in der Geschichte. Die **Öffentlichkeit** und die **Zivilgesellschaft** stellen dabei wesentliche Gestaltungs- und Kommunikationsfelder dar. Sie sind stets dynamisch, können das Verhältnis der Teilbereiche einer Gesellschaft, wie zum Beispiel Politik und Recht, Arbeit und Freizeit verändern, aber auch eine potenzielle Gefahr für die freiheitliche Grundordnung sein.

**Bildung von Öffentlichkeit** | Für die Römer war ihre aristokratische Republik, die den Bürgern („dem Volk", lat. populus) beschränkte Mitspracherechte zugestand, eine „öffentliche Angelegenheit" (lat. res publica). Von der herrschenden Elite selbst war dadurch Öffentlichkeit als wesentliches Merkmal des Staates postuliert worden. In der Aufklärung hatte dieser Begriff hingegen eine kritische Stoßrichtung gegenüber den absolutistischen Fürsten. Er sollte ein Raum sein, in dem Bürger Erkenntnisse und Meinungen austauschen sowie bestehende politische, gesellschaftliche und wirtschaftliche Verhältnisse frei diskutieren sollten. Das geschah zunächst noch im kleinen Kreis: in den Salons von Adligen, in Gaststätten, Kaffeehäusern, Vereinsgebäuden und Lesegesellschaften des Bürgertums. Diese sogenannte „bürgerliche Öffentlichkeit" wurde durch eine „plebejische" ergänzt. Denn auch unter Handwerkern, Bauern und Arbeitern gab es in Städten und Dörfern bereits einen regen Austausch über politische Themen, die unter anderem in Zeitungen und Flugschriften behandelt wurden.

Neben gemeinsamem politischen Handeln ist schriftliche und mündliche Kommunikation ein weiteres zentrales Merkmal von Öffentlichkeit. Deshalb war mit deren Entstehung der Kampf gegen die Zensur und für die Presse- und Meinungsfreiheit eng verbunden. Im Laufe des 19. Jh. förderte die Revolution des Verkehrswesens mit der damit verbundenen Mobilität und Beschleunigung des Transports von Personen und Meinungen ebenso wie die immer leichtere Verfügbarkeit und weitere Verbreitung gedruckter Massenmedien die Bildung einer Öffentlichkeit.

**Öffentlichkeit – Anspruch und Wirklichkeit** | Für eine Demokratie, an der sich möglichst alle Bürgerinnen und Bürger beteiligen sollten, hat Öffentlichkeit zunächst einen idealtypischen Anspruch. Dazu gehören die uneingeschränkte Offenheit für alle gesellschaftlichen Gruppen, ein Meinungsbildungsprozess, bei dem sich die überzeugendsten Argumente durchsetzen sollen, und die Legitimation politischen Handelns bzw. deren Kritik („kritische Öffentlichkeit"). In der Realität ist Öffentlichkeit allerdings kein homogener und stabiler Raum. Denn sie zerfällt oft genug in „Teil-Öffentlichkeiten" mit unterschiedlichen, scheinbar unvereinbaren Interessen. Zudem gibt es hierarchische Abstufungen, je nach Organisationsgrad und Einflussmöglichkeiten. An der Spitze steht dabei „vermachtete" Öffentlichkeit aus dem politischen Zentrum.

Dazu gehören unter anderem Regierung, Parteien, Spitzenverbände (u.a. Arbeitgeberverbände, Gewerkschaften), aber auch private Organisationen.

Medien und Kommunikation bewegen sich in einem Spannungsverhältnis. Einerseits üben sie eine wichtige Kontrollfunktion aus, bieten Gelegenheit zum Austausch von Ansichten und können einen politischen Meinungsbildungsprozess anstoßen. Andererseits können beispielsweise gewinnorientierte Medienunternehmen eigennützige Interessen verfolgen und die „öffentliche Meinung" manipulieren. Oft steht Meinungsfreiheit gegen den Schutz von Grundrechten anderer. Dabei sind auch staatliche Organe herausgefordert, die zu grundsätzlicher Neutralität, aber auch zum Schutz der in der Verfassung verankerten freiheitlich-demokratischen Grundordnung verpflichtet sind. Bei jedem Einzelnen setzt verantwortungsbewusste Meinungsäußerung die Fähigkeit und Bereitschaft voraus, ggf. komplexe Zusammenhänge zu verstehen, möglichst faktenbasiert zu argumentieren und auf bewusst wahrheitswidrige Äußerungen zu verzichten.

**Zivilgesellschaft |** Nach der liberalen Lehre ist der Mensch von Natur aus weder politisch noch am Gemeinwohl interessiert. Er ist frei geboren und verfolgt seine individuellen Interessen. Seine Vernunft lässt ihn aber erkennen, dass er sich, um überleben zu können, mit anderen Individuen zusammenschließen muss. Doch auch im Staat erscheint Liberalen das gemeinsame Engagement mündiger Bürgerinnen und Bürger außerhalb der staatlichen Ebene gewinnbringend für die Gemeinschaft. Gegenüber der lange vorherrschenden Trennung zwischen Staat und Gesellschaft gilt deshalb die Zivilgesellschaft mit ihrer freiwilligen Selbstorganisation, beispielsweise in Vereinen und Nichtregierungsorganisationen (NGOs), als unverzichtbarer Bestandteil einer liberalen Demokratie. Dabei grenzt sie sich von der Privatsphäre und der Ökonomie ab. Kooperativ handelnde Menschen sollten demnach nicht nur am Wahltag politisch aktiv werden, sondern sich kontinuierlich und eigenständig für ihre gemeinsamen Interessen zusammenfinden sowie Politik und Gesellschaft mitgestalten. Denn als Teil der Öffentlichkeit soll die Zivilgesellschaft ebenfalls zur Meinungsbildung und der Äußerung politischer Ziele und Ansprüche beitragen und vor staatlicher Willkür schützen. Beispiele der jüngeren Vergangenheit sind die Formierung der Frauen-, Umwelt- und Friedensbewegung in den 1970er-Jahren in der Bundesrepublik oder die oppositionellen Bürgerrechtsbewegungen in den sozialistischen Staaten des Warschauer Paktes in den 1980er-Jahren.

Seine Wurzeln hat diese Auffassung von Zivilgesellschaft in der Aufklärung. Einer ständigen Verbesserung der Gesellschaft und damit ihrer Zivilisierung sollten einerseits Gewerbefleiß, Handel und Eigentum dienen. Aber vor allem auch durch eine Überwindung von (Standes-)Schranken sollte sich die „bürgerliche Gesellschaft" beständig weiterentwickeln und der Verwirklichung von Menschenrechten dienen. Ein Ideal ist auch die Überwindung und Aufhebung sozialer Gegensätze. Das Nicht-Erreichen dieses Ziels gilt als ein Grund für die Anfälligkeit von Menschen für antiliberale Bewegungen.

**Pluralismus und Toleranz | Pluralismus** mit seiner Vielfalt an Meinungen und Werthaltungen ist die tragende Säule von Öffentlichkeit und Zivilgesellschaft. Liberale wie John Stuart Mill sahen im freien Wettstreit von Ideen und Meinungen eine Antriebskraft für gesellschaftlichen Fortschritt, indem er Individualität, Originalität und Erfindungsreichtum hervorbrachte. Das setzt nicht nur die Freiheit von Einschränkungen oder gar Verboten voraus, sondern auch **Toleranz** als Merkmal zivilisierten Verhaltens. Dabei kennzeichnet negative Toleranz bloße Duldung, auch um unangenehme, ggf. strafrechtliche Konsequenzen zu vermeiden. Wer sich hingegen durch positive Toleranz auszeichnet, schätzt freiwillig Wesen, Ideen und Überzeugungen anderer als wichtigen Beitrag für die Fortentwicklung einer Gesellschaft.

### M1 „Aktiv für Demokratie und Toleranz“

Plakat von 2017, gestaltet und organisiert vom Bündnis für Demokratie und Toleranz – gegen Extremismus und Gewalt (BfDT).
Das BfDT organisiert jährlich Wettbewerbe, in welchen es Jugendliche darin bestärkt, Aktivitäten für Demokratie und Toleranz zu gestalten.

▶ Gestalten Sie eine Aktivität, die die Themenfelder Zivilgesellschaft, Öffentlichkeit und Toleranz aufgreift. | H

### M2 Plädoyer für Toleranz

Der englische Philosoph John Locke (1632–1704) verteidigt die religiöse Toleranz in einer Zeit, als der Begriff selbst noch eine Ausnahme darstellt. In seinem „Brief über die Toleranz“ (1689) schreibt er:

Es ist die Pflicht der staatlichen Obrigkeit, durch die unparteiische Ausführung von Gesetzen, die für alle gleich sind, allgemein dem ganzen Volke und jedem ihrer Untertanen im Besonderen den gerechten Besitz dieser Dinge, die zu seinem Leben gehören, zu sichern. […] Daher ist die Obrigkeit mit der Kraft und Stärke aller ihrer Untertanen bewaffnet, um diejenigen zu bestrafen, die die Rechte eines anderen verletzten. Dass nun die ganze Rechtsgewalt der Obrigkeit sich nur auf diese bürgerlichen Anliegen erstreckt und dass alle staatliche Gewalt, ihr Recht und ihre Herrschaft durch die alleinige Sorge für die Beförderung dieser Dinge gebunden und begrenzt ist, dass sie in keiner Weise auf das Heil der Seelen ausgedehnt werden weder kann noch darf – das scheinen mir die folgenden Betrachtungen im Überfluss zu beweisen. Erstens, weil die Sorge für die Seelen um nichts mehr der staatlichen Obrigkeit als andern Menschen übertragen ist. Ich meine, sie ist ihr nicht übertragen von Gott, weil es nicht den Anschein hat, als hätte Gott jemals einem Menschen eine derartige Autorität über einen andern gegeben wie die, irgendjemandem zu seiner Religion zu zwingen. Auch kann eine solche Macht nicht auf die Obrigkeit durch Zustimmung des Volkes übertragen werden, weil kein Mensch die Sorge für sein eignes Heil so weit aufgeben kann, dass er es blindlings der Wahl eines anderen, sei es Fürst oder Untertan, überließe, ihm vorzuschreiben, welchen Glauben oder Gottesdienst er annehmen solle. […] Was immer wir für ein Bekenntnis ablegen, welchem äußeren Gottesdienste wir uns anschließen, wenn wir nicht in unserm eignen Urteil völlig darüber beruhigt sind, dass jenes wahr ist und dieser Gott wohlgefällig, so sind solches Bekenntnis und solches Tun, weit entfernt uns zu fördern, in Wahrheit große Hindernisse für unsere Seligkeit. […]
An zweiter Stelle kann die Sorge für die Seelen deswegen nicht der staatlichen Obrigkeit obliegen, weil deren Macht nur im äußeren Zwange liegt, aber die wahre und heilbringende Religion liegt in der inneren Gewissheit des Urteils, ohne die nichts für Gott annehmbar sein kann. […] An letzter Stelle wollen wir nun untersuchen, was die Pflicht der Obrigkeit in Angelegenheiten der Toleranz ist; sicherlich ist sie sehr beträchtlich.
Doch wir wollen diesen Eiferern, die alles verurteilen, was nicht ihrer Mode entspricht, zugestehen, dass aus diesen Begleitumständen verschiedene und in verschiedene Richtung weisende Wege entspringen. Was können wir daraus schließen? Es gibt nur einen von diesen, der der wahre Weg zur ewigen Seligkeit ist, aber angesichts der großen Vielfalt von Wegen, die Menschen einschlagen, ist es noch zweifelhaft, welches der rechte ist. […] Solche Dinge, die jedermann aufrichtig bei sich selbst untersuchen und deren Kenntnis er durch Nachdenken, Studium, Forschung und eigne Anstrengung erlangen muss, können nicht als der Sonderberuf irgendeiner Art Menschen angesehen werden. […]
Weder das Recht noch die Kunst des Regierens zieht notwendig die gewisse Kenntnis anderer Dinge nach sich und am wenigsten der wahren Religion. Denn wenn es so

wäre, wie konnte es dazu kommen, dass die Herren der Erde in Religionssachen so weit voneinander abweichen?

John Locke, Ein Brief über die Toleranz, übersetzt und herausgegeben von Julius Ebbinghaus, Hamburg 1957, S. 13–15, 43–47; zitiert nach: Detmar Doering (Hrsg.), Kleines Lesebuch des Liberalismus, Sankt Augustin 2015, S. 25–28

1. Arbeiten Sie heraus, wie Locke den Begriff Toleranz definiert.
2. Erläutern Sie, was die Begriffe jeweils für Bürger und Staat bedeuten.
3. Beurteilen Sie, welche Rolle der Toleranzbegriff für den Liberalismus spielt.
4. Erstellen Sie eine Umfrage zum Thema Toleranz und ihre Bedeutung für die liberale Demokratie. | F

## M3 Liberalismus heute

Der Historiker Yuval Noah Harari (*1976) warnt im Gespräch mit der Deutschen Presse-Agentur davor, rückwärtsgewandten Ideologen zu viel Raum zu geben. Zu den Herausforderungen der liberalen Demokratie sagt er:

**Frage:** In Ihrem Werk „Homo Deus" erläutern Sie, dass die Wissenschaft gezeigt habe, dass Menschen keinen freien Willen haben. Gleichzeitig schreiben Sie Ihre Bücher, weil Sie Menschen aufrütteln und zu besseren Entscheidungen bringen wollen. Wie passt das zusammen?
**Antwort:** Menschen haben einen Willen – er ist nur nicht frei. Sie können nicht wählen, was ihre Wünsche sind. Menschen treffen sicherlich Entscheidungen – aber das sind niemals unabhängige Entscheidungen. [...] Die Idee, dass Menschen völlig unabhängige Einzelwesen sind, die frei ihre eigenen Gedanken und Wünsche wählen, ist wissenschaftlich lächerlich und politisch gefährlich. In früheren Jahrhunderten war die Gefahr gering, weil keine Regierung oder Firma das Wissen über biologische Abläufe und die Rechenleistung besaß, die notwendig sind, um Ihre Gedanken und Wünsche zu kontrollieren. Aber heute gewinnen einige Regierungen und Unternehmen die Macht, Menschen zu hacken und zu manipulieren. Und am einfachsten ist es, diejenigen Menschen zu manipulieren, die glauben, dass sie nicht fremdgesteuert werden können, weil sie einen „freien Willen" haben. [...]
**Frage:** Sie sprechen auch über die Schwächen und den Niedergang der liberalen Demokratie. Würden Sie für den Erhalt kämpfen?
**Antwort:** Da stecke ich in einem ernsten persönlichen Dilemma, wenn es um Liberalismus geht. Ich glaube, dass das liberale Modell der Sinngebung Fehler hat, dass es nicht die Wahrheit über die Menschheit wiedergibt, und dass wir, wenn wir im 21. Jahrhundert überleben und uns entwickeln wollen, darüber hinausgehen müssen. Der Liberalismus hat keine Antworten auf die Fragen, die durch den Fortschritt bei künstlicher Intelligenz und Biotechnik aufgeworfen werden. Der Liberalismus geht davon aus, dass Menschen einen freien Willen haben, dass menschliche Gefühle die ultimative moralische und politische Autorität darstellen und dass niemand mich besser verstehen kann als ich selbst. Aber künstliche Intelligenz und Biotechnik werden es möglich machen, Menschen zu hacken, das menschliche Verlangen zu kontrollieren und Gefühle umzumodeln. Der Liberalismus weiß nicht, wie er damit umgehen soll. [...] Auf der anderen Seite ist die liberale Weise, die Welt zu erklären und ihre Geschichte zu erzählen, heute noch grundlegend wichtig für das Funktionieren der globalen Ordnung. Und zugleich wird sie gegenwärtig von religiösen und nationalistischen Fanatikern angegriffen. Diese Fanatiker glauben an rückwärtsgewandte Fantasien, die weitaus gefährlicher und schädlicher sind als das liberale Weltbild. Wir sollten den Liberalismus gegen diese gefährlichen Fantasien verteidigen. Und ich selbst verbringe jetzt viel Zeit und Energie damit, den Liberalismus zu verteidigen. Das ist eine der großen Belastungen, die durch die gegenwärtige Welle der Nostalgie entsteht: Sie zwingt uns, die alten Schlachten früherer Jahrhunderte noch mal zu kämpfen, anstatt uns auf die neuen Herausforderungen des 21. Jahrhunderts zu konzentrieren.

Harari warnt vor Mensch der Zukunft ohne Empathie, zitiert nach: www.zeit.de/news/2018-09/19/harari-warnt-vor-mensch-der-zukunft-ohne-empathie-180918-99-03385 [Zugriff: 23.03.2020], © dpa Deutsche Presse-Agentur GmbH

1. Arbeiten Sie die von Harari aufgeführten Ursachen für die Krise der liberalen Demokratie heraus.
2. Vergleichen Sie diese mit den Widerständen gegen den Liberalismus im 19. Jh. | H
3. Bewerten Sie die Aussage Hararis, dass die liberale Demokratie grundlegend für unsere globale Ordnung sei. Erstellen Sie hierzu eine Meinungslinie. | F

## Der Blick aufs Ganze

1. Gestalten Sie ein Lernplakat zum Liberalismus. Präsentieren Sie Ihre Lernplakate mithilfe eines Gallery Walks.
2. Charakterisieren Sie das Modell der liberalen Demokratie.
3. „Demokratie und Zivilgesellschaft ist keine harmonische Beziehung." Beurteilen Sie anhand von Beispielen diese These und bewerten Sie den möglichen Schaden oder Nutzen für die Demokratie.
4. Bewerten Sie in einer (Podiums-)Diskussion, ob die liberale Demokratie in Gefahr ist.

# Was kennzeichnet den Sowjetkommunismus?

**„Sturm auf das Winterpalais."**
Szene aus einem sowjetischen Progagandafilm von 1927. In dem Film wird die sogenannte „Oktoberrevolution" verherrlicht, die tatsächlich ein Putsch der Bolschewiki war. Der dargestellte Sturm auf das Winterpalais, den Sitz der Provisorischen Regierung, ist nicht historisch.

- Beschreiben Sie die einzelnen Teile der Szene und erläutern Sie die (beabsichtigte) Wirkung der Szene. Berücksichtigen Sie dabei auch die Kameraperspektive.
- Entwickeln Sie eine These, warum gerade der Mythos vom Sturm auf das Winterpalais von den Bolschewiki gepflegt wurde.

**Krisen im zaristischen Russland |** Ab der Mitte des 19. Jh. prägten starke gesellschaftliche Spannung das Russische Reich unter der Herrschaft der Zaren. Weite Teile der Bevölkerung lebten in großer Not. Die Agrarproduktion war kaum industrialisiert und konnte mit dem starken Bevölkerungswachstum (1897: 116 Mio., 1914: 163 Mio.) nicht mithalten. Häufige Versorgungskrisen und Hungersnöte waren die Folge. Auch die Industrialisierung des Reiches blieb hinter den Fortschritten in den westeuropäischen Staaten, Japan und den USA weit zurück, trotz der Förderung des Eisenbahnbaus und der Schwerindustrie. Das Land blieb überwiegend agrarisch geprägt (1900: 86,6 %).

Reformen mit dem Ziel einer „Modernisierung von oben" hatten nur geringen Erfolg, u. a. weil die finanziellen Mittel fehlten, und kamen danach ins Stocken. Die forcierte industrielle Produktion wurde mit einer starken Abhängigkeit von ausländischem Kapital erkauft. Militärische Misserfolge wie die verheerende Niederlage im Krieg gegen Japan 1905 und der ungünstige Verlauf des Ersten Weltkrieges verstärkten den innenpolitischen Druck auf den Zaren.

**Aufstieg der Bolschewiki |** Nicht zuletzt wegen ihrer Forderung nach einem sofortigen Austritt Russlands aus dem Ersten Weltkrieg genossen die kommunistischen Bolschewiki wachsenden Zuspruch in der Bevölkerung. Sie waren die radikalste Oppositionspartei neben den ebenfalls sozialistischen Sozialrevolutionären, die den gewaltsamen Kampf aller „Ausgebeuteten" gegen Großgrundbesitzer und Bourgeoisie mit dem Ziel der Sozialisierung von Grund und Boden forderten. 1903 hatten sie sich neben den gemäßigt kommunistischen Menschewiki von der Russischen Sozialdemokratischen Partei abgespalten.

Wladimir Iljitsch Lenin, der Vorsitzender der Bolschewiki wurde, entwickelte die Lehre des Marxismus weiter. Er kritisierte zum einen die Parteien der Arbeiterbewegung in den hochindustrialisierten Staaten, die nach seiner Meinung eine proletarische Revolution verhinderten, indem sie statt des notwendigen **Klassenkampfes** eine Versöhnung der Klassen betrieben, und das mangelnde Klassenbewusstsein der Proletarier. Zum anderen stellte der nach ihm benannte Leninismus die Behauptung auf, dass die **sozialistische Revolution** auch in rückständigen Staaten wie Russland möglich sei – ohne den Umweg über eine bürgerliche Revolution. Russland sollte Vorreiter für die anderen Staaten werden. Dessen straff organisierte, von fähigen und gut ausgebildeten Berufsrevolutionären gebildete kommunistische **Kaderpartei** („Partei neuen Typs") sollte die „Speerspitze" der Revolution bilden.

**Gründung der Sowjetunion |** Demonstrationen hungernder Arbeiterinnen für „Brot, Frieden und Freiheit" lösten im Februar 1917 eine Revolution aus, die die Abdankung des Zaren und die Etablierung einer Doppelherrschaft von bürgerlich-liberaler Provisorischer Regierung und dem Exekutivkomitee der Sowjets, der Gesamtvertretung der revolutionären Räte von Arbeitern, Bauern und Soldaten in Petrograd, zur Folge hatte.

In den Sowjets hatten zunächst Menschewiki und Sozialrevolutionäre die Mehrheit. Während Arbeiter und Bauern zunehmend von der zögerlichen Regierung, die Veränderungen einer Nationalversammlung vorbehalten wollte, enttäuscht waren, gewannen die Bolschewiki an Anhängerschaft. Viele Bauern vertrieben gewaltsam Großgrundbesitzer, und auch die Unzufriedenheit unter den Industriearbeitern wuchs. Die Bolschewiki erzielten deutliche Gewinne bei den Stadtratswahlen in Petrograd und Moskau, stellten nun auch in den Sowjets die Mehrheit und hielten die militärische Gewalt in Händen. Den Putsch und die weitgehend unblutige Einnahme des Winterpalais verklärten die Bolschewiki zur „Großen Sozialistischen Revolution". Lenin verkündete die Übernahme der Regierungsgewalt und nutzte bei seinem vorübergehenden Bündnis mit den Sozialrevolutionären deren starke Anhängerschaft auf dem Land. Trotz harter Friedensbedingungen schied Russland aus dem Ersten Weltkrieg aus. Die Bolschewiki setzten in einem bis 1921 währenden Bürgerkrieg mit etwa zehn Millionen Todesopfern ihre Herrschaft gegen die von zaristischen Militärs und vom Ausland unterstützten „Weißen" landesweit durch. Danach entledigten sie sich weitestgehend aller Gegner im Innern und gründeten 1922 die Sowjetunion.

**Der Sowjetkommunismus unter Lenin** | Karl Marx hatte den Begriff der **„Diktatur des Proletariats"** geprägt, dabei allerdings deren institutionelle Umsetzung im Staat offengelassen. Lenin definierte ihn als unumschränkte Herrschaft seiner Partei, die nach der Oktoberrevolution in „Kommunistische Partei Russlands" umbenannt wurde. Auf dem Weg zum **Kommunismus** sollte sie nicht nur das Land radikal umformen, sondern auch Proletarier mit „mangelhaftem Klassenbewusstsein" erziehen oder eliminieren. Dabei wurde rücksichtlose repressive Gewalt als unvermeidliches Mittel angesehen. Konsequenterweise besetzte die Partei die wichtigsten Stellen in Staat, Verwaltung, Justiz, Militär und Wirtschaft. Sie selbst wurde straff organisiert. Abweichungen von der Parteilinie und Forderungen nach liberalen Grundrechten galten im Sinne des **Antipluralismus** als „Konterrevolution". Die Menschen sollten im Land gemäß dem propagierten **Antiindividualismus** eigene Ansprüche zurückstellen und sich in den Dienst von Staat und Partei stellen. Dadurch wurde der im Marxismus hohe Stellenwert von Freiheit ignoriert. Die geheime Staatspolizei Tscheka, der bis 1922 etwa 220 000 Menschen zum Opfer fielen, übte Terror gegen mutmaßliche Oppositionelle aus und hatte auch die Befugnis, Todesurteile zu fällen und zu vollstrecken.

**Wladimir Iljitsch Uljanow**, gen. **Lenin** (1870–1924): Rechtsanwalt, sozialistischer Revolutionär und Vordenker, Gründer und erster Regierungschef der Sowjetunion

**Modernisierungsdiktatur** | Beim Umbau von Wirtschaft und Gesellschaft ging das Sowjetregime mit aller Entschiedenheit vor. Innerhalb kürzester Zeit holte Russland die westeuropäischen Entwicklungen des 19. Jh. nach: Staat und Kirche wurden getrennt, die Zivilehe verpflichtend eingeführt. Frauen erhielten ebenso wie Angehörige unterer Schichten rechtliche Gleichstellung und Zugang zu Schulen und Hochschulen. Das Bildungsniveau stieg, und es entstand eine neue Schicht von Ökonomen, Technikern und Wissenschaftlern, die Sowjetintelligenz. Bildung und Erziehung mussten den Lehren des Regimes folgen. Sitten und Bräuche wurden verboten, wenn sie der Weltanschauung der Bolschewiki widersprachen. Die Religion galt dem Regime als größter Feind des Fortschritts. Kirchen, Klöster, Synagogen und Moscheen wurden aufgelöst oder zerstört und zehntausende Geistliche verfolgt.

Gleichzeitig wurden noch während des Bürgerkrieges auch Maßnahmen zur Konzentration der Wirtschaft ergriffen. Nach der Enteignung der Gutsbesitzer auf dem Land wurden Unternehmen verstaatlicht. Nachdem die radikalen Maßnahmen während des Bürgerkrieges zu einem Absinken der Produktion und zu Hungernöten geführt hatten, ließ Lenin im Rahmen seiner Neuen Ökonomischen Politik Elemente einer Marktwirtschaft zu. Die Folgen waren ein wirtschaftlicher Aufschwung und eine Versöhnung weiter Teile der Bevölkerung mit dem Sowjetregime.

## M1 Aus Lenins „Aprilthesen" (1917)

Im Januar 1907 flieht Wladimir Iljitsch Uljanow Lenin vor der zaristischen Geheimpolizei ins Exil, zunächst nach Finnland. Von 1914 bis 1917 lebt er in der Schweiz. Seine dort entwickelten Ansichten veröffentlicht er sofort nach der Ankunft in Russland am 7. April 1917 in der „Prawda" („Wahrheit"; eine russische Tageszeitung). Es gelingt ihm, sie gegen anfänglichen Widerstand in der Partei der Bolschewiki durchzusetzen. In diesen sogenannten „Aprilthesen" heißt es u. a.:

1. In unserer Stellung zum Krieg, der vonseiten Russlands auch unter der neuen Regierung Lwow und Co. – infolge des kapitalistischen Charakters dieser Regierung – unbedingt ein räuberischer imperialistischer Krieg bleibt, sind auch die geringsten Zugeständnisse an die „revolutionäre Vaterlandsverteidigung" unzulässig. […]
2. Die Eigenart der gegenwärtigen Lage in Russland besteht im *Übergang* von der ersten Etappe der Revolution, die infolge des ungenügend entwickelten Klassenbewusstseins und der ungenügenden Organisiertheit des Proletariats der Bourgeoisie die Macht gab, zur *zweiten* Etappe der Revolution, die die Macht in die Hände des Proletariats und der ärmsten Schichten der Bauernschaft legen muss. […]
3. Keinerlei Unterstützung der Provisorischen Regierung, Aufdeckung der ganzen Verlogenheit aller ihrer Versprechungen, insbesondere hinsichtlich des Verzichts auf Annexionen.[1] […]
4. Anerkennung der Tatsache, dass unsere Partei in den meisten Sowjets der Arbeiterdeputierten in der Minderheit, vorläufig sogar in einer schwachen Minderheit ist gegenüber dem Block aller kleinbürgerlichen opportunistischen Elemente, die dem Einfluss der Bourgeoisie erlegen sind und diesen Einfluss in das Proletariat hineintragen […].
   Aufklärung der Massen darüber, dass die Sowjets der Arbeiterdeputierten die *einzig mögliche* Form der revolutionären Regierung sind […].
   Solange wir in der Minderheit sind, besteht unsere Arbeit in der Kritik und Klarstellung der Fehler, wobei wir gleichzeitig die Notwendigkeit des Übergangs der gesamten Staatsmacht an die Sowjets der Arbeiterdeputierten propagieren, damit die Massen sich durch die Erfahrung von ihren Irrtümern befreien.
5. Keine parlamentarische Republik – von den Sowjets der Arbeiterdeputierten zu dieser zurückzukehren wäre ein Schritt rückwärts –, sondern eine Republik der Sowjets der Arbeiter-, Landarbeiter- und Bauerndeputierten im ganzen Lande, von unten bis oben.
   Abschaffung der Polizei, der Armee, der Beamtenschaft.[2]
   Entlohnung aller Beamten, die durchweg wählbar und jederzeit absetzbar sein müssen, nicht über den Durchschnittslohn eines guten Arbeiters hinaus.
6. […] Konfiskation[3] aller Gutsbesitzerländereien. Nationalisierung des *gesamten* Bodens im Lande; die Verfügungsgewalt über den Boden liegt in den Händen der örtlichen Sowjets der Landarbeiter- und Bauerndeputierten. […]
7. Sofortige Verschmelzung aller Banken des Landes zu einer Nationalbank und Errichtung der Kontrolle über die Nationalbank durch den Sowjet der Arbeiterdeputierten.
8. Nicht „Einführung" des Sozialismus als unsere *unmittelbare* Aufgabe, sondern augenblicklich nur Übergang zur *Kontrolle* über die gesellschaftliche Produktion und die Verteilung der Erzeugnisse durch den Sowjet der Arbeiterdeputierten. […]

W. I. Lenin, Ausgewählte Werke, Bd. 24, Berlin 1959, S. 1–8

1. Nennen Sie die Bereiche, in denen Lenin Handlungsbedarf sah.
2. Erläutern Sie die gesellschaftlichen Veränderungen für die einzelnen Gruppen, die Lenin anstrebt.
3. Bewerten Sie die gesellschaftlichen Folgen, die sich aus der Verwirklichung der „Aprilthesen" Lenins ergeben.

[1] **Annexion**: erzwungene, endgültige und meist gewaltvolle Aneignung fremden Gebietes

[2] D. h. Ersetzung des stehenden Heeres durch die allgemeine Volksbewaffnung [Anmerkung von Lenin]

[3] **Konfiskation**: entschädigungslose staatliche Enteignung

## M2 Wahlplakat der Kommunistischen Arbeiterpartei Deutschlands (KAPD) und der Allgemeinen Arbeiter-Union (AAUD) vor der Reichstagswahl am 6. Juni 1920

Die KAPD wird 1920 von Mitgliedern des linken Flügels der Kommunistischen Partei Deutschlands (KPD) gegründet, die aus der KPD ausgeschlossen worden sind. 1919 hat die KPD noch selbst zum Boykott von Wahlen aufgerufen. Im weiteren Verlauf nimmt die KPD jedoch regulär an Wahlen teil. Die KAPD ist der Meinung, dass die KPD den revolutionären Kampf aufgegeben hat.

1. Beschreiben Sie das Wahlplakat.
2. Erläutern Sie, weshalb die KAPD und die AAUD zum Nichtwählen aufrufen. Beziehen Sie sich dabei auf den Sowjetkommunismus.

## M3 „Freiheit ist immer nur die Freiheit des anders Denkenden"

Rosa Luxemburg (1870–1919), eine deutsche Politikerin polnischer Herkunft, ist seit 1898 Mitglied der SPD, seit 1917 der USPD. Am 1. Januar 1919 ist sie Mitbegründerin der KPD. Dies hindert sie nicht, kritisch die Entwicklung des Sowjetregimes zu verfolgen. Ihre Gedanken, die sie seit September 1918 in der Haft niederschreibt, werden erst posthum veröffentlicht.

Bei der Bearbeitung des folgenden Auszugs aus dem unvollendeten Manuskript „Zur russischen Revolution" muss berücksichtigt werden, dass Luxemburg sich auf die Arbeiterklasse und die sie vertretende Partei bezieht. Sie steht nicht pauschal für Meinungsfreiheit und Freiheit der Wahl, sondern für einen mit Schulung der Volksmassen einhergehenden revolutionären Prozess, der ein festes Ziel hat. Die Diktatur des Proletariats gilt als gesetzt.

Lenin sagt: Der bürgerliche Staat sei ein Werkzeug zur Unterdrückung der Arbeiterklasse, der sozialistische zur Unterdrückung der Bourgeoisie. Es sei bloß gewissermaßen der auf den Kopf gestellte kapitalistische Staat. Diese vereinfachte Auffassung sieht von dem Wesentlichsten ab: Die bürgerliche Klassenherrschaft braucht

keine politische Schulung und Erziehung der ganzen Volksmasse, wenigstens nicht über gewisse eng gezogene Grenzen hinaus. Für die proletarische Diktatur ist sie das Lebenselement, die Luft, ohne die sie nicht zu existieren vermag. […]
Gerade die riesigen Aufgaben, an die die Bolschewiki mit Mut und Entschlossenheit herantraten, erforderten die intensivste politische Schulung der Massen und Sammlung der Erfahrung.
Freiheit nur für die Anhänger der Regierung, nur für die Mitglieder einer Partei – mögen sie noch so zahlreich sein – ist keine Freiheit. Freiheit ist immer nur die Freiheit des anders Denkenden. Nicht wegen des Fanatismus der „Gerechtigkeit“, sondern weil all das Belehrende, Heilsame und Reinigende der politischen Freiheit an diesem Wesen hängt und seine Wirkung versagt, wenn die „Freiheit“ zum Privilegium wird. […]
Es ist die historische Aufgabe des Proletariats, wenn es zur Macht gelangt, anstelle der bürgerlichen Demokratie sozialistische Demokratie zu schaffen, nicht jegliche Demokratie abzuschaffen. Sozialistische Demokratie beginnt aber nicht erst im gelobten Lande, wenn der Unterbau der sozialistischen Wirtschaft geschaffen ist, als fertiges Weihnachtsgeschenk für das brave Volk, das inzwischen treu die Handvoll sozialistischer Diktatoren unterstützt hat. Sozialistische Demokratie beginnt zugleich mit dem Abbau der Klassenherrschaft und dem Aufbau des Sozialismus. Sie beginnt mit dem Moment der Machteroberung durch die sozialistische Partei. Sie ist nichts anderes als die Diktatur des Proletariats.
Jawohl: Diktatur! Aber diese Diktatur besteht in der *Art der Verwendung* der Demokratie, nicht in ihrer Abschaffung, in energischen, entschlossenen Eingriffen in die wohlerworbenen Rechte und wirtschaftlichen Verhältnisse der bürgerlichen Gesellschaft, ohne welche sich die sozialistische Umwälzung nicht verwirklichen lässt. Aber diese Diktatur muss das Werk der *Klasse* und nicht einer kleinen, führenden Minderheit im Namen der Klasse sein, d. h., sie muss auf Schritt und Tritt aus der aktiven Teilnahme der Massen hervorgehen, unter ihrer unmittelbaren Beeinflussung stehen, der Kontrolle der gesamten Öffentlichkeit unterstehen, aus der wachsenden politischen Schulung der Volksmassen hervorgehen.

Rosa Luxemburg, Zur russischen Revolution, in: Politische Schriften III, Frankfurt am Main 1968, S. 131 f. und 139

**Internettipp:**
Zu einem Artikel mit Erläuterungen von Rosa Luxemburgs Gedanken, von der „Freiheit des anders Denkenden“, führt Mediencode 32051-15.

1. Nennen Sie zentrale Kritikpunkte an Lenin, die Rosa Luxemburg anführt.
2. Erläutern sie Rosa Luxemburgs Vorstellung von der Diktatur des Proletariats.
3. Rosa Luxemburg zeigt mit dieser Schrift ihr Verständnis von Diktatur und Freiheit auf. Dabei meint sie: „Freiheit ist immer nur die Freiheit des anders Denkenden.“ Bewerten Sie diese Aussage im Kontext ihrer Ideologie.
4. Schreiben Sie aus der Perspektive von Rosa Luxemburg einen Brief an Lenin. Gehen Sie dabei auf den Stand der Revolution in Russland ein. | F

## M4 Was hat sich geändert?

Der Göttinger Historiker Manfred Hildermeier zieht ein Resümee der bolschewistischen Machtergreifung in Russland:

Trotz Versorgungsdiktatur und Hungersnot gingen vorerst die Bauern als hauptsächliche Gewinner aus der Asche des Krieges hervor. Gewiss kamen die Arbeiter nicht nur verbal zu hohen Ehren. Auch in der Wirklichkeit erklommen sie eine höhere Sprosse in der sozialen Stufenleiter. Aber in Heller und Pfennig, in ihren konkreten Arbeits- und Lebensbedingungen zahlte sich die ideologische Verklärung kaum aus. Obwohl die Arbeitspflicht mit dem Ende der proletarischen Naturalwirtschaft[1] aufgehoben wurde, wechselten die Arbeiter im Wesentlichen ihre Herren. […]
Zwei Millionen Emigranten rissen vor allem ein tiefes Loch in die Reihe derer, die den Konstitutionalismus nach 1906 getragen hatten. Nicht nur der allergrößte Teil der gemäßigt sozialistischen und liberalen Intelligenz floh, die „Gesellschaft“ von Besitz und Bildung als solche, die soziale Stütze der politischen und ökonomischen Modernisierung, löste sich auf. Angesichts dessen hätte es gezielter Anstrengungen bedurft, um mit der Gegenrevolution und „Bourgeoisie“ nicht auch die bürgerliche Freiheit zu zertreten, die im angestrebten Sozialismus aufgehoben sein sollte. Die Bolschewiki waren für diese Aufgabe denkbar ungeeignet. Ihre Organisation trug am ehesten den Stempel der zentralistisch-autoritären Ordnung, gegen die sie ankämpfte. Im Bemühen um „Waffengleichheit“ übernahmen sie Eigenschaften, die ihnen halfen, in der Auseinandersetzung zu bestehen, demokratische Willensbildung und föderalistischen Pluralismus aber nicht eben förderten. Die Rede von den „roten Zaren“ ist gewiss polemisch und vereinfachend. Aber es bleibt ein Tat-

[3] **Naturalwirtschaft**: eine Wirtschaftsform, in der lediglich Waren gegen Waren getauscht werden

bestand, dass sich weder bürgerlicher Parlamentarismus noch proletarische Rätedemokratie entfalten konnten. Obrigkeitliche Machtfülle und kaum beschränkte administrative Verfügungsgewalt, Erbschaften der alten Ordnung, behielten die Oberhand. Auch wenn der neuen Gestalt, die sie annahmen, über die Partei und sonstigen Massenorganisationen vermittelt, ein plebiszitäres, in Grenzen sogar partizipatorisches Element zuwuchs, entstand daraus kein Regiment der Mehrheit, sondern nur eine andere Form der Minderheitenherrschaft. [...]
Am deutlichsten aber trat das Erbe zarischer Politik auf wirtschaftlichem Gebiet zutage. Lenins viel zitierte Formel, Kommunismus bedeute Sowjetmacht plus Elektrifizierung, verkündete 1920 in alle Welt, was der neue Staat als seine Hauptaufgabe betrachtete: dasselbe wie der alte – schnellen industriellen Fortschritt. Gleich dem Zarenreich setzte sich das Revolutionsregime zum Ziel, die führenden Wirtschaftsnationen einzuholen. [...]
Die Wende von 1917 erscheint als Teil des umfassenden Modernisierungsprozesses, der nach dem Krimkrieg begann. Dieser Vorgang entfaltete seine größte Dynamik im sozialen und wirtschaftlichen Bereich. Zugleich setzte er politische Ansprüche gegen die überkommene Ordnung frei, die selbst kaum einen Zoll Boden abtrat. Alle wesentlichen Ziele und Motive wurden aus Westeuropa erborgt. Das galt für die technisch-industriellen Errungenschaften ebenso wie für das demokratische Verfassungsideal und die liberalen, marxistischen und sozialistischen Anschauungen, denen sich die verschiedenen Strömungen der Opposition verschrieben. Insofern kam die Revolution, die den Kulminationspunkt des Wandels bildete, unbeschadet ihrer autochthonen[1] Kraftquelle in der Tat „von außen". Sie entsprang dem spezifischen Spannungsverhältnis zwischen Russland und Europa, das Staat und Gesellschaft im Zarenreich seit seiner Öffnung nach Westen entscheidend prägte.

Manfred Hildermeier, Die russische Revolution 1905-1921, Frankfurt am Main 1989, S. 303 ff.

1. Beschreiben Sie die Auswirkungen kommunistischer Politik auf einzelne Gruppen der Gesellschaft (Bauern, Arbeiter, Bürgertum).
2. Arbeiten Sie Merkmale der bolschewistischen Herrschaft nach Hildermeier heraus.
3. Überprüfen Sie Hildermeiers Auffassung, die Bezeichnung „rote Zaren" für die Bolschewisten sei vereinfacht.
4. Beurteilen Sie, welche Rolle das Spannungsverhältnis zwischen Russland und Europa für die Entwicklung der Sowjetherrschaft spielte. | H

[1] **autochthon**: ureigen

## M5 „Es lebe die III. Kommunistische Internationale!"

Plakat zum 3. Kongress der „Kommunistischen Internationale" von 1921.
Trotz Kritik an Vorgängen in Russland und Zweifeln fühlen sich die Kommunisten in anderen Staaten mit den Bolschewiki solidarisch. Obwohl gerade die 1919 gegründete Kommunistische Partei Deutschlands eine Dominanz der Sowjetunion befürchtet, tritt sie ebenfalls der von Lenin initiierten Kommunistischen Internationale (Komintern) bei. Die Komintern soll die Schlagkraft der Kommunisten stärken und dient der Einflussnahme der Sowjetunion auf die kommunistischen Parteien.

1. Erläutern Sie den Zusammenhang zwischen der Gestaltung des Plakats und der angestrebten sozialistischen Weltrevolution.
2. Beurteilen Sie, ob die Gründung der Komintern konsequent war im Sinne des Sowjetkommunismus.

## Der Blick aufs Ganze

1. Charakterisieren Sie den Sowjetkommunismus in einem Schaubild.
2. Lenin schrieb 1918 in seinem Werk „Die nächsten Aufgaben der Sowjetmacht": „Es wäre [...] die größte Dummheit und der unsinnigste Utopismus, zu glauben, dass der Übergang vom Kapitalismus zum Sozialismus ohne Zwang und Diktatur möglich sei."
Erläutern Sie Lenins Aussage. Beziehen Sie sich dabei vor allem auf M1 und M3.
3. Erörtern Sie mithilfe eines Gruppenpuzzles die Frage, ob der Sowjetkommunismus eine Befreiung der Unterdrückten oder die Unterdrückung aller war.

# Staatliche Kunst in der UdSSR – nur Propaganda?

**„Textilfabrik."**
Gemälde von Alexander Nikolajewitsch Samochwalow, 1929.
Der technische und industrielle Fortschritt war ein weit verbreitetes Motiv in der sowjetischen Kunst.

- Charakterisieren Sie das Verhältnis zwischen Mensch und Maschine auf diesem Gemälde.
- Beurteilen Sie, ob die Darstellung Vorstellungen bzw. Ziele des Sowjetkommunismus propagiert.

**Ursprung und Ziel der Gesellschaft |** Trotz der Änderungen und Umdeutungen blieb die marxistische Ideologie auch unter Lenin das Leitbild der russischen Revolutionäre. Dazu gehörte auch das Festhalten am Fernziel einer **klassenlosen Gesellschaft**. Gemäß dem Marxismus war die sogenannte „neolithische Revolution" der Übergang von der Urgesellschaft, in der es lediglich gemeinschaftlichen Besitz gegeben habe, in eine gesetzmäßige Abfolge von Gesellschaften mit gegensätzlichen Klassen. In der Jungsteinzeit habe sich erstmals eine herrschende Klasse etabliert, die Privateigentum an Produktionsmitteln besaß und nicht an der Erwirtschaftung des Mehrwerts beteiligt war, sondern andere ausbeutete. Im klassenlosen Endstadium der Geschichte sollte die Gesellschaft wiederum ohne privates Eigentum und konfliktfrei gemäß dem Grundsatz leben: „Jeder nach seinen Fähigkeiten, jedem nach seinen Bedürfnissen."

Auch für Lenin war der Staat grundsätzlich ein „Werkzeug zur Ausbeutung der unterdrückten Klasse". Allerdings sei der sozialistische Staat in der UdSSR im Gegensatz zur liberalen Demokratie mit ihrer angeblich systematischen Gewaltanwendung einer Klasse gegen eine andere der Sachwalter einer „vollkommenen" Demokratie. Aber letztendlich sei auch im Sozialismus die Abschaffung des Staates das Ziel.

Bis zum Ausbruch der kommunistischen „Weltrevolution" sei dieser Staat aber nötig, um die UdSSR gegen ihre Feinde zu verteidigen. Ermöglicht werden sollte dies durch das Erreichen eines bedeutenden (wirtschafts)politischen Machtstatus' der Sowjetunion. Dieses Ziel und weniger die Angleichung der Lebensverhältnisse der arbeitenden Bevölkerung an den Standard westlicher Länder verfolgte die forcierte Industrialisierung des Landes. Notwendig für den Erfolg des Kommunismus sei auch die Bewusstseinsänderung in der Bevölkerung und die Schaffung eines „neuen Menschen" unter Anleitung der regulierenden und überwachenden Avantgarde der Kommunistischen Partei.

**Revolution und Kunst |** Nach der „Oktoberrevolution" gab es unter Kulturschaffenden eine Art Aufbruchstimmung und Experimentierfreude. Zahlreiche Künstlergruppen, die im Sinne des Kommunismus wirken wollten, entwickelten verschiedenartige Kunststile. Sie sind im Wesentlichen zwei Hauptgruppen zuzuordnen: Während die sogenannten Futuristen der Ansicht waren, dass nur abstrakte Kunst einen Bruch mit der Vergangenheit und einen Neuanfang ermöglichte, pochten die Traditionalisten auf eine möglichst realistische Darstellung des Alltags.

Frühzeitig wiesen führende Vertreter der Kommunistischen Partei der Kunst eine bedeutende Rolle in der „revolutionären Entwicklung" zu. Schon 1905 machte sich Lenin explizit Gedanken um die Wirkung, Funktion und Produktion von Literatur und deren Aufnahme durch die Leserschaft. In „Parteiorganisation und Parteiliteratur" schreibt er beispielsweise, dass man „der heuchlerisch-freien, in Wirklichkeit aber mit der Bourgeoisie verbundenen Literatur die wirklich freie, mit dem Proletariat offen verbundene Literatur" entgegenstellen müsse. Damit übernahm er einen Gedanken von Marx, nach dem der proletarische Emanzipationskampf nicht nur politisch und wirtschaftlich, sondern auch ideologisch ausgefochten werden müsse, um erfolgreich zu sein. Damit sollten die Proletarier in der neuen Gesellschaft als kunstschaffende Klasse auftreten. Bis in die 1920er-Jahre wurde innerhalb der Partei über Wesen, Form und die Funktion einer derartigen Kunst gestritten.

**Staatliche Vorgaben** | Auch wenn sich die staatstreuen Künstlervereinigungen einig waren, dass die Kunst erzieherische und propagandistische Aufgaben habe, standen sie sich zum Teil sehr kontrovers gegenüber. Während avantgardistische Künstler mit ihrer abstrakten Formensprache zunehmend verdächtigt wurden, abgehoben, ideologisch unzuverlässig und bourgeois zu sein, gewann die „Assoziation der revolutionären Künstler Russlands" immer mehr an Einfluss (AChRR). Nach deren Vorstellung sollte die Tradition der realistischen Malerei des 19. Jh. fortgesetzt werden, ganz im Sinne Lenins und seines späteren Nachfolgers Stalin. Am 23. April 1932 beschloss das Zentralkomitee der Kommunistischen Partei die Auflösung aller künstlerischen Gruppierungen und Organisationen und gründete die Union der sowjetischen Künstler, der alle Kunstschaffenden eingegliedert wurden. Auf dem ersten Allunionskongress der Schriftsteller im Jahre 1934 wurde der **Sozialistische Realismus** als verbindliche Methode festgeschrieben. Das galt für die bildenden Künste ebenso wie für Schriftstellerei oder Musik. Die Kunst sollte fortan staatlichen Vorgaben folgen und Sprachrohr des von der Partei definierten Wertesystems sein. Abweichler mussten mit Repressalien wie Zensur, Zwangsarbeit im GULag (siehe S. 213) oder gar dem Tod rechnen.

**Merkmale des Sozialistischen Realismus** | Andrej Shdanow, der unter Stalin für die politisch-ideologische Ausrichtung verantwortlich war, formulierte den Anspruch des Staates an die Künstler: Sie sollten „Ingenieure der menschlichen Seele sein" und „die Realität in ihrer revolutionären Entwicklung darstellen". Kunst wurde damit von ihrer beabsichtigten pädagogischen Wirkung im Sinne des herrschenden Systems definiert und musste loyal gegenüber der Partei sein – parteiisch (partijnost'). Deshalb sollte sie in ihrer Einfachheit Volksverbundenheit zeigen und damit allgemein verständlich sein (narodnost'). „Wahrheit" (pravdivost') war ein weiteres Leitprinzip. Demnach sollte eine ideale Wirklichkeit dargestellt werden, die der marxistisch-leninistischen Lehre entspricht. Das sollte beim Leser bzw. Betrachter der Kunstwerke ausschließlich positive Emotionen hervorrufen, dessen Bewusstsein formen und ihn zur Mitwirkung an der sozialistischen Revolution motivieren.

Dass großdimensionierte Plakate und Wandbilder, die wie andere Kunstwerke auch von Staats- und Parteiführung in Auftrag gegeben wurden, bevorzugte Medien waren, verdeutlicht die enge Verbindung des Sozialistischen Realismus zur Propaganda. Für die staatlich geduldete Kunst bildete sich ein Kanon an Themen, Motiven und Gattungen heraus: Verherrlichung „sozialistischer Errungenschaften" wie beispielsweise der Kollektivierung oder der vorangetriebenen Industrialisierung, Volksbräuche und Folklore, Ereignisse aus der Vergangenheit bzw. deren Interpretation im Sinne des sowjetischen Kommunismus und Entwicklungsromane von Menschen auf dem Weg zu sozialistischen Persönlichkeiten. Zudem sollte Kunst auch dem Kult von Personen mit herausragenden Leistungen (u.a. „Helden der Arbeit", Luftfahrtpioniere) oder als Idealbilder des „neuen Menschen" dienen. Auch Stalin nutzte sie ausgiebig zu seiner Selbstdarstellung bzw. -stilisierung (siehe S. 143). Die Architektur hatte die Aufgabe, den Macht- und Zukunftsanspruch der Kommunistischen Partei in monumentalen, repräsentativen Bauten darzustellen. Damit sollte die Überlegenheit des Sowjetkommunismus in der Welt zur Schau gestellt werden. Der Sozialistische Realismus blieb bis zum Ende der Sowjetunion 1991 verbindlich, wobei die strengen Vorgaben nach Stalins Tod 1953 etwas gelockert wurden.

## M1 „Wie der Stahl gehärtet wurde“

Nikolai Alexejewitsch Ostrowski (1904–1936) ist sowjetischer Revolutionär und Schriftsteller. 1924 tritt er als Zwanzigjähriger der Kommunistischen Partei bei. „Wie der Stahl gehärtet wurde“, 1932 erstmals erschienen, – ein Beispiel für die Literatur des Sozialistischen Realismus – ist sein bekanntester und größtenteils autobiografischer Roman. Der Roman, der das Leben von Pawel Kortschagin erzählt, lässt sich als Bildungsroman[1] definieren. Pawels Leben ist geprägt vom Elend der Zarenzeit, der Oktoberrevolution 1917 und dem Bürgerkrieg in Russland.

Hier, auf dem Platz, hatte man Walja und ihre Genossen erhängt.
Schweigend weilte er an der Stelle, auf der der Galgen gestanden hatte. Dann ging er den steilen Abhang hinunter und gelangte zu den Gräbern der Kameraden.
Unbekannte sorgsame Hände hatten die Gräberreihen mit Tannenkränzen geschmückt und den kleinen Friedhof mit einer grünen Hecke umgeben. Auf dem Hügel ragten schlanke Fichten empor. Wie grüne Seide bedeckte zartes Gras die Hänge der Schlucht.
Hier endete schon das Städtchen. Es war still und traurig ringsum. Leise rauschten die Bäume, und die Frühlingsdüfte der zu neuem Leben erwachten Erde erfüllten die Luft. Hier hatten die tapferen Kameraden ihr Leben gelassen, damit das Leben derer schöner werde, die in Elend und Armut geboren wurden und für die allein die Geburt schon den Anfang der Sklaverei bedeutete.
Pawels Hand zog langsam die Mütze vom Kopf, und Trauer, tiefe Trauer erfüllte sein Herz.
Das Wertvollste, was der Mensch besitzt, ist das Leben. Es wird ihm nur einmal gegeben, und er muss es so nützen, dass ihn später sinnlos vertane Jahre nicht qualvoll gereuen, die Schande einer unwürdigen, nichtigen Vergangenheit ihn nicht bedrückt und dass er sterbend sagen kann: Mein ganzes Leben, meine ganze Kraft habe ich dem Herrlichsten auf der Welt – dem Kampf für die Befreiung der Menschheit – geweiht. Und er muss sich beeilen zu leben. Denn eine dumme Krankheit oder irgendein tragischer Zufall kann dem Leben jäh ein Ende setzen. Von diesen Gedanken bewegt, verließ Kortschagin den Friedhof.
Zu Hause packte die Mutter traurig die Sachen des Sohnes. Pawel, der sie beobachtete, sah, wie sie nur mühsam die Tränen verbarg.
„Vielleicht bleibst du doch hier, Pawluscha? Es ist mir bitter, im Alter allein zu sein. […] Was zieht dich denn so nach der Stadt? Auch hier lässt sich's leben. Oder hast du dir vielleicht auch so eine kurzhaarige Wachtel ausersehen? […]“, sagte die Mutter leise, während sie die spärlichen Halbseligkeiten des Sohnes in eine saubere Tasche packte.
Pawel nahm sie an den Schultern und zog sie an sich.
„Nein Mamachen, von einer Wachtel ist nicht die Rede […]. Ich habe mir fest vorgenommen, Mamachen, so lange kein Mädchen zu küssen, bis nicht in der ganzen Welt die Bourgeois ausgerottet sind. Du glaubst, dass man da lange warten muss? Nein, Mamachen, lange werden sich die Bourgeois nicht mehr halten können […].

Nikolai Alexejewitsch Ostrowski, Wie der Stahl gehärtet wurde. Aus dem Russischen übertragen von Thomas Reschke, Essen 2017, S. 344–346

1. Beschreiben Sie die Wirkung des Textes auf den Leser. Nennen Sie dabei explizite Stellen, die eine beabsichtigte Wirkung erzeugen sollen.
2. Erläutern Sie die mögliche Textintention.
3. Erörtern Sie, inwiefern literarische Werke historische Quellen sein können.
4. Halten Sie die Gedanken von Pawels Mutter in einem Tagebucheintrag fest, nachdem er das Haus verlassen hat. | F

## M2 „Gefühl des Ekels und Entsetzens“

Leo Dawidowitsch Trotzki (1879–1940) ist einer der maßgeblichen Organisatoren der „Oktoberrevolution“. Er beteiligt sich intensiv an der Diskussion um das Verhältnis von Staat und Kunst und lehnt dabei eine zu restriktive Gängelung der Kulturschaffenden ab. Nach Lenins Tod 1924 gerät er in einen Machtkampf mit Stalin. Ab 1928 befindet er sich im Exil. Trotzki wird 1940 in Mexiko im Auftrag Stalins ermordet. In einem Leserbrief an den „New Yorker Partisan Review“ bezieht er 1939 Stellung zum Sozialistischen Realismus:

Die bürgerliche Gesellschaft zeigte gerade darin während langer Perioden der Geschichte ihre Stärke, dass sie es durch die Verbindung von Unterdrückung und Ermunterung, von Boykott und Schmeichelei verstand, jede „rebellierende“ künstlerische Bewegung zu kontrollieren, zu assimilieren[2] und auf das Niveau der offiziellen „Anerkennung“ zu heben. […]
Der Stil der offiziellen sowjetischen Malerei von heute heißt „sozialistischer Realismus“. Dieser Name ist ihr offenbar von irgendeinem Leiter irgendeiner Kunstsektion gegeben worden. Dieser Realismus besteht darin,

[1] **Bildungsromane** haben die geistige und charakterliche Entwicklung ihrer meist jungen Hauptfiguren als zentrales Thema.

[2] **assimilieren**: anpassen

die provinziellen Daguerreotypen[1] des dritten Viertels des letzten Jahrhunderts nachzuäffen; der „sozialistische“ Charakter besteht offensichtlich darin, mit den Mitteln einer verfälschenden Fotografie Ereignisse darzustellen, die niemals stattfanden. Es ist nicht möglich, ohne ein Gefühl des Ekels und Entsetzens sowjetische Verse oder Romane zu lesen oder Reproduktionen sowjetischer Gemälde und Plastiken zu betrachten: In diesen Werken verewigen mit Feder, Pinsel oder Meißel bewaffnete Funktionäre, die mit Mauserpistolen bewaffnet sind, „große“ und „geniale“ Führer, die in Wirklichkeit nicht einen Funken von Größe oder Genialität besitzen. Die Kunst der Stalinepoche wird als schärfster Ausdruck des tiefsten Niedergangs der proletarischen Revolution in die Geschichte eingehen. […] Die Kunst und die Wissenschaft suchen nicht nur keine Lenkung, sondern können von ihrem Wesen her keine dulden. Das künstlerische Schaffen gehorcht seinen eigenen Gesetzen selbst dann, wenn es sich bewusst in den Dienst einer sozialen Bewegung stellt. Echtes geistiges Schaffen ist unvereinbar mit Lüge, Heuchelei und Konformismus.

Leo Trotzki, Kunst und Revolution, in: Ulrich Mölk (Hrsg.), Literaturtheorie und Literaturkritik, München 1973, S. 144–153 (übersetzt von Ulrich Mölk)

1. Nennen Sie zentrale Kritikpunkte am Sozialistischen Realismus, die Trotzki aufführt, und ziehen Sie dafür auch M1 heran.
2. Erläutern Sie mithilfe der Materialien M1 und M2 Trotzkis Kritik am Sozialistischen Realismus.
3. Entwickeln Sie eine Gegenargumentation aus Sicht eines Verfechters des Sozialistischen Realismus. | H
4. Trotzki schreibt in seinem Leserbrief: „Die Kunst und die Wissenschaft suchen nicht nur keine Lenkung, sondern können von ihrem Wesen her keine dulden.“ Beurteilen Sie diese Aussage in Hinblick auf den Sozialistischen Realismus.
5. „Der ideale Untertan der totalitären Herrschaft ist nicht der überzeugte Nazi oder der engagierte Kommunist, sondern Menschen, für die die Unterscheidung zwischen Fakt und Fiktion, wahr und falsch, nicht mehr existiert.“ Hannah Arendt, eine jüdische Politologin, schrieb das in ihrem Werk „Elemente und Ursprünge totalitärer Herrschaft“ (1955). Erörtern Sie diese These. Sammeln Sie im Vorfeld in Partnerarbeit Argumente. | F

[1] **Daguerreotype**: Fotografien, die nach einem von dem Franzosen Louis Daguerre entwickelten Verfahren hergestellt wurden.

## M3 „Das neue Moskau“

Gemälde von Juri I. Pimenow, 1937.

1. Das Gemälde gilt als ein Werk, das innerhalb des Sozialistischen Realismus stilistisch abweicht. Erläutern Sie, warum.
2. Beurteilen Sie, inwiefern das Motiv des Gemäldes den Forderungen des Sozialistischen Realismus entspricht oder widerspricht.

## Der Blick aufs Ganze

1. Erläutern Sie anhand der Materialien Erscheinungsformen und Zielsetzung des Sozialistischen Realismus.
2. Arbeiten Sie mithilfe des Verfassertextes und M2 Merkmale von Ostrowskis Romanausschnitt M1 heraus, durch die er dem Sozialistischen Realismus zugeordnet werden kann.
3. Stummes Schreibgespräch: Erörtern Sie die Frage, ob der Sozialistische Realismus Kunst (von und) für das Proletariat oder Propaganda darstellt.

Methode

# Historiengemälde analysieren

Leitfragen zu den Arbeitsschritten finden Sie auf S. 246;
eine Lösungsskizze zu den Arbeitsaufträgen auf S. 256 f.

**Historienbilder** gibt es seit der Antike. Die Gattung beschränkt sich nicht auf die Malerei, sondern umfasst auch Mosaike, Kupferstiche oder Reliefs. Besonders beliebt waren Historienbilder im 19. Jh., als sie auf bedeutende Ereignisse, Personen, Leistungen und Traditionen der Geschichte aufmerksam machten. Sie trugen so zur **Identifikation** der Öffentlichkeit mit dem eigenen Volk und der eigenen Nation bei.
Historienbilder sind Kunstwerke. Die Künstler bemühen sich, **historische Sachverhalte** darzustellen und zu deuten – die „historische Realität“ bilden sie nicht ab. Das gilt unabhängig vom zeitlichen Abstand zum dargestellten Geschehen. Sie verherrlichen, rechtfertigen oder kritisieren vergangene Ereignisse. Oft sind Historienbilder öffentliche oder private Auftragsarbeiten. Sie sagen dann immer auch etwas über die Sichtweisen der **Auftraggeber** aus. Die Analyse und Interpretation erfordert daher nicht nur Kenntnisse über die dargestellte Zeit, sondern auch über die **Entstehungszeit** des Bildes, den **Künstler** und seinen Auftraggeber.

**HINTERGRUNDINFORMATIONEN**

Nach Lenins Tod 1924 setzte sich Stalin im Machtkampf innerhalb der Kommunistischen Partei durch und wurde neuer Generalsekretär des Zentralkomitees. Er errichtete eine Diktatur, in der der Personenkult um ihn eine bedeutende Rolle spielte (S. 212 f.). Dem Ziel, die agrarisch geprägte Sowjetunion zielstrebig in einen Industriestaat umzuwandeln, dienten die sogenannten **Fünfjahrespläne**. Deren erster begann 1928. Auf dem **XVI. Parteikongress** 1930 wurde einerseits die Durchsetzung dieses Plans auf Kosten des Lebensstandards der Bevölkerung sowie die Repression gegen eigenständige Bauern, die noch nicht von der Kollektivierung in der Landwirtschaft betroffen waren (**Entkulakisierung**, siehe S. 218), verkündet.

**Alexander M. Gerassimow** war einer der führenden Vertreter des Sozialistischen Realismus. Wegen seines Talents und seiner Linientreue war er befugt, führende Vertreter von Staat und Gesellschaft künstlerisch zu verewigen. Für seine Werke erhielt er mehrfach hohe Auszeichnungen und wurde Präsident der Akademie der Bildenden Künste der Sowjetunion.

Lenins Büste, durch scheinbar rotes Licht angestrahlt, im Rücken Stalins. Sie steht auf einem Block, auf dem die Nummer des Parteitags in römischen Ziffern angebracht ist.

entspannte/zuversichtliche Miene

gleißendes und dunkles Rot als dominante Farbtöne

**M1 Josef W. Stalin erstattet dem XVI. Kongress der Kommunistischen Partei der Sowjetunion Bericht**

Gemälde von Alexander Michailowitsch Gerassimow (100 x 129,5 cm), 1935.

Stalin in hervorstechender, weißer Kleidung, nahezu in der Mitte des Bildes stehend

Mitglieder des Politbüros sitzen in meist dunklen Anzügen. Ihre Gesichter sind nur ansatzweise oder gar nicht erkennbar.

wegweisende Gestik Stalins

Blick von vorne; deshalb keine Sicht auf das Plenum des Parteikongresses

▸ Analysieren Sie das Historiengemälde.

# Die Weimarer Republik – von vornherein zum Untergang verurteilt?

**„Arbeiter, Bürger, Bauern, Soldaten aller Stämme Deutschlands, vereinigt Euch zur Nationalversammlung."**
Plakat von César Klein, 1919.

- Erläutern Sie die gestalterischen Mittel.
- Beurteilen Sie, welche gesellschaftlichen Gruppen das Plakat nicht anspricht.

**Systemwechsel** | Als Ende Oktober 1918 die Seekriegsleitung die Flotte gegen England auslaufen lassen wollte, obwohl der Krieg militärisch bereits verloren war, meuterten die Matrosen. Der Aufstand wurde zur Keimzelle der sich rasch ausbreitenden **Novemberrevolution**. Arbeiter- und Soldatenräte übernahmen in vielen Städten die politische Gewalt. Am 9. November forderten Hunderttausende in Berlin ein Ende des Krieges, die Abdankung des Kaisers und eine Demokratisierung des Landes. Die Monarchien stürzten auch in den Ländern des Reiches. Um einen Bürgerkrieg zu verhindern, verkündete Reichskanzler Prinz Max von Baden eigenmächtig die Abdankung Kaiser Wilhelms II. und übergab Friedrich Ebert, dem Vorsitzenden der SPD, das Amt des Reichskanzlers mit dem Auftrag, eine Regierung zu bilden. Das bedeutete einen **Systemwechsel** von der Monarchie hin zur parlamentarischen Demokratie. Am selben Tag rief Philipp Scheidemann (SPD) die „Deutsche Republik" aus.

**Die umkämpfte Republik** | Zwei Stunden später proklamierte der Führer des von radikalen Sozialisten gebildeten Spartakusbundes, aus dem heraus sich wenig später die Kommunistische Partei Deutschlands (KPD) bildete, die „Sozialistische Republik Deutschland". Daraufhin einigte sich die SPD aus Angst vor einer sozialistischen Räterepublik, in der die Macht nach russischem Vorbild auf Arbeiter- und Soldatenräte übergehen sollte, mit der Unabhängigen Sozialdemokratischen Partei Deutschlands (USPD) auf eine Übergangsregierung, den „Rat der Volksbeauftragten". Selbst der im Dezember tagende Reichskongress der Arbeiter- und Soldatenräte stimmte mit großer Mehrheit gegen eine Räterepublik und für die Wahl einer Verfassunggebenden Nationalversammlung im Januar 1919 nach dem allgemeinen Wahlrecht, das nun erstmals auch für Frauen galt. Eine breite Mehrheit wählte die Parteien, die für eine liberale Demokratie nach dem Muster Frankreichs oder Großbritanniens eintraten. Die neue Verfassung garantierte auch Grundrechte. Die konnten allerdings vom Parlament oder per Notverordnung vom Reichspräsidenten außer Kraft gesetzt werden. Von Anfang an hatte die demokratische Republik radikale Feinde: u. a. die Anhänger der Monarchie oder autoritärer Staatsformen, denen die Revolution zu weit gegangen war, und die Kommunisten, denen die Revolution nicht weit genug gegangen war. Die rechtsradikalen Freiwilligenverbände der Freikorps, denen u. a. ehemalige Berufssoldaten angehörten, stellten eine militante Gefahr für den Staat dar.

**Friedrich Ebert** (1871–1925): Er war ab 1913 SPD-Vorsitzender, übernahm nach Ausrufung der Republik 1918 die Regierungsgeschäfte und wurde 1919 erster Reichspräsident der Weimarer Republik.

**Revision** | Die deutsche Öffentlichkeit, aber auch viele Politiker hatten einen milden Frieden auf der Grundlage des 14-Punkte-Programms des amerikanischen Präsidenten Woodrow Wilson erwartet, das das **Selbstbestimmungsrecht der Völker** betont hatte. Doch der Friedensvertrag von Versailles enttäuschte diese Hoffnungen.

Alle Parteien strebten nach einer **Revision** des Friedensvertrages. Doch während die gemäßigten Regierungsparteien dies vorsichtig und diplomatisch versuchten, da sie Deutschlands Schwäche realistisch einschätzten, warfen die rechten, nationalistischen Oppositionsparteien ihnen vor, die Interessen Deutschlands nicht energisch genug zu vertreten, ja sie verraten zu haben. In ihrer Propaganda machten diese wahrheitswidrig nicht nur die demokratischen Politiker, sondern die neue republikanische Ordnung für die Kriegsniederlage und für die harten Friedensbedingungen verantwortlich. Verhandlungserfolge wie der Dawes-Plan (1924) und der Young-Plan (1929), die Höhe und jährliche Raten der Reparationszahlungen für Deutschland durchaus entgegenkommend regelten, erkannten sie ebenso wenig an wie die Wiederaufnahme Deutschlands in die Völkergemeinschaft durch den Beitritt zum Völkerbund (1926), obwohl sie zweifellos eine erkennbare Revision des Friedensvertrages zugunsten Deutschlands darstellten. Dies vergiftete die politische Atmosphäre, belastete die Weimarer Republik von Anfang an schwer und untergrub das Vertrauen in die neue politische Ordnung nachhaltig.

**Weltwirtschaftskrise und ihre Folgen** | Bereits die Hyperinflation im Jahre 1923, die u.a. eine Entwertung von Barvermögen zur Folge hatte, belastete das Ansehen von Demokratie und Regierung schwer. Das Vertrauen in die Handlungs- und Leistungsfähigkeit von Republik, Demokratie und Marktwirtschaft ging in den Jahren der Weltwirtschaftskrise ab 1929 endgültig verloren. Als eine schwere Wirtschaftskrise die USA erschütterte, belegte die US-Regierung Importe mit hohen Schutzzöllen, um die eigenen Produzenten zu schützen. Gleichzeitig forderten US-Banken, die dringend Geld benötigten, Kredite aus Europa zurück. Diese Maßnahmen rissen die europäischen Staaten mit in die Krise: Sie führten zu Produktionsdrosselungen und Entlassungen sowie zu Liquiditätsproblemen bei den Banken. Die Folge war eine verhängnisvolle Spirale von Firmenschließungen, Entlassungen, sinkender Kaufkraft der Bevölkerung, weiteren Bankrotten, Massenarbeitslosigkeit und Massenelend. NSDAP und KPD schürten die Angst vor einem sozialen Abstieg und forderten die Abschaffung von Demokratie und Marktwirtschaft. Währenddessen konnten sich SPD und DVP nicht über den Beitrag zur Arbeitslosenversicherung einigen, sodass es im März 1930 zum Bruch der Großen Koalition, der auch Zentrum, DDP und BVP angehörten, kam.

**Entmachtung des Parlaments** | Der fehlende Wille der Parteien, Kompromisse zu schließen, um die Krise zu meistern, sowie die wachsenden Wahlerfolge der extremen Republikgegner von links (KPD) und rechts (DNVP und vor allem NSDAP), die von der Mischung aus Verzweiflung und Enttäuschung vieler Wählerinnen und Wähler profitierten, bereiteten den Boden für eine schrittweise Entmachtung des Reichstages. Reichspräsident von Hindenburg und seine engsten Berater waren keine Befürworter von Republik und parlamentarischer Demokratie. Sie wollten entweder zurück zur konstitutionellen Monarchie oder eine autoritäre Regierungsform mit einem starken Reichspräsidenten. Zudem standen sie auf der Seite der alten, größtenteils republikfeindlichen Eliten. Ihnen spielte in die Hände, dass der Reichspräsident den Kanzler ernennen und entlassen konnte, das Parlament auflösen und Neuwahlen ansetzen durfte und dass er das Recht hatte, in Notsituationen Notverordnungen zu erlassen. Damit konnte er bestimmen, wer Reichskanzler wurde, mit einem Kanzler seiner Wahl das Gesetzgebungsrecht des Reichstages umgehen und dem Reichstag mit Auflösung und Neuwahlen drohen, falls er seinerseits einem Kanzler das Vertrauen entziehen oder einer Notverordnung widersprechen sollte. Alle Kanzler seit 1930 – Brüning, Papen, Schleicher und anfangs auch Hitler – waren Kanzler von Gnaden des Reichspräsidenten, daher bezeichnet man ihre Regierungen auch als **Präsidialkabinette**. Das Deutsche Reich befand sich auf dem Weg in eine Präsidialdiktatur. Der Reichspräsident nutzte seine Befugnisse, um die Verfassung allmählich auszuhöhlen. Hitler ernannte Hindenburg nur deshalb zum Reichskanzler, weil er der Führer der unterdessen größten Fraktion im Reichstag war und weil er hoffte, dessen Wähler damit für die endgültige Einrichtung einer autoritären Herrschaft des Reichspräsidenten gewinnen zu können.

**Internettipp:**
Digitale Ausstellung „1918: Zwischen Weltkrieg und Revolution“, siehe Code 32051-16.

**Animierte Karte**
Zum Vertrag von Versailles siehe Code 32051-17.

**Geschichte In Clips**
Zur Ausrufung der Republik siehe Code 32051-18.

Zum New Yorker Börsencrash siehe Code 32051-19.

Zur Weltwirtschaftskrise im Deutschen Reich siehe Code 32051-20.

**Paul von Hindenburg** (1847–1934):
Als Sohn eines adligen Offiziers und Gutsbesitzers durchlief Hindenburg ab 1866 eine militärische Karriere. Er wurde 1914 zum Oberbefehlshaber der Truppen an der Ostfront berufen und stieg im Ersten Weltkrieg zum Generalfeldmarschall auf. Von 1925 bis 1934 war er Reichspräsident, als welcher er am 30. Januar 1933 Adolf Hitler zum Reichskanzler ernannte.

## M1 Woodrow Wilsons 14-Punkte-Programm

Am 8. Januar 1918 skizziert US-Präsident Wilson in 14 Punkten seine Vorstellungen einer neuen Weltordnung:

Gerechtigkeit und faires Handeln der anderen Völker der Welt müssen gegen Gewalt und selbstsüchtigen Angriffsgeist gesichert werden. Sämtliche Völker sind in Wahrheit Genossen in diesem Interesse, und wir unsererseits erkennen mit äußerster Klarheit, dass, wenn anderen keine Gerechtigkeit gewährt wird, sie auch uns nicht gewährt werden kann. Das Programm des Weltfriedens ist daher unser Programm, und dieses Programm, das einzig mögliche Programm, wie wir es sehen, lautet:

I. Öffentliche Friedensverträge, öffentlich beschlossen, nach denen es keine privaten internationalen Abmachungen irgendwelcher Art geben darf. Vielmehr soll die Diplomatie stets frei und vor aller Öffentlichkeit sich abspielen.

II. Absolute Freiheit der Schifffahrt auf der See außerhalb der territorialen Gewässer sowohl im Frieden wie im Kriege […].

III. Soweit als möglich Aufhebung sämtlicher wirtschaftlicher Schranken und die Festsetzung gleichmäßiger Handelsbedingungen zwischen sämtlichen Nationen, die dem Frieden zustimmen und sich zu seiner Aufrechterhaltung vereinigen.

IV. Angemessene Garantien, gegeben und genommen, dass die nationalen Rüstungen auf den niedrigsten Grad, der mit der inneren Sicherheit vereinbar ist, herabgesetzt werden.

V. Eine freie, offenherzige und absolut unparteiische Ordnung aller kolonialen Ansprüche, gegründet auf strenger Betrachtung des Prinzips, dass bei Bestimmung aller derartiger Fragen der Souveränität das Interesse der betreffenden Bevölkerung gleiches Gewicht haben muss wie die billigen Ansprüche der Regierung, deren Rechtstitel festgesetzt werden soll.

VI. Die Räumung des gesamten russischen Gebietes und eine derartige Erledigung aller Russland berührenden Fragen, um die beste und freieste Zusammenarbeit der übrigen Nationen der Welt zu sichern zur Erlangung einer ungehemmten und ungeschmälerten Möglichkeit zur unabhängigen Bestimmung ihrer eigenen politischen Entwicklung und nationalen Politik, und um ihnen eine aufrichtige Aufnahme innerhalb der Gesellschaft freier Nationen zu gewährleisten unter Gesetzen ihrer eigenen Wahl […].

VII. Belgien […] muss geräumt und wiederhergestellt werden. […]

VIII. Das gesamte französische Gebiet müsste befreit und die verwüsteten Teile wiederhergestellt werden. […]

X. Den Völkern Österreich-Ungarns, deren Platz unter den Nationen wir gefestigt und gesichert zu sehen wünschen, sollte die freieste Möglichkeit autonomer Entwicklung gewährt werden.

XI. Rumänien, Serbien und Montenegro sollten geräumt werden, besetzte Gebiete wiederhergestellt, […] und die Beziehungen der verschiedenen Balkanstaaten zueinander aufgrund freundschaftlicher Verabredung gemäß den historisch festgesetzten Grenzen der Untertanenpflicht und der Nationalität festgelegt werden. […]

XIII. Ein unabhängiger polnischer Staat sollte errichtet werden […].

XIV. Eine allgemeine Gesellschaft der Nationen muss aufgrund eines besonderen Bundesvertrages gebildet werden zum Zweck der Gewährung gegenseitiger Garantien für politische Unabhängigkeit und territoriale Integrität in gleicher Weise für die großen und kleinen Staaten. In Bezug auf diese notwendige Berichtigung von Unrecht und Sicherung des Rechts betrachten wir uns als intime Genossen sämtlicher Regierungen und Völker, die sich gegen die Imperialisten zusammengeschlossen haben. Es gibt für uns keine Sonderinteressen oder andersartige Ziele. Bis zum Ende stehen wir zusammen.

Zitiert nach: Rüdiger vom Bruch und Björn Hofmeister (Hrsg.), Kaiserreich und Erster Weltkrieg 1871–1918, Stuttgart 2006, S. 453–455

1. Erstellen Sie eine Präsentation mit den Grundsätzen der Friedensordnung.
2. Erläutern Sie, auf welche konkreten Probleme und Missstände Wilson mit seinem Programm reagiert.
3. Überprüfen Sie den Stellenwert des Selbstbestimmungsrechts der Völker für die Grundlegung der Weltfriedensordnung.

## M2 Ausrufung der Republik und der Bildung des „Rates der Volksbeauftragten"

Fotomontage als Bildpostkarte.

1. Entwickeln Sie eine These, was die beabsichtigte und tatsächliche Wirkung auf den Betrachter ist.
2. Bewerten Sie, von welchen Grundeinstellungen die Beurteilung der Bildpostkarte abhängt.
3. Von diesem Motiv gibt es eine Variante, das die sechs Porträts um eine rote Fahne anordnet. Beurteilen Sie, was die Beweggründe für die Wahl des jeweiligen Motivs sind.

## M3 Zuversichtlich und versöhnlich

Der Sozialdemokrat und Vorsitzende des „Rates der Volksbeauftragten", Friedrich Ebert, sagt zur Eröffnung der Nationalversammlung am 6. Februar 1919:

Mit den alten Königen und Fürsten von Gottes Gnaden ist es für immer vorbei. (*Bravo! links. – Widerspruch rechts.*) [...] Das deutsche Volk ist frei, bleibt frei und regiert in Zukunft sich selbst. (*Bravo! links.*) Diese Freiheit ist der einzige Trost, der dem deutschen Volke geblieben ist, der einzige Halt, an dem es aus dem Blutsumpf des Krieges und der Niederlage sich wieder herausarbeiten kann. Wir haben den Krieg verloren. Diese Tatsache ist keine Folge der Revolution. (*Sehr wahr! links – Lebhafter Widerspruch rechts.*)

Meine Damen und Herren, es war die Kaiserliche Regierung des Prinzen Max von Baden, die den Waffenstillstand einleitete, der uns wehrlos machte. (*Zurufe.*) Nach dem Zusammenbruch unserer Verbündeten und angesichts der militärischen und wirtschaftlichen Lage konnte sie nicht anders handeln. (*Sehr richtig! links.*) Die Revolution lehnt die Verantwortung ab für das Elend, in das die verfehlte Politik der alten Gewalten und der leichtfertige Übermut der Militaristen das deutsche Volk gestürzt haben. (*Sehr wahr! links.*) [...] Niederlage und Lebensmittelnot haben uns den gegnerischen Mächten ausgeliefert. Aber nicht nur uns, auch unsere Gegner hat der Krieg ungeheuer erschöpft. Aus dem Gefühl der Erschöpfung bei unseren Gegnern entspringt ihr Bestreben, sich schadlos zu halten am deutschen Volke, wird der Ausbeutungsgedanke in das Friedenswerk hineingetragen. Diese Rache- und Vergewaltigungspläne fordern den schärfsten Protest heraus. (*Bravo!*) Das deutsche Volk kann nicht auf 20, 40 oder 60 Jahre zum Lohnsklaven anderer Länder gemacht werden. Das furchtbare Unglück des Krieges für ganz Europa kann nur wieder gutgemacht werden durch Handinhandgehen der Völker. [...] Aber man soll nicht diejenigen strafen, die selbst Opfer waren, Opfer des Krieges. Opfer unserer früheren Unfreiheit. [...] Für Gerechtigkeit, Freiheit und einen Dauerfrieden haben unsere Gegner nach ihren feierlichen Proklamationen kämpfen wollen. Die Waffenstillstandsbedingungen aber sind bisher unerhört hart und schonungslos durchgeführt worden. [...]

Walter Mühlhausen (Hrsg.), Friedrich Ebert. Sein Leben, sein Werk, seine Zeit. Begleitband zur ständigen Ausstellung in der Reichspräsident-Friedrich-Ebert-Gedenkstätte, Heidelberg 1999, S. 221–223

1. Analysieren Sie Eberts Rede im Hinblick auf seine Argumente, mit denen er einen „Wilson-Frieden" fordert. Stellen Sie seine Argumente in einer Grafik dar.
2. Gestalten Sie den Bericht einer nationalistisch orientierten Zeitung über Eberts Rede, der sich auf die Erwartungen konzentriert, die Ebert in Bezug auf den Friedensvertrag und die künftige Rolle Deutschlands äußert.
3. Überprüfen Sie, ob Eberts Forderung nach einem „Wilson-Frieden" (vgl. Z. 35 ff.) eine realistische Chance auf Verwirklichung hatte.

## M4 Arbeitslosigkeit in ausgewählten Ländern 1925–1933 (in Prozent)

| Jahr | Deutsches Reich[1] | Groß-britannien[2] | USA[3] | Frankreich[4] |
|---|---|---|---|---|
| 1925 | 3,4 | 11,3 | 5,9 | 3,0 |
| 1926 | 10,0 | 12,5 | 2,8 | 3,0 |
| 1927 | 6,2 | 9,7 | 5,9 | 11,0 |
| 1928 | 6,3 | 10,8 | 6,4 | 4,0 |
| 1929 | 8,5 | 10,4 | 4,7 | 1,0 |
| 1930 | 14,0 | 16,1 | 13,0 | 2,9 |
| 1931 | 21,9 | 21,3 | 23,3 | 6,5 |
| 1932 | 29,9 | 22,1 | 34,0 | 15,4 |
| 1933 | 25,9 | 19,9 | 35,3 | 14,1 |

Nach: Dietmar Petzina u. a., Sozialgeschichtliches Arbeitsbuch III, München 1978, S. 119 und Dietmar Petzina, Die deutsche Wirtschaft in der Zwischenkriegszeit, Wiesbaden 1977, S. 16 f.

1. Vergleichen Sie die deutschen Arbeitslosenzahlen mit denen der drei anderen Staaten.
2. Entwickeln Sie eine These, die eine Erklärung für die Unterschiede bietet. | F

## M5 Arbeitslos – und dann?

Ein anonymer Betroffener beschreibt 1930 in der „Arbeiter Illustrierten Zeitung" seine Situation:

Du hast eines Tages den berühmten „blauen Brief" erhalten; man legt auf deine Arbeitskraft kein Gewicht mehr, und du kannst dich einreihen in die große „graue Masse" der toten Hände und überflüssigen Hirne, denn die Maschine ersetzt dich, und jüngere Arbeitskräfte leisten für weniger Geld deine Arbeit. [...] Was dir zunächst als persönliches Schicksal und individuelles Unglück erscheint auf dem Arbeitsnachweis, wo du dich zunächst melden musst, damit du später (nach der zufriedenstellenden Beantwortung von über 300 Fragen auf X Fragebögen) die Erwerbslosenfürsorge in Anspruch nehmen kannst, auf dem Arbeitsnachweis merkst du: Wie dir geht es tausenden. [...] Hier beginnt dein Leidensweg. Man fragt dich aus, wo du in den letzten vier Jahren beschäftigt warst, du musst deinen Lebenslauf schreiben, den Besuch der Schulen angeben, schreiben, warum du entlassen worden bist usw. [...] Nach peinlicher Befragung erhältst du deine Stempelkarte und gehst damit los zur Erwerbslosenfürsorge. Und hier setzt man dir mit Fragen zu, bis du keinen trockenen Faden mehr am Leibe hast. Dass du lebst, glaubt man dir noch, aber wo du in den letzten drei Jahren gelebt hast, musst du aufgrund polizeilichen Stempels und amtlicher Unterschrift nachweisen. [...] Normalerweise hast du drei bis vier Tage zu tun, um alle Papiere beisammen zu haben, und dann kriegst du Unterstützung? So schnell geht das nicht! Erst wenn dein Antrag geprüft und von X Beamten unterschrieben ist, kannst du im günstigsten Fall nach vierzehn Tagen dein erstes Geld holen. [...] Deine Unterstützung richtet sich nach deinem Arbeitsverdienst in den letzten 26 Wochen. Aber ganz gleich, ob du 8,80 Mk oder 22,05 Mk (Höchstsatz) als Lediger pro Woche erhältst, die paar Pfennige sind zum Leben zu wenig und zum Sterben zu viel. 26 Wochen darfst du stempeln und Unterstützung beziehen, dann steuert man dich aus, und du kommst in die Krisenfürsorge, deren Sätze erheblich niedriger sind. Und nach weiteren 26 oder 52 Wochen erhältst du gar nichts mehr und gehörst zu den gänzlich Unterstützungslosen.

Arbeiter Illustrierte Zeitung 1930, Nr. 5; zitiert nach: Wochenschau für politische Erziehung, Sozial- und Gemeinschaftskunde, 48 (1997) 1, S. 33

1. Beschreiben Sie die Hindernisse, die Arbeitslose zu überwinden hatten, bevor sie Unterstützung bekamen.
2. Sozialstaatliche Elemente gelten als eine Errungenschaft der Weimarer Republik. Stellen Sie anhand der Quelle tabellarisch dar, was die Grundlagen für einen in breiten Schichten der Bevölkerung anerkannten Sozialstaat sind.
3. Erklären Sie, welche Auswirkungen Arbeitslosigkeit auf die politische Einstellung der Betroffenen haben kann.

## M6 Menschen in Not

Die Existenzsorgen der Menschen in Deutschland erreichen stellenweise unvorstellbare Ausmaße. Aus einer Broschüre des Berliner Oberbürgermeisters Böß:

Erschütternde Berichte des Jugendamtes und der Hauptfürsorgestellen für Kriegsbeschädigte und Hinterbliebene beleuchten das herrschende Elend der Kinder. Zahlreiche Kinder, auch im zartesten Alter, erhalten nie einen Tropfen Milch, kommen ohne warmes Frühstück zur Schule. Als Schulfrühstück erhalten sie trockenes Brot oder als Aufstrich gequetschte Kartoffeln. Die Kin-

[1] abhängige Erwerbspersonen
[2] Arbeitslose, ermittelt auf der Grundlage der Erwerbslosenversicherung
[3] nichtagrarische Erwerbspersonen
[4] abhängige Erwerbspersonen in Bergbau, Bau und Industrie

der gehen vielfach ohne Hemd und warme Kleidungsstücke zur Schule oder werden aus Mangel an Leib- und Unterwäsche ganz vom Schulbesuch zurückgehalten. Die Not erstickt allmählich jedes Gefühl für Ordnung, Sauberkeit und Sitte und lässt nur noch dem Gedanken an Kampf gegen Hunger und Kälte Raum.

Zitiert nach: Arthur Rosenberg, Entstehung und Geschichte der Weimarer Republik, Frankfurt am Main 1955, S. 400

1. Erklären Sie, welche Bevölkerungsgruppen von der wirtschaftlichen Not besonders betroffen sind.
2. Erörtern Sie mögliche Folgen sozialer Not für eine junge Demokratie.

## M7 Republikfeinde im Parlament

Der sozialdemokratische Reichstagspräsident Paul Löbe (1875–1967) berichtet in seinen Lebenserinnerungen von der parlamentarischen Arbeit nach den Reichstagswahlen von 1930:

Einige Jahre konnte der Reichstag wieder ordnungsgemäß arbeiten. Als aber 1930 das deutsche Volk 107 Nationalsozialisten neben 77 Kommunisten [...] entsandte und 40 deutschnationale Hugenbergianer[1] ihre schützende Hand über die Nazis hielten, brach der Sturm aufs Neue los. Äußerste Rechte und äußerste Linke warfen sich die Bälle zu, unterstützten gegenseitig ihre Obstruktionsanträge[2], begleiteten die jeweiligen Schimpfkonzerte ihrer Antipoden[3] mit tosendem Beifall und versuchten durch unsinnige und demagogische Anträge, die Arbeit des Parlaments und der Regierung lahmzulegen. [...] Bei einer Reichshaushaltsberatung stellten die Kommunisten eine Reihe von Anträgen, unsympathische Steuern und Abgaben aufzuheben oder herabzusetzen, sodass bei Annahme dieser Anträge die Reichseinnahmen von zehn Milliarden auf sechs vermindert worden wären. Bei dem Ausgabenetat kamen dann so viel populäre Anträge auf Rentenerhöhungen, Wohnhausbauten, Erweiterung des Kreises der Versorgungsberechtigten, dass die Ausgaben des Etats von zehn auf 14 Milliarden steigen mussten. Als ich den kommunistischen Wortführer fragte, woher die Mittel für eine solche Wirtschaft kommen, wie das Defizit von acht Milliarden gedeckt werden sollte, erwiderte er kaltschnäuzig, darüber könne sich ja die Regierung den Kopf zerbrechen, „es ist ja nicht unser Staat, sondern der eure". Genauso unehrlich war die Taktik der nationalsozialistischen Fraktion. Sie beantragte, dass niemand im Reich mehr als tausend Mark Monatseinkommen beziehen sollte, dachte aber gar nicht daran, selbst diesen Grundsatz zu befolgen, sondern wollte mit solch demagogischen Anträgen nur die anderen Parteien in Verlegenheit bringen.

Zitiert nach: Günter Schönbrunn, Weltkriege und Revolutionen, München 1995, S. 249

[1] Alfred Hugenberg (1865–1951): Medienunternehmer, von 1928 bis 1933 Vorsitzender der DNVP
[2] **Obstruktion**: Verschleppung, Verhinderung
[3] **Antipoden**: hier: Gegner mit entgegengesetzten, in der Regel unvereinbaren Anschauungen

Joseph Goebbels (1897–1945) wird 1928 Abgeordneter für die NSDAP. Von 1933 bis 1945 ist Goebbels Reichsminister für Volksaufklärung und Propaganda. Er sagt im April 1928:

Wir gehen in den Reichstag hinein, um uns im Waffenarsenal der Demokratie mit deren eigenen Waffen zu versorgen. Wir werden Reichstagsabgeordnete, um die Weimarer Gesinnung mit ihrer eigenen Unterstützung lahmzulegen. Wenn die Demokratie so dumm ist, uns für diesen Bärendienst Freifahrkarten und Diäten zu geben, so ist das ihre eigene Sache. [...] Uns ist jedes gesetzliche Mittel recht, den Zustand von heute zu revolutionieren. Wenn es uns gelingt, bei diesen Wahlen [1928] sechzig bis siebzig Agitatoren unserer Partei in die verschiedenen Parlamente hineinzustecken, so wird der Staat selbst in Zukunft unseren Kampfapparat ausstatten und besolden. [...] Wir kommen als Feinde! Wie der Wolf in die Schafherde einbricht, so kommen wir. Jetzt seid ihr nicht mehr unter euch! Ich bin kein Mitglied des Reichstages. Ich bin ein IdI. Ein IdF. Ein Inhaber der Immunität, ein Inhaber der Freifahrkarte. [...] Wir sind gegen den Reichstag gewählt worden, und wir werden auch unser Mandat im Sinne unserer Auftraggeber ausüben. [...] Ein IdI hat freien Eintritt zum Reichstag, ohne Vergnügungssteuer zahlen zu müssen. Er kann, wenn Herr Stresemann von Genf erzählt, unsachgemäße Zwischenfragen stellen, zum Beispiel, ob es den Tatsachen entspricht, dass besagter Stresemann Freimaurer und mit einer Jüdin verheiratet ist.

Zitiert nach: „Der Angriff" Nr. 18 vom 30. April 1928

1. Erläutern Sie, wie Radikale von links und rechts die parlamentarische Arbeit beeinflussten.
2. Analysieren Sie, welche Wirkung dies auf die Öffentlichkeit haben musste.
3. Recherchieren Sie die verfassungsrechtlichen Möglichkeiten, Feinden der Demokratie in der Bundesrepublik entgegenzutreten. Diskutieren Sie anschließend Ihre Ergebnisse.

## M8 „Der Reichstag wird eingesargt“

Collage von John Heartfield zum 30. August 1932.

1. Erläutern Sie, wofür bei John Heartfield der Reichstag steht. | H
2. Analysieren Sie, warum der Künstler die SPD ins Blickfeld rückt (siehe Schleife unten).
3. Erörtern Sie die Kritik Heartfields.

## M9 Woran scheiterte Weimar?

Der Historiker Eberhard Kolb (*1933) untersucht, welche Faktoren zum „Scheitern“ Weimars beigetragen haben:

Wie wurde Hitler möglich? War die „Machtergreifung“ der Nationalsozialisten unter den gegebenen Bedingungen unvermeidlich? Diese Frage, um die alle Erörterungen über das Scheitern Weimars kreisen, wird von der bisherigen Forschung auf recht unterschiedliche Weise beantwortet. Allerdings sind die in der wissenschaftlichen Diskussion zunächst dominierenden monokausalen Erklärungsversuche, in denen der Aufstieg des Nationalsozialismus und die Machtübertragung an Hitler auf eine einzige oder eine allein ausschlaggebende Ursache zurückgeführt wurden, inzwischen ad acta gelegt worden, denn alle derartigen einlinigen Deutungen haben sich als untauglich erwiesen. Die Historiker sind sich heute zumindest darin einig, dass das Scheitern der Republik und die nationalsozialistische „Machtergreifung“ nur plausibel erklärt werden können durch die Aufhellung eines sehr komplexen Ursachengeflechts. Dabei sind vor allem folgende Determinanten zu berücksichtigen: institutionelle Rahmenbedingungen, etwa die verfassungsmäßigen Rechte und Möglichkeiten des Reichspräsidenten, zumal beim Fehlen klarer parlamentarischer Mehrheiten; die ökonomische Entwicklung mit ihren Auswirkungen auf die politischen und gesellschaftlichen Machtverhältnisse; Besonderheiten der politischen Kultur in Deutschland (mitverantwortlich z. B. für die Republikferne der Eliten, die überwiegend der pluralistisch-parteienstaatlichen Demokratie ablehnend gegenüberstanden); Veränderungen im sozialen Gefüge, beispielsweise Umschichtungen im „Mittelstand“ mit Konsequenzen u. a. für politische Orientierung und Wahlverhalten mittelständischer Kreise; ideologische Faktoren (autoritäre Traditionen in Deutschland; extremer Nationalismus, verstärkt durch Kriegsniederlage, Dolchstoßlegende und Kriegsunschuldspropaganda; „Führererwartung“ und Hoffnung auf den „starken Mann“, wodurch einem charismatischen Führertum wie dem Hitlers der Boden bereitet wurde); massenpsychologische Momente, z. B. Erfolgschancen einer massensuggestiven Propaganda infolge kollektiver Entwurzelung und politischer Labilität breiter Bevölkerungssegmente; schließlich die Rolle einzelner Persönlichkeiten an verantwortlicher Stelle, in erster Linie zu nennen sind hier Hindenburg, Schleicher, Papen. Die Antwort, die auf die Frage nach dem Scheitern der Weimarer Demokratie und der Ermöglichung Hitlers gegeben wird, hängt in ihrer Nuancierung wesentlich davon ab, wie die verschiedenen Komponenten gewichtet und dann zu einem konsistenten Gesamtbild zusammengefügt werden, denn Gewichtung und Verknüpfung sind nicht durch das Quellenmaterial in einer schlechthin zwingenden Weise vorgegeben, sie bilden die eigentliche Interpretationsleistung des Historikers.

Eberhard Kolb, Die Weimarer Republik, München [7]2009, S. 215 f.

1. Arbeiten Sie die Ursachen für das Scheitern der Weimarer Republik heraus.
2. Präsentation: Erarbeiten Sie ein Schaubild, in dem Sie Ursachen, Zusammenhänge und Wirkungen der Faktoren berücksichtigen. | F
3. „Das Scheitern der Weimarer Republik war vermeidbar.“ Beurteilen Sie diese These.

## M10 „Es lebe die deutsche Republik!“

Bundespräsident Frank-Walter Steinmeier (*1956) hält am 9. November 2018 anlässlich des 100. Jahrestages der Revolution folgende Rede:

Die Revolution, so ungeplant und improvisiert sie auch war, steht für eine tief greifende Zäsur in der deutschen Geschichte, für einen Aufbruch in die Moderne.
Viele ihrer Errungenschaften prägen heute unser Land, auch wenn uns das nicht jeden Tag bewusst ist. Die Revolution brachte allen deutschen Parlamenten das allgemeine und gleiche Wahlrecht – endlich, zum ersten Mal auch für die Frauen! Sie bahnte den Weg zur Weimarer Nationalversammlung, zu einer republikanischen Verfassung, zur parlamentarischen Demokratie, der ersten in der Geschichte unseres Landes. Auch Grundsteine des modernen Sozialstaats legte diese Revolution: Achtstundentag, Tarifpartnerschaft, Mitbestimmung durch Betriebsräte – all das steht für den sozialen Fortschritt, der damals inmitten der Nachkriegswirren begann.
Aber trotz alledem hat die Revolution bis heute kaum Spuren im Gedächtnis unserer Nation hinterlassen. [...] Manchmal scheint mir, als sei jene Zeitenwende auf ewig überschattet vom Scheitern der Republik, als sei der 9. November 1918 diskreditiert und entwürdigt durch den 30. Januar 1933. Ja, das Ende der Weimarer Republik führte hinab ins furchtbarste Kapitel der deutschen Geschichte. Aber: Historisch gescheitert ist nicht die Demokratie – historisch gescheitert sind die Feinde der Demokratie. [...]
Ja, diese Revolution war auch eine Revolution mit Irrwegen und enttäuschten Hoffnungen. Aber es bleibt das große Verdienst der gemäßigten Arbeiterbewegung, dass sie – in einem Klima der Gewalt, inmitten von Not und Hunger – den Kompromiss mit den gemäßigten Kräften des Bürgertums suchte, dass sie der parlamentarischen Demokratie den Vorrang gab.
In der Weimarer Republik hat der 9. November nie die symbolische Kraft eines Gründungsmythos gewinnen können. [...] Statt Einheit zu stiften, verschärfte die Erinnerung an den 9. November sogar die ideologische Spaltung der Gesellschaft: Für Teile der radikalen Linken stand das Datum für den vermeintlichen Verrat an der Arbeiterklasse, für die Republikfeinde von rechts für ihre Lüge vom „Dolchstoß“, den angeblichen Verrat an den Frontkämpfern. Es war kein Zufall, dass Adolf Hitler ausgerechnet am 9. November 1923 in München den ersten Anlauf zum Sturz der Republik unternahm, jenes „undeutschen Systems“, dessen Repräsentanten die völkische Rechte mit mörderischem Hass überzog. [...] Und es war vor allem die lange Tradition antiliberalen Denkens, die die politische Kultur der Republik vergiftete [...].
Das Denken und Handeln der Weimarer Demokraten wirkte über die erste Republik hinaus. Die Mütter und Väter der Bundesrepublik, von denen viele in der Weimarer Zeit geprägt worden waren, konnten nach 1945 auf deren Kenntnissen aufbauen und auch aus ihren Irrtümern lernen. In den Worten von Heinrich August Winkler: „Dass Bonn nicht Weimar wurde, verdankt es auch der Tatsache, dass es Weimar gegeben hat.“ [...]
So wenig der Demokratie am 9. November 1918 ihr Scheitern schon vorherbestimmt war, so wenig ist heute, einhundert Jahre später, ihr Gelingen garantiert. Wir beobachten ein wachsendes Unbehagen an der Parteiendemokratie, bis hinein in die Mitte unserer Gesellschaft. Wir erleben, wie manche die Parlamente gar nicht mehr als Orte für politische Lösungen ansehen wollen. Nicht alle diese Menschen sind Gegner der Demokratie – aber sie fehlen der Demokratie. Gerade die Geschichte der Weimarer Republik zeigt doch, wie sehr wir Bürgerinnen und Bürger brauchen, die bereit sind, Verantwortung zu übernehmen, die sich den Mühen demokratischer Politik aussetzen – weil sie an ihren Wert glauben. [...]
Trauen wir uns, die Hoffnung, die republikanische Leidenschaft jener Novembertage auch in unserer Zeit zu zeigen. Trauen wir uns, den Anspruch zu erneuern: Es lebe die deutsche Republik! Es lebe unsere Demokratie!

www.bundespraesident.de/SharedDocs/Reden/DE/Frank-Walter-Steinmeier/ Reden/2018/11/181109-Gedenkstunde-Bundestag.html [Zugriff: 21.06.2019]

1. Fassen Sie die Leistungen zusammen, die wir nach Steinmeier der Revolution von 1918 verdanken.
2. Bewerten Sie die Gründe, die Steinmeier gegen ein „Scheitern der Weimarer Republik“ anführt.
3. Charakterisieren Sie den Zwiespalt, mit dem in Deutschland seit jeher auf die Ergebnisse von 1918 geblickt wird.

## Der Blick aufs Ganze

1. Zu Beginn der Republik verfügte die Regierung über keine militärischen Machtmittel. Zur Niederschlagung linker Aufstände (u. a. des „Spartakus-Aufstandes“ 1919) und zur Sicherung der Ostgrenze beauftragte sie auch rechtsradikale Freikorps. Bewerten Sie, ob dieses „Zweckbündnis“ zur Sicherung der Republik angemessen war.
2. Stellen Sie anhand der Weimarer Republik tabellarisch dar, welche Ansätze antiliberale Kräfte zur Bekämpfung einer liberalen Demokratie nutzen (könnten).
3. Vergleichen Sie mit dem politischen System der Bundesrepublik und benennen Sie dabei Möglichkeiten gegen derartige Strömungen.
4. Positionslinie: Beurteilen Sie, ob sich der 9. November als nationaler Gedenktag dafür eignen würde, die Gründung der Weimarer Republik zu würdigen. | H

# Ist das liberale Modernisierungskonzept Weimars gescheitert?

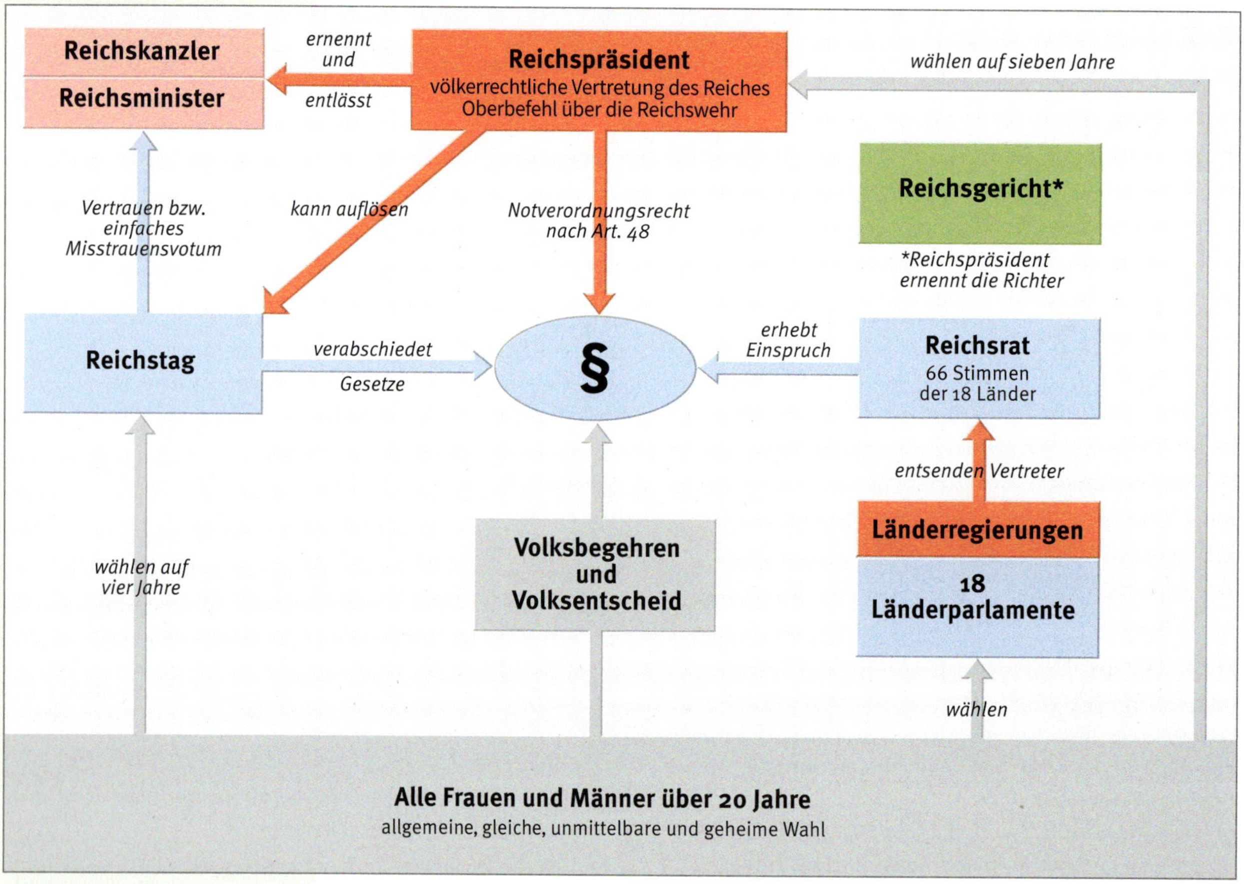


Ein Fazit zur Weimarer Verfassung bietet das Video unter Code 32051-21.

**Weimarer Verfassung.**

- Weisen Sie anhand des Schemas nach, dass der Weimarer Reichsverfassung zentrale liberale Prinzipien zugrunde lagen. | H
- Begründen Sie, warum man sie als fortschrittlich und liberal bezeichnen kann, obwohl der Reichspräsident die Stellung eines „Ersatzkaisers" hatte.

**Nationalversammlung und neue Verfassung** | Die am 19. Januar 1919 gewählte Verfassunggebende Nationalversammlung tagte angesichts von schweren Unruhen in Berlin stattdessen in Weimar, der Stadt Goethes und Schillers. Sie arbeitete die neue Reichsverfassung aus und wählte Friedrich Ebert zum Reichspräsidenten und Philipp Scheidemann zum Reichskanzler. Die drei größten republikanischen und demokratischen Fraktionen, die schon während des Krieges im Reichstag kooperiert hatten, – SPD, Zentrum und Deutsche Demokratische Partei (DDP) – bildeten die sogenannte **Weimarer Koalition**. Diese vereinigte mit 76,1 Prozent der Stimmen die deutliche Mehrheit des Volkes auf sich. Nach über fünfmonatiger Beratung nahm die Nationalversammlung die neue „Verfassung des Deutschen Reiches" an. Mit dieser fortschrittlichen und freiheitlichen Verfassung wurde das Deutsche Reich eine parlamentarische Republik nach dem Vorbild der westlichen Demokratien. Symbolhaft waren ihre Nationalfarben „Schwarz, Rot, Gold" und seit 1922 ihre Nationalhymne „Das Lied der Deutschen".

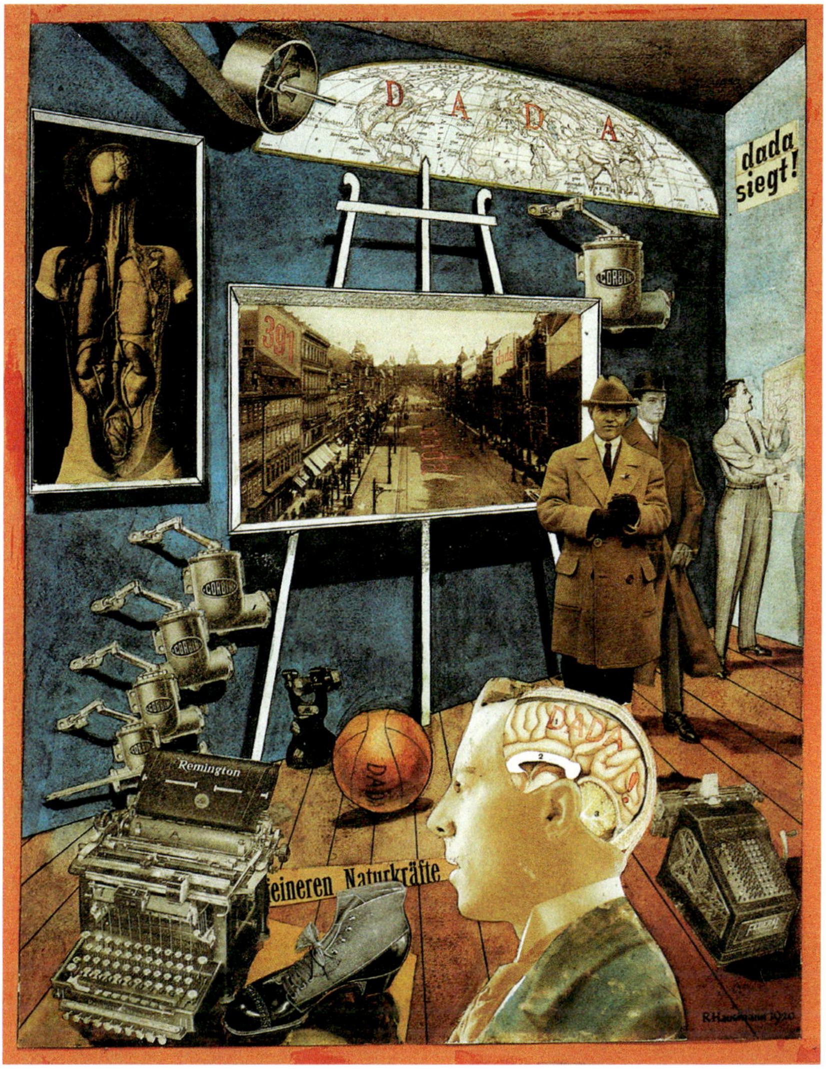


**„Dada siegt."**
Collage von Raoul Hausmann, 1920.
Im Jahr 1919 schlossen sich einige Künstler zusammen und propagierten ihren neuen Kunststil „Dada". Er war die Absage an überkommene autoritäre Strukturen in Kunst und Politik, ein Stück „praktizierter Anarchie". Die Künstler bedienten sich alltäglicher Gegenstände und nutzten das relativ neue Medium der Fotografie für ihre Collagen.

▶ Hausmann wollte den Zeitgeist abbilden. Erläutern Sie anhand der Collage, was für ihn dazu gehörte.

**Versailler Vertrag** | Beinahe gleichzeitig mit der Nationalversammlung fanden in mehreren Pariser Vororten die Friedensverhandlungen der Siegermächte statt. Entgegen dem in Wilsons 14-Punkte-Programm formulierten Grundsatz des **Selbstbestimmungsrechts der Völker** saßen die Verlierer nicht mit am Tisch. Der deutschen Delegation wurde der fertige **Versailler Vertrag** am 7. Mai 1919 in Form eines Ultimatums vorgelegt, Änderungswünsche wurden brüsk zurückgewiesen. Deutschland verlor 13 Prozent des Staatsgebietes sowie rund zehn Prozent der Bevölkerung. Außerdem musste es alle seine Kolonien aufgeben. Die Reichswehr wurde auf ein Berufsheer von maximal 100 000 Soldaten reduziert. Reparationsleistungen in noch festzulegender Höhe mussten erbracht werden. Die Bestimmungen lösten in der deutschen Öffentlichkeit Proteststürme gegen das „Diktat von Versailles" der Siegermächte aus. Vor allem der bald nur noch als **Kriegsschuldartikel** bezeichnete Artikel 231, in dem behauptet wurde, Deutschland und seine Verbündeten trügen die Alleinschuld am Ersten Weltkrieg, wurde heftig abgelehnt. Da die Alliierten jedoch mit der Wiederaufnahme von Kampfhandlungen drohten, blieb den Vertretern der jungen demokratischen Republik nichts übrig, als den Vertrag zu unterzeichnen. In national-monarchistischen Kreisen wurden sie dafür als „Erfüllungspolitiker" diffamiert.

**„Dolchstoßlegende"** | Der Versailler Vertrag und die Umstände seiner Unterzeichnung leisteten einem Propagandamythos Vorschub, der das politische Klima der Weimarer Republik vergiftete, der **„Dolchstoßlegende"**. Die Generäle Paul von Hindenburg und Erich Ludendorff verbreiteten seit Ende 1919 die Verschwörungstheorie, das deutsche Heer wäre im Weltkrieg „im Felde unbesiegt" geblieben und hätte erst durch oppositionelle „vaterlandslose" Zivilisten, die man je nach Bedarf unter den Kommunisten, Sozialdemokraten, den Anhängern von Republik und Demokratie, aber auch unter den jüdischen Mitbürgerinnen und Mitbürgern suchte, aus der Heimat einen „Dolchstoß von hinten" erhalten und wäre so um seinen Sieg betrogen worden. Das war offensichtlich eine Lüge, doch sie fiel auf fruchtbaren Boden. Generäle und hohe Offiziere, Berater des Kaisers und anderer abgedankter Monarchen sowie alle Anhänger des untergegangenen obrigkeitsstaatlichen und militaristischen Kaiserreiches konnten von ihrem eigenen Versagen ablenken und fanden eine einfache Erklärung für die Niederlage, die die Durchhalteparolen der Obersten Heeresleitung so lange verschleiert und geleugnet hatten. So konnten sie die Schuld für die Folgen des Krieges den angeblichen „Novemberverbrechern" und „Erfüllungspolitikern" der demokratischen Republik zuschieben und hatten eine griffige Formel für ihr Feindbild geschaffen, die vielseitig einsetzbar war.

**Zu wenige Demokraten?** | Im Reichstag waren nicht nur staatstragende, demokratisch gesinnte Politiker vertreten. Links- und rechtsradikale Gruppierungen und Parteien bekämpften den Parlamentarismus mit allen Mitteln. Hinzu kam: Die Politiker der neuen Ordnung glaubten, dass sie mit den Eliten der alten Ordnung kooperieren müssten. Der alte Verwaltungsapparat aus dem Kaiserreich wurde ohne nennenswerte personelle Veränderungen übernommen. Die **Elitenkontinuität** umfasste aber auch die Bereiche Militär, Justiz, staatliche Verwaltung, Schulen, Hochschulen und Kirchen. Beamte blieben mehrheitlich konservativ-monarchisch gesinnt. Richter konnten ihre Abneigung gegen die neue Staatsform ungehindert ausleben. Auch Offiziere der Reichswehr hingen der alten Ordnung an.

**„Sie tragen die Buchstaben der Firma – aber wer trägt den Geist?!"**
Karikatur von Thomas Theodor Heine aus dem „Simplicissimus", 21. März 1927.

- Nennen Sie die gezeigten gesellschaftlichen Gruppen.
- Bewerten Sie die Frage, ob eine Republik nur funktionieren kann, wenn die Bürger ihren „Geist" tragen.

**Improvisierte Demokratie** | Und auch das Ergebnis der Wahl zur Nationalversammlung war nur eine Momentaufnahme und trog: Viele trauerten „Glanz und Gloria" der scheinbar „guten alten Zeit" des Kaiserreiches nach. So gut wie alle, die jetzt wählen konnten, waren im Geist des Kaiserreiches aufgewachsen und erzogen worden und akzeptierten die Demokratie nicht, die sie nicht kannten und teilweise auch als dem deutschen Geist „wesensfremd" betrachteten. Sie nahmen sie allenfalls hin, solange sie erfolgreich war. Nicht wenigen war es ein Dorn im Auge, dass jetzt Sozialdemokraten und Juden an der Spitze des Staates standen. Schon bei der ersten Reichstagswahl 1920 schmolz die komfortable Mehrheit der **Weimarer Koalition** deutlich. Die Weimarer Republik war ein **junger Nationalstaat**. Liberale Grundsätze und Grundrechte waren neu und noch nicht im Denken einer breiten Mehrheit verankert. Stärker war noch das Erbe des Kaiserreiches, das als Nationalstaat durch den Willen der Monarchen „von oben" gegründet worden war und in dem man Strömungen in der Bevölkerung nur dann für gut hielt, wenn sie Entscheidungen der Obrigkeit unterstützten.

Unerfahren in der Demokratie waren aber auch die Politiker und ihre Parteien. Sie hatten sich im Kaiserreich meist nur als Gegengewicht zum dominierenden Kaiser und Reichskanzler verstanden und damit überwiegend eine oppositionelle Rolle gespielt, aber keine Verantwortung für die Politik getragen. Jetzt taten sie sich schwer, die für jede Demokratie unerlässlichen Kompromisse zu schließen und Verantwortung zu übernehmen. Alles in allem war die Weimarer Republik eine **improvisierte Demokratie**. Die Frage war, ob sie die Chance bekam, sich zu etablieren.

**Stabilisierung der Republik?** | Eine solche Chance schienen nach den Krisenjahren der frühen Republik die Jahre ab 1924/25 zu bieten. Die Wirtschaft erholte sich, Literatur, bildende Kunst, Theater, Film, aber auch Design und Architektur blühten regelrecht auf, Deutschlands Ansehen im Ausland wuchs. Doch die Bezeichnung **„Goldene Zwanziger"** kann nicht darüber hinwegtäuschen, dass schon 1928 die Arbeitslosenzahlen wieder stiegen. Und die kulturelle Blüte war beschränkt auf die großen Städte und deren Avantgarde sowie deren elitäres Publikum, und sie wurde zudem von konservativen und nationalistischen Kritikern als „verwestlicht" sowie traditions- und niveaulos abgelehnt. Kulturelle Vielfalt und Modernität bewirkten keine Modernisierung der politischen Haltung der breiten Massen. Die grundsätzlichen Probleme der improvisierten Demokratie blieben bestehen. Historiker sprechen von einer Scheinblüte, Zeitgenossen von einem „Tanz auf dem Vulkan".

## M1 Wahlplakat der DNVP von 1924

1. Erläutern Sie den Plakattext. | H
2. Analysieren Sie die Zielsetzung des Plakates sowie die Wirkung von Text und Bild.

## M2 Gründe für das Ende der Weimarer Republik – Äußerungen von Historikern

### a) Heinrich August Winkler (1997)

Manche Historiker meinen, dass die erste deutsche Demokratie vielleicht nicht untergegangen und dann auch Hitler nicht an die Macht gekommen wäre, hätte es damals einen gründlichen Bruch mit der obrigkeitsstaatlichen Vergangenheit gegeben. Tatsächlich war der Handlungsspielraum der regierenden Mehrheitssozialdemokraten […] in den entscheidenden Wochen zwischen dem Sturz der Monarchie am 9. November 1918 und der Wahl der Verfassunggebenden Deutschen Nationalversammlung am 19. Januar 1919 größer, als die Akteure mit Friedrich Ebert, dem Vorsitzenden des Rates der Volksbeauftragten, an der Spitze selbst meinten. Sie hätten weniger bewahren müssen und mehr verändern können. Es wäre, mit anderen Worten, möglich gewesen, in der revolutionären Übergangszeit erste Schritte zu tun auf dem Weg zu einer Demokratisierung der Verwaltung, der Schaffung eines republikloyalen Militärwesens, der öffentlichen Kontrolle der Macht […]. Deutschland kannte zwar bis zum Oktober 1918 kein parlamentarisches Regierungssystem, aber seit rund einem halben Jahrhundert das allgemeine, gleiche und direkte Reichstagswahlrecht für Männer, das Bismarck 1866 im Norddeutschen Bund und 1871 im Deutschen Reich eingeführt hatte. Das Kaiserreich lässt sich daher nicht einfach als „Obrigkeitsstaat" beschreiben. Deutschland war um 1918 bereits zu demokratisch, um sich eine revolutionäre Erziehungsdiktatur […] aufzwingen zu lassen. Deutschland war auch zu industrialisiert für einen völligen Umsturz der gesellschaftlichen Verhältnisse. […] Beide Faktoren, der Grad der Demokratisierung und der Grad der Industrialisierung, wirkten objektiv revolutionshemmend.

Heinrich August Winkler, Weimar: Ein deutsches Menetekel, in: Ders. (Hrsg.), Weimar. Ein Lesebuch zur deutschen Geschichte 1918–1933, München 1997, S. 15 ff.

### b) Heinrich August Winkler (2007)

Die starke Stellung des Reichspräsidenten […] hat viele Parlamentarier schon frühzeitig dazu verführt, sich dem unbequemen Kompromisszwang von Koalitionsregierungen zu entziehen und die Verantwortung nach „oben", auf den Reichspräsidenten, abzuschieben, der im nicht genau definierten Krisenfall auf die umfassenden Notstandsvollmachten des Artikels 48 zurückgreifen und als Ersatzgesetzgeber auftreten konnte. […] Die weitgehende Ausschaltung des Reichstages [seit 1930] verstärkte die politische Radikalisierung, und niemand artikulierte den Massenprotest mit so viel populistischem Geschick wie Hitlers Nationalsozialisten.

Heinrich August Winkler, Auf ewig in Hitlers Schatten? Über die Deutschen und ihre Geschichte, München 2007, S. 73

### c) Alexander Gallus (2006)

Wer den Sozialdemokraten politische Versäumnisse, Fehler und eine mangelnde Ausschöpfung der gegebenen Handlungsspielräume vorwirft, muss die materiellen Nöte und unmittelbaren Herausforderungen der deutschen Zusammenbruchsgesellschaft am Ende des Ersten Weltkrieges berücksichtigen. […] Vor diesem Hintergrund und aus demokratietheoretischer Perspektive spricht einiges dafür, die Sozialdemokratie für ihr Verantwortungsbewusstsein und ihr unbeirrtes Festhalten am Ziel der parlamentarischen Demokratie zu loben. […] Ob ein breit angelegter Elitenaustausch in

Bürokratie, Justiz und Militär für mehr Krisenfestigkeit und Stabilität gesorgt hätte, erscheint insofern fraglich, als die Bereitschaft der dann entmachteten Eliten, sich mit der neuen Ordnung anzufreunden, noch geringer ausgeprägt gewesen wäre.

Alexander Gallus, Deutsche Revolution 1918/19, in: Bayerische Landeszentrale für politische Bildungsarbeit (Hrsg.), Deutsche Zäsuren, München 2006, S. 149

**d) Michael Epkenhans (2007)**

Gewiss, man kann behaupten, dass es nicht nur verpasste Chancen, sondern auch verhinderte Katastrophen gegeben habe. Darf man aber die Stimmen derer, die bereits damals weitergehende Reformen in Staat, Gesellschaft und Wirtschaft forderten und – selbst wenn sich dies erst im Nachhinein als richtig herausstellte – vor den Folgen zu großen Zögerns warnten, einfach beiseiteschieben? [...] Ebert hätte wissen müssen, dass er aktiver und entschlossener hätte handeln müssen, um den beharrenden Kräften die Möglichkeit zur Gegenrevolution zu nehmen.

Michael Epkenhans, in: Die Zeit, Nr. 6, 1. Februar 2007, S. 53

**e) Ian Kershaw (2016)**

In Deutschland legte die Weltwirtschaftskrise schonungslos die eiternden Wunden offen, die man seit 1918 nur oberflächlich versorgt hatte. Es war nun unübersehbar, wie schwach und vordergründig die Akzeptanz der Demokratie unter den politischen, wirtschaftlichen und militärischen Eliten war. Und je schlimmer die Wirtschaftskrise wurde, desto mehr schrumpfte bei den breiten Massen der Glaube an die Demokratie, die in den Augen einer wachsenden Mehrheit schuld war an der schlimmen Lage Deutschlands. [...] Seit 1930 hing die Demokratie in Deutschland praktisch an einer Lebenserhaltungsmaschine. Ein Klima politischer Polarisierung und Radikalisierung machte schließlich Hitler zum großen Nutznießer.

Ian Kershaw, To Hell and Back. Europe, 1914–1949, Harmondsworth 2016, S. 208 (übersetzt von Michael Brabänder)

**f) Paul Nolte (2012)**

Tatsächlich überschnitten sich Wirtschaftskrise und Staatskrise, und die Große Depression hat den Untergang der Weimarer Republik sicher befördert und beschleunigt, aber ebenso wenig verursacht wie ein gutes Jahrzehnt zuvor der Versailler Vertrag. Schon Brüning betrieb, gemeinsam mit Hindenburg und anderen reaktionären Eliten, den „zielgerichteten Prozess der Entparlamentarisierung“ (Andreas Wirsching). Das heißt nicht, dass das Schicksal der Weimarer Republik im Sommer 1930 schon besiegelt war; gewiss nicht mit einer Diktatur Hitlers als Endpunkt. Aber als Retter der Demokratie in schwerer Krisenbedrängnis können Hindenburg und Brüning, und nach diesem Franz von Papen und Kurt von Schleicher als letzte Reichskanzler vor Adolf Hitler, nicht gelten; sie haben die Demokratie vielmehr mit Absicht ausmanövriert. Deshalb kann man besser sagen, die Weimarer Republik sei an der Stärke ihrer Gegner als an der Schwäche der Demokraten gescheitert. Das bringt zugleich klar zum Ausdruck, dass es nicht um eine diffuse „Auflösung“ oder einen „Untergang“ der Demokratie handelt, der die Träger der Verantwortung dafür im Dunkeln lässt, sondern um eine aktiv betriebene Zerstörung. Diese Verantwortung aber müssen sich viele teilen, nicht zuletzt die Bürgerinnen und Bürger, die ganz normalen Deutschen, die in ihrer Mehrheit den Wert der Demokratie nicht erkannten. Hätten Sie nicht massenhaft und schließlich mehrheitlich antidemokratische Parteien gewählt, allen voran die NSDAP, wäre die Weimarer Republik nicht gescheitert.

Paul Nolte, Was ist Demokratie? Geschichte und Gegenwart, München 2012, S. 270 f.

1. Arbeiten Sie in Gruppen aus einer der Historikermeinungen die jeweiligen Gründe für das Ende der Weimarer Republik heraus.
2. Gestalten Sie eine Übersicht, worin die Historikermeinungen übereinstimmen bzw. inwiefern sie voneinander abweichen.

## Der Blick aufs Ganze

1. Stellen Sie dar, mit welchen Schwierigkeiten sich die junge Republik zum Zeitpunkt ihrer Entstehung konfrontiert sah.
2. Erläutern Sie, inwiefern innen- und außenpolitische Faktoren in den Folgejahren zur Stabilisierung und zur Destabilisierung der Weimarer Republik beitrugen.
3. Führen Sie eine Podiumsdiskussion durch zum Thema: „Warum und mit welchen Mitteln wurde die Weimarer Republik zerstört?“ Beurteilen Sie dabei, ob ggf. die folgenden Faktoren ergänzt werden müssen: Ideologie und Grundeinstellungen, Wirtschaftskrisen, (außen)politische Rahmenbedingungen (u. a. Versailler Vertrag), Schwächen der Weimarer Verfassung.

# Politische Plakate auswerten

Leitfragen zu den Arbeitsschritten finden Sie auf S. 249;
eine Lösungsskizze zu den Arbeitsaufträgen auf S. 257 f.

**Plakate** sind öffentliche Aushänge, die meist an stark frequentierten Standorten platziert werden, um möglichst viele Menschen zu erreichen. Plakate können

- informieren (sachlich),
- werben (tendenziös),
- zu Aktionen aufrufen (appellativ).

Ihr Ziel ist es immer, auf den ersten Blick zu wirken und in Erinnerung zu bleiben. Deshalb werden oft auffällig gestaltete Mittel, **wiederkehrende Symbole** und kurze **Slogans** verwendet. Eine Form des Plakats ist das politische Plakat, das es in Deutschland seit Anfang des 19. Jh. gibt. Verwendungszwecke des politischen Plakats sind unter anderem Bekanntmachungen der Regierung, Protest (z. B. soziale Missstände) oder (Anti-)Kriegspropaganda.
Seine Bedeutung als **Massenmedium** erreicht das Plakat erst in der Weimarer Republik mit der demokratischen Parteienvielfalt. In dem Maße wie sich die politischen Auseinandersetzungen der Republik zuspitzten, wurden auch die Texte und Bilder der Parteien radikaler. Politische Gegner wurden diffamiert, Feindbilder aufgebaut und Bedrohungsszenarien heraufbeschworen. Hierbei werden auch **Allegorien und Übertreibungen** eingesetzt. Plakate geben keinerlei Auskunft über das Wahlverhalten einer gewissen Epoche, sehr wohl jedoch über die Auseinandersetzungen der Parteien, den Alltag der Menschen, die Probleme und die Grundhaltungen einer Zeit.
Plakate, insbesondere politische, sind immer tendenziös und wollen Einfluss nehmen. Deshalb ist ihre **kritische Beurteilung** wichtig.

**HINTERGRUNDINFORMATIONEN**

Wie bei einem Großteil der Wahlplakate ist auch bei dem abgebildeten Beispiel nicht zu ermitteln, wer es gestaltet hat. Die **überdimensionale Darstellung von Figuren** ist ein für diese Zeit typisches Merkmal bei diesem Medium.
Die **Reichstagswahl am 18. Juli 1930**, für die das Plakat gestaltet wurde, war nötig geworden, nachdem die Große Koalition am Streit über die Beiträge zur Arbeitslosenversicherung zwischen SPD und DVP zerbrochen war. Dem Regierungsbündnis hatten außerdem das Zentrum, die DDP und die BVP angehört.

zentrale Figur: (SA-)Mann mit Schirmmütze und Hakenkreuz ≙ personifizierter „Feind der Demokratie“ von rechts

Schriftzug: Verweis auf Gegensatz zwischen eigenem demokratischen Selbstverständnis und den „Feinden der Demokratie“ (≙ politische Gegner)

Kommunist mit rotem Stern auf der Kappe ≙ personifizierter „Feind der Demokratie“ von links; Symbol für Gefahr des Bolschewismus

Totenkopf mit Reichswehrhelm: Allegorie auf Gefahr des Militarismus der alten Eliten

Wahlplakat der SPD von 1930.

Dolch: Symbol für Gewalt und Hinterhältigkeit; Verweis auf „Dolchstoßlegende“

aggressiver Wahlaufruf: Ausschalten politischer Gegner (durch demokratische Mittel ≙ Wahl) als Ziel formuliert

wichtige Infos zu Listenplatz und Auftraggeber

Rot als Farbe der „Linken“ – hier der gemäßigten (M)SPD

Farbgebung: Schwarz-Rot-Gold als Nationalfarben und Bekenntnis zur Demokratie

1. Analysieren Sie das Plakat mithilfe der Arbeitsschritte.
2. Erörtern Sie, ob die Art der Gestaltung (oder eine ähnliche) mit heutigen Grundsätzen vereinbar wäre.

# Was unterscheidet Faschismus von anderen rechtsgerichteten antiliberalen Bewegungen?

**„Il figlio della guerra."**
Die Karikatur von Giuseppe Scalarini (1873–1948) wurde 1920 in der Zeitung „Avanti!", der Zeitung der Sozialistischen Partei Italiens (PSI), veröffentlicht.
Der Titel lautet übersetzt: „Der Sohn des Krieges". Über der Zeichnung steht ein Zitat aus der biblischen Weihnachtsgeschichte nach dem Evangelisten Lukas: „Sie gebar ihr erstes Kind, wickelte es und legte es zum Ruhen in eine Krippe."
Auf der Wiege steht „Kapitalismus", auf dem Säckchen darunter „Hafer für die Flucht".

▶ Analysieren Sie die Karikatur.

**Krise nach dem Ersten Weltkrieg** | Wie auch andere Staaten, die am Ersten Weltkrieg beteiligt waren, belastete die Umstellung auf Friedenswirtschaft Italien stark. Die sozialen Unruhen aufgrund hoher Staatsverschuldung, Arbeitslosigkeit und Inflation waren allerdings heftiger als in Frankreich oder Großbritannien. Zum Teil befeuert durch die „Oktoberrevolution" in Russland radikalisierte sich die Arbeiterschaft in Landwirtschaft und Industrie. Besonders betroffen war der Norden des Landes. Nach sowjetischem Vorbild bildeten sich Arbeiterräte. Die Unruhen, Streiks, Demonstrationen sowie Fabrik- und Landbesetzungen nahmen 1919/20 sogar noch stark zu. Die Furcht vor dem Bolschewismus wuchs.

Die liberale Regierung hatte im Parlament, in dem seit 1919 die Sozialisten die meisten Sitze innehatten, keine Mehrheit und regierte mithilfe von Notverordnungen. Sie stand der Krise weitestgehend hilflos gegenüber und verlor immer mehr an Rückhalt in der Bevölkerung.

Unter massiven Druck geriet sie auch von rechts. Paramilitärische Verbände zurückkehrender Soldaten verübten zahlreiche Gewalttaten. Ihre Aggressivität gründete auch auf der Unzufriedenheit über den „verstümmelten Frieden" („vittoria mutilata"). Denn die Zugewinne für die Siegermacht Italien, die etwa sieben Millionen Gefallene zu beklagen hatte, waren hinter den Erwartungen und Zusagen der Alliierten zurückgeblieben (siehe S. 222). 1920 besetzten Freikorps sogar die Stadt Fiume (Rijeka).

**Die faschistische Bewegung** | Zahlreiche radikalisierte Nationalisten und enttäuschte Kriegsteilnehmer schlossen sich einem Kampfbund an, den Benito Mussolini am 23. März 1919 gegründet hatte. Diese antisozialistischen und antiliberalen „Fasci di Combattimento" – mit Schwarzhemden und Militärstiefeln uniformiert – überfielen Einrichtungen und Funktionäre der Linken im ganzen Land und entfachten zum Teil bürgerkriegsähnliche Krawalle, zum Teil mit Unterstützung der Polizei. Unternehmer und Großgrundbesitzer setzen sie als Kampfgruppen ein. Gesellschaftlich aufgewertet wurden die Faschisten, als sie im Mai 1921 zusammen mit den Konservativen dem „Nationalen Block" angehörten. Anhänger trieb ihnen auch die wachsende Furcht vor der erstarkenden Kommunistischen Partei zu. Einen Generalstreik, den die Gewerkschaften am 1. August 1922 ausgerufen hatten, beendeten die Faschisten gewaltsam. Bis 1923 starben etwa 3000 Menschen durch den faschistischen Terror.

**Übernahme der Regierungsgewalt** | Am 7. November wurde die faschistische Bewegung zur Massenpartei umgewandelt, dem **Partito Nazionale Fascista** (PNF). Mussolini, den seine Anhäger als charismatischen Führer („Duce") anerkannten, verfolgte eine Doppelstrategie: Einerseits gab er sich als Revolutionär, andererseits versprach er den traditionellen Eliten und der bürgerlichen Mitte Ordnung sowie die Sicherung der sozialen Besitzstände. Nachdem er sich nicht mit einer Regierungsbeteiligung zufriedengeben wollte, befahl er seinen „Schwarzhemden" den „Marsch auf Rom". Während diese, nur leicht bewaffnet, 40 km vor der Hauptstadt standen, traf Mussolini in Rom ein. König Vittorio Emanuele III. übertrug ihm die Regierungsgewalt. Ob er sich dabei von seinen Ratgebern aus Adel, Armee sowie Großagrarier- und Industriellenkreisen überzeugen ließ oder einen Bürgerkrieg vermeiden wollte, ist offen.

**Aufbau des faschistischen Staates** | Zunächst beteiligte Mussolini auch Vertreter der Liberalen und der katholischen Volkspartei an der Regierung. Aber die Hoffnung auf den Bestand der konstitutionellen Monarchie hielt sich nicht lange. Denn bis 1925 setzte der „Duce" eine Einparteiendiktatur durch und war formal nur noch dem König verantwortlich. Folgen des **Antiparlamentarismus** der Faschisten war die Wahlrechtsreform, nach der dem PNF und seinen bürgerlichen Verbündeten ein Viertel der abgegebenen Stimmen genügte, um zwei Drittel der Mandate zu erringen. Zudem wurde der „Faschistische Großrat" als oberstes Beratungs- und Beschlussgremium der Faschisten dem Parlament quasi gleichgestellt. Die Opposition, die zwischenzeitlich aus Protest gegen die Ermordung des Generalsekretärs der Sozialistischen Partei das Parlament verlassen hatte („Matteoti-Krise"), blieb wirkungslos, weil sie keine Mitstreiter für einen Sturz Mussolinis fand. Die Regierung hob die Gewaltenteilung auf und konnte auch ohne Mitwirkung des Parlaments mittels Dekreten regieren.

Staat, Gesellschaft und Wirtschaft wurden allmählich der faschistischen Partei unterworfen und von einer politischen Polizei überwacht. Missliebige Parteien wurden verboten, Oppositionelle aus Parlament und Verwaltung entfernt. Zeitungen und andere Medien wurden einer strengen Zensur unterzogen oder verboten. Gesondert nach Branchen bildeten die noch geduldeten Gewerkschaften mit den Arbeitgebern zwangsweise Korporationen. Alle Jugendorganisationen wurden durch die faschistische „Opera Nazionale Balilla" ersetzt, in die ab 1931 alle Heranwachsenden eintreten mussten. Die Erziehung der Jugend folgte dem Ziel, einen „neuen Menschen" zu schaffen. Dabei sollte sich jeder Einzelne dem faschistischen Staat ein- und unterordnen. Äußeres Kennzeichen des **Antiindividualismus** waren die Uniformierung der Mitglieder des PNF und der „römische Gruß" mit dem erhobenen rechten Arm und dem Ausruf „Presente!". Ab 1938 beabsichtigten „Rassengesetze" die Entrechtung und Vertreibung von Juden, zur „Reinhaltung der italienischen Rasse".

**Faschismus und autoritäre Regierungen** | Von Anfang an verstand sich der Faschismus als moderne Bewegung, die von jungen Menschen geprägt und von einer kleinen und begabten Elite geleitet werden sollte. Ein wichtiges Mittel zur Integration der Bevölkerung waren Mythen. Für die italienischen Faschisten, deren Bezeichnung einerseits auf das antike Herrschaftssymbol der „Fasces" (Rutenbündel mit einem Beil) und anderseits auf das italienische Wort „fascio" für „Bund" zurückzuführen ist, war das vor allem die Wiedererrichtung des Imperium Romanum. Daran anknüpfend sollte Italien zur Führungsmacht rund ums Mittelmeer (**„mare nostrum"**) aufsteigen und zudem in Afrika expandieren (siehe S. 222–225).

Auch in anderen europäischen Staaten bildeten sich Bewegungen, die unter anderem durch einen Radikalnationalismus, durch Verherrlichung von Gewalt und eine tief greifende Umgestaltung des jeweiligen Landes dem Vorbild des italienischen Faschismus folgten. Demgegenüber schränkten trotz aller Repressionen die vielfach in Europa entstehenden autoritären Regime bürgerliche Freiheiten nicht völlig ein. Ein wesentliches Kennzeichen von ihnen war zudem der Schutz und die Einbindung traditioneller Eliten wie zum Beispiel des Militärs oder der katholischen Kirche. In Spanien, Rumänien und Ungarn setzten sich die jeweiligen Regime gegen die faschistischen Bewegungen durch bzw. nutzten sie als Stütze für ihre Herrschaft. Dabei war der Antikommunismus eine der gemeinsamen Grundhaltungen.

**Benito Mussolini** (1883–1945): italienischer Politiker; 1922 zum Ministerpräsidenten ernannt; errichtete eine faschistische Diktatur; 1945 von Widerstandskämpfern erschossen

**Animierte Karten**
Zum Thema „Europa in den 1920er-Jahren" finden Sie unter dem Code.

## M1 Benito Mussolini

Plakat von 1930 (Ausschnitt).
Auf dem Bild wird der Diktator in eine historisch-mythische Tradition gestellt. In seiner Rechten hält er ein Rutenbündel als Machtsymbol im antiken Rom. Rechts oben werden Romulus und Remus – der Sage nach die Gründer Roms – von einer Wölfin gesäugt. Der Löwe ist das Wappentier der ehemaligen See- und Handelsmacht Venedig.

1. Erläutern Sie die einzelnen historisch-mythischen Elemente. Recherchieren Sie ggf., warum Venedig eine so hohe Bedeutung zuerkannt wird.
2. Begründen Sie, warum das faschistische Italien trotz der Rückgriffe auf die Vergangenheit nicht rückwärtsgewandt sein wollte.
3. Beurteilen Sie anhand des Plakats die Bedeutung der Propaganda für totalitäre Systeme.

## M2 „Der Geist des Faschismus“

Mussolini veröffentlicht 1932 die politische Programmschrift „Der Geist des Faschismus“ („La Dottrina Del Fascismo“) in zwei Teilen. In diesen Teilen versucht Mussolini, seine politischen Absichten darzulegen und philosophisch zu begründen:

Der Faschismus fordert den tätigen, mit allen Willenskräften sich einsetzenden Menschen, der bereit ist, allen Schwierigkeiten männlich entgegenzutreten und sich ihnen zu stellen. Ihm ist das Leben ein Kampf […]. Als antiindividualistische Idee tritt der Faschismus für den Staat ein. Er ist auch für das Individuum, soweit es im Staate aufgeht […]. Der Faschismus ist gegen den klassischen Liberalismus, der dem Bedürfnis, sich gegen den Absolutismus aufzulehnen, entsprungen ist und seine geschichtliche Sendung erfüllt hat, seitdem der Staat zum Bewusstsein und zum Willen des Volkes selbst geworden ist. Der Liberalismus negiert den Staat im Interesse des einzelnen Individuums; der Faschismus bejaht den Staat als die einzig wahre Realität des Individuums. […]
Außerhalb des Staates darf es keine Individuen, noch Gruppen (politische Parteien, Vereine, Syndikate[1] und Klassen) geben. Daher ist der Faschismus gegen den Sozialismus, der die geschichtliche Bewegung im Klassenkampf erstarren lässt und die staatliche Einheit leugnet, die die Klassen zu einer einzigen wirtschaftlichen und sittlichen Realität miteinander verschmilzt. […]
Die faschistische Ablehnung des Sozialismus, der Demokratie und des Liberalismus darf nicht Glauben machen, dass der Faschismus die Welt in den Zustand vor 1789 zurückversetzen möchte, das als das Jahr der Eröffnung des demoliberalen Jahrhunderts bezeichnet wird. Es gibt kein Rückwärts. Die faschistische Doktrin hat nicht de Maistre[2] zu ihrem Propheten erwählt; der monarchische Absolutismus gehört ebenso wie die Kirchendienerei, wie die feudalen Vorrechte und die Trennung in unzugängliche und unüberwindbare Kasten der Vergangenheit an […]. Der Begriff der faschistischen Autorität hat nichts zu tun mit dem Polizeistaat. […]
Beziehungen und Vergleiche sind unmöglich. […] Der Faschismus hat aus dem Schutt liberaler, sozialistischer und demokratischer Doktrinen die Elemente übernommen, die noch einen Lebenswert haben. Er hält diejenigen aufrecht, von denen man sagen kann, dass sie in die

[1] **Syndikat**: Gruppierung von Personen oder Unternehmen
[2] **Joseph de Maistre** war ein Hauptvertreter der traditionalistischen Reaktion auf die Französische Revolution. Er verteidigte die Grundlagen des Ancien Régime.

Geschichte eingegangen sind, – alles übrige verwirft er, d. h. den Begriff einer für alle Zeiten und Völker passenden Doktrin. Mag das neunzehnte Jahrhundert das des Sozialismus, des Liberalismus und der Demokratie gewesen sein, so gilt das noch lange nicht für das zwanzigste Jahrhundert. Die politischen Doktrinen gehen vorüber, die Völker bleiben. Man darf annehmen, dass unser Jahrhundert ein Jahrhundert der Autorität, der „Rechten", des Faschismus ist – wenn das neunzehnte Jahrhundert das des Individuums war (Liberalismus bedeutet Individualismus), so kann man sich vorstellen, dass dies das „kollektive" Jahrhundert und daher das des Staates ist. Dass eine neue Doktrin die noch lebensfähigen Bestandteile anderer Doktrinen sich zunutze machen kann, ist vollkommen logisch. [...]

Benito Mussolini, Der Geist des Faschismus. Ein Quellenwerk, München [5]1943, S. 5, 19 f.

1. Nennen Sie stichwortartig, wofür und wogegen der Faschismus laut Mussolini steht.
2. Charakterisieren Sie Mussolinis Definition von Faschismus.
3. Mussolini schreibt in seiner politischen Programmschrift, dass das 20. Jh. „ein Jahrhundert der Autorität, der ‚Rechten', des Faschismus ist" (Z. 47 f.). Erläutern Sie, welche historischen Entwicklungen in der ersten Hälfte des 20. Jh. faschistische Bewegungen ermöglicht haben. | H
4. Bewerten Sie Mussolinis Verständnis vom Individuum.

## M3 „Zehn Gebote" des Faschismus.

Der Duce (ital.: Führer) stellt im Jahr 1927 „zehn Gebote" für den Soldaten auf:

1. Der Faschist, besonders der Milizsoldat, darf nicht an einen ewigen Frieden glauben.
2. Strafen sind immer verdient.
3. Auch der Wachtposten vor einem Benzinfass dient dem Vaterland.
4. Der Kamerad ist dein Bruder: 1. weil er mit dir lebt, 2. weil er denkt und fühlt wie du.
5. Gewehr und Patronentasche sollen nicht während der Ruhezeit vernachlässigt, sondern für den Krieg bereitgehalten werden.
6. Sage niemals: Die Regierung zahlt's; denn du selbst bist es, der zahlt, und die Regierung hast du selbst gewollt, und du trägst ihre Uniform.
7. Gehorsam ist der Gott der Heere; ohne ihn ist kein Soldat denkbar, wohl aber Unordnung und Niederlagen.
8. Mussolini hat immer Recht. [...]
10. Eines muss dir über allem stehen: das Leben des Duce.

Benito Mussolini, Der Geist des Faschismus, a. a. O., S. 45

1. Erläutern Sie, welchen persönlichen Anspruch Mussolini erhebt. Beziehen Sie dabei auch ein, dass er seine Weisungen „zehn Gebote" nennt.
2. Vergleichen Sie mit M1 und zeigen Sie, wie in den Geboten der Antiindividualismus des Faschismus zum Ausdruck kommt.

## M4 Der „Duce" kommt

Foto von 1939.
Mitglieder der faschistischen Jugendorganisation (Balilla), in die ab 1931 alle Jugendlichen vom sechsten bis zum 20. Lebensjahr eintreten mussten, haben in Verres (Piemont) Aufstellung genommen.

1. Beschreiben Sie die Haltung gegenüber den Heranwachsenden, die in dem Foto deutlich wird.
2. Erläutern Sie das Herrschaftsverständnis Mussolinis, das zum Ausdruck kommt.

## M5 Spanien unter Franco

Der amerikanische Historiker Robert O. Paxton hat sich in seinem Buch „Anatomie des Faschismus" auch mit dem Unterschied zwischen faschistischen und autoritären Staaten beschäftigt. Mit Blick auf die Verhältnisse in Spanien schreibt er:

Die Grenze zwischen Faschismus und autoritärem Regime war besonders in den 1930er-Jahren schwer zu ziehen, als sich Regimes, die in Wirklichkeit autoritär waren, Elemente des Dekors der damals erfolgreichen Faschisten zulegten. Obwohl auch autoritäre Regimes oft die bürgerlichen Freiheiten niedertreten und zur mörderischen Brutalität fähig sind, teilen sie doch nicht den Drang der Faschisten, die Privatsphäre auf Null zu reduzieren. Sie akzeptieren einen vage definierten, aber realen Bereich von Privatsphäre für traditionelle Instanzen wie lokale Honoratioren, Wirtschaftskartelle und Vereinigungen, Offizierskorps, Familien und Kirchen. Stärker als die offizielle Einheitspartei sind diese die Hauptakteure der sozialen Kontrolle in autoritären Regimes. Außerdem würden Autoritäre die Bevölkerung eher demobilisiert und passiv lassen, während Faschisten das Publikum mitreißen und erregen wollen. Autoritäre wollen einen starken, aber begrenzten Staat. Sie zögern mit sozialen Wohlfahrtsprogrammen oder Eingriffen in die Wirtschaft, die der Faschismus bereitwillig durchführt. Sie hängen eher am Status quo als daran, einen neuen Weg zu proklamieren.
General Francisco Franco beispielsweise, der die spanische Armee im Juli 1936 zum Aufstand gegen die Republik führte und 1939 zum Diktator Spaniens wurde, übernahm eindeutig einige Aspekte seiner Herrschaft von seinem Alliierten Mussolini. Er nannte sich selbst caudillo („Führer") und machte die faschistische Falange zur Einheitspartei. Während und nach dem Zweiten Weltkrieg behandelten die Alliierten Franco als Partner der Achsenmächte. Dieser Eindruck wurde noch verstärkt durch die besonders blutige spanische Repression unter Franco, bei der zwischen 1939 und 1945 bis zu 200 000 Menschen ums Leben gekommen sind.

Robert O. Paxton, Anatomie des Faschismus. Aus dem Englischen von Dietmar Zimmer, München 2006, S. 316 f.

1. Arbeiten Sie heraus, worin Paxton Gemeinsamkeiten und Unterschiede zwischen autoritären und faschistischen Regimen sieht.
2. Erläutern Sie, welche faschistischen Elemente das autoritäre Regime von Franco übernahm.

## M6 „Der ewige Faschismus"

Umberto Eco (1932–2016) warnt in seinem Vortrag, den er am 25. April 1995 in englischer Sprache an der Columbia University in New York hält, den Faschismus als ausschließlich historisches Phänomen zu begreifen. Dabei definiert er auch den sogenannten „Ur-Faschismus":

Diese [im Folgenden aufgeführten] Merkmale lassen sich nicht in ein System ordnen – viele von ihnen widersprechen einander und sind auch charakteristisch für andere Arten von Despotismus oder Fanatismus. Doch es genügt, dass eines von ihnen präsent ist, damit der Faschismus einen Kristallisationspunkt hat, um den herum er sich bilden kann.

1. Das erste Merkmal des Ur-Faschismus ist ein *Kult der Überlieferung*. Natürlich ist der Traditionalismus viel älter als der Faschismus. Er war nicht nur typisch für das gegenrevolutionäre katholische Denken nach der Französischen Revolution, er war bereits in späthellenistischer Zeit als Reaktion auf den klassisch-griechischen Rationalismus entstanden. [...]
2. Traditionalismus impliziert *Ablehnung der Moderne*. Sowohl die Faschisten wie auch die Nazis verehrten die Technik, während traditionalistische Denker sie gewöhnlich als Negation der überlieferten geistigen Werte ablehnen. [...] Die Aufklärung und das Zeitalter der Vernunft wurden als Beginn der modernen Verderbnis gesehen. In diesem Sinne lässt sich Ur-Faschismus als *Irrationalismus* definieren.
3. Irrationalismus hängt auch mit einem *Kult der Aktion um der Aktion willen* zusammen. Damit eine Aktion an sich schön ist, muss sie ohne jedes vorherige Nachdenken erfolgen. Denken ist eine Form der Kastration. [...]
4. Kein synkretistischer[1] Glaube kann Kritik hinnehmen. Der kritische Geist trifft Unterscheidungen, und zu unterscheiden ist ein Zeichen von Modernität. In der modernen Kultur preist die wissenschaftliche Gemeinschaft den Dissens als ein Mittel zur Vermehrung des Wissens. Für den Ur-Faschismus ist Dissens Verrat.
5. Außerdem ist Dissens immer auch ein Zeichen für Vielfalt. Der Ur-Faschismus wächst und sucht sich Konsens, indem er die natürliche *Angst vor dem Andersartigen* ausbeutet und vertieft. [...] Daher ist der Ur-Faschismus per Definition rassistisch.
6. Der Ur-Faschismus entspringt individueller oder gesellschaftlicher Frustration. Darum war eines der

[1] **Synkretismus**: Verknüpfung von Ideen oder Philosophien zu einer neuen Weltanschauung

typischen Merkmale der historischen Faschismen der *Appell an die frustrierten Mittelklassen*, die unter einer ökonomischen Krise und/oder einer politischen Demütigung litten […].

7. Denen, die jeder gesellschaftlichen Identität beraubt sind, sagt der Ur-Faschismus, dass ihr einziges Privileg das allgemeinste von allen ist, nämlich im selben Land geboren zu sein. […]
8. Die Anhänger müssen sich vom offen gezeigten Reichtum und von der Stärke ihrer Feinde gedemütigt fühlen. Als ich ein Junge war, lehrte man mich, die Engländer seien das „Volk der fünf Mahlzeiten", weil sie öfter aßen als die armen, aber nüchternen Italiener. […]
9. Für den Ur-Faschismus gibt es keinen Kampf ums Überleben, sondern vielmehr ein „Leben für den Kampf". Daher ist Pazifismus *Kollaboration mit dem Feind*. […]
10. Elitedenken ist ein typischer Aspekt jeder reaktionären Ideologie, insofern es seinem Wesen nach aristokratisch ist, und jedes aristokratische und militaristische Elitedenken impliziert die *Verachtung der Schwachen*. […]
11. In dieser Perspektive *werden alle zum Heldentum erzogen*. In jeder Mythologie ist der Held ein Ausnahmewesen, aber in der Ideologie des Ur-Faschismus ist Heroismus die Norm. […]
12. Da sowohl permanenter Krieg als auch Heldentum schwierige Spiele sind, überträgt der Ur-Faschist seinen Willen zur Macht auf das sexuelle Gebiet. Dies ist der Ursprung des *Machismo* (der nicht nur Frauenverachtung bedeutet, sondern auch Ablehnung und Verurteilung aller nicht zum Standard gehörigen Sexualgewohnheiten, von der Keuschheit bis zur Homosexualität) […]
13. Der Ur-Faschismus beruht auf einem *selektiven oder qualitativen Populismus*. In Demokratien haben die Bürger individuelle Rechte, aber politischen Einfluss können sie nur gemeinsam unter einem quantitativen Gesichtspunkt ausüben – die Mehrheit entscheidet. Für den Ur-Faschismus dagegen haben Individuen als Individuen keinerlei Rechte, während das „Volksganze" als eine Qualität begriffen wird […], die den gemeinsamen Willen aller zum Ausdruck bringt. Da jedoch eine große Zahl von Menschen keinen gemeinsamen Willen haben kann, wirft sich der Führer zu einem Interpreten auf. […]
14. […] Alle nazistischen oder faschistischen Schulbücher bedienten sich eines verarmten Vokabulars und einer versimpelten Syntax, um das Instrumentarium für komplexes und kritisches Denken zu begrenzen. […]

[…] Wir müssen wachsam bleiben […]. Der Ur-Faschismus ist immer noch um uns, manchmal in gutbürgerlich-ziviler Kleidung. Es wäre so bequem für uns, wenn jemand auf die Bühne der Welt träte und erklärte: „Ich will ein zweites Auschwitz, ich will, dass die Schwarzhemden wieder über Italiens Plätze marschieren!" Das Leben ist nicht so einfach. Der Ur-Faschismus kann in den unschuldigsten Gewändern daherkommen. […]

Umberto Eco, Der ewige Faschismus, in: Ders., Der ewige Faschismus. Aus dem italienischen von Burkhart Kroeber, München [3]2020, S. 30–40

1. Fassen Sie in eigenen Worten zusammen, was Umberto Eco unter dem Begriff Ur-Faschismus versteht.
2. Vergleichen Sie die 14 genannten Punkte von Eco mit dem italienischen Faschismus und dem Nationalsozialismus.
3. Begründen Sie, dass sich der Ur-Faschismus gegen den Liberalismus richtet.
4. Überprüfen Sie, ob Umberto Ecos Analyse auf aktuelle politische Entwicklungen zutrifft.
5. Diskutieren Sie in Partnerarbeit Möglichkeiten, um dem Ur-Faschismus, der „in den unschuldigsten Gewändern" daherkomme, heute entgegenzutreten. Präsentieren Sie die Möglichkeiten in einer Kurzpräsentation. | F

## Der Blick aufs Ganze

1. Charakterisieren Sie auf einem Lernplakat den italienischen Faschismus.
2. Vergleichen Sie die Situation Italiens und des Deutschen Reiches nach dem Ersten Weltkrieg.
3. Erläutern Sie die Bedeutung des Ersten Weltkrieges für die Entstehung des italienischen Faschismus.
4. Beurteilen Sie, ob die Einschätzung, der Faschismus sei ein „Sohn des Krieges", zutreffend ist.
5. Erörtern Sie in einer strukturierten Kontroverse, ob der italienische Faschismus eine Massenbewegung oder ein elitäres Konzept darstellt.

Methode

# Schriftliche Darstellungen analysieren

Der Historiker Leopold von Ranke meinte 1824, dass die Aufgabe des Historikers darin bestehe, das Vergangene, „wie es eigentlich gewesen ist", darzustellen. Dazu müsse der Historiker objektiv sein. Schon lange ist die Fachwissenschaft von diesem Anspruch abgerückt, denn Geschichtsschreibung ist ein Narrativ, also eine sinnstiftende Erzählung. Dieses Narrativ wird immer von einer Person konstruiert, die ein Thema mit einem bestimmten Erkenntnisinteresse **subjektiv** bearbeitet und die eine bestimmte Grundhaltung hat. Es ist auch abhängig von der Zeit, in der geschrieben bzw. geforscht wird, von den ausgewählten oder zur Verfügung stehenden **Quellen** und der verwendeten Fachliteratur.

Leitfragen zu den Arbeitsschritten finden Sie auf S. 247; eine Lösungsskizze zu den Arbeitsaufträgen auf S. 258 f.

Aufgrund unterschiedlicher Ansätze, abweichender Interpretationen von Quellen und Intentionen entstehen zu Themen **Kontroversen**. Für das Verständnis eines Textes, seine Einordnung und Bewertung ist es daher sinnvoll, ihn mit anderen Darstellungen zu vergleichen und ihn nach bestimmten Kriterien zu untersuchen.
Das Internet bietet nicht nur Wissenschaftlern, sondern auch allen anderen ein Forum, um Darstellungen zu Geschichte zu verbreiten. Gerade Texte von Laien sollten kritisch gelesen und sorgfältig geprüft werden.

**HISTORISCHER HINTERGRUND**

**Faschismus** ist ein Begriff, dessen Definition umstritten ist und der auf **unterschiedliche, auch aktuelle Gruppierungen und Bewegungen** angewendet wird. So wird er mal spezifisch auf einzelne historische Phänomene, mal allgemein auf rechtsgerichtete Bewegungen mit bestimmten gemeinsamen Merkmalen bezogen. Schon während des Aufstiegs der italienischen Faschisten unter Benito Mussolini wurde begonnen, Theorien über das Wesen „des" Faschismus, Gründe für seinen Aufstieg und die ihn maßgeblich tragenden gesellschaftlichen Gruppen zu konstruieren. Im Marxismus, der schon früh Faschismustheorien entwickelt hatte, wurde Faschismus ein **Kampfbegriff**, der alle kapitalistischen Staaten umfasste.
Bei wissenschaftlichen Darstellungen der jüngeren Zeit gibt es **kontroverse Einschätzungen** hinsichtlich der Trägergruppen, der Bedeutung der historischen Umstände und der Gründe für den Aufstieg des Faschismus. Ein Beispiel für die Bandbreite der Ansätze sind die **Anwendung des Begriffs allein auf den italienischen Faschismus** oder der sogenannte **generische Ansatz**. Letzterer versucht, gemeinsame ideologische Grundzüge und Wesensmerkmal aller von ihm so verstandenen faschistischen Bewegungen herauszuarbeiten.

## M1 Resolution über den Faschismus

Auf ihrem Weltkongress verkündet die Kommunistische Internationale (Komintern) am 16. September 1924:

Der Faschismus ist eine der klassischen Formen der Konterrevolution in der Verfallsepoche der kapitalistischen Gesellschaftsordnung, in der Epoche der proletarischen Revolution, im Besonderen dort, wo das Proletariat den Machtkampf aufgenommen, aber, weil es ihm an revolutionärer Erfahrung mangelt und weil keine führende revolutionäre Klassenpartei da ist, nicht verstanden hat, die proletarische Revolution zu organisieren und die Erhebung der Massen bis zur Errichtung der proletarischen Diktatur zu steigern.

historische Einordnung

Der Faschismus ist das Kampfinstrument der Großbourgeoisie gegen das Proletariat, zu dessen Niederwurf die legalen staatlichen Machtmittel nicht mehr ausreichen; er ist das außerlegale Kampfmittel der Großbourgeoisie zur Aufrichtung und Festigung ihrer Diktatur. Aber seiner sozialen Struktur nach ist der Faschismus eine kleinbürgerliche Bewegung. Seine Wurzeln hat er in den infolge der kapitalistischen Krise dem Untergang geweihten Mittelschichten sowie in den durch die Folgen des Krieges deklassierten Elementen (gewesenen Offizieren usw.) und teilweise sogar in den in ihren revolutionären Erwartungen enttäuschten und verbitterten Elementen des Proletariats.

instrumentalistischer Erklärungsansatz

Sozialstruktur

Bei fortschreitendem Zerfall der bürgerlichen Gesellschaft nehmen alle bürgerlichen Parteien, insbesondere die Sozialdemokratie, einen mehr oder weniger faschistischen Charakter an, bedienen sich seiner Kampfesweise gegen das Proletariat und lösen so selbst die Gesellschaftsordnung auf, zu deren Erhaltung sie sich gebildet haben. Der Faschismus und die Sozialdemokratie sind die beiden Seiten ein und desselben Werkzeuges der großkapitalistischen Diktatur.

sog. „Sozialfaschismus" (Sozialdemokratie als Befürworterin des Parlamentarismus und damit des Kapitalismus)

Internationale Pressekorrespondenz Nr. 119, Sondernummer vom 16. September 1924, S. 1581; zitiert nach: Komintern und Faschismus. Dokumente zur Geschichte und Theorie des Faschismus, herausgegeben und kommentiert von Theo Pirker, Stuttgart 1965, S. 124

## M2 Gemeinsamkeiten faschistischer Bewegungen

Der Historiker Arnd Bauerkämper schreibt in einem Artikel für eine wissenschaftliche Zeitschrift von 2015:

In der historischen Forschung hat sich inzwischen ein weitgehender Konsens über einen generischen Faschismusbegriff herausgebildet. Damit wird nicht mehr vorrangig die Singularität von Bewegungen und Regimes betont, die lange analytisch voneinander getrennt worden sind. Vielmehr sind sie zunehmend miteinander verglichen worden. Auch Beziehungen und Verflechtungen haben verstärkt Aufmerksamkeit gefunden. Die einzelnen faschistischen Bewegungen teilten in ideologischer Hinsicht eine scharfe Ablehnung der Demokratie. Sie verlangten eine radikale Einschränkung individueller Freiheit, die Beseitigung des gesellschaftlichen Pluralismus und die Unterordnung aller gesellschaftlichen Gruppen unter die uneingeschränkte Herrschaft der Parteiführung und der von dieser dominierten Staatsinstitutionen. Da sie sich als Kraft der Erneuerung verstanden, grenzten sich die Faschisten durchweg scharf von den traditionalen Parteien mit ihren (tatsächlich oder vermeintlich) erstarrten Strukturen ab. Auch kennzeichnete faschistische Bewegungen und Regimes ein spezifischer politischer Stil, der Aktionismus, Willenskraft und Uniformierung betonte.

Erklärung: generischer Faschismusbegriff

Gemeinsamkeiten faschistischer Bewegungen

Abgrenzung von herkömmlichen Parteien

Arnd Bauerkämper, Der „Große Krieg" als Beginn: das Verhältnis zwischen traditionalen Ordnungskonzepten, Faschismus und Autoritarismus, in: Totalitarismus und Demokratie, Jg. 12, Heft 1 (2015): Die Demokratie zwischen den Weltkriegen – vom Triumph zur Krise, S. 73–96, hier S. 79 f.; zitiert nach: https://hait.tu-dresden.de/media/zeitschrift/TD_12_01_Bauerkaemper.pdf

1. Analysieren Sie die beiden Textauszüge.
2. Beurteilen Sie, ob es sich bei M1 eher um eine Quelle oder eine Darstellung handelt.

# Warum haben Frankreich und die USA antiliberalen Tendenzen standgehalten?

**„Face à la dictature."**
Foto vom 12. Februar 1934. Gemeinsamer Protestmarsch von Sozialisten und Kommunisten gegen die Bedrohung der Republik durch rechtsradikale Gruppen. Der Text auf dem linken Plakat lautet übersetzt: „Im Angesicht der Diktatur ist der Aufstand eine Pflicht."

▶ Vergleichen Sie mit dem Verhältnis zwischen Kommunisten und Sozialdemokraten im Deutschen Reich. | H

**Demokratie in der Zwischenkriegszeit** | Nicht nur die im Ersten Weltkrieg unterlegenen Staaten waren in der Folge mit Krisen konfrontiert. Auch die Siegermächte Großbritannien und Frankreich gingen nur scheinbar gestärkt aus dem Krieg hervor. Denn auch dort stellte die schlechte weltwirtschaftliche Lage, die Rückzahlung von Kriegskrediten – in erster Linie an die USA – und die Umstellung auf Friedenswirtschaft die demokratischen Regierungen vor große Herausforderungen. Heftige Arbeiterstreiks erschütterten beide Länder in den Jahren nach dem Krieg. Einzelne Maßnahmen halfen jedoch wenig, da es kaum Lohnerhöhungen gab. Gegen die Gewerkschaften, die vielfach als Kämpfer für einen revolutionären Umsturz angesehen wurden, gingen die Regierungen hart vor.

**Verankerung der Demokratie** | Die Tatsache, dass die **Dritte Französische Republik** an der siegreichen Koalition über das Deutsche Kaiserreich beteiligt war, machte es den Monarchisten seitdem deutlich schwerer zu behaupten, dass eine Monarchie der Demokratie überlegen sei.

Die **republikanische Kultur** war in Frankreich, anders als in Deutschland, sehr ausgeprägt. Frankreich war eine **gelernte Demokratie** in einem **alten Nationalstaat**. Obwohl das Land von 1804 bis 1870, mit einer kurzen republikanischen Phase zwischen 1848 und 1852, Monarchie war (zum Teil konstitutionell mit einem Zensuswahlsystem), identifizierten sich weite Teile mit demokratisch-liberalen Prinzipien und den Grundsätzen von Aufklärung und Französischer Revolution. Das wird unter anderem deutlich an der konsequenten Trennung von Kirche und Staat. Nachdem die katholische Kirche durch das mit Napoleon I. geschlossene Konkordat und durch die restaurative Politik Napoleons III. (1852–1870) wieder an Macht gewonnen hatte, erreichte der zum Teil militante Antiklerikalismus die Einführung des **Laizismus** im Jahr 1905.

**Die Folgen der Weltwirtschaftskrise** | Zunächst schien Frankreich von der Weltwirtschaftskrise weit weniger betroffen zu sein als andere Staaten wie Großbritannien und Deutschland. So stieg die Arbeitslosigkeit in Frankreich nur auf maximal 16 Prozent (1935). Das Land war vor allem vom Agrarsektor sowie von kleinen und mittleren Betrieben geprägt. Der Rückgang der Preise für Rohstoffe, Agrarprodukte und Industrieerzeugnisse führte jedoch zum Verlust zahlreicher Arbeitsplätze, zu einem weiteren Absinken der ohnehin zum Teil bereits geringen Löhne und zu wachsenden sozialen Spannungen. Nach der Abwertung des britischen Pfund 1931 verteuerten sich zudem französische Waren; zwischen 1929 und 1932 halbierten sich die Exporte. Der Versuch der Regierung, durch öffentliche Investitionen in die Infrastruktur gegenzusteuern, half nur für kurze Zeit. Das lag vor allem daran, dass die Steuereinnahmen sanken und das Deutsche Reich 1931 die Zahlung von Reparationen einstellte. Wirtschaftliche Krise und Armut entluden sich in politischen Unruhen.

**Vom Parlament auf die Straße** | Zwischen Januar 1931 und Februar 1934 gab es insgesamt zehn Regierungen, die aus Parteien der linken oder rechten Mitte gebildet waren. Jedoch war – anders als in Deutschland in der Zeit der Präsidialkabinette – weiterhin eine Regierungsbildung möglich, die über eine parlamentarische Mehrheit verfügte. Rechtsextreme Gruppierungen erhielten allerdings massiv Zulauf. Diese bildeten sich zumeist aus ehemaligen Frontkämpferbünden, den **Ligen** (frz.: **ligue**), die für die Errichtung eines autoritär geführten Staates kämpften. Die „Action Française" (dt.: Französische Aktion), der „Croix de Feu" (dt.: Feuerkreuz) und die „Jeunesses Patriotes" (dt.: Patriotische Jugend) fanden Zustimmung bei Veteranen des Weltkrieges, bei Intellektuellen und bei Jugendlichen. Als die Verwicklung linksliberaler Politiker in die Machenschaften eines Hochstaplers bekannt wurde, hetzten rechtsextreme Ligen gegen die Regierung. Viele Demonstranten wollten das endgültige Ende der Republik. Gemeinsam mit anderen rechtsextremen Verbänden organisierte der „Croix de Feu" am 6. Februar 1934 (frz.: **6 février**) eine Großdemonstration in Paris. Der Faschismus stellte nun auch in Frankreich eine Bedrohung für die Republik dar.

**Die Republik widersteht!** | Die Regierung hatte sich jedoch auf die Demonstration vorbereitet: Polizisten und Soldaten standen in den Hauptstraßen von Paris bereit, die Gendarmen hatten Brücken und Straßen abgeriegelt. An der Place de la Concorde eskalierte jedoch die Lage. Nachts fielen die ersten tödlichen Schüsse. Mindestens 15 Demonstranten und ein Polizist starben, mehr als 2000 Menschen wurden verletzt. Die französische Rechte erreichte letztendlich aber nur den Sturz der Regierung. Eine Regierung der rechten Mitte, die „Union nationale" (dt.: Nationale Union) wurde gebildet. Eine Woche später demonstrierten linke Parteien gegen den in ihren Augen faschistischen Putsch. Sie wollten eine Situation wie in Deutschland verhindern. Kommunisten und Sozialisten bildeten mit den gemäßigten Linken ein Wahlbündnis: Die PCF (Parti communiste française, dt.: Kommunistische Partei Frankreichs) und die SFIO (Section française de l'Internationale ouvrière, dt.: Französische Sektion der Arbeiter-Internationale) schlossen sich zur Regierungskoalition der Volksfront (**front populaire**) zusammen. Die Republik wurde somit aktiv verteidigt – sogar von der eigentlich republikfeindlichen kommunistischen Partei. Die Wahlen 1936 konnten Sozialisten und Kommunisten schließlich mit einem Wahlbündnis gewinnen. Unter dieser Regierung wurden die Ligen verboten. Somit überstand die Republik, die bis 1938 auch mit den Auswirkungen der Weltwirtschaftskrise zu kämpfen hatte, die Umsturzversuche der Rechtsextremisten.

**Dustbowl in Rolla (Kansas).**
Foto vom 6. Mai 1935.
In den 1930er-Jahren wurden große Gebiete des mittleren Westens von Staubstürmen heimgesucht. Als Regenfälle ausblieben und eine Dürreperiode begann, machten sie ganze Landstriche unbewohnbar. Diese ökologische Katastrophe, die den betroffenen Farmern die Existenzgrundlage entzog, hatte menschengemachte Ursachen: Um neue Anbauflächen zu gewinnen, war seit Ende des 19. Jh. die natürliche Vegetation beseitigt worden. Durch Überweidung und einseitige Anbaumethoden wurde das ökologische Gleichgewicht zerstört.

**Die amerikanische Wirtschaftskrise |** In den USA setzte 1921 ein starker wirtschaftlicher Aufschwung ein. Jährliche Wachstumsraten um die fünf Prozent und Vollbeschäftigung nährten die Aussicht auf einen unaufhaltsamen Fortschritt und wachsenden Wohlstand. In diesen **„Roaring Twenties"** profitierten auch die Mittelschicht und teilweise sogar die Unterschicht von der starken Produktion von Konsumgütern bei sinkenden Preisen. Die Einführung des Konsumentenkredits erleichterte die Entstehung einer **Konsumgesellschaft**, die teilweise „auf Pump" lebte. Immer mehr Kleinanleger, 1929 etwa 18,5 Millionen, investierten in Aktien und erhofften sich davon schnellen Reichtum.

Der Börsencrash in New York am 24. und 29. Oktober 1929 setzte dem Wirtschaftsboom ein jähes Ende und offenbarte die verheerenden Folgen von verfehlter Währungspolitik, Börsenspekulation und Überproduktion.

**Die Folgen der Krise |** Nach Massenentlassungen war 1932/33 rund ein Viertel der erwerbsfähigen Bevölkerung arbeitslos. Die Löhne sanken um fast zwei Drittel. Massenarmut war die Folge. Die Menschen waren allein auf die nur unzureichende Hilfe von privaten Organisationen und Kirchen angewiesen. Anfang der 1930er-Jahre entlud sich die Unzufriedenheit der Bevölkerung in zum Teil gewalttätigen Demonstrationen und zahlreichen Übergriffen von Arbeitslosen. Insgesamt trug die Entwicklung zu einer Entsolidarisierung der Gesellschaft bei. Kriminalität, Diebstahl und Überfälle nahmen zu.

Die Regierung unter dem republikanischen Präsidenten Hoover vertraute zunächst auf die „Selbstheilungskräfte des Marktes" und hielt am Ziel eines ausgeglichenen Staatshaushaltes fest. Die erst spät erfolgten Hilfs- und Unterstützungszahlungen an Unternehmen, Banken, Versicherungen und Bedürftige sowie öffentliche Arbeitsbeschaffungsmaßnahmen konnten Not und Arbeitslosigkeit im Land kaum lindern.

**„I pledge you, I pledge myself, to a new deal for the American people" |** In dieser Situation fanden 1932 die Präsidentschaftswahlen statt. In ihnen war der demokratische Kandidat Franklin D. Roosevelt mit seinem Versprechen, „eine Neuverteilung der Karten" vorzunehmen, erfolgreich. Roosevelt stand dem „Progressive Movement" nahe – einer Bewegung, in der sich während der sogenannten **„Progressive Era"** (1865–1918) Unternehmer, Politiker, Intellektuelle u. a. aus religiöser Überzeugung für Reformen gegen wirtschaftliche, soziale und politische Missstände eingesetzt hatten.

Der von Roosevelt angestoßene **New Deal** war kein in sich geschlossenes Programm, sondern eine Reihe unterschiedlicher, oft improvisierter Maßnahmen, die jeden Wirtschafts- und Gesellschaftsbereich umfassten.

In einer ersten Phase ab 1933 wurden u. a. Banken und die Börse unter staatliche Aufsicht gestellt, die Spareinlagen der Kunden versichert und mit der Gründung der Notenbank die Geldpolitik zentralisiert. Die Erhöhung des Geldumlaufs und die Senkung der Zinsen sollten einen Anreiz für Investitionen schaffen. Mit dem National Industrial Recovery Act (NIRA) wurden Produktion und Preise reguliert, um einen fairen Wettbewerb sicherzustellen. Außerdem wurden Mindestlöhne, Höchstarbeitszeiten und das Recht auf Tarifverhandlungen zugesichert.

Der Agricultural Adjustment Act (AAA) mit seinen Anbau- und Zuchtbeschränkungen sowie Subventionen sollte eine Erhöhung der Agrarpreise gewährleisten. Arbeitsbeschaffungsmaßnahmen vor allem in strukturschwachen Regionen schufen Millionen von Arbeitsplätzen und verbesserten die Infrastruktur.

Obwohl seit 1934 der Druck durch die oppositionellen Republikaner und Unternehmer, die in den Maßnahmen den Verrat amerikanischer Werte zugunsten eines sozialistischen Staates sahen, zunahm, und obwohl der mehrheitlich konservativ besetzte Oberste Gerichtshof (Supreme Court) schließlich den NIRA und den AAA für verfassungswidrig erklärte, setzte Roosevelt zwischen 1935 und 1938 weitere Reformen durch: Höhere Einkommen und Unternehmensgewinne wurden stärker besteuert und weitere riesige Arbeitsbeschaffungsmaßnahmen umgesetzt, die 8,5 Millionen Menschen Arbeit gaben. Außerdem wurden die Gewerkschaften noch weiter gestärkt. Ihr Recht, als Tarifpartner mit den Unternehmern zu verhandeln, sollte nicht nur den Beschäftigten gerechte Bedingungen gewähren, sondern auch innerbetriebliche Konflikte entschärfen. Einschneidend für die amerikanische Politik war die Einführung einer Alters- und Arbeitsunfähigkeitsrente, einer Arbeitslosen- und Unfallversicherung auf Bundesebene.

Vor allem wegen der Unterstützung des „einfachen Volkes" konnte Roosevelt die Präsidentschaftswahlen 1936 mit einem Stimmenanteil von über 60 Prozent für sich entscheiden.

**Ein Fazit des New Deal** | Der New Deal konnte die Auswirkungen der Wirtschaftskrise nur begrenzen und die Arbeitslosigkeit nur vorübergehend senken. Die gezahlten Löhne und Sozialleistungen waren zu gering, um die Industrieproduktion wirksam zu steigern. Dennoch profitierten 25 bis 30 Millionen Menschen von den Reformprogrammen. Eine wichtige Leistung war, das Vertrauen der Menschen in die Handlungsfähigkeit des Staates zu steigern und Hoffnung für die Zukunft zu geben. Dabei setzte Roosevelt verstärkt auf die Idee des **„deficit spending"** (dt. Defizitfinanzierung). Der Staat verschuldete sich durch Investitionen und Steuersenkungen stärker, um dadurch eine höhere Nachfrage zu erzeugen. Die entstandenen Schulden sollten schließlich in einer Phase der Hochkonjunktur getilgt werden. Nachhaltige politische Weichenstellungen wurden vorgenommen. Die Handlungsspielräume der Zentralregierung wurden erweitert und die USA entwickelten sich hin zu einem liberalen Wohlfahrtsstaat (**„welfare state"**).

**Antiliberale Strömungen** | In ihrer großen Mehrheit hielt die amerikanische Gesellschaft am „American Dream" und damit am Glauben an individuelle Leistung und Freiheit in einer liberalen Demokratie fest. Schon wegen des Mehrheitswahlrechts hatten kleinere radikale Parteien nur geringe Chancen.

Tief verwurzelt in der amerikanischen Gesellschaft mit ihrer starken Rolle der christlichen Religionsgemeinschaften war die Abneigung gegenüber kommunistischen Ideen. Deren Anhänger wurden scharf verfolgt, nicht zuletzt wegen des Verdachts der Kollaboration mit der Sowjetunion. Die 1919 gegründete Kommunistische Partei hatte niemals mehr als 100 000 Mitglieder.

Die NS-Bewegung zählte in den USA vermutlich nur rund 25 000 Personen, auch wenn sie sich auf den Protestantismus und auf den amerikanischen Patriotismus berief. Daran änderte auch nichts, dass sich 1933 die „Free Society of Teutonia" als erste NS-Organisation auf Betreiben des NS-Regimes mit weiteren Gruppen zusammenschloss („Friends of Germany"). Kommunisten und Nationalsozialisten standen unter Beobachtung einer 1934 eingerichteten Sonderkommission des Kongresses. Aus ihr entwickelte sich das 1938 entwickelte Komitee für unamerikanische Umtriebe (House Committee on Un-American Activities). Es sollte extremistische Aktivitäten unterbinden, machte aber auch missliebige Anhänger des New Deal zur Zielscheibe von Überwachung und Denunziation.

**Franklin Delano Roosevelt** (1882–1945): Rechtsanwalt und Politiker, Neffe Theodore Roosevelts, 1933–1945 US-Präsident (Demokrat). Er setzte sich für soziale Reformen ein, führte die USA in den Zweiten Weltkrieg und engagierte sich für die Gründung der Vereinten Nationen (UNO).

**Geschichte In Clips**
Zum New Deal siehe Code 32051-23.

## M1 Frankreich am Rande eines Bürgerkrieges?

Der Historiker Andreas Wirsching schreibt 1999 über die Bedeutung des 6. Februars 1934:

Wie gespannt die politische Lage in der Hauptstadt war, kam u.a. dadurch zum Ausdruck, dass unmittelbar nach den Vorfällen des 6. Februar der Begriff des Bürgerkrieges in aller Munde war. [...] Mithin stand der 6. Februar weniger am Ende eines innenpolitischen Polarisierungsprozesses, als dass er vielmehr seinen Ausgangspunkt bildete. Er bewirkte eine bis dahin nicht gesehene Massenmobilisierung. [...] Während Kommunisten und Sozialisten zur „antifaschistischen" Mobilisierung aufriefen und allmählich zu einer gemeinsamen Plattform fanden, gewannen die außerparlamentarischen Kampfverbände mit dem Hinweis auf die Gefahr einer drohenden kommunistisch-sozialistischen Diktatur erheblichen Zulauf. [...] Das politische Schicksal Frankreichs [schien] mehr als je zuvor davon abzuhängen, wer in der Hauptstadt die Straße beherrschte. Über mehrere Jahre hinweg wurde die Pariser Region nun zum Schauplatz einer Welle politischer Demonstrationen und Kundgebungen, die nicht selten gewalttätigen Charakter annahmen.

Andreas Wirsching, Vom Weltkrieg zum Bürgerkrieg? Politischer Extremismus in Deutschland und Frankreich 1918–1933/1939. Berlin und Paris im Vergleich, München 1999, S. 474f.

1. Erläutern Sie, inwiefern der 6. Februar eine Krise der Demokratie darstellte.
2. Beurteilen Sie, warum der gemeinsame Widerstand gegen die rechtsradikalen Gruppen für den Bestand der Republik von großer Bedeutung war.

## M2 „Wir regieren als Republikaner"

Am 6. Juni 1936 spricht der neu gewählte Premierminister Léon Blum zur Bevölkerung:

Das französische Volk hat seinen unerschütterlichen Entscheid getroffen, die demokratischen Freiheiten, die sein Werk sind und sein Gut bleiben, vor allen gewalttätigen und hinterlistigen Angriffen zu schützen. Es hat seinen Willen bekräftigt, auf neuen Wegen die Mittel gegen die Krise zu suchen, die es niederdrückt. [...] Schließlich hat es seinen Willen nach Frieden, der es ganz erfüllt, festgehalten. Die Aufgabe der Regierung, die sich Ihnen vorstellt, steht also schon in der ersten Stunde ihres Bestehens fest. [...] Während wir uns also bemühen, in voller Zusammenarbeit mit Ihnen, die französische Wirtschaft wiederzubeleben, die Arbeitslosigkeit zu überwinden, die Größe der verbrauchbaren Einkommen anzuheben, all jenen ein wenig Wohlgefühl und Sicherheit zu bieten, die durch ihre Arbeit den wahren Reichtum schaffen, werden wir das Land zu regieren haben. Wir regieren als Republikaner. Wir werden die republikanische Ordnung aufrechterhalten, wir werden in ruhiger Festigkeit die Gesetze der republikanischen Verteidigung anwenden.

Léon Blum, in: Lachaise, Nr. 28, zitiert nach: Georg Kreis (Hrsg.), Geschichte Frankreichs in Quellen, Bd. 2: Von Napoleon bis zur Gegenwart, Stuttgart 2015, S. 51–53 (übersetzt von Urs Egli)

1. Arbeiten Sie heraus, wie Léon Blum seinen Wahlerfolg begründet und welche Anforderungen er an die Regierung stellt.
2. Vergleichen Sie die Auswirkungen der Weltwirtschaftskrise auf die Politik zwischen Frankreich und Deutschland. | H

## M3 Gründe für den Erfolg der Dritten Republik

Christoph Schönberger (* 1966) ist deutscher Jurist, Professor für Öffentliches Recht, Europarecht, Staatslehre und Verfassungsgeschichte an der Universität Konstanz. In seinem Aufsatz „Die Krise der parlamentarischen Demokratie in der Zwischenkriegszeit" weist er auf die Gemeinsamkeiten und Unterschiede der Ausgangssituation der Dritten Französischen Republik und der Weimarer Republik hin und erklärt den Erfolg der Dritten Republik:

Das französische parlamentarische System verstand es, einen Großteil der gesellschaftlichen Kräfte zu integrieren und die Extreme gering zu halten. Anders als in Weimar wurde so auch ein Großteil der republikanischen Rechten in den republikanischen Konsens integriert, und selbst die Kommunisten [...] öffneten sich in der Volksfront für eine Zusammenarbeit mit den linksrepublikanischen Kräften. Für diese Integrationskraft war mitentscheidend, dass Frankreich in der Zwischenkriegszeit auf eine bereits mehrere Jahrzehnte währende Praxis des parlamentarischen Regierungssystems zurückblicken konnte [...]. In Deutschland fehlte es hingegen an diesen Erfahrungen mit dem parlamentarischen Regieren, diese mussten vielmehr sofort unter den ungeheuer verschärften Bedingungen der Nachkriegszeit gesammelt werden. Die republiktreuen Kräfte sahen sich rasch einer zahlenmäßig bedeutsamen Grundsatzopposition links wie rechts gegenüber; das Verhältniswahlrecht bildete diese Verschiebungen in Weimar schnell ab und verstärkte sie, während das französische Mehrheitswahlrecht die Extreme eher schwächte. Zugleich gelang es auch der Weimarer parlamentarischen

Praxis kaum, die republikfernen Parteien wie etwa die USPD oder die DNVP allmählich an den Verfassungsbogen heranzuführen oder in Regierungstätigkeit einzubinden. Mentalitätsprägend blieb in Deutschland zudem eine auf den traditionellen monarchischen Staat bezogene Konsensorientierung [...]. Zur hohen Flexibilität des französischen Parlamentarismus trug gerade die starke Fluktuation im französischen Parteiensystem und der Individualismus der einzelnen Abgeordneten bei. So wenig der französische Parlamentarismus darauf ausgerichtet oder auch nur in der Lage war, stabile Regierungsmehrheiten hervorzubringen, so sehr gewährleistete gerade die Organisationsschwäche der französischen Parteien die flexible Anpassung an neue Konstellationen. In Deutschland hätte hingegen der gegenüber Frankreich sehr hohe Organisationsgrad der Parteien zwar strukturell bessere Voraussetzungen für stabile Regierungsmehrheiten geboten. Dieser hohe Organisationsgrad war bei den deutschen Parteien aber gerade unter den Bedingungen fehlender Regierungsteilhabe entstanden und nicht auf die Funktion zugeschnitten, die Regierung durch die Mehrheitsfraktionen zu stützen. Ihr Charakter als Milieu- und Gesinnungsparteien erschwerte diese Aufgabe zusätzlich. In den zwanziger und dreißiger Jahren begann der französische Parlamentarismus zudem – wenn auch unter großen Schwierigkeiten – ein stärker strukturiertes Wechselspiel zwischen linken und rechten Kammermehrheiten [...]. An solchen Alternativen und der Entstehung einer verfassungstreuen und potenziell regierungsfähigen Opposition fehlte es hingegen im Weimarer Parlamentarismus. [...] Bedeutsam für Frankreich war auch, dass der Staatspräsident trotz der häufigen Regierungskrisen [...] nicht zu einer Art Reserveautorität wurde. [...]. In Deutschland wirkte hier hingegen in vergleichbaren Konstellationen konstitutionelles Erbe nach, was [...] den Reichspräsidenten rasch in die Rolle einer Ersatzautorität bringen konnte und in den letzten Jahren der Republik ja auch gebracht hat. [...]

Christoph Schönberger, Die Krise der parlamentarischen Demokratie in der Zwischenkriegszeit: Französische Dritte Republik und Weimarer Republik im Vergleich, in: Gusy Christoph (Hrsg.), Demokratie in der Krise: Europa in der Zwischenkriegszeit, Baden-Baden 2008, S. 278–280

1. Arbeiten Sie die Herausforderungen der Nachkriegszeit für die Dritte Französische Republik und die Weimarer Republik heraus.
2. Erläutern Sie, was Schönberger mit „Fluktuation im französischen Parteiensystem“ (Z. 31) und „Individualismus der einzelnen Abgeordneten“ (Z. 32) meint.
3. Begründen Sie, warum die Dritte Republik im Umgang mit der Krise der Demokratie erfolgreich war. | H
4. Entwickeln Sie ein Schaubild, in dem die Ursachen für die unterschiedliche Entwicklung in Frankreich und Deutschland zum Ausdruck kommen. | F

## M4 Parade des Ku-Klux-Klans

Foto vom 13. September 1926.
Der Ku-Klux-Klan wurde 1854 vom Südstaaten-General Nathan Bedford Forrest gegründet. Nach seiner zwischenzeitlichen Auflösung 1871 organisierte er sich 1915 neu. Auf seinem Höhepunkt gehörten ihm mehr als drei Millionen Amerikaner an. Handlungsmaxime war das Eintreten für „native, white, Protestant supremacy“. Seine Einschüchterungen und Terrorakte richteten sich gegen alles, was als „unamerikanisch“ galt: vor allem Afroamerikaner, Einwanderer, Juden, Katholiken und Liberale. Ein politischer Umsturz war jedoch nie das Ziel dieses Geheimbundes.

1. Entwickeln Sie eine These, was nach Ansicht des Ku-Klux-Klans „amerikanisch“ ist.
2. Beurteilen Sie das Verhältnis zur restlichen Bevölkerung, das durch das Foto deutlich wird.

## M5 „Unsere Nation verlangt Taten, und zwar sofort"

In seiner Rede zum Amtsantritt als Präsident verkündet Roosevelt (1882–1945) am 4. März 1933:

Unsere Nation verlangt Taten, und zwar sofort. Unsere alles beherrschende Aufgabe ist es, den Menschen wieder Arbeit zu verschaffen. Diese Aufgabe ist nicht unlösbar, wenn wir sie klug und unerschrocken anpacken. Teilweise kann das Problem durch direktes Eingreifen der Regierung gelöst werden, indem wir an unsere Aufgabe so großzügig herangehen, wie wir im Fall eines Krieges handeln würden; aber gleichzeitig müssen wir bei der öffentlichen Arbeitsbeschaffung so vorgehen, dass durch sie dringend notwendige Verbesserungen für den Gebrauch unserer natürlichen Hilfsmittel erfolgen. [...] Gefördert kann die Erfüllung dieser Aufgabe werden durch zielbewusste Maßnahmen zur Erhöhung der Preise der ländlichen Produkte und durch die dadurch zu erreichende Steigerung der Kaufkraft der ländlichen Bevölkerung, von der dann wieder die Städte den Nutzen haben. [...] Ferner ist es unumgänglich nötig, dass die Bundes-, Staats- und Lokalregierungen in Zukunft ihre Ausgaben ganz erheblich verringern. Außerdem muss eine Vereinheitlichung all der zahlreichen Hilfsmaßnahmen durchgesetzt werden, die heute noch vielfach auseinanderfließen und unwirtschaftlich und nicht genügend durchdacht sind. Endlich verlangt die Aufgabe, die wir zu lösen haben, auch die nationale Organisation und Kontrolle aller Arten von Transport- und Verkehrsmitteln oder sonstigen, dem öffentlichen Gebrauch dienenden Einrichtungen. So gibt es mancherlei Wege, die zum Ziel führen. Zu gar keinem Ergebnis aber werden wir kommen, wenn wir bloß von unseren Aufgaben reden. Wir müssen handeln, schnell und energisch. Damit wir aber bei der Durchführung unserer Arbeit und bei der Wiederbelebung unserer Wirtschaft nicht wieder in die alten Übelstände zurückgleiten, haben wir Schutzwälle für unser Werk aufzurichten: Es muss eine scharfe Beaufsichtigung des ganzen Bankwesens, der Kreditwirtschaft und der Kapitalanlagen eintreten, und es muss der Spekulation mit anderer Leute Geld ein Ende bereitet werden. Und es muss für eine mit der Wirklichkeit in Einklang stehende, aber gesunde Währung gesorgt werden. [...] Machen wir uns dieses Aktionsprogramm zu eigen, so werden wir unser Haus wieder in Ordnung bringen und das Gleichgewicht von Einnahmen und Ausgaben wiederherstellen. Unsere nationalen Handelsbeziehungen, von so weittragender Bedeutung sie auch sein mögen, kommen gegenüber diesen vordringlichen Aufgaben erst an zweiter Stelle. Die Sorge um sie steht hinter dem Aufbau einer gesunden nationalen Wirtschaft zurück. [...]

Wir hegen keinen Zweifel an der Zukunft der Demokratie. Noch nie hat das Volk der Vereinigten Staaten versagt. Noch stets hat es in großer Not seinen Willen dahingehend ausgesprochen, dass ungesäumt und kraftvoll gehandelt wird, und stets hat es planvolle Unterordnung unter die Führung gefordert. Jetzt hat es mich zum Werkzeug seiner Wünsche gewählt, und im Geiste dieses Auftrages trete ich mein Amt an.

Zitiert nach: Herbert Schambeck u. a. (Hrsg.), Dokumente zur Geschichte der Vereinigten Staaten von Amerika, Berlin [2]2007, S. 452–457

1. Beschreiben Sie Roosevelts politische Überzeugungen. Welche Rolle spielen darin die Bürger, die Politik, das Ausland und das Selbstverständnis der amerikanischen Nation?
2. Nehmen Sie Stellung zur These, Roosevelts Politik des New Deal bedeute eine Abkehr von der traditionellen amerikanischen Wirtschafts- und Sozialpolitik.
3. Vergleichen Sie den Umgang mit der Wirtschaftskrise in den USA mit der Wirtschaftspolitik Brünings in der Weimarer Republik. | F

## M6 Opposition gegen den New Deal

Die Historiker Jürgen Heideking und Christof Mauch schreiben dazu:

Unter wachsenden Druck geriet die Regierung sowohl vonseiten der Gewerkschaften, die eine schnellere Beseitigung der Arbeitslosigkeit und „wirtschaftliche Demokratie" forderten, als auch vonseiten konservativer Unternehmer, die sich in der *American Liberty League* zusammenschlossen. Diese einflussreiche Organisation attackierte die staatliche Regulierung des Wirtschaftslebens öffentlich als Vorstufe eines kommunistischen oder faschistischen Regimes à la Stalin, Mussolini und Hitler. Rückhalt fand diese Opposition bei den Gerichten, die stets zu den Verteidigern einer „freien" Wirtschaft gehört hatten und die nun zu erkennen glaubten, dass der New Deal das amerikanische Verfassungssystem aus den Angeln hob. Auf diese Gefahr wies der Supreme Court unter seinem republikanischen Vorsitzenden Charles E. Hughes unmissverständlich hin, als er im Mai 1935 den *National Industrial Recovery Act* [...] einstimmig für verfassungswidrig erklärte. Konkret bemängelten die Richter, dass der Kongress zu viele Vollmachten an die Exekutive delegiert habe [...], und dass die Bundesregierung auf unzulässige Weise in die wirtschaftlichen Belange der Einzelstaaten eingreife [...].

Jürgen Heideking und Christof Mauch, Geschichte der USA, Tübingen [5]2007, S. 259

1. Arbeiten Sie heraus, warum Konservative Kritik an Maßnahmen des New Deal übten.
2. Entwickeln Sie eine Argumentation, wie Anhänger des New Deal diesen Vorwürfen begegnen hätten können. Ziehen Sie dazu auch M5 heran.

## M7 Die öffentlichen Haushalte der USA 1929–1941 (in Mrd. Dollar)

| Jahr | Einnahmen | Ausgaben | Staatsschulden |
|---|---|---|---|
| 1929 | 4,0 | 3,3 | 16,9 |
| 1930 | 4,2 | 3,4 | 16,2 |
| 1931 | 3,1 | 3,6 | 16,8 |
| 1932 | 1,9 | 4,7 | 19,5 |
| 1933 | 2,0 | 4,6 | 22,5 |
| 1934 | 3,1 | 6,7 | 27,0 |
| 1935 | 3,7 | 6,5 | 28,7 |
| 1936 | 4,1 | 8,5 | 33,8 |
| 1937 | 5,0 | 7,8 | 36,4 |
| 1938 | 5,6 | 6,8 | 37,2 |
| 1939 | 5,0 | 8,9 | 40,4 |
| 1940 | 5,1 | 9,1 | 43,0 |
| 1941 | 7,1 | 13,3 | 49,0 |

Nach: U. S. Bureau of the Census, Historical statistics of the United States, Washington 1975, S. 126 ff.

1. Beschreiben Sie die Entwicklung der öffentlichen Haushalte im internationalen Vergleich und benennen Sie Zäsuren.
2. Erläutern Sie anhand der Tabelle die unterschiedlichen Ansätze einer deflationären Finanzpolitik und des „deficit spending".
3. Entwickeln Sie auf der Grundlage der Maßnahmen des New Deal Argumente für eine Erhöhung der Staatsverschuldung in Krisenzeiten. | H

## M8 „It can't happen here"

Plakat, 1937.

1935 erscheint der Roman „It can't happen here" (dt.: Das ist bei uns nicht möglich) von Sinclair Lewis. In den USA beobachtete er, wie Populisten nach der Wirtschaftskrise und den Sozialreformen des New Deal weiter an Einfluss gewannen. Der radikale Senator Huey Long versuchte sogar Präsident Roosevelt aus dem Amt zu drängen, bis Long 1935 einem Attentat zum Opfer fiel.

In der fiktiven Welt gewinnt der Faschismus auch in den USA.

1. Recherchieren Sie, welche konkreten Gefahren für die Demokratie Lewis in seinem Roman beschreibt.
2. In den letzten Jahren ist die Anhängerschaft rechtsextremistischer Positionen stark gewachsen. Beurteilen Sie, welche demokratischen Möglichkeiten und Grenzen die Politik hat, dem zu begegnen.

## Der Blick aufs Ganze

1. Arbeiten Sie die konkreten Herausforderungen heraus, die sich in der Zwischenkriegszeit für Frankreich und die USA stellten.
2. Vergleichen Sie die Ursachen für die unterschiedliche Entwicklung der Krisen in Frankreich und den USA. Welche Unterschiede und Gemeinsamkeiten stellen Sie fest?
3. Führen Sie die Methode Positionslinie zu folgender Frage durch: Waren für das Überleben der Demokratie in den USA und Frankreich die strukturellen Voraussetzungen (z. B. Verfassung) oder das politische Handeln von Politikern und Bevölkerung wichtiger?
4. Die bereits von Roosevelt angestrebte staatliche Krankenversicherung wurde erst 2010 gegen starken Widerstand eingeführt. Informieren Sie sich über die Gründe der Opposition und vergleichen Sie mit dem Widerstand gegen den New Deal.

# Auswirkungen des Ersten Weltkrieges im Europa der Zwischenkriegszeit

**antiliberale Modernisierungskonzepte** ⟷ **liberales Modernisierungskonzept**

### Sowjetkommunismus

Marxismus:
Klassenkampf, Sozialistische Revolution, Kommunismus
→ klassenlose Gesellschaft

Leninismus:
Kaderpartei
→ „Diktatur des Proletariats", Antipluralismus, Antiindividualismus
Sozialistischer Realismus
(unter Stalin alleiniger Kunststil)

### italienischer Faschismus

Partito Nazionale Fascista
Antiparlamentarismus
Antiindividualismus
Radikalnationalismus, Großmachtstreben („mare nostrum")

### Nationalsozialismus

Siehe S. 210.

### Durchbruch und Ende des liberalen Modernisierungskonzepts in der Weimarer Republik

improvisierte Demokratien
junge Nationalstaaten

Novemberrevolution Systemwechsel ↔ Elitenkontinuität Weimarer Koalition/Verfassung

Selbstbestimmungsrecht der Völker ↔ Versailler Vertrag Kriegsschuldartikel „Dolchstoßlegende" Revision

„Goldene Zwanziger"

Weltwirtschaftskrise

Präsidialkabinette

### Resistenz gegenüber antiliberalen Modernisierungskonzepten

gelernte Demokratien/
alte Nationalstaaten

**Frankreich**

Dritte Französische Republik
republikanische Kultur
Laizismus
ligue, 6 février, front populaire

**USA**

„Roaring Twenties"
→ Konsumgesellschaft

New Deal
→ „deficit spending", „welfare state"

1. Stellen Sie einen Zusammenhang her zwischen den Ihnen bekannten ambivalenten Reaktionen auf die Beschleunigung der Moderne und dem Aufkommen antiliberaler Modernisierungkonzepte im Gefolge des Ersten Weltkrieges.
2. Erläutern Sie, warum man den Kommunismus als antiliberales Modernisierungskonzept bezeichnet.
3. Überprüfen Sie die folgende Aussage anhand der Entwicklung in der Weimarer Republik und in Russland: „Die Kriegserfahrung war durch den Zusammenbruch herkömmlicher Sinnangebote, die Delegitimierung der angestammten Führungsschichten und eine breite politische Mobilisierung geprägt." (Walther L. Bernecker, Europa zwischen den Weltkriegen 1914–1945 (Handbuch der Geschichte Europas Band 9), Stuttgart 2002, S. 17)
4. In der Grafik ist der Fachbegriff „Präsidialkabinette" unter den Belastungen der Weimarer Republik aufgeführt (mittlerer Kasten, rechte Spalte). Beurteilen Sie diese Entscheidung und die Bedeutung dieser Regierungsform für das Ende der Republik.

Wichtige Fachbegriffe, die im Glossar erläutert werden, sind blau bzw. grün gekennzeichnet.

# Politische Plakate auswerten

## M1 Internationaler Frauentag

Sowjetisches Plakat von Boris Nikolajewitsch Dejkin, 1932.
Der Internationale Frauentag war in Russland bzw. der Sowjetunion seit 1917 ein gesetzlicher Feiertag.
Der Text lautet: „Der 8. März – der Tag des Aufstandes der Arbeiterinnen gegen die Küchensklaverei. Nieder mit der Unterdrückung und Demütigung durch Hausarbeit!“

1. Es ist nicht eindeutig geklärt, warum der 8. März als Datum für den Internationalen Frauentag gewählt wurde. Eine These bezieht sich auf die Streiks von Frauen, die die sogenannte Februarrevolution in Russland auslösten (siehe S. 132, Hinweis: Nach dem im Zarenreich geltenden julianischen Kalender war der 8. März der 23. Februar.). Erklären Sie, welches Frauenbild damit propagiert wird.
2. Analysieren Sie das Plakat. Gehen Sie dabei auch darauf ein, welche symbolische Bedeutung die Gebäude im Hintergrund für die Sowjetunion insgesamt hatten.
3. 2019 wurde im Bundesland Berlin von der rot-rot-grünen Koalition beschlossen, den 8. März als arbeitsfreien gesetzlichen Feiertag einzuführen. Recherchieren Sie die Argumente und bewerten Sie diese.

# Historiengemälde analysieren

## M2 „Der 30. Januar 1933“

Gemälde von Arthur Kampf, 1938.
Fackelzug der „nationalen Verbände“ SA, SS und Stahlhelm durch das Brandenburger Tor zur Feier der „Machtübernahme“.

1. Analysieren Sie das Gemälde. Gehen Sie dabei u. a. auf die Darstellung der zuschauenden Menge und auf die Farbgebung ein (vgl. die Fotos auf S. 190).
2. Die „Machtübernahme“ der Nationalsozialisten war der Anfang vom Ende der Weimarer Republik. Begründen Sie, inwiefern das Gemälde Antiliberalismus ausdrückt.
3. Das Brandenburger Tor ist heute ein Symbol für die Einheit Deutschlands. Recherchieren Sie, welche symbolische Bedeutung das Denkmal vor der Teilung Deutschlands nach dem Zweiten Weltkrieg hatte.

# Welches Bild von der deutschen Gesellschaft entwirft Hitler?

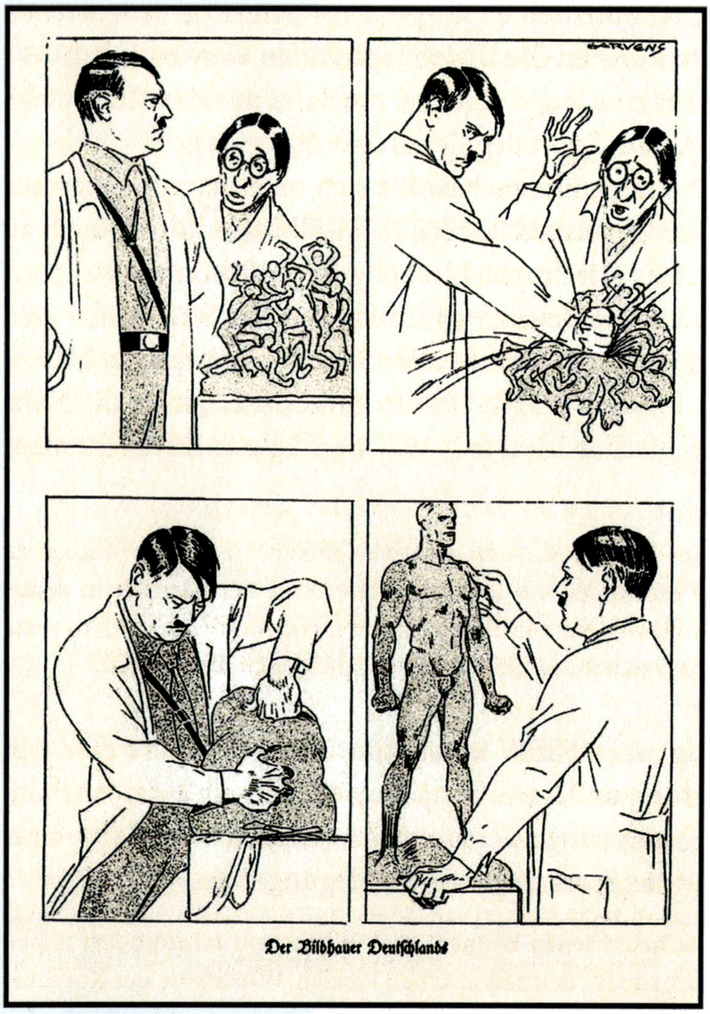


**„Der Bildhauer Deutschlands.“**
Karikatur von Oskar Garvens aus der politischen Satirezeitschrift „Kladderadatsch“ vom 3. Dezember 1933.

- Analysieren Sie die Karikatur und formulieren Sie ihre Aussage.
- Beurteilen Sie die Haltung des Karikaturisten gegenüber Hitler.

**Rassismus und Antisemitismus** | Die Niederlage im Ersten Weltkrieg gab dem im Kaiserreich weit verbreiteten **Antisemitismus** neue Nahrung. Vor allem diejenigen, die der Monarchie nachtrauerten, schoben die Schuld für Deutschlands Lage den Sozialisten und Juden zu. Der Nationalismus paarte sich mit einem pseudowissenschaftlichen **Rassismus**. Dieser ging von der falschen Behauptung aus, dass es unterschiedliche menschliche „Rassen“ gäbe, zwischen denen ein angeblich naturgegebener „Kampf um das Dasein“ herrsche. Die „nordische“ und „arische“ Rasse, zu denen die Deutschen gehören sollten, sollte die „wertvollste“ sein und damit das höchste Recht haben zu existieren und andere „Rassen“ zu beherrschen oder gar zu vernichten. Als „minderwertige Rasse“ wurden vor allem Juden verunglimpft, die angeblich wie Parasiten auf Kosten der „höherwertigen Rassen“ lebten. Dazu würden sie auch Ideologien wie den Bolschewismus und den Kapitalismus nutzen. Daher wollte der Nationalsozialismus „minderwertige Elemente“ aus dem „Deutschen Volk“ entfernen, um die „arische Rasse reinzuhalten“ und den „gesunden Volkskörper“ zu schützen. Rassenideologie und extremer Antisemitismus unterschieden den **Nationalsozialismus** von anderen faschistischen Strömungen seiner Zeit.

**Hitlers „Volksgemeinschaft“** | Die „Arier“ sollten eine auf dem gemeinsamen „Blut“ basierende **„Volksgemeinschaft“** bilden. Der Begriff „Volksgemeinschaft“ wurde schon um 1900 verwendet und gewann an Bedeutung in der Anfangsphase des Ersten Weltkrieges. Doch während Liberale, Sozialdemokraten und bürgerliche Parteien darin die politische und soziale Einheit des liberalen und demokratischen Volksstaates sahen, propagierten rechte Parteien die „Volksgemeinschaft“ als Abgrenzung im republikfeindlichen, rassistischen Sinn. Zurückgreifend auf den germanischen Mythos der „Bluts- und Schicksalsgemeinschaft“, in der es keine Klassen und sozialen Schranken gegeben habe, sollten unterschiedliche Interessen beseitigt und ein „sozialer Volksstaat“ geschaffen werden und die beiden wichtigsten Strömungen der Zeit, Nationalismus und Sozialismus, sich miteinander vereinen.

Die „Volksgemeinschaft“ war jedoch nicht nur als „Blutsgemeinschaft“ gedacht, sondern gleichermaßen als „Gesinnungsgemeinschaft“. Frühere soziale Zugehörigkeiten wie Schichten, Stände, Berufe, aber auch Konfessionen und Parteien sollten aufgelöst werden und an ihre Stelle ein bedingungsloses Bekenntnis eines jeden Einzelnen zur nationalsozialistischen Weltanschauung treten. Daher wurden nicht nur „Andersrassige“ aus der „Volksgemeinschaft“ ausgegrenzt, sondern auch all diejenigen, die sich gegen den Nationalsozialismus richteten. Dies konnten unter anderem Kommunisten, Demokraten und andere Regimegegner sein. Mit der Inklusion der „Volksgenossen" in diesen „Volkskörper" korrespondierte die gleichzeitige Exklusion ganzer Teile der Bevölkerung wie Juden, Sinti und Roma, Behinderte, Homosexuelle oder „Asoziale" als „Volksfeinde".

**Das Führerprinzip** | Auch wenn ein „sozialer Volksstaat" propagiert wurde, entstand innerhalb der „Volksgemeinschaft" keine Gleichheit. Treu dem Leitspruch „Führer befiehl, wir folgen", stand Hitler an der Spitze des „Führerstaates". Das Führerprinzip wiederholte sich innerhalb der NSDAP auf allen Ebenen und in allen Organisationen. So wurden beispielsweise Betriebsleiter zu „Betriebsführern" ernannt.
Eine Führer-Rolle nahm im Staat und in den NS-Organisationen ein, wer männlich war und sich diese Rolle durch seine „herausragende Persönlichkeit" verdient hatte. Demokratische Prinzipien wurden nicht berücksichtigt.

Adolf Hitler befriedigte als eine Art „Ersatzmonarch" die Bedürfnisse derer, die nach einer obrigkeitsstaatlichen Ordnung suchten. Er forderte im Gegenzug die widerspruchslose Unterordnung des Einzelnen unter seine Person, was sich beispielsweise darin zeigte, dass alle Soldaten ab August 1934 einen Eid auf Hitler persönlich leisten mussten.

Nach italienischem Vorbild entstand ein Führerkult. Adolf Hitler war allgegenwärtig, sein Bild hing in Amtszimmern, Schulräumen und Wohnungen, außerdem wurde der „Deutsche Gruß" verbindlich.

**Die Lebensraumdoktrin** | Dass der „Führer" sich um die „Volksgemeinschaft" sorgte, wollte Hitler unter anderem darin zeigen, dass er dieser ein ausreichend großes Gebiet zum Leben und Bewirtschaften zur Verfügung stellte. Aus diesem Grund sollte „Lebensraum im Osten" von den angeblich unterlegenen slawischen Völkern erobert und „Volksgenossen" zugewiesen werden, die dieses Gebiet dann bewirtschaften sollten. Das Deutsche Reich sollte dadurch wirtschaftlich autark werden. Weiter spielte der Gedanke eine Rolle, dass eine (zukünftige) Weltmacht ein großes Gebiet als Basis zur Verteidigung und zum Angriff brauche. Hier gingen Hitlers Kriegsvorstellungen deutlich über die ebenfalls nicht pazifistischen Wunschvorstellungen des nationalistisch gesinnten Bürgertums hinaus.

**Antiliberalismus und Antimarxismus** | Die nationalsozialistische Propaganda bezeichnete Liberalismus und Marxismus, Sozialismus oder Kommunismus als „jüdische Erfindungen". Hitlers Antiliberalismus richtete sich gegen das politische System der Weimarer Republik und der westlichen Demokratien. Er machte den Liberalismus verächtlich als schwächlich, „undeutsch" und „westlich überfremdet" und konnte dabei auf den obrigkeitsstaatlichen Traditionen des Kaiserreiches aufbauen. Haltungen wie Treue, Dienstbereitschaft und absoluten Gehorsam stellte er über die Grundrechte des Einzelnen.

Ein Ziel Hitlers war darüber hinaus die Zerstörung des Marxismus. Zum einen stießen dessen Internationalität und der Aufruf zum Klassenkampf auf Kritik, da diese einer nationalen Einheit widersprachen, zum anderen sahen die Nationalsozialisten den Marxismus als konkrete Bedrohung für sich selbst und ihre Weltanschauung. Es ist davon auszugehen, dass eine tiefe und irrationale Furcht vor dem „jüdischen Bolschewismus" schon länger in weiten Teilen der Bevölkerung verankert war. Um diesen gänzlich zu zerstören, wollte Hitler eine Alternative zum Marxismus bieten und so weite Kreise der Arbeiterschaft und der einen sozialen Abstieg fürchtenden Mittelschicht für sich und seine Politik gewinnen. Hierzu diente neben der „Volksgemeinschaft" auch ein „Sozialismus der Tat", der eine konkrete Rettung aus dem Elend der Weltwirtschaftskrise versprach.

**Adolf Hitler** (1889–1945):
Hitler stammte aus dem österreichischen Braunau (Inn), kam 1913 nach München, wo er sich erfolglos als Künstler durchschlug. 1914 freiwillige Teilnahme am Ersten Weltkrieg in bayerischem Regiment, Verwundung und Auszeichnung, 1919 Propagandist der DAP, seit 1920 NSDAP; 1921 Vorsitzender der Partei, 1923 Hitler-Putsch und Festungshaft, 1925 Neugründung der NSDAP und Aufstieg zur Massenpartei, 1933 Ernennung zum Reichskanzler, ab 1934 „Führer und Reichskanzler".

**Geschichte In Clips**
Zur sogenannten „Volksgemeinschaft" und zum Führerkult siehe Code 32051-24.

## M1 Die völkische Weltanschauung

Während seiner neunmonatigen Haftzeit in Landsberg verfasst Hitler 1924 den ersten Band seiner programmatischen Schrift „Mein Kampf". Er erscheint 1925 mit dem Untertitel „Eine Abrechnung" im parteieigenen Verlag. Der zweite Band folgt 1926. Das Werk wird in 16 Sprachen übersetzt und erreicht eine Gesamtauflage von zehn Millionen Exemplaren. Im Mittelpunkt stehen Hitlers rassistische, antisemitische und völkische Anschauungen sowie die Forderungen nach „Lebensraum":

Es ist ein müßiges Beginnen, darüber zu streiten, welche Rasse oder Rassen die ursprünglichen Träger der menschlichen Kultur waren und damit die wirklichen Begründer dessen, was wir mit dem Worte Menschheit alles umfassen. Einfacher ist es, sich diese Frage für die Gegenwart zu stellen, und hier ergibt sich auch die Antwort leicht und deutlich. Was wir heute an menschlicher Kultur, an Ergebnissen von Kunst, Wissenschaft und Technik vor uns sehen, ist nahezu ausschließlich schöpferisches Produkt des Ariers. Gerade diese Tatsache aber lässt den nicht unbegründeten Rückschluss zu, dass er allein der Begründer höheren Menschentums überhaupt war, mithin den Urtyp dessen darstellt, was wir unter dem Worte „Mensch" verstehen. [...]
Der Arier ist nicht in seinen geistigen Eigenschaften an sich am größten, sondern im Ausmaße der Bereitwilligkeit, alle Fähigkeiten in den Dienst der Gemeinschaft zu stellen. Der Selbsterhaltungstrieb hat bei ihm die edelste Form erreicht, indem er das eigene Ich dem Leben der Gesamtheit willig unterordnet und, wenn die Stunde es erfordert, auch zum Opfer bringt. [...]
Den gewaltigsten Gegensatz zum Arier bildet der Jude. [...] Da nun der Jude – aus Gründen, die sich sofort ergeben werden – niemals im Besitze einer eigenen Kultur war, sind die Grundlagen seines geistigen Arbeitens immer von anderen gegeben worden. Sein Intellekt hat sich zu allen Zeiten an der ihn umgebenden Kulturwelt entwickelt. Niemals fand der umgekehrte Vorgang statt. Denn wenn auch der Selbsterhaltungstrieb des jüdischen Volkes nicht kleiner, sondern eher noch größer ist als der anderer Völker, wenn auch seine geistigen Fähigkeiten sehr leicht den Eindruck zu erwecken vermögen, dass sie der intellektuellen Veranlagung der übrigen Rassen ebenbürtig waren, so fehlt doch vollständig die allerwesentlichste Voraussetzung für ein Kulturwerk, die idealistische Gesinnung. [...]
Demgegenüber erkennt die völkische Weltanschauung die Bedeutung der Menschheit in deren rassischen Urelementen. Sie sieht im Staat prinzipiell nur ein Mittel zum Zweck und fasst als seinen Zweck die Erhaltung des rassischen Daseins der Menschen auf. Sie glaubt somit keineswegs an eine Gleichheit der Rassen, sondern erkennt mit ihrer Verschiedenheit auch ihren höheren oder minderen Wert und fühlt sich durch diese Erkenntnis verpflichtet, gemäß dem ewigen Wollen, das dieses Universum beherrscht, den Sieg des Besseren, Stärkeren zu fördern, die Unterordnung des Schlechteren und Schwächeren zu verlangen. Sie huldigt damit aber auch prinzipiell dem aristokratischen Grundgedanken der Natur und glaubt an die Geltung dieses Gesetzes bis herab zum letzten Einzelwesen. Sie sieht nicht nur den verschiedenen Wert der Rassen, sondern auch den verschiedenen Wert des Einzelmenschen. [...] Nein, es gibt nur ein heiligstes Menschenrecht, und dieses Recht ist zugleich die heiligste Verpflichtung, nämlich: dafür zu sorgen, dass das Blut rein erhalten bleibt, um durch die Bewahrung des besten Menschentums die Möglichkeit einer edleren Entwicklung dieser Wesen zu geben. [...] Ein völkischer Staat wird damit in erster Linie die Ehe aus dem Niveau einer dauernden Rassenschande herauszuheben haben, um ihr die Weihe jener Institution zu geben, die berufen ist, Ebenbilder des Herrn zu zeugen und nicht Missgeburten zwischen Mensch und Affe.

Adolf Hitler, Mein Kampf. Eine kritische Edition, Zwei Bände, hrsg. von Christian Hartmann u. a., München, Berlin 2016, S. 755, 771, 777, 781 f., 981 und 1027 f.

1. Erläutern Sie, wie in diesem Text der Begriff „Rasse" verwendet wird und wie „Arier" und „Juden" definiert werden.
2. Analysieren Sie die Wendung „Ebenbilder des Herrn zu zeugen" und vergleichen Sie das Menschenbild Hitlers mit dem christlich-humanistischen Menschenbild. | F
3. Erörtern Sie, welche Konsequenzen sich aus dem dargestellten Menschenbild für das Zusammenleben in der deutschen Gesellschaft und in den außenpolitischen Beziehungen ergeben.

## M2 Die NSDAP sichert die Volksgemeinschaft

Propagandaplakat von 1937.

1. Beschreiben Sie das Bild möglichst detailliert.
2. Erläutern Sie die Aussage des Plakats mithilfe der Bildsymbolik.

## M3 Was bedeutet Freiheit?

Friedrich Schmidt, Leiter des Hauptschulungsamtes der NSDAP, schreibt 1940 in einem Buch über Erziehungsziele:

Frei ist der deutsche Mensch in höchstem Maße dann, wenn er sich den Gebundenheiten einer göttlichen Ordnung zu unterwerfen bereit ist. So ist auch nicht der frei, welcher tun kann, was er tun soll. Somit ist der Mensch, der aus Erkenntnis der Gebundenheit seines Blutes an die Ewigkeit seiner Ahnen heute bereit ist, für diese ewige Gemeinschaft werktätig zu sein, im besten Sinne des Wortes ein freier Mensch. Der höchste Freiheitsbegriff für das Weib aber wird immer bestehen in der Bereitwilligkeit, für die Ewigkeit des Volkes als der göttlichen Welt- und Gemeinschaftsordnung zu gebären.

Zitiert nach: Michael Schneider, Unterm Hakenkreuz, Bonn 1999, S. 349 f.

1. Arbeiten Sie heraus, in welchem Zusammenhang der Begriff „Freiheit" mit der „Volksgemeinschaft" steht.
2. Erklären Sie die Rolle der Frau innerhalb der „Volksgemeinschaft".
3. Überprüfen Sie, welche ideologischen Grundsätze der NSDAP in den geäußerten Erziehungszielen zum Ausdruck kommen.

## M4 Neuer Lebensraum im Osten

In seiner programmatischen Schrift „Mein Kampf" schreibt Hitler über „neuen Lebensraum":

Die Erwerbung von neuem Grund und Boden zur Ansiedlung der überlaufenen Volkszahlen besitzt unendlich viele Vorzüge, besonders wenn man nicht die Gegenwart, sondern die Zukunft ins Auge fasst. […] Allerdings eine solche Bodenpolitik kann nicht etwa in Kamerun ihre Erfüllung finden, sondern heute fast ausschließlich nur mehr in Europa. Man muss sich damit kühl und nüchtern auf den Standpunkt stellen, dass es sicher nicht Absicht des Himmels sein kann, dem einen Volke fünzigmal so viel an Grund und Boden auf dieser Welt zu geben als dem anderen. Man darf in diesem Falle sich nicht durch politische Grenzen von den Grenzen des ewigen Rechtes abbringen lassen. Wenn diese Erde wirklich für alle Raum zum Leben hat, dann möge man uns also den uns zum Leben notwendigen Boden geben.
Man wird das freilich nicht gerne tun. Allein dann jedoch tritt eben das Recht der Selbsterhaltung in seine Wirkung; und was der Güte verweigert wird, hat eben die Faust sich zu nehmen. Hätten unsere Vorfahren einst ihre Entscheidungen von dem gleichen pazifistischen Unsinn abhängig gemacht wie die heutige Gegenwart, dann würden wir überhaupt nur ein Drittel unseres jetzigen Bodens zu eigen besitzen; ein deutsches Volk aber dürfte dann kaum mehr Sorgen in Europa zu tragen haben. […]
Damit ziehen wir Nationalsozialisten bewusst einen Strich unter die außenpolitische Richtung unserer Vorkriegszeit. Wir setzen dort an, wo man vor sechs Jahr-

hunderten endete. Wir stoppen den ewigen Germanenzug nach dem Süden und Westen Europas und weisen den Blick nach dem Land im Osten. Wir schließen endlich ab die Kolonial- und Handelspolitik der Vorkriegszeit und gehen über zur Bodenpolitik der Zukunft.

Adolf Hitler, Mein Kampf. Eine kritische Edition, Zwei Bände, hrsg. von Christian Hartmann u. a., München, Berlin 2016, S. 397, 399 und 1657

1. Charakterisieren Sie Hitlers Forderung nach neuem „Lebensraum".
2. Bewerten Sie die Forderungen Hitlers vor dem Hintergrund der absehbaren Folgen seiner Politik.

## M5 Führung und Führerstaat

Hitler hält am 29. April 1937 vor 800 Kreisleitern auf der Ordensburg Vogelsang (Nordeifel) diese Rede:

Das Volk ist heute in Deutschland glücklicher als irgendwo in der Welt. Es wird nur dann unsicher, wenn es keine Führung hat. [...] Ich habe den Wahnsinn des Glaubens, dass der gewöhnliche Mensch von vornherein keine Führung will, [...] nie stärker gesehen als im Krieg. Lassen Sie eine kritische Situation über eine Kompanie kommen, die Kompanie hat nur einen Wunsch, dass sie einen anständigen Kompanieführer hat, und an den hängt sie sich dann dran. Und wenn das ein wirklicher Kerl ist, ein Mann ist, dann hat er seine Männer hinter sich, die sagen nicht: „Ja. Warum werden wir nicht gefragt?" Da denkt gar keiner daran! [...] Die wollen einen Führer, der ihnen Anordnungen gibt, und dann folgen sie ihm nach. (*Heilrufe und stürmischer Beifall.*) Man kann [...] diese Krise der heutigen Zeit beheben, durch einen wirklichen Führungs- und damit Führerstaat. [...] Aus unseren Reihen kann der Fähigste ohne Rücksicht auf Herkunft und Geburt [...] bis zur höchsten Stelle kommen. Es muss einer auf wirklich führen können. Wenn er irgendwo hingestellt wird, dann muss er auch den Mut haben zu sagen „Ja, das muss jetzt gemacht werden. Ich erkenne das." Er muss sich mit seinen Männern besprechen, die verantwortlich mit ihm sind für die Durchführung, aber letzten Endes, er muss dann geradestehen für seine Gedanken und für seinen Entschluss. Er muss den Entschluss finden. Das ist die schönste Art der Demokratie, die es gibt.

Zitiert nach: Hildegard von Kotze und Helmut Krausnick (Hrsg.), „Es spricht der Führer". 7 exemplarische Hitlerreden, Gütersloh 1966, S. 139 f.

1. Benennen Sie die Eigenschaften, die Hitler einem starken Führer zuschreibt.
2. Arbeiten Sie heraus, womit Hitler die Notwendigkeit eines „Führerstaates" für „das Volk" und den Einzelnen begründet.
3. Bewerten Sie die Risiken, die sich aus dem dargestellten Konzept von Führung ergeben.

## M6 Rivalität

Der britische Historiker Ian Kershaw beschreibt im ersten Teil seiner Hitler-Biografie, wie Hitler seine Machtposition festigt:

Zusammenstöße in Fragen der Strategie, Streitereien unterschiedlicher Fraktionen und persönliche Rivalitäten traten in der NSDAP beinahe endemisch[1] auf. Die endlosen Konflikte und Animositäten[2], die gewöhnlich persönliche oder taktische und keine ideologischen Ursachen hatten, machten notwendigerweise vor einem Angriff auf Hitler halt. Er griff so wenig wie möglich ein. Die Rivalität und der Wettstreit zeigten ihm nur, welcher unter seinen miteinander wetteifernden Untergebenen nach seinem eigenen sozialdarwinistischen Begriff der Stärkere sein würde. Auch unternahm er nichts, um die ideologischen Schattierungen innerhalb der Partei miteinander zu versöhnen, es sei denn, sie drohten, kontraproduktive Wirkungen zu entfalten. Der Führerkult wurde akzeptiert, weil er allen Beteiligten als einziges Rezept galt. Die persönliche Treue gegenüber Hitler, ob nun aufrichtig empfunden oder einem Zwang folgend, war der Preis der Einheit. In manchen Fällen waren die NS-Führer ganz und gar von Hitlers „Größe" und „Mission" überzeugt. In anderen konnten sie den eigenen Ehrgeiz nur weiterhin befriedigen, indem sie dem obersten „Führer" nach dem Munde redeten. Auf diese Weise wuchs Hitlers Herrschaft über die „Bewegung" bis zu dem Punkt, wo er so gut wie unangreifbar geworden war.

Ian Kershaw, Hitler 1889–1936, Stuttgart 1998, S. 380 (übersetzt von Jörg W. Rademacher)

1. Erläutern Sie, wie Hitler nach Meinung von Kershaw das Führerprinzip für sich nutzte.
2. Vergleichen Sie M5 und M6 in Hinblick auf Hitlers Anspruch und die von Kershaw geschilderte Wirklichkeit des Führerprinzips.

[1] **endemisch**: ständig auftretend
[2] **Animosität**: Feindseligkeit

## M7 „[I]ch glaube, dass eine allgemeine Beruhigung eintreten wird“

In einem Brief schreibt der Unternehmer Carl Friedrich von Siemens (1872–1941) am 17. März 1933 an Flora Meyer, Witwe Dr. Georg Meyers, der als deutscher Jude im Ersten Weltkrieg für Deutschland gekämpft hat und Ende 1916 in der Schlacht um Verdun gefallen ist.

Sehr verehrte gnädige Frau,

[...] Lassen Sie mich voranschicken, dass wohl alle Menschen, die noch ein Gefühl von Verantwortungsbewusstsein für ihre Mitmenschen haben und nicht den Wirkungen einer geistlosen Verhetzung erlegen sind, die von einigen Stellen betriebene Hetze gegen das Judentum als eines denkenden Volkes unwürdig bezeichnen. In dem Kreis kultureller deutscher Leistungen, auf denen zu einem großen Teil das Ansehen, welches unser Vaterland in der Welt genießt, beruht, würde manche Lücke entstehen, wollte man diejenigen herausnehmen, die wir Deutschen Staatsbürgern jüdischen Glaubens verdanken. Die Zahl der Deutschen Juden, die im Weltkriege ihr Leben oder ihr Blut in der Verteidigung der Heimat verloren haben, ist groß. Ich spreche oft von Ihrem Mann, dessen Andenken in unserem Hause sehr lebendig ist und den wir heute noch vermissen [...].

Ich bin kein Nationalsozialist, aber ich muss zugeben, dass ein großes Verdienst des Schaffers und Führers dieser Bewegung ist, das Deutsche Volk aufgerüttelt zu haben und sein Nationalbewusstsein geweckt zu haben. Hierbei sind auch Wege beschritten worden, denen man nicht zustimmen kann, die man bedauert, darunter gehört in erster Linie die Hetze, die sich ganz allgemein gegen die Juden richtet. Sie findet ihren Ursprung in der sehr großen Zuwanderung fremder Juden nach dem Kriege, die, wie ich weiß, auch von Deutschen Juden bedauert wird. Zwei weitere Momente haben sie verschärft, die Auswüchse in der Presse und Kunst, an denen das jüdische Element stark beteiligt ist, und die Korruptionsaffären, in denen nichtdeutsche Juden stark beteiligt waren.

Vergessen Sie nicht, wir leben in einer Revolutionszeit, in der man Handlungen und vor allem Äußerungen nicht mit einem normalen Maße messen kann, wir hoffen alle, dass mit der Beruhigung auch die Auswüchse wieder verschwinden werden. Denken Sie an die vergangene Zeit, in der die Unternehmer ganz allgemein als Blutsauger und Räuber bezeichnet wurden, kein ruhig denkender Angehöriger dieses Standes hat dies anders angesehen, als ein Mittel zur Erreichung eines politischen Zieles. Auch die jetzige Hetze wird sich bald legen und vernünftigen Anschauungen Platz machen, ich glaube nicht, dass es Zweck hätte, im Augenblick dagegen Stellung zu nehmen. Vernünftige Menschen brauchen keine Aufklärung, unvernünftige sind im Augenblick nicht zu belehren. Ich habe vollstes Verständnis für die Erregung, die in den so völlig ungerecht angegriffenen Kreisen besteht, denn ich kenne viele Deutsche jüdischen Glaubens, deren Vaterlandsliebe in ihren Herzen ebenso tief verankert ist, wie bei ihren christlichen Mitbürgern. Ich kann Ihnen daher Ihre Frage nicht beantworten, ich verstehe auch nicht Ihre Befürchtung, dass nach Erteilung eines Ermächtigungsgesetzes die jetzige Hetze sich auswirken könnte, im Gegenteil, ich glaube, dass dann eine allgemeine Beruhigung eintreten wird.

Ich verbleibe, gnädige Frau,
Ihr sehr ergebener
(gez.) C. F. Siemens.

Zitiert nach: www.jmberlin.de/1933/de/03_17_brief-von-carl-friedrich-von-siemens-an-flora-meyer.php [Zugriff: 25.02.2021]

1. Arbeiten Sie heraus, was Carl Friedrich von Siemens zu dem Brief an Flora Meyer veranlasst haben könnte.
2. Vergleichen Sie Siemens' Aussagen über Juden mit den antisemitischen Aussagen Hitlers (M1).
3. Arbeiten Sie heraus, wie Siemens seine ablehnende Haltung gegenüber Flora Meyers Befürchtung begründet.
4. Beurteilen Sie die Haltung von Siemens. Entwickeln Sie dazu zunächst zwei geeignete Kriterien für eine Meinungslinie. Ordnen Sie Siemens anschließend ein und begründen Sie Ihre Einschätzung.
5. Gestalten Sie einen Antwortbrief aus Sicht Flora Meyers.

## Der Blick aufs Ganze

1. Arbeiten Sie aus der Karikatur „Der Bildhauer Deutschlands“ die dargestellten Komponenten der nationalsozialistischen Ideologie heraus und erläutern Sie diese.
2. Gestalten Sie mithilfe eines Gruppenpuzzles eine grafische Übersicht über die zentralen Inhalte der NS-Ideologie. | H
3. Recherchieren Sie in Anlehnung an M7 zum Verhalten größerer (gegebenenfalls lokaler) Unternehmer, z. B. Carl Friedrich von Siemens, Fritz Thyssen, Robert Bosch, Alfried Krupp von Bohlen und Halbach und Carl Krauch im Nationalsozialismus und vergleichen Sie sie miteinander. | F
4. Gestalten Sie ein Plakat, das die Problematik des Konzepts der „Volksgemeinschaft“ aufzeigt. | H
5. Vergleichen Sie die nationalsozialistische Ideologie und Hitlers Führerstaat mit dem italienischen Faschismus.

# Welche Folgen hat die nationalsozialistische Ideologie?

**„Der Schmied deutscher Einheit."**
Ansichtskarte, 1935.

- Analysieren Sie die Postkarte.
- Erklären Sie die Funktion dieser und ähnlicher Postkarten. Berücksichtigen Sie dabei auch die mögliche Wirkung auf den Empfänger.

**Radikalisierung des Nationalismus** | Eine weitere Radikalisierung des Nationalismus war in Deutschland seit 1914 zu beobachten. Sie wurde angefacht von dem im Kaiserreich gewachsenen Bestreben, eine Weltmacht zu werden. Auch im publizistischen Bereich wurde die Verfolgung deutscher Interessen, wie zum Beispiel der Ruf nach neuem „Lebensraum" für das „deutsche Herrenvolk", immer lauter. Von dieser Stimmung profitierte die NSDAP mit ihrem ideologisch verankerten **Radikalnationalismus**. In dessen Zentrum stand das „Volk", nicht der Staat. Das „Volk" war ein rassisch konnotierter Begriff, was bedeutete, dass Juden nicht dazugehören konnten, aber zum Beispiel Österreicher und die in der Tschechoslowakei und Polen lebende deutschsprachige Minderheit.

Eine Radikalisierung des Nationalismus war deshalb leicht möglich, da sie infolge des verlorenen Ersten Weltkrieges, durch die Unzufriedenheit mit dem Versailler Vertrag und den Sturz der Monarchie auf einen breiten Konsens in der Bevölkerung stieß. Die umfangreichen Gebietsabtretungen Deutschlands ließen 1919 nicht nur Großmachtpläne zerrinnen, sondern hatten auch zur Folge, dass viele deutschsprachige Minderheiten in anderen Ländern lebten, was extreme nationalistische Tendenzen zusätzlich anfachte. Die Revision der Nachkriegsordnung war auch Ziel der bürgerlichen Parteien, und obgleich die NSDAP hier radikalere Forderungen stellte als alle anderen, schien der Nationalismus in ihrem Parteinamen das zu sein, was sie mit dem bürgerlichen Deutschland verband. Politisches Feindbild dieses Nationalismus waren die sogenannten „Novemberverbrecher", welche – laut der nationalsozialistischen und rechten Propaganda – Schuld an der misslichen Lage des Deutschen Reiches waren.

Eine weitere Konsequenz des Radikalnationalismus war die kompromisslose Ablehnung aller Bewegungen mit einer internationalen Orientierung. Dies traf die marxistische Arbeiterbewegung besonders stark, galt in geringerer Intensität aber beispielsweise auch für die katholische Kirche.

Ausgehend von ihrer radikalnationalistischen Einstellung entwickelten die Nationalsozialisten menschenverachtende Moralvorstellungen. Ihnen wichtige Werte wie Treue, Ehre und Kameradschaft waren demnach nur für ihr eigenes Volk gültig. Es herrschte die Überzeugung, dass eigene Interessen gegenüber anderen Völkern nicht nur rücksichtslos durchgesetzt werden konnten, sondern mussten.

**Gegen das parlamentarische System** | Der nationalsozialistische Kampf gegen die „Novemberverbrecher" und das durch sie geschaffene neue parlamentarische System führte zu einem ausgeprägten **Antiparlamentarismus**. Auch hier konnte sich Hitler wieder einer im Kaiserreich begründeten Tendenz bedienen, um auf breite Akzeptanz zu stoßen. Kaiser Wilhelm II. hatte den Reichstag selbst abschätzig als „Reichsaffenhaus" oder „Quasselbude" bezeichnet und damit nicht nur seine, sondern die Ablehnung, die das Parlament in breiten konservativen Kreisen erfuhr, zum Ausdruck gebracht. Diese war in der Weimarer Republik nicht verschwunden und konnte von den Nationalsozialisten neu befeuert werden. Viele Zeitgenossen stimmten Hitlers ablehnender Haltung gegenüber dem Parlamentarismus auch deshalb zu, weil das Parlament sich für sie als zerstritten und gerade in Krisenzeiten führungs- und entscheidungsschwach erwies. Hitler verachtete demokratische Werte und den Pluralismus der Meinungen, da sie dem Führerprinzip widersprachen. In seinem totalitären Herrschaftssystem waren abweichende Meinungen eine „Gefahr" für die Homogenität der „Volksgemeinschaft" und deren gewünschte Einheit mit der Partei und ihrem Anführer. Politische Diskussionen und Kompromisse, wie sie ein demokratisches System nötig macht, waren in Hitlers Weltanschauung deshalb nicht vorgesehen, da er dem Staat lediglich die Aufgabe zugestand, eine äußere Organisationsform für das Leben in der „Volksgemeinschaft" zu sein, deren Wille in der Person des „Führers" seinen Ausdruck fand. Hitlers Haltung drückte sich auch in der Tatsache aus, dass Reichstagssitzungen kaum Bedeutung zukam, während Reichsparteitage groß und mit starker propagandistischer Wirkung inszeniert wurden.

**„Du bist nichts, dein Volk ist alles"** | Nicht nur war es ein nationalsozialistisches Ziel, die politische Pluralität einzuschränken, gleichzeitig wurde auch das Recht auf eine persönliche Meinung und auf die individuelle Entfaltung des Einzelnen verneint. Das Bedürfnis und Recht eines jeden Individuums nach dem privaten Glück wurde abgelehnt zugunsten des großen Ganzen, des Glücks des „Deutschen Volkskörpers". Entsprechend kann der Einzelne nicht für sich selbst stehen und hat keinen individuellen Wert. Indem preußische Traditionen und Werte verfälscht propagandistisch eingesetzt wurden und alle gesellschaftlichen Bereiche wie Verwaltung und Justiz „gleichgeschaltet" wurden, gelang es den Nationalsozialisten, totalen Einsatz der „Volksgenossen" einzufordern und über Persönlichkeitsrechte zu stellen. Dieser **Antiindividualismus** führte so weit, dass man sich nicht mehr auf seine garantierten Grundrechte verlassen konnte, sondern mit einer willkürlichen Rechtsauslegung konfrontiert war. Hitler bemühte sich, den Individualismus auch dadurch zu bekämpfen, dass jeder „Volksgenosse" in das Organisationsnetz des Nationalsozialismus in der für ihn passenden gesellschaftlichen Gruppierung eingebunden wurde. Große nationalsozialistische Veranstaltungen und Aufmärsche dienten dazu, dem Einzelnen das Gefühl zu geben, Teil eines großen Ganzen zu sein. In der Gemeinschaft sollten Stärke und Größe empfunden und gleichzeitig individuelle Wünsche oder gar Zweifel am Regime vergessen werden. Gerade nach den Unsicherheiten, ausgelöst durch die Weltwirtschaftskrise, nahmen viele diese Unterordnung zugunsten eines neuen Sicherheits- und Stärkegefühls in Kauf oder empfanden sie als sinnstiftend. Die Aufgabe des eigenen Ichs wurde gewissermaßen zum nationalsozialistischen Erziehungsziel. Erreicht werden sollte dadurch ebenfalls die Opferbereitschaft des Einzelnen für „das Volk".

## M1 „Völlige Vernichtung“

Der Oberbefehlshaber der 6. Armee, General von Reichenau, gibt am 10. Oktober 1941 einen Befehl aus, der das „Verhalten der Truppen im Ostraum“ betrifft. Hitler bezeichnet diesen Befehl als vorbildlich, sodass er auch von anderen Truppenteilen übernommen wird.

Hinsichtlich des Verhaltens der Truppe gegenüber dem bolschewistischen System bestehen vielfach noch unklare Vorstellungen. Das wesentlichste Ziel des Feldzuges gegen das jüdisch-bolschewistische System ist die völlige Zerschlagung der Machtmittel und die Ausrottung des asiatischen Einflusses im europäischen Kulturkreis. Hierdurch entstehen auch für die Truppe Aufgaben, die über das hergebrachte einseitige Soldatentum hinausgehen. Der Soldat ist im Ostraum nicht nur ein Kämpfer nach den Regeln der Kriegskunst, sondern auch Träger einer unerbittlichen völkischen Idee und der Rächer für alle Bestialitäten, die deutschem und anverwandtem Volkstum zugefügt wurden.
Deshalb muss der Soldat für die Notwendigkeit der harten, aber gerechten Sühne am jüdischen Untermenschentum volles Verständnis haben. Sie hat den weiteren Zweck, Erhebungen im Rücken der Wehrmacht, die erfahrungsgemäß stets von Juden angezettelt wurden, im Keime zu ersticken. Der Kampf gegen den Feind hinter der Front wird noch nicht ernst genug genommen. Immer noch werden heimtückische, grausame Partisanen und entartete Weiber zu Kriegsgefangenen gemacht, immer noch werden halb uniformierte oder in Zivil gekleidete Heckenschützen und Herumtreiber wie anständige Soldaten behandelt und in die Gefangenenlager abgeführt. […]
Fern von allen politischen Erwägungen der Zukunft hat der Soldat zweierlei zu erfüllen:
1. die völlige Vernichtung der bolschewistischen Irrlehre, des Sowjetstaates und seiner Wehrmacht.
2. die erbarmungslose Ausrottung artfremder Heimtücke und Grausamkeit und damit Sicherung des Lebens der deutschen Wehrmacht in Russland.

Nur so werden wir unserer geschichtlichen Aufgabe gerecht, das deutsche Volk von der asiatisch-jüdischen Gefahr ein für allemal zu befreien.

Zitiert nach: Reinhard Rürup (Hrsg.), Der Krieg gegen die Sowjetunion 1941–1945. Eine Dokumentation, Berlin 1991, S. 122

1. Charakterisieren Sie, was den Wehrmachtsoldaten nach General von Reichenau von einem „Kämpfer nach den Regeln der Kriegskunst“ unterscheidet.
2. Beurteilen Sie, inwieweit dieser Befehl als praktische Anwendung des Radikalnationalismus bezeichnet werden kann.
3. Informieren Sie sich über damalige und heutige Völkerrechtsvereinbarungen, die auch im Krieg gültig bleiben. Bewerten Sie vor diesem Hintergrund den vorliegenden Befehl. | F

## M2 „Das einzelne Individuum ist vergänglich“

Aus der Rede Hitlers zum Erntedankfest im niedersächsischen Bückeberg am 1. Oktober 1933:

Der Nationalsozialismus hat weder im Individuum noch in der Menschheit den Ausgangspunkt seiner Betrachtungen, seiner Stellungnahmen und Entschlüsse. Er rückt bewusst in den Mittelpunkt seines ganzen Denkens das Volk. Dieses Volk ist für ihn eine blutmäßig bedingte Erscheinung, in der er einen von Gott geweihten Baustein der menschlichen Gesellschaft sieht.
Das einzelne Individuum ist vergänglich, das Volk ist bleibend. Wenn die liberale Weltanschauung in ihrer Vergötterung des einzelnen Individuums zur Zerstörung des Volkes führen muss, so wünscht dagegen der Nationalsozialismus das Volk zu schützen, wenn nötig, auf Kosten des Individuums.
Es ist notwendig, dass der Einzelne sich langsam zur Erkenntnis durchringt, dass sein eigenes Ich unbedeutend ist, gemessen am Sein des ganzen Volkes […], dass vor allem die Geistes- und Willenseinheit einer Nation höher zu schätzen sind als die Geistes- und Willenseinheit des Einzelnen.

Zitiert nach: Johannes Hampel, Der Nationalsozialismus, Bd. 2: 1935–1939. Friedenspropaganda und Kriegsvorbereitung, hrsg. von der Bayerischen Landeszentrale für politische Bildung, München [2]1993, S. 271

1. Charakterisieren Sie Hitlers hier vermittelte Vorstellung von der deutschen „Volksgemeinschaft“.
2. Erläutern Sie die Stellung des Individuums und die sich daraus ergebenden Konsequenzen für den Einzelnen.
3. Bewerten Sie die Rede aus Sicht unseres heutigen Menschenbildes und heutiger Rechtsvorstellungen. | F

## M3 „Damit ist die Bewegung aber antiparlamentarisch“

Adolf Hitler schreibt in „Mein Kampf“ (1925) über seine Haltung zum Parlamentarismus:

Die junge Bewegung ist ihrem Wesen und ihrer inneren Organisation nach antiparlamentarisch, d. h., sie lehnt im Allgemeinen wie in ihrem eigenen inneren Aufbau ein Prinzip der Majoritätsbestimmung ab, in dem der Führer nur zum Vollstrecker des Willens und der Meinung anderer degradiert wird. Die Bewegung vertritt im kleinsten wie im größten den Grundsatz einer germanischen Demokratie: Wahl des Führers, aber unbedingte Autorität desselben. [...] Wer Führer sein will, trägt bei höchster unumschränkter Autorität aber auch die letzte und schwerste Verantwortung. Wer dazu nicht fähig ist oder für das Ertragen der Folgen seines Tuns zu feige ist, taugt nicht zum Führer. Nur der Held ist dazu berufen. Der Fortschritt und die Kultur der Menschheit aber sind nicht ein Produkt der Majorität, sondern beruhen ausschließlich auf der Genialität und der Tatkraft der Persönlichkeit. Diese heranzuzüchten und in ihre Rechte einzusetzen, ist eine der Vorbedingungen zur Wiedergewinnung der Größe und Macht unseres Volkstums. Damit ist die Bewegung aber antiparlamentarisch, und selbst ihre Beteiligung an einer solchen Institution kann nur den Sinn einer Tätigkeit zu deren Zertrümmerung besitzen, zur Beseitigung einer Einrichtung, in der wir eine der schwersten Verfallserscheinungen der Menschheit zu erblicken haben.

Adolf Hitler, Mein Kampf. Eine kritische Edition, Zwei Bände, hrsg. von Christian Hartmann u. a., München, Berlin 2016, S. 891 und 893

1. Analysieren Sie Hitlers Kritik am Parlamentarismus.
2. Gestalten Sie eine Rede aus Sicht eines SPD-Abgeordneten, der Hitlers Text gelesen hat, seine Parteigenossen über dessen Inhalt informiert und Handlungsempfehlungen begründet darlegt. | H

## M4 Offener Schlagabtausch

Aus der sozialdemokratischen Zeitung „Vorwärts“ in der Abendausgabe vom 31. Januar 1933:

**Man droht dem „Vorwärts“**
**Ausschneiden und aufbewahren!**

Der vom Reichskanzler Adolf Hitler herausgegebene „Völkische Beobachter“ druckt aus dem „Vorwärts“ von gestern Abend folgende Sätze ab: „Würde ein Versuch gemacht werden, diese Minderheitsregierung, deren Feindschaft gegen die Verfassung offenkundig ist, auch ohne Zustimmung des Reichstags im Amte zu halten, so wäre eine Situation gegeben, die vom arbeitenden Volke die Einsetzung letzter und äußerster Kräfte erfordert. Die Organisationen der Eisernen Front[1] stehen in engster Verbindung miteinander und verfolgen die Entwicklung mit äußerster Spannung. Äußerste Bereitschaft und vollkommenste Einigkeit ist das Gebot der Stunde!“ Dazu bemerkt das Organ Adolf Hitlers: „Dem ‚Vorwärts‘ wird diese Sprache wahrscheinlich nicht mehr lange gut bekommen.“ Wir sind dem Organ Adolf Hitlers für diesen Hinweis außerordentlich dankbar. Es könnte in der Tat so kommen, dass der „Vorwärts“ im entscheidenden Augenblick physisch behindert wäre, den Arbeitern zu sagen, was notwendig ist. Wir bitten also alle unsere Leser und Freunde, das von so hoher Stelle beanstandete Zitat auszuschneiden, gut aufzubewahren und öfters zu überlesen. Auf diese Weise wird eine Wiederholung an dieser Stelle überflüssig.

Vorwärts Nr. 52 (50. Jg.), Abend-Ausgabe Nr. B26 vom 31. Januar 1933, S. 1

1. Beschreiben Sie die Quelle formal, inhaltlich und sprachlich.
2. Charakterisieren Sie die Äußerung des „Völkischen Beobachters“ (Z. 15 ff.) hinsichtlich des Vorgehens und der Wirkungsabsicht und ordnen Sie dies in die nationalsozialistische Ideologie ein.
3. Erklären Sie die beiden Stellungnahmen des „Vorwärts“.

## Der Blick aufs Ganze

1. Arbeiten Sie aus dem Darstellungstext und der Postkarte „Der Schmied deutscher Einheit“ heraus, welche Feindbilder der Nationalsozialismus für sich formuliert, und erstellen Sie eine Tabelle, die die jeweiligen Gründe hierfür erläutert. | H
2. Erläutern Sie M1 und M2 in Form eines „Think-Pair-Share“ in Hinblick darauf, welche Bedeutung die hier zutage tretende Ideologie für andere Völker und für den Einzelnen haben konnte.
3. Gestalten Sie einen Artikel für den „Vorwärts“, in dem Sie Hitlers Haltung zum Parlament, den demokratischen Parteien und den Rechten des Individuums kritisch hinterfragen. Beziehen Sie dabei den Darstellungstext sowie M4 ein. | F

[1] **Eiserne Front**: ein Zusammenschluss zum Widerstand gegen den Nationalsozialismus, gegründet 1931, bestehend u. a. aus SPD, Reichsbanner Schwarz-Rot-Gold und dem Allgemeinen Deutschen Gewerkschaftsbund

# Wie wird die Republik zerstört?

**„Wie der Herr Hitler das Wort ‚legal' in den Mund nimmt."**
Karikatur aus „Der wahre Jakob" vom 27. Februar 1932.

- ▶ Analysieren Sie die Karikatur.
- ▶ Ordnen Sie die Aussage der Karikatur in den Zusammenhang mit Hitlers Weg zur Macht ein.
- ▶ Beurteilen Sie, inwiefern die Aussage auch für die Sicherung und den Ausbau der Macht der NSDAP nach der Ernennung Hitlers zum Reichskanzler Gültigkeit besitzt.

**Die NSDAP übernimmt die Macht** | Bei ihrer Gründung im Jahr 1920 war die **NSDAP** eine von vielen rechtsradikalen Splitterparteien. Unter Hitler, der scheinbar einfache Lösungen für die vielfältigen Probleme der Zeit versprach, gewann die Partei Ende der 1920er-Jahre zahlreiche neue Wähler. Die Ernennung Hitlers zum Reichskanzler in einem Präsidialkabinett am 30. Januar 1933 feierte die NSDAP als „Machtübernahme", um den Eindruck eines legalen Vorgehens zu vermitteln. Die frühe Geschichtsschreibung nach 1945 verwendete überwiegend den Begriff der **„Machtergreifung"**, wohl mit dem Ziel, die Unrechtmäßigkeit des Regimes zum Ausdruck zu bringen.

Die Zeit bis zu den Neuwahlen am 5. März 1933 nutzte Hitler, um durch Notverordnungen seine Macht zu festigen. Nach dem Reichstagsbrand sprach die NS-Propaganda fälschlicherweise von einem kommunistischen Umsturzversuch. Kommunistische Abgeordnete und Funktionäre wurden verhaftet, kommunistische und sozialdemokratische Presse verboten. Die „Verordnung zum Schutz von Volk und Staat" („Reichstagsbrandverordnung") ermöglichte es, Grundrechte außer Kraft zu setzen. Nach der Reichstagswahl brachte Hitler am 23. März 1933 das „Gesetz zur Behebung der Not von Volk und Reich" („Ermächtigungsgesetz") durch, welches der Regierung erlaubte, ohne Reichsrat und Reichstag Gesetze zu erlassen, und die Gewaltenteilung faktisch ausschaltete.

Im Zuge der **„Gleichschaltung"** wurde schrittweise das föderalistische System zerstört, indem man Landtage, Stadt- und Gemeinderäte von missliebigen Parteien „befreite" und die regionalen Regierungen Reichsstatthaltern unterstellte, welche an Hitlers Weisung gebunden waren. Parteiverbote oder unter Druck erreichte Selbstauflösungen schalteten die politische Opposition weiter aus. NS-Organisationen traten an die Stelle früherer Vereinigungen und Organisationen, sodass allmählich auch die Gesellschaft „gleichgeschaltet" wurde. Mit dem Tod Hindenburgs am 2. August 1934 vereinte Hitler das Amt des Reichskanzlers mit dem des Reichspräsidenten in seiner Person und vollzog den Übergang zur **Diktatur**. In alldem zeigt sich die nationalsozialistische Taktik der **Pseudolegalität**. Hitler nutzte die Möglichkeiten der Demokratie so aus, dass sich daraus ein antidemokratischer, aber scheinbar legitimierter Staat entwickelte.

**Nationalsozialistische Propaganda** | Die nationalsozialistische **Propaganda** war durch zwei Merkmale geprägt: Während Zensur und Verbot kritische Presseorgane beseitigten und Kunst, die nicht zur NS-Weltanschauung passte, als „entartet" verboten wurde, beeinflussten zentral geplante Veranstaltungen wie Aufmärsche und Reichsparteitage sowie NS-Propaganda die Meinungsbildung. Wichtigstes neues Pro-

**Geschichte In Clips**
Zum Zeitraum von der Machtübernahme der Nationalsozialisten bis 1934 siehe Code 32051-25.

pagandamittel wurde der Rundfunk über den sogenannten „Volksempfänger". Die „Wochenschau" vor Spielfilmen, aber auch abendfüllende Propagandafilme wurden gezielt zu Propagandazwecken produziert und eingesetzt. Um Hitler entwickelte sich ein ausgeprägter Personenkult, der ihn als „von der Vorsehung gesandt" in eine pseudoreligiöse Sphäre hob und auf diese Weise eine starke Massenloyalität hervorrief.

**Wirtschaftliche und soziale „Erfolge"** | An die Stelle der Gewerkschaften trat die Deutsche Arbeitsfront (DAF). Sie vertrat aber kaum die Arbeitnehmerinteressen, vielmehr übernahm sie die weltanschauliche Schulung ihrer Mitglieder. Mitbestimmungsrechte und Tarifautonomie entfielen komplett. Der von den Nationalsozialisten propagierte „soziale Volksstaat" bot allerdings mit Kündigungsschutz, Verlängerung des bezahlten Urlaubs und verbesserten Sozialleistungen eine moderne soziale Absicherung. Vordergründig konnte die NSDAP ihr Wahlversprechen, innerhalb von vier Jahren die herrschenden wirtschaftlichen und sozialen Probleme zu lösen, zumindest in den Augen vieler „Volksgenossen" durchaus halten. Der Preis dafür waren längere Arbeitszeiten, die Verdrängung weiblicher Arbeitskräfte, eine hohe staatliche Verschuldung und die systematische Aufrüstung.

**Terror und Verfolgung** | Durch die „Gleichschaltung" übernahmen Sturmabteilung (SA) und Schutzstaffel (SS) der NSDAP faktisch die Polizeigewalt. Sie wurden gemeinsam mit der Geheimen Staatspolizei (Gestapo) zur Verfolgung Andersdenkender eingesetzt. Ein Instrument des Terrors wurden schon wenige Wochen nach der Regierungsübernahme die Konzentrationslager (KZ). Zunächst wurden politische Gegner eingewiesen. Ab dem Jahr 1935 begann die systematische Deportation der genannten „Volksschädlinge" in die KZ. Juden wurden diskriminiert, ausgegrenzt und aus einflussreichen Berufen gedrängt, ihre Geschäfte wurden boykottiert und beschädigt. Durch die „Nürnberger Gesetze" von 1935 waren nur noch „Arier" als Vollbürger anerkannt und Eheschließungen zwischen „Ariern" und Juden wurden verboten beziehungsweise für nichtig erklärt. Bis 1938 wanderten rund 170 000 Juden aus, etwa ein Drittel der in Deutschland lebenden Juden. Verfolgung und Gewalt gipfelten erstmals in der „Reichspogromnacht" vom 9. auf den 10. November 1938. Danach wurden jüdische Unternehmen und Betriebe systematisch „arisiert" und damit alle Juden aus dem deutschen Wirtschaftsleben ausgeschlossen. Viele Deutsche bereicherten sich an enteignetem jüdischen Eigentum. Eine weitere Form des nationalsozialistischen Terrors stellte ab 1939 die „Euthanasie" dar, die Ermordung von Menschen mit geistigen oder körperlichen Behinderungen und anderen als „erbkrank" geltenden Menschen. Gegen diese „Vernichtung unwerten Lebens" erhob sich im Frühjahr 1941 Protest, da sie vorwiegend Deutsche betraf. Im August 1942 wurde die „Euthanasie" offiziell eingestellt, im Geheimen jedoch bis zum Kriegsende weitergeführt.

**Widerstand** | Aus ganz unterschiedlichen Motiven leisteten Menschen Widerstand gegen die nationalsozialistische Politik. Zwischen nonkonformem Verhalten und aktivem Widerstand gab es eine große Bandbreite: Verweigerung des „Deutschen Grußes" oder des Beitritts zur NSDAP, Äußerung abweichender Meinung, Flugblätter, Gegenparolen an Hauswänden, Abhören und Verbreiten ausländischer Nachrichten, Unterstützung Verfolgter, Arbeitsniederlegung, Spionage und Sabotage sowie Attentate auf Hitler und hohe NS-Funktionäre.

Die größten Erfolgsaussichten hatte der militärische Widerstand, der im Attentat vom 20. Juli 1944 gipfelte. Doch auch er scheiterte. Letztlich wurde die NS-Diktatur nicht durch den Widerstand gestürzt, sondern erst durch die totale Niederlage im Zweiten Weltkrieg. Zu viele schauten weg, zogen sich ins Private zurück, fürchteten Nachteile, hatten Angst oder waren Anhänger der NS-Ideologie.

**Geschichte In Clips**
Zum Novemberpogrom siehe Code 32051-26.

**Internettipp:**
Ende Januar 2013 hat der Bayerische Rundfunk eine „Dokumentarische Höredition" mit dem Titel „Die Quellen sprechen" gestartet. In 16 Folgen werden mehrere Hundert Briefe, Tagebucheinträge, Verordnungen und Befehle des NS-Regimes, aber auch Zeitungsberichte und andere Quellen vorgetragen, die die Verfolgung, Entrechtung und Ermordung der europäischen Juden zwischen 1933 und 1945 spiegeln. Siehe Code 32051-27.

**Geschichte In Clips**
Zum Elser-Attentat siehe Code 32051-28.

## M1 Fackelzug durch das Brandenburger Tor am 30. Januar 1933

Originalaufnahme vom 30. Januar 1933:

Nachstellung des Fackelzuges für einen Propagandafilm im Sommer 1933:

1. Beschreiben Sie die Unterschiede in der Darstellung des Fackelzuges durch das Brandenburger Tor.
2. Erläutern Sie, welchen Eindruck die Nationalsozialisten durch das Nachstellen des Fackelzuges vom 30. Januar 1933 bezüglich des Anfangs ihrer Regierung vermitteln wollten.
3. Analysieren Sie Funktionsweise und Ziel der NS-Propaganda, die in den beiden Fotos zum Ausdruck kommen.

## M2 Die Legalität des Weges

Joseph Goebbels spricht als Abgeordneter der NSDAP am 5. Februar 1931 vor dem Reichstag:

Die nationalsozialistische Bewegung hat nicht die Absicht, unter diesem Regiment aus ihrer trotzigen Oppositionsstellung herauszugehen. Die nationalsozialistische Bewegung verharrt weiterhin diesem System gegenüber in Kampfstellung. Sie hat durch den Mund ihres Führers zum Ausdruck gebracht, dass sie legal sei. Das heißt aber: Nach der Verfassung sind wir nur verpflichtet zur Legalität des Weges, nicht aber zur Legalität des Zieles. Wir wollen legal die Macht erobern. Aber was wir mit dieser Macht einmal, wenn wir sie besitzen, anfangen werden, das ist unsere Sache. Wir haben das Gefühl, dass das deutsche Volk die Absicht hat, über kurz oder lang mit der Politik, wie sie seit 1918 in Deutschland betrieben worden ist, eine Abrechnung vorzunehmen. Wenn das Volk diese Abrechnung will, und das Volk macht uns einmal zum Vollstrecker dieses Willens, dann werden wir uns getreu dem Satz, dass des Volkes Wille oberstes Gesetz ist, diesem Willen nicht entziehen.

Zitiert nach: Ernst Deuerlein (Hrsg.), Der Aufstieg der NSDAP 1919–1933 in Augenzeugenberichten, Düsseldorf 1968, S. 347 f.

1. Arbeiten Sie heraus, was nach Goebbels' Meinung Pflicht der NSDAP ist und was nicht.
2. Überprüfen Sie die Bezeichnung „legal" in Bezug auf das Vorgehen der Nationalsozialisten beim Aufbau ihrer Herrschaft.

## M3 Sozialer Volksstaat

Der Historiker Götz Aly beschreibt in seinem Buch „Hitlers Volksstaat" die Maßnahmen des NS-Regimes zur Verwirklichung des „sozialen Volksstaates":

Da viele NSDAP-Führer aus Verhältnissen stammten, in denen sie selbst mit dem Gerichtsvollzieher Bekanntschaft gemacht hatten, sorgten sie sich schon in den ersten Regierungswochen darum, die – zumal in der Krisenzeit – für die Mehrheit der damaligen Deutschen bedrohlichen Plagen des Pfändens und der Wohnungsexmittierung[1] zu lindern. Zu den ersten NS-Gesetzen gehörten solche, mit denen die Rechte der Gläubiger

[1] **Wohnungsexmittierung**: gerichtliche Ausweisung aus einer Wohnung

zugunsten der Schuldner beschränkt wurden. Sie sollten der „Verelendung des Volkes“ entgegenwirken. [...] Mit Beginn des Zweiten Weltkriegs durfte bei Einberufenen und deren Familien nicht mehr gepfändet werden [...]. Ebenso verbesserte die NS-Regierung den Mieterschutz für die Einberufenen. Auch wenn später wieder härter verfahren wurde, so blieb der Schuldnerschutz doch zentrale Aufgabe jedes einzelnen Gerichtsvollziehers, um auf diese Weise „zum Siege unseres schwer um seine Existenz kämpfenden Volkes sein gewichtig Teil beizutragen“. Auf derselben Linie lag die Lohnpfändungsverordnung vom 30. Oktober 1940, die den Schutz der Deutschen vor der Zwangsvollstreckung weiter verbesserte. Sie stellte einen Teil des Lohns für Überstunden pfändungsfrei, außerdem Urlaubsgeld, Weihnachtsgeld, Kinderbeihilfen und Versehrtenrenten. Sie legte hohe, erstmals auf den Netto- statt auf den Bruttolohn bezogene pfändungsfreie Grundbeträge pro Person und Familienmitglied fest. Im Sinne eines höheren Maßes an Gleichheit zwischen den Deutschen annullierte das Gesetz jenes aus frühbürgerlichen Zeiten überkommene Privileg, das Beamte und Geistliche vor Pfändungen in besonderer Weise geschützt hatte. Es waren solche Gesetze, die den nationalen Sozialismus populär machten und in denen auch Konturen der späteren Bundesrepublik Deutschland durchscheinen. [...] Im Nachhinein wird die Rassenlehre des Nationalsozialismus als pure Anleitung zu Hass, Mord und Totschlag verstanden. Doch für Millionen Deutsche lag das Attraktive in dem an sie adressierten völkischen Gleichheitsversprechen. Die NS-Ideologie betonte die Unterschiede nach außen und nivellierte sie nach innen. Um es mit einem Ausruf Hitlers zu sagen: „Innerhalb des deutschen Volkes höchste Volksgemeinschaft und Möglichkeit der Bildung für jedermann, nach außen aber absoluter Herrenstandpunkt!“ Für diejenigen, die zu der als rassisch einheitlich definierten Großgruppe zählten – das waren 95 Prozent der Deutschen –, verringerten sich die Unterschiede im Binnenverhältnis. Für viele wurde das staatspolitisch gewollte Einebnen der Standesdifferenzen in der Staatsjugend fühlbar, im Reichsarbeitsdienst, in den Großorganisationen der Partei und langsam selbst in der Wehrmacht. [...] Auch das Uniforme der NS-Gesellschaft wird heute einseitig als Militarisierung gesehen. Denkt man an die Schuluniformen, die in manchen Ländern noch heute getragen werden, an die Pfadfinderkluft oder an die Einheitstrikots der Sportvereine, dann dient die Uniform auch dem Anspruch, die Unterschiede zwischen den Bemittelten und den weniger Bemittelten zurücktreten zu lassen.

Götz Aly, Hitlers Volksstaat. Raub, Rassenkrieg und nationaler Sozialismus, Frankfurt am Main 2005, S. 20 ff. und 28 f.

1. Einer der Leitsätze Hitlers lautete: „Deutschland wird dann am größten sein, wenn seine ärmsten seine treusten Bürger sind.“ Erläutern Sie Hintergründe und Ziele dieser Maxime. | H
2. Vergleichen Sie Hitlers „sozialen Volksstaat“ mit unserer heutigen Vorstellung eines „Sozialstaates“ unter Berücksichtigung der Frage, wer von den nationalsozialistischen Maßnahmen profitierte und wer ausgeschlossen war.
3. Aly bezeichnet das NS-Regime als „Gefälligkeitsdiktatur“. Beurteilen Sie, inwiefern dieser Begriff passend erscheint. | F

## M4 Kosten-Nutzen-Rechnung zum Wohle der „Volksgemeinschaft“

Schon früh versuchte das NS-Regime, die Akzeptanz in der Bevölkerung für die heuchlerisch als „Euthanasie“ bezeichneten Krankenmorde zu erhöhen.

▶ Analysieren Sie, mit welchen Mitteln und Argumenten hier versucht wird, die „Euthanasie“ zu rechtfertigen.

## M5 Kennzeichentafel der Häftlinge

In den Konzentrationslagern fand eine Klassifizierung der Häftlinge statt. Diese Tafel aus dem Lager Dachau zeigt unten rechts ein Beispiel hierfür: Unter der Häftlingsnummer wurden die jeweiligen Kennzeichen angebracht.

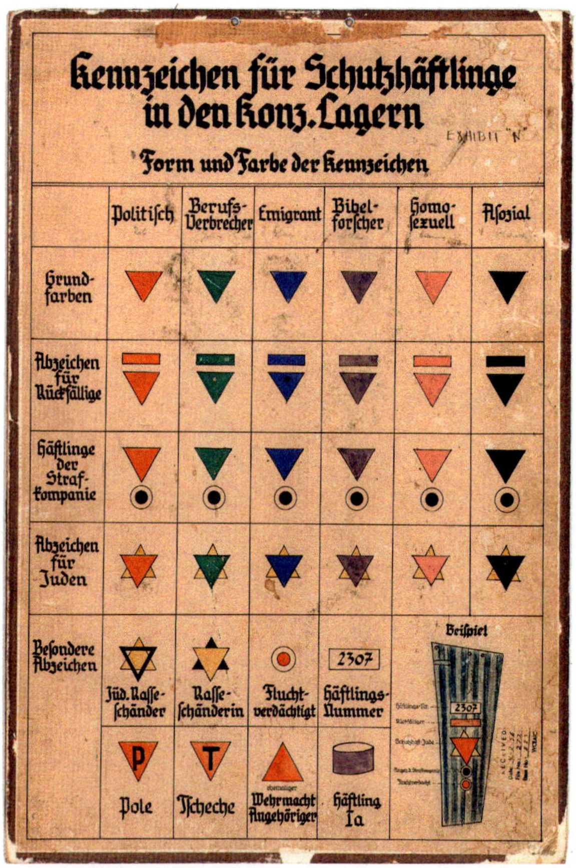


1. Arbeiten Sie heraus, welche Bevölkerungsgruppen in Konzentrationslager deportiert wurden. Beziehen Sie dabei den Begriff „Schutzhäftling“ mit ein.
2. Ordnen Sie die inhaftierten Häftlingsgruppen in die NS-Ideologie ein.
3. Beurteilen Sie, welche Auswirkungen auf die Gewaltstrukturen in den Konzentrationslagern die Klassifizierung der Häftlinge hatte.

## M6 Verfolgung Homosexueller

Herbert R., der in einem Vorort von Hamburg gelebt hat, erzählt, wie die Gestapo 1935 in seinem Bekanntenkreis aktiv geworden ist. Das erste Opfer ist sein Chef:

Als ich in die Firma kam, sah ich, wie er verhaftet und von zwei Kriminalbeamten abgeführt wurde. Jedermann wunderte sich über seine Verhaftung. Niemand wagte etwas zu sagen. Man wusste nicht weshalb, ob es politisch war, oder ob es möglicherweise wegen seiner Homosexualität war. Alle waren wie erstarrt von den Dingen, die einen überfielen, wo man nicht wusste, was für eine Gefahr auf einen zukam. Dieser Druck in den folgenden Tagen und Wochen war wahnsinnig. [...] Was in der Untersuchungshaft passiert ist, weiß ich nicht. Vierzehn Tage war er in Haft. Während dieser Zeit wurde er fast jeden Tag in seine Wohnung geführt, wo man alles zusammen mit ihm durchstöberte. Man ließ verlauten, dass er als „Jugendverführer“ keinen Betrieb mehr leiten dürfe. Diese Dinge, die da auf ihn eindrangen, sind wahrscheinlich so fürchterlich gewesen, dass er sich drei Wochen nach seiner Verhaftung im Gefängnis erhängt hat. Das war im Sommer 1935. Mit einem Schlage setzte eine Verfolgungswelle von Homosexuellen in unserem Orte ein. Als nächster wurde mein Freund verhaftet. [...] Eines Tages erschienen bei ihm Leute von der Gestapo und holten ihn ab. Sich zu erkundigen, wo er geblieben sein könnte, war zwecklos. Wenn das jemand von uns getan hätte, dann hätte die Gefahr bestanden, dass man ihn gleich dabehielt, weil er ein Bekannter war, der auch verdächtigt wurde. An der Schule, wo er unterrichtet hatte, war man entsetzt. Man kannte zwar seine politische Einstellung, aber niemand wusste, dass er homosexuell war, und ich konnte es ihnen nicht sagen. Nach seiner Verhaftung wurde seine Wohnung von Gestapo-Beamten durchsucht. Bücher wurden mitgenommen und besonders Notizbücher und Adressbücher beschlagnahmt [...]. Alle, die darin vorkamen und mit ihm zu tun hatten, wurden festgenommen oder zur Gestapo zitiert.

Zitiert nach: Hans-Georg Stümke, Vom „unausgeglichenen Geschlechtshaushalt“. Zur Verfolgung Homosexueller, in: Projektgruppe für die vergessenen Opfer des NS-Regimes in Hamburg e. V. (Hrsg.), Verachtet – verfolgt – vernichtet – zu den „vergessenen“ Opfern des NS-Regimes, Hamburg 1986, S. 49

1. Analysieren Sie die Reaktionen der beteiligten Personen.
2. Erläutern Sie die Arbeit der Gestapo und ihre Methoden der Machtausübung.
3. Erklären Sie das Vorgehen gegen Homosexuelle vor dem Hintergrund des Konzepts der „Volksgemeinschaft“.

## M7 Widerstand im Militär

Die Offiziere Henning von Tresckow (1901–1944, Selbstmord) und Claus Schenk Graf von Stauffenberg (1907–1944, hingerichtet) sind maßgeblich an einem Bombenanschlag auf Hitler am 20. Juli 1944 beteiligt. Tresckow hat sich seit 1934 innerlich vom Regime distanziert und sich an mehreren Attentaten auf Hitler beteiligt. Ein Weggefährte erinnert sich an ein Treffen mit ihm am 17. November 1942 beim Oberkommando der Heeresgruppe Mitte in Smolensk:

Hier griff Henning ein. Er müsse mir etwas Entscheidendes sagen. Unser Generalstab verdiene diesen Namen nicht mehr. Nur noch die Kragenspiegel und die karmesinroten Streifen an den Hosen ließen ihn noch als solchen erscheinen. Clausewitz[1] und der alte Moltke[2] seien nicht mehr gefragt. Hitler habe – mit seinen eigenen Worten – gefordert, der Generalstabsoffizier müsse sein wie ein „Bluthund, der gierig an der Leine zerre, um, losgelassen, sich auf den Feind zu stürzen und ihn zu zerfleischen". […] Nach einer Pause fragte ich ihn, was an den Gerüchten von Übergriffen der SS gegen die Zivilbevölkerung in den rückwärtigen Gebieten sei. Diese Gerüchte träfen zu, antwortete er, allerdings mit der Ergänzung, dass es sich nicht um einzelne Übergriffe handele, sondern um planmäßige Ausrottungen von Menschen. Man habe bei der Heeresgruppe zuverlässige Informationen, dass der SD[3] und die SS Spezialeinheiten gebildet hätten, die das sorgfältig organisiert betrieben, und zwar in einem Umfang, der jede Fantasie übersteige. Während wir, die Soldaten an der Front, uns vorne totschießen lassen dürften, betreibe die SS in unserem Rücken ein grauenvolles Geschäft. Er, Henning, sehe darin eine Schändung der Opferbereitschaft des Soldaten an der Front.
Fassungslos hatte ich ihm zugehört. Es war ungeheuerlich, was er gesagt hatte. Dann sprach er davon, dass er auf den Tag hinarbeite, an dem dies zu Ende sei. Niemand könne heute sagen, wann dieser Tag komme, aber kommen werde er mit Sicherheit, und er werde schrecklich sein.

Zitiert nach: Reinhard Rürup (Hrsg.), Der Krieg gegen die Sowjetunion. Eine Dokumentation, Berlin 1991, S. 193

Im Juni 1944 erklärt Tresckow gegenüber Freunden:

Das Attentat auf Hitler muss erfolgen, um jeden Preis. Sollte es nicht gelingen, so muss trotzdem der Staatsstreich versucht werden. Denn es kommt nicht mehr auf den praktischen Zweck an, sondern darauf, dass die deutsche Widerstandsbewegung vor der Welt und vor der Geschichte unter Einsatz des Lebens den entscheidenden Wurf gewagt hat. Alles andere ist daneben gleichgültig.

Zitiert nach: Peter Steinbach und Johannes Tuchel (Hrsg.), Widerstand in Deutschland 1933–1945. Ein historisches Lesebuch, München [3]2000, S. 326

Kurz vor dem Attentat vom 20. Juli 1944, das Hitler überlebt, sagt Stauffenberg zu einer Bekannten:

Es ist Zeit, dass jetzt etwas getan wird. Derjenige allerdings, der etwas zu tun wagt, muss sich bewusst sein, dass er wohl als Verräter in die deutsche Geschichte eingehen wird. Unterlässt er jedoch die Tat, dann wäre er ein Verräter vor seinem eigenen Gewissen.

Zitiert nach: Peter Hoffmann, Claus Schenk Graf von Stauffenberg und seine Brüder, Stuttgart 1992, S. 395

1. Stellen Sie Motive und Hemmnisse des Widerstandes im Militär dar.
2. Erklären Sie, wie es möglich war, dass ein radikaler Regimegegner jahrelang höchste Funktionen innehatte. Welche Schlüsse lässt das auf die betroffene Person und die Stabilität des Regimes zu?
3. Analysieren Sie, unter welchen Umständen in unserem Staat ein Widerstandsrecht besteht. Berücksichtigen Sie dazu auch Artikel 20 des Grundgesetzes. | F

### Der Blick aufs Ganze

1. Erarbeiten Sie mithilfe eines „Gruppenpuzzles" folgenden Themenbereiche: „Machtergreifung"/Pseudolegalität, „Gleichschaltung"/Diktatur, „sozialer Volksstaat"/Aufrüstung, Propaganda/Personenkult, Terror/Verfolgung, Widerstand. Halten Sie das Ergebnis in Ihrer Stammgruppe strukturiert für eine Präsentation im Plenum fest. Wenn Ihre Lerngruppe groß genug ist, bietet sich auch eine Erarbeitung mithilfe einer „Lernpyramide" an. Jede „Pyramide" beschäftigt sich dabei mit einem Themenbereich und präsentiert ihr Ergebnis am Ende in Form eines Expertenvortrages.
2. Informieren Sie sich über den „Tag von Potsdam" und erläutern Sie, wie dieser Tag propagandistisch genutzt wurde. | F
3. Recherchieren Sie Beispiele für Widerstand aus Ihrer Region und charakterisieren Sie das jeweilige Vorgehen. | F
4. Gestalten Sie den Tagebucheintrag einer Person zu einem von Ihnen selbst gewählten Zeitpunkt zwischen 1933 und 1938, in dem die veränderten Bedingungen im Deutschen Reich durch die nationalsozialistische Diktatur und ihre konkreten Auswirkungen auf die gewählte Person deutlich werden. | H

---

[1] **Clausewitz**, Carl von: preußischer Generalmajor, der mit seinem Werk „Vom Kriege" berühmt wurde, das bis heute großen Einfluss auf das Kriegswesen ausübt

[2] **Moltke**, Helmuth von: preußischer Generalfeldmarschall, dem wesentliche Erfolge Preußens in den Deutschen Einigungskriegen zugeschrieben werden

[3] **SD**: Sicherheitsdienst des Reichsführers SS

# Welche Auswirkungen hat die NS-Herrschaftspraxis auf die Bevölkerung?

**Erntedankfest auf dem Bückeberg in Niedersachsen.** Hitler sprach hier am 30. September 1934 vor 700 000 Bauern. Das Foto stammt von dem Fotografen Heinrich Hoffmann, der seit den 1920er-Jahren für Hitler arbeitete und nahezu ein Exklusivrecht auf das Fotografieren Hitlers besaß.

- Beschreiben Sie die Wirkung des Bildes.
- Geben Sie dem Foto eine Bildunterschrift und begründen Sie Ihre Wahl.

**Massen gewinnen und halten** | Nach der Übernahme der Regierungsgewalt war die weitere **Massenmobilisierung** ein wichtiges Ziel der Nationalsozialisten. Beeindruckende Aufmärsche, allen voran der jährliche Reichsparteitag in Nürnberg, sowie sportliche Wettkämpfe, aber auch Staatsbesuche sowie National- und Parteigedenktage sollten Größe suggerieren und dem Einzelnen ein Gemeinschaftsgefühl geben. Diese Veranstaltungen glichen in ihrem Ablauf religiösen Festen. Meist war eine Rede des „Führers" der Höhepunkt der Veranstaltung.

Dienlich war der Massenmobilisierung die durch neue Medien wie Film und das bereits in der Weimarer Republik verstaatlichte Radio möglich gewordene **Massenkultur**. Es entstanden Radioreportagen und Hörspiele, die deutsche Filmindustrie produzierte europaweit die meisten Filme. Der Schwerpunkt lag dabei auf der Unterhaltung, z.B. in Form von Schlagern und Heimatfilmen, die eine heile Welt vermittelten. Gleichzeitig flossen indoktrinierende Beiträge ein. Als wichtiges Kunst- und Kulturgut galt im Nationalsozialismus alles, was eine Rückbesinnung auf das „germanische Erbe" sowie die Verherrlichung der „arischen Rasse" zuließ. Um dieses Ziel zu erreichen, kontrollierte die Reichskulturkammer seit 1933 den gesamten Kulturbetrieb. Bereits am 10. Mai 1933 fanden in Berlin und anderen Universitätsstädten Bücherverbrennungen statt, bei denen als „undeutsch" geltende Werke zerstört wurden. „Entartete Kunst" wurde aus Museen und Galerien entfernt, beschlagnahmt, zerstört oder ins Ausland verkauft. Da betroffene Künstler ein Ausstellungs- und Arbeitsverbot erhielten, verließen viele bedeutende Künstler und Gelehrte Deutschland oder gingen in die innere Emigration.

**Massenorganisationen** | Das System der **Massenorganisationen** sollte jeden Einzelnen an das NS-Regime binden. So wurden Kinder bereits ab einem Alter von zehn Jahren in der Hitler-Jugend (HJ) und dem Bund Deutscher Mädel (BDM) erfasst. Beide Organisationen hatten das Ziel, Kinder in der nationalsozialistischen Ideologie zu erziehen. Uniformen und Gemeinschaftserlebnisse wie Zeltlager, Geländespiele und Wettkämpfe sollten einen Anreiz bieten, aber auch soziale Unterschiede beseitigen und Kameradschaft fördern. Alle anderen Jugendverbände wurden in HJ und BDM überführt. Der Reichsarbeitsdient führte anschließend die ideologische Ausrichtung der Jugendverbände fort.

Auch die meisten Berufssparten hatten der NSDAP untergeordnete Vereinigungen. So gab es beispielsweise den NS-Lehrerbund und den NS-Ärztebund. Frauen bot die NS-Frauenschaft eine Vereinigung. Als Propagandainstrumente dienten für sie Hilfswerke für Mutter und Kind, Mütterschulen und die Hervorhebung des Muttertages.

**Rassendiktatur** | Um die Rassenideologie intellektuell zu untermauern, bezog sich Hitler neben dem Sozialdarwinismus stark auf die rassenbiologische Theorie von Joseph Arthur de Gobineau, der die Unterteilung der Menschheit in höhere und niedere Klassen vertrat und die Überlegenheit der „nordischen Rasse" propagierte. Hieraus leitete Hitler das konkrete politische Ziel der **Rassendiktatur** ab. Die „überlegene arische Rasse" sollte demnach alle „minderwertigen Rassen" beherrschen oder verdrängen. Dies war nicht nur in Deutschland umzusetzen, sondern führte zu einem außenpolitischen „Auftrag", der darin bestand, das slawische Osteuropa zu erobern. Langfristiges Ziel war unter Beachtung dieser Theorie die Weltherrschaft.

Im Zusammenhang mit der Rassenpolitik spielte auch der Begriff der **„Umvolkung"** eine große Rolle. Zum einen sollten diejenigen Deutschstämmigen, die in anderen Staaten lebten, in die deutsche „Volksgemeinschaft" „heim geholt" werden. Dies betraf zum Beispiel das Sudetenland, aber auch Einwohner anderer, vor allem osteuropäischer Länder, die deutscher Herkunft waren. Zum anderen sollten Bevölkerungsgruppen, die als „rassisch minderwertig" galten, innerhalb Deutschlands, aber auch in eroberten und besetzten Gebieten „entfernt" werden, damit der „deutsche Volkskörper" nicht „durchmischt" wurde. Die in diesem Rahmen „frei gewordenen" Gebiete fanden wiederum Verwendung bei der Schaffung „neuen Lebensraums im Osten", indem dort „Volksdeutsche" angesiedelt wurden.

**Joseph Arthur de Gobineau** (1816–1882): französischer Diplomat und Schriftsteller, der als Begründer des rassistischen Denkens gilt

**Der Vierjahresplan** | Diese expansiven Ziele sollten Deutschland über kurz oder lang in einen Krieg führen. Wirtschaftlich stand deshalb nicht nur die Senkung der Arbeitslosigkeit im Vordergrund, sondern auch die Ausrichtung auf einen zukünftigen Krieg. Zu seiner Finanzierung gründeten Reichsbank, Reichswehr und vier wichtige deutsche Unternehmen zum Schein die „Metallurgische Forschungsgemeinschaft" (Mefo). Diese bezahlte vergebene Rüstungsaufträge mit Wechseln, die zu einem späteren Zeitpunkt bei der Reichsbank ausschließlich durch Kriegsbeute eingelöst werden konnten. Der Eroberungskrieg war also Teil der Wirtschaftspolitik Hitlers.

1936 gab Hitler den **Vierjahresplan** in Auftrag, um Deutschland für den Kriegsfall autark zu machen. Nötig war es dazu, einheimische Bodenschätze zu gewinnen, auch wenn diese teils qualitativ schlechter und schwerer zu gewinnen waren. Benzin und Gummi sollten synthetisch erzeugt werden. Der schon Ende der 1920er-Jahre verstärkt auf Europa gerichtete deutsche Außenhandel konzentrierte sich vermehrt auf Ungarn, Jugoslawien, die nordeuropäischen und baltischen Staaten, die ein Interesse am Warenaustausch mit dem Deutschen Reich hatten. Den Handelsverträgen mit diesen Staaten lag ein „Clearing", eine Art Tauschhandel, zugrunde, der auf die deutschen Kriegspläne hin ausgerichtet war. So wurden die knappen Gold- und Devisenbestände des Deutschen Reiches für den Ankauf von Rüstungsgütern geschont. Rüstungsindustrie und kriegswichtige Infrastruktur erfuhren eine starke Förderung. So wurde durch Subventionen, Steuererleichterungen und Staatsaufträge die Produktion in Schwerindustrie, Fahrzeugbau, chemischer Industrie und Textilindustrie gesteigert. Der bereits von früheren Regierungen geplante und begonnene Autobahnbau setzte nun in großem Stil ein. Da die Ausgaben für Rüstung und Reichswehr explosionsartig anstiegen, kam es bald zu einer hohen Staatsverschuldung.

## M1 Die Masse gewinnen

Hitler schreibt in „Mein Kampf“ über die Beeinflussung des Volkes:

Die Aufnahmefähigkeit der großen Masse ist nur sehr beschränkt. […] Aus diesen Tatsachen heraus hat sich jede wirkungsvolle Propaganda auf nur sehr wenige Punkte zu beschränken und diese schlagwortartig so lange zu verwerten, bis auch bestimmt der Letzte unter einem solchen Worte das Gewollte sich vorzustellen vermag. […] Die breite Masse eines Volkes besteht weder aus Professoren noch aus Diplomaten. Das geringe abstrakte Wissen, das sie besitzt, weist ihre Empfindungen mehr in die Welt des Gefühls. […] Ihre gefühlsmäßige Einstellung aber bedingt zugleich ihre außerordentliche Stabilität. Der Glaube ist schwerer zu erschüttern als das Wissen, […] und die Triebkraft zu den gewaltigsten Umwälzungen auf dieser Erde lag zu allen Zeiten weniger in einer die Masse beseelenden wissenschaftlichen Erkenntnis als in einem sie beseelenden Fanatismus und manchmal in einer sie vorwärtsjagenden Hysterie. Wer die breite Masse gewinnen will, muss den Schlüssel kennen, der das Tor zu ihrem Herzen öffnet. Er heißt nicht Objektivität, also Schwäche, sondern Wille und Kraft. […] Die Massenversammlung ist auch schon deshalb notwendig, weil in ihr der einzelne […] das Bild einer größeren Gemeinschaft erhält, was bei den meisten Menschen kräftigend und ermutigend wirkt. […] Wenn er [der Einzelne] aus seiner kleinen Arbeitsstätte oder aus dem großen Betrieb, in dem er sich erst recht klein fühlt, zum ersten Mal in die Massenversammlung hineintritt und nun Tausende und Tausende von Menschen gleicher Gesinnung um sich hat, […] dann unterliegt er selbst dem zauberhaften Einfluss dessen, was wir mit dem Wort Massensuggestion bezeichnen. […] Der Mann, der zweifelnd und schwankend eine solche Versammlung betritt, verlässt sie innerlich gefestigt: Er ist zum Glied einer Gemeinschaft geworden.

Adolf Hitler, Mein Kampf. Eine kritische Edition, Zwei Bände, hrsg. von Christian Hartmann u. a., München, Berlin 2016, S. 501, 877, 879 und 1211

1. Analysieren Sie Hitlers Vorgehen bezüglich der Gewinnung der „Massen“.
2. Bewerten Sie Hitlers Meinung zur Beeinflussbarkeit der Bevölkerung.

## M2 Propagandaplakat von 1934

Die Nationalsozialistische Volkswohlfahrt (NSV) war eine der größten und populärsten NS-Massenorganisationen und neben der Arbeitsbeschaffung wichtigste Grundlage der nationalsozialistischen Arbeits- und Sozialpolitik. Die als Verein gegründete Einrichtung dehnte ihre Zuständigkeit auf nahezu alle freien, staatlichen und kirchlichen Bereiche der Wohlfahrtspflege aus. 1943 gehörten ihr 17 Millionen Mitglieder an.

1. Analysieren Sie, inwiefern das Plakat der nationalsozialistischen Gesellschaftsideologie entspricht.
2. Erklären Sie, warum die Nationalsozialisten in besonderem Maße sozialpolitische Maßnahmen propagierten.

## M3 „Grenzenloses Vertrauen“

Am 31. Juli 1937 besucht Hitler das 12. Deutsche Sängerbundesfest in Breslau und wird von Teilnehmerinnen begrüßt. Das Foto trägt die Bildunterschrift „Grenzenloses Vertrauen“.

1. Beschreiben Sie die Wirkung des Fotos.
2. Erläutern Sie das Foto in Hinblick auf Massenmobilisierung und den Personenkult um Hitler.
3. Gestalten Sie aus Sicht einer der abgebildeten Personen einen (mündlichen) Bericht, in dem die Person von ihrer Begegnung mit dem „Führer“ erzählt.

## M4 Organisationen der NS-Gesellschaft

Dieses nach der Zeit des Nationalsozialismus entstandene Schaubild zeigt die wesentlichen Organisationen der NS-Gesellschaft:

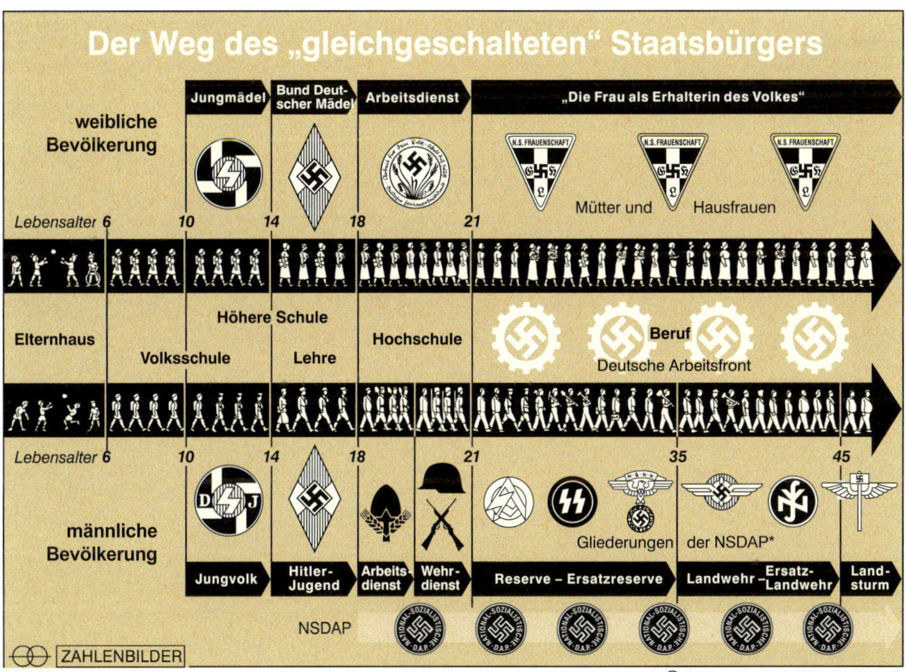


50 090 © Bergmoser + Höller Verlag AG

*Die sechs Embleme repräsentieren von links nach rechts die folgenden Organisationen: Sturmabteilung (SA), Schutzstaffel (SS), Nationalsozialistisches Kraftfahrkorps (NSKK), Nationalsozialistisches Fliegerkorps (NSFK), Nationalsozialistische Volkswohlfahrt (NSV), Nationalsozialistische Handes- und Gewerbeorganisation (NS-Hago).

1. Beschreiben Sie anhand der Grafik, wie der Einzelne in der NS-Gesellschaft aufgehen sollte.
2. Hitler sagte 1938 über die Jugend im NS-Staat: „Und sie werden nicht mehr frei ihr ganzes Leben und sie sind glücklich dabei.“ Erörtern Sie, inwiefern dieses Zitat zutraf. | H

## M5 Umsetzung des Vierjahresplanes

Selbstversorgungsgrad bei Grundnahrungsmitteln in Prozent

| | 1927/28 | 1938/39 |
|---|---|---|
| Brotgetreide | 49 | 115 |
| Kartoffeln | 96 | 100 |
| Zucker | 100 | 101 |
| Fleisch | 91 | 97 |
| Fett | 44 | 57 |

Karl-Dietrich Bracher, Manfred Funke und Hans Adolf Jacobsen (Hrsg.), Nationalsozialistische Diktatur 1933–1945, Bonn 1983, S. 308

Produktion im Deutschen Reich nach dem Gebietsstand von 1937 in 1000 Tonnen

| | 1928 | 1936 | 1939 |
|---|---|---|---|
| Eisenerz | 2089 | 2259 | 3928 |
| Hüttenaluminium | 33 | 95 | 194 |
| Buna[1] | 0 | 1 | 22 |
| Zellwolle[2] | 0 | 43 | 192 |
| Flugbenzin | 0 | 43 | 302 |
| Sonstiges Motorenbenzin | 0 | 1214 | 1633 |

Karl-Dietrich Bracher, Manfred Funke und Hans Adolf Jacobsen (Hrsg.), a. a. O., S. 304

Produktion im Deutschen Reich nach dem Gebietsstand von 1937 in 1000 Tonnen

| Haushalts-jahr | Rüstungs-ausgaben | Volksein-kommen | Rüstungsausgaben in % des Volkseinkommens |
|---|---|---|---|
| 1932 | 0,6 | 45,2 | 1,3 |
| 1933 | 0,7 | 46,5 | 1,5 |
| 1934 | 4,1 | 52,8 | 7,8 |
| 1935 | 5,5 | 59,1 | 9,3 |
| 1936 | 10,3 | 65,8 | 15,7 |
| 1937 | 11,0 | 73,8 | 15,0 |
| 1938 | 17,2 | 82,1 | 21,0 |

Fritz Blaich, Wirtschaft und Rüstung im „Dritten Reich", Düsseldorf 1987, S. 83

Öffentliche Investitionen

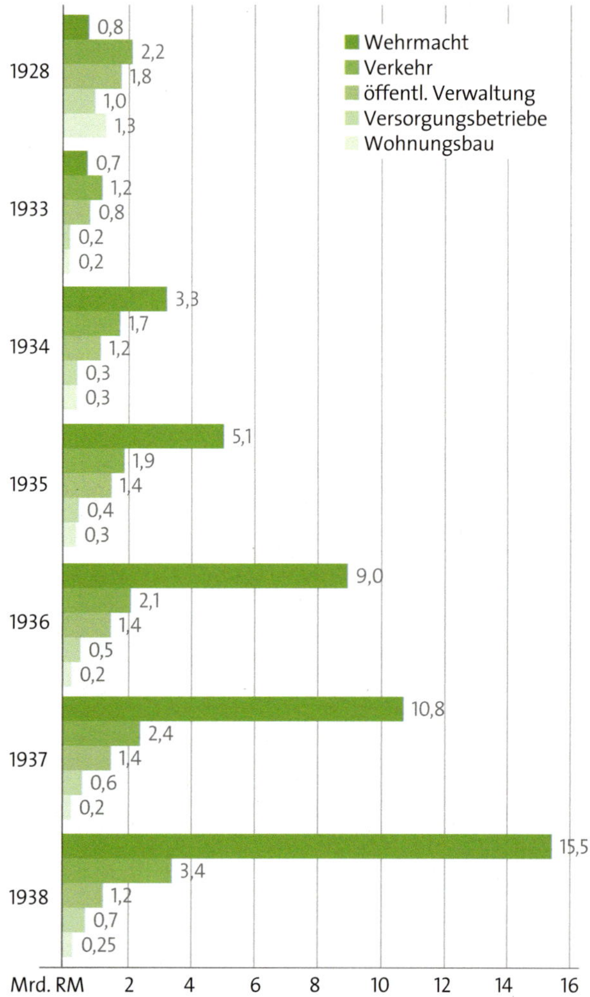


Nach: René Erbe, Die nationalsozialistische Wirtschaftspolitik. 1933–1939 im Lichte der modernen Theorie, Zürich 1958

1. Beschreiben Sie die Statistiken formal und inhaltlich.
2. Stellen Sie die konkrete Umsetzung des Vierjahresplanes dar. Arbeiten Sie dazu in einem Lerntempoduett, wobei Arbeitsauftrag 3 und 4 arbeitsteilig bearbeitet werden.
3. Erläutern Sie die wirtschaftlichen Anstrengungen, die Deutschland zugunsten der Kriegsrüstung unternommen hat.
4. Vergleichen Sie die Unterschiede im Versorgungs- bzw. Produktionsfortschritt zwischen dem zivilen und militärischen Bereich.

[1] **Buna**: Bezeichnung für synthetisch hergestellten Gummi
[2] **Zellwolle**: frühere Bezeichnung für Kunststofffasern

### M6 „Wie es den Russen geht, wie es den Tschechen geht, ist mir total gleichgültig“

Auszug aus einer Rede Himmlers bei der SS-Gruppenführertagung in Posen am 4. Oktober 1943:

Ein Grundsatz muss für den SS-Mann absolut gelten: ehrlich, anständig, treu und kameradschaftlich haben wir zu Angehörigen unseres eigenen Blutes zu sein und zu sonst niemandem. Wie es den Russen geht, wie es den Tschechen geht, ist mir total gleichgültig. Das, was in den Völkern an gutem Blut unserer Art vorhanden ist, werden wir uns holen, indem wir ihnen, wenn notwendig, die Kinder rauben und sie bei uns großziehen. Ob die anderen Völker in Wohlstand leben oder ob sie verrecken vor Hunger, das interessiert mich nur soweit, als wir sie als Sklaven für unsere Kultur brauchen, anders interessiert mich das nicht. Ob bei dem Bau eines Panzergrabens 10 000 russische Weiber an Entkräftung umfallen oder nicht, interessiert mich nur insoweit, als der Panzergraben für Deutschland fertig wird. Wir werden niemals roh und herzlos sein, wo es nicht sein muss; das ist klar. Wir Deutschen, die wir als einzige auf der Welt eine anständige Einstellung zum Tier haben, werden ja auch zu diesen Menschentieren eine anständige Einstellung einnehmen, aber es ist ein Verbrechen gegen unser eigenes Blut, uns um sie Sorge zu machen und ihnen Ideale zu bringen, damit unsere Söhne und Enkel es noch schwerer haben mit ihnen.

Zitiert nach: Walther Hofer (Hrsg.), Der Nationalsozialismus. Dokumente 1933–1945, Frankfurt am Main 1957, S. 113

1. Beschreiben Sie, welchen Umgang mit der osteuropäischen Bevölkerung Himmler vorsieht.
2. Ordnen Sie Himmlers Rede in die nationalsozialistische Vorstellung der „Rassendiktatur“ ein.
3. Analysieren Sie Himmlers Redestrategie im Kontext der Redesituation (Zeitpunkt, Zuhörer, Zielsetzung).

### M7 „Restlose Beseitigung des Polentums“

In der Denkschrift „Die Frage der Behandlung der ehemaligen polnischen Gebiete nach rassenpolitischen Gesichtspunkten“ des Rassenpolitischen Amtes der NSDAP vom 25. November 1939 heißt es:

Das Ziel der deutschen Politik in den neuen Reichsgebieten muss die Schaffung einer rassisch und damit geistig-seelisch wie völkisch-politisch einheitlichen deutschen Bevölkerung sein. Hieraus ergibt sich, dass alle nicht eindeutschbaren Elemente rücksichtslos beseitigt werden müssen. Dieses Ziel umfasst drei einander verbundene Aufgaben: Erstens die vollständige und endgültige Eindeutschung der hierzu geeigneten Schichten, zweitens die Abschiebung aller nicht eindeutschbaren fremdvölkischen Kreise und drittens die Neubesiedlung durch Deutsche. [...] Ein erheblicher Teil der rassisch wertvollen, aber aus völkischen Gründen nicht eindeutschbaren Schichten des polnischen Volkes wird dagegen in das polnische Restgebiet abgeschoben werden müssen. Hier aber muss versucht werden, rassisch wertvolle Kinder von der Umsiedlung auszunehmen und sie im Altreich in geeigneten Erziehungsanstalten etwa nach Art des früheren Potsdamer Militärwaisenhauses oder in deutscher Familienpflege zu erziehen. [...] Alle rassisch wertvollen Kinder, deren Eltern im Krieg oder später umgekommen sind, werden ohne Weiteres in deutsche Waisenhäuser übernommen. Aus diesem Grund ist ein Verbot der Adoption solcher Kinder durch Polen zu erlassen.

Zitiert nach: Werner Röhr (Hrsg.), Die faschistische Okkupationspolitik in Polen (1939–1945), Berlin 1989, S. 143 f.

1. Beschreiben Sie mit eigenen Worten das Programm des Rassenpolitischen Amtes.
2. Erläutern Sie, inwieweit sich hier die nationalsozialistische Politik der „Umvolkung“ zeigt.
3. Beurteilen Sie die Verwendung des Begriffes „Umvolkung“ in neueren rechtsradikalen Kreisen unter Berücksichtigung seiner Verwendung in der NS-Zeit. | F

## Der Blick aufs Ganze

1. Führen Sie ein stummes Schreibgespräch zu folgenden Impulsen durch: Fotografie zum Erntedankfest auf dem Bückeberg, Zitat Hitler: „Wer die breite Masse gewinnen will, muss den Schlüssel kennen, der das Tor zu ihrem Herzen öffnet. Er heißt nicht Objektivität, also Schwäche, sondern Wille und Kraft“, Zitat Himmler: „Ehrlich, anständig, treu und kameradschaftlich haben wir zu Angehörigen unseres eigenen Blutes zu sein und zu sonst niemandem“.
2. Untersuchen Sie in Form eines Lerntempoduetts M1 und M3 in Hinblick auf die propagandistische Beeinflussung und Gewinnung der Gesamtbevölkerung und M6 und M7 in Hinblick auf die Auswirkungen der radikalen nationalsozialistischen Ideologie auf nicht deutsche Bevölkerungsgruppen in Osteuropa.
3. Erklären Sie mithilfe von M5 und dem Darstellungstext, in welchem Zusammenhang das wirtschaftliche Vorgehen der Nationalsozialisten und ihre ideologischen Ziele standen. | H
4. Recherchieren Sie, wie sich das Leben in Ihrer Stadt oder Region (z. B. für eine einzelne Person, ein Unternehmen oder gesamtgesellschaftlich) durch die nationalsozialistische Herrschaft veränderte, und bereiten Sie dazu ein Kurzreferat vor. | F

Methode

# Geschichtsspielfilme analysieren

Leitfragen zu den Arbeitsschritten finden Sie auf S. 248; eine Lösungsskizze zu den Arbeitsaufträgen auf S. 260 f.

Geschichtsspielfilme erscheinen Vielen als angenehme Alternative zu eher trockenen, geschichtswissenschaftlichen Darstellungen, weil sie vermeintlich einen anschaulichen Blick „in die Vergangenheit" bieten, spannend sind. Um herauszufinden, inwiefern die „Geschichte" authentisch und triftig, und nicht etwa politisch manipulierend ist, sollten Filme einer grundlegenden Analyse unterzogen werden.
Den meisten Betrachtern dürfte die grundsätzliche **Funktion** der unterschiedlichen Bereiche (Kamera, Schnitt, Montage, Ton / Musik, Beleuchtung usw.) bekannt sein bzw. sie lässt sich intuitiv durch ihre **Wirkung** erschließen. Gleichwohl vermittelt ein Film auch auf unterschwelliger Ebene **Botschaften**, lenkt die Anti- bzw. Sympathien auf kaum merkliche Weise. Um sich in Distanz zur Machart und möglicherweise eigener Lenkung durch den Regisseur zu setzen, muss genau hingeschaut werden.

## M1 und M2 Beispielsequenz

Still 1:
David wird von SS-Leuten in einen Gefangenentransporter „verladen". Der Junge ist den rücksichtslosen Erwachsenen völlig ausgeliefert und hilflos.

Kadrierung: Der Bildausschnitt ist so gewählt, dass kein Himmel, der oft mit Hoffnung und Offenheit assoziiert wird, zu sehen ist. Das düstere Innere des Wagens erweckt den Eindruck der Hoffnungslosigkeit. Das kühl wirkende Gebäude rahmt das Bild zusätzlich und verstärkt die kalte Wirkung, zumal die Fahrzeugtür mit vergittertem Fenster den Blick auf das Gebäude noch stark einschränkt.

Eintönige Farben, dunkle und düstere Atmosphäre: Bedrohlichkeit der Situation. Es werden vorrangig Grautöne verwendet. Die erwachsenen Handelnden sind nur von hinten oder der Seite zu sehen, dunkle Hüte und Uniformen verstärken die angsteinflößende Wirkung. Die Person links erscheint schattenhaft.

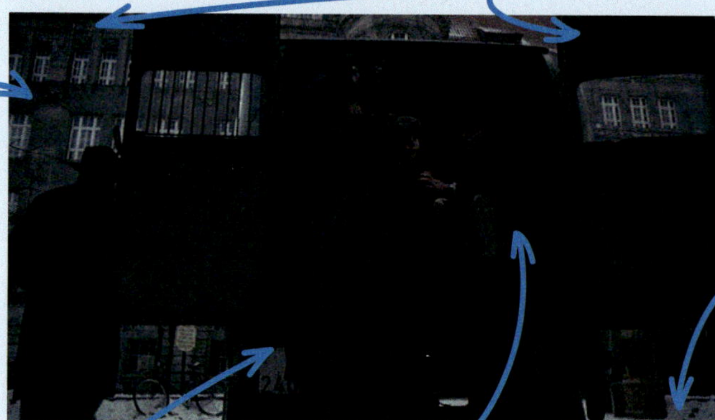

Schnee steht für Kälte (des Systems) und den (drohenden) Tod.

Einstellungsgröße Totale: David wirkt in der dominierenden Umgebung verloren.

Leichte Froschperspektive auf die Personen hebt die Übermacht der ohnehin größeren Erwachsenen gegenüber dem kleinen David hervor.

Nähe und Distanz: David wird von einem Erwachsenen gepackt und in den Gefängniswagen gehoben, die Nähe der übrigen SS-Männer links, rechts und vor allem hinter David verdeutlichen, dass dieser nicht entrinnen kann. David hat wiederum Distanz zum Boden, was sein Ausgeliefertsein und seine Ausweglosigkeit unterstreicht.

**HISTORISCHER HINTERGRUND**

Der in Deutschland produzierte Kurzfilm **„Spielzeugland"** von 2007 wurde vor allem im Ausland viel beachtet und gewann, nach **mehreren nationalen und internationalen Preisen**, 2009 den Oscar in der Kategorie „Kurzspielfilm". Der Film spielt im Berlin des Jahres 1942. Thema ist die **Deportation von Juden** im Zuge der sogenannten „Endlösung", die 1941 vom nationalsozialistischen Regime beschlossen worden war, und das Verhalten Einzelner.

Still 2:
Frau Meißner verlässt mit David den Bahnsteig. Die beiden werden eingerahmt von dem zur Abfahrt bereiten Zug mit Deportierten und bewaffneten Wachmännern. Sie befinden sich in akuter Gefahr, falls doch noch auffallen sollte, dass David nicht Heinrich ist, und gehen einer unsicheren und gefahrvollen Zukunft entgegen. Es besteht aber die Chance, dass die Rettung Davids gelingt.

Kadrierung: Die übermächtigen Eisenbahnwaggons und die bewaffneten SS-Männer umschließen Frau Meißner und David, was immer noch Gefahr signalisiert.

Eintönige Farben, dunkle und düstere Atmosphäre: Bedrohlichkeit der Situation.

Fluchtpunkt: Frau Meißner und David laufen auf den Dampf/Nebel zu, was zukünftige Gefahr symbolisiert. Gleichzeitig wird dahinter ein schmaler Durchschlupf als Ausweg erkennbar. Durch den Fluchtpunkt erhält die Szenerie Dynamik, die die positive Entwicklung möglich erscheinen lässt.

Einstellungsgröße Totale: Frau Meißner und David wirken in der dominierenden Umgebung verloren.

Leichte Vogelperspektive auf Frau Meißner und David zeigt die Gewaltigkeit des Systems gegenüber dem Einzelnen.

Nähe und Distanz: Frau Meißner hält Davids Hand, ihr Körper ist auch in der Vorwärtsbewegung David zugewandt. Beides symbolisiert Nähe und Schutz. Demgegenüber sind die SS-Leute nun distanziert. Sie lassen die beiden unbehelligt.

Schnee steht für Kälte (des Systems) und den (drohenden) Tod.

1. Analysieren Sie den Film „Spielzeugland“.
2. Wählen Sie einen weiteren Still und untersuchen dessen filmische Mittel wie in der Beispielsequenz.
3. Bewerten Sie den Film und vergleichen mit den Begründungen der Jurys für die Auszeichnungen, die „Spielzeugland“ erhalten hat.

**Internettipp:**
Bewertungen des Films finden Sie mithilfe von Code 32051-29.

# Weshalb dämmt das Ausland Hitlers Expansionspolitik nicht ein?

STEPPING STONES TO GLORY.

**„Stepping stones to glory."**
Die englische Karikatur von David Low setzt sich 1936 mit der Appeasement-Politik auseinander. Die „Führer" der europäischen Demokratien werden als „rückgratlos" bezeichnet.

- Analysieren Sie die Karikatur in Bezug auf ihre Haltung zur Appeasement-Politik.
- Beurteilen Sie die Bedeutung einer nicht deutschen Quelle für unser Geschichtsbild von der NS-Zeit.

**Erste Schritte zur Revision des Versailler Vertrages |** Deutschland hatte in der Weimarer Republik außenpolitisches Ansehen zurückgewonnen. Auch Hitler vermittelte anfangs den Eindruck, an der Friedenssicherung interessiert zu sein und lediglich die bereits in Weimar begonnene Politik der **Revision** des Versailler Vertrages fortzuführen. Im Geheimen trieb Hitler aber die Wiederaufrüstung voran, um dann in eine offene **Expansion** überzugehen. Am Ende stand der Zweite Weltkrieg, und es stellte sich die Frage, warum das Ausland Hitler nicht rechtzeitig an seiner aggressiven Außenpolitik gehindert hatte.

Die am 13. Januar 1935 durchgeführte Volksabstimmung über den Verbleib des Saarlandes endete mit 91 Prozent der Stimmen für eine „Rückkehr ins Reich" und wurde vom NS-Regime als großer Erfolg gefeiert. Sie war allerdings im Versailler Vertrag vorgesehen. Für internationale Irritation hatte hingegen schon 1933 der Austritt des Deutschen Reiches aus dem Völkerbund gesorgt. Und die Wiedereinführung der Wehrpflicht 1935 stellte ebenso einen klaren Vertragsbruch dar wie die Besetzung des entmilitarisierten Rheinlandes im März 1936.

**Das Ausland zwischen Appeasement ... |** Auf diese Vertragsverstöße Hitlers reagierten die demokratischen Staaten Europas, allen voran England und Frankreich, nur zögerlich. Ihre Zurückhaltung hatte verschiedene Ursachen: Zum einen waren sie mit eigenen innenpolitischen Problemen nach dem Ersten Weltkrieg und mit den Folgen der Weltwirtschaftskrise beschäftigt. Frankreich überschätzte zudem das militärische Potenzial Deutschlands und konzentrierte sich auf seine eigene Sicherheit. Großbritannien hingegen hatte stark abgerüstet und war im auseinanderdriftenden Commonwealth gefordert. Zum anderen herrschte hier die Überzeugung, dass der Versailler Vertrag Deutschland ungerecht behandelt habe und dass Revisionen, die dem Grundsatz des Selbstbestimmungsrechts der Völker nicht widersprachen, akzeptabel seien. Auch mag Hitlers Antikommunismus den Gedanken genährt haben, Deutschland könne ein starkes Bollwerk gegen den als weltweite Gefahr eingeschätzten Kommunismus in der UdSSR werden. Und schließlich hatte sich in vielen Staaten große Angst vor einem Krieg und ein radikaler Pazifismus entwickelt.

So war es das erklärte Ziel, unbedingt am Frieden festzuhalten und dafür Hitler innerhalb eines bestimmten Rahmens nachzugeben. Diese sogenannte **Appeasement**-Politik verfolgte vor allem der britische Premierminister Arthur Neville Chamberlain.

**... und Isolationismus |** In den USA war seit 1832 der **Isolationismus** Grundsatz für die Außenpolitik. Die Abkehr von dieser Leitlinie durch die Beteiligung am Ersten Weltkrieg hatte aus Sicht der amerikanischen Bevölkerung einen unverhältnismäßig hohen Preis an Menschenleben und Material gekostet. Daher drängte eine Mehrheit der US-Bevölkerung unter dem Motto „Rückkehr zur Normalität“ wieder in Richtung Isolationismus und die USA wurden nicht einmal Mitglied im Völkerbund, der auf einen Plan des US-Präsidenten Wilson zurückging. Erst Präsident Franklin D. Roosevelt deutete im Herbst 1937 in seiner vielbeachteten „Quarantänerede“ an, er wolle den Isolationismus beenden, und forderte die übrigen demokratischen Staaten ebenfalls zum Handeln gegen diktatorische Regierungen auf.

Damit reagierte Roosevelt auf die Annäherung des nationalsozialistischen Deutschen Reiches an die Führer der faschistischen Bewegungen in Italien und Spanien.

**Neue Bündnisse** | Hitler hatte schon früh England und Italien als einzige mögliche Bündnispartner in Europa betrachtet. England, so Hitler, könne anders als Frankreich kein Interesse an einem zu schwachen Deutschland besitzen. Zudem ging er davon aus, dass Großbritannien mit ihm gemeinsam Krieg gegen die bolschewistische UdSSR führen würde. Er schien anzunehmen, die Briten könnten für eine zwischen dem Empire und dem Deutschen Reich geteilte Weltherrschaft offen sein. Nach einem deutsch-britischen Flottenabkommen, auf das sich England 1935 eingelassen hatte, obwohl ein Vertrag zwischen einer Siegermacht und Deutschland durch Versailles ausgeschlossen worden war, kam es jedoch zu keiner weiteren Annäherung mit England. Nachdem das Deutsche Reich Italien 1935 in seinem Krieg gegen Äthiopien unterstützt hatte, hatten sich dann Hitler und der italienische Diktator Mussolini 1936 in der „Achse Berlin-Rom“ verbündet. Im selben Jahr hatten beide damit begonnen, den faschistischen General Franco im Spanischen Bürgerkrieg gegen dessen republikanische Gegner zu unterstützen. Schließlich trat Italien 1937 dem „Antikominternpakt“ bei. In diesem hatten sich bereits Japan und Deutschland verpflichtet, weltweit den Kommunismus zu bekämpfen

**Aggressivität und Expansion** | Dass Roosevelts Warnungen berechtigt waren, zeigte sich bereits im darauffolgenden Jahr: Im März 1938 ließ Hitler die Wehrmacht in Österreich einmarschieren und erzwang dessen „Anschluss“ ans Deutsche Reich. Das nächste außenpolitische Ziel war die „Lösung des Sudetenproblems“ durch die Angliederung der deutschsprachigen Gebiete der Tschechoslowakei an das Deutsche Reich. Hitler versprach, dies sei seine letzte territoriale Forderung, was ihm schließlich die Zustimmung seiner Nachbarstaaten einbrachte. Ohne Vertreter der Tschechoslowakei wurden auf der Konferenz von München am 29. September 1938 zwischen Deutschland, England, Frankreich und Italien die Bedingungen für die territorialen Veränderungen festgelegt. Die Tatsache, dass Großbritannien auch in der außenpolitisch kritischen „Sudetenkrise“ nicht von der Appeasement-Politik abrückte, ermutigte Hitler ab 1938 zu einer immer aggressiveren Außenpolitik. Am 15. März 1939 brach er sein Versprechen und marschierte in der „Rest-Tschechei“ ein.

Deren „Zerschlagung“ konnte nicht mehr als „Revision von Versailles“ bezeichnet und mit dem Hinweis auf das Selbstbestimmungsrecht der Völker begründet werden. Dies bedeutete auch das Ende der Appeasement-Politik: Ende März 1939 gaben Frankreich und England eine Garantieerklärung an Polen ab, welches zunehmend zur Zielscheibe aggressiver deutscher Propaganda wurde. Damit war absehbar, dass der nächste Schritt der deutschen Expansionspolitik Krieg bedeuten würde. Bei dessen Vorbereitung gelang den Nationalsozialisten ein überraschender Erfolg: der „Hitler-Stalin-Pakt“. Dieser Nichtangriffspakt zwischen Deutschland und der Sowjetunion kam zustande, obgleich Hitler sich immer als großer Feind des „Bolschewismus“ dargestellt hatte. Ein geheimes Zusatzprotokoll zum Vertrag enthielt die Erklärung: Deutschland und die Sowjetunion vereinbarten die Aufteilung Polens.

**Arthur Neville Chamberlain** (1869–1940): britischer Politiker, von 1937 bis 1940 Premierminister des Vereinigten Königreiches

**Internettipp:**
Roosevelts „quarantine speech“ im Originaltext mit Tonaufnahme finden Sie unter Code 32051-30.

## M1 Kampf gegen Versailles

Wenige Tage nach der „Machtergreifung", am 3. Februar 1933, führt Hitler vor den Befehlshabern von Heer und Marine seine außenpolitischen Vorstellungen aus. Die Rede wird von Generalleutnant Liebmann protokolliert:

Ziel der Gesamtpolitik allein: Wiedergewinnung der pol. Macht. Hierauf muss gesamte Staatsführung eingestellt werden (alle Ressorts!).
1. Im Innern. Völlige Umkehrung der gegenwärt. innenpol. Zustände in D. Keine Duldung der Betätigung irgendeiner Gesinnung, die dem Ziel entgegensteht (Pazifismus!). Wer sich nicht bekehren lässt, muss gebeugt werden. Ausrottung des Marxismus mit Stumpf und Stiel. Einstellung der Jugend u. des ganzen Volkes auf den Gedanken, dass nur d. Kampf uns retten kann u. diesem Gedanken gegenüber alles zurückzutreten hat. (Verwirklicht in d. Millionen d. Nazi-Beweg. Sie wird wachsen.) [...] Todesstrafe für Landes- und Volksverrat. Straffste autoritäre Staatsführung. Beseitigung des Krebsschadens der Demokratie!
2. Nach außen. Kampf gegen Versailles. Gleichberechtigung in Genf[1] aber zwecklos, wenn Volk nicht auf Wehrwillen eingestellt. Sorge für Bundesgenossen. [...]
4. Aufbau der Wehrmacht wichtigste Voraussetzung für Erreichung des Ziels: Wiedererringung der pol. Macht. Allg. Wehrpflicht muss wiederkommen. [...] Wie soll pol. Macht, wenn sie gewonnen ist, gebraucht werden? Jetzt noch nicht zu sagen. Vielleicht Erkämpfung neuer Export-Mögl., vielleicht – und wohl besser – Eroberung neuen Lebensraumes im Osten u. dessen rücksichtslose Germanisierung. [...] – Gefährlichste Zeit ist die des Aufbaus der Wehrmacht. Da wird sich zeigen, ob F[rankreich] Staatsmänner hat; wenn ja, wird es uns Zeit nicht lassen, sondern über uns herfallen (vermutlich mit Ost-Trabanten).

Zitiert nach: Walther Hofer (Hrsg.), Der Nationalsozialismus. Dokumente 1933–1945, Frankfurt am Main [49]2004, S. 180 f.

1. Benennen Sie die Ziele der nationalsozialistischen Außenpolitik.
2. Arbeiten Sie heraus, welche Reaktionen Hitler von den europäischen Nachbarn auf seine Außenpolitik erwartet.
3. Charakterisieren Sie stilistische Besonderheiten der hier verwendeten Quellenform. Berücksichtigen Sie dabei, welche Position der Schreiber bei der Übermittlung der Informationen einnimmt. | F

## M2 „Frieden und Freundschaft"

Für die Öffentlichkeit gibt Hitler am 17. Mai 1933 vor dem Reichstag erstmals eine außenpolitische Erklärung ab:

Wenn ich in diesem Augenblick bewusst als deutscher Nationalsozialist spreche, so möchte ich namens der nationalen Regierung und der gesamten Nationalerhebung bekunden, dass gerade uns in diesem jungen Deutschland das tiefste Verständnis beseelt für die gleichen Gefühle und Gesinnungen sowie für die begründeten Lebensansprüche der anderen Völker. Die Generation dieses jungen Deutschlands, die in ihrem bisherigen Leben nur die Not, das Elend und den Jammer des eigenen Volkes kennenlernte, hat zu sehr unter dem Wahnsinn gelitten, als dass sie beabsichtigen könnte, das gleiche anderen zuzufügen. [...] Indem wir in grenzenloser Liebe und Treue an unserem eigenen Volk hängen, respektieren wir die nationalen Rechte auch der anderen Völker aus dieser selben Gesinnung heraus und möchten aus tiefinnerstem Herzen mit ihnen in Frieden und Freundschaft leben. [...]
Wir aber haben keinen sehnlicheren Wunsch, als dazu beizutragen, dass die Wunden des Krieges und des Versailler Vertrages endgültig geheilt werden. Deutschland will keinen anderen Weg dabei gehen als den, der durch die Verträge selbst als berechtigt anerkannt ist. Die Deutsche Regierung wünscht, sich über alle schwierigen Fragen mit den Nationen friedlich auseinanderzusetzen. Sie weiß, dass jede militärische Aktion in Europa auch bei deren völligem Gelingen, gemessen an den Opfern, in keinem Verhältnis stehen würde zu dem Gewinn.

Zitiert nach: Max Domarus, Hitler. Reden und Proklamationen 1932–1945, Bd. 1, Würzburg 1962, S. 271 ff.

1. Erläutern Sie, welches Deutschlandbild Hitler zeichnet.
2. Vergleichen Sie M1 mit M2 unter Berücksichtigung des jeweiligen Kontextes.
3. Gestalten Sie eine bewertende Zusammenfassung der Rede für die britische Regierung aus Sicht eines anwesenden britischen Gesandten. | H

[1] **Genf**: Sitz des Völkerbundes

## M3 Expansion des Deutschen Reiches

Die Erweiterung des Deutschen Reiches zwischen 1933 und 1939:

1. Beschreiben Sie die Karte.
2. Erläutern Sie den Begriff „Expansion" mithilfe des Darstellungstextes und der Karte.
3. Beurteilen Sie die Folgen der Expansion des Deutschen Reiches.

## M4 Den Aggressor unter Quarantäne stellen

US-Präsident Franklin D. Roosevelt hält am 5. Oktober 1937 in Chicago seine „Quarantänerede":

In Anbetracht des Glücks, der Sicherheit und des Friedens, die in unserem weiten Land herrschen, fühlte ich mich fast unweigerlich gezwungen, unseren Frieden mit den sich davon stark unterscheidenden Szenen, die sich in anderen Teilen der Welt abspielen, zu vergleichen. [...] Staaten schüren Konflikte und ergreifen Partei in Bürgerkriegen in Staaten, die ihnen nie Schaden zugefügt haben; Staaten fordern Freiheit für sich selbst, verweigern diese aber anderen. Unschuldige Völker und Nationen werden auf grausame Art und Weise einer Gier nach Macht und Vorherrschaft geopfert, die jeglichem Gerechtigkeitssinn und jeglicher Menschlichkeit entbehrt. [...]
Wenn diese Dinge in anderen Teilen der Welt geschehen, möge sich niemand einbilden, dass Amerika entkommen wird oder erwarten kann, verschont zu werden. [...]
Es besteht, sowohl im formalen als auch im moralischen Sinne, eine Verbundenheit und gegenseitige Abhängigkeit in der modernen Welt, die es unmöglich machen, dass ein Staat sich völlig von den wirtschaftlichen und politischen Umbrüchen im Rest der Welt isoliert, besonders, wenn diese sich auszubreiten und nicht abzunehmen scheinen. [...]
Es scheint leider wahr zu sein, dass die Epidemie der Gesetzlosigkeit sich in der Welt ausbreitet. Wenn eine Krankheit beginnt sich auszubreiten, wird eine Quarantäne der Patienten von der Gemeinschaft befürwortet und unterstützt, um die Gesundheit der Gemeinschaft vor der Ausbreitung der Krankheit zu schützen. [...] Kein Staat, der sich weigert [...], die Freiheit und Rechte anderer zu achten, kann langfristig stark bleiben und das Vertrauen und den Respekt anderer Staaten bewahren. [...]
Krieg ist eine ansteckende Krankheit, ganz gleich ob ihm eine Kriegserklärung vorausgeht oder nicht. Er kann Staaten und Völker fernab vom ursprünglichen Schauplatz der

Kampfhandlungen verschlingen. Wir sind fest entschlossen uns vom Krieg fernzuhalten, doch wir können uns nicht gegen die verheerenden Auswirkungen und die Gefahr, in einen Krieg verwickelt zu werden, absichern. […] Amerika hasst Krieg. Amerika hofft auf Frieden. Darum setzt sich Amerika aktiv für das Streben nach Frieden ein.

https://millercenter.org/the-presidency/presidential-speeches/october-5-1937-quarantine-speech (übersetzt von Katrin Häcker) [Zugriff: 24.4.2020]

1. Arbeiten Sie heraus, wie Roosevelt das politische Weltgeschehen beschreibt.
2. Erläutern Sie, welche Aufgabe Roosevelt für Amerika sieht und wie er dies begründet.
3. Beurteilen Sie den außenpolitischen Ansatz Roosevelts auf der Basis der Optionen Interventionismus versus Isolationismus.

## M5 Freiheit über Frieden

Der britische Premierminister Chamberlain hält am 17. März 1939 in Birmingham als Reaktion auf die deutsche Besetzung der „Rest-Tschechei" folgende Rede:

Was ist aus der Erklärung „Keine territorialen Ansprüche mehr" geworden? Was ist aus der Versicherung „Wir wollen keine Tschechen im Reich" geworden? Wie viel Rücksicht hat man genommen auf den Grundsatz der Selbstbestimmung, worüber Herr Hitler in Berchtesgaden mit mir so heftig diskutierte, als er die Trennung des Sudetengebietes von der Tschechoslowakei und dessen Einverleibung in das Reich forderte? […]
Deutschland hat der Welt unter seinem jetzigen Regime eine Serie von unangenehmen Überraschungen bereitet. […] Aber die Dinge, die sich diese Woche unter völliger Missachtung der von der deutschen Regierung selbst aufgestellten Grundsätze ereignet haben, scheinen zu einer anderen Kategorie zu gehören, und sie müssen uns allen die Frage nahelegen: „Ist dies das Ende eines alten Abenteuers oder ist es der Anfang eines neuen? Ist dies der letzte Angriff auf einen kleinen Staat oder sollen ihm noch weitere folgen? Ist dies sogar ein Schritt in der Richtung auf den Versuch, die Welt durch Gewalt zu beherrschen?" […] Ich glaube nicht, dass irgendjemand meine Aufrichtigkeit infrage stellen wird, wenn ich sage, dass es kaum etwas gibt, was ich nicht für den Frieden zu opfern bereit wäre; aber etwas gibt es, was ich davon ausnehmen muss, und das ist die Freiheit, die wir seit Hunderten von Jahren genießen und die wir niemals preisgeben werden […]. Ich fühle mich verpflichtet zu wiederholen, dass ich zwar nicht bereit bin, unser Land durch neue, nicht spezifizierte und unter nicht voraussehbaren Bedingungen funktionierende Verpflichtungen zu binden, dass aber kein größerer Fehler begangen werden könnte als der zu glauben, unsere Nation habe, weil sie den Krieg für eine sinnlose und grausame Sache hält, so sehr ihr Mark verloren, dass sie nicht bis zur Erschöpfung ihrer Kraft einer solchen Herausforderung entgegentreten werde, sollte sie jemals erfolgen.

Blaubuch der britischen Regierung. Dokumente und Urkunden zum Kriegsausbruch September 1939, Basel 1939, zitiert nach: Michael Freund, Geschichte des Zweiten Weltkrieges in Dokumenten, Bd. 2, Freiburg 1955, S. 18–20

1. Nennen Sie die Argumente, mit denen Chamberlain seine bisherige Politik begründet.
2. Erläutern Sie, weshalb nach seiner Ansicht nun eine Veränderung der britischen Politik nötig ist.

## M6 Chamberlain als Realist

Der Politikwissenschaftler und Historiker Hans-Peter Schwarz schreibt über die Außenpolitik Chamberlains:

Chamberlain ist also der Prototyp des verantwortungsvollen Realisten an der Spitze einer Demokratie, die ihre Ruhe haben möchte. [...] Wenn man anerkennt, dass Chamberlain nicht aus Schwäche, sondern aus Vernunft um fast jeden Preis einen weiteren Weltkrieg vermeiden wollte, darf man ihn durchaus als Vorläufer der späteren Entspannungspolitiker [im Ost-West-Konflikt] bezeichnen. So gut wie alles, was diese kennzeichnet, ist bei ihm schon fassbar: die Einsicht in die ruinöse Last des Wettrüstens, dazu die Angst vor einem Inferno, denn damals wecken Bombenkrieg und Giftgas ähnliche Befürchtungen wie später die Kernwaffen. Typisch auch schon die künftige kaltschnäuzige Hinnahme der Unterdrückung ferner Völker, so nur der große Krieg vermieden wird. Vergleichbar sind auch die Verfahren, mit denen totalitäre Gegner zur Zurückhaltung veranlasst werden sollen: Dialogbereitschaft, kalkulierte Drohungen, bei denen nie ganz klar ist, wie viel Ernsthaftigkeit und wie viel Bluff sie beinhalten, Angebote zur wirtschaftlichen Zusammenarbeit und zum offenen oder stillschweigenden Interessenausgleich auf Kosten Dritter.

Hans-Peter Schwarz, Das Gesicht des Jahrhunderts, München 2001, S. 369

1. Arbeiten Sie aus der Historikermeinung Beweggründe für eine Appeasement-Politik heraus.
2. Erörtern Sie in einer Pro- und Kontra-Debatte die Sinnhaftigkeit der Appeasement-Politik.

## M7 „Keep your balance, boys. It's warmer down below."

Karikatur aus der amerikanischen Zeitschrift „Current History", 1936.

1. Analysieren Sie die Karikatur.
2. Beurteilen Sie die Handlungsoptionen der demokratischen Staaten im Umgang mit antiliberalen Diktaturen ausgehend von dieser Karikatur.

## M8 „Zur historischen Begegnung ..."

1. Beschreiben Sie die Postkarte.
2. Begründen Sie die Darstellung im Hinblick auf ihre Wirkung.

## Der Blick aufs Ganze

1. Gestalten Sie ein Schaubild, das die Situation Großbritanniens in der Mitte der 1930er-Jahre darstellt und Chamberlains politisches Vorgehen gegenüber dem Deutschen Reich erklärt. | H
2. Bereiten Sie in Gruppen eine Podiumsdiskussion vor, die das Verhalten des Auslandes gegenüber Hitler von 1933 bis 1939 zum Thema hat. Schlüpfen Sie dazu in die Rolle von Historikern mit folgenden Positionen: ein Appeasement-Befürworter, ein Appeasement-Kritiker, ein Experte für amerikanische Außenpolitik. | F
3. Informieren Sie sich über die Haltung Winston Churchills zu Chamberlains Appeasement-Politik und gestalten Sie eine Rede Churchills vor dem britischen Parlament im Anschluss an das Münchner Abkommen 1938. | F

Methode

# Politische Reden (Tonquellen) analysieren

Reden sind rhetorische Texte, mit denen der/die Vortragende in einer bestimmten Situation die Zuhörerschaft im eigenen Sinne beeinflussen will. Deshalb steht der **Appell** im Vordergrund. Bei der Beschäftigung mit historischen Themen begegnen uns hauptsächlich politische Reden, die ein Politiker oder eine Politikerin hält, um für sich, ein Programm oder ein Vorhaben zu werben, Gegner zu kritisieren oder um Ereignisse und Personen zu würdigen.

Für uns heute sind Reden in Zeitung, Rundfunk, Fernsehen und digitalen Medien, aber auch in Geschichtsbüchern etwas Alltägliches. Wenn wir sie gedruckt vor uns haben, vergessen wir leicht, dass es sich hierbei nicht um „normale" schriftliche, sondern **mündlich vorgetragene Quellen** handelt. Nicht umsonst heißt es bei im Vorabdruck veröffentlichten Reden ausdrücklich: „Es gilt das gesprochene Wort". Anders als alle anderen schriftlich fixierten Texte wurden und werden politische Reden für einen bestimmten Anlass, Ort und Adressatenkreis mit einer gezielten Wirkungsabsicht verfasst und gehalten. Neben **Inhalt** und **rhetorischen Stilmitteln** beeinflussen **Mimik** und **Gestik** des Redners, die **Redesituation** und die **Atmosphäre** die Wirkung auf die Zuhörer. Auch wenn diese Faktoren nur in Ton- oder Bilddokumenten nachvollzogen werden können, darf ihre Wirkung für die Gesamtbewertung, sogar in nur schriftlich vorliegenden Reden, nicht außer Acht gelassen werden. Bei der Analyse und Interpretation einer (politischen) Rede sind deshalb mehrere Ebenen zu berücksichtigen.

Leitfragen zu den Arbeitsschritten finden Sie auf S. 250;
eine Lösungsskizze zu den Arbeitsaufträgen auf S. 261f.

Internettipp:
Ein Video zur Rede Hitlers am 26. September 1938 mit Originalaufnahmen sind zu finden mithilfe des Codes 32051-31.

## HINTERGRUNDINFORMATIONEN

In der 1919 entstandenen Tschechoslowakei lebten etwa sechs Millionen Tschechen, drei Millionen Slowaken, drei Millionen Sudetendeutsche und kleinere Volksgruppen wie Ungarn, Ukrainer und Polen. Aufgrund wirtschaftlicher Probleme und der straffen Führung der Regierung unter Staatspräsident Edvard Beneš wuchs bei den Minderheiten der Wunsch nach Autonomie.
Die Rede Hitlers (M1) vor ca. 20 000 Parteianhängern wurde auf dem Höhepunkt der sogenannten „**Sudeten-Krise**" gehalten. Schon im Mai 1938 hatte Hitler gegenüber dem Führungszirkel die Zerschlagung der Tschechoslowakei als Ziel verkündet. Dabei diente die „Sudetendeutsche Partei" (SdP) unter Konrad Henlein dem nationalsozialistischen Regime als verlängerter Arm. Bewusst unerfüllbare Forderungen der SdP und paramilitärische Aktionen von Freikorps sollten die ČSR gezielt destabilisieren.
Frankreich und die Sowjetunion hatten 1935 mit der Tschechoslowakei Beistandspakte geschlossen. Allmählich schwenkte Frankreich auf die **Appeasement-Politik** des britischen Premierministers Neville Chamberlain ein. Am 21. September erreichten Frankreich und Großbritannien von der Tschechoslowakei die Zustimmung zur Abstimmung der Gebiete mit überwiegend deutscher Bevölkerung. Nachdem Großbritannien weitergehenden Forderungen Hitlers eine Absage erteilt und im Falle eines Angriffs Deutschlands auf die ČSR mit einem militärischen Eingreifen an der Seite Frankreichs gedroht hatte, stimmte Hitler einem Gipfeltreffen am 29. September zu (Münchner Konferenz).

## M1 Rede Adolf Hitlers am 26. September 1938 im Berliner Sportpalast (Auszüge)

Deutsche! Volksgenossen und -genossinnen!

Am 20. Februar habe ich vor den deutschen Reichstagsabgeordneten zum ersten Mal eine grundsätzliche Forderung unabdingbarer Art ausgesprochen. Damals hörte mich die ganze Nation, und sie hat mich verstanden! [...]

Die Frage, die uns in diesen letzten Monaten und Wochen auf das Tiefste bewegt, ist altbekannt: Sie heißt nicht so sehr Tschechoslowakei, sie heißt: Herr Benesch. In diesem Namen vereinigt sich all das, was Millionen Menschen heute bewegt, was sie verzweifeln lässt oder mit einem fanatischen Entschluss erfüllt. [...]

Zehn Millionen Deutsche befanden sich außerhalb der Reichsgrenze in zwei großen geschlossenen Siedlungsgebieten: Deutsche, die zum Reich als ihrer Heimat zurückwollten! Diese Zahl von zehn Millionen stellt keine Kleinigkeit dar. Es handelt sich um ein Viertel jener Zahl, die Frankreich als Einwohner besitzt. Und wenn Frankreich über 40 Jahre hindurch seinen Anspruch auf die wenigen Millionen Franzosen in Elsass-Lothringen nie aufgegeben hat, dann hatten wir bei Gott und der Welt ein Recht, unseren Anspruch auf diese zehn Millionen Deutsche aufrechtzuerhalten.

Meine Volksgenossen!

Es gibt eine Grenze, an der die Nachgiebigkeit aufhören muss, weil sie sonst zur verderblichen Schwäche würde. Ich hätte kein Recht, vor der deutschen Geschichte zu bestehen, wenn ich die zehn Millionen einfach gleichgültig preisgeben wollte. Ich hätte dann auch kein moralisches Recht, der Führer dieses Volkes zu sein. Ich habe genug Opfer des Verzichts auf mich genommen. [...]

Ich habe in diesen Jahren [nach 1933] eine praktische Friedenspolitik betrieben. Ich bin an alle scheinbar unmöglichen Probleme herangegangen mit dem festen Willen, sie friedlich zu lösen, selbst auf die Gefahr mehr oder weniger schwerer deutscher Verzichte hin. Ich bin selbst Frontsoldat und weiß, wie schwer der Krieg ist. Ich wollte ihn dem deutschen Volke ersparen. Ich habe daher Problem um Problem angefasst mit dem festen Vorsatz, alles zu versuchen, um eine friedliche Lösung zu ermöglichen. Und nun steht vor uns das letzte Problem, das gelöst werden muss und gelöst werden wird! Es ist die letzte territoriale Forderung, die ich in Europa zu stellen habe, aber es ist die Forderung, von der ich nicht abgehe und die ich, so Gott will, erfüllen werde. [...]

Ich habe nur Weniges zu erklären: Ich bin Herrn Chamberlain dankbar für alle seine Bemühungen. Ich habe ihm versichert, dass das deutsche Volk nichts anderes will als Frieden; allein, ich habe ihm auch erklärt, dass ich nicht hinter die Grenzen unserer Geduld zurückgehen kann.

Ich habe ihm weiter versichert und wiederhole es hier, dass es – wenn dieses Problem gelöst ist – für Deutschland in Europa kein territoriales Problem mehr gibt!

Und ich habe ihm weiter versichert, [...] dass ich dann am tschechischen Staat nicht mehr interessiert bin.

Und das wird ihm garantiert! Wir wollen gar keine Tschechen!

Allein, ebenso will ich nun vor dem deutschen Volk erklären, dass in Bezug auf das sudetendeutsche Problem meine Geduld jetzt zu Ende ist!

Ich habe Herrn Benesch ein Angebot gemacht, das nichts anderes ist als die Realisierung dessen, was er selbst schon zugesichert hat. Er hat jetzt die Entscheidung in seiner Hand! Frieden oder Krieg!

Er wird entweder dieses Angebot akzeptieren und den Deutschen jetzt endlich die Freiheit geben, oder wir werden diese Freiheit uns selbst holen! [...]

Zitiert nach: Max Domarus, Hitler. Reden und Proklamationen 1932–1945, Bd. 2, Leonberg 1988, S. 924–932

▶ Analysieren Sie Hitlers Sportpalastrede von 1938.

Typ. Anrede im Sinne der Volksgemeinschaft.

Superlativ.
Gemeinsames Feindbild wird erzeugt, so entsteht Zusammengehörigkeitsgefühl.

Berufung auf Selbstbestimmungsrecht.

Vergleich soll Anspruch begründen.
Direkte Adressierung jedes Einzelnen durch erneute Anrede.

Wortfeld: Verzicht zugunsten des Friedens
Angebliche Handlungspflicht als „Führer".

Beteuert Friedenswillen.

Scheinbare Identifikation mit und für Soldaten.

Verspricht Ende der Expansion.
Berufung auf Gott rein rhetorisches Mittel.

Bezug auf Gespräch mit dem britischen Premierminister, unterstreicht Friedenswille und -versprechen.

Behauptung: nur dt. Minderheit zum Recht verhelfen, kein Interesse an Tschechoslowakei.
Ultimatum.

Verantwortung für möglichen Krieg wird anderem zugeschoben.
Euphemismus für das eigentliche Ziel Krieg.

# Nationalsozialismus

**Ideologie**

Führerprinzip

Radikalnationalismus

„Lebensraum im Osten“

„Volksgemeinschaft“

Rassismus, Antisemitismus,
Antiliberalismus
Antiparlamentarismus
Antiindividualismus

**Machterwerb und Herrschaftspraxis**

„Machtergreifung“: NSDAP, Pseudolegalität,
„Gleichschaltung“, Diktatur, Personenkult
Massenmobilisierung, Massenorganisation
Propaganda: Massenkultur

Vierjahresplan, Aufrüstung, „Umvolkung“

„Sozialer Volksstaat“

Terror: Verfolgung, Konzentrationslager,
„Euthanasie“, Deportation,
„Rassendiktatur“

Massenloyalität ↔ Widerstand

1. Zeigen Sie auf, wie die einzelnen Elemente der Ideologie des Nationalsozialismus im Rahmen von Machterwerb und Herrschaftspraxis durchgesetzt wurden.
2. Begründen Sie, warum der Nationalsozialismus als antiliberale Modernisierungsideologie bezeichnet wird.
3. Überprüfen Sie die folgende Behauptung: „Aufstieg und Sieg des Nationalsozialismus werden nur verständlich, wenn man die Frage nach deren Ursachen nicht allzu kurzschlüssig auf die Phase der Weltwirtschaftskrise bezieht.“ (Walther L. Bernecker, Europa zwischen den Weltkriegen 1914-1945 (Handbuch der Geschichte Europas, Bd. 9), Stuttgart 2002, S. 69)
4. Erörtern Sie anhand des Nationalsozialismus, welche Rolle Feindschaften („Anti-“) für den Aufstieg der NSDAP hatten.
5. Vergleichen Sie die antiliberalen Modernisierungsideologien des Sowjetkommunismus zur Zeit Lenins und des Nationalsozialismus auf Gemeinsamkeiten und Unterschiede.

Wichtige Fachbegriffe, die im Glossar erläutert werden, sind blau bzw. grün gekennzeichnet.

# Politische Reden analysieren

## M1 Über vergangene Zeiten

Am Heldengedenktag am 10. März 1940 spricht Adolf Hitler zu Vertretern aller Waffengattungen und Ehrengästen. In der Rede heißt es u. a.:

Kein Volk hat mehr Recht zu feiern als das deutsche! [...] Wenn wir seit 2 000 Jahren ein geschichtliches Dasein leben, dann nur, weil in diesen 2 000 Jahren immer Männer bereit gewesen sind, für dieses Leben der Gesamtheit ihr eigenes einzusetzen und – wenn nötig – zu opfern. [...]
Für was sie einst kämpften, kämpfen nunmehr auch wir. Was ihnen hoch genug war, um – wenn notwendig – dafür zu sterben, soll uns in jeder Stunde zu gleicher Tat bereit finden. Der Glaube aber, der sie beseelte, hat sich in uns allen nur noch verstärkt. Wie immer auch das Leben und das Schicksal des Einzelnen sein mag, über jedem steht das Dasein und die Zukunft der Gesamtheit. Und hier hebt uns etwas noch über vergangene Zeiten empor: Uns allen ist das erschlossen worden, für was in früheren Zeiten so viele noch unbewusst kämpfen mussten: das deutsche Volk! In seiner Gemeinschaft leben zu dürfen, ist unser höchstes irdisches Glück. Ihr anzugehören, ist unser Stolz. Sie in bedingungsloser Treue in den Zeiten der Not zu verteidigen, unser fanatischer Trotz. [...] Wenn die andere Welt der plutokratischen[1] Demokratien gerade gegen das nationalsozialistische Deutschland den wildesten Kampf ansagt und seine Vernichtung als oberstes Kriegsziel ausspricht, dann wird uns damit nur das bestätigt, was wir ohnedies wissen: dass nämlich der Gedanke der nationalsozialistischen Volksgemeinschaft das deutsche Volk auch in den Augen unserer Gegner besonders gefährlich, weil unüberwindlich macht.

Zitiert nach: Max Domarus, Hitler. Reden und Proklamationen 1932–1945, kommentiert von einem deutschen Zeitgenossen, Bd. 2.1, Würzburg 1963, S. 1477 ff.

1. Erläutern Sie, welche Funktion die „Volksgemeinschaft" haben soll – nach innen und nach außen.
2. Beschreiben und bewerten Sie Hitlers Geschichtsbild.
3. Stellen Sie dar, warum Hitler in der Rede dieses Geschichtsbild skizziert.

[1] **Plutokratie**: Geldherrschaft bzw. Staatsform, in der allein der Besitz politische Macht garantiert

# Geschichtsspielfilm analysieren

## M2 Still aus „Georg Elser – Einer aus Deutschland" (1989)

Bevor Georg Elser von den SA-Männern brutal zusammengeschlagen wurde, verweigerte er in dem Film den Hitler-Gruß. Zwei unbeteiligte Besucher erleben die Misshandlungen Elsers und verlassen schweigend die Toilette.

1. Erläutern Sie die filmischen Mittel dieser Szene (u. a. Kadrierung, Perspektiven, Einstellungsgröße).
2. Beurteilen Sie die Funktion dieser Filmsequenz.

# Stalinismus – Macht ohne Grenzen?

**Foto von Stalin-Denkmal in Prag, aufgenommen kurz nach seiner Enthüllung 1955**
Das Denkmal war das größte Denkmal für Stalin. Es wurde 1955 eingeweiht und 1962 wieder gesprengt.

- Beschreiben Sie das Denkmal. Berücksichtigten dabei auch die Komposition der dargestellten Personen und deren Blickrichtungen. (Hinweis: Auf der anderen Seite waren hinter Stalin Figuren eines Arbeiters, eines Bauers, einer Frau und eines Soldaten angebracht.)
- Entwickeln Sie eine These, wie Stalin gesehen werden wollte.

Nach Lenins Tod setzte sich Stalin innerhalb der KPdSU in einem harten Machtkampf durch. Mit raschen Schritten trieb er den weiteren Umbau der Sowjetunion voran. Aus einem ländlich geprägten Agrarstaat sollte ein städtischer Industriestaat werden. Auch die sozialistische Revolution wurde fortgeführt. Stalin wandte sich dabei von der Idee der Weltrevolution ab und forcierte den Aufbau des **„Sozialismus in einem Land“**. Die Sowjetunion sollte zum Musterbeispiel für alle anderen sozialistischen Staaten und zugleich zu einem Bollwerk gegen die kapitalistischen Staaten werden.

**Der Fünfjahresplan und der forcierte Aufbau der Industrie** | Durch eine starke Industrie sollte die UdSSR zu einer Weltmacht werden. Im April 1929 verkündete das Politbüro auf Druck Stalins den ersten **Fünfjahresplan**. Kernstück war neben der Kollektivierung der Landwirtschaft (siehe Vertiefung S. 258 / 259) der forcierte Ausbau der Schwerindustrie. Nach sowjetischen Angaben verdoppelte sich die Stahlerzeugung innerhalb von fünf Jahren. Der Maschinenbau produzierte 1932 zehnmal so viel wie 1923. Riesige Kohlezechen, Stahlwerke und Maschinenfabriken entstanden. Unterstützt wurde die Entwicklung durch den Bau gewaltiger Wasserkraftwerke, die die Stromproduktion in den Jahren des Fünfjahresplans vervierfachten. Industriestädte wie Magnitogorsk in der Uralregion wurden aus dem Boden gestampft und zu Aushängeschildern der **Industrialisierung**. Begleitet wurde all dies durch Propagandakampagnen und die Mobilisierung der Bevölkerung. Die Methode des „sozialistischen Wettbewerbs“ brachte die Arbeiterbrigaden dazu, um die schnellere Fertigstellung und um Planüberfüllung zu wetteifern. Der Bergarbeiter Alexej Stachanow, der die gültige Arbeitsnorm um das 14-fache übertroffen hatte, wurde zur Symbolfigur der Bewegung zur maximalen Steigerung der Arbeitsleistung („Stachanow-Bewegung“). Arbeiter und Ingenieure, die ihm nacheiferten, wurden mit Lohnerhöhungen, Wohnungen, Urlaubsreisen und anderen Prämien ausgezeichnet. Der Erfolg des forcierten Ausbaus war deutlich und die UdSSR stieg bis 1936 zur zweitgrößten Industrienation nach den USA auf. Erkauft wurde dieser Erfolg aber durch ein schrumpfendes Angebot an Gebrauchsgütern und durch einen verordneten Konsumverzicht. Der Lebensstandard der Bevölkerung blieb niedrig bzw. sank bis 1940 um 25 Prozent im Vergleich zu 1928. Viele Tausende Arbeiter lebten in Zelten und Erdhöhlen, da Wohnraum in den neuen Ballungszentren fehlte. Auf den Baustellen gab es immer wieder Pfusch und Planungschaos.

**Die stalinistische Diktatur** | In der Politik wandelte sich die Sowjetunion zur totalitären **Diktatur** Stalins. Sein Wille wurde immer mehr mit dem Willen der Partei und damit des Staates gleichgesetzt. Wirtschaft, Gesellschaft und auch die politische Führung wurden gleichgeschaltet. **Massenorganisationen** wie die Gewerkschaften oder die

Jugendorganisation Komsomol sollten bisherige soziale Unterschiede einebnen sowie die Kontrolle und Disziplinierung der Bevölkerung bis hin zur Denunziation unliebsamer Personen ermöglichen. Darüber hinaus erleichterten sie wie auch die Einheitsorganisationen von Berufsgruppen die Durchsetzung von Vorgaben bzw. die Unterdrückung davon abweichender Haltungen. Ein Beispiel dafür ist die **Massenkultur**. Schriftsteller, Musiker, bildende Künstler, Architekten und andere Kulturschaffende sollten auf die von Stalin sanktionierten Richtlinien ausgerichtet werden, die Bevölkerung im Sinne der vorherrschenden Ideologie erziehen und für die Hochschätzung des „Vaterlandes“ (beispielsweise durch Förderung heimatlicher Folklore) werben. Jegliche innerparteiliche Opposition, Kritik oder Meinungsfreiheit verstummten unter den Herrschaftsinstrumenten von Personenkult und Terror.

Partei und Medien verbreiteten überschwängliche Lobeshymnen auf Stalin, den „Führer“ und „Lehrer“ der Partei. Zu Beginn inszenierte sich Stalin als gehorsamer Schüler Lenins, seit seinem 50. Geburtstag aber stand er im Zentrum des **Personenkults** als Vollender der Revolution. Nach dem „Großen Vaterländischen Krieg“ (dem Zweiten Weltkrieg) wurde er als Verteidiger des Vaterlands und unumstrittener Führer des Kommunismus verehrt. Die **Propaganda** machte auch nicht Halt vor der Manipulation der Geschichte, die als „optimierte Wirklichkeit“ ganz in den Dienst der Ideologie gestellt wurde. Im Kommunismus war eine Glorifizierung einzelner Personen unüblich, das Kollektiv stand im Mittelpunkt. So verband dann auch Stalin **Massenmobilisierung** und Personenkult. Nur scheinbar widerwillig nahm er beispielsweise die Huldigungen in der Öffentlichkeit an. Nach seinem Tod brach der Kult um seine Person zusammen und wurde von der Partei offiziell verboten. Verschwunden ist der „Mythos Stalin“ aber bis heute nicht.

**Der Große Terror** | Mit dem Fünfjahresplan begann auch die erste Verfolgung der tatsächlichen oder vermeintlichen Gegner von Stalins Politik. Kritik war für Stalin Ausdruck eines **Loyalitätsdefizits** in Wirtschaft, Gesellschaft oder auch in der kommunistischen Partei. Er sah sich umgeben von potenziellen Verschwörern. Die erste Terrorwelle richtete sich gegen Kritiker aus der Wirtschaft, die Zweifel am forcierten Ausbau der Schwerindustrie äußerten und als „Saboteure“ und „Spione“ angeklagt wurden. Ähnlich verfolgte Stalins Machtapparat die Menschen auf dem Land (siehe S. 204). 1934 wurde der Terror auf die Parteimitglieder ausgeweitet. Stalin erließ Gesetze, die den unbeschränkten Zugriff auf Personen sowie deren standrechtliche Verurteilung und Exekution erlaubten. Der „Säuberung“ der Partei fielen in drei großen **Schauprozessen** prominente Kritiker Stalins und führende Männer der Oktoberrevolution zum Opfer. Fast alle Angeklagten der Schauprozesse wurden zum Tode verurteilt und hingerichtet. Den Höhepunkt der Verfolgung erreichte der „große Terror“ in den Jahren 1937 und 1938, in denen die Terrorwelle auf weitere Führungskräfte in Wirtschaft, Verwaltung und Militär übergriff. Mindestens 680 000 Menschen wurden erschossen und Hunderttausende in die Lager der **GULag** deportiert.

Die „Arbeitsbesserungslager“ waren zentraler Bestandteil von Stalins Repressionspolitik. Zwangsarbeit und Unterdrückung gingen einher mit Umerziehungs- und Reintegrationsarbeit. Die Maßnahmen gegen die „Volksfeinde“ sollten auch der Schaffung einer modernen Gesellschaft (**Klassendiktatur**) dienen. Insgesamt waren in den Jahren 1930-53 etwa 20 Millionen Häftlinge im GULag. Etwa 20 bis 30 Prozent waren politische Häftlinge, der Großteil hatte nur gegen eines der unzähligen repressiven Gesetze verstoßen, die auch kleinere Vergehen, wie das Auflesen von Ähren, kriminalisierten. Während des Zweiten Weltkriegs kam es auch zu **Massendeportationen** verschiedener Volksgruppen, denen die angebliche Zusammenarbeit mit NS-Deutschland vorgeworfen wurde.

## M1 „Feinde des Fünfjahresplans"

**Plakat von Viktor Deni und Demjan Bednyi (Texte), um 1930**
Der Titel der abgebildeten Zeitung lautet: Der Menschewiki-Bote

Der Gutsbesitzer blickt wie ein böser Hofhund,
der Kulak[1] schnauft mit geschwollener Nase,
der Säufer trinkt vor Kummer ohne Unterbrechung,
der Pope[2] heult in zügellosem Heulen,

es faucht der käufliche Journalist,
es schärft seine Hauer der Kapitalist,
der Menschewik[3] wird wütend mit aller Macht,
der weiße Haudegen[4] flucht heftig –

die Hunde, die nicht im Käfig sitzen,
alle, die für das „Alte" stehen,
verfluchen als Übel den Fünfjahresplan
und erklären ihm den Krieg,
drohen ihm mit Sabotage, weil sie verstehen,
dass er ihr direkter Untergang ist.

(Übersetzung: Antje Brokoph)

Volkhard Knigge und Irina Scherbakowa, GULAG. Spuren und Zeugnisse. 1929–1956. Begleitband zur Ausstellung. Weimar 2012, S. 25

1. Analysieren Sie das Plakat. Untersuchen Sie dabei, mit welchen herabsetzenden Stereotypen gearbeitet wird.
2. Erläutern Sie, warum diese Stereotypen verwendet wurden und inwiefern Sie den Absichten der Staatsführung entgegenstehen.

[1] **Kulak**: Bezeichnung für einen relativ wohlhabenden Bauern, seit der Oktoberrevolution abwertend gebraucht (siehe S. 204)
[2] **Pope**: orthodoxer Priester
[3] **Menschewik**: Angehöriger der Menschewiki (wörtl. übersetzt „Minderheitler"), der gemäßigten Fraktion der Sozialdemokratischen Arbeiterpartei Russlands, später politische Gegner der Bolschewiki, seit 1923 verboten
[4] **„weiße Haudegen" = Weißgardist**: Die weißen Garden waren der bewaffnete Arm der antibolschewistischen Opposition im Bürgerkrieg, verfolgten zumeist reaktionäre Ziele.

## M1 Höher das Banner von Marx, Engels, Lenin und Stalin!

**Propagandaplakat von 1936 von Gustaw G. Kluzis**
Von links nach rechts sind abgebildet: Karl Marx und Friedrich Engels (beide Begründer der marxistischen Theorie des Kommunismus), Wladimir Iljitsch Uljanow, genannt Lenin (russischer Revolutionär, Anführer der Bolschewiki und Gründer der KPdSU; passte die marxistische Theorie an die Verhältnisse in Russland an) und Stalin.

1. Analysieren Sie das Plakat. | F
2. Erläutern Sie, welches welche (historische) Stellung und Bedeutung Stalin beigemessen wird.

## M2 Über die Aufgaben der Wirtschaftler

Der folgende Auszug stammt aus einer Rede, die Stalin auf der ersten Unionskonferenz der Funktionäre der sozialistischen Industrie, 4. Februar 1931, hält und die in der Parteizeitung der KPdSU, der Prawda, am 5. Februar 1931 veröffentlicht wird:

Das Tempo verlangsamen, das bedeutet zurückbleiben. Und Rückständige werden geschlagen. Wir wollen aber nicht die Geschlagenen sein. Nein, das wollen wir nicht! Die Geschichte des alten Russlands bestand unter anderem darin, dass es wegen seiner Rückständigkeit fortwährend geschlagen wurde. […] Es wurde von allen geschlagen wegen […] seiner kulturellen Rückständigkeit, seiner staatlichen Rückständigkeit, seiner industriellen Rückständigkeit, seiner landwirtschaftlichen Rückständigkeit. Es wurde geschlagen, weil das einträglich war und ungestraft blieb. […] Das ist nun einmal das Gesetz der Ausbeuter – die Rückständigen und Schwachen werden geschlagen. Das ist das Wolfsgesetz des Kapitalismus. Du bist rückständig, du bist schwach – also bist du im Unrecht, also kann man dich schlagen und unterjochen. Du bist mächtig – also hast du Recht, also muss man sich vor dir hüten. Das ist der Grund, warum wir nicht länger zurückbleiben dürfen.
In der Vergangenheit hatten wir kein Vaterland und konnten keins haben. Jetzt aber, da wir den Kapitalismus gestürzt haben und die Macht uns, dem Volke, gehört, haben wir ein Vaterland und werden seine Unabhängigkeit verteidigen. Wollen Sie, dass unser sozialistisches Vaterland geschlagen wird und seine Unabhängigkeit verliert? Wenn Sie das nicht wollen, dann müssen Sie in kürzester Frist seine Rückständigkeit beseitigen und ein wirkliches bolschewistisches Tempo im Aufbau seiner sozialistischen Wirtschaft entwickeln. Andere Wege gibt es nicht. Darum sagte Lenin am Vorabend des Oktober: „Entweder Tod oder die fortgeschrittenen kapitalistischen Länder einholen und überholen."
Wir sind hinter den fortgeschrittenen Ländern um 50 bis 100 Jahre zurückgeblieben. Wir müssen die Distanz in zehn Jahren durchlaufen. Entweder bringen wir das zuwege oder wir werden zermalmt.

Josef W. Stalin, Werke, Bd.13: Juli 1930–Januar 1934, Berlin 1955. S. 35 f.

1. Arbeiten Sie heraus, welche Argumente Stalin für die forcierte Industrialisierung anführt.
2. Vergleichen Sie das Geschichtsbild, das hier zum Ausdruck kommt, mit dem Plakat M1.
3. Diskutieren Sie die Folgen, die Stalins Parole vom „Einholen der kapitalistischen Länder" für die sowjetische Gesellschaft bedeutet.

## M3 Macht ohne Grenzen?

Die Historiker Jörg Baberowski und Robert Kindler erläutern 2014 die Funktion des stalinistischen Terrors:

Aus der Perspektive Stalins […] erfüllte der Terror dreierlei Funktionen: Er lud die Verantwortung für Missstände auf die Schultern von „Feinden" ab; er gab der Bevölkerung die Möglichkeit, Feinde aufzuspüren und sich an ihnen für ihr Elend zu rächen; und er diente dem Regime als Machttechnik. Warte nur, bis auch Du für Dein Versagen bestraft werden wirst! Diese Drohung stand unausgesprochen im Raum; und jeder, der bei Verstand war, versuchte Täter zu werden, um nicht Opfer zu sein. Aber der Terror war nicht nur eine Technik, eine rational geplante und ins Werk gesetzte Strategie, um die Gesellschaft einzuschüchtern, zu disziplinieren und für die Aufbauziele des Regimes zu mobilisieren. Er gehörte zur mentalen Grundausstattung der Bolschewiki, die schon während des Bürgerkriegs die Erfahrung gemacht hatten, dass sich mit Gewalt alle Probleme aus der Welt schaffen ließen, auch die eigenen. Vor diesem Furor konnte sich niemand in Sicherheit bringen, nicht einmal die Mitglieder des Politbüros.
Die Beschwörung und Vernichtung von Feinden war die Essenz stalinistischer Herrschaft. Als Meister der Krise führten die Bolschewiki Situationen herbei, die nur sie beherrschen konnten. Ein Mensch, ein Problem, kein Mensch, kein Problem, hat Stalin über die bolschewistische Praxis, Probleme zu lösen, gesagt. Immer dann, wenn sich Widerspruch und Widerstand formierten, fühlten sich die Menschen bestätigt. Immer schon hatten sie gewusst, dass das Leben ein Kampf gegen Feinde war.

Jörg Baberowski und Robert Kindler, Macht ohne Grenzen. Herrschaft und Terror im Stalinismus. Frankfurt am Main 2014, S. 9 f.

1. Charakterisieren Sie die Einstellung Stalins gegenüber der Bevölkerung.
2. Erläutern Sie, welches Verhalten der Menschen untereinander beabsichtigt war.

Die 1988 gegründete Menschenrechtsorganisation „Memorial" widmet sich der Aufarbeitung des stalinistischen Terrors und der öffentlichen Erinnerung an dessen Opfer. Zu ihrer Homepage führt Mediencode 32051-32.

## M4 Erfahrungen im GULag

Der russische Schriftsteller Warlam Schalamow wurde zuerst 1937 zu fünf Jahren Zwangsarbeit verurteilt. Seine Internierung verlängerte sich aber bis 1951, die er in verschiedenen Lagern in der Kolyma-Region im äußersten Osten Sibiriens (Verwaltungsbezirk Magadan) verbrachte. Über seine Zeit im GULag schreibt er in einem 2007 auch auf Deutsch erschienenen Buch u. a.:

Wir alle waren das Barackenessen leid, wo wir jedes Mal hätten weinen können angesichts der an Stöcken in die Baracke getragenen Suppenbehälter. Wir hätten weinen können aus Furcht, dass die Suppe zu dünn sein würde. Und wenn ein Wunder geschah und die Suppe war dick, dann glaubten wir es nicht und aßen sie vor Freude ganz, ganz langsam. Doch auch nach einer dicken Suppe blieb im angewärmten Magen ein nagender Schmerz – wir hungerten schon lang. Alle menschlichen Gefühle und Regungen – Liebe, Freundschaft, Neid, Menschenfreundlichkeit, Barmherzigkeit, Ruhmsucht, Ehrlichkeit – hatten uns verlassen mit dem Fleisch, das wir während unseres anhaltenden Hungerns verloren hatten. In der geringen Muskelschicht, die wir noch auf den Knochen hatten, die uns noch erlaubte zu essen, uns zu bewegen, zu atmen und sogar Stämme zu zersägen, Gestein und Sand in die Schubkarren zu schaufeln und sogar die Schubkarren über den hölzernen Steg in der Goldgrube, auf dem schmalen Holzweg zur Waschvorrichtung zu schieben, in dieser Muskelschicht hatte nur Erbitterung Platz – das langlebigste menschliche Gefühl. […] Wir hatten Demut gelernt, wir hatten verlernt, uns zu wundern. Wir hatten keinen Stolz, keine Eigenliebe, keinen Ehrgeiz, und Eifersucht und Leidenschaft erschienen uns als Begriffe von einem anderen Stern und obendrein als Dummheiten. Wesentlich wichtiger war es, die Fertigkeit zu gewinnen, im Winter bei Frost die Hosen zuzuknöpfen – erwachsene Männer weinten, wenn ihnen das mitunter misslang. Wir verstanden, dass der Tod kein bisschen schlimmer ist als das Leben, und wir fürchteten weder das eine noch das andere. […]

Warlam Schalamow, Durch den Schnee. Erzählungen aus Kolyma I. Aus dem Russischen von Gabriele Leupold, Berlin [3]2007, S. 53 ff.

1. Arbeiten Sie heraus, wie Warlam Schalamow das Leben im Lager charakterisiert.
2. Diskutieren Sie, welche Funktion ein so gestaltetes Lagersystem für eine Diktatur erfüllt.
3. Informieren Sie sich mithilfe des links stehenden Mediencodes über aktuelle Projekte von „Memorial".

## M5 Das Zwangsarbeitssystem in der Sowjetunion

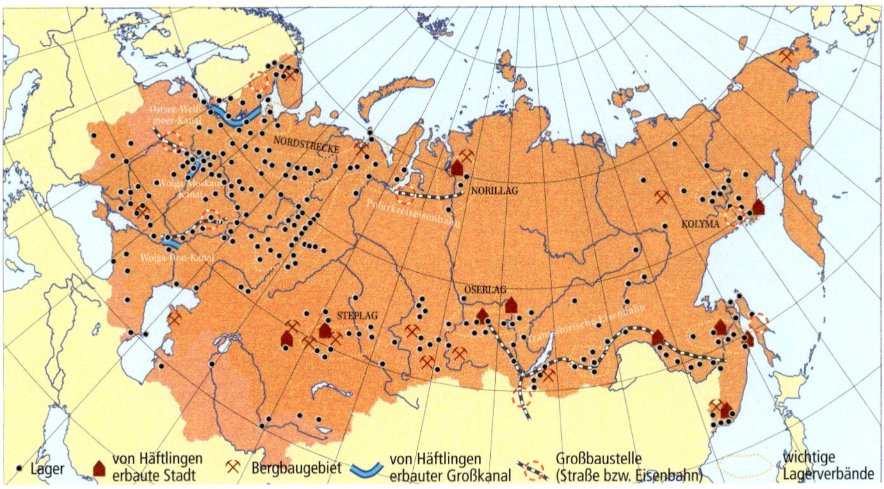


Nach der russischen Abkürzung für „Hauptverwaltung der Besserungsarbeitslager und -kolonien“ heißt der Komplex auch „GULag-System“. Die verzeichneten Lager bestanden nicht alle zur gleichen Zeit.

1. Arbeiten Sie heraus mithilfe der Karte und des Verfassertextes heraus, welche Funktionen der Lagerkomplex im stalinistischen Herrschaftssystem hatte.
2. Beurteilen Sie, ob es einen Zusammenhang zwischen dem Lagersystem und der angestrebten Modernisierung gibt.

## M6 Der Mythos Stalin heute

Die Historikerin Anna Becker schreibt dazu:

Der Name Iosif Stalin wird auch in Russland gemeinhin untrennbar mit Terror, Repression und Gewaltkultur in Verbindung gebracht. Angesichts dieses Befundes und der Tatsache, dass auch breitere Bevölkerungskreise Kenntnisse über die Epoche des Stalinismus, oder zumindest über den verübten Terror besitzen, überrascht es, wenn der frühere Diktator dennoch in der Gesellschaft steigende Popularitätswerte für sich verbuchen kann.
Von der dunklen Epoche des Stalin-Regimes zeugen nicht zuletzt mindestens 800 Denkmäler und Gedenktafeln im heutigen Russland. Die meisten von ihnen gehen jedoch auf zivilgesellschaftliche und lokale Initiativen zurück und finden sich nicht an zentralen Plätzen, sondern eher an abgelegenen Orten, was nicht selten am Widerstand und am fehlenden politischen Willen lokaler Staatsbehörden liegt. […] Aber auch staatliche Repräsentanten zeigten sich vor allem in den Jahren 2009 bis 2012 bei öffentlichen Anlässen betont anti-stalinistisch. […] Eine Staatsregierung, die für sich beansprucht, demokratisch zu sein, kann schwerlich die Schattenseiten des Stalinismus verleugnen oder gar positiv bewerten. Zugleich eignen sich die negativen Aspekte des Stalinregimes nicht für eine identitätsbildende patriotische Erziehung, wie sie die russländische Staatsführung gern betreiben möchte.
Anders sieht es dagegen für folgenden Sachverhalt aus. Wie kein anderer Machthaber des 20. Jh. symbolisiert Generalissimus Stalin den Aufstieg der Sowjetunion zur Welt- und Supermacht: Die Modernisierung des Landes – wenn auch zu einem zweifelhaften Preis – und der Sieg im Zweiten Weltkrieg fallen in seine Regierungsjahre. Diesen einstigen Großmachtstatus, der im Dezember 1991 mit der Auflösung der Sowjetunion verloren gegangen ist, wünscht sich die Regierung des heutigen Russland nachdrücklich zurück. […] Für den Umgang des Kremls mit dem Stalinismus spielt dabei vor allem der Mythos vom Großen Vaterländischen Krieg die zentrale Rolle. […] Der Sieg der Sowjetunion über den Nationalsozialismus ist nachgewiesenermaßen die bedeutendste Quelle des russländischen Nationalstolzes. […] Er hebt überdies den Preis hervor, den die Sowjetmenschen seinerzeit für den Sieg zahlen mussten, und das macht den Krieg zu der wichtigsten Gewalterfahrung in der Geschichte des Landes und stellt die Erinnerung an den Terror in den Schatten.

Anna Becker, Mythos Stalin. Stalinismus und staatliche Geschichtspolitik im postsowjetischen Russland der Ära Putin. Berlin 2016. S. 39 ff.

1. Charakterisieren Sie den Mythos Stalin.
2. Nehmen Sie Stellung zum Urteil der Autorin.

## Der Blick aufs Ganze

1. Diskutieren Sie die Frage, ob das Vorgehen Stalins gegen Oppositionelle aus der eigenen Partei mit der Theorie und Politik Lenins übereinstimmt.
2. Entwickeln Sie in Partnerarbeit Thesen für eine Ampelkartenabfrage. Über diese wird danach im Plenum „abgestimmt“.
3. Erörtern Sie, ob im Zusammenhang mit dem Stalinismus von „Macht ohne Grenzen“ gesprochen werden kann.

# Die „Entkulakisierung" – Zerschlagung alter Eliten?

**„Sowjetische Landwirtschaft gegen die Reaktionäre."**
Plakat zur Kollektivierung, 1930
Der Text unten links lautet übersetzt: „Brot ist unsere Stärke (und) das Grab für die Interventionisten. Erntet das Getreide!"

- Analysieren Sie, mit welchen Mitteln der Gegensatz zwischen der Landwirtschaft und den Gegnern des (Sowjet-)Kommunismus verdeutlicht wird.
- Entwickeln Sie Hypothesen, warum gerade der Landwirtschaft eine so wichtige Rolle beim Aufbau des (Sowjet-) Kommunismus zugewiesen wurde.

**Durchsetzung der Kollektivierung ...** | Die neue Planwirtschaft sollte auch die Kollektivierung der Landwirtschaft beschleunigen. Doch die Bauern wollten ihr Land, das die meisten erst in den Revolutionsjahren erhalten hatten, nicht freiwillig in Kollektivwirtschaften (Kolchosen) umwandeln. 1927 und 1928 bedrohten Missernten die Versorgungslage v.a. auch in den Großstädten und den rasch wachsenden Industriezentren. Für Stalin, der der in seinen Augen „rückständigen" Landbevölkerung ohnehin misstraute, waren die Missernten Anlass, die **Kollektivierung** mit Zwang voranzutreiben und vor allem gegen die eigenständigen Bauern (Kulaken) vorzugehen. Sie sollten zu abhängigen und damit formbaren Landarbeitern werden. Die reichen unter ihnen wurden zu erklärten Feinden. Die **„Entkulakisierung"** oder „Liquidierung der Kulaken" allerdings traf alle, die sich den Vorgaben der Bolschewiki in irgendeiner Weise widersetzten. 1929 beschloss das Zentralkomitee der KPdSU, dass mindestens 80% der Bauernhaushalte in Kolchosen oder Sowchosen (Staatsgüter) aufgehen sollten.

**... und ihre Folgen** | Die Vorgaben führten zu bürgerkriegsähnlichen Zuständen im ländlichen Raum zwischen Arbeiteraktivisten und Bauern. Widerständige Bauern wurden hingerichtet oder deportiert. Etwa 250 000 Bauernfamilien flohen aus ihren Dörfern. Um den Widerstand der Bauern zu brechen, griff der Staat verstärkt in die Traditionen der Dorfgemeinschaft und die Religionsausübung ein. In einigen Regionen (z.B. Kasachstan) verschärfte die „Entkulakisierung" die ethnischen Konflikte und führte zur Verfolgung und Vertreibung ethnischer Minderheiten.

Die Gewalt der Aktivisten, der Widerstand der Bauern, das organisatorische Unvermögen der Kolchoseleitungen, aber auch die Ausfuhr von Getreide ins Ausland zur Beschaffung dringend benötigter Devisen führten zu einer katastrophalen Versorgungslage. Vielerorts mangelte es an Nutzvieh, Saatgut und Gerätschaften. Die Hungersnot von 1932/33, der je nach Schätzung fünf bis 10 Millionen Menschen zum Opfer fielen, war eine direkte Folge der Zwangskollektivierung und „Entkulakisierung". Besonders schwer traf die Hungersnot die Ukraine und Kasachstan. In der Ukraine wird die Zeit als Holodomor (Holod: Hunger; Mor: Tod, Massensterben) bezeichnet. Die kontroverse Frage, ob der Holodomor als Folge des Klassenkampfes gegen die Bauern oder als Genozid an der ukrainischen Bevölkerung zu bewerten ist, ist Gegenstand der aktuellen Geschichtsforschung.

1937 arbeiteten 93% der Bauern als Landarbeiter in Kolchosen oder Sowchosen. Etwa 25 Millionen Einzelhöfe gingen darin auf. Um die Existenzgrundlage der Landbevölkerung zu sichern und zu verbessern, erlaubte die Stalin-Reform von 1935 jedoch jeder Bauernfamilie die Eigennutzung von einem halben Hektar Ackerland. Dieser „Kleinkapitalismus" unterstützte die Arbeit der Kolchosen. Die veränderten Besitzverhältnisse und Produktionsabläufe aber führten auch zu einer vermehrten Landflucht. Der ländlich geprägte Agrarstaat verschwand und wandelte sich in einen städtisch geprägten Industriestaat.

## M1 „Vom Kulakenjoch befreit“

In einem Bericht schreibt Stalin am 7. Januar 1933 über die Ergebnisse des ersten Fünfjahresplans in der Landwirtschaft:

Die Partei hat erreicht, dass sie in nicht mehr als drei Jahren über 200 000 Kollektivwirtschaften […] für Getreidebau und für Viehzucht zu organisieren vermochte und dass gleichzeitig in vier Jahren die Anbaufläche um 21 Millionen Hektar erweitert wurde. […] Die Partei hat erreicht, dass sie jetzt die Möglichkeit besitzt, statt der 500-600 Millionen Pud[1] Warengetreide, die in der Periode der Vorherrschaft der individuellen Bauernwirtschaft aufgebracht wurden, 1200 bis 1400 Millionen Pud Warengetreide jährlich aufzubringen. […] Die Partei hat erreicht, dass die UdSSR aus einem Lande der kleinbäuerlichen Wirtschaft bereits zum Lande der größten landwirtschaftlichen Betriebe der Welt geworden ist. […]
Was hat der Fünfjahresplan in vier Jahren den armen Bauern und den unteren Schichten der Mittelbauern gegeben? Er hat dem Kulakentum als Klasse den Boden entzogen und es zerschlagen und damit die armen Bauern und gut die Hälfte der Mittelbauern vom Kulakenjoch befreit. Er hat sie in die Kollektivwirtschaften einbezogen und eine gesicherte Existenz für sie geschaffen. Er hat damit die Differenzierung der Bauernschaft in Ausbeuter – Kulaken – und in Ausgebeutete – arme Bauern – unmöglich gemacht und das Elend im Dorf beseitigt. […] Es kommt jetzt bei uns nicht mehr vor, dass sich Millionen von Bauern jährlich von der heimatlichen Scholle losreißen und auf der Suche nach Verdienst in ferne Gebiete ziehen. […] Es kommt jetzt bei uns nicht mehr vor, dass Hundertausende und Millionen Bauern ruiniert werden und die Tore der Fabriken und Werke umlagern.

Josef W. Stalin, Ausgewählte Werke in zwei Bänden, Band 2, Dortmund 1979, S. 152 ff.

## M2 Folgen der Kollektivierung

a)

**Straßenszene.**
Das Foto des österreichischen Ingenieurs Alexander Winterberger vom Sommer 1933 dokumentiert die Hungersnot in der ukrainischen Stadt Charkiw (russ. Charkow).

b) Der Historiker Robert Kindler beschreibt in einem Buch aus dem Jahr 2014 die Hungersnot in Kasachstan:

Die Erfüllung von Ablieferungsplänen und Kollektivierungsvorgaben hatte nach wie vor Vorrang und war der alleinige Maßstab für Erfolg und Misserfolg von Funktionären und Staatsbediensteten. Die Versorgung der Hungernden, zumal, wenn dazu Reserven angezapft werden mussten, die bereits für andere Zwecke vorgesehen waren, trat dahinter zurück. […]
1932 kam es zum völligen Zusammenbruch. Die Landwirtschaft kollabierte. Die letzten Reserven waren aufgezehrt, die Ernte fiel noch schlechter aus als im Vorjahr, und noch immer zogen die Bolschewiki Getreide und Vieh aus den Regionen ab. Praktisch alle Regionen Kasachstans waren von der Not betroffen. Überall flohen die Menschen vor dem Hungertod. […]
Die Hungersnot zerstörte die Gesellschaft – in den eigentlichen Hungergebieten und darüber hinaus. Denn niemand konnte sich der Katastrophe und ihren Folgen entziehen. Zwar waren die Hungernden jene, die „verwilderten“, doch auch die Menschen in ihrer Umgebung wurden von den Dynamiken der entstehenden Hungergesellschaft unweigerlich erfasst. […]
Die Hungernden begannen, alle Arten von Gräsern und Pflanzen als Ersatznahrung zu sich zu nehmen. Sie aßen Hunde, Katzen, Vögel, Mäuse, was immer sich […] einfangen ließ. […] Danach blieb den Menschen keine andere Wahl, als ihre Heimatregionen zu verlassen. Sie schleppten sich in größere Orte, zu Bahnstationen, Sowchosen und Großbaustellen. […] Wo alle Reserven verbraucht waren, verletzten manche Hungernde auch die letzten Tabus und begannen, Menschenfleisch zu verzehren. […] Niemand wollte mit den Hungernden zu tun haben. […] [Sie] wurden zum Bodensatz der Gesellschaft. Sie wurden vertrieben, bedroht und oftmals auch umgebracht.

Robert Kindler, Stalins Nomaden. Herrschaft und Hunger in Kasachstan (Reihe „Studien zur Gewaltgeschichte des 20. Jh.“), Hamburger Edition – Verlag des Hamburger Instituts für Sozialforschung, Hamburg 2014, S. 232 ff.

### Der Blick aufs Ganze

1. Beurteilen Sie den Erfolg der Kollektivierung der Landwirtschaft.
2. Vergleichen Sie in Partnerarbeit mithilfe der Materialien (M1, M2) und des Verfassertextes Anspruch und Wirklichkeit der „Entkulakisierung“.
3. Gestalten Sie in der Gruppe ein Wandplakat, auf dem Sie Ihre Ergebnisse visualisieren, und stellen es im Plenum vor.

[1] Pud = russisches Gewichtsmaß, 1 Pud entspricht etwa 16,4 kg

# Fotografien als Quellen deuten

Leitfragen zu den Arbeitsschritten finden Sie auf S. 248; eine Lösungsskizze zu den Arbeitsaufträgen finden Sie auf S. 263 f.

**Fotografien** prägen unser Bild von der jüngeren Geschichte mehr als jedes andere Medium. Sie halten politische und gesellschaftliche Ereignisse für die Nachwelt fest und geben uns eine Fülle von Informationen über den Lebensalltag. In der ersten Hälfte des 20. Jh. wurde Fotografieren für breite Bevölkerungskreise erschwinglich. Fotos wurden dadurch für den Historiker zu einer immer wichtigeren Quelle.
Fotografien haben eine sehr stark suggestive Kraft, weil sie scheinbar die Welt so wiedergeben, „wie sie ist". Sie vermitteln den Eindruck von Authentizität. Mit dem Druck auf den Auslöser wird aber kein „objektives" Bild der Wirklichkeit hergestellt. Fotos sind **Momentaufnahmen** und zeigen immer nur einen ausgewählten und bearbeiteten Ausschnitt aus der Realität. Bereits durch die Wahl des Motivs, des Bildausschnitts und der Perspektive stellt der Fotograf ein subjektives, **„komponiertes" Bild der Wirklichkeit** her. Retuschen, Montagen und andere Manipulationen, etwa das Wegschneiden oder Vergrößern bestimmter Bildteile, machen die Fotografie zu einer schwer zu beurteilenden Quelle.
Fotos müssen deshalb als Quelle besonders vorsichtig bewertet werden. Sie müssen unter bestimmten Fragestellungen interpretiert und in einen historischen Zusammenhang gebracht werden.
Manche Fotografien besitzen einen großen Bekanntheitsgrad. Solche Schlüsselbilder oder ikonische Fotografien sind nicht allein Quellen, sondern stehen symbolisch für historische Sachverhalte. Das Lagertor von Auschwitz-Birkenau oder der Junge im Warschauer Ghetto wurden zu Symbolbildern des Holocaust. Diese Bilder sind also nicht nur Zeugnisse der Vergangenheit, sondern stehen für den Blick der Gegenwart auf die Vergangenheit, die geschichtskulturelle Deutung der Vergangenheit. Bei der Analyse ikonischer Bilder ist somit auch ihre symbolische Funktion zu untersuchen.

**HINTERGRUNDINFORMATIONEN**

Eines der bekanntesten Beispiele für eine Bildmanipulation ist die Fotografie von Lenin und Trotzki am 5.5.1920 vor dem Bolschoi-Theater in Moskau.
In den Originalen von G. P. Goldstejn (M1 und M2) sind neben Lenin auf der Rednertribüne auch Leo Trotzki, Führer der roten Armee, und Lev Kamenev, stellvertretender Vorsitzender des Rats der Volkskommissare, auf der Treppe stehend zu sehen. Bei der politischen Kundgebung auf dem Swerdlow-Platz sollten die Bevölkerung und die Soldaten der Roten Armee durch die bekanntesten Anführer der Bolschewiki im Bürgerkrieg auf den Kriegseinsatz in Polen vorbereitet werden.
Mit Stalin beginnt während der Zeit des ersten Fünfjahresplanes und des Großen Terrors die staatlich kontrollierte Darstellung der sowjetischen Wirklichkeit. Die im Sinne der Ideologie „optimierte" Wirklichkeit zielte auf die Veränderung des Bewusstseins der Bevölkerung, auf eine staatlich verordnete Wahrnehmung der Wirklichkeit. Ältere Darstellungen, die nicht mehr dem gegenwärtigen Bild der Sowjetunion entsprachen, wurden verboten und konfisziert oder nachträglich manipuliert. Bilder wurden beschnitten, Personen geschwärzt oder durch Objekte ersetzt. Trotzki, der seit seinem Konflikt mit Stalin aus der Partei ausgeschlossen war, verbannt, zum Tode verurteilt und schließlich 1940 in Mexiko ermordet wurde, verschwand aus allen Darstellungen. Auch Lev Kamenev wurde ein Opfer der stalinistischen Säuberungen. Die Originalaufnahmen wurden erst wieder unter Gorbatschow in der Sowjetunion gezeigt.

Kamenev und Trotzki warten auf ihren Auftritt.

**M1 Fotografie von G. P. Goldstejn (wahrscheinlich)**
Original auf Glasträger, 17,8 x 23 cm.

**M2 Fotografie von G. P. Goldstejn**
Veröffentlicht noch 1927.

Lenin spricht von einem hölzernen Podest zu den Soldaten.

Kamenev und Trotzki wurden mittels Retusche mit Treppen übermalt.

**M4 Manipulation aus den 1970er-Jahren**
Veröffentlicht zum 100. Geburtstag Lenins.

Auch die Banner aus den Originalfotos sind rot gefärbt.

**M3 Gemälde von Isaak Brodskij**
Öl auf Leinwand, 1933.

Zahlreiche rote Banner und Fahnen.

Zuhörer sind alle aufmerksam und dem Redner zugewandt, einige zeigen Begeisterung.

1. Analysieren und vergleichen Sie die Fotos M1, M2 und M4. Erläutern Sie dabei die (unterschiedliche) Wirkung der einzelnen Aufnahmen. Achten Sie dabei insbesondere auf Unterschiede bei den Bildausschnitten und die Position, die Lenin jeweils einnimmt.
2. Arbeiten Sie heraus, wie das Gemälde M3 die Originalfotos M1 und M2 nutzt und welche Veränderungen vorgenommen wurden.
3. Erläutern Sie, wie sich die Wirkung des Gemäldes (M3) gegenüber den Fotos verändert.

# Die Expansion des faschistischen Italien

**Europa und Afrika um 1930.**

- Beschreiben Sie anhand der Karte und des Darstellungstextes die Expansion des faschistischen Italien bis zum Jahre 1941.
- Vergleichen Sie die Lebensraumpolitik des faschistischen Italien mit der des nationalsozialistischen Deutschland.
- Beurteilen Sie mithilfe des Darstellungstextes, ob die von Mussolini propagierte Traditionslinie vom Imperium Romanum zum italienischen Kolonialreich tragfähig ist.
- Erläutern Sie die Gründe und die Bedeutung einer solchen Lebensraumpolitik für diktatorische Systeme.

**Das Königreich im Zeitalter des Imperialismus** | Schon bald nach dem Risorgimento verfolgte Italien eine Großmachtpolitik mit folgenden Zielen:

- Das Land war agrarisch geprägt und blieb hinter den führenden Industrienationen weit zurück. Die Folge war eine Massenauswanderung. Allein zwischen 1875 und 1915 entflohen ca. 14 Millionen Menschen vor allem aus ländlichen Gegenden Armut und Arbeitslosigkeit. Nationalistische Politiker forderten daher neuen Siedlungsraum für die italienische Nation.
- Italien sollte sich in den Kreis der übrigen imperialistischen Mächte einreihen. Kolonien versprachen nicht nur neue Siedlungsgebiete für die einheimische Bevölkerung und die Ablenkung von innenpolitischen Problemen, sondern im Zuge des industriellen Aufschwungs auch die Zufuhr von Rohstoffen und Nutzen als Absatzmärkte.
- Um die Nationalstaatsbildung zu vollenden, sollten weitere Gebiete mit überwiegend italienischer Bevölkerung angegliedert werden. Nach dem Ersten Weltkrieg fühlte sich die Siegermacht Italien trotz des Zugewinns von Trient (samt Südtirol) und Teilen Istriens betrogen. Denn die im Londoner Vertrag von 1915 zugesagten Gebiete an der ostadriatischen Küste (Dalmatien in Kroatien) waren Italien verweigert worden.

Imperialistische Ambitionen richteten sich auf Afrika, soweit nicht Ansprüche der überlegenen Mächte Großbritannien und Frankreich verletzt wurden. Italiens erste **Kolonie** wurde 1890 Eritrea, zwei Jahre später folgte „Italienisch-Somaliland". Ein weiteres Ausgreifen nach Äthiopien endete 1896 mit der Schlacht von Adua (Adwa), bei der die italienische Armee eine empfindliche Niederlage gegen äthiopische Truppen erlitt.

Italien nutzte die Schwäche des Osmanischen Reiches, um 1911 fünf Stützpunkte in Tripolitanien und der Cyrenaika (im Norden Libyens) sowie die Inselgruppe des Dodekanes in der Ägäis zu erobern. Die Eroberung ganz Libyens scheiterte am massiven Widerstand der einheimischen Bevölkerung und deren Milizen.

**Faschistische Großmachtträume – Wiedergeburt des Imperium Romanum?** | Mit der Machtübernahme Mussolinis steigerte sich die Aggressivität der italienischen Außenpolitik. Richtlinien dafür waren:

- Gemäß der faschistischen Ideologie war Weltpolitik vom „Kampf der Nationen" bestimmt. Angeblich überlegenen Staaten wie Italien sollte die Eroberung von „Lebensraum" zustehen, ohne Rücksicht auf die dortige Bevölkerung. Für diesen Kampf sollte in einer permanenten faschistischen Revolution ein neuer Menschentyp mit kriegerischen Tugenden geschaffen werden. Als vorbildhaft galt das Römische Reich, dessen Herrschaftsgebiet sich über weite Teile Europas, Nordafrikas und bis nach Vorderasien erstreckt hatte. Anknüpfend an die „mare nostrum"-Konzeption (siehe S. 161) sollte das Mittelmeer zum „italienischen Meer" werden.

- Zumal Italien sehr stark von internationalen Finanz- und Rohstoffmärkten abhängig war, sollte die Expansion die Wirtschaftskraft des Landes erheblich stärken.
- Gegenüber Frankreich und später gegenüber Großbritannien wuchs das Misstrauen Mussolinis. Die Regierungen beider Staaten wurden verdächtigt, die Interessen Italiens zu hintertreiben. Nachdem sich Italien nach der Besetzung der griechischen Insel Korfu 1923 auf Betreiben der Großmächte kleinlaut zurückziehen musste, versuchte sich Italien zunächst als ausgleichenden Faktor in Europa darzustellen.

**Zusatzmaterial:**
Zu einer Karte des Römischen Reiches in seiner größten Ausdehnung 117 n. Chr. führt Mediencode 32051-33.

**Militärisches und „diplomatisches" Vorgehen** | Zunächst führte Mussolini den bereits 1921 begonnenen Feldzug in Libyen fort. Italien wollte den dortigen Widerstand brechen und die Landwirtschaft entwickeln, um arbeitslosen Italienern Siedlungsland zur Verfügung zu stellen. 1934 wurde Libyen zur Kolonie erklärt. Die Propaganda ließ große Erfolge verkünden, obwohl die Kolonialisierung Libyens eine große Belastung für die Staatskasse war. Zusätzlich lehnten es viele Italiener ab, in Libyen zu bleiben.

Abessinien, das heutige Äthiopien, war neben Liberia das einzige nicht kolonisierte Gebiet in Afrika. Mussolini sah in dem Land ein riesiges wirtschaftliches Potenzial, nicht nur wegen der Ansiedlung von Italienern. Zudem sollte die „Schmach" von Adua, die tief im Bewusstsein der italienischen Öffentlichkeit verankert war, gerächt werden. Am 2. Oktober 1935 marschierten italienische Truppen in Abessinien ein. Die faschistische Propaganda begründete die Invasion offiziell mit dem Kampf gegen die Sklaverei, mit der Beschlagnahmung illegaler Waffen und der Durchsetzung internationaler Konventionen. Am 5. Mai 1936 wurde die Hauptstadt Addis Abeba erobert. Vier Tage später verkündete Mussolini in Rom das neue italienische **Imperium**. Die Gebiete im Osten Afrikas wurden zur Kolonie **Africa Orientale Italiana (A.O.I.)** zusammengefasst. Die Besitzungen sollten allerdings nur eine Zwischenetappe sein im Bemühen, ganz Nordafrika unter italienische Kontrolle zu bringen.

Weiteres Mittel bei der Ausweitung des italienischen Einflusses war die sogenannte „diplomazia parallela". Dabei wurde mittels der Unterstützung von Oppositionsgruppen, durch öffentliche Diffamierungen und durch Aktivitäten von Agenten versucht, Gebiete zu destabilisieren. Das war besonders der Fall auf dem ohnehin labilen Balkan, in der Donauregion sowie in Syrien und im Libanon, die zur französischen Einflusssphäre gehörten. Die Schwelle zum Krieg wurde überschritten, als Italien am 7. April 1939 Albanien besetzte.

**Eroberung um jeden Preis?** | Für die Eroberungs- und „Lebensraum"-Politik in Afrika war Mussolini jedes Mittel recht. Flächenbombardements durch die Luftstreitkräfte, Deportationen in Konzentrationslager, Massenerschießungen, der Einsatz muslimischer Söldner gegen die mehrheitlich jüdische und christliche Bevölkerung Abessiniens und der Einsatz von Giftgas dienten dazu, die unliebsame Bevölkerung zu vertreiben oder gar zu vernichten und die Dauer des Krieges zu verkürzen. In Abessinien wurden Schätzungen zufolge insgesamt bis zu 380 000 Menschen getötet, 150 000 während des Krieges selbst und 180 000 bis 230 000 in den Jahren der Besatzung.

Die übrigen Großmächte und der Völkerbund schritten nicht ernsthaft gegen die italienische Expansionspolitik ein. Sanktionen waren vergleichsweise milde. Gründe dafür waren die Schwäche der Staatengemeinschaft und die Absicht, Mussolini für eine Koalition gegen das nationalsozialistische Deutschland zu gewinnen. Doch dies misslang: Nachdem der „Duce" ursprünglich politisch auf Distanz zum wichtigsten Handelspartner Deutschland geblieben war, gab er seine grundsätzliche Ablehnung gegen eine Einverleibung Österreichs durch das NS-Regime auf. Im Gegenzug billigte Hitler Italiens Afrikapolitik. Beide Diktatoren verständigten sich und „schmiedeten" 1936 die sogenannte „Achse Berlin – Rom".

## M1 Mussolini – Proklamation des Imperiums

Am 9. Mai 1936 tritt Mussolini auf den Balkon des Palazzo Venezia in Rom und verkündet der versammelten Menge den Sieg in Abessinien:

Offiziere, Unteroffiziere und Soldaten aller bewaffneten Streitkräfte des Staates in Afrika und Italien! Schwarzhemden der Revolution! Italiener und Italienerinnen im Vaterland und in der Welt: Hört mich an! […] Das Schicksal Abessiniens wird heute am 9. Mai, im 14. Jahr der faschistischen Ära, besiegelt.
[…] [D]er Sieg in Afrika bleibt in der Geschichte des Vaterlands bestehen, vollständig und rein, wie ihn die gefallenen Legionäre und die Überlebenden erträumt und wie sie ihn gewollt haben. Italien hat endlich sein Imperium, das faschistische Imperium, denn es trägt die untrüglichen Zeichen des Willens und der Kraft des römischen Liktorenbündels[1]. Dies war das Ziel, auf das während 14 Jahren die geballte und disziplinierte Kraft der Jugend hindrängte, für das Generationen von Italienern sich gerüstet hatten. Es soll ein Imperium des Friedens sein, denn Italien will den Frieden für sich und für alle anderen. Es entschließt sich zum Kriege nur, wenn es von feindlichen Mächten dazu gezwungen wird oder unausweichliche Lebensnotwendigkeiten auf dem Spiel stehen. Es soll ein Imperium der Zivilisation und der Menschlichkeit für alle Bevölkerungsteile Abessiniens sein. Dies liegt in der Tradition Roms begründet, das nach dem Sieg die Völker in ihrer Eigenart verband. […]
Das italienische Volk hat sich das Imperium mit seinem Blut geschaffen, wird es mit seiner Arbeit erhalten und wird es gegen jedermann mit seinen Waffen verteidigen. In dieser höchsten Gewissheit hebt in die Höhe, Legionäre, eure Zeichen, und grüßt mit den Dolchen und mit den Herzen das nach 15 Jahrhunderten wiederhergestellte Imperium auf den schicksalhaften Hügeln von Rom! Werdet ihr seiner wert sein? […]

Zitiert nach: Max Domarus, Mussolini und Hitler. Zwei Wege – gleiches Ende, Würzburg 1977, S. 199 f., übersetzt von Max Domarus

1. Arbeiten Sie die Anspielungen auf das antike römische Imperium heraus.
2. Charakterisieren Sie das imperiale Italien, das Mussolini in seiner Rede skizziert.
3. Begründen Sie, warum die Rede nicht nur an die eigene Bevölkerung gerichtet war, sondern auch an die übrigen Staaten Europas. Vergleichen Sie hierzu mit dem Darstellungstext.

[1] Gemeint ist das Rutenbündel, das früher von Liktoren, hohen Beamten in Rom, getragen wurde. Siehe auch Seite 148.

## M2 Propagandaplakat für die Kolonisierung Äthiopiens (1938)

Die Übersetzung des Schriftzugs unten lautet „Faschistische Vereinigung der Landarbeiter".

1. Erklären Sie die Abkürzung „SPQR" und das Symbol links daneben. | H
2. Erläutern Sie, welche Bedeutung Hammer, Schaufel und Messer haben.
3. Bewerten Sie die Aussageabsicht des Plakats.

## M3 Die Sicht der Unterlegenen

Der äthiopische Künstler Haili Berhan Yemene veranschaulichte 1937 den Krieg in Abessinien unter anderem mit diesen beiden Bildern:

1. Analysieren Sie die Bilder. Achten Sie dabei besonders auf die Farbgebung.
2. Vergleichen Sie mit der Rede Mussolinis (M1).
3. Erstellen Sie in Partnerarbeit ein Flugblatt, in dem mit gestalterischen Mitteln gegen die italienische Besatzung aus äthiopischer Sicht Stellung bezogen wird. | F

## M4 Historische Einordnung

Der Schweizer Historiker Aram Mattioli schreibt über die Bedeutung des Abessinien-Feldzuges:

Die historische Bedeutung des Abessinienkrieges liegt nicht darin, dass er ein anachronistischer Kolonialkrieg war, in dem die Italiener noch einmal alle Verbrechen kopierten, welche die älteren Kolonialmächte seit jeher über eroberte Urbevölkerungen brachten. Obwohl es sich auf den ersten Blick tatsächlich um die letzte Eroberung in der langen Geschichte der europäischen Überseeexpansion handelt, darf der Konflikt nicht in ausschließlich kolonialen Kategorien begriffen werden. Schon David E. Omissi hat 1990 in einer komparativ angelegten Studie die Meinung vertreten, dass der erste faschistische Vernichtungskrieg das überstieg, was Großbritannien und Frankreich nach dem Ersten Weltkrieg zur Niederringung afrikanischen oder asiatischen Widerstands militärisch zu unternehmen bereit waren. Einige der in Ostafrika verübten Untaten weisen in die Richtung einer genozidalen Kriegführung. In globaler Perspektive bildet der Abessinienkrieg die „Brücke" zwischen den Kolonialkriegen des imperialistischen Zeitalters und Hitlers Lebensraumkrieg, der auf die Schaffung eines von germanischen „Herrenmenschen" dominierten und von „minderwertigen" Völkern gereinigten Kontinentalimperiums zwischen Atlantik und Ural zielte.

Aram Mattioli, Ein vergessenes Schlüsselereignis der Weltkriegsepoche, in: Asfa-Wossen Asserate und Aram Mattioli (Hrsg.), Der erste faschistische Vernichtungskrieg. Die italienische Aggression gegen Äthiopien 1935–1941, Köln 2006, S. 24f.

1. Arbeiten Sie heraus, warum Mattioli den Abessinienkrieg als „Schlüsselereignis der Weltkriegsepoche" einschätzt.
2. Erläutern Sie mithilfe des Darstellungstextes, welche politischen und ideologischen Grundsätze hinter der Kriegführung in Abessinien standen.
3. Beurteilen Sie, inwieweit es eine Kontinuität in der Expansionspolitik Italiens seit Gründung des Königreiches bis hin zu Mussolini gab.

## Der Blick aufs Ganze

1. Erstellen Sie anhand des Darstellungstextes, M1 und M3 eine skizzierte Karte, die Absicht und Wirklichkeit der italienischen Expansion abbildet.
2. Beurteilen Sie mithilfe einer Lernpyramide, inwiefern die faschistische Expansion die „Wiedergeburt des Imperium Romanum" war.
3. Nachdem Mussolini das neue Imperium 1936 in Rom ausgerufen hatte, notierte sich Joseph Goebbels in sein Tagebuch: „Mussolini hat sich durchgesetzt. Was wollen nun England und der sagenhafte Völkerbund noch tun! Man sieht: Man muss Macht haben, um sich durchzusetzen. Alles andere ist Unsinn."
   Beurteilen Sie, inwiefern der Abessinienkrieg und die Reaktion des Völkerbundes und anderer Staaten das Handeln der Nationalsozialisten beeinflusst haben. | F

# Wie prägte die NS-Ideologie den Zweiten Weltkrieg?

**„Sieg oder Bolschewismus“**
Propagandaplakat, 1943

- Beschreiben Sie die Personen genau und erläutern Sie die Aussage des Propagandaplakats.
- Charakterisieren Sie die Darstellung des Bolschewismus in diesem Plakat.

**Internettipps:**
Der Bayerische Rundfunk produzierte in Zusammenarbeit mit dem Institut für Zeitgeschichte und der Edition „Judenverfolgung 1933–1945“ eine Höredition. Diese bietet u. a. Dokumente (von Schauspielerinnen/Schauspielern und Zeitzeugen gelesen) sowie Berichte jüdischer Zeitzeugen, die die Verfolgung erlebt und überlebt haben.
Siehe Code 32051-34.

Website des Dokumentationszentrums NS-Zwangsarbeit Berlin-Schöneweide mit vielen weiteren Hinweisen und Recherchemöglichkeiten auch zur Zwangsarbeit in Baden-Württemberg; siehe Code 32051-35.

**Zusatzmaterial:**
Rede des Historikers Bernd Weisbrod zum Thema „Die Dynamik der Gewalt und der Holocaust ‚vor Ort‘“, siehe Code 32051-36.

**Angriff auf Polen: Auftakt zum Vernichtungskrieg** | Bereits mit dem Überfall auf Polen am 1. September 1939 wurden alle Merkmale der NS-Kriegsführung sichtbar: Der Krieg machte keinen Unterschied zwischen Soldaten und Zivilisten. Polnische Städte wurden bombardiert, polnische Bürger (vor allem Juden und die politischen und intellektuellen Eliten) ermordet. Das westliche polnische Staatsgebiet wurde nach der Niederlage Polens dem deutschen Staat angegliedert, der größere Teil als „Generalgouvernement“ unter eine deutsche Verwaltung gestellt und sollte als reiner Agrarstaat vor allem Arbeitskräfte für das Reich liefern. Ostpolen wurde gemäß dem „Hitler-Stalin-Pakt“ an die Sowjetunion abgetreten. Mit dieser Gebietsaufteilung begann eine großangelegte „Umvolkungs“-Aktion: Polnische Bürger wurden ins Generalgouvernement umgesiedelt, um Platz für deutsche Siedler zu schaffen; die polnischen Juden wurden in großen Ghettos zusammengetrieben und dort auf engstem Raum ohne ausreichende Versorgung zusammengepfercht. Die polnischen Kriegsgefangenen wurden zum Arbeitseinsatz nach Deutschland gebracht.

Bezeichnenderweise begann fast zeitgleich mit dem Überfall auf Polen die „Euthanasie“. Auch sie belegt, dass das NS-Regime mit dem Kriegsbeginn in die Phase der unbegrenzten Gewaltausübung eintrat.

**Der Vernichtungskrieg gegen die Sowjetunion** | Frankreich wurde in einem kurzen Feldzug im Frühsommer 1940 besiegt. Großbritannien hielt den deutschen Luftangriffen stand und lehnte deutsche Friedensangebote ab. Churchill, der englische Premierminister, schwor sein Land auf den unnachgiebigen Kampf gegen die NS-Diktatur ein. Hitler musste nun improvisieren und gab schon im Winter 1940 den Befehl zur Vorbereitung des Angriffs auf die UdSSR. Er nahm einen Zweifrontenkrieg in Kauf, um sein Ziel, die Errichtung eines riesigen deutschen Kolonialreichs im Osten, zu erreichen. In einem erbarmungslosen Vernichtungs- und Weltanschauungskrieg sollte Gewalt gegen Zivilisten für deutsche Soldaten folgenlos bleiben. Angehörige der kommunistischen Partei sollten sofort erschossen werden und für die erwarteten Kriegsgefangenen wurden keinerlei Vorkehrungen getroffen. Die Wehrmacht sollte aus dem Land selbst versorgt werden, sodass der Hungertod russischer Zivilisten von vornherein feststand. Mobile „Einsatzgruppen“, geführt von Mitgliedern der SS, sollten hinter der Front gegen die jüdische Bevölkerung vorgehen. Die Realität übertraf diese grausamen Planungen schließlich noch: Zwischen 1941 und dem Kriegsende 1945 starben geschätzte 2,8 Mio. sowjetische Soldaten in Kriegsgefangenenlagern der Wehrmacht oder wurden nach Deutschland zur Zwangsarbeit deportiert. Sowjetische Zivilisten wurden als „Partisanen“ verfolgt und dem Hunger preisgegeben. Allein in der Stadt Leningrad, die auf Hitlers Befehl hin ausgehungert werden sollte, starben 700 000 Menschen.

Heinrich Himmler (1900–1945, Selbstmord):
„Reichsführer SS“; ab 1936 zudem Chef der Deutschen Polizei; einer der Hauptverantwortlichen für den Holocaust und die zahlreichen Verbrechen der Waffen-SS

**Weltanschauungskrieg und Holocaust** | Im Schutz des Krieges fand die Ermordung der europäischen Juden – der Holocaust/die Shoah – statt: Die „Einsatzgruppen“ der SS ermordeten Juden in den militärisch besetzten Gebieten oft mit Duldung oder sogar Mitwirken der militärischen Einheiten durch Massenerschießungen. Zeitgleich mit dem Angriff auf die UdSSR erhielt das führende SS-Mitglied Reinhard Heydrich den Auftrag für die „Endlösung der Judenfrage“, wie die planmäßige Ermordung der europäischen Juden von den Nationalsozialisten genannt wurde. Er veranstaltete dazu im Januar 1942 eine Koordinationskonferenz (die sogenannte „Wannsee-Konferenz“), um alle beteiligten Institutionen zu informieren und das gemeinsame Vorgehen abzustimmen. Im Laufe der Jahre 1942/43 wurden die polnischen Ghettos aufgelöst und die Insassen in den Vernichtungslagern ermordet. Im Holocaust ermordeten Angehörige der SS mit ihren Helfern ihre Opfer in den Gaskammern u. a. der Lager Treblinka, Sobibor, Belzec und Auschwitz. Alle Juden, die sich im deutschen Machtbereich befanden, sollten in diese Lager deportiert und dort vernichtet werden. Nur ein kleiner Teil wurde als arbeitsfähig erachtet und zur Zwangsarbeit vor allem für die deutsche Rüstung abgestellt. Dieser Vernichtungsprozess war Teil des „totalen Krieges“, den Joseph Goebbels 1943 ausgerufen hatte.

Reinhard Heydrich (1904–1942, bei einem Attentat in Prag ermordet):
Leiter des Reichssicherheitshauptamtes (RSHA), „rechte Hand“ Himmlers, seit 1941 stellvertretender Reichsprotektor von Böhmen und Mähren und mit der „Endlösung der Judenfrage“ beauftragt, 1942 Leiter der „Wannsee-Konferenz“

**Bilanz des Zweiten Weltkrieges** | In der letzten Kriegsphase wendete sich die Gewalt, die das Regime in ganz Europa entfesselt hatte, gegen das eigene Land. Die Alliierten verschärften den Bombenkrieg gegen Deutschland und das Regime bot alle Kräfte auf, um in einer letzten Kraftanstrengung die spätestens seit Anfang 1943 abzusehende Niederlage noch abzuwenden. Zahlreiche Gegner des Regimes wurden als sogenannte „Wehrkraftzersetzer“ hingerichtet und KZ-Häftlinge und Zwangsarbeiter (September 1944: 7,6 Mio.) bis zur Erschöpfung für die deutsche Kriegsrüstung ausgebeutet. Die Bilanz des Krieges lässt sich als „Zivilisationsbruch“ beschreiben. Nicht nur die nackten, in ihrer Höhe kaum begreifbaren Zahlen zeigen dies, sondern noch in viel größerem Maß die vielfältigen Einzelschicksale der Opfer in der ganzen Welt.

## M1 „Bodenständiges und rückgeführtes Bauernvolk in Ost und West“

Karte von 1942 zur Umsiedlung von sogenannten „Volksdeutschen“.

1. Erläutern Sie, dass aus der Karte die Eroberungen des Deutschen Reiches bis zum Jahr 1942 nur indirekt hervorgehen.
2. Begründen Sie, dass die Karte nur einen Teil der Umsiedlungen in Osteuropa darstellt.
3. Bereits in der Rede vor dem Reichstag am 06. Oktober 1939 nennt Hitler „bessere Trennungslinien“ als Ziel der Umsiedlungen. Beurteilen Sie, welche Vorteile sich das Regime davon versprach.
4. Gestalten Sie eine Reaktion der von der Umsiedlung betroffenen „Volksdeutschen“, beispielsweise in Form eines Dialogs oder Briefes.

## M2 „Festigung des Volkstums“

Auszug aus der für den internen Dienstgebrauch bestimmten Publikation „Der Mencheneinsatz“, erarbeitet in Heinrich Himmlers Sonderbehörde des „Reichskommissars für die Festigung des deutschen Volkstums“, Dezember 1940:

Einsatz von eindeutschungsfähigen Polen: Die Säuberung der eingegliederten Ostgebiete von fremdrassigen Personen ist mit das wesentlichste Ziel, das im deutschen Osten erreicht werden muss. Es ist dies die kardinale volkspolitische Aufgabe, die der Reichsführer SS, Reichskommissar für die Festigung deutschen Volkstums, in den angegliederten Ostgebieten zu bewältigen haben wird. Bei der Lösung dieser Aufgabe, die aufs engste mit dem Problem der Volkszugehörigkeit in den Ostgebieten zusammenhängt, kommt neben den Gesichtspunkten der Sprache, der Erziehung und des Bekenntnisses der rassischen Auslese die übergeordnete und schlechthin entscheidende Bedeutung zu. So notwendig es für eine dauernde Bereinigung der deutschen Ostgebiete ist, die dort wohnenden fremdstämmigen Elemente nicht sesshaft sein oder werden zu lassen, so unerlässlich ist es auch, das in diesen Gebieten vorhandene deutsche Blut auch dann für das Deutschtum zurückzugewinnen, wenn der Blutsträger in seinem Bekenntnis und in seiner Sprache polonisiert ist. Gerade aus diesen germanischen Blutsträgern erwuchsen dem früheren polnischen Staat jene Führernaturen, die sich letztlich gegen ihr eigenes deutsches Volkstum – sei es in Verblendung, sei es in gewollter oder unbewusster Verkennung ihrer blutlichen Verbundenheit – in schärfste Kampfstellung begaben. Es ist daher ein absolutes volkspolitisches Erfordernis, die angegliederten Ostgebiete und später auch das Generalgouvernement nach solchen germanischen Blutsträgern „durchzukämmen“, um dieses verlorengegangene deutsche Blut wieder dem eigenen deutschen Volk zuzuführen. Es mag von nachgeordneter Bedeutung sein, welche Maßnahmen gegen Renegaten zu ergreifen sind. Entscheidend ist, dass zumindest deren Kinder nicht mehr dem Polentum anheimfallen, sondern inmitten einer deutschen Umgebung erzogen werden. Eine Wiedereindeutschung kann jedoch keinesfalls in der bisherigen polnischen Umgebung, sondern nur im Altreich bzw. in der Ostmark erfolgen. [...] Diese Aufgabe der Wiedereindeutschung verlorengegangenen deutschen Blutes ist zunächst im Rahmen der Evakuierung derjenigen Polen im Warthegau, die für die Zwecke der Ansiedlung von Balten und Wolhyniendeutschen Platz machen mussten, in Angriff genommen werden.

Zitiert nach: Topographie des Terrors. Eine Dokumentation, Ausstellungskatalog, Berlin 2010, S. 299

1. Erläutern Sie die Planung von Himmlers Sonderbehörde für die eroberten Gebiete und gehen Sie dabei auf die Folgen für die polnische Bevölkerung ein.
2. Ordnen Sie die Ziele der „Säuberung der eingegliederten Ostgebiete" Aspekten der NS-Ideologie zu.
3. Beurteilen Sie den Quellenwert.

## M3 Vorgaben für den Krieg gegen die Sowjetunion

### a) „Sonderbehandlung"

Eine Anweisung aus dem Reichssicherheitshauptamt (Zentrale in Berlin zur Steuerung des Holocaust und der Gewalt der SS) zu sowjetischen Kriegsgefangenen vom 17.7.1941:

Vor allem gilt es ausfindig zu machen: alle bedeutenden Funktionäre des Staates und der Partei, insbesondere: Berufsrevolutionäre, alle maßgebenden Funktionäre der KPdSU und ihrer Nebenorganisationen in den Zentralkomitees, den Gau- und Gebietskomitees, alle Volkskommissare und ihre Stellvertreter, alle ehemaligen Polit-Kommissare in der Roten Armee [...], die sowjetischen Intelligenzler, alle Juden, alle Personen, die als fanatische Kommunisten festgestellt werden [...]. Exekutionen dürfen nicht im Lager oder in unmittelbarer Umgebung des Lagers durchgeführt werden. Befinden sich die Lager im Generalgouvernement in unmittelbarer Nähe der Grenze, so sind die Gefangenen zur Sonderbehandlung möglichst auf ehemals sowjetrussisches Gebiet zu bringen. [...]

### b) „Millionen Menschen verhungern"

Aktennotiz über eine geheime Besprechung der Staatssekretäre zum wirtschaftlichen Vorgehen in der Sowjetunion vom 2.5.1941:

1. Der Krieg ist nur weiterzuführen, wenn die gesamte Wehrmacht im 3. Kriegsjahr aus Russland ernährt werden kann.
2. Hierbei werden zweifellos zig Millionen Menschen verhungern, wenn von uns das für uns Notwendige aus dem Lande herausgeholt wird.
3. Am wichtigsten ist die Bergung und der Abtransport von Ölsaaten, Ölkuchen, dann erst Getreide. Das vorhandene Fett und Fleisch wird voraussichtlich die Truppe verbrauchen.
4. Die Beschäftigung der Industrie darf nur auf Mangelgebieten wiederaufgenommen werden.

### c) „Umtriebe im Keime ersticken"

Ein Befehl des Chefs des Oberkommandos der Wehrmacht (OKW) Generalfeldmarschall Wilhelm Keitel vom 16.9.1941:

1. Seit Beginn des Feldzuges gegen Sowjetrussland sind in den von Deutschland besetzten Gebieten allenthalben kommunistische Aufstandsbewegungen ausgebrochen. Die Formen des Vorgehens steigern sich von propagandistischen Maßnahmen und Anschlägen gegen einzelne Wehrmachtsangehörige bis zu offenem Aufruhr und verbreitetem Bandenkrieg. [...]
   Der Führer hat nunmehr angeordnet, dass überall mit den schärfsten Mitteln einzugreifen ist, um die Bewegung in kürzester Zeit niederzuschlagen. [...]
2. Hierbei ist nach folgenden Richtlinien zu verfahren:
   a. Bei jedem Vorfall der Auflehnung gegen die deutsche Besatzungsmacht, gleichgültig wie die Umstände im Einzelnen liegen mögen, muss auf kommunistische Ursprünge geschlossen werden.
   b. Um die Umtriebe im Keime zu ersticken, sind beim ersten Anlass unverzüglich die schärfsten Mittel anzuwenden, um die Autorität der Besatzungsmacht durchzusetzen und einem weiteren Umsichgreifen vorzubeugen. Dabei ist zu bedenken, dass ein Menschenleben in den betroffenen Ländern vielfach nichts gilt und eine abschreckende Wirkung nur durch ungewöhnliche Härte erreicht werden kann. Als Sühne für ein deutsches Soldatenleben muss in diesen Fällen im Allgemeinen die Todesstrafe für 50–100 Kommunisten als angemessen gelten. Die Art der Vollstreckung muss die abschreckende Wirkung noch erhöhen.

Erster Text: Wolfgang Michalka, Das Dritte Reich, dtv Dokumente, Band 2: Weltmachtanspruch und nationaler Zusammenbruch 1939–1945, München 1985, S. 182 f.; zweiter Text: ebd., S. 174 f.; dritter Text: ebd., S. 184 f.

1. Erarbeiten Sie aus den Quellen die Vorgaben der jeweiligen Behörden für die Kriegsführung in der Sowjetunion und charakterisieren Sie diesen Krieg.
2. Erörtern Sie, welche Faktoren zur Entgrenzung der Gewalt in der Kriegsführung gegen die UdSSR beigetragen haben.

**Zusatzmaterial:**
Bericht über die Erschießung jüdischer Kinder im August 1941, siehe Mediencode 32051-37.

## M4 Orte des Terrors und der Vernichtung

© Institut für Zeitgeschichte, München-Berlin

1. Beschreiben Sie sowohl die geografische Lage der Vernichtungslager als auch die der Vernichtungsstätten und entwickeln Sie Thesen zu den Gründen.
2. Erläutern Sie, warum es Zwangsarbeiterlager weder im Deutschen Reich noch im Osten der Sowjetunion gab.

## M5 „Ist das ein Mensch?“

Der italienische Schriftsteller Primo Levi, ein Überlebender des Holocaust, schreibt über seine Erfahrungen im Konzentrationslager Auschwitz u. a.:

Aber nein, in meinem Kameraden, der heute mit mir unter demselben Joch arbeitet, sehe ich weder einen Feind noch einen Rivalen. Es ist Null Achtzehn. Nur so heißt er: Null Achtzehn, die letzten drei Ziffern seiner Nummer; als sei sich ein jeder bewusst geworden, dass nur ein Mensch es verdient, einen Namen zu haben und dass Null Achtzehn kein Mensch mehr ist. Ich glaube, er selber hat seinen Namen vergessen, denn so benimmt er sich. Seine Sprache und sein Blick erwecken den Eindruck, als sei sein Inneres leer, als bestehe er nur noch aus der Hülle, wie die Reste mancher Insekten, die man mit einem Faden an einem Stein hängend, an den Ufern der Teiche findet, und der Wind hat sein Spiel mit ihnen. […] Alles ist ihm so gleichgültig, dass er sich gar nicht mehr darum kümmert, Mühen und Schläge zu vermeiden oder Nahrung zu suchen. Er führt jeden Befehl aus, den er bekommt, und wenn sie ihn in den Tod schicken werden, so wird er wahrscheinlich mit derselben völligen Gleichgültigkeit hineingehen. […]

[…] Heute ist „Arbeitssonntag“. Bis dreizehn Uhr wird gearbeitet, dann geht es zurück ins Lager zur Dusche, zum Scheren und zur allgemeinen Krätze- und Läusekontrolle. Aber auf dem Bau haben wir alle auf rätselhafte Weise Kenntnis davon erhalten, dass heute Selektion sein wird. Wie gewohnt, erhielten wir die Nachricht zusammen mit einander widersprechenden und verdächtigen Einzelheiten: Heute morgen schon sei Selektion im Krankenbau gewesen; es träfe sieben Prozent der Gesamtheit, es träfe dreißig, fünfzig Prozent der Kranken; es müsse Platz geschaffen werden für einen riesigen Transport aus dem Posener Ghetto. Die Jungen sagen den Jungen, dass alle Alten ausgesondert werden. Die Gesunden sagen den Gesunden, dass nur die Kranken ausgesondert werden. Die Spezialisten trifft es nicht. Die deutschen Juden trifft es nicht. Die Kleinen Nummern trifft es nicht. Dich trifft es. Mich trifft es nicht. […]

Primo Levi, Ist das ein Mensch? Ein autobiografischer Bericht übersetzt von Heinz Riedt. Ital. Original 1958, dt. 1961, verwendete Ausgabe München 1994, S. 47 f. und 152

1. Erläutern Sie die Erfahrungen Primo Levis während seiner Zeit als Häftling in Auschwitz.
2. Stellen Sie dar, worin der Wert dieses Berichts für die Nachwelt besteht.
3. Vergleichen Sie den Bericht Levis mit anderen Berichten Überlebender. Mögliche Beispiele: Max Mannheimer, Spätes Tagebuch. Theresienstadt – Auschwitz – Warschau – Dachau; Marcel Reich-Ranicki, Mein Leben; Ruth Klüger, Weiter leben. | F

## M6 Historiker über die Darstellung des Holocaust

**a) Nikolaus Wachsmann (2015):**

Aber Massenmord am Fließband war nicht glatt, automatisch und sauber, wie manche Historiker unterstellt haben. Der Tötungskomplex in Birkenau war weniger effizient als von den SS-Männern erhofft. Und so viel Routine sie auch entwickelten, wurde Töten nie zu einem rein mechanischen Prozess ohne Vermittler und Emotion. Jedes Opfer hatte Täter. Die letzten Stunden der zum Sterben verdammten Gefangenen – zwischen Ankunft und Tod – waren gezeichnet von Erschöpfung, Angst und Qual. […] Jeder, der sich weigerte, die Gaskammer zu betreten, wurde auf der Stelle erschossen oder hineingeprügelt. Was dann geschah, als dunkler Verdacht schreckliche Gewissheit wurde – die Gefangenen im Dunkel der Gaskammern aneinandergequetscht, kaum noch fähig, zu atmen, schon bevor das Gasgranulat hineingeschüttet wurde – kann nicht beschrieben werden. […]

Nikolaus Wachsmann, KL. Die Geschichte der nationalsozialistischen Konzentrationslager, München 2015, S. 370

**b) Der israelische Historiker Saul Friedländer schreibt:**

Eine historische Darstellung des Holocaust zu schaffen, in der sich die Praktiken der Täter, die Einstellungen der umgebenden Gesellschaft und die Welt der Opfer in einem einzigen Rahmen behandeln lassen, bleibt eine gewaltige Herausforderung. Einige der bekanntesten historischen Interpretationen dieser Ereignisse haben sich vor allem auf die Verfolgungs- und Todesmaschinerie der Nazis konzentriert und dabei der Gesellschaft im weiteren Sinne, dem allgemeineren europäischen und weltweiten Umfeld oder dem sich wandelnden Schicksal der Opfer selbst nur geringe Aufmerksamkeit geschenkt; andere haben sich, und das geschah weniger häufig, deutlicher auf die Geschichte der Opfer konzentriert und nur eine eingeschränkte Analyse der NS-Politik und ihres Umfeldes geliefert. Dieses Werk versucht einen Bericht zu geben, in dem zwar die politischen Maßnahmen der Nationalsozialisten das zentrale Element bilden, in dem aber zugleich die umgebende Welt sowie die Einstellungen, die Reaktionen und das Schicksal der Opfer einen untrennbaren Bestandteil dieser sich entfaltenden Geschichte bilden.

Saul Friedländer, Das Dritte Reich und die Juden, Bd. 1: Die Jahre der Verfolgung 1933 – 1939, übersetzt von Martin Pfeiffer, München 1998, S. 12

1. Arbeiten Sie die Schwierigkeiten bei der Darstellung des Holocaust sowie die Lösungsstrategien heraus, welche die Historiker vorschlagen.
2. Diskutieren Sie die Frage, ob und wie Schreiben und Sprechen über den Holocaust möglich ist.

Zu einer digitalen Foto-Ausstellung des NS-Soldaten Kurt Seeliger führt Mediencode 32051-38.

## Der Blick aufs Ganze

1. Erläutern Sie mithilfe der Kriegsziele und der Art der Kriegsführung, dass Hitler und die Nationalsozialisten ihre Politik auf den Zweiten Weltkrieg ausgerichtet haben. | H
2. „Weltanschauungskrieg“ und „Vernichtungskrieg“ sind gängige Bezeichnungen für den Zweiten Weltkrieg. Führen Sie ein „stummes Schreibgespräch“ durch zu folgenden Fragen:
   a) Was sind mögliche Gründe für diese Bezeichnungen?
   b) Welche Aspekte werden ggf. nicht berücksichtigt?
   c) Welche Bezeichnung finden Sie treffender?
   d) Welche (besseren) Alternativvorschläge gibt es?
3. Die über den Mediencode zu erreichende Fotosammlung zeigt den Blick eines NS-Soldaten (Mitglied einer sogenannten „Beobachtungs-Abteilung“) auf den Krieg in Polen: Die Bilder zeigen antisemitische, antipolnische und rassistische Stereotype. Wählen Sie zwei bis drei Fotos der Sammlung aus und präsentieren Sie diese unter dem Aspekt der genannten Stereotype in Ihrem Kurs.
4. Bewerten Sie die Bedeutung des Zweiten Weltkrieges für die heutige Zeit. Ziehen Sie aus dieser „Menschheitskatastrophe“ Schlussfolgerungen für Politik, Gesellschaft und ggf. jeden Einzelnen.

Methode

# Denkmäler untersuchen

Denkmäler fordern dazu auf, sich mit der Vergangenheit zu beschäftigen. Darüber hinaus sind sie ein sichtbarer Bestandteil des kulturellen und kollektiven Gedächtnisses eins Landes. Wie sehr historische Erinnerung der ständigen Veränderung unterworfen ist und immer das Geschichtsbewusstsein ihrer Entstehungszeit ausdrückt, zeigt die Geschichte des Denkmals für Erwin Rommel in dessen Geburtsstadt Heidenheim an der Brenz.

Erwin Rommel, ein hochdekorierter Soldat, der dem verbrecherischen Regime und seinem Vernichtungskrieg lange Zeit treu diente, als Held vom NS-Staat propagandistisch aufgebaut wurde, schließlich im Kontext des Attentats vom 20. Juli 1944 zum Selbstmord gezwungen und mit einem Staatsbegräbnis geehrt wurde, ist bis heute eine kontrovers diskutierte Person.

Leitfragen zu den Arbeitsschritten finden Sie auf S. 251;
eine Lösungsskizze zu den Arbeitsaufträgen finden Sie auf S. 264 f.

M1 Denkmal vor 2020

**HINTERGRUNDINFORMATIONEN**

Die Veteranen des Afrikakrieges, die sich seit 1951 im „Verband Deutsches Afrikakorps e.V." zusammenschlossen, förderten das ehrende Andenken an Erwin Rommel und initiierten unter ihrem Vorsitzenden General a. D. Siegfried Westphal das Denkmal. Sie fanden vielfältige Unterstützung durch die Stadt Heidenheim und das Land Baden-Württemberg. Die Gedenkstätte wurde im November 1961 im Beisein des Ministerpräsidenten und der Familie Rommel eingeweiht. Bezahlt wurde sie vom Verband „Deutsches Afrikakorps" und zu kleinen Teilen von der Stadt und dem Land. Die künstlerische Gestaltung übernahm der in Heidenheim lebende Künstler Franklin Pühn (geb. 1925). Seit Ende der 70er-Jahre geriet Rommel immer stärker in die Kritik. Militärhistoriker untersuchten die Rolle der Wehrmacht im Zweiten Weltkrieg, Rommels Bedeutung im Krieg und seine Beziehungen zum Widerstand. Mit der kritischen Auseinandersetzung der Rolle der Wehrmacht im Zweiten Weltkrieg wurde das Denkmal immer stärker infrage gestellt und schließlich durch eine Infotafel ergänzt. Doch die Kritik verstummte nicht. 2020 wurde ein von Rainer Jooß gestaltetes „Gegendenkmal" ergänzt.

„Monte Matajur, 26.10.1917“ verweist auf die Eroberung eines strategisch wichtigen Berges durch deutsche Soldaten unter Erwin Rommel gegen italienische Truppen im Ersten Weltkrieg.

Lebensdaten Rommels und Schriftzug „Von seinen Afrikanern“

Inschrift: „Aufrecht Ritterlich Und tapfer Bis zu seinem Tode Als Opfer der Gewaltherrschaft“

„Tobruk 21. 6. 1942“ soll an die Eroberung dieser alliierten Festung in Nordafrika erinnern.

Gedenkplatte „Ehre dem Andenken aller in Nordafrika Gefallenen“

M2 Rückseite des Gedenksteins

M3 Infoplatte (2011 aufgestellt, mittlerweile wieder entfernt)

Verweis auf eine Website, die Möglichkeiten zur weiteren Beschäftigung bietet und in der ggf. neue Forschungsergebnisse zu Rommel eingearbeitet werden können.

Der Schattenriss eines Minenopfers spielt auf die von Rommel angeordneten Minengürtel in Nordafrika an, der zahlreiche Opfer auch unter der Zivilbevölkerung forderte. Bei entsprechendem Sonnenstand fällt die Sonne auf das ursprüngliche Denkmal.

M4 Zustand 2020

1. Erläutern Sie die Geschichte des Rommel-Denkmals in eigenen Worten.
2. Erörtern Sie, ob die Umgestaltung bzw. die Entscheidung, das Denkmal nicht völlig zu entfernen, richtig ist.
3. Der Heidenheimer Oberbürgermeister Bernhard Ilg äußerte 2020: „Ein Denkmal verkündet keine Wahrheit, sondern regt dazu an, nach ihr zu suchen.“ Diskutieren Sie, ob das bei dem Rommel-Denkmal der Fall ist.

**Internettipp:**
Zur Website des Rommel-Denkmals siehe Code 32051-39.

# Stalinismus und NS-Diktatur: Ist ein Vergleich angemessen?

**Gedenkstätte für das „sowjetische Speziallager", das die sowjetische Besatzungsmacht 1945 auf dem Gelände des NS-Konzentrationslagers einrichtete**

Die KZ-Gedenkstätte Buchenwald ist ein zentraler Erinnerungsort an den Nationalsozialismus. Das 1937 von der NS-Führung eingerichtete Lager zeigt gerade durch die Nähe zur Klassikerstadt Weimar das auf Gewalt und Ausgrenzung aufgebaute Herrschaftssystem umso deutlicher. Nach der Befreiung im April 1945 ging die Gewaltgeschichte des Lagers aber weiter: Die sowjetische Besatzungsmacht nutzte das Lager bis 1950 als sogenanntes „Speziallager" zur Inhaftierung von ehemaligen Nazis, aber auch von Gegnern des neuen kommunistischen Systems. Und schließlich richtete die DDR in Buchenwald 1958 ihre zentrale Gedenkstätte für die Opfer des NS-Systems ein – ohne die Verbrechen im „Speziallager" zu thematisieren.

- Recherchieren Sie über den sogenannten Buchenwald-Mythos, der im Buchenwald-Denkmal seinen Ausdruck gefunden hat.
- Erläutern Sie den Zusammenhang zwischen dem Buchenwald-Mythos, der antifaschistischen Ideologie der DDR und der Tatsache, dass bis zur Neukonzeption der Gedenkstätte Buchenwald das sowjetische „Speziallager" unberücksichtigt blieb.

**Totalitäre Staaten?** | Buchenwald zeigt wie in einem Brennglas den Gewaltcharakter der Diktaturen: Beide Systeme, die NS-Diktatur und die kommunistische Sowjetdiktatur, zeigen viele Ähnlichkeiten. Beide sind Gegenmodelle zur liberalen Demokratie. Zeitgenossen und Wissenschaftler haben schon früh beide Diktaturen untersucht und nach Ähnlichkeiten und Unterschieden gefragt. Dabei wurden diese als Beispiele für den sogenannten **Totalitarismus** beschrieben: Es gibt eine einzige, das politische und gesellschaftliche Leben bestimmende Partei, einen Gewaltapparat, der die Loyalität der Bevölkerung mit Terrormitteln sicherstellt, eine für alle verbindliche Weltanschauung, die mit Mitteln der Propaganda und des Personenkults der Bevölkerung eingehämmert wird. Die totale Erfassung und Mobilisierung des Einzelnen ist das Ziel dieser Staaten. Nicht die Entfaltung des Individuums mit all seinen Rechten wie in den liberalen Demokratien steht im Mittelpunkt, sondern das Kollektiv und damit der Staat und dessen Führung. Nach dem Sieg über den Nationalsozialismus wurde das Modell totalitärer Herrschaft vor allem zur Analyse des Stalinismus benutzt. Dadurch wurde es zu einer Waffe im Kampf des Westens gegen den Kommunismus und zeigte das Ausmaß der stalinistischen Verbrechen und den Terrorcharakter des stalinistischen Systems. So verlor dieses Konzept seinen wissenschaftlichen Anspruch und wurde von vielen Forschern als wenig hilfreich empfunden, um beide Systeme genau zu analysieren: Die Kategorien schienen zu grob, um die Besonderheiten beider Systeme zu beschreiben. In Deutschland wurde der Vergleich vielfach aber auch abgelehnt, da viele Forscher die Gefahr sahen, dass die nationalsozialistischen Verbrechen dadurch relativiert und verharmlost wurden.

**Kontroversen um die NS-Herrschaft** | In zahlreichen, in der Öffentlichkeit ausgetragenen Kontroversen wurde diskutiert, welchen Stellenwert die NS-Diktatur und der Holocaust in der deutschen Geschichte haben. Ein Teil der Forscher wollte den Nationalsozialismus „historisieren", das heißt, ihn in die Entwicklung der deutschen Geschichte einfügen und im Zusammenhang mit den vorhergehenden Epochen erklären und verstehen. Andere Historiker sahen in dieser „Historisierung" die Gefahr, dass die Epoche der NS-Herrschaft „normalisiert" und damit ein Schlussstrich unter den Nationalsozialismus gezogen würde. 1986 veröffentlichte Ernst Nolte seine These vom europäischen Bürgerkrieg, wonach Faschismus und Bolschewismus als gesamteuropäisches

Phänomen gesehen werden sollten, das mit einer gewissen Zwangsläufigkeit und in gegenseitiger Abhängigkeit zur Katastrophe geführt habe. Im dadurch entfachten sogenannten „Historikerstreit" wurde dieser Ansatz u. a. als Verharmlosung der spezifisch deutschen Verbrechen gebrandmarkt. Nach der Wiedervereinigung wurde nach hitzigen Diskussionen im Jahr 2005 die zentrale Gedenkstätte zur Erinnerung an die Ermordung der europäischen Juden im Zentrum Berlins eingeweiht, die Entschädigung der noch lebenden Zwangsarbeiter wurde beschlossen und die Rolle der Wehrmacht in Zweiten Weltkrieg wurde sehr kontrovers diskutiert. Immer ging es in diesen Debatten um die Bedeutung der NS-Vergangenheit für die gegenwärtige Gesellschaft und das Selbstverständnis des Staates. Gegen Versuche, die NS-Vergangenheit zu verharmlosen, wurde die **Singularität der nationalsozialistischen Verbrechen** betont: Die Erinnerung an die nationalsozialistischen Verbrechen ist ein elementarer Teil des deutschen Selbstverständnisses und darf auch nicht durch den Vergleich mit den Verbrechen des Stalinismus oder des kommunistischen Systems in der ehemaligen DDR relativiert werden. Ausdruck dieses Selbstverständnisses ist der Aufbau und der Unterhalt einer großen Zahl von Gedenk- und Erinnerungsstätten an den Nationalsozialismus, aber auch an die Verbrechen der DDR. So wurde 1997 in Buchenwald eine Dauerausstellung zum sowjetischen „Speziallager" eingerichtet.

**Fragen an die Diktaturen und weitere Erklärungsmodelle** | Die doppelte Diktaturvergangenheit des östlichen Teils Deutschlands sorgt für eine bleibende Aktualität von Fragen nach dem Charakter der NS-Diktatur und der kommunistischen Sowjetdiktatur. Wie gelang es beiden Systemen, die Loyalität, Akzeptanz oder zumindest stillschweigende Duldung der Bürger zu erreichen? Welche Rolle spielen in diesem Zusammenhang die staatliche Gewalt, die Propaganda, der Personenkult und die materiellen und ideellen Möglichkeiten für Einzelne? Wie weit reichte der Zugriff der Systeme auf die einzelnen Bürger? Wie sind die durch die Diktaturen entstandenen Veränderungen zu bewerten?

Der Historiker Götz Aly betont, dass ein Großteil der Deutschen durch materielle Chancen und Vergünstigungen und nicht zuletzt Karrieremöglichkeiten in den eroberten Gebieten dem System gegenüber loyal war. Demnach war der Nationalsozialismus eine **„Gefälligkeitsdiktatur"**, die Loyalität über den Profit für die einzelnen Bürger sicherte. Beide Diktaturen können auch als **Erziehungsdiktaturen** bezeichnet werden, da sie durch ihr Bildungssystem und durch die außerschulische Erfassung der Jugendlichen einen frühen Zugriff auf den Einzelnen hatten und so eine Ausbildung von Individualität verhindern wollten.

Kontrovers diskutiert wird der Charakter beider Diktaturen als Instanzen der „Modernisierung". Im Allgemeinen wird Modernisierung als positiver Prozess verstanden, der auf einen Anstieg von Partizipation und Pluralismus, von Rechten des Einzelnen abzielt. Mit dem Begriff der **Modernisierungsdiktatur** wird aber der Fokus auf den radikal forcierten Wandel in beiden Diktaturen gelegt. Traditionelle Bindungen der Gesellschaft wurde systematisch aufgelöst und durch neue Bindungen ersetzt: Aus der Gesellschaft wird die „Volksgemeinschaft" bzw. das sozialistische Kollektiv. Eigene Massenorganisationen ordneten die Gesellschaft neu, disziplinierten und uniformierten sie. Dafür wurden auch neue Staatsfeiern und Rituale als Ersatzreligion geschaffen, die zugleich einer übergeschichtlichen Legitimierung der neuen politischen Ordnung dienten. Modernisierungsdiktaturen sind Anti-Zivilgesellschaften, in denen alle Ansätze zerstört werden, die unter Berufung auf das Gewissen und Traditionen auf eine Begrenzung der Staatsmacht abzielen.

Um die liberale Demokratie der Gegenwart vor antiliberalen Entwicklungen zu schützen, ist es unabdingbar, den Charakter der NS-Herrschaft und des Sowjetsystems zu verstehen. Nur so kann sich die Demokratie frühzeitig gegen Gefährdungen zur Wehr setzen.

**Internettipps:**
Zu Begriffen, Methoden und Debatten hinsichtlich des Vergleichs von Diktaturen liefert ein Artikel, zu dem der Mediencode 32051-40 führt, weitere Informationen.

Was, wie und wozu sich Bürgerinnen und Bürger in Deutschland im Jahr 2020 hinsichtlich des Nationalsozialismus und des Holocaust erinnern, zeigt anschaulich die „MEMO-Studie 2020", siehe Code 32051-41.

## M1 Totalitarismus: Definitionsversuch eines Historikers

Karl Dietrich Bracher schreibt in einem Buch von 1982 dazu:

Wie immer verfassungs- und ideologietheoretisch der Begriff des Totalitarismus gefasst werden mag, gemeinsam war den großen antiliberalen Ideologien das Streben nach Monokratie oder Oligarchie im Namen der Volksherrschaft und die Vernichtung der Opposition. Willkür und Gewalt werden, wo nicht überhaupt als unumgänglich im Geschichtsprozess angesehen, mit dem höheren Recht der Revolution oder des neuen Gemeinschafts- und Herrschaftsprinzips sanktioniert. Dazu kommt der Anspruch, den unumgänglichen Gesellschaftswandel durch Organisierung, Mobilisierung, Erfassung der gesamten Bevölkerung planvoll zu gestalten und die modernen technischen Mittel, die den Diktaturen des 20. Jh. ein so viel wirksameres Instrumentarium der Kontrolle und des Zwangs verfügbar machten, voll einzusetzen: neben Bürokratie und Polizei die weitverzweigten Organisationen der Partei, aber auch Justiz und Bildungswesen. Wieweit dies gelingt und zur Realität wird, ist eine andere Frage. Aber intentionell und potenziell ermöglicht der technische Fortschritt solchen Diktaturen – und ihren Gesellschafts- und Herrschaftsideologen – über den politischen Bereich hinaus den Anspruch auf monokratische Erfassung der gesamten Gesellschaft.

Karl Dietrich Bracher, Zeit der Ideologien, München 1985, Originalausgabe 1982, S. 164

1. Arbeiten Sie die Merkmale totalitärer Systeme heraus, die im Text genannt werden.
2. Überprüfen Sie diese Kennzeichen anhand von Beispielen aus dem Nationalsozialismus und dem Stalinismus.

## M2 Über das Rechtsverständnis totalitärer Staaten

Die Philosophin und Journalistin Hannah Arendt schreibt 1951 zu diesem Thema:

Nun ist zwar totalitäre Herrschaft „gesetzlos", insofern sie alles positiv gesetzte Recht verletzt, gleich ob es sich um überkommenes Recht handelt (das sie eigentümlicherweise nicht einmal abschafft) oder um von ihr selbst erlassene Gesetze; aber sie ist keineswegs willkürlich. An die Stelle des positiv gesetzten Rechts tritt nicht der allmächtig willkürliche Wille des Machthabers, sondern das „Gesetz der Geschichte" oder das „Recht der Natur", also eine Art Instanz, wie sie das positive Recht, das immer nur konkrete Ausgestaltung einer höheren Autorität zu sein behauptet, selbst braucht und auf die es sich als Quelle seiner Legitimation immer irgendwie beruft.
Es ist in der Tat die monströse, aber sehr schwer zurückweisbare Behauptung der totalitären Machthaber, dass sie nicht nur nicht gesetzlos und willkürlich handelten, sondern im Gegenteil zu den Quellen der Autorität zurückkehrten, von denen alles positive Recht sich speist und seine Legitimität erst erhält. […] In der Verachtung der totalitären Gewalthaber für positives Recht spricht sich eine unmenschliche Gesetzestreue aus, für welche Menschen nur das Material sind, an dem die übermenschlichen Gesetze von Natur und Geschichte vollzogen werden. Diese Exekution der objektiven Gesetze von Natur oder Geschichte soll schließlich eine Menschheit produzieren – sei es eine Rassengesellschaft oder eine klassen- und nationslose Gesellschaft –, die in sich selbst nur der Exponent der Gesetze ist, die in ihr verwirklicht werden. […]
Das Wesen totalitärer Herrschaft […] ist der Terror, der aber nicht willkürlich und nicht nach den Regeln des Machthungers eines Einzelnen […], sondern in Übereinstimmung mit außermenschlichen Prozessen und ihren natürlichen oder geschichtlichen Gesetzen vollzogen wird. Als solcher ersetzt er den Zaun des Gesetzes, in dessen Umhegung Menschen in Freiheit sich bewegen können, durch ein eisernes Band, das die Menschen so stabilisiert, dass jede freie, unvorhersehbare Handlung ausgeschlossen wird. Terror in diesem Sinne ist gleichsam das „Gesetz", das nicht mehr übertreten werden kann.

Hannah Arendt, Elemente und Ursprünge totaler Herrschaft. Antisemitismus, Imperialismus, totale Herrschaft, München [21]2019, S. 947 ff.

1. Charakterisieren Sie das Rechtsverständnis totalitärer Staaten gemäß den Ausführungen von Hannah Arendt.
2. Nehmen Sie auf der Grundlage historischer Befunde Stellung zu den Aussagen.

## M3 Zustimmung zum Nationalsozialismus? – zwei Historikerurteile im Vergleich

**a) der Historiker Götz Aly (2014):**
Für die Mehrzahl der jungen Deutschen bedeutete der Nationalsozialismus nicht Diktatur, Redeverbot und Unterdrückung, sondern Freiheit und Abenteuer. Sie sahen darin eine Verlängerung der Jugendbewegung, ein körperliches und geistiges Anti-aging-Programm. Die tonangebenden 20- bis 30-Jährigen erhoben sich 1935 verächtlich über die Kleingeister. Sie sahen sich als moderne, antiindividualistische Tatmenschen. Sie belächelten des „Spießers Sorgen – denn uns gehört das große Morgen". […]

Die NS-Führung vermittelte einen ersten Vorgeschmack auf die Volksmotorisierung, sie führte den bis dahin fast unbekannten Begriff Urlaub ein, verdoppelte die Zahl der freien Tage und begann, den heute vertrauten Massentourismus zu entwickeln. Der in Berlin zuständige Gauwart der Deutschen Arbeitsfront warb dafür mit aller Energie: „Wir wollen 1938 in immer stärkerem Maße alle die Volksgenossen erfassen, die auch heute noch glauben, eine Urlaubsfahrt sei nichts für den Arbeiter. Diese Zaghaftigkeit muss endlich überwunden werden." Eine Reise von 14 Tagen innerhalb Deutschlands kostete komplett zwischen 40 und 80 Reichsmark.
Von Anfang an förderte der NS-Staat die Familien, stellte Unverheiratete wie Kinderlose schlechter und schützte die Bauern vor den Unwägbarkeiten des Weltmarkts und des Wetters. Die Grundlagen der EU-Agrarordnung, das Ehegattensplitting, die Straßenverkehrsordnung, die obligatorische Haftpflichtversicherung für Autos, das Kindergeld, die Steuerklassen oder auch die Grundlagen des Naturschutzes stammen aus jenen Jahren. Nationalsozialistische Sozialpolitiker entwickelten die Konturen des seit 1957 in der Bundesrepublik selbstverständlichen Rentenkonzepts, in dem alt und arm nicht länger gleichbedeutend sein sollten, in dem vielmehr „die Lebenshaltung der Arbeitsveteranen nicht allzu stark von der der arbeitenden Volksgenossen abstechen" dürfe. [...]
Die allgemeinen Erklärungen für den Aufstieg der NS-Bewegung, die den deutschen Bürokratismus bemühen oder den preußischen Untertanengeist, weisen in die Irre. Denn mehr als die Republik und in deutlichem Gegensatz zum Selbstbild des Führerstaats schränkte der Nationalsozialismus die vertikale Entscheidungsbildung zugunsten der moderneren horizontalen ein. In den bestehenden, erst recht in den neu geschaffenen Institutionen setzte er Initiative frei. Er löste die Starre herkömmlicher Hierarchien. Wo vorher Dienst nach Vorschrift geschoben wurde, erwachte Arbeitsfreude, nicht selten vorauseilendes Mitdenken.

Götz Aly, Hitlers Volksstaat. Raub, Rassenkrieg und nationaler Sozialismus, Frankfurt 2013, S. 12–22 (Auszüge)

**b) der Historiker Ulrich Herbert (2014):**

Als wichtigste Erfahrung der NS-Zeit erwies sich für die Deutschen die wirtschaftliche Stabilisierung nach 25 Jahren ununterbrochener Krisen. Das nationalsozialistische „Wirtschaftswunder" und die damit verbundene Verbesserung der Lebensverhältnisse trugen ebenso wie die Beendigung der Straßenkämpfe zur Bindung größerer Teile der Bevölkerung an das Regime bei, und selbst jene, die weiter in Opposition zu Hitler standen und wussten, auf welche Weise diese Erfolge erreicht worden waren, profitierten davon. Nichts hat die politische Loyalität gegenüber den Nationalsozialisten so befestigt wie die wirtschaftliche Stabilisierung des Landes. Damit verbunden waren die vor allem während des Krieges gemachten Aufstiegserfahrungen. Sie betrafen insbesondere das Militär sowie den Parteiapparat, aber auch die Übernahme von Führungspositionen in kleinen Einheiten, etwa in den Jugendorganisationen der HJ. Der Krieg forcierte so generationelle Ablösungsprozesse sowie soziale und kulturelle Fremdheitserfahrungen. Erlebnisse wie Militärdienst, Kriegsgefangenschaft, Evakuierung oder Vertreibung lösten die Einzelnen aus den bis dahin sehr dichten Bindungen ans soziale, politische, konfessionelle Milieu und zum Teil auch regionalen Zugehörigkeiten und bezeichnen trotz ihrer Kollektivität vor allem Erfahrung der Vereinzelung des Schicksals. Mit Beginn des Krieges gerieten die sozialegalitären Postulate der „Volksgemeinschaft" weiter in den Hintergrund, vielmehr war die NS-Gesellschaft allen Gleichheitsversprechungen zum Trotz in umfassender Weise auf Günstlingswirtschaft und Korruption aufgebaut. Da formale Strukturen zerschlagen wurden, entstand ein Eldorado der Willkür und der kriminellen Vorteilsnahme, welches das Leben in Deutschland immer mehr bestimmte und in der schrankenlosen Willkürherrschaft der Deutschen in den besetzten Ostregionen seine Zuspitzung fand. Nicht das Erlebnis der Gleichheit, sondern die Erfahrung der Begünstigung durch die rassisch begründete Ungleichheit war ursächlich für das Fortleben des „Volksgemeinschafts"-Gedankens.

Ulrich Herbert, Geschichte Deutschlands im 20. Jahrhundert, München 2014, S. 544 f.

1. Nennen Sie die zentralen Thesen, die in den Texten von Aly und Herbert entfaltet werden.
2. Vergleichen Sie in Partnerarbeit die beiden Positionen.
3. Überprüfen Sie ihre Argumentationen. | H

## M4 Karikatur zum „Hitler-Stalin-Pakt"

Veröffentlicht am 13. September 1939 in der französischen Zeitschrift „Marianne".

1. Erläutern sie die Bildsymbolik.
2. Beurteilen Sie, auf welcher Ebene die beiden Diktaturen verglichen werden.

## M5 Zustimmung zum Stalinismus?

Der Historiker Jörg Baberowski gibt 2012 dazu folgende Erläuterungen:

Die meisten Arbeiter und Bauern waren keine Kommunisten, und auch keine neuen Menschen, sie waren nicht einmal loyale Untertanen. Deshalb konnten die Bolschewiki sie mit dem Anbruch der neuen Ordnung auch nicht in Schaltstellen der Macht verwandeln und sie dazu bringen, freiwillig zu verinnerlichen, was dem neuen Menschen abverlangt werden musste. Kein Bekenntnis zur neuen Ordnung, das öffentlich oder privat, in Tagebüchern und Briefen, abgegeben wurde, entstand unter frei gewählten Umständen, sondern unter den Bedingungen einer systematisch verzerrten Kommunikation. Denn wer öffentlich sprach, wusste, was gesagt werden durfte und musste […]. Irgendwann gab es für die meisten Menschen, die in der Sowjetunion lebten, keinen anderen Kommunikationsraum mehr als die bolschewistische Ordnung. Sie mussten in ihr weiterleben, und sie konnten es nur zu den Bedingungen, die ihnen zur Verfügung standen. Denn die neuen Machthaber drängten sich in das Leben aller Untertanen und zwangen sie, sich für oder gegen die Sowjetmacht zu entscheiden, indem sie ihnen die Möglichkeiten des revolutionären Staates vorführten: Propaganda, Feste und Aufmärsche, kulturrevolutionäre Umerziehungskampagnen und die Androhung von Terror und Gewalt. Selbst dort, wo das Verlangen nach totaler Kontrolle nichts weiter als ein unerfüllter Anspruch blieb, war es unmöglich geworden, die neuen Machthaber zu ignorieren. […]
Die Sowjetunion der dreißiger Jahre wurde […] von Patronen und Klienten regiert. Über allen erhob sich der Diktator, der seine Herrschaft auf die Loyalität seiner Vasallen in den Provinzen stützte. […] Damit die Vasallen ausführten, was von ihnen verlangt wurde, spielte der Diktator sie gegeneinander aus, ließ sie kontrollieren und überwachen oder sprach einen Verdacht gegen sie aus, gegen den sie sich nur behaupten konnten, wenn sie dem Despoten Opfer brachten und ihm ihre Loyalität erwiesen. […] Wer in dieser Gesellschaft überleben wollte, musste sich dem Diktator bedingungslos unterwerfen und ihm jeden Wunsch von den Lippen ablesen.

Jörg Baberowski, Verbrannte Erde. Stalins Herrschaft der Gewalt, München 2012, S. 20 ff.

1. Erläutern Sie, inwiefern nach Jörg Baberowski das sowjetische System die Zustimmung der Bevölkerung erreicht hat.
2. Beurteilen Sie die Tragfähigkeit eines solchen Herrschaftssystems.

## M6 Ist Vergleichen verharmlosen?

Zu dieser Frage nimmt der Historiker Jürgen Kocka wie folgt Stellung:

Gegen historische Vergleiche ist nun nichts einzuwenden, ganz im Gegenteil. Sie sind auch nicht neu. Mit dem Begriff des Totalitarismus hat man unleugbare Ähnlichkeiten zwischen Nationalsozialismus und Stalinismus herausgearbeitet, so ihre gemeinsame Feindschaft gegenüber dem liberal-demokratischen Verfassungsstaat, ihre ähnlichen Unterdrückungsformen und eben auch in der Tat die Massenvernichtungen.
Dies anzuerkennen, bedeutet keine Verharmlosung der „deutschen Katastrophe" […].
Auch auf die gesamteuropäische Dimension der nationalsozialistischen Judenvernichtung im Unterschied zur innersowjetischen Dimension der stalinistischen Kulakenvernichtung hat man zu Recht verwiesen. Und es

## M7 Innenraum der „Neuen Wache“

Foto von 2019.
Erbaut von 1818 bis 1820 war die „Neue Wache“ ursprünglich ein Wachgebäude mit Arrestzellen gegenüber dem Königlichen Palais. Gleichzeitig diente sie als Gedenkstätte für die Befreiungskriege. 1931 wurde sie zum zentralen Ehrenmal für die Gefallenen des Ersten Weltkrieges umgestaltet. 1960 wurde sie in der DDR zum Mahnmal für die Opfer des Faschismus und Militarismus. Am Volkstrauertag 1993 wurde das neu konzipierte Gebäude Zentrale Gedenkstätte der Bundesrepublik Deutschland für die Opfer von Krieg und Gewaltherrschaft. Die Skulptur ist ein um das Vierfache vergrößertes Kunstwerk. Die Künstlerin Käthe Kollwitz thematisierte dabei den Verlust des eigenen Sohnes, der im Ersten Weltkrieg gefallen war, und spielte auf das christliche Motiv der Pietá (Darstellung Marias mit dem Leichnam Jesu) an.

bleibt ein qualitativer Unterschied zwischen der bürokratisierten, leidenschaftslosen, perfekten Systematik des Massenmords im durchindustrialisierten, vergleichsweise hochorganisierten Reiche Hitlers und der brutalen Mischung von Bürgerkriegsexzessen, Massen-„Liquidierungen“, Sklavenarbeit und Verhungernlassen im rückständigen Reiche Stalins.
Wie gesagt, für Vergleiche, die immer nach Ähnlichkeiten und Unterschieden fragen müssen, wird man auch bei diesem Thema als Historiker eintreten, so sehr sich das Gefühl, der Takt, der Respekt vor den Millionen Toten gegen das „Aufrechnen“ von Ungeheuerlichkeiten sträuben mögen. Aber zugleich empfiehlt sich der Vergleich mit den Gesellschaften der westlichen Welt [...], die uns nach Entwicklungsstand, Gesellschaftsstruktur und politischen Ansprüchen verwandter, ähnlicher sind und die nicht faschistisch bzw. totalitär pervertierten. Die sich in diesem Vergleichsfeld ergebende Singularität der deutschen Entwicklung sollte durch Vergleich mit Stalin und Pol Pot nicht verdrängt werden; sie bleibt wichtig, bedrohend und beschämend.

Jürgen Kocka, Interventionen. Der Historiker in der öffentlichen Verantwortung, Göttingen 2001, S. 13 f.

▶ Arbeiten Sie aus den Ausführungen des Historikers seine Haltung zum Vergleich von Stalinismus und Nationalsozialismus heraus.

▶ Kritik an der Neugestaltung entzündete sich vor allem an der Aufstellung der Skulptur, da durch die Anspielung auf ein christliches Motiv Menschen ausgeschlossen würden. Außerdem stelle die Widmung eine unzulässige Vermischung von Tätern und Opfern sowie von Gewaltherrschaften dar. Bewerten Sie diese Kritik.

**Internettipp:**
Ein Artikel des „Tagesspiegel“ aus dem Jahr 2013 beleuchtet im Nachhinein die Kontroversen um die Neugestaltung der „Neuen Wache“. Zum ihm führt Mediencode 32051-42.

## Der Blick aufs Ganze

1. Erläutern Sie die Begriffe Modernisierungsdiktatur, Erziehungsdiktatur und Gefälligkeitsdiktatur jeweils für den Nationalsozialismus und den Stalinismus.
2. Diskutieren Sie die Erkenntnismöglichkeiten eines Diktaturenvergleichs. Gestalten Sie dazu eine Podiumsdiskussion von Experten.
3. 2009 wurde vom Europäischen Parlament der 23. August – das Datum, an dem 1939 der sogenannte Hitler-Stalin-Pakt unterzeichnet wurde – zum „Europäischen Gedenktag für die Opfer von Stalinismus und Nationalsozialismus“ erklärt. Während ihn ostmittel- und südeuropäische Staaten sowie Schweden in ihre nationalen Gedenkkalender übernahmen, ist er u. a. in Deutschland wenig beachtet. Ein zentrales Argument sind dabei Bedenken, dass die Singularität der NS-Verbrechen relativiert werde. Bewerten Sie diese Einschätzung.

# Antiliberale Modernisierungsdiktaturen und Zweiter Weltkrieg

**Sowjetkommunismus und Stalinismus**

Ziele: Modernisierung der Wirtschaft;
Expansion des Landes

**Zweiter Weltkrieg**

*Ist ein Vergleich zwischen Stalinismus und Nationalsozialismus angemessen?*

Mögliche Kategorien dafür:
- **Totalitarismus**
- **Modernisierungsdiktaturen**
- **Erziehungsdiktatur**
- **Gefälligkeitsdiktatur**
- **Singularität der nationalsozialistischen Verbrechen**

Nach außen:
**Vernichtungskrieg**
**Weltanschauungskrieg**

**Nationalsozialismus**

Ziel: Durchsetzung von Rassenideologie und „Lebensraum"-Politik mithilfe von **SS** und Aufrüstung (→ **Wehrmacht**)

Im Innern: **Totaler Krieg, Zwangsarbeit**

**„Endlösung"**

→ **Deportationen, Holocaust – Shoah**

↑ ↑

Expansion des faschistischen Italien in Afrika bis 1939
→ Erweiterung der Herrschaft über **Kolonien**, u. a. **Italienisch-Ostafrika**
Nach Abessinienfeldzug 1935/36 Ausrufung des **Impero** (Ziel: Römisches Reich der Neuzeit)

1. Erläutern Sie die Kategorien für einen möglichen Vergleich zwischen Stalinismus und Nationalsozialismus.
2. Begründen Sie, warum Antikommunismus, Holocaust/Shoah und Zweiter Weltkrieg in Zusammenhang stehen.
3. Erläutern Sie, welcher Zusammenhang zwischen dem Phänomen der antiliberalen Modernisierungsdiktatur und dem Zweiten Weltkrieg besteht.
4. Beurteilen Sie folgende These: „Der Hitler-Stalin-Pakt gehört in die Mitte des europäischen Kriegsgeschehens. Denn das ‚Dritte Reich' besetzte Frankreich, die Benelux-Staaten und Teile Skandinaviens im Frühjahr 1940 während und aufgrund des Bündnisses mit Moskau. Die sogenannten Blitzkriege und der aus ihnen hervorgehende Mythos von der deutschen Unbesiegbarkeit wären ohne den Pakt, der einen Zweifrontenkrieg verhinderte, nicht möglich gewesen." (Claudia Weber in der Neuen Zürcher Zeitung vom 23. September 2019)
5. Beurteilen Sie, ob das Setzen der Pfeile von dem Kasten zur „Expansion des faschistischen Italien" hin zum Zweiten Weltkrieg berechtigt ist.

Wichtige Fachbegriffe, die im Glossar erläutert werden, sind blau bzw. grün gekennzeichnet.

# Denkmäler und Fotos als Quellen

**M1/M2 Zwei Kriegerdenkmäler**

Links: Das von Karl-Heinz Engelin gestaltete Denkmal in Breisach wurde 1955 aufgestellt. Es zeigt einen Soldaten und an der Mauer befinden sich drei Birkenkreuze mit Stahlhelmen.
Rechts: Das Denkmal in Murg wurde 1938 errichtet, seine Tafel nach dem Zweiten Weltkrieg erneuert. Dieses Foto von 2012 zeigt es an seinem ursprünglichen Standort.

- Analysieren Sie die beiden Denkmäler (M1 und M2) nach dem vorgegebenen Schema (siehe S. 234).
- Begründen Sie, warum ein Denkmal wie in Breisach vor 1945 keine Chance gehabt hätte, auf einem öffentlichen Platz aufgestellt zu werden.
- In Murg wurde kontrovers diskutiert, ob das Kriegerdenkmal abgerissen werden sollte. Letztendlich wurde es versetzt und um eine Tafel links daneben ergänzt mit der Aufschrift „Nie wieder Krieg!“. Bewerten Sie diese Entscheidung.

**M3/M4 Lenin und Stalin**

Lenin hielt sich nach Schlaganfällen seit 1922 meist auf seinem Landgut in Gorkij auf. Dort empfing er wichtige Politiker.
Das linke Foto nahm Lenins Schwester 1922 auf. Nach Lenins Tod ließ Stalin das retuschierte rechte Foto veröffentlichen.

- Analysieren Sie die Manipulation des Fotos M3 durch die retuschierte Version M4.
- Benennen und erläutern Sie Beispiele von Bildmanipulationen aus der jüngeren Zeit. | F

# ... in Kooperation

## M1 Gefährdungen für die liberale Demokratie

Der britische Historiker Eric Hobsbawm schreibt über Bedingungen, die eine liberale Demokratie lebensfähig erhalten, und mögliche Gefahren für dieses politische System:

Die erste dieser Bedingungen hieß, dass sich liberale Politik des allgemeinen Konsens und der Legitimation erfreuen sollte. Demokratie an sich beruht zwar auf diesem Konsens, schafft ihn aber nicht selbst herbei, abgesehen davon, dass in wohletablierten und stabilen Demokratien regelmäßige Wahlen den Bürgern (selbst den Minoritäten unter ihnen) die Vorstellung vermitteln, dass dieser Wahlprozess jene Regierung legitimiert, die aus ihm hervorgeht. Doch nur wenige Demokratien der Zwischenkriegszeit waren wohletabliert. Bis ins frühe 20. Jahrhundert waren Demokratien außerhalb der USA und Frankreichs sogar höchst selten gewesen [...].

Die zweite Bedingung hieß, dass ein gewisses Maß an Kompatibilität zwischen den verschiedenen Komponenten „des Volkes" bestehen musste, dessen souveräne Stimme die gemeinsame Regierung bestimmen sollte. Die offizielle Theorie der liberalen bürgerlichen Gesellschaft hat „das Volk" jedoch nicht als eine aus Gruppen, Gemeinschaften und anderen Kollektiven bestehende Entität mit jeweils eigenen Interessen anerkannt [...]. Offiziell wurde das Volk [...] als eine Ansammlung von unabhängigen Individuen betrachtet, deren Wählerstimmen sich zu arithmetischen Mehrheiten und Minderheiten zusammenfügten.

Die dritte Bedingung hieß, dass demokratische Regierung nicht viel zu regieren hatten, Parlamente waren nicht in erster Linie zum Regieren, sondern zur Machtkontrolle über Herrscher geschaffen worden. [...] Parlamente waren eine Erfindung, die als Bremse gedacht war, aber als Motor fungieren musste.

Die vierte Bedingung hieß Wohlstand und Prosperität. Die Demokratien der zwanziger Jahre waren entweder unter den Spannungen von Revolution und Konterrevolution zusammengebrochen [...] oder aufgrund von Nationalitätenkonflikten [...]; die Demokratien der dreißiger Jahre stürzten unter den Spannungen der Weltwirtschaftskrise.

Eric Hobsbawm, Das Zeitalter der Extreme. Weltgeschichte des 20. Jahrhunderts. Aus dem Englischen von Yvonne Badal, München und Wien 1994, S. 179 ff.

Bearbeiten Sie die zentralen Aspekte des Textes von Hobsbawm mithilfe eines Gruppenpuzzles:

1. Lesen Sie den Text durch.
2. Bilden Sie vier Gruppen und bearbeiten Sie in den Stammgruppen jeweils die Arbeitsaufträge zu einem der Abschnitte:
   a) Zur ersten Bedingung: Vergleichen Sie die Legitimation in einer liberalen Demokratie mit denen des Nationalsozialismus und des Stalinismus.
   b) Zur zweiten Bedingung: Vergleichen Sie die Konzeptionen von „Volk" in einer liberalen Demokratie und in Diktaturen wie Nationalsozialismus und Stalinismus sowie das Verhältnis zwischen Regierung und „Volk".
   c) Zur dritten Bedingung: Vergleichen Sie Machtverteilung und -kontrolle in einer liberalen Demokratie und in Diktaturen wie dem Nationalsozialismus und dem Stalinismus.
   d) Zur vierten Bedingung: Vergleichen Sie die Bedeutung von Wohlstand und Prosperität.
3. In den „Expertengruppen": Erörtern Sie, ob die von Hobsbawm genannten Bedingungen für die gegenwärtige Bundesrepublik Deutschland erfüllt sind, und überprüfen Sie, ob mögliche Gefahren für die Demokratie mit dem im Text Genannten übereinstimmen.

# ... und in Selbsttätigkeit

## M2 Schwere Bürden für die Weimarer Republik

In einem Sammelband-Beitrag von 2002 schreibt dazu der Politikdidaktiker Gotthard Breit:

Das macht- und obrigkeitsstaatliche Denken und die Untertanenkultur blieben auch nach 1918 bestehen. Die Niederlage im Ersten Weltkrieg wurde so erklärt, dass die Gesellschaft im Innern nicht geschlossen genug auf den Sieg hin ausgerichtet werden konnte. Nicht die Armee, nicht die Heeresleitung [...], sondern die Feinde im eigenen Land, die Anhänger der neuen Republik („Novemberverbrecher" – „Novemberrepublik") trugen demzufolge die Schuld an der Niederlage. [...] Die alten Eliten und die national und damit antidemokratisch eingestellte Mehrheit des Bürgertums verhinderten die Entwicklung einer zivilen Gesellschaft [...]. Trotz mancher Begleiterscheinungen, die viele keineswegs billigten, aber aus Mangel an „politischer Erziehung" (Max Weber) nicht richtig deuten und beurteilen konnten, erfreute sich das NS-System breiter Zustimmung.

Peter Massing und Gotthard Breit (Hrsg.), Demokratietheorien. Von der Antike bis zur Gegenwart, Schwalbach/Ts. [8]2012, S. 213

1. Arbeiten Sie die Gründe heraus, die als schwere Belastungen für die liberal-demokratische Weimarer Republik genannt werden. Erläutern Sie dabei die Schmähungen „Novemberverbrecher“ und „Novemberrepublik“ unter Einbeziehung des Fachbegriffs *Novemberrevolution*.
2. Begründen Sie, warum die Präsidialkabinette der Weimarer Republik einerseits mit dem Obrigkeitsstaat des Deutschen Kaiserreiches im Zusammenhang stehen und andererseits mit zentralen Elementen einer liberalen Demokratie unvereinbar sind.
3. Bewerten Sie die Behauptung, „politische Erziehung“ sei (mit)verantwortlich für das Gelingen bzw. Scheitern einer Demokratie.

## M3 „Leningrad fordert alle heraus“

Propagandaplakat von 1928.
Die nach dem Gründer der Sowjetunion benannte Stadt rief andere Metropolen dazu auf, in Wettbewerb zu treten, um den Fünfjahresplan zu erfüllen.

1. Interpretieren Sie das Plakat und beziehen Sie dabei folgende Aspekte ein:
   a) Ordnen Sie diese Fachbegriffe ein: *Kaderpartei, „Diktatur des Proletariats“, Massenmobilisierung, Fünfjahresplan, Industrialisierung, „Sozialismus in einem Land“, Modernisierungsdiktatur, Erziehungsdiktatur.*
   b) Erläutern Sie, inwiefern sich der geforderte Wettbewerb vom Wettbewerb in einer *Marktwirtschaft* unterscheidet.
2. Gestalten Sie einen Text oder ein Podcast. Berücksichtigen Sie dabei die zuvor gewonnenen Erkenntnisse.

## M4 Zum Besuch des preußischen Innenministers

Foto von 1934.
Angehende Juristen haben sich zur Begrüßung diese Aktion ausgedacht.

1. Beschreiben Sie das Foto.
2. Ordnen Sie ausgehend von dem Foto in einem Cluster zum „Rechtsverständnis“ im Nationalsozialismus die folgenden Begriffe ein: *Pseudolegalität, Führerprinzip, „Volksgemeinschaft“, „Gleichschaltung“, Terror/Verfolgung.*
3. Begründen Sie, warum *Antiliberalismus, Antindividualismus* und *Antipluralismus* für Nationalsozialismus und Stalinismus gleichermaßen kennzeichnend sind, und erläutern Sie die jeweils unterschiedlichen ideologischen Hintergründe der beiden Diktaturen.
4. Beurteilen Sie, warum Rechtsstaatlichkeit wesentlich ist für eine liberale Demokratie.
5. Bewerten Sie die Entwicklung der modernen Diktaturen in Europa bis 1945.

**Hinweis:** Ein Beispiel für die Methode finden Sie auf S. 28 f.

## Objekte als historische Quellen interpretieren

| Arbeitsschritt | Leitfragen |
|---|---|
| 1. beschreiben | • Um welche Art Objekt/welche Sachquelle handelt es sich?<br>• Wann wurde der Gegenstand hergestellt/erbaut/veröffentlicht?<br>• Welche Besonderheiten lassen sich erkennen?<br>• Welche Wirkung erzeugt das Objekt?<br>• In welchem Kontext befindet sich oder befand sich ursprünglich die Sachquelle? |
| 2. erklären | • Wer hat den Gegenstand hergestellt/erbaut/initiiert?<br>• Welche Intention führte zur Erstellung des Objekts?<br>• Vor welchem historischen Hintergrund ist die Sachquelle entstanden?<br>• Welchem Zweck diente der Gegenstand?<br>• Wer hat den Gegenstand verwendet bzw. betrachtet? |
| 3. beurteilen | • Was zeichnet dieses Objekt historisch aus?<br>• Inwiefern ist der Gegenstand repräsentativ oder bedeutend?<br>• Welche Wirkung hatte die Sachquelle auf damalige Menschen, welche Wirkung hat sie auf uns in der Gegenwart?<br>• Inwiefern bietet die Sachquelle einen Erkenntnisgewinn? |

## Verfassungsschemata auswerten

| Arbeitsschritt | Leitfragen |
|---|---|
| 1. beschreiben | • Welches politische System zeigt das Verfassungsschema?<br>• Wie ist das Schema aufgebaut?<br>• Gibt es einen schlüssigen Ansatz zur Beschreibung des Schemas? Verändert sich die Art der Beschreibung, wenn an einer anderen Stelle begonnen wird?<br>• Welche Ämter, Institutionen und Einrichtungen werden erwähnt? Wer hat Zugang zu ihnen, wer nicht?<br>• Welche Elemente sind zu erschließen (Bezugspfeile, Farben, Symbole, Größenverhältnisse der Elemente)? |
| 2. erklären | • In welcher Beziehung stehen die einzelnen Elemente der Verfassung zueinander?<br>• Wer hat welche Aufgaben, Rechte und Pflichten?<br>• Welche Institutionen der Verfassung sind am bedeutsamsten?<br>• Welche Grundprinzipien der Verfassung lassen sich aus dem Schaubild herausarbeiten?<br>• Welche „Stärken“ und „Schwächen“ der Verfassung sind zu erkennen?<br>• Gibt es eventuell wichtige Aspekte, die das Schaubild nicht oder nur unzureichend darstellt? |
| 3. beurteilen | • Inwieweit stimmt die Darstellung mit der historischen Wirklichkeit überein? (Welche Aspekte werden vereinfacht oder weggelassen?)<br>• In welcher Weise könnte das Schaubild verändert werden, um den Aufbau des Staates angemessener als bisher zu erfassen? |

**Hinweis:** Ein Beispiel für die Methode finden Sie auf S. 48 f. und S. 63.

## Lieder als historische Quellen interpretieren

| Arbeitsschritt | Leitfragen |
| --- | --- |
| 1. beschreiben | • Um welchen Liedtyp handelt es sich (Liebes- oder Klagelied, geistliches Lied, Choral, Hymne, Marsch-, Kampf-, Arbeiterlied oder Protestsong)?<br>• Wie ist die textliche Struktur des Liedes (Reim, Rhythmus, rhetorische Mittel)?<br>• Wie kann die musikalische Gestaltung des Liedes beschrieben werden?<br>• Welches Thema behandelt das Lied?<br>• Welche Bestandteile des Liedes tragen besonders zur kollektiven Wirkung bei? |
| 2. erklären | • Wer ist der Verfasser des Liedes? Wer hat es vertont?<br>• Bei welchen Anlässen wurde das Lied gesungen?<br>• Wie sieht der Verbreitungsgrad des Liedes aus?<br>• Gab es Versuche, das Lied zu zensieren oder zu verbieten? |
| 3. beurteilen | • Inwiefern ist das Lied repräsentativ für eine Epoche/eine bestimmte Entwicklung?<br>• Welche Wirkung hatte das Lied auf damalige Menschen, welche Wirkung hat es auf uns in der Gegenwart?<br>• Inwiefern bietet das Lied einen Erkenntnisgewinn, den reine Textquellen nicht leisten können? |

**Hinweis:** Ein Beispiel für die Methode finden Sie auf S. 50 f. und S. 63.

## Zeitungen und Zeitschriften analysieren

| Arbeitsschritt | Leitfragen |
| --- | --- |
| 1. beschreiben | • Wann und wo ist die Zeitung/Zeitschrift erschienen?<br>• Welche Aussagen trifft die Zeitung/Zeitschrift über sich selbst?<br>• Wie ist die Aufmachung (Text, Anzahl und Größe der Bilder, Schriftgrößen und Schriftbild)?<br>• Gibt es Hinweise auf den Erscheinungsmodus (täglich, monatlich etc.)?<br>• Um welche Textsorte handelt es sich bei dem ausgewählten Artikel (Bericht, Interview etc.)? |
| 2. erklären | • Welcher Sprachstil wird verwendet? Welche Rückschlüsse lässt dies auf die Verlässlichkeit der Zeitung/Zeitschrift zu?<br>• Wird der Verfasser genannt? Was ist über diesen bekannt?<br>• Ist eine Position des Autors erkennbar? An wen richtet er seinen Artikel?<br>• Sind neutrale Informationen und Meinung klar getrennt? |
| 3. beurteilen | • Welchen Standpunkt nimmt der Text/die Zeitung/Zeitschrift gegenüber dem Geschilderten ein?<br>• Welche historischen Erkenntnisgewinn bietet die Zeitung/Zeitschrift? |

**Hinweis:** Ein Beispiel für die Methode finden Sie auf S. 90 f. und S. 113.

Methodenkarten

Hinweis: Ein Beispiel für die Methode finden Sie auf S. 98 f. und S. 113.

## Selbstzeugnisse analysieren

| Arbeitsschritt | Leitfragen |
|---|---|
| 1. beschreiben | • Um welche Art von Selbstzeugnis handelt es sich (Autobiografie, Memoiren, Brief, Tagebuch)?<br>• Wer hat das Selbstzeugnis verfasst?<br>• Welche Hinweise zum Verfasser lassen sich finden?<br>• Wann und wo wurde das Selbstzeugnis verfasst?<br>• Gibt es einen Adressaten/Empfänger?<br>• Worüber berichtet der Verfasser? Was hebt er hervor, was behandelt er beiläufig und worauf geht er gar nicht ein? |
| 2. erklären | • Gibt es Informationen zum Beruf des Verfassers, seiner wirtschaftlichen und politischen oder religiösen Einstellung?<br>• Wie sahen die politischen, wirtschaftlichen und gesellschaftlichen Verhältnisse beim Verfassen des Selbstzeugnisses aus? |
| 3. beurteilen | • Welche Absichten haben den Verfasser zum Schreiben veranlasst?<br>• Lassen sich aus der Sprache Rückschlüsse ziehen?<br>• Welche Wertungen lassen sich feststellen?<br>• Welche Wirkung soll erzielt werden?<br>• Liegt eine (adressatenorientierte) Selbstkonstruktion vor? |

Hinweis: Ein Beispiel für die Methode finden Sie auf S. 142 f. und S. 177.

## Historiengemälde analysieren

| Arbeitsschritt | Leitfragen |
|---|---|
| 1. beschreiben | • Wer ist der Künstler/die Künstlerin?<br>• Wann und wo ist das Kunstwerk entstanden?<br>• Stammt der Bildtitel vom Künstler oder von anderer Seite?<br>• Wen oder was zeigt das Kunstwerk?<br>• Welche Komposition (Bildaufbau, Figuren etc.) liegt dem Bild zugrunde?<br>• Welche Perspektive (Vogel-, Zentralperspektive etc.) hat der Künstler gewählt?<br>• Wie sind die Farbgebung (hell, dunkel, kontrastreich etc.) und die Lichtführung (konzentriert oder gleichmäßig)?<br>• Welche Symbole und Sinnbilder (Allegorien) werden verwendet? |
| 2. erklären | • Aus welchem Anlass ist das Bild entstanden?<br>• An welches Ereignis, an welchen Sachverhalt oder an welche Person wird erinnert?<br>• Handelt es sich um eine realistische oder allegorische (sinnbildliche) Darstellung?<br>• Inwiefern haben die politischen, religiösen oder sozialen Verhältnisse der Entstehungszeit das Kunstwerk beeinflusst?<br>• Was ist über die Haltung des Künstlers und der Auftraggeber bekannt?<br>• Welche Absichten verfolgten Künstler bzw. Auftraggeber?<br>• An wen richtet sich das Kunstwerk? |
| 3. beurteilen | • Welche Wirkungen erzielte das Bild bei zeitgenössischen Betrachtern?<br>• Wie lassen sich Aussage und Wirkung des Gemäldes bewerten? |

# Schriftliche Darstellungen analysieren

| Arbeitsschritt | Leitfragen |
| --- | --- |
| 1. beschreiben | • Wer ist der Autor/die Autorin?<br>• Welche Funktion, welchen Beruf oder welche Stellung hat er/sie?<br>• Welche Textsorte liegt vor (Lexikonartikel, Fachbuch, Essay etc.)?<br>• Wann, wo und aus welchem besonderen Anlass (Jubiläum, Jahrestag etc.) ist der Text veröffentlicht worden?<br>• Was wird thematisiert?<br>• Wie ist der Text aufgebaut? Welche besonderen Merkmale gibt es (Sprache, Stil)?<br>• Mit welchen Argumenten bzw. Belegen (Quellen, Sekundärliteratur) begründet der Autor/die Autorin seine/ihre Aussagen? |
| 2. erklären | • Welchen Zeitraum, welches Ereignis oder welche Person behandelt der Text?<br>• An welche (bei kontroversen Darstellungen unterschiedliche) Adressaten wendet sich der Text?<br>• Auf welche wissenschaftliche/politische Diskussion geht der Autor/die Autorin ein?<br>• In welchem Bezug steht der Autor/die Autorin zum behandelten Thema?<br>• Welche Aussageabsicht/Intention hat er/sie?<br>• Welchen Standpunkt nimmt der Autor/die Autorin ein? Bei kontroversen Darstellungen: Welche gemeinsamen bzw. unterschiedlichen Standpunkte gibt es? |
| 3. beurteilen | • Wurde das Thema schlüssig und überzeugend bearbeitet oder ist die Argumentation lückenhaft? Wurden mehrere Perspektiven berücksichtigt?<br>• Nimmt der Autor/die Autorin Wertungen vor oder stellt er/sie Vermutungen auf?<br>• Wie lässt sich der Text bzw. die Publikation insgesamt einordnen und bewerten? |

**Hinweis:** Ein Beispiel für die Methode finden Sie auf S. 166 f.

## Geschichtsspielfilme analysieren

| Arbeitsschritt | Leitfragen |
|---|---|
| 1. beschreiben | • Wann und wo wurde der Film gezeigt?<br>• Beruht der Film auf Vorlagen?<br>• Welcher Gattung gehört die Erzählung an? An welchen Genres orientiert sie sich erzählerisch?<br>• Was ist das Thema des Films?<br>• Wie lässt sich die Handlung (grob) zusammenfassen?<br>• In welcher Beziehung stehen die handelnden Figuren? |
| 2. erklären | • Dargestellte Zeit: Welche Personen, Ereignisse etc. werden gezeigt? Welche sind historisch verbürgt, welche erfunden? Gibt es Abweichungen vom Forschungsstand?<br>• Produktionszeit des Films: In welchem gesellschaftlichen oder politischen Kontext ist der Film entstanden?<br>• Welche filmsprachlichen Mittel kommen mit welcher Intention zum Einsatz?<br>• Welche weiteren Hinweise gibt es zur Aussageabsicht? (z. B. Interviews der Autoren, Regisseure, Kritiken) |
| 3. beurteilen | • An wen richtet sich der Film (primäre Zielgruppe)?<br>• Wie wirkt der Film auf mich und andere?<br>• Was ist die Botschaft des Films?<br>• Welche Sinnbildungsangebote macht der Film?<br>• In welcher Hinsicht ist Authentizität / Triftigkeit gegeben?<br>• Wofür kann ich den Film nutzen? |

**Hinweis:** Ein Beispiel für die Methode finden Sie auf S. 200 f. und S. 211.

## Fotografien als Quellen deuten

| Arbeitsschritt | Leitfragen |
|---|---|
| 1. beschreiben | • Wer hat das Foto gemacht, in Auftrag gegeben und veröffentlicht?<br>• Wann, wo und aus welchem Anlass ist das Foto gemacht bzw. veröffentlicht worden?<br>• Wer oder was ist auf dem Foto abgebildet? Was wird thematisiert?<br>• Welche Darstellungsmittel werden verwendet (Schwarzweiß- oder Farbbild, Kameraperspektive, Aufbau, Schnappschuss oder gestellte Szene, Profi- oder Amateuraufnahme)?<br>• Sind Hinweise auf Bildbearbeitung oder nachträgliche Veränderungen erkennbar (Retusche, Montage, Beschnitte bzw. Ausschnittvergrößerungen)? |
| 2. erklären | • Wie lässt sich das Foto in den historischen Kontext einordnen?<br>• Für wen und in welcher Absicht wurde das Foto gemacht bzw. veröffentlicht?<br>• Welche Botschaft, welche Deutung vermittelt das Foto – beabsichtigt oder unbeabsichtigt?<br>• Welche Wirkung soll beim Betrachter erzielt werden? |
| 3. beurteilen | • Wie lässt sich das Foto insgesamt einordnen und bewerten?<br>• Welche Auffassung vertreten Sie zu dem Bild? |

**Hinweis:** Ein Beispiel für die Methode finden Sie auf S. 220 f. und S. 241.

## Politische Plakate auswerten

| Arbeitsschritt | Leitfragen |
| --- | --- |
| 1. beschreiben | • Um welche Art von Plakat handelt es sich?<br>• Wer hat das Plakat in Auftrag gegeben?<br>• Wann und wo ist es veröffentlicht worden?<br>• Wen oder was zeigt das Plakat?<br>• Was wird thematisiert? |
| 2. erklären | • Wie sind die einzelnen Elemente gestaltet (überdimensioniert, naturgetreu, welche Größenverhältnisse etc.)?<br>• Wie ist das Plakat aufgebaut?<br>• Welche Gestaltungsmittel werden verwendet (Verhältnis von Text und Bild, Perspektive, Farben, Haltung und Position der Figuren, Schriftgröße und -art, Symbole, Verwendung bestimmter Stilmittel)?<br>• Wie sind die Allegorien zu entschlüsseln? Wer steckt hinter den dargestellten Personen/Dingen?<br>• Welche Hauptaussage wird demnach getroffen? |
| 3. beurteilen | • Wie ist das Plakat in seinen historischen Kontext einzuordnen?<br>• An wen wendet sich das Plakat?<br>• Ist es gegen jemanden gerichtet? Werden Feindbilder dargestellt?<br>• Welche Wirkung soll das Plakat beim zeitgenössischen Betrachter erzielen?<br>• Welche Aussageabsichten werden verfolgt?<br>• Inwiefern ist die Gestaltung des Plakats gelungen bzw. misslungen? |

**Hinweis:** Ein Beispiel für die Methode finden Sie auf S. 158 f. und S. 177.

**Hinweis:** Ein Beispiel für die Methode finden Sie auf S. 208 f. und S. 211.

## Politische Reden (Tonquellen) analysieren

| Arbeitsschritt | Leitfragen |
|---|---|
| 1. beschreiben | • Wer ist der Redner und welche Funktion hat er?<br>• Was ist über seine politische Haltung und seine Weltanschauung bekannt?<br>• Wann, wo und aus welchem Anlass wurde die Rede gehalten?<br>• Was sind Thema und Inhalt der Rede? |
| 2. erklären | • Wie ist die Rede aufgebaut? Welche Merkmale kennzeichnen sie (Länge, Argumentation, Sprach- und Wortwahl, Stil, Umgangs- oder Hochsprache)?<br>• Wie wird die Rede gehalten (freier Vortrag oder abgelesen, Stimme, Tonfall, Tempo, Lautstärke, Körpersprache)?<br>• Wie ist die Redesituation und Atmosphäre (Art und Anlass der Veranstaltung, besonderer Redeort, Publikum, Rundfunk- oder Fernsehaufzeichnung)?<br>• Was ist die Hauptaussage der Rede?<br>• Wie ist die Rede in ihren historischen Kontext einzuordnen? |
| 3. beurteilen | • An wen wendet sich der Redner?<br>• Welche Absichten verfolgt der Redner (offen/verdeckt)?<br>• Welche Wirkung soll die Rede auf Zuhörer, Zeitgenossen und spätere Leser/Zuhörer haben?<br>• Ist die Rede inhaltlich schlüssig?<br>• Wie lässt sich die Rede in ihrem historischen Kontext bewerten?<br>• Welchen Einfluss hatte die Rede auf die historische Situation oder Entwicklung? |

## Denkmäler untersuchen

| Arbeitsschritt | Leitfragen |
|---|---|
| 1. beschreiben | • An wen/woran erinnert das Denkmal?<br>• Wann wurde das Denkmal errichtet? Wie lange war die Dauer von der Idee bis zur Realisierung?<br>• Welche Form hat das Denkmal (Material, Farbe, Gestaltung)?<br>• An welchem Ort wurde es errichtet? Welche Bedeutung hat die Umgebung?<br>• Wer hat das Denkmal initiiert, bezahlt, künstlerisch gestaltet und eingeweiht?<br>• Gab es Kontroversen oder alternative Entwürfe? |
| 2. erklären | • An welche Adressaten richtet(e) sich das Denkmal? Welche Beweggründe und Ziele hatten die Initiatoren?<br>• Wurde das Denkmal später verändert oder an einen anderen Platz versetzt? Wenn ja, was waren die Gründe, wer war dafür verantwortlich?<br>• Wie sind die verwendeten Symbole, Formeln und Allegorien zu deuten?<br>• Wie wurde das Denkmal aufgenommen und kommentiert?<br>• Welche Rolle spielt das Denkmal in der Erinnerungskultur der Region/des Landes?<br>• Welche Absichten verfolgt(e) es? |
| 3. beurteilen | • Wie lässt sich das Denkmal künstlerisch, historisch und politisch bewerten?<br>• Was sagen die Entstehungs- und Wirkungsgeschichte über den Inhalt des Denkmals und die Erinnerungskultur aus? |

**Hinweis:** Ein Beispiel für die Methode finden Sie auf S. 232f. und 241.

# Lösungsskizze: Objekte als historische Quellen interpretieren

**Hinweis:** Eine Abbildung des Bürk-Bundy-Schlüsselapparats finden Sie auf S. 29.

A1 | Auf den ersten Blick wirkt der Apparat wie eine klassische Wanduhr. Der aus Holz gefertigte und mit Schnitzereien verzierte Uhrenkasten unterstützt diesen Eindruck. Zwei Aspekte fallen jedoch auf: Im unteren Teil befindet sich ein Schlüsselloch und der geschnitzte Schriftzug „Württembergische Uhrenfabrik Schwenningen". Es handelt sich nicht um eine einfache Uhr, sondern um ein Gerät zur Arbeitszeiterfassung. Der Apparat ist damit ein interessantes Zeugnis der Industrialisierung. Zum ersten zeugt er von der veränderten Rolle der Zeitmessung im Zuge der Industrialisierung. Der Bürk-Bundy-Schlüsselapparat dient dazu, dass die Arbeitszeit von Fabrikarbeitern erfasst wird. Davon abhängig war der Lohn, welchen die Arbeiter erhielten. Die zeitabhängige Lohnarbeit setzte sich während der Industrialisierung durch. Ein weiterer Aspekt des Bürk-Bundy-Schlüsselapparats ist, dass er durch seine Schnitzarbeiten traditionell wirkt, ganz im Stile der Schwarzwälder Uhrentradition, aber eine moderne Maschine darstellt, die in einer Fabrik gefertigt wurde. Das zeigt, wie die Industrialisierung auf dem Boden der Handwerkertradition, hier des Uhrenbaus, entstand und sich mit technischen Innovationen und neuen Fertigungsmethoden durchsetzte. Zuletzt bietet das Ziffernblatt Anlass zur Analyse. Der Schriftzug „Bundy" zeigt die Marke des Apparats, während das Monogramm sowie der Schriftzug die „Württembergische Uhrenfabrik Bürk Söhne Schwenningen" als Produzenten angibt. Damit ist der Bürk-Bundy-Schlüsselapparat ein Zeugnis der globalisierten Wirtschaft, die sich durch die Industrialisierung enorm beschleunigte. Aufgrund der Verkehrs- und Kommunikationsrevolution wurden interkontinentale Wirtschaftsbeziehungen wie die zwischen Bundy in Chicago und Bürk in Schwenningen möglich.

A2 | Die traditionelle Aufmachung des Bürk-Bundy-Apparats erinnert an die deutsche Handwerkertradition des 18. Jh. Die Tatsache, dass das Objekt in einer deutschen „Fabrik" hergestellt wurde, lässt darauf schließen, dass es nicht vor der zweiten Hälfte des 19. Jh. gebaut wurde. Denn erst zu dieser Zeit setzte sich die Industrialisierung in Deutschland durch. Vermutlich wurde der Bürk-Bundy-Apparat um das Jahr 1900 hergestellt, da Deutschland zu dieser Zeit die Hochindustrialisierung erlebte und somit auch der Bedarf nach einem Arbeitszeitmesser für Fabriken vorhanden war. Außerdem lässt auch die deutsch-amerikanische Handelsverbindung auf das Ende des 19. Jh. schließen, da erst ab diesem Zeitraum zuverlässige Transport- und Kommunikationsmöglichkeiten zwischen den Kontinenten bestanden. Eine präzise Vermutung erlaubt der Schriftzug auf dem Ziffernblatt „Continentale Bundy-Gesellschaft G. m. b. H. Dresden". Das Schwenninger Unternehmen unterhielt in der Zeit zwischen 1903 und 1909 eine Niederlassung in Dresden.

A3 | siehe 1.:
- Ausdruck der Globalisierung: deutsch-amerikanische Handelsbeziehungen durch Kommunikations- und Verkehrsrevolution der Industrialisierung
- neue Bedeutung von Zeit und Zeitmessung: Strukturierung des Alltags in der Industrialisierung durch Taktung von Arbeits- und Freizeit
- industrielle Herstellungsweise: arbeitsteilige Massenproduktion in Fabriken
- vom Handwerksbetrieb zum überregionalen Marktführer: Know-how aus regionaler Handwerkertradition, Industrialisierung (Arbeitsteilung, Wachstum, Massenfertigung)
- Chancen durch neue Nachfrage in der Industrialisierung: Industrialisierung führt zur Entstehung von Fabriken, diese brauchen Apparate zur Zeitmessung

# Lösungsskizze: Verfassungsschemata auswerten

A1 | Das Schaubild stellt die Beziehungen der wichtigsten Verfassungsorgane zueinander dar. Der Kaiser, der gleichzeitig preußischer König ist, trifft die letzte Entscheidung über Krieg und Frieden und ist im Kriegsfall der Oberkommandierende der Armee. Der Reichstag wird zwar frei gewählt, seine Kompetenzen beschränken sich aber im Wesentlichen auf das Budgetrecht. Der Reichstag hat keinen Einfluss auf die Armee. Wahlberechtigt sind alle Männer über 25 Jahren. Im Bundestag sitzen nach einem Proporzsystem die Vertreter der einzelnen Bundesstaaten, bei denen Preußen eine Mehrheit der Stimmen hat. Bei den meisten Gesetzen muss der Reichstag nicht zustimmen, wenn sie die Finanzen nicht berühren. Die – in der Theorie – sehr kleine Reichsregierung ist dem Parlament gegenüber nicht verantwortlich, der Reichskanzler wird alleine vom Kaiser ernannt.

**Hinweis:** Ein Schaubild zur Verfassung des Deutschen Reiches vom April 1871 finden Sie auf S. 49.

A2 | Der Verfassung zufolge ist der Souverän nicht das Volk oder der Kaiser, sondern die im Bundesrat zusammengeschlossenen deutschen Fürsten. Unter ihnen ist der Kaiser als König von Preußen lediglich „primus inter pares“, das heißt, er steht auf gleicher Augenhöhe wie die anderen Fürsten. Der Reichstag, der nach einem bemerkenswert demokratischen Wahlrecht gewählt wird, ist demgegenüber klar untergeordnet und hat – außer dem Budgetrecht – kaum Möglichkeiten zur Mitbestimmung. Im den kommenden Jahrzehnten wuchsen dem Reichstag aber indirekt immer mehr Kompetenzen zu, und um die Jahrhundertwende konnte sich ein Reichskanzler oder ein Staatssekretär (also faktisch ein Minister), der das Vertrauen des Reichstages verloren hatte, kaum noch halten. Ferner bildete sich mit den jeweiligen preußischen Staatssekretären und ihren Bürokratien in den folgenden Jahren doch eine Art von Reichsregierung heraus (siehe nächsten Abschnitt).

A3 | In der Verfassungstheorie gab es fast keine Reichsexekutive, weil nur Bismarck mit dem Titel „Reichskanzler“ ein wirkliches Reichsamt einnahm. Genau genommen existiert also keine wirkliche Regierung des Deutschen Reiches bzw. regiert nur der Reichskanzler. In der Praxis ließ sich dieses System aber nicht durchhalten, und die Staatssekretäre übernahmen die Regierungsfunktion. Zwar hatten alle Bundesstaaten nach wie vor ihre eigenen Regierungen und Ministerien, faktisch übernahmen aber die preußischen Ministerien immer mehr Aufgaben. Das Auswärtige Amt vertrat beispielsweise das Deutsche Reich im internationalen Raum, weil es ein unsinniger Arbeitsaufwand gewesen wäre, wenn jeder Bundesstaat weiterhin eigene Botschaften und Konsulate unterhalten hätte. Auch wenn beispielsweise in Bayern nach wie vor ein eigenes Kriegsministerium bestand, wuchsen dem preußischen Kriegsministerium und dem preußischen Generalstab in Friedenszeiten immer mehr Aufgaben zu, auch weil beispielsweise Waffensysteme standardisiert wurden. Später entstanden eigene Reichsbehörden: Die massive Aufrüstung der Flotte machte beispielsweise die Etablierung eines Reichsmarineamtes erforderlich, und 1907 wurde die bisherige kleine Kolonialabteilung aus dem Auswärtigen Amt ausgegliedert und zu einem selbstständigen Reichskolonialamt aufgewertet.

# Lösungsskizze: Lieder als historische Quellen interpretieren

**Hinweis:** Den Text des Liedes „Die Wacht am Rhein“ sowie einen Link zu einer Audioaufnahme finden Sie auf S. 51.

**A1 | Zur musikalischen Gestaltung:** Das Polaritätsprofil ist als Anregung zu verstehen. Es verbindet die Artikulation subjektiver Eindrücke mit analytischem Hören. Eine „Musterlösung“ kann es natürlich nicht geben. Wichtig ist, dass die Adjektive (es müssen nicht alle verwendet werden!) mit Einschätzungen versehen werden, wie sehr sie auf das gehörte Musikstück zutreffen. Hilfreich ist die Abstufung „ein wenig – ziemlich – sehr“ zur Differenzierung: Beispielsweise kann ein Lied eine gefühlvolle Strophe mit einem mitreißenden Refrain verbinden, jedoch der Eindruck des Refrains deutlich überwiegen. Oder zwei ähnliche Wirkungen können gegeneinander abgestuft werden: Das Lied klingt z. B. sehr volltönend, aber dabei auch ein wenig aufdringlich. Weitere, selbst gefundene Adjektive können Sie ebenfalls notieren. Interessant ist der Austausch mit anderen Personen. Die Frage „Wieso haben wir mehrheitlich gleiche/ähnliche/verschiedene Worte gefunden?“ kann zur Reflexion über die Perspektivität und Standortgebundenheit der Rezipierenden überleiten: Hören wir das Lied heute anders als Menschen im Jahr 1896? Ist seine Wirkung also rein subjektiv und nicht analysierbar?

**Zum Text:** Die „Wacht am Rhein“ als Gedicht von Max Schneckenburger ist einerseits geprägt durch typische Kriegs-, Kampf- und Helden-Topoi („Schwertgeklirr“, „Kampfeslust“, „Heldenblut“). In ihrer Häufung und drastischen Sprache wirken sie direkt und unmissverständlich. Diese verbinden sich mit einem aggressiven Nationalismus, der einen ganzen Katalog an quasi-preußischen, „männlichen“ Tugenden („bieder, fromm und stark“, „treu“, „stolz“) beschwört. Dabei wird nicht unterschieden zwischen Badenern und Württembergern, Bayern und Preußen, sondern ein nationales Wir-Gefühl erzeugt: „Hunderttausend“, „Heldenväter“, „der Deutsche“ gegen den „Welschen“, „wir alle“. Neben dem „wir“ ist vor allem die personifizierende Anrede von „Vaterland“ und „Rhein“ in der 2. Person Singular auffällig. Spuren der „Rheinromantik“ (z. B. Heinrich Heine: Loreley) finden sich in Naturmetaphern wie „Wogenprall“, „Strom“, „Flut“, „Strand“, „Wind“. Verstärkt wird der insgesamt triviale Stil des jungen Amateurdichters Schneckenburger durch die ausschließliche Verwendung von Paarreimen und Versen im Jambus mit männlichen Endungen.

**A2 |** Die Rheinkrise im Jahr 1840 entstand durch Bestrebungen Frankreichs, die Ostgrenze bis zum Rhein auszudehnen, also die Gebiete links des Rheins für Frankreich zu gewinnen. Die seit dem Wiener Kongress bestehende Grenzziehung des Deutschen Bundes war somit in Gefahr. Die französischen Expansionsbestrebungen verstärkten in der deutschen Öffentlichkeit nationalistische Gefühle, die sich in der Tradition der napoleonischen Befreiungskriege gegen den „Erbfeind“ Frankreich richteten.

**A3 |** Die Adresse des Sängerbundes an Bismarck (M2, 1. Teil) überträgt die militaristisch-überhöhende Sprache der „Wacht am Rhein“ auf den zeitgenössischen Kontext des gerade beendeten Deutsch-Französischen Krieges. Auch der Reichskanzler selbst findet in M2 (Teil 2) überschwängliche Worte, die an den mehr als 30 Jahre zuvor entstandenen Text erinnern, etwa „begeisterte Entschlossenheit“ (Z. 9).

Beiden gemeinsam ist die anti-französische Ausrichtung, wenn beispielsweise vom „frevelhaften Übermut des tollen Erbfeindes“ (Teil 1, Z. 7 f.) die Rede ist oder vom den Deutschen „aufgedrungenen Kampf“ (Teil 2, Z. 10). Ebenfalls wird dem Lied in beiden Quellen im- oder explizit die Funktion als inoffizielle Nationalhymne zugesprochen (vgl. Teil 1, Z. 2 f., Teil 2, Z. 12 ff.). Es wird also instrumentalisiert als Kriegslied für die deutschen Soldaten und zur Förderung des „nationalen Gemeingefühl[s]“ (Teil 2, Z. 14) im gerade gegründeten Kaiserreich. Dem Lied wird damit dennoch nicht Unrecht getan. Mit seinem kriegsverherrlichenden, aggressiv-plumpen Ton trifft es, obwohl in einem früheren historischen Zusammenhang gedichtet und komponiert, den Nerv des preußisch geprägten Kaiserreiches mit seinen typischen Vorstellungen von soldatischer Männlichkeit und seinem ausgrenzenden Reichsnationalismus.

## Lösungsskizze: Zeitungen und Zeitschriften analysieren

**Hinweis:** Ein Titelblatt der Zeitung „Vorwärts" finden Sie auf S. 91.

A1

- (progressiver, optimistischer) Titel „Vorwärts" ist dominant
- Verortung als Parteiorgan („Sozialdemokratische")
- hohe Reichweite „Central-Organ" (zugleich Hinweis auf Autorität), „Deutschlands"
- Erscheinungsort Leipzig (trad. Ort der Sozialdemokratie, vgl. Gründung, Parteitage)
- Nennung der Abonnentenzahl als Ausweis von Attraktivität (werbend)
- reine Textseite (keine Bilder), viele Spalten; Versuch, viel Information unterzubringen, hohe Anforderung an den Leser (andere Lesegewohnheiten); kein Boulevardblatt
- eher analysierende/kommentierende Texte, keine aktuellen Tagesereignisse
- Impressum mit Nennung der Redakteure auf der Titelseite (links), Erscheinungsweise und Verbreitungsgebiet
- Erscheinungsdatum
- Mischung aus politischer Information, parteiinternen Nachrichten (vgl. Todesanzeige unten links)
- Versuch, ein breiteres Publikum anzusprechen – Arbeiter (direkte Nennung) und gebildetes sympathisierendes Bürgertum (als typisches Publikum einer Zeitung)

A2

- Erscheinungsdatum 1876 kurz nach Zusammenlegung der Arbeiterparteien (1875) – vgl. Hinweis auf Vereinigung der Parteiblätter im Impressumkasten
- Etablierung des Deutschen Kaiserreiches unter preußischer Führung (klingt zu Beginn des Textes „Beherzigenswerthe Zahlen" an)
- SPD als von der Reichsführung kritisch wahrgenommene, oppositionelle Partei mit internationaler Ausrichtung (vgl. Berichte über Arbeiterfragen in Ungarn); sich abzeichnende Sozialistengesetzgebung (ab1878)
- Nutzen moderner Mittel – Massenpresse als neues politisches Instrument (Steuerung der Meinung); Information und Propaganda zugleich

A3

- in der Todesanzeige: Es wird insbesondere auf die Verdienste des Verstorbenen für die Partei und seine dortigen Tätigkeiten und seine Laufbahn hingewiesen
- im Text „Die gegenwärtige Krisis": Verwendung einschlägigen Vokabulars („Kapitalistenklasse"); Fokus liegt auf den Auswirkungen der Krise auf die Arbeiter
- im Text „Beherzigenswerthe Zahlen": Es wird für die Förderung der Volksschulen plädiert, d. h. Position für die unteren Schichten bezogen
- im Text „Der Arbeiter und die Zollfrage": wiederum Fokus auf dem Standpunkt des Arbeiters – hier zudem Internationalität (Ungarn) als typisches Merkmal der sozialistischen Ideologie
- Tendenz zu ökonomischen Problemen (oder Probleme auf die Ökonomie zurückzuführen) gemäß der marxistischen Lehre
- Untertitel der Zeitung

## Lösungsskizze: Selbstzeugnisse analysieren

**Hinweis:** Einen Brief eines ausgewanderten Ehepaares finden Sie auf S. 99.

A1 | Elisabetha Klein/Kline schreibt 1856 einen langen Brief an ihre Familie im fernen Deutschland. Sie hält auf diese Weise mit ihren Eltern sowie einer jüngeren Schwester und einem Bruder Kontakt. Gerne würde sie ihre Familie überzeugen, zu ihr und ihrem Mann nach Amerika zu kommen (vgl. Z. 5 f.). Denn sie ist überzeugt, dass das Leben in Amerika besser ist als in Deutschland (vgl. Z. 1–4).

Spezifische Gründe für die Auswanderung, die im Brief genannt werden, sind Armut, Teuerung und Krieg in der alten Heimat, eine als drückend empfundene Steuerlast („push-Faktoren"). Attraktiv an Amerika („pull-Faktoren") sind hingegen das verfügbare Land, der mögliche Wohlstand und die geringe Steuerlast (vgl. Z. 24–26). Damit stehen vor allem wirtschaftliche Motive im Vordergrund.

Ihre werbenden Argumente gegenüber den Eltern, vor allem aber den jüngeren Verwandten, lassen indirekt auch den Ideal-Typus eines Auswanderers der damaligen Zeit erkennen: Die Person ist jung, ledig und arbeitsam; sie lebt in ärmlichen Verhältnissen und bringt den Mut auf, eine bessere Zukunft in einer neuen Heimat zu suchen (vgl. Z. 12 f., 15 f.). Elisabetha nennt keine Gründe gegen das Auswandern, in der mehrfachen Betonung des notwendigen Mutes schwingt aber auch mit, dass die Auswanderung mit Entbehrungen und Risiken verbunden sein dürfte.

Mit seinen zahlreichen Adressaten und aufgrund seines werbenden Inhalts belegt der Brief auch, dass Auswanderer mit der alten Heimat Kontakt hielten und dabei auch weitere Menschen zur Auswanderung an den gleichen Ort motivieren konnten („Kettenmigration").

A2 | Elisabetha Klein/Kline stellt gegenüber ihren Eltern den wirtschaftlichen Erfolg (Landbesitz) und die Arbeitskraft ihres Mannes heraus (vgl. Z. 9 f.), betont aber in ihrer Werbung auffällig, dass die Entscheidung zur Auswanderung bei den Eltern selbst liege (vgl. Z. 5 f.). Sie stellt sich damit als gute Tochter dar, die trotz ihres Erfolges nicht den Respekt vor ihren Eltern verloren hat.

Gegenüber den jüngeren Verwandten stellt Elisabetha die Vorzüge der neuen Heimat deutlicher und detaillierter heraus; damit präsentiert sie sich als kompetente Ratgeberin und zugleich als Vorbild. Die Tugenden, die sie Auswanderern zuschreibt bzw. für diese als notwendig nennt (Mut, Fleiß, Arbeitsbereitschaft: vgl. Z. 13, 15 f.), schreibt sie sich indirekt selbst zu.

Elisabetha unterschreibt ihren Brief an ihre Familie mit der deutschen Form ihres neuen Familiennamens: Klein. Sie unterstreicht damit, wie sehr sie sich ihrer Familie in der Heimat noch verbunden fühlt (Z. 29). Ihr Ehemann dagegen unterschreibt seine Grüße an die Familie seiner Frau, die er noch nicht persönlich kennengelernt hat, mit der anglisierten Form: Kline (Z. 33). Er sieht sich also bereits als Teil der amerikanischen Gesellschaft.

## Lösungsskizze: Historiengemälde analysieren

**Hinweis:** Das dazugehörige Historiengemälde von Alexander Michailowitsch Gerassimow finden Sie auf S. 143.

A | Das Gemälde (100 x 129,5 cm) wurde 1935 von Alexander Michailowitsch Gerassimow geschaffen. Dieser war ein linientreuer Vertreter des Sozialistischen Realismus – der einzigen staatlicherseits anerkannten Kunstrichtung.

Das Bild wird dominiert von Josef W. Stalin, der sich durch seine weiße Kleidung deutlich abhebt, während ansonsten gedecktere Farbtöne, meist dunkles Rot, Braun und Schwarz vorherrschen. Auch das Gesicht des Diktators ist heller und detaillierter als diejenigen der übrigen Parteielite, die hinter ihm in Reihen sitzen und die zum Teil nur schemenhaft dargestellt ist. Das Gemälde stellt dar, wie Stalin an einem Rednerpult während des XVI. Parteikongresses einen Vortrag hält. Er wirkt durch die Gestik seines rechten Armes, durch seine aufrechte Haltung und seinen Gesichtsausdruck ruhig, überlegt und entschlossen. Die übrigen dargestellten Parteimitglieder blicken fast ausnahmslos nach vorne und hören ohne erkennbare Gesichtsregung zu. Unterbrochen von einem Strauch ist in der oberen Hälfte des Bildes im Hintergrund ein roter Vorhang zu sehen. Dessen rote Farbe kann als Symbol für den Kommunismus bzw. die Partei gedeutet werden.

Am linken oberen Bildrand ist eine Büste Lenins zu sehen: der Vorgänger Stalins, Anführer der Bolschewiki bis 1922 und Gründer der Sowjetunion. Stalin wird dadurch als jemand dargestellt, der das Werk Lenins fortführt. Dafür spricht auch, dass die römische Zahl XVI als Hinweis auf den Parteikongress auf dem Sockel des Lenin-Denkmals groß angebracht ist. Offenbar wird die Büste von der Sonne angestrahlt, allerdings nicht so, dass sie Stalin die vorherrschende Stellung streitig macht.

Das Gemälde ist ein typisches Beispiel für den Sozialistischen Realismus. Dieser hatte die Aufgabe, die Kommunistische Partei und die sozialistische Revolution positiv darzustellen. Die Darstellung ist auch ein Beispiel für den Personenkult um Stalin, der von den Künstlern ins Bild gesetzt werden sollte. Dabei kam es auch darauf an, die Werke möglichst realistisch und damit deren Inhalte nicht utopisch wirken zu lassen. Die Massen sollten angesprochen und von der Überlegenheit des Sozialismus überzeugt werden.

Das Bild soll Stalin als einen Menschen zeigen, dem zwar die Führungsgewalt im Land zusteht, der dabei aber mit Vernunft Entscheidungen trifft und sich in den Dienst des Sozialismus mit seinem Versprechen einer besseren und gerechten Gesellschaft stellt. Indirekt werden damit auch die Beschlüsse des Parteikongresses, bei denen die Durchsetzung des Fünfjahresplans auf Kosten des Lebensstandards der Bevölkerung und die Repression gegen die sogenannten Kulaken verkündet wurden, als angemessen und begründet dargestellt.

# Lösungsskizze: Politische Plakate auswerten

**Hinweis:** Das dazugehörige Plakat finden Sie auf S. 159.

A1 | Bei dem vorliegenden Material handelt es sich um ein Wahlplakat der SPD aus dem Jahre 1930. Die Schriftzüge bestehen alle aus Großbuchstaben und nennen neben dem Auftraggeber auch das Motto. Das Plakat zeigt laut Slogan „die Feinde der Demokratie" – und dies in dreifacher Personifizierung: Die zentrale Figur ist ein schwarzer Mann mit Hakenkreuz-Kappe, dessen Umrisse nur vage zu erkennen sind. Er scheint mit seiner rechten Hand in Richtung des Betrachters zu greifen und hält in seiner linken Hand einen nach unten gerichteten Dolch. Seine Mimik wirkt, als ob er schreit oder zum Angriff ruft. Links hinter ihm sieht man eine ebenfalls nur schemenhaft dargestellte Figur, die eine Kappe mit rotem Stern trägt. Rechts auf dem Plakat ragt ein Totenkopf mit Reichswehrhelm und Bajonett hervor.

Die drei Figuren dominieren das Bild und scheinen eingerahmt von Slogan und Aufruf zur Wahl („Hinweg damit! Deshalb wählt Liste 1"). Die zentrale Person stellt einen SA-Mann dar, links davon ist ein Kommunist zu erkennen und ganz rechts handelt es sich um eine Allegorie auf die Gefahr des Militarismus. Das Plakat teilt somit in dreifacher Hinsicht Schelte aus: gegen die Kommunisten, gegen den rechtskonservativen Nationalismus und gegen die alten Eliten. Die Symbolik ist stark und eindeutig zuzuordnen (Stern auf der Kappe des Kommunisten, Hakenkreuz, Stahlhelm). Gleiches gilt auch für die Farbgebung: Durch die Verwendung der Nationalfarben Schwarz-

Rot-Gold drückt die SPD ihr Bekenntnis zur Demokratie aus. Rot ist zudem die Farbe der Sozialdemokratie.

Anlass für die Veröffentlichung des Wahlplakats war die Reichstagswahl vom 14. September 1930. Es wendet sich an die potenzielle Wählerschaft (Frauen und Männer) und gegen die politischen Gegner der SPD von rechts und links, die die Republik seit ihrer Gründung bekämpften. Vor allem die Parteien der extremen Rechten nutzten die „Dolchstoßlegende" (vgl. Seite 154) zur hasserfüllten Agitation gegen die demokratischen Vertreter der Weimarer Republik. Hierauf wird Bezug genommen durch eine „Richtigstellung": Nicht etwa ein Sozialdemokrat hält den Dolch in der Hand! Die SPD kämpft für ein Zurückdrängen der erstarkenden Flügelparteien des rechten und linken Parteienspektrums. Die SPD will ihren Wählern die von diesen Parteien ausgehenden Gefahren veranschaulichen, indem sie ein Bedrohungsszenario aus Angst, Terror, Gewalt, Krieg und Tod entwirft. Dazu bedienen sie sich Stereotypen und Feindbildern. Die SPD will, ungleich ihrer Gegner, nicht mit Gewalt, sondern mittels der Wahl als demokratisches Mittel die gegnerischen Parteien ausschalten. Die Bedrohung wird durch die ideenreiche Gestaltung, starke Farben, bekannte Symbole und Stereotype eindrucksvoll und verständlich in Szene gesetzt. Seine beabsichtigte Wirkung hat das Plakat rückblickend jedoch verfehlt: Bei der Reichstagswahl von 1930 verlor die SPD fast drei Prozent der Stimmen, blieb aber stärkste Partei. Die KPD gewann 2,5 Prozent Stimmenanteil, die NSDAP stieg mit 18,2 Prozent sogar zur zweitstärksten Partei auf.

A2 | Bei der Erörterung können ggf. folgende Aspekte berücksichtigt werden.

**Kontra:**
- Das Plakat wirkt aggressiv („Hinweg!", Dolch) und verwendet verallgemeinernde Stereotype des politischen Gegners.
- Heute ist die Verwendung von Symbolen verfassungsfeindlicher Organisationen wie das Hakenkreuz strafrechtlich verboten.

**Pro:**
- Die politische Situation damals und heute ist nicht gleichzusetzen. 1930 stellten die KPD und die Nationalsozialisten mit ihren hohen Stimmenanteilen eine ernste Bedrohung der Republik dar.
- Die Darstellung der Nationalsozialisten und der Kommunisten (siehe Gesichtsausdruck) ist einerseits durch die paramilitärischen Verbände beider Parteien (SA, Rotfrontkämpferbund, „Stahlhelm") mit ihren terroristischen Aktionen und angesichts der nationalsozialistischen Herrschaft (1933–1945) gerechtfertigt.
- KPD, NSDAP und andere militaristische Verbände haben ihre Verachtung der parlamentarischen Demokratie gegenüber und ihr Ziel, diese zu zerstören, offen bekundet.

## Lösungsskizze: Schriftliche Darstellungen analysieren

**Hinweis:** Die dazugehörigen Beispielsequenzen finden Sie auf S. 167.

A1 | In beiden Texten werden unterschiedliche Theorien zum Faschismus formuliert. Der erste Text gibt eine Erklärung für seine Entstehung (vgl. M1, Z. 7–10: instrumentalistischer Ansatz, wonach der Faschismus angeblich als „kleinbürgerliche Bewegung" von der „Großbourgeoisie" gegen das Proletariat eingesetzt wird) und seine soziale Zusammensetzung (vgl. Z. 10–14: Bevölkerungsteile aus Mittelschichten und bisherigen Eliten, die durch die „kapitalistische Krise" bzw. die Folgen des Ersten Weltkrieges „deklassiert" worden waren.

Der zweite Text legt den Fokus zum einen auf die Zusammenhänge der faschistischen Bewegungen in verschiedenen Ländern (generischer Ansatz). Demgegenüber sei vorher jeweils die Einzigartigkeit bzw. Besonderheit der faschistischen Bewegungen in den einzelnen Ländern behauptet worden. Zum anderen werden im Text als Belege Gemeinsamkeiten genannt, die allesamt antidemokratisch sind (vgl. M2, Z. 4–9) und die Unterschiede gegenüber herkömmlichen Parteien hinsichtlich Strukturen und politischem Stil (Z. 13: „Aktionismus, Willenskraft und Uniformierung").

M1 ist ein offizieller Text der Kommunistischen Internationale (Komintern), eines Zusammenschlusses der kommunistischen Parteien unter Führung der Sowjetunion. Die kommunistischen Parteien grenzen sich dabei von der Sozialdemokratie ab, die in parlamentarischen Demokratien Reformen für eine bessere und gerechtere Gesellschaft erreichen wollte. Demgegenüber erstrebten die Kommunisten eine sozialistische Revolution mit einer radikalen Umwälzung von Staat, Gesellschaft und Wirtschaft. Als Vorbild diente dabei meist die russische Oktoberrevolution. Der Text stammt aus dem Jahr 1924. Zu dieser Zeit haben sich die italienischen Faschisten nicht nur zu einer Massenbewegung entwickelt. 1922 wurde ihr „Duce" Benito Mussolini vom italienischen König zum Regierungschef ernannt. Die großenteils gewaltsamen Aktivitäten der Faschisten richteten sich von Anfang an besonders auch gegen die Sozialisten. So beendeten ihre Kampfverbände 1922 einen Generalstreik, den die Gewerkschaften ausgerufen hatten.

M2 stammt von einem renommierten Historiker. Zum Zeitpunkt seiner Veröffentlichung 2015 sind die faschistischen Bewegungen, die nach dem Ersten Weltkrieg entstanden waren, schon lange Zeit überwunden. In der Zwischenzeit konnten für die Fachliteratur zum Thema zahlreiche Quellen ausgewertet werden. Bauerkämpers Text ist sehr sachlich gehalten. Im Gegensatz dazu wirkt M1 wie ein Kampfschrift, die eine einheitliche Linie der Komintern zum Ausdruck bringen will und sich gegen die politischen Gegner richtet. Dazu werden auch die Sozialdemokraten als sogenannte „Sozialfaschisten" gezählt. Das zeigt, dass von Kommunisten der Begriff Faschismus pauschal nicht nur für die faschistische Bewegung selbst verwendet wurde, sondern auch für Parteien und Einstellungen, die im Rahmen der liberalen Demokratie tätig waren. Der Kommunismus soll als einzige Kraft dargestellt werden, die bisherige Missstände und Ungerechtigkeiten überwinden kann. Die kämpferische Grundstimmung (M1, Z. 3: „Machtkampf", Z. 7: „Kampfinstrument", Z. 8: „Niederwurf") schlägt sich im Text auch in einer aggressiven Wortwahl nieder: z. B. „Konterrevolution" (Z. 1), „Erhebung der Massen" (Z. 5 f.).

A2 | Grundsätzlich sind alle Texte von den jeweiligen Bedingungen in ihrer Zeit abhängig. Dazu gehören auch die Grundeinstellungen der Autorin/des Autors und deren Ziele, die sie mit dem Text verfolgen. Bei Fachliteratur (wofür M2 ein Beispiel ist) ist außerdem entscheidend, welche Quellen zur Verfügung standen und was die Autorin/der Autor erforschen will.
Nach einer gewissen Zeit werden alle Texte, auch Fachliteratur, Zeugnisse ihrer Entstehungszeit und damit Quellen.
M1 ist einerseits die Schrift einer Organisation, die politische Ziele verfolgt. Andererseits gibt sie, wie M2, auch eine Theorie zum Faschismus.

**Aspekte, die für eine Einschätzung als Quelle sprechen:**

- Äußerung einer politischen Organisation, die ideologisch gegen den Faschismus gerichtet und Teil der damals herrschenden weltanschaulichen Auseinandersetzungen ist.
- Faschismus wird als Kampfbegriff verwendet. Für die unterschiedslose Gleichsetzung der politischen Gegner fehlen sachliche Belege.

- Die Schrift entstand 1924, als die faschistische Bewegung in Italien erst wenige Jahre alt war und der Faschismus sich in anderen Ländern erst formierte. Deshalb ist eine objektive Analyse des Faschismus schwierig/unmöglich.

**Aspekte, die für eine Einschätzung als reine Darstellung sprechen:**
- Wie andere Darstellungen auch interpretiert sie historische Ereignisse.
- Grundsätzlich kann eine Darstellung nicht für sich in Anspruch nehmen, bestimmte Phänomene richtig einzuschätzen. (Dennoch gibt es Abstufungen bzgl. der Objektivität.)

## Lösungsskizze: Geschichtsspielfilme analysieren

**Hinweis:** Die dazugehörigen Beispielsequenzen finden Sie auf S. 200 f.

A1 | Der in Deutschland produzierte Kurzfilm „Spielzeugland" von 2007 wurde vor allem im Ausland viel beachtet und gewann, nach mehreren nationalen und internationalen Preisen, 2009 den Oscar in der Kategorie „Kurzspielfilm". Seine Erstausstrahlung im deutschen Fernsehen war am 1. März 2009. Thema des Films ist die Deportation von Juden aus Deutschland im Nationalsozialismus und das mutige Eingreifen einer einzelnen Frau, die zur Lebensretterin wird. Der Film enthält Elemente eines Märchens. Die beiden benachbarten Jungen Heinrich Meißner und David Silberstein sind beste Freunde. Da David und seine Eltern Juden sind, müssen sie mit einer baldigen Deportation rechnen. Heinrichs Mutter erfindet die Notlüge, Davids Familie reise ins Spielzeugland, um ihrem Sohn das drohende Verschwinden seines Freundes zu erklären. Heinrich folgt daraufhin David heimlich, als dessen Familie deportiert wird. Als die Mutter das Verschwinden bemerkt, sucht sie ihren Sohn am Bahnhof, wo bereits viele Juden in Waggons zusammengepfercht wurden. Heinrich ist nicht dort, jedoch Familie Silberstein. Frau Meißner gibt daraufhin David als ihren Sohn aus und rettet ihn vor der Deportation und dem wahrscheinlichen Tod. In der Schlusssequenz sieht man Heinrich und David in hohem Alter bei ihrer Lieblingsbeschäftigung, dem gemeinsamen Klavierspiel.

Der Film spielt im Berlin des Jahres 1942. Nachdem 1941 die „Endlösung der Judenfrage" beschlossen wurde, verstärkte sich die stetig zunehmende Verfolgung der jüdischen Bevölkerung in Deutschland. Ziel war es nun, alle Juden aus Deutschland zu deportieren und in Konzentrations- und Vernichtungslagern zu ermorden. Dies thematisiert „Spielzeugland" genauso wie weiteren Terror gegenüber Juden. Deutlich wird zum Beispiel auch die Pflicht, als Jude einen gelben Stern zu tragen, und die entsprechende Kennzeichnung im Ausweis. Juden wurden in zahlreichen Formen schikaniert, misshandelt und beleidigt, was der Film ebenfalls zeigt. „Spielzeugland" zeigt keine historisch verbürgten Personen, vielmehr stehen die Personen als Beispiel für das Schicksal vieler. Die wenig komplizierte Geschichte wird dadurch kunstvoll, dass verschiedene Zeitebenen miteinander verschränkt werden. Während Heinrichs Mutter ihren Sohn sucht, unterbricht die Handlung immer wieder für Rückblenden, die die Vorgeschichte erzählen. Diese raschen Wechsel erzeugen ein Gefühl von Gefahr und Dramatik. Die Stimmung in „Spielzeugland" ist durchweg düster und trüb, Spannung erzeugt auch die begleitende, zuweilen schneller werdende Klaviermusik. Die Kameraführung lässt in verschiedenen Szenen ein Gefühl des Ausgeliefertseins entstehen, zum Beispiel, wenn das Treppenhaus von oben nach unten gezeigt wird oder der dampfende und pfeifende Zug am Bahnhof von unten her gefilmt wird, was die Menschen neben ihm ungleich kleiner erscheinen lässt. Der Film arbeitet darüber hinaus inhaltlich mit plakativen Mitteln. So führt die Äußerung des Obersturmbannführers, der vermeintliche Heinrich sei „ganz die Mutter", das Klischee des optisch klar identifizierbaren Juden ad absurdum. Dies zeigt sich zudem, wenn die Behandlung von

Heinrichs Mutter als vermeintlicher Jüdin sich von jetzt auf gleich ins Gegenteil verkehrt, als die Nazis erfahren, dass es sich um eine „Volksdeutsche" handelt. Die Kritik am Antisemitismus wird daneben in dem Kind Heinrich deutlich, für den seine Freundschaft zu einem jüdischen Kind völlig selbstverständlich ist. Nach eigener Aussage war es dem Regisseur Jochen Alexander Freydank ein Anliegen, den Widerstand der kleinen Leute gegen das NS-Regime darzustellen und damit auch ein Zeichen zu setzen gegen aktuelle rechtsradikale Tendenzen.

„Spielzeugland" möchte vermitteln, dass es auch im nationalsozialistischen Deutschland Zivilcourage gab. Einfache Menschen leisteten Widerstand und nahmen dadurch Gefahren für sich selbst in Kauf, wie Frau Meißner, die einen jüdischen Jungen bei sich versteckt. Auch wenn hier kein historischer Fall erzählt wird, ist der Film insofern authentisch, als verschiedene Fälle verbürgt sind, in denen Menschen jüdische Mitbürger versteckt haben, welche so den nationalsozialistischen Terror überlebten. Klischeehaft überzeichnet wirken dabei die dargestellten Nazischergen. Sie sollen den Antisemitismus pointiert verkörpern, was sie und ihre Ideologie unglaubhaft bis lächerlich erscheinen lässt. Ob David als vermeintlicher Heinrich einfach so herausgegeben worden wäre, ohne zu prüfen, wo denn eigentlich der Sohn der Silbersteins ist, erscheint fraglich. Auch das Motiv des Klavierspiels wirkt klischeehaft, spätestens seit seiner Verwendung in dem Spielfilm „Der Pianist", welcher ebenfalls die Verfolgung der Juden durch die Nationalsozialisten zum Thema hat. Das überraschende und märchenhafte Ende lässt möglicherweise etwas an der Triftigkeit von „Spielzeugland" zweifeln. Es berührt bei den Zuschauern eine emotionale Ebene, erzeugt Rührung und lässt das Gefühl zurück, dass es in all dem Übel auch Gutes gab. „Spielzeugland" bietet verschiedene Denk- und Diskussionsanstöße. So kann man sich zum Beispiel mit Frau Meißners Entscheidung, David mitzunehmen – welche der Höhepunkt des Films ist – beschäftigen oder der Frage nachgehen, wie der Film mit Lüge und Wahrheit umgeht. Abschließend lässt sich sagen, dass Freydank einen eher konventionellen Film zum Thema Nationalsozialismus konzipiert hat, worin – mag man der Kritik glauben – gerade der Erfolg des Films in den USA begründet sein könnte.

A2 | Bei dem individuell ausgewählten Still sollten wie bereits in den Beispielen insbesondere die Aspekte Kadrierung, Farben bzw. Farbkontraste, Einstellungsgröße, Perspektive (z. B. Vogel- oder Froschperspektive), Höhe und Distanz berücksichtigt werden.

A3 | Es ist ratsam, zunächst zu einer eigenen Einschätzung zu kommen. Das verhindert eine zu große Beeinflussung von anderen Beurteilungen. Eine Preisbegründung und eine Rezension ist zu finden mithilfe des Mediencodes **32051-29**.

# Lösungsskizze: Politische Reden (Tonquellen) analysieren

A | Adolf Hitler hielt die in Auszügen vorliegende Rede bei einer Kundgebung der NSDAP am 26. September 1938 im Berliner Sportpalast vor ca. 20 000 Parteianhängern. Der selbsternannte „Führer" des nationalsozialistischen Deutschen Reiches fordert in seiner Funktion als Regierungschef, das Sudetenland von der Tschechoslowakei zu lösen und an das Deutsche Reich anzugliedern. Er beruft sich dabei auf das Selbstbestimmungsrecht der Völker und begründet seine Forderung unter anderem damit, dass Frankreich ein ähnliches Vorgehen bezüglich des seit Jahrzehnten umstrittenen Gebietes Elsass-Lothringen an den Tag legt. Hitler beteuert zwar einen starken Friedenswillen, erklärt aber gleichzeitig, dass er nun aufgrund seiner Verantwortung

**Hinweis:** Auszüge der dazugehörigen Rede finden Sie auf S. 209.

gegenüber dem „Deutschen Volk" verpflichtet sei, zu handeln. Wenn seine Forderung erfüllt würde, so Hitler, werde er keine weiteren Ansprüche mehr stellen, da ihn eine Auflösung und Besetzung der gesamten Tschechoslowakei nicht interessiere. Dies habe Hitler bereits dem britischen Premierminister Chamberlain versichert, mit welchem bereits Gespräche zum Thema der Rede stattfanden. Die Verantwortung für einen möglichen Krieg schiebt Hitler abschließend Edvard Beneš zu, dem Staatspräsidenten der Tschechoslowakei, der es in seiner Hand habe, durch die Abgabe des Sudetenlandes den Frieden zu sichern. In der Rede spielt Hitlers rassistische und nationalistische Weltanschauung ebenso eine Rolle, wie seine expansive Außenpolitik.

Nach dem „Anschluss Österreichs" im März 1938 war Hitlers Ziel, das Sudetenland „heim ins Reich" zu holen. Seine aggressive Außenpolitik war bisher im Sinne des „Appeasement" von den Westmächten toleriert worden. Durch die „Sudetenkrise" spitzte sich die außenpolitische Situation aber zu. In diesem Kontext ist die Rede zu sehen. Zunächst begründet Hitler den scheinbaren Anspruch auf das Sudetenland, dann beruft er sich auf seine Pflicht, die dem Friedenswillen entgegensteht, und verspricht, nach der Erfüllung seines Wunschs keine Forderungen mehr zu stellen. Nach dieser Beruhigung endet die Rede mit der Drohung, notfalls durch Krieg das Sudetenland zu erobern. Hitlers Wunsch, die Masse der Bevölkerung zu mobilisieren, zeigt sich in der mehrmaligen direkten Ansprache der „Volksgenossen". Verschiedene sprachliche Mittel wie Vergleiche, Wiederholungen und kurze, plakative Ausrufe („Wir wollen gar keine Tschechen!", „Krieg oder Frieden") dienen der Überzeugungskraft und sollen die Zuhörer emotional beeinflussen. Hitler setzt in bekannter Weise expressive Mimik und Gestik ein, die seine Entschlusskraft und den gemeinsamen „Kampf" des „Deutschen Volkes" unterstreichen sollen. Stil und Wortwahl der Rede führen dazu, dass sie gut verständlich ist und die Kernaussage für die breite Masse der Zuhörer deutlich wird. Auch die Argumentation ist so aufgebaut, dass man ihr gut folgen kann. Die Rede wird mit lauter Stimme und bestimmendem Tonfall vorgetragen. Das Vortragstempo ist gemäßigt bis schnell und enthält Pausen, damit das Publikum gut folgen kann. Im Lauf der Rede kommt es immer wieder zu begeistertem Jubel und Sprechchören des Publikums, insbesondere dann, wenn Hitler eine Konsequenz ankündigt, wie am Ende des hier betrachteten Auszuges. Hitler spricht in einer mit zahlreichen Hakenkreuzfahnen und Spruchbannern geschmückten Halle vor vorrangig sitzenden Menschen. Die Zuhörer wirken interessiert und begeistert. Diese Inszenierung soll Hitlers Rückhalt in der „Volksgemeinschaft" symbolisieren.

Hitlers Rede richtete sich zum einen an die deutsche Bevölkerung, um Akzeptanz für eine mögliche militärische Auseinandersetzung zu gewinnen und zum anderen an das Ausland, um seine friedfertigen Absichten zu beteuern, die Notwendigkeit seines Handelns zu rechtfertigen und Druck aufzubauen. Die gesamte Inszenierung der Rede muss unter dem Gesichtspunkt der Propaganda betrachtet werden. Hitlers Zuhörer waren sorgfältig ausgewählt, ihre Begeisterung für Hitlers kriegerische Parolen spiegelt nicht die Stimmung in der Gesamtbevölkerung zu dieser Zeit wider. Diese wollte unbedingt am Frieden festhalten. Hitler erreichte außenpolitisch eine Einigung insofern, als dass Italien, Frankreich, Großbritannien und Deutschland wenige Tage später im Münchner Abkommen die Abtretung des Sudetenlandes an Deutschland beschlossen. Hitlers in der Rede gegebenes Versprechen entsprach jedoch nicht der Wahrheit. Bereits im Mai 1938 sprach er im Geheimen davon, die gesamte Tschechoslowakei zu zerschlagen und an Deutschland anzugliedern, und genau das geschah im März 1939.

# Lösungsskizze: Fotografien als Quellen deuten

Hinweis: Die dazugehörigen Bildmaterialien finden Sie auf S. 221.

A1

- Die Bilder zeigen Lenin am 5. Mai 1920 vor dem Bolschoi-Theater in Moskau. Dabei sind die Aufnahmen in M1 und M2 kurz nacheinander entstanden. Obwohl sie zufällige Momentaufnahmen sind, zeigen sie doch eine motivische Symbolik, die vor allem im Bild M2 dazu genutzt wurde, um weitere Manipulationen im Sinne der „optimierten" Wirklichkeit vorzunehmen.
- M1: Lenin steht erhöht als Redner auf dem Podest und spricht in aufrecht kämpferischer Haltung zu den umstehenden Zuschauern. Dennoch ruht bei dieser Momentaufnahme der Blick des Betrachters nicht allein auf Lenin als Zentrum des Geschehens. Die Aufmerksamkeit des Betrachters erscheint hier zweigeteilt. Auf den Treppenstufen des Podests stehen Kamenev und Trotzki. Trotzki in frontaler Körperhaltung und mit Blick in Richtung der Zuschauer und der Kamera wirkt besonders präsent. Als Führer der Roten Armee zeigt er sich selbstbewusst, auf dem Höhepunkt seiner Macht. Der Sprecher Lenin wirkt daher beinahe als Redner von Trotzkis Gnaden. Auch die Zuschauer selbst haben einen unterschiedlichen Fokus und blicken z. T. in Richtung des Fotografen.
- M2: Das Bild entstand kurz vor oder nach der Aufnahme in M1 und unterscheidet sich doch deutlich von dieser. Durch den größeren Bildausschnitt erscheint Lenin zentraler. Dies wird auch durch den weniger scharf gestellten Hintergrund betont. Lenin wirkt durch seine stark nach rechts geneigte Körperdrehung dynamischer als auf dem Bild M1. Die Pose unterstreicht seine fesselnde Ausdrucks- und Überzeugungskraft. Lenin wird in diesem Bild zum wortgewaltigen Anführer, der die neue Gesellschaftsordnung vorantreiben wird. Auch der Blick der Zuschauer ist deutlich stärker auf das Podest und Lenin ausgerichtet als in M1. Kamenev und Trotzki auf der Treppe wenden sich dagegen nach links und wirken dadurch weniger präsent als der agierende Lenin. Sie sind in einer beobachtenden Position mit Blick in die Menge, die sich wiederum ganz auf Lenin konzentriert. Das Bild Lenins wurde geradezu zu einer Bild-Ikone – allerdings meist nur in seiner Vorlage für eine visuelle Manipulation, wie das Beispiel M4 zeigt.
- M4: Mit dem sinkenden Einfluss Trotzkis verschwand dieser aus aktuellen Bildern. Nach seinem Ausschluss aus der Partei und seiner Verbannung waren Bilder mit ihm offiziell nicht mehr tragbar. Die Säuberung des visuellen Gedächtnisses fand ihren Höhepunkt unter Stalin. Die im Sinne der Ideologie „optimierte" Wirklichkeit zielte auf die Veränderung des Bewusstseins der Bevölkerung, auf eine staatlich verordnete Wahrnehmung der Wirklichkeit. Doch auch in der Nachkriegszeit wurde der manipulative Umgang mit Bildern gleichsam fortgesetzt. Im vorliegenden Beispiel wird durch die Retusche von Kamenev und Trotzki der Blick des Betrachters noch stärker auf Lenin gelenkt und zugleich die Erinnerung an die verbannten Personen ausradiert.

Fazit: Der Blick des Zuschauers wird durch die Bildkomposition gelenkt. Bildausschnitt, Kameraposition, Körperhaltung und Hintergrundgestaltung verstärken die Aussagekraft. Momentaufnahmen historischer Ereignisse sind vor allem dann, wenn sie zu ikonischen Fotografien werden, kaum zufällige Dokumentationen historischer Begebenheiten, sondern symbolische Darstellungen politischer Botschaften.

**A2** | Das Gemälde M3 wurde in einem Werk zu „Lenin in der bildenden Kunst“ veröffentlicht und danach auch in hoher Stückzahl als Bildpostkarte verkauft.

Die Darstellung ist vergleichbar mit den Fotografien M1 und M2. Der Bildausschnitt ist gleich, ebenso der Blick des Betrachters auf die Rednertribüne und Lenin. Deutliche Veränderungen sind allerdings in allen drei Bildebenen zu sehen. Lenin im Mittelpunkt des Bildes steht aufrecht mit dynamisch nach oben gereckten Armen. Er erscheint als Dirigent der Zuschauer. Der Redegestus reißt die Menge mit. Diese ist im Vordergrund und an den Seiten des Bildes nun auch geradezu magnetisch auf Lenin ausgerichtet. Alle Blicke sind auf Lenin gerichtet, einzelne Arme aus der Menge sind in seine Richtung hin begeistert erhoben. Die Worte scheinen so fesselnd zu sein, dass einzelne Zuschauer diese konzentriert mitnotieren. Auf dem Treppenaufgang fehlen Kamenev und Trotzki. Im Hintergrund wird die Dynamik und Dramatik der Szene durch eine Vielzahl von roten Flaggen und Spruchbannern verstärkt. Bis auf zwei Transparente am Bolschoi-Theater sind auf den Fotografien keine weiteren Fahnen zu sehen, sie sind eine bewusste „Optimierung“ des historischen Ereignisses.

**A3** | Das Historiengemälde ist eine Darstellung der Ereignisse ganz im Sinne der Vorgaben der kommunistischen Partei. Es zeigt eine im Sinne der Ideologie „optimierte“ Realität. Kunst sollte die Stärke der Bewegung zum Ausdruck bringen, die sich durch Geschlossenheit und Einheit auszeichnet. Störende Abweichler fehlen, die Zuschauermenge hat ein Ziel vor Augen. Die Menge lässt sich von der Parteiführung leiten und folgt ihr begeistert. Das Mitnotieren der Rede verdeutlicht das Lehrer-Schüler-Modell, indem die Schüler die Ideen der Revolutionsführer begierig aufnehmen. Die Fahnen sind Ausdruck des revolutionären Aufbruchs bzw. des revolutionären Bewusstseins der Menge. Das Gemälde ist ein Beispiel für die gelenkte Geschichtsdarstellung der KPdSU.

# Lösungsskizze: Denkmäler untersuchen

**Hinweis:** Die dazugehörigen Fotos finden Sie auf S. 232 f.

**A1**

- Initiatoren: Die Veteranen des Afrikakrieges, die sich seit 1951 im „Verband Deutsches Afrikakorps e.V.“ zusammenschlossen; die Stadt Heidenheim stellt das Gelände zur Verfügung, auch das Land Baden-Württemberg unterstützt das Anliegen.
- 1961, anlässlich des 70. Geburtstages von Rommel, wird das Denkmal eingeweiht. Viele nationale und internationale Gäste sind anwesend und gedenken des „großen Sohnes der Stadt“. Die künstlerische Gestaltung übernahm der in Heidenheim lebende Künstler Franklin Pühn (geb. 1925).
- 2011 wird eine Infotafel von der Stadt beim Denkmal angebracht, die das Unbehagen mit dem Denkmal ausdrückt. Die lokale Geschichtswerkstatt betonte die Rolle Rommels im Vernichtungskrieg und bewirkte so eine rege Auseinandersetzung in der Stadt und im Gemeinderat, die schließlich zur Anbringung der Infotafel führte. Diese Tafel zeigt, wie sich die Sicht auf das NS-System und den Zweiten Weltkrieg seit den 1990er-Jahren veränderte. (Hintergrund: Abschied vom Mythos der „sauberen Wehrmacht“ durch die „Wehrmachtsausstellungen“ von 1995 bis 2004).
- 2020 wird das Denkmal durch ein „Gegendenkmal“ ergänzt, da die Infotafel als unangemessen empfunden wird und die Stadtgesellschaft um einen zeitgemäßen Ausdruck der kritischen Haltung zu Erwin Rommel ringt. Das „Gegendenkmal“ zeigt ein Opfer des Zweiten Weltkrieges in Nordafrika; bis heute werden Menschen von Minen, die im Krieg zum Einsatz kamen, verletzt oder sterben. Die Aufstellung dieser Skulptur wird national und international kommentiert und positiv aufgenommen.

Fazit: Die Geschichte des Denkmals zeigt die sich verändernde Einschätzung des Zweiten Weltkrieges und der Person Rommels in der deutschen Gesellschaft: Der Mythos der „sauberen Wehrmacht“ wird zerstört, Rommel und seine Rolle im Vernichtungskrieg werden thematisiert und dargestellt.

A2 | Mögliche Argumente für den Erhalt des Denkmals und Ergänzung durch ein „Gegendenkmal“:

- Das „Gegendenkmal“ zeigt einen neuen, bisher vernachlässigten Aspekt des Zweiten Weltkrieges: Es regt zur Auseinandersetzung mit diesem Vernichtungskrieg in Nordafrika mit vielen zivilen und militärischen Opfern an.
- Das „Gegendenkmal“ regt zur erneuten Auseinandersetzung mit Rommel und seiner Rolle im Zweiten Weltkrieg an.
- Die jetzige Denkmalsanlage zeigt die Veränderung der Erinnerungspolitik in der Bundesrepublik Deutschland und würdigt die Rolle der Streiter für eine Aufarbeitung des Nationalsozialismus. Sie zeigt, wie schwierig es war, den Weg in eine demokratische Erinnerungskultur zu finden.
- Rommel und sein Denkmal gehören zur Geschichte der Stadt; es ist besser, sich dieser Geschichte zu stellen, als sie zu vergessen.
- Das Denkmal ist ein Ort der Trauer für die Opfer des Krieges in Nordafrika.

Mögliche Argumente für eine Beseitigung des Denkmals:

- Auch die jetzige Denkmalsanlage erinnert und würdigt einen Täter des Vernichtungskrieges: Der Stein für Rommel ist groß und mächtig, das Minenopfer klein: Der Täter erdrückt die Erinnerung an die Opfer und verhindert so ein angemessenes Gedenken und Trauer.
- Die Denkmalsanlage kann auch in der heutigen Form für Huldigungen Rommels von rechtsextremen Kreisen missbraucht werden.
- Eine klare Distanzierung von Rommel und dem Vernichtungskrieg wäre durch eine Beseitigung des Denkmals besser zu leisten.

A3 | Mögliche Aspekte zur „Wahrheitssuche“ mit dem Denkmal:

- Die Denkmalsanlage irritiert und wirft Fragen auf: Woher kommt diese invalide Person? Was hat sie mit Rommel zu tun? Warum steht das Denkmal überhaupt noch? Diese und viele weitere Fragen regen zur Diskussion an.
- Die Denkmalsanlage zeigt die verschiedenen Antworten auf die Auseinandersetzung mit Rommel und fordert geradezu ein persönliches Urteil.
- Die Denkmalsanlage macht den Eindruck des Unfertigen und Provisorischen: Das lädt zu weiteren Ergänzungen ein.
- Der Verweis auf die Webseite mit zahlreichen Informationen regt zur Auseinandersetzung an.

Fazit: Der „gewachsene“ Charakter des Denkmals zeigt deutlich, dass nicht die „Wahrheit“ zur Person Erwin Rommel ausgedrückt wird, sondern der Diskussionsstand zu dieser umstrittenen Person und ihrer Rolle im Zweiten Weltkrieg.

# Kooperationsformen

## Amerikanische Debatte

- **Ziele:** Perspektivübernahme, Erarbeitung, Artikulation und Argumentation kontroverser Positionen; kommunikatives Handeln

- **Orte im U.:** Phase der Urteilsbildung

- **Ablauf:** Variante der Pro-Kontra-Debatte: Die Klasse wird in Pro- und Kontra-Gruppen eingeteilt, die auf der Grundlage von Texten oder des vorangegangenen Unterrichts unterschiedliche Positionen zur Debattenfrage erarbeiten. Die Gruppen bestimmen die jeweiligen Diskutanten, deren Anzahl je nach Klassenstärke unterschiedlich sein kann. Die Diskutanten sitzen gegenüber und der Moderator eröffnet die Debatte und erteilt einer Seite das Wort. Das erste Argument wird genannt, die gegnerische Seite greift das Argument auf, versucht es zu widerlegen und nennt ein weiteres Argument, das wiederum von der anderen Seite aufgegriffen wird (siehe Abbildung). Sollten am Ende der Reihe noch nicht alle Argumente ausgetauscht sein, wird von vorne begonnen.
  Der Moderator achtet auf die Einhaltung der Reihenfolge sowie der Redezeit und beendet die Debatte. Die Zuschauer bewerten im Anschluss die Diskussion.

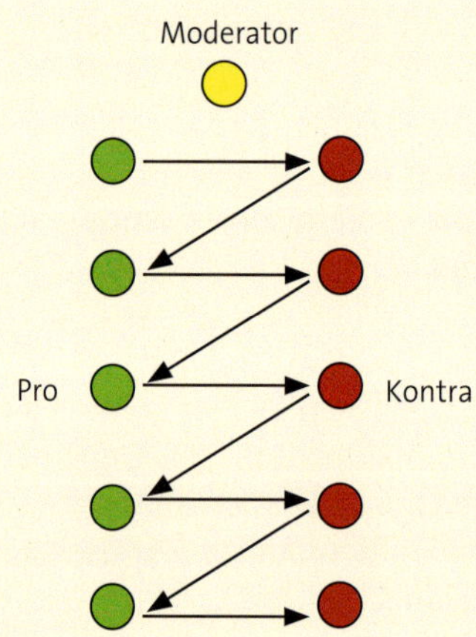


- **Beachten:** Zuspitzung der Themenstellung auf eine Ja-Nein-Frage (Entscheidungsfrage).
  Da die Debatte eine hoch formalisierte Form der Diskussion ist, sollten die Regeln eingehalten werden. Die Redezeit sollte unbedingt begrenzt werden. Die Amerikanische Debatte ist deutlich anspruchsvoller als die „einfache“ Pro-Kontra-Debatte, da die Diskutanten mit jedem Beitrag Bezug auf den Vorredner nehmen müssen. Sie empfiehlt sich vor allem für „starke“ Lerngruppen.

## Ampelkartenabfrage

- **Ziele:** Festlegung auf eine eindeutige eigene Position; Ermittlung eines Meinungsbildes der Gesamtgruppe
- **Orte im U.:** erste Meinungsabfrage, Einleitung der abschließenden Urteilsbildung
- **Ablauf:** Jeder Teilnehmer erhält eine grüne und eine rote Karte. Zu einer politischen Streitfrage (die als Entscheidungsfrage formuliert ist) oder einer kontroversen These positionieren Sie sich nach kurzer Bedenkzeit auf ein Zeichen des Lehrers, indem Sie entweder die grüne (Zustimmung) oder die rote Karte (Ablehnung) deutlich sichtbar hochhalten. Enthaltungen oder Zwischenpositionen sind nicht zugelassen. Einzelne Teilnehmer (ggf. im Blitzlichtverfahren auch alle) werden aufgefordert, ihre Meinung mit ihrem Hauptargument zu begründen. Dieses Argument kann auch in der Vorbereitungszeit stichwortartig bereits auf der (laminierten) Karte notiert werden.
- **Beachten:** Alle Teilnehmer müssen sich **gleichzeitig** positionieren. Ein Meinungswechsel und eine Diskussion sind während der Ampelkartenabfrage nicht vorgesehen.

## Fish-Bowl-Diskussion

- **Ziele:** Perspektivübernahme, Erarbeitung, Artikulation und Argumentation unterschiedlicher Positionen; kommunikatives Handeln
- **Orte im U.:** Phase der Urteilsbildung
- **Ablauf:** Eine Kleingruppe diskutiert in einem Innenkreis in der Mitte des Raumes ein Thema, während die übrigen Schüler in einem Außenkreis darum herumsitzen („Fish-Bowl"), die Diskussion genau verfolgen und den Diskutanten im Anschluss eine Rückmeldung zu Diskussionsverhalten und Argumentation geben. Ein Moderator im Innenkreis leitet die Diskussion. In der Diskussionsrunde steht ein Stuhl mehr als es Teilnehmer gibt. Den freien Platz kann jemand aus der Beobachtergruppe einnehmen, um Fragen zu stellen oder seine Meinung einzubringen. Danach verlässt er die Diskussionsrunde wieder.
- **Variante:** Der Zuschauer verbleibt in der Diskussionsrunde, dafür verlässt ein anderer Diskutant die Runde und macht seinen Stuhl für einen anderen frei.
- **Beachten:** Fragestellung sollte möglichst offen sein und in der Diskussion verschiedene Richtungen ermöglichen.

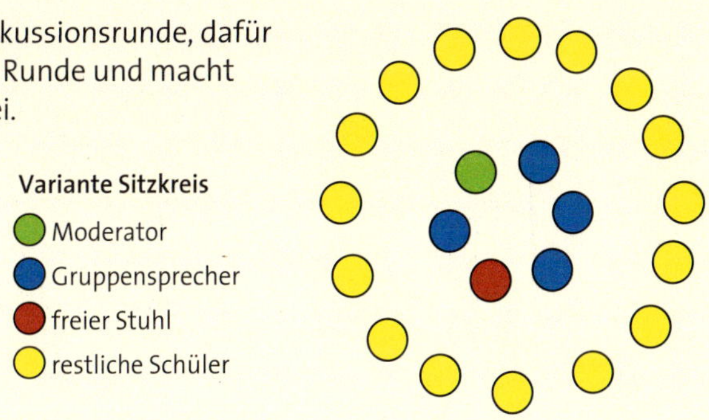

## Gruppenpuzzle

- **Ziele:** arbeitsteilige selbstständige Erarbeitung und Präsentation von (Teil-)Inhalten
- **Orte im U.:** Erarbeitung, Schaffung einer breiten Informationsbasis
- **Ablauf:** Ein Thema wird in unterschiedliche, möglichst gleichwertige Teilthemen/-aufgaben (= Puzzleteile) unterteilt, die in Gruppen erarbeitet werden. Das Gruppenpuzzle arbeitet mit zwei Gruppenformen (Stamm- und Expertengruppe) und wird in drei Phasen durchgeführt:

1. In der ersten Phase werden die Schüler in Stammgruppen eingeteilt. Jedes Mitglied erhält eine Teilaufgabe (= Puzzleteil) einer Gesamtaufgabe, die es erarbeitet und für die es zum „Experten" wird.

2. In der zweiten Phase treffen sich alle „Experten", die dieselbe Teilaufgabe bearbeitet haben, in den sogenannten Expertengruppen, tauschen sich aus, klären offene Fragen und vertiefen ihr Expertenwissen.

3. In der dritten Phase kehren die Experten in ihre jeweilige Stammgruppe zurück und informieren die Mitglieder der Stammgruppe über ihre Erkenntnisse (= Zusammensetzung der Puzzleteile).

- **Beachten:** Nach dieser Phase muss jedes Gruppenmitglied über alle Teilaspekte eines Themas (= Puzzleteile) informiert sein. Die Teilergebnisse sollten zu einem Gesamtergebnis zusammengeführt werden.

Podiumsdiskussion

- **Ziele:** Perspektivübernahme, Erarbeitung, Artikulation und Argumentation unterschiedlicher Positionen; kommunikatives Handeln
- **Orte im U.:** Phase der Urteilsbildung
- **Ablauf:** Zur Vorbereitung werden unterschiedliche Positionen zu einer bestimmten Thematik (in Gruppenarbeit) erarbeitet (Rollenübernahme). Ein Moderator (in der Regel die Lehrkraft) führt thematisch in die Diskussion ein, stellt die teilnehmenden Figuren und ihre jeweilige Position kurz vor. Darüber hinaus gibt er die Regeln bekannt: Zunächst soll jeder Diskutant seine Position in einem kurzen Statement (max. 2 Minuten) vorstellen.
  Nach Abschluss dieser ersten Runde können die übrigen Teilnehmer darauf Bezug nehmen. Der Moderator wahrt absolute Neutralität, stellt im Verlauf der Diskussion Gemeinsamkeiten und Unterschiede in den Positionen heraus, fragt nach, präzisiert, macht auf Widersprüche aufmerksam und setzt neue Impulse oder provoziert, um die Diskussion weiterzuentwickeln. Er achtet auf eine gleichmäßige Verteilung der Redeanteile und zieht am Ende der Diskussion eine Bilanz.
- **Variante:** Die Zuschauer erhalten Rollenkarten und bewerten aus ihrer jeweiligen Position heraus die Diskussion.
- **Beachten:** Da die Moderatorenrolle äußerst anspruchsvoll ist, sollte sie nur in erfahrenen Lerngruppen an einen Schüler übertragen werden. Auf ein entsprechendes Setting (Podium, Bühne) achten.

Pro-Kontra-Debatte

- **Ziele:** Perspektivübernahme, Erarbeitung, Artikulation und Argumentation unterschiedlicher Positionen; kommunikatives Handeln
- **Orte im U.:** Phase der Urteilsbildung
- **Ablauf:** Einteilung der Klasse in Pro- und Kontra-Gruppen und Erarbeitung der jeweiligen Positionen. Die Gruppen benennen einen Diskutanten. Ein Moderator gibt das Thema bekannt und führt im Publikum eine erste Abstimmung durch. Jeder Debattenteilnehmer tellt seine Position in einem Kurzstatement vor (max. 2 Minuten). Hier empfiehlt sich ein Wechsel zwischen den Pro- und Kontra-Positionen. In dieser Phase wird noch nicht aufeinander Bezug genommen. In der folgenden freien Aussprache (max. 10 Minuten) tauschen die Teilnehmer ihre Argumente aus, nehmen aufeinander Bezug. Am Ende sollen Mehrheiten für eine bestimmte Position gewonnen werden. Nach der freien Aussprache geben die Diskutanten ein Schlussplädoyer (max. 1 Minute) ab und werben noch einmal für ihre Position. Im Anschluss wird eine Schlussabstimmung im Publikum, den Adressaten der Debattenteilnehmer, durchgeführt.
- **Beachten:** Zuspitzung der Themenstellung auf eine Ja-Nein-Frage (Entscheidungsfrage).
  Da die Debatte eine hoch formalisierte Form der Diskussion ist, sollten die Regeln unbedingt eingehalten werden (Zeitmanagement).

### Positionierung im Raum, Meinungslinie

- **Ziele:** Festlegung auf eine eindeutige eigene Position; Ermittlung eines Urteilsbildes der Gesamtgruppe; ggf. Erhebung von Vorausurteilen (Meinungslinie)

- **Orte im U.:** abschließende, kriteriengeleitete Urteilsbildung; ggf. Einleitung der Urteilsbildung

- **Ablauf:** Der Unterrichtsraum wird durch zwei vorgestellte (oder auch mit Krepp-Band markierte) Koordinatenachsen durchschnitten; der Ursprung dieses Koordinatensystems liegt in der Mitte des Raumes. Jeweils eine der Achsen repräsentiert entweder die übergeordneten Urteilskategorien Legitimität und Effizienz oder aber themenrelevante Teilkriterien dieser Kategorien wie z. B. Wirksamkeit und Nebenfolgen (Effizienz) sowie Partizipation (Legitimität). Nach einer Vorbereitungszeit positionieren sich alle Teilnehmer gemäß ihres eigenen Urteils im Koordinatensystem (z. B. bei voller Zustimmung zu Effizienz und Legitimität in der äußersten Ecke des entsprechenden Quadranten im Raum; z. B. bei hoher Legitimität und mittlerer Effizienz auf der Legitimitätsachse ganz an der Raumseite „hohe Legitimität"). Einzelne Teilnehmer werden aufgefordert, ihre Meinung mit ihrem **Hauptargument** zu begründen.

- **Variante:** Bei der Meinungslinie entfällt (a) entweder die Zuordnung zu Kategorien oder es wird (b) lediglich abgefragt, ob eine politische Maßnahme o. Ä. entweder als (il)legitim oder als (in)effizient anzusehen ist.

- **Beachten:** Alle Teilnehmer müssen sich gleichzeitig positionieren. Alle Positionen im Raum sind zugelassen. Ein Meinungswechsel und eine Diskussion sind während der Positionierung im Raum nicht mehr vorgesehen. Die Raumaufteilung sollte im Vorfeld visuell verdeutlicht werden.

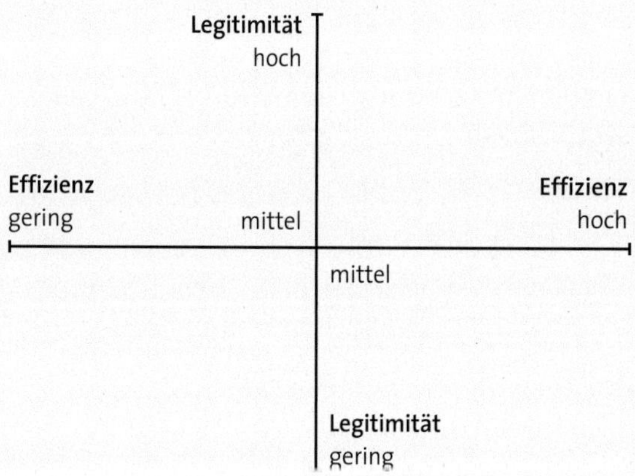

### Strukturierte Kontroverse

- **Ziele:** intensive Vorbereitung der Urteilsbildung vor allem durch Perspektivübernahme
- **Orte im U.:** Einleitung von Urteilsbildungsphasen
- **Ablauf:** Phase 1 – Materialgebunden werden zu einer politischen Entscheidungsfrage Argumente (inkl. Belegen, Beispielen) für die eigene Position erarbeitet. Zudem wird (in Partner- oder Kleingruppenarbeit) eine möglichst überzeugende Argumentationsstrategie entwickelt.

  Phase 2 – Ein (ggf. moderiertes) Streitgespräch zwischen Pro- und Kontra-Gruppen wird mit wechselseitigem Rederecht durchgeführt.

  Phase 3 – Die entgegengesetzte Position wird, allerdings ohne erneute Materialauswertung, eingenommen und aus dieser wird vor dem Hintergrund der ersten Diskussion eine geeignete Argumentationsstrategie gegen die eigene Meinung entwickelt.

  Phase 4 – Ein erneutes Streitgespräch wird – in der neuen Rollenverteilung – durchgeführt. Im Anschluss werden die Rollen verlassen, die Teilnehmer können sich kurz über die Erfahrungen innerhalb des Settings austauschen und es wird zur Urteilsbildung übergeleitet.
- **Variante:** Die Diskussionen müssen nicht im oder vor dem Plenum, sondern können auch parallel im Unterrichtsraum stattfinden (Redelautstärke beachten!).
- **Beachten:** Die ungewohnte Fremdposition sollte mit Ernsthaftigkeit vertreten werden. Die Argumente und Strategien sollten (ggf. durch Protokollanten) festgehalten werden, um sie in der anschließenden Urteilsbildung ggf. klären und gewichten zu können.

### Table-Set / Placemat

- **Ziele:** Erhebung von Vorkenntnissen/Vorstellungen, Entwicklung von Ideen
- **Orte im U.:** vor der eigentlichen thematischen Erarbeitung, im Rahmen der Möglichkeitserörterung
- **Ablauf:** Es werden 4er-Gruppen gebildet. Jede dieser Gruppen erhält ein quadratisches Papier (mindestens A3-Breite). Knapp die Hälfte der Fläche des Blattes wird durch ein aufgedrucktes Quadrat eingenommen, dessen Seiten immer den gleichen Abstand zum Blattrand aufweisen. In diesem Quadrat steht ein Begriff, eine Frage oder eine Aussage (zu Begriffen kann assoziiert, Fragen können beantwortet, Aussagen können erklärt oder beurteilt werden).

  Phase 1 – Jede/r Schüler/in bearbeitet die gegebene Aufgabe für sich selbst und trägt seine Lösung in das vor ihr/ihm liegende Seitenfeld des Papiers leserlich (stichpunktartig) ein.

  Phase 2 – Das Quadrat wird im Uhrzeigersinn gedreht, sodass jedes Gruppenmitglied die Ansätze der anderen zur Kenntnis nehmen kann.

  Phase 3 – In der Gruppe können Nachfragen gestellt und Klärungen herbeigeführt werden.

  Phase 4 – Die Gruppe entwickelt auf der Grundlage ihrer Ideen aus Phase 1 bis 3 eine gemeinsame Lösung für die Aufgabe, die sie gut lesbar im inneren Quadrat festhält. Diese kann im Anschluss präsentiert und mit den anderen Gruppenergebnissen verglichen werden.

- **Variante:** Die Gruppen können auch unterschiedliche Aufgaben erhalten. In Phase 2 können die Gruppenmitglieder bereits Fragen oder weiterführende Ideen mit einer anderen Farbe in den anderen Feldern eintragen.

- **Beachten:** Während Phase 1 und 2 wird nicht gesprochen. Für die Phasen müssen klare Zeitvorgaben gegeben werden, damit sinnvoll in die jeweils nächste Phase übergeleitet werden kann, um sie in der anschließenden Urteilsbildung ggf. klären und gewichten zu können.

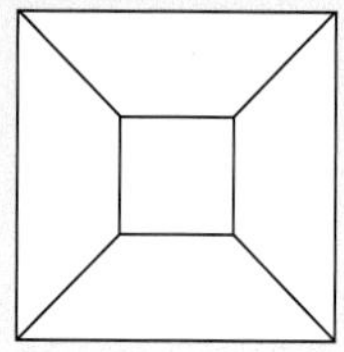

Table-Set für 4 Personen

World Café

- **Ziele:** Herausarbeiten von für die Teilnehmer zentralen Fragen zu einem politischen bzw. gesellschaftlichen Thema; Entwickeln von Ansatzpunkten für teilnehmerorientierte Lösungen politischer Fragen

- **Orte im U.:** Auftakt von Unterrichtseinheiten (Fragen formulieren); Einleitung der Möglichkeitserörterung (Lösungen andenken)

- **Ablauf:** Phase 1 – Die Teilnehmer werden in Gruppen mit ca. vier bis fünf Schülern aufgeteilt. Sie erhalten entweder die Aufgabe, zu einem festgelegten Problembereich für sie zentrale Fragen zu formulieren, oder zu einer (arbeitsgleich) oder mehreren zentralen Fragen (arbeitsteilig) Lösungsideen zu entwickeln. Ihre Fragen/Ideen notieren die Teilnehmer auf der „Tischdecke" (Flipchart-Bögen o.Ä.) ihres „Cafétisches" (lockere Gruppentischanordnung im Unterrichtsraum).

  Phase 2 – Die Gruppen mischen sich selbst neu (oder werden neu gemischt), wobei jeweils ein Gruppenmitglied aus Phase 1 zur Einführung der „Neuen" am Tisch sitzen bleibt. An den Cafétischen ergeben sich neue Konstellationen, die die bisherigen Vorschläge ergänzen oder auch vor dem Hintergrund ihrer eigenen Überlegungen aus Phase 1 weiterentwickeln (und die Ergebnisse ebenfalls auf der Tischdecke notieren).

  Phase 3 – Die moderierte Abschlussreflexion hat zum Ziel, die interessantesten Ergebnisse herauszustellen, um sie im Unterrichtsverlauf weiter bearbeiten zu können. Außerdem kann auf individueller Ebene von überraschenden, Gewinn bringenden Diskussionen oder Ideen berichtet werden.

- **Beachten:** An den Cafétischen muss eine offene Atmosphäre herrschen, der thematische Fokus muss aufrechterhalten bleiben (Beliebigkeit vermeiden!). Themenbezogene Ideen sollen frei geäußert, miteinander verknüpft und diskutiert werden. Notizen, Zeichnungen, Schaubilder etc. auf den Tischdecken sind dabei außerordentlich erwünscht. Beim Wechseln der Gruppen können je nach Bedarf mehrere Runden durchgeführt werden. Dabei ist „Pärchenbildung" aber unbedingt zu vermeiden; erwünscht sind also immer ganz neue Gruppenkonstellationen aus Personen, die sich bisher noch nicht (gut) kennen.

### Lernplakat / Wandplakat / Wandzeitung

- **Ziele:** Neben der permanenten Präsenz im Klassenraum bietet ein Lern-/Wandplakat oder eine Wandzeitung den Vorteil, den gelernten Inhalt zu visualisieren.
Es empfiehlt sich, möglichst eigene visuelle Grundmuster zu entwickeln, da sich so eigene gedankliche Verknüpfungen und Verankerungen ausbilden.

- **Orte im U.:** Ergebnissicherung

- **Ablauf:** Halten Sie das Wichtigste fest. Hierbei können Ihnen folgende Materialien helfen:
  - Bilder, Tabellen, Fotos etc.
  - kurze Informationstexte
  - Erklärung von Begriffen und Fachwörtern

- **Beachten:** klare, saubere, deutliche Schrift; keine Rechtschreibfehler; Farben verwenden, die auch von Weitem gut erkennbar sind; Raum gut aufteilen (nicht dicht gedrängt); Lineal benutzen

### Referat / Vortrag

- **Ziele:** Ein Referat ist ein Vortrag über ein Thema, der in einer begrenzten Zeit (etwa 10–30 Minuten) gehalten wird. Die häufigsten Formen sind mündliche Berichte, Fachvorträge bei Tagungen, Kurzreferate bei Seminaren oder Übungsreferate in der Schule.

- **Orte im U.:** vielfältig einsetzbar

- **Ablauf:** Phase 1 – Eröffnung des Vortrags
Beginnen Sie Ihren Vortrag pünktlich. Eine gelungene Eröffnung des Vortrags ist die beste Möglichkeit, um beim Publikum Interesse für die Darbietung zu wecken. Sie können Ihrem Thema entsprechend verschiedene Einstiegsvarianten auswählen. [...] Wählen Sie einen Einstieg, der das Publikum
  - visuell einstimmt,
  - mit einem Vergleich konfrontiert,
  - provoziert,
  - durch eine kluge Fragestellung einbezieht,
  - persönlich anspricht,
  - spontan anspricht,
  - überrascht oder
  - erheitert.

  Phase 2 – Hauptteil des Vortrags
Interessiert sich Ihr Publikum erst einmal für Ihr Thema, können Sie Thema und Gliederung vorstellen. Damit beginnen Sie den Hauptteil des Vortrags – das eigentliche „Filetstück". Ihre Gliederung als „Fahrplan" der Darbietung schreiben Sie am besten (vor dem Referat) auf eine Folie, auf einer Flipchart oder Tafel an. So kann das Publikum dem Inhalt Ihres Vortrags gut folgen. Planen Sie den Hauptteil wie eine Regieanweisung.

  Phase 3 – Schlussteil des Vortrags
Der Schluss fasst die wesentlichen Aspekte Ihres Vortrags zusammen. Hüten Sie sich aber vor solchen Formulierungen: „Jetzt sind wir am Ende unseres Vortrags" der „Alles Wesentliche wurde gesagt, wir fassen nur noch einmal zusammen".

Gut ist es, wenn Einstieg und Schluss einen gewissen Rahmen des Vortrags bilden. Eventuell greifen Sie hier eingangs genannte Gedanken nochmals auf, klären eine gestellte Frage oder überprüfen eine gemachte Behauptung. Der Schluss ist auch dazu geeignet, offene Fragen zu formulieren und an das Publikum zur Diskussion weiterzugeben.

- **Beachten:** Bei Aufregung ist schon so manches in Vergessenheit geraten. Vermerken Sie, wann Sie etwas auflegen, zeigen oder erklären möchten. Planen Sie die Übergänge zwischen den einzelnen Gliederungspunkten genau.

## Stummes Schreibgespräch

- **Ziele:** Das stumme Schreibgespräch bietet als Methode den Vorteil, dass althergebrachte Kommunikationsmuster aufgebrochen werden. Schülerinnen und Schüler, die sich im Unterricht mündlich zurückhalten, haben hier die Möglichkeit der aktiven Beteiligung. Alle Schülerinnen und Schüler sind aufgefordert mitzuwirken.
- **Orte im U.:** vielfältig einsetzbar
- **Ablauf:** Phase 1 – Im Vorfeld müssen Arbeitstische hergerichtet und große Papierbögen darauf verteilt werden. Auf den vorbereiteten Arbeitstischen liegen große Poster bzw. Tapetenbahnen, auf denen Fragen, Themen, Aussagen oder andere Impulse notiert sind.

  Phase 2 – Die Schülerinnen und Schüler haben nun die Aufgabe, zu diesen Impulsen kurze Kommentare bzw. Stellungnahmen zu verfassen. Die anderen Teilnehmer lesen die Ideen der Mitschüler und sind aufgefordert, darauf ein Statement zu erwidern oder einen anderen Aspekt hinzuzufügen. Es ist auch möglich, Fragen zu formulieren oder Pfeile und Verbindungslinien einzufügen. Das Sprechen ist in dieser Phase nicht gestattet. Das Schreibgespräch endet nach einer vorgegebenen Zeit oder wenn der Schreibfluss sichtbar abgenommen hat. Zum Schluss verständigen sich die Schülerinnen und Schüler über die Ergebnisse.
- **Beachten:** Es ist wichtig, dass die Kommunikation ausschließlich schriftlich erfolgt. Es gibt Optionen, entweder einen langen Tisch mit einer großen Papierbahn auszulegen oder mehrere kleine Tische herzurichten.

### Advance Organizer

- **Ziele:** neue Lerninhalte gedanklich (vor)strukturieren und mit (Vor-)Wissen und Kompetenzen verknüpfen
- **Orte im U.:** Beginn einer Unterrichtseinheit
- **Ablauf:** Durch die Zusammenfügung von Begriffen, Bildern, kurzen Texten, Grafiken usw. entsteht eine Art „Lernlandkarte".
  Neues soll mit Bekanntem verknüpft sowie Sinnzusammenhänge und Vernetzungen mit den neuen Inhalten vorab hergestellt werden.
  Während der Unterrichtseinheit findet der Advance Organizer als begleitende Orientierungshilfe weiter Anwendung.
  Neue Erkenntnisse und Arbeitsergebnisse sollten während der Unterrichtseinheit von den Schülerinnen/Schüler möglichst selbstständig ergänzt werden, sodass der Organizer auch nach der Unterrichtseinheit als Ergebnissicherung bzw. zur Klausurvorbereitung und somit als „Post Organizer" verwendet werden kann.
- **Beachten:** möglichst selbstständige Ergänzung im Verlauf der Unterrichtseinheit in Verantwortung der Schülerinnen/Schüler

### Lernpyramide / Lernspirale / „wachsende Gruppengröße"

- **Ziele:** intensive, kooperative Text- bzw. Materialauswertung
- **Orte im U.:** Erarbeitungsphase
- **Ablauf:** Phase 1 – Einzelarbeit / Stillarbeit
  Bearbeitung einer Materialbasis mit konkreter Aufgabenstellung. Dabei werden erste Ergebnisse schriftlich festgehalten.
  Phase 2 – Partnerarbeit
  Austausch mit dem Nachbarn oder einem Zufallspartner. Eigene Ergebnisse und Lösungen werden ergänzt oder ggf. verbessert.
  Phase 3 – Gruppenarbeit
  Wechselseitiger Austausch in der Gruppe (3–5 Schülerinnen/Schüler) und Verständigung auf zentrale Ergebnisse. Es folgt die Vorbereitung einer Gruppenpräsentation.
  Phase 4 – Präsentation im Plenum
  Einzelne Gruppenmitglieder stellen die erarbeiteten Ergebnisse vor.
- **Beachten:** Bereits in der Phase der Einzelarbeit sollte den Schülerinnen/Schüler klar sein, dass ihre individuellen Ergebnisse wichtig für die Weiterarbeit sind.

„W – E – G" (= Wissen – Erlernen – Gelernt)

- **Ziele:** den eigenen Lernweg abbilden und reflektieren
- **Orte im U.:** am Beginn einer Unterrichtseinheit oder einer längeren Erarbeitungs- bzw. Recherchephase
- **Ablauf:** Die Schülerinnen/Schüler teilen ein Blatt Papier (DIN A4) in drei Rubriken: W – E – G
Unter W notieren sie, was sie bereits über das Thema wissen.
Unter E wird notiert, was sie an dem Thema interessiert und was sie erfahren möchten.
Unter G wird schließlich rekapituliert, was sie gelernt haben, und der Erkenntnisgewinn festgehalten.
- **Beachten:** Die Phase G sollte nicht „vergessen" werden.

Lerntempoduett

- **Ziele:** Berücksichtigung der verschiedenen Arbeitsgeschwindigkeiten
- **Orte im U.:** Erarbeitungsphase
- **Ablauf:** Phase 1 – Aneignung in Einzelarbeit
Die Schülerinnen/Schüler erarbeiten anhand von Leitfragen oder Arbeitsaufträgen einen Text in Einzelarbeit. Sie folgen dabei ihrem je eigenen Lerntempo.
Phase 2 – Bildung von „Tandems" mit ähnlichen Lern- und Arbeitsgeschwindigkeiten
Ist ein Schüler fertig, steht dieser auf oder geht zu einer als „Haltestelle" markierten Stelle im Raum und wartet, bis ein anderer Schüler seinen Einzelarbeitsauftrag beendet hat. Die Wartezeit kann durch einen zusätzlichen kurzen Arbeitsauftrag überbrückt werden.
Phase 3 – Partnerarbeit
Die Lerntempo-Partner tauschen sich über ihre Ergebnisse aus, ergänzen sie wechselseitig und bearbeiten ggf. gemeinsam weitere Arbeitsaufträge zur Vertiefung oder zum Transfer.
Phase 4 – Präsentation
Die Lerntempo-Partner präsentieren ihre Ergebnisse im Plenum.
- **Beachten:** Besonders effizient ist diese Methode, wenn die Schülerinnen/Schüler arbeitsteilig arbeiten, d.h. sich also etwa die Hälfte der Lerngruppe mit unterschiedlichen Teilaspekten des zu erarbeitenden Themas beschäftigt. Bei der Bildung der „Tandems" ist dann darauf zu achten, dass sich Partner, die unterschiedliche Aspekte bearbeitet haben, zusammenfinden. Dies lässt sich z.B. durch unterschiedliche Farben der jeweiligen Arbeitsblätter organisieren. Vor dem Beginn der Arbeitsphase sollte geklärt werden, dass der Lernpartner rein nach dem Lerntempo gewählt werden soll und nicht auf Freunde gewartet werden darf.

# Wege in die Moderne

Nehmen Sie dazu die Statistik zur „handwerklichen und industriellen Produktion in der Welt (M4) zu Hilfe. — S. 23, M6, A3

Berücksichtigen Sie die Aspekte Ursachen, Merkmale und Folgen. Fassen Sie die wichtigsten Aspekte kompakt zusammen und wählen Sie eine geeignete Darstellungsform für Ihr Lernplakat. — S. 23, Der Blick aufs Ganze, A3

Identifizieren Sie die folgenden Attribute und Symbole in der Karikatur: Pickelhaube, Kreuz, Jakobinermütze, Tschako, Doppeladler, Dreispitz, Merkur und Merkurstab, Löwe, Einhorn (Wappentier), Flügelhut, Pulverfass. Informieren Sie sich, wenn Sie die Bedeutung der Attribute und Symbole nicht kennen. — S. 34, M2, A1

Zum Beispiel Belgien, England, Frankreich, Griechenland, Italien, Ungarn. — S. 47, M5, A3

Für viele Menschen, Gruppen und Parteien sind die Analysen und Schlussfolgerungen von Karl Marx auch heute noch aktuell. Begründen Sie diese Bedeutung für die Gegenwart. — S. 54, M2, A3

Das Stufenalter der Frau: — S. 60, M1
Geburt. Dem Kindlein ist für's ganze Leben / Ein Engel Gottes beigegeben.
10 Jahre. Zehn Jahr, das Kind im Flügelkleid / Geniesst der Unschuld Seligkeit.
20 Jahre. Mit zwanzig Jahr zur Maid erblüht / In reiner Lieb ihr Herz erglüht.
30 Jahre. Mit dreissig dann die Mutterfreuden / Dem Weib die höchste Lust bereiten.
40 Jahre. Mit vierzig ruft der Kinder Glück / Die eigne Jugend ihr zurück.
50 Jahre. Mit fünfzig „Stillstand“ wie man sagt / Ein Enkel sie jetzt glücklich macht.
60 Jahre. Mit sechzig geht es dann bergab / Langsamen Schrittes nach dem Grab.
70 Jahre. Mit siebzig Jahr Urenkelein / Das alte Mütterchen noch freun.
80 Jahre. Mit achtzig Jahren schwach sie ist / Sich auf den treuen Enkel stützt.
90 Jahre. Mit neunzig Jahren, längst schneeweiß / Denkt sie nur an die letzte Reis'.
100 Jahre. Und kommen hundert noch heran / Fleht Gott sie um Erbarmen an.

Das Stufenalter des Mannes:
Geburt.
10 Jahre. Zehn Jahre alt, die schönste Zeit, / Ein Knab' voll Glück und Seligkeit.
20 Jahre. Mit zwanzig Jahr, den schmucken Freier / Beseelt das erste Liebesfeuer.
30 Jahre. Mit dreissig sieht er, voll Entzücken, / Auf Weib und Kind mit Liebesblicken.
40 Jahre. Mit vierzig Jahr am Ziel der Bahn, / Ohn Furcht er sagt s'ist wohlgethan.
50 Jahre. Mit fünfzig Jahr gibt's Stillestand, / Er prüft was kommt und was entschwand.
60 Jahre. Mit sechzig Jahren, sagt die Welt, / Der Weg schon merklich abwärts fällt.
70 Jahre. Mit siebzig muss der Stock zur Hand, / Als Graukopf wandelt er durch's Land.
80 Jahre. Mit achtzig Jahr, das Haar gebleicht, / Des Lebens Tag zur Nacht sich neigt.
90 Jahre. Mit neunzig, schwach, gebeugt und lahm, / Das morsche Leben ist nur Gram.
100 Jahre. Und dann, wenn hundert Jahr vorbei, / Bet er, dass Gott ihm gnädig sei.

Vergleichen Sie u. a. anhand der folgenden Aspekte: Aufgaben in der Gesellschaft, Verhältnis zur Familie, Selbstständigkeit. — S. 60, M1, A1

Verwenden Sie dabei die Begriffe „Massenorganisation“ und „Politisierung“. — S. 81, M8, A2

Setzen Sie dazu die Phänomene des Militarismus, Antisemitismus, Radikalnationalismus und Sozialdarwinismus zueinander in Beziehung. — S. 85, Der Blick aufs Ganze, A2

S. 89, M3, A3

Übersetzung: „Judas Dreyfus betreffend – Franzosen, es sind nun acht Jahre, dass ich es euch jeden Tag wiederhole!“ / „Frankreich den Franzosen!“)

S. 101, Randspalte

Die Wörter lassen sich den folgenden Bereichen zuordnen: Medizin, Psychologie, Industrie, Militär und Organisation.

S. 104, M6, A2

Beachten Sie dabei das ausgewählte Datum, die Aufteilung und Ausstattung des Raumes und die Position und Darstellung der anwesenden Personen.

S. 106, Randspalte, A2

Folgende Stichworte können dafür hilfreich sein: Kommunikation, Mobilität, Beschleunigung, Vernetzung.

## Herrschaftsmodelle im 20. Jahrhundert: Bedrohung von Demokratie und Freiheit

S. 120, Randspalte, A1

Weitere Hinweise zu Symbolen:

- Die Ouroborosschlange, die sich in ihren eigenen Schwanz beißt, ist seit der Antike ein Symbol für Dauer und Beständigkeit.
- Die Rutenbündel zwischen beiden Spalten waren das Abzeichen der Liktoren, die in der römischen Republik Amtsträgern vorangingen, und symbolisieren Macht. Statt des in der Antike verwendeten Beils ragt eine Lanze heraus, ein Zeichen für Einigkeit.
- Darüber ist die sogenannte phrygische Mütze abgebildet. Sie steht für Freiheit.
- Die geschwungenen Girlanden sind ein Zeichen für ein Fest. Die darin enthaltenen Eichenblätter verweisen auf Stärke und Ruhm.
- Die Gesetzestafeln spielen auf die Zehn Gebote an, die Mose im Alten Testament von Gott erhalten hat.

S. 126, M7, A2

Gehen Sie dabei einerseits auf den Titel des Gemäldes von Banksy ein. Berücksichtigen Sie andererseits auch, wie die Parlamentsabgeordneten dargestellt werden. Wichtige Aspekte dabei sind neben dem Unterschied Mensch – Schimpansen auch Individualität, Haltung, Tätigkeiten. Noch ein Hinweis zu dem Kupferstich: Die Szene stellt dar, wie im Zentrum sogenannte „Tellers“ das Ergebnis einer Abstimmung („division“) für bzw. gegen einen Gesetzesentwurf melden.

S. 130, M1, A

Mögliche Ideen für die Aktivitäten:

- sich für Love-Speech / gegen Hate-Speech positionieren
- die gesellschaftliche Vielfalt stärken
- gegen Antisemitismus / Antiziganismus vorgehen
- Aktionen gegen Rassismus gestalten

S. 131, M3, A2

Erstellen Sie eine Tabelle, in der Sie die Gemeinsamkeiten bzw. Ähnlichkeiten zwischen den Positionen Hararis und Herausforderungen des Liberalismus im 19. Jh. übersichtlich darstellen. Berücksichtigen Sie bei den Herausforderungen unter anderem Geschlossenheit vs. Spaltung innerhalb des Liberalismus, Konkurrenz mit anderen politischen Bewegungen/Parteien und Opposition traditioneller Kräfte.

Berücksichtigen Sie dabei einerseits die weltpolitische Stellung Russlands und den Ersten Weltkrieg sowie andererseits die Haltung gegenüber dem Bolschewismus in den übrigen Staaten. Bei Letzteren ist zu unterscheiden zwischen den bürgerlich-liberalen Parteien und den sozialistischen Parteien mit den gegensätzlichen Flügeln von reformorientierter Sozialdemokratie und Revolutionären. S. 137, M4, A4

Ziehen Sie den Darstellungstext dieses und des vorherigen Kapitels (S. 132–137) heran und berücksichtigen Sie folgende Aspekte: S. 141, M2, A3

- Inwiefern entspringen „Lenkung“ (Z. 28) und „Konformismus“ (Z. 32 f.) von Kunstschaffenden und Rezipienten einerseits der Parteiideologie (Stichwort „Diktatur des Proletariats“) und andererseits der Schaffung des „neuen sozialistischen Menschen“?
- Trotzki spricht von „Lüge“ und „Heuchelei“ (Z. 32). Inwiefern liegt die Darstellung einer „idealisierten Wirklichkeit“ nicht nur in reinem Machtinteresse begründet, sondern auch in der Konzeption des Sozialistischen Realismus?

Der Reichstag steht stellvertretend für die gesamte Weimarer Republik („pars pro toto“). S. 150, M8, A1

Wägen Sie dabei u. a. auch ab, ob die anderen Ereignisse, die an einem 9. November stattfanden, für bzw. gegen eine solche Entscheidung sprechen: Hitler-Putsch 1923, Reichspogromnacht 1938, Attentat Georg Elsers auf Adolf Hitler 1939, Mauerfall 1989? S. 151, Der Blick aufs Ganze, A4

Berücksichtigen Sie dabei Volkssouveränität, Demokratie, Föderalismus, Gewaltenteilung und Grundrechte. S. 152, Abb., A1

Der Text lautet: S. 156, M1, A1

„Wer hat im Weltkrieg dem deutschen Heere den Dolchstoß versetzt? Wer ist schuld daran, dass unser Volk und Vaterland so tief ins Unglück sinken musste?
Der Parteisekretär der Sozialdemokraten Vater sagt es nach der Revolution in Magdeburg:
‚Wir haben unsere Leute, die an die Front gingen, zur Fahnenflucht veranlasst. Die Fahnenflüchtigen haben wir organisiert, mit falschen Papieren ausgestattet, mit Geld und unterschriftslosen Flugblättern versehen. Wir haben diese Leute nach allen Himmelsrichtungen, hauptsächlich wieder an die Front geschickt, damit sie die Frontsoldaten bearbeiten und die Front zermürben sollten. Diese haben die Soldaten bestimmt überzulaufen, und so hat sich der Verfall allmählich, aber sicher vollzogen.‘
Wer hat die Sozialdemokratie hierbei unterstützt? Die Demokraten und die Leute um Erzberger [Zentrumspolitiker].
Jetzt, am 7. Dezember, soll das Deutsche Volk den
zweiten Dolchstoß
erhalten. Sozialdemokraten in Gemeinschaft mit den Demokraten wollen uns zu Sklaven der Entente [Bündnis zwischen Großbritannien und Frankreich] machen, wollen uns für immer zugrunde richten.
Wollt ihr das nicht,
dann
Wählt deutschnational!“

Berücksichtigen Sie im Zusammenhang mit dem Ersten Weltkrieg auch, dass im Krieg die Politik der beteiligten Staaten im Innern straffer geführt wurde, u. a. wegen der Verteilung von Ressourcen. S. 163, M2, A3

| | |
|---|---|
| S. 168, Randspalte, A | Erklären Sie insbesondere, welche Rolle einerseits die SPD und welche Einstellung die Kommunisten gegenüber dem politischen System der Weimarer Republik hatten (siehe S. 144/145). |
| S. 172, M2, A2 | Arbeiten Sie die Auswirkungen der Weltwirtschaftskrise auf die Politik in Frankreich und in Deutschland heraus und vergleichen Sie. |
| S. 173, M3, A3 | Vergleichen Sie die Rolle der Verfassung und der Parteien in der Dritten Republik und in der Weimarer Republik. |
| S. 175, M7, A3 | Gehen Sie dabei u. a. darauf ein, welche Ziele die Erhöhung der Staatsausgaben hat und wie in späteren Zeiten das Staatsdefizit wieder ausgeglichen werden soll. Beim zweiten Aspekt ist zu berücksichtigen, warum einerseits die Ausgaben sinken und andererseits die Einnahmen steigen sollen. |
| S. 183, Der Blick aufs Ganze, A2 | Erstellen Sie beispielsweise eine Mindmap oder ein Wandplakat zur nationalsozialistischen Ideologie mit den Unterpunkten Rassismus, Antisemitismus, „Lebensraum im Osten", Führerprinzip und „Volksgemeinschaft". Charakterisieren Sie diese dann stichwortartig und formulieren Sie abschließend ein Fazit zu Inhalt und Ziel der NS-Ideologie. |
| S. 183, Der Blick aufs Ganze, A4 | Eine Möglichkeit wäre, das Augenmerk darauf zu legen, wer von der „Volksgemeinschaft" ausgeschlossen ist, und darüber möglicherweise noch andere Inhalte der nationalsozialistischen Ideologie zu problematisieren. |
| S. 187, M3, A2 | Gehen Sie in der Rede darauf ein, welche Konsequenzen die Weimarer Republik zu erwarten hätte, wenn Hitler seine hier formulierten Ziele und Drohungen verwirklichen kann. Berücksichtigen Sie dabei, dass die SPD 1925 stärkste Fraktion im Reichstag und damit regierungstragend ist. |
| S. 187, Der Blick aufs Ganze, A1 | Ziehen Sie gegebenenfalls sowohl den Darstellungstext als auch das Material des vorhergehenden Kapitels heran und achten Sie auf Gemeinsamkeiten und Verbindungen zwischen den einzelnen Feindbildern. |
| S. 191, M3, A1 | Gehen Sie darauf ein, weshalb Hitler besonders auf die Unterstützung der „großen Masse" setzt, und berücksichtigen Sie, welche „Fehler" Hitler im Hinblick auf den Ersten Weltkrieg und die Weimarer Republik vermeiden wollte. |
| S. 193, Der Blick aufs Ganze, A4 | Die von ihnen gewählte Person sollte einen veränderten Alltag erleben, über den sie reflektieren kann. Mögliche Personen können z. B. sein: ein jüdischer Geschäftsmann, ein Mitglied der KPD, ein sozialdemokratischer Arbeiter, eine am Anfang ihres Berufslebens stehende junge Frau oder ein Anhänger der Nationalsozialisten, der von deren Herrschaft profitiert. Verwenden Sie Informationen aus den entsprechenden Quellen und dem Darstellungstext. |
| S. 197, M4, A2 | Beziehen Sie dabei das Schaubild und den Darstellungstext mit ein. Recherchieren Sie außerdem im Internet zu Erfahrungsberichten über Kindheit und Jugend im Nationalsozialismus und werten Sie diese persönlichen Einschätzungen aus. |
| S. 199, Der Blick aufs Ganze, A3 | Arbeiten Sie zunächst die zentralen wirtschaftlichen Ziele aus dem Darstellungstext heraus. Ordnen Sie diese dann folgenden ideologischen Ziele zu: Lebensraumdoktrin, Radikalnationalismus, Rassismus, „Volksgemeinschaft". |
| S. 204, M2, A3 | Beachten Sie dabei, welche Wirkung Hitlers Rede auf das Ausland gehabt haben könnte, und berücksichtigen Sie auch den Friedenswunsch Großbritanniens. |

Zu beachten sind hierbei verschiedene Bereiche wie die politische, wirtschaftliche und militärische Situation in Großbritannien und dem Empire, die Haltung (der Bevölkerung) bezüglich eines etwaigen weiteren Krieges und des Versailler Vertrages sowie der Eindruck, den Hitler gegenüber dem Ausland erweckte.

S. 207, Der Blick aufs Ganze, A1

„SPQR“ ist die Abkürzung von „Senatus populusque Romanus“ (Der Senat und das Volk von Rom). Zum Symbol im Plakat links unten siehe S. 161 unten den Abschnitt „Faschismus und autoritäre Regierungen“.

S. 224, M2, A1

Berücksichtigen dabei u. a. den engen Zusammenhang zwischen Krieg und Holocaust einerseits und die auf Kosten eines soliden Staatshaushalts und verbündeter Staaten rücksichtslos betriebene Aufrüstung andererseits. Beziehen Sie in Ihre Überlegungen auch ein, dass die Nationalsozialisten den Feldzug gegen die Sowjetunion „Barbarossa“ nannten – in Anspielung auf den Kreuzzug des bedeutenden mittelalterlichen Kaisers Friedrichs I. Barbarossa.

S. 231, Der Blick aufs Ganze, A1

Lesen Sie dazu (nochmals) das Kapitel zur Herrschaftspraxis des Nationalsozialismus (S. 188/189).

S. 237, M3, A3

# Wege in die Moderne

**Hinweis:** Das dazugehörige Strukturbild finden Sie auf S. 62.

A1 | Das Schaubild zeigt deutlich die zwei Seiten der Modernisierung auf: die politische und die technologisch-wirtschaftliche. Zentral ist dabei der ereignisgeschichtliche Begriff der Doppelrevolution, der am Beginn des Weges in die Moderne gesehen werden kann. Ideologiegeschichtlich sind hingegen die Konzepte des Nationalismus und des Liberalismus zu betonen. Das Schaubild verdeutlicht zudem die entscheidenden Wegmarken und verschiedenen Weichenstellungen. Das mehrmalige „versus" soll darauf verweisen, dass der Prozess zur Hochmoderne keineswegs als linear und vorgezeichnet verstanden werden sollte, sondern dieser vielmehr oft von gegensätzlichen Kräften, Alternativen und Konflikten geprägt wurde.

A2 | Nationalismus und Liberalismus können durchaus als die beiden Schlüsselbegriffe zum Verständnis der Modernisierungsprozesse in der zweiten Hälfte des 18. und im 19. Jh. verstanden werden. Die Forderung nach einem von einer Nation konstituierten Staat war eine der wirkmächtigsten Forderungen der Neuzeit. Die Nation, verstanden als eine homogene, sprachliche und kulturelle Einheit mit tiefen Wurzeln in der Vergangenheit, wurde beinahe überall in Europa zum Leitbild, das sich vor allem über Abgrenzung definierte (vgl. dazu S. 76).

Die zweite ideologische Triebkraft war die Bewegung des Liberalismus (vgl. dazu S. 30), also die Forderung nach einer Verfassung und demokratischen Reformen, in der die Macht des Monarchen beschränkt oder gänzlich abgeschafft wird. Zudem forderten die Vertreter des Liberalismus die Menschen- und Bürgerrechte ein. Liberalismus und Nationalismus manifestierten sich europaweit in der Revolution von 1848/49.

A3 | Die Bedeutung des Modernisierungsprozesses für die Gegenwart ist kaum zu überschätzen. Allein die Verdeutlichung der wesentlichen Merkmale und ihrer bis in die Gegenwart hineinreichenden Relevanz (Stichwort „Zweite Moderne" in den 1990er-Jahren) zeigt die Bedeutung dieses Fundamentalprozesses, etwa in Form ökonomischer Rationalisierungs- und Wachstumsprozesse, aber auch im Blick auf die politische und soziale Modernisierung, etwa die gegenwärtig diskutierte Liberalisierung der Lebensweisen und -normen und der politischen Einstellungen im Sinne von Partizipation und Pluralität. Gleichwohl kann auch die Bedeutung bzw. das Konzept der Modernisierung kritisiert werden und wurde auch als deterministisch, teleologisch und ethno- bzw. eurozentrisch kritisiert.

# Verfassungsschemata auswerten

A1 | Die sog. „Paulskirchenverfassung“ von 1849 war die erste demokratisch verabschiedete Verfassung für ganz Deutschland. Sie sah eine konstitutionelle Monarchie mit einem Erbkaisertum vor und enthielt einen Grundrechtekatalog. Die Reichsverfassung sollte einen föderalen deutschen Einheitsstaat aus 38 Mitgliedstaaten – die sog. kleindeutsche Lösung – konstituieren. Der Kaiser (Erbkaisertum) war das Staatsoberhaupt, welches mit bestimmten Befugnissen (siehe Pfeile) ausgestattet war.

Dem Reichstag, bestehend aus Staatenhaus und einem Volkshaus, kam die Aufgabe der Gesetzgebung, das Budgetrecht und die Kontrolle der Reichsregierung zu. Das Volkshaus sollte alle drei Jahre von den wahlberechtigten Männern gewählt werden. Landtage bzw. Landesregierungen sollten die Vertreter in das Staatenhaus entsenden. Die Regierung hatte ein Vetorecht gegen Beschlüsse des Reichstages. Das Reichsgericht sollte unabhängig von Legislative und Exekutive Recht sprechen.

**Hinweis:** Das dazugehörige Verfassungsschema finden Sie auf S. 63.

A2 | Die Verfassung des Deutschen Kaiserreiches von 1871 konstituierte eine halbparlamentarische, konstitutionelle Monarchie. Sie war das Ergebnis einer „Revolution von oben“. Das Volk wurde nur beiläufig erwähnt. Einen Grundrechtekatalog wie 1849 gab es nicht. Der Reichstag als Volksvertretung wurde in allgemeinen, gleichen, direkten und geheimen Wahlen wie 1849 gewählt, hatte aber lediglich Befugnisse bei Gesetzgebungsverfahren sowie im Budgetrecht. Die Vertreter der Einzelstaaten kamen im Bundesrat zusammen, der über weiterreichende Kompetenzen als der Reichstag verfügte und in dem Preußen über eine Sperrminorität verfügte, was die besondere Stellung Preußens verdeutlicht. Obwohl der Bundesrat vonseiten der Verfassung eine recht starke Stellung hatte, dominierten faktisch vor allem andere Verfassungsorgane: der Kaiser und der Reichskanzler. Dies verdeutlicht den obrigkeitsstaatlichen Charakter dieser Verfassung gegenüber der „Paulskirchenverfassung“ von 1849.

# Lieder als historische Quellen interpretieren

A1 | Bereits mit den ersten Worten thematisiert das Lied die Deutsche Frage: „Was ist des Deutschen Vaterland?“ Anschließend werden einzelne Territorien bzw. Regionen fragend aufgezählt und emphatisch mit einem dreimaligen „Nein“ negiert. „Des Deutschen Vaterland“ sei somit mehr als die einzelnen Territorien, eben ein zu gründender bzw. auszurufender Nationalstaat. Die Musik bringt eine triumphale, optimistische Stimmung zum Ausdruck, wirkt dynamisch und erinnert an Marschmusik.

**Hinweis:** Den Text sowie eine Audioaufnahme des Liedes „Des Deutschen Vaterland“ finden Sie auf S. 63.

A2 | Hinweise zum Kontext werden bereits im Einleitungstext gegeben – die Befreiungskriege. Das Lied wurde – durchaus mit antifranzösischer Spitze – zur Hymne der Nationalbewegung und etwa auf dem Hambacher Fest 1832 gesungen.

A3 | Ganz offensichtlich wird in Arndts Lied ein Großdeutschland propagiert („das große Land“), das alle deutschsprachigen Gebiete Europas umfassen solle. Gleichwohl darf der sich hier äußernde Nationalismus nicht im Zuge des späteren, aggressiven und militanten Radikalnationalismus verstanden werden. Im Lied selbst geht es vielmehr um die Überwindung des Partikularismus.

# Wege in die Postmoderne

**Hinweis:** Das dazugehörige Strukturbild finden Sie auf S. 112.

**A1** | Die Entwicklung im „alten Europa" und den USA verlief zum Teil parallel, was die wirtschaftlichen Innovationen und damit zusammenhängende Veränderungen in der Arbeits- und Lebenswelt im Zuge der Industrialisierung betrifft, zum Teil unterschiedlich, da Millionen Menschen aus Europa auswanderten und zum großen Teil in den USA als Einwanderungsland mit vermeintlich unbegrenzten Möglichkeiten eine neue Heimat fanden. Die **europäischen Nationalstaaten**, zumal die Monarchien, hatten mit inneren Brüchen zu kämpfen und mussten mit den sozialen und politischen Folgen der Industrialisierung umgehen. Arbeiterparteien und Gewerkschaften entstanden, Millionen Menschen wanderten aus. Auch in den **USA** gab es, zumal in den Städten, Armut, doch insgesamt spricht man für die Zeit nach dem Bürgerkrieg von einem „Gilded Age", einem „vergoldeten Zeitalter" im letzten Viertel des 19. Jh., das durch wirtschaftlichen Aufschwung und technologischen Fortschritt gekennzeichnet war. Die großen Eisenbahnlinien erschlossen den Kontinent von Ost nach West, der Typus des reichen Unternehmer-Tycoons (Carnegie, Rockefeller, Vanderbilt u. a.) in den Bereichen Stahl, Öl, Eisenbahn und die Bildung von Monopolen kennzeichneten die Zeit. Ein freier, ungezügelter Wettbewerb ohne staatliche Eingriffe und zunächst ohne Arbeitervertretung ebnete diesen Weg. Nach 1900 setzten sich neue Arbeitsmethoden und Produktionsabläufe durch (Taylorismus, Fordismus). Eine Mittelschicht bildete sich heraus, die zur Zielgruppe des sich entwickelnden Massenkonsums wurde. Zudem förderte das noch heute bestehende Zweiparteiensystem die Demokratisierung des Landes.

**Japan** reagierte im Sinne einer Verwestlichung auf die Herausforderungen der Moderne, die durch die Restauration des Kaisertums mit seiner Autorität gestützt wurde (Verfassungsstaat nach preußischem Vorbild, Ausbau einer modernen Infrastruktur, Aufrüstung des Militärs). Zugleich versuchte es bis 1911 erfolgreich, seine wirtschaftliche Unabhängigkeit mit der Aufhebung der „Ungleichen Verträge" wiederzuerlangen und selbst als imperialistische Großmacht in Asien aufzutreten.

**A2** | Der mit der ersten Phase der Industrialisierung in der zweiten Hälfte des 18. Jh. in England begonnene Modernisierungsprozess hatte weitere Etappen mit Modernisierungsschüben zur Folge: die zweite Industrielle Revolution (ca. 1870–1930) mit der Elektrotechnik und chemischen Industrie als Leitsektoren (und die „digitale" Revolution seit den 1990er-Jahren). Durch die damit jeweils verbundenen Folgen in den Bereichen Lebens- und Arbeitswelt, Kommunikation und Mobilität griffen diese Entwicklungen in das Leben jedes Menschen ein und veränderten das private wie berufliche Leben nachhaltig. Binnenmigration und Auswanderung waren Folgen der Fabrikansiedlung in Städten bzw. sozialer Not (Pauperismus) ehemals im Agrarsektor Beschäftigter.

Die wirtschaftlichen Neuerungen (etwa Entstehung von Fabriken, Gründung von Aktiengesellschaften) verstärkten bzw. ermöglichten die politischen Entwicklungen: Rüstungswettlauf im Verbund mit gesteigertem Nationalismus und Militarismus in der Zeit des Imperialismus, Erster Weltkrieg als erster industrialisierter Krieg mit Möglichkeiten des massenhaften Tötens und Verwendung chemischer Kampfstoffe.

Zugleich waren aber auch progressive Entwicklungen erkennbar: moderne Verfassungsstaaten mit rechtsstaatlicher Grundlage, Gründung politischer Parteien und Gewerkschaften, Anfänge der Frauenbewegung, im Laufe der Industrialisierung mehr Wohlstand für breitere Teile der Bevölkerung, medizinische Fortschritte.

**A3** | Ohne die vorangegangenen Etappen der Moderne wäre unsere heutige Arbeits- und Lebenswelt nicht vorstellbar. Die Folgen der Digitalisierung (Cyberwars, Einfluss der Sozialen Netzwerke in der politischen Kommunikation, Wegfall von Industriearbeitsplätzen, globaler Waren- und Datenverkehr) sind unverkennbar, man spricht von Formen der „Disruption" (radikale Veränderung in einer kurzen Zeitspanne), die es vergleichbar in früheren Phasen der Geschichte nicht gab. Diese tief greifenden, zunehmend global wirksamen Veränderungen haben gravierende politische Folgen, wie sie sich gerade in den westlichen Industrieländern zeigen: Durch die Digitalisierung bzw. Globalisierung der Arbeitswelt, Masseneinwanderung, Verlust traditioneller Strukturen und die dazu erforderliche Veränderungsbereitschaft werden vermehrt Abwehrreaktionen in Teilen der Bevölkerung ausgelöst, die in der Entstehung populistischer Bewegungen, Misstrauen gegenüber staatlichen Institutionen und Medien und Sehnsucht nach haltgebender Identität derer resultieren, die sich von der Globalisierung abgehängt fühlen.

# Zeitungen/Zeitschriften analysieren

A1 | Die Titelseite der New Yorker Zeitung „The World" berichtet über den Untergang der Titanic, der sich zwei Tage zuvor am 14. April 1912 ereignete. Der Leser wird informiert über die Daten zum Schiff, dessen Route, den momentanen Stand an Geretteten und Vermissten, es erfolgt eine Einordnung als „größte Katastrophe in der Geschichte der Seefahrt", was sich an den Opferzahlen festmachen lässt. Die Aufmachung ist äußerst anschaulich und informativ, da sie mit einer Kombination aus Text-, Bild- und Kartenmaterial aufwartet.

**Hinweis:** Das dazugehörige Titelblatt der Zeitung „The World" finden Sie auf S. 113.

A2 | Die Darstellung der Katastrophe erfolgt äußerst sachlich auf der Basis der verfügbaren Informationen. Es erfolgen keine Schuldzuweisungen oder Forderungen, auch eine Instrumentalisierung des Ereignisses in eine bestimmte (politische) Richtung ist nicht zu erkennen.

# Selbstzeugnisse analysieren

A1 | Es handelt sich um eine Antwort auf einen Brief, den Peter Klein zuvor von seinen Eltern empfing. In dem Brief geht er auf Sorgen der Eltern nach seinem Befinden und deren Aufforderung, nach Deutschland zurückzukehren, ein. Er drückt seine Zufriedenheit mit seiner jetzigen Situation aus und begründet, warum er in den USA glücklich sei: Er wolle in Deutschland nicht wieder von vorne anfangen (Z. 7), habe genug von der herablassenden Behandlung erfahrenerer Arbeiter in der Heimat (Z. 8 f.), er sei gesund und verdiene Geld (Z. 11 f.) und er fühle sich auch in seiner Unterkunft in Pottsville wie zu Hause (Z. 13 f.). Am Ende des Briefs geht er auf den Wunsch der Eltern nach Zusendung eines Gold-Dollars ein, was er bei nächster Gelegenheit tun werde. Insgesamt liefert Klein den Eltern in dem Brief eine Begründung für seinen Verbleib in den USA.

**Hinweis:** Den dazugehörigen Brief finden Sie auf S. 113.

A2 | Es liegt eine adressatenorientierte Selbstkonstruktion insofern vor, als der Absender ein durchweg positives Bild seiner momentanen Situation zu vermitteln versucht. Vor dem Hintergrund seiner Auswanderung, die in der Familie sicher nicht unumstritten war, bedeutet dies natürlich für Peter Klein, seine Entscheidung, in den USA neu anzufangen, als alternativlos darzustellen – sowohl gegenüber den Eltern, die mit der Entscheidung hadern, als auch sich selbst gegenüber. Auch der Umstand, dass derjenige, bei dem Klein wohnen kann, den Brief für ihn schreibt (John Gothie), mag für das gezeichnete Bild seiner Lebensumstände mitverantwortlich sein.

# ... in Kooperation

**Hinweis:** Das dazugehörige Material finden Sie auf S. 114.

A1 | Beschreibung der verschiedenen Elemente
- verschiedene relativ abstrakte geometrische Formen (Halbkreise, Sicheln, Dreiecke)
- konkret zu erkennen: Buchstaben, Straßenschilder, Häuser, Häuserfluchten, Bäume
- breites Farbspektrum

Assoziationen könnten sein:
- kontrastreich, „schief“ bzw. „schräg“, ungeordnet, unklar
- zwischen Abstraktion und Konkretion
- zwischen Vertrautem, Bekanntem, Zuzuordnendem einerseits
- Irritierendem und Verunsicherndem andererseits

A2 | Letztlich ist die Art der Struktur, die gelegt wird, variabel. Entscheidend bei den individuellen Lösungen ist die sich in der Gestaltung ausdrückende Begründung bzw. Kommentierung. Die Darstellungen der verschiedenen Facetten der Moderne bzw. der vielfältigen Modernisierungsprozesse, aber auch die Betonung der Kontraste und Ambivalenzen wird sicherlich deutlich gemacht werden. Anregungen finden sich in den Grafiken auf S. 62 und S. 112.

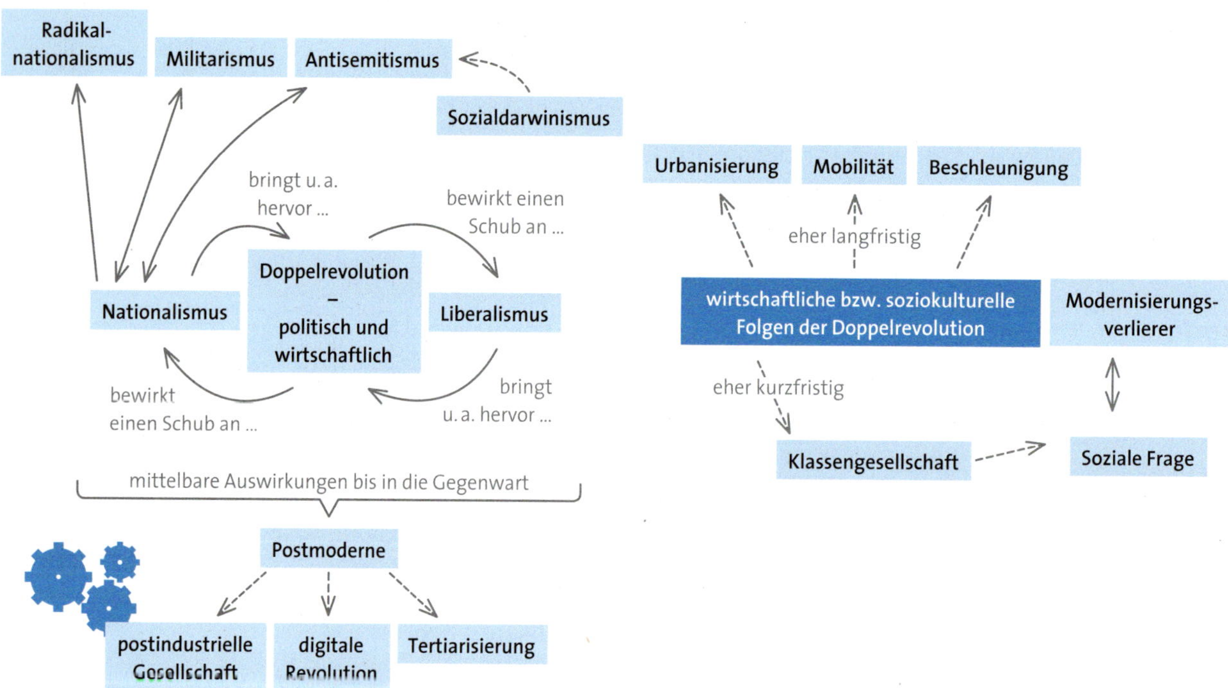


A3 | Ausgehend vom Bild-Einstieg kann einleitend auf die Errungenschaften der Moderne – etwa im urbanen Raum, der Architektur, der Mobilität usw. – eingegangen werden. Zugleich wirkt das Bild aber merkwürdig ambivalent. Solche Ambivalenzen finden sich aber auch in den Modernisierungsprozessen in Geschichte und Gegenwart. Formulierungshilfen und zu verarbeitende Textbausteine, die im Vortrag aufgegriffen, freilich aber auch modifiziert werden können, finden sich im Buch insbesondere in den Darstellungstexten auf S. 9, 12 und 13. „Stichworte“ und Anhaltspunkte für den Vortrag können demnach sein:

- Erklärung der Menschen- und Bürgerrechte einerseits
- Fortdauer von Ungerechtigkeit, Unfreiheit und Verletzung von Menschen- und Bürgerrechten bis zum heutigen Tag andererseits
- Industrialisierung, Modernisierung und Fortschritt einerseits
- „hinkende“ Demokratisierung, Rückschritte und Beharren in Traditionen andererseits
- Betonung der Zielgerichtetheit und des Fortschrittsoptimismus von Modernisierung einerseits
- Pluriformität und Ambivalenzen der Modernisierungsprozesse andererseits
- eurozentrische bzw. angloamerikanische Sicht einerseits
- globale und insofern relativierende Sicht andererseits

# ... und in Selbsttätigkeit

**Hinweis:** Das dazugehörige Material finden Sie auf S. 115.

A1 | Hans-Ulrich Thamer nimmt die bereits von den Zeitgenossen deutlich wahrgenommenen Paradoxien der Modernisierung (vgl. Z. 3–7) zum Ausgangspunkt, die „Große Erzählung“ der „universalen und linearen Fortschrittsgeschichte“ (Z. 12 f.) zu hinterfragen. Er betont die „Schattenseiten“ und „Ambivalenzen“ des Modernisierungsprozesses (Z. 30), als deren „Extremfall“ (Z. 34) der Holocaust bezeichnet wird. Aufgrund dieser negativen Aspekte sei der allzu optimistische Begriff „Modernisierung“ durch den der „Moderne“ zu ersetzen.

A2 | Für Thamer ist der Begriff „Modernisierung“ zu einseitig positiv besetzt. Dieser sei nämlich „allzu fortschrittsoptimistisc[h]“ (Z. 42 f.). Der Begriff „Moderne“ sei hingegen differenzierter, nämlich „offene[r], zur Selbstkritik und zu größerer Reflexivität neigen[d] (Z. 44 f.).

A3 | Die Bezeichnungen „Fortschrittsgeschichte“ und „Verlustgeschichte“ für die Moderne können durchaus überzeugen, da sie für die Ambivalenzen und für die vielfältigen, unterschiedlich zu bewertenden historischen Entwicklungen sensibilisieren und eine einseitige Betrachtungsweise verhindern können. Geschichtliche Prozesse sind oft nicht „schwarz“ oder „weiß“, sondern vielmehr – mit Thomas Nipperdey gesprochen – „grau“ in ganz unterschiedlichen Schattierungen. Diese Schattierungen gilt es differenziert herauszuarbeiten und dabei die Standortgebundenheit des Betrachters kritisch zu reflektieren. Dies lässt erkennen, dass bei mancher positiv bewerteten Entwicklung im Nachhinein auch deren Schattenseiten wahrgenommen werden müssen – und umgekehrt.

# Auswirkungen des Ersten Weltkrieges im Europa der Zwischenkriegszeit

**Hinweis:** Das dazugehörige Strukturbild finden Sie auf S. 176.

A1 | Die tief greifenden Veränderungsprozesse, die die Industrialisierung im Bereich der Wirtschaft und die Gedanken der Aufklärung im Bereich der Politik ausgelöst hatten, hatten große Herausforderungen und Probleme zur Folge, auf die die antiliberalen Modernisierungskonzepte eine umfassende Antwort zu geben schienen. Die traditionelle agrarische Lebensweise der meisten Menschen wurde infrage gestellt und enorme soziale Spannungen bauten sich auf. Auch die Ablösung der Fürstenherrschaft warf die Frage nach der Art der Volksherrschaft – im liberalen oder im sozialistischen bzw. faschistischen Sinne – auf. Der Erste Weltkrieg, zugleich der erste vollkommen industrialisierte Krieg, mit all seinen Auswirkungen auf die traumatisierten Bevölkerungen der beteiligten Staaten, schuf ein Reservoir von Menschen, die empfänglich waren für Gemeinschaftsideologien, die sich den Anstrich des Neuen, Jugendlichen gaben und die das Alte, Überkommene überwinden wollten. Zugleich handelte es sich sowohl beim Sozialismus sowjetischer Prägung als auch beim italienischen Faschismus, der spanischen Franco-Diktatur oder dem deutschen Nationalsozialismus um (totalitäre) Ideologien, die alles Liberale bekämpften.

A2 | Der Kommunismus lehnt den Pluralismus liberaler Prägung ab. Kennzeichnend ist ein Einparteiensystem mit einer Kaderpartei und Einheitslisten bei Wahlen, und auch die bürgerlichen Freiheitsrechte und das Eigentumsrecht werden den Menschen im Kommunismus nicht gewährt. Durch die erfolgreiche sozialistische Revolution als Ergebnis des Klassenkampfes sollte die Bourgeoisie entmachtet werden und nach der „Diktatur des Proletariats“ ein klassenloser Arbeiter- und Bauernstaat entstehen. In diesem Rahmen waren individuelle Rechte, Pressefreiheit und Wettstreit der Parteien nicht vorgesehen. Kritik an Partei und Staat wurde als „Konterrevolution“ der Feinde des Sozialismus verfolgt.

A3 | Die These stimmt, bezogen auf Russland, wo das alte System im Kriegsverlauf gestürzt und das neue den Krieg beendet hatte. Es wurde also ein fundamentaler Machtwechsel vollzogen, die alten Eliten des Zarenreiches wurden eliminiert, kommunistische Politiker besetzten die Schalthebel der Macht.

Was die Weimarer Republik betrifft, stimmt die These nur eingeschränkt. Zwar etablierte sich ein neues, republikanisches System mit einer modernen Verfassung und Pluralismus. Das alte System war delegitimiert. Aber innerhalb des Systems blieben die alten kaiserlichen Eliten in Verwaltung und Militär in Amt und Würden, die Kontinuität dieses monarchisch-obrigkeitsstaatlichen Denkens erwies sich als eine der Ursachen für das Scheitern der Republik. Dadurch, dass nationalistische Kreise erfolgreich die demokratischen Politiker für die negativen Folgen des Krieges, vor allem den verlorenen Krieg („Dolchstoßlegende“) und die Konsequenzen des Versailler Vertrages („Erfüllungspolitiker“), verantwortlich machten, erschienen die alten Eliten in der Öffentlichkeit gerade nicht delegitimiert, sondern wurden vielmehr zur Projektionsfläche für eine „gute, alte Zeit“, die es so nie gegeben hatte. Dass der ranghöchste Militär der OHL im Ersten Weltkrieg, Generalfeldmarschall Paul von Hindenburg, zum langjährigen, direkt gewählten Reichspräsidenten in der Weimarer Republik avancieren konnte, stützt diese Einschätzung.

A4 | Aspekte dazu:
Die Phase der Präsidialkabinette von 1930 bis 1933 (Brüning, Papen, Schleicher) wurde durch die Möglichkeiten der Verfassung geebnet, die dem Reichspräsidenten gegenüber dem Parlament weitreichende Kompetenzen zubilligte. Diese verschoben die Gewaltenteilung zugunsten der Exekutive (Art. 25: Reichspräsident kann den Reichstag auflösen; Art. 48: Notverordnungsrecht). Parlamentarische Mehrheitsfindung, Kompromissbildung und Beteiligung des Reichstages am Gesetzgebungsprozess wurden damit obsolet. Daher ist der Übergang von der parlamentarischen Demokratie zu einer autoritären Präsidialregierung als Zwischenschritt zur Machtübertragung an Adolf Hitler zu verstehen.

# Politische Plakate auswerten

A1 | Die Macht der Arbeiterinnen wird durch diese These betont: Als starke Kämpferinnen für die gerechte Sache (gemäß der herrschenden Ideologie) tragen sie zur sozialistischen Revolution bei und zeigen damit ein Rollenmodell der starken Frauen im Sozialismus auf.

**Hinweis:** Das dazugehörige Plakat finden Sie auf S. 177.

A2 | Auf dem Plakat wird ein Gegensatz zwischen dem „alten“ Russland und der Sowjetunion aufgebaut: Die alte Frau mit biederem Kopftuch kauert am Boden, niedergedrückt durch ihre Haushaltstätigkeiten. Die junge, dynamische Frau mit dem roten, modisch gebundenen Kopftuch hilft der älteren auf, sie reicht ihr die Hand. Im Hintergrund befindet sich eine ganze Gruppe von Frauen mit roten Fahnen, die gegen die alte Ordnung – auch die traditionelle Rolle der Frau – den Aufstand proben. Die riesigen Hallen und Fabrikgebäude im Hintergrund weisen den Weg, wo die sozialistische Frau ihre moderne Bestimmung sieht: in den Fabriken der mit aller Macht betriebenen Industrialisierung.

A3 | Hintergrund: Der 8. März als Internationaler Frauentag geht auf die Konferenz sozialistischer Frauen in Kopenhagen zurück, die 1910 stattfand und die von der kommunistischen Frauenrechtlerin Clara Zetkin ins Leben gerufen worden war. Eine der wichtigsten Forderungen dort war die Einführung des Frauenwahlrechts, das in der Weimarer Republik schließlich verwirklicht werden sollte. 1911 wurde erstmals der 19. März als Internationaler Frauentag ausgerufen, seit 1921 dann war es der 8. März. 1975 wurde er von der UNO zum Weltfrauentag erklärt.

Argumente der rot-rot-grünen Koalition in Berlin lauten: Man wolle auf dem Weg zur Gleichstellung von Frau und Mann weiterkommen; man wolle an Ungerechtigkeiten gegenüber Frauen erinnern. Ob man dies auf dem Wege eines zusätzlichen arbeitsfreien gesetzlichen Feiertages tun muss, kann kontrovers diskutiert werden.

# Historiengemälde analysieren

**Hinweis:** Das dazugehörige Gemälde finden Sie auf S. 177.

A1 | Das Gemälde kombiniert monumentale Säulen (des Brandenburger Tors) mit einer uniformierten Menschenmenge mit Hakenkreuz-Standarten und -fahnen sowie einer ihnen zujubelnden Menschenmenge. Die marschierende, uniformierte Formation – zu sehen eine SA-Truppe – erscheint im Licht der Fackeln, in goldenem Farbton. Die zuschauende Menge – Menschen unterschiedlichen Alters – erhebt die Arme zum Hitlergruß, ist im Schatten der aktiven Nationalsozialisten abgebildet. Die Zuschauer wohnen dem Aufbruch der „Bewegung" in Form der Machtübernahme bei, sie unterstützen ihn mit dem Gruß.

A2 | Dass Bild beinhaltet nur Menschenmengen, der Einzelne geht in den Gruppen unter. Zwar sind die jubelnden Zuschauer noch als Zivilisten unterschiedlich gekleidet und unterschiedliche Gesichter sind erkennbar, aber sie agieren als Masse gleich und richten ihren Gruß an die uniformierten SA-Leute. Auch in ihren Reihen befindet sich eine Hakenkreuzflagge.

A3 | Das Brandenburger Tor in der Mitte Berlins befand sich nach dem Zweiten Weltkrieg im russischen Sektor der Stadt. (Hinweis: Nach der Niederlage Napoleons 1814 war es als preußisches Siegesdenkmal neu gestaltet worden.) Seit dem 2. Mai 1945 wehte eine rote Sowjetfahne auf dem stark beschädigten Tor. Am 17. Juni 1953 wurde sie von Demonstrierenden entfernt und verbrannt, nach Niederschlagung des Aufstandes wieder angebracht. Dies zeigt, dass das Brandenburger Tor als Symbol des deutschen Nationalstaates verstanden wurde, das die Sowjetunion okkupierte und damit auch ihren Herrschaftsanspruch über das Land demonstrierte.

# Nationalsozialismus

**Hinweis:** Das dazugehörige Strukturbild finden Sie auf S. 210.

A1 | Im Zuge der „Gleichschaltung" aller relevanten Bereiche der deutschen Gesellschaft (u. a. Länder, Verwaltung, Gewerkschaften, Medien, Vereine) wurde die Basis für die Durchsetzung des Führerprinzips und der Ausrichtung auf das Konzept der „Volksgemeinschaft" und Massenmobilisierung, auch durch umfangreiche staatliche Propaganda, gelegt. Durch die „Reichstagsbrandverordnung" (28. 2. 1933) und das „Ermächtigungsgesetz" (23. 3. 1933) konnte die Exekutive Grundrechte außer Kraft setzen und das Parlament entmachten. In der Folge wurden die ideologischen Elemente des Rassismus und Antisemitismus auf gesetzgeberischem Wege („Nürnberger Rassengesetze" 1935) oder durch öffentlichkeitswirksame Exempel wie die Reichspogromnacht am 9. November 1938 zur Geltung gebracht. Die NS-Wirtschaftspolitik mit dem Ziel der massiven Aufrüstung und Autarkie, die in einer gigantischen Staatsverschuldung mündete, verlangte nach einem Eroberungskrieg, der die Lebensraumgewinnung im Osten und in dessen Folge die rücksichtslose Ausbeutung der dortigen Menschen und des Bodens zur Folge haben sollte. So wollte man den Staatshaushalt sanieren und eine „arische" Führungsschicht in den Ostgebieten einsetzen. Der Vierjahresplan von 1936 gab die Richtung vor. Antiliberalismus, Antiparlamentarismus und Antiindividualismus zeigten sich im Verbot von Parteien und der Verfolgung von Regimegegnern, politisch Andersdenkenden, Minderheiten im Rahmen der Inhaftierung in KZs oder im „Euthanasieprogramm". So sollte die Loyalität der Massen erzwungen und Widerstand im Keim erstickt werden. Der Radikalnationalismus war bereits im Kaiserreich in Form einer „negativen Integration" in der Bekämpfung von „Reichsfeinden" wirksam, trug zum Ersten Weltkrieg bei und überlebte diesen. Die „Dolchstoßlegende“ und der als „Diktatfrieden“ empfundene Versailler Vertrag verstärkten diesen extremen Nationalismus, der aggressiv gegen innere wie äußere Feinde gerichtet war und damit einem totalitären System im Innern und einem neuerlichen Krieg den Weg ebnete.

A2 | Die antiliberale Grundausrichtung des Dritten Reiches ist unverkennbar. Sie ist untrennbar mit dem totalitären Charakter des Nationalsozialismus verbunden. In der Zerstörung alter traditioneller Strukturen und der Errichtung einer neuen Gesellschaft im Geiste des Faschismus handelt es sich um eine antiliberale Modernisierungsdiktatur, die ein neues Menschenbild propagiert und auch auf totalitäre Weise umzusetzen versucht.

A3 | Die Weltwirtschaftskrise 1929 und ihre gravierenden Auswirkungen gerade in Deutschland (Abhängigkeit von US-Krediten, die abgezogen wurden, Pleitewelle von Banken und Betrieben, massive Arbeitslosigkeit von bis zu 6 Mio.) haben den Aufstieg der NSDAP sicher begünstigt, weil die Unzufriedenheit mit dem republikanischen System verstärkt wurde. Jedoch ist dieser Faktor einzubetten in ein multikausales Erklärungsmodell, das langfristige, strukturelle Probleme der Weimarer Republik (z. B. Kontinuität der alten Eliten in Militär und Verwaltung, Verfassungsmängel, Selbstverständnis der Parteien) mit akuten Krisenentwicklungen verbindet.

A4 | Gegnerschaft zu Menschengruppen oder Ideen war als Antrieb für den Nationalsozialismus von großer Bedeutung: Antisemitismus/Rassismus, Antiparlamentarismus, Antiliberalismus, Antibolschewismus, Antipluralismus und Antiindividualismus als prägende Versatzstücke der NS-Ideologie zeigen, dass die Ausgrenzung bzw. Bekämpfung von inneren wie äußeren Feinden von großer Bedeutung für den Aufstieg der NSDAP, aber auch die darauf folgende Festigung der SS-Herrschaft war. Feindbilder sollten die „Volksgemeinschaft“ stärken und kampfbereit machen, die lückenlose Indoktrination von Kindheit an sorgte für eine staatliche Vermittlung des Gedankenguts.

A5 | Indem sowohl der Sowjetkommunismus als auch der Nationalsozialismus einen „neuen Menschen“ erschaffen wollten, der im Rahmen eines totalitären Staates mit antiliberaler Ausrichtung den übergeordneten Zielen des Volkes dienen sollte, handelt es sich jeweils um antiliberale Modernisierungsideologien. Gemeinsame Kennzeichen sind: das Fehlen von Pluralismus im politischen Bereich, überhaupt von bürgerlichen Freiheitsrechten, stattdessen Einparteiensysteme und Führerkult, Militarisierung und Überwindung bzw. Abschwächung traditioneller neben- oder überstaatlicher Strukturen wie etwa der kirchlichen oder des freien Unternehmertums. Die „Volksgemeinschaft“ bzw. die „Diktatur des Proletariats“ lassen keinen Raum für abweichende Positionen oder Einzelinteressen. Die klassenlose Gesellschaft, die sich nach der sozialistischen Revolution konstituieren soll, ist dabei aber auf erfolgreiche sozialistische Revolutionen in den industrialisierten Ländern angewiesen, ohne die auch die russische nicht zu einer Weltrevolution und einer wirklichen Industrialisierung hätte führen können. Demgegenüber wird der Nationalsozialismus von einem in der UdSSR nicht zu verzeichnenden völkischen Radikalnationalismus angetrieben. Daraus resultierend unterscheiden sich Lenins und Hitlers Ziele hinsichtlich der außenpolitischen Ausrichtung (Schaffung einer sozialistischen Internationale vs. Expansionskrieg im Rahmen der Lebensraumideologie), und der spezifische Antisemitismus, der in den Holocaust mündete, ist in Russland unter Lenin nicht vorhanden.

# Politische Reden analysieren

**Hinweis:** Die dazugehörige Rede finden Sie auf S. 211.

A1 | Das Konzept der „Volksgemeinschaft“ ist nach innen und nach außen wirksam. Wie Bismarcks Strategie der negativen Integration, d. h. Stigmatisierung der sog. „Reichsfeinde“ (z. B. Katholiken, Sozialdemokraten), funktionierte dies im „Dritten Reich“ ähnlich: Der Druck zu konformem Verhalten der Bevölkerung wuchs in dem Maße, wie man nicht dazugehörende Gruppen stigmatisierte und ausgrenzte, zunehmend mit Mitteln der Justiz und des Verwaltungsapparats des Staates. Nach außen wurde signalisiert, dass dieses Volk zu allem bereit war, bereit, das Leben für die „höhere Sache“ zu opfern. Es ist letztlich eine Kampfansage.

A2 | Das teleologische, d. h. auf ein Endziel hin ausgerichtete Geschichtsbild Hitlers zeigt deutlich eine Abgrenzung zwischen starken und schwachen Völkern und der langfristigen Durchsetzung des Rechts des Stärkeren im sozialdarwinistischen Sinne. Er versteht Geschichte als Abfolge von Kriegen, bei denen sich die stärksten und opferbereitesten Völker durchsetzen.

Dieses Geschichtsbild ist insofern problematisch, als es zwangsläufig von Kriegen als Mittel der Politik ausgeht und von den Mitgliedern der „Volksgemeinschaft“ verlangt, ihre individuellen Bedürfnisse und Überzeugungen zugunsten einer übergeordneten völkischen Idee aufzugeben bzw. diese daran anzupassen. Seine Verachtung der „plutokratischen Demokratien“ zeigt zudem, dass er von einer auf wirklicher Volkssouveränität basierenden Gesellschaft mündiger Bürgerinnen und Bürger nichts hält.

A3 | Der Zweck dieses Geschichtsbildes liegt auf der Hand: Er will die Bevölkerung im März 1940 auf die Ausweitung des Krieges (im Juni 1941: Überfall auf die Sowjetunion) einstimmen und die noch vorhandenen Bedenken gegen den Krieg ausräumen. Die Deutschen sollen sich der Mission verschreiben, die Hitler skizziert – bis zur Selbstaufgabe.

# Geschichtsspielfilme analysieren

**Hinweis:** Den dazugehörigen Filmstill finden Sie auf S. 211.

A1 | Der Bildausschnitt zeigt den schmutzigen Toilettenraum mit drei anwesenden Männern: einem unbeteiligten SA-Mann in Uniform, der gerade uriniert und den beiden anderen Männern in der Mitte des Raumes den Rücken zukehrt. Der Raum suggeriert Enge und Ausweglosigkeit. Die stark verschmutzten Fließen und der Fußboden steigern die Ekelhaftigkeit der Szene. Wie der andere SA-Mann den am Boden liegenden Elser verprügelt, sieht der Zuschauer aus der Bodenperspektive an der Stelle, an der man zur Tür hereinkommt bzw. hinausgeht. Die Kamera ist dadurch Elsers Blickwinkel näher als dem der SA-Männer.

A2 | Diese Einstellung (Totale) ist deshalb gewählt, weil hier einerseits die Opfersicht von unten nachempfunden, zum anderen die gesamte Szene überblickt werden kann: Die rohe Gewalt wird schweigend bzw. billigend von den anderen hingenommen, Elser ist den willkürlichen Misshandlungen wehrlos ausgeliefert. Das verdeutlicht das hohe Risiko und die Schutzlosigkeit von Menschen, die im NS-Regime Widerstand leisteten. Die Zuschauerin/der Zuschauer soll einerseits das Ausgeliefertsein Elsers miterleben und wird andererseits gleichsam zur Stellungnahme aufgefordert.

# Antiliberale Modernisierungsdiktaturen und Zweiter Weltkrieg

Hinweis: Das dazugehörige Strukturbild finden Sie auf S. 240.

A1 | Die **Singularität der nationalsozialistischen Verbrechen** trägt nicht nur der Tatsache Rechnung, dass vor allem der Holocaust/die Shoah und der damit in engem Zusammenhang stehende Zweite Weltkrieg zentrale und spezifische Ziele des nationalsozialistischen Regimes waren. Die systematische und planmäßige Vernichtung von Juden, Sinti und Roma sowie anderen missliebigen Bevölkerungsgruppen war auch verglichen mit anderen Genoziden beispiellos in ihrer Menschenverachtung. Der von Nazi-Deutschland seit Beginn der Machtübernahme geplante Zweite Weltkrieg verheerte weite Teile Europas. Von den etwa 60 Millionen Toten hatte die Sowjetunion die bei Weitem meisten Opfer zu beklagen. Auch deshalb verbietet sich eine Relativierung, bei der oft die sehr hohen Opferzahlen der stalinistischen Diktatur als Argument genannt werden.

Das nationalsozialistische Regime wollte den Zusammenhalt der von ihr definierten „Volksgemeinschaft“ auch durch Wohltaten (u.a. durch Bereicherung am Eigentum beraubter Juden sowie durch Schuldenerlass) und verordnete Maßnahmen zur Solidarität mit anderen stärken. Im Zusammenhang mit einer derartigen **Gefälligkeitsdiktatur** wurde der Begriff „Volksstaat“ (Götz Aly) geprägt. Im Stalinismus hatte die wirtschaftliche und technische Modernisierung absoluten Vorrang vor dem Lebensstandard der Bevölkerung (**Modernisierungsdiktatur**). Auf dem XVI. Parteitag wurde offiziell verkündet, dass das Erreichen des ersten Fünfjahresplans bewusst auch auf Kosten der Lebensverhältnisse der Bevölkerung durchgesetzt werden sollte. Auch im Nationalsozialismus wurde die gesamte Wirtschaft den Expansionszielen untergeordnet, auf Kosten von Konsumgütern.

**Totalitarismus** und **Erziehungsdiktatur** definieren das Verhältnis der beiden Diktaturen. Die Durchsetzung des absoluten Machtanspruchs der Herrschenden (Führerprinzip, „Diktatur des Proletariats“) und die radikale Umgestaltung von Staat, Gesellschaft und Wirtschaft sollten durch eine möglichst lückenlose Durchdringung aller Lebensbereiche, deren strenger Kontrolle, einer Erziehung der Heranwachsenden bzw. einer „Umerziehung“ von Menschen mit oppositioneller Gesinnung erreicht werden.

A2 | Aggressiver, auf Vernichtung abzielender Antikommunismus und Antisemitismus waren die beiden wesentlichsten Stoßrichtungen des Nationalsozialismus. Dabei wurde ein enger Zusammenhang zwischen Judentum und Bolschewismus konstruiert: Der Kommunismus galt als angeblich jüdische Erfindung. Militärische Expansion sollte nicht nur dem Ziel dienen, „Lebensraum“ für das deutsche Volk zu gewinnen, sondern auch „die“ Juden als vermeintliche Rasse und die Sowjetunion als kommunistische Führungsmacht zu beseitigen. Nachdem sich Hitler und Stalin zunächst auf die Aufteilung Polens verständigt hatten und im daraufhin vom Deutschen Reich besetzten Teil Polens („Generalgouvernement“) ein Großteil der Vernichtungslager errichtet wurde, folgte in einem nächsten Schritt 1941 das „Unternehmen Barbarossa“ – der Überfall auf die Sowjetunion.

A3 | Modernisierung wurde von den antiliberalen Diktaturen so verstanden, dass sich Staat, Wirtschaft und Gesellschaft und damit alle Bereiche des Lebens radikal zu ändern hatten. Außerdem sollten Wirtschaft und Technik den Zielen der Regime dienen. Wesentlich dabei war auch die Unterwerfung anderer Staaten bzw. die Erringung von Hegemonie. Von Anfang an richtete das nationalsozialistische Deutsche Reich seine Wirtschaft auf den Zweiten Weltkrieg aus. Dementsprechend wurde die Produktion kriegswichtiger Güter planmäßig forciert. Eine Erhöhung des Lebensstandards jedes Einzelnen in der Bevölkerung, wie es dem Konzept des Liberalismus entsprach, galt als kontraproduktiv und schädlich. Die Kriegsziele im Sinne des Nationalsozialismus wurden kollektiv verstanden, als angeblich vorteilhaft für die gesamte „Volksgemeinschaft“.

A4 | Mögliche Beurteilung: Der sogenannte Hitler-Stalin-Pakt entsprang sicherlich strategischen Überlegungen und nicht einer versuchten Begrenzung der kriegerischen Expansion. Denn die rücksichtslose Bekämpfung des Kommunismus und die Zerschlagung der Sowjetunion waren seit den Anfängen der NSDAP wesentliche Ziele der Nationalsozialisten. Nicht nur angesichts der Tatsache, dass Stalin vom Angriff des Deutschen Reiches überrascht war, war Hitlers Verschleierungstaktik offensichtlich (kurzfristig) erfolgreich. Ein Angriff der Sowjetunion, die Polen ebenfalls zu ihrer Interessensphäre zählte, hätte einen „Blitzkrieg“ gegen den östlichen Nachbarn des Deutschen Reiches und dann auch die Besetzung der Staaten im Westen unwahrscheinlich gemacht – angesichts der gewaltigen Ressourcen der Sowjetunion (die letzlich entscheidend waren für das Zurückschlagen der Wehrmacht). Da der Sieg über die Sowjetunion ein wesentlicher Beweggrund für die Entfesselung des Zweiten Weltkrieges war, erscheint vielleicht eher das „Unternehmen Barbarossa“ als „Mitte des europäischen Kriegsgeschehens“.

A5 | Entscheidend bei dieser Frage ist auch, wie die Pfeile verstanden werden, ob rein chronologisch oder kausal.

Für das Setzen der Pfeile spricht:
- Die militärische Expansion Italiens, deren Anfänge bis in die Zeit vor dem Aufstieg des Faschismus zurückreichen, war zeitlich vor dem Zweiten Weltkrieg.
- Wie die nationalsozialistische Diktatur propagierte auch das faschistische Italien die Überlegenheit des eigenen Landes bzw. seiner „Rasse“ gegenüber den unterworfenen Staaten sowie die Notwendigkeit, „Lebensraum“ zu gewinnen.
- Kennzeichen war in beiden Fällen eine Verachtung gegenüber den besiegten Völkern. Auch hinsichtlich des Krieges gegen Abessinien wird von Genozid (Völkermord) gesprochen.

Dagegen könnte sprechen:
- Ein wesentlicher Rechtfertigungsgrund für die italienische Expansion war die Wiedererrichtung des Imperium Romanum. Damit unterscheidet sich dieser Mythos als zentraler Kriegsgrund vom Antikommunismus und Antisemitismus als vorrangigen Motiven des nationalsozialistischen Regimes (wenn auch beide Haltungen grundsätzlich auch Kennzeichen des italienischen Faschismus waren).
- Die militärischen Aktionen des faschistischen Italien, das Hitler und den Nationalsozialisten lange Zeit als vorbildhaft galt, waren weder hinsichtlich der Kriegsziele noch des Antriebs, Krieg zu führen, für die Nationalsozialisten bedeutsam. Vielmehr diente Mussolini, der zuvor als Bündnispartner von anderen europäischen Mächten umworben worden war, letztendlich als willkommener Partner bei der Durchsetzung seiner Ziele.

# Denkmäler untersuchen

**Hinweis:** Die dazugehörigen Denkmäler finden Sie auf S. 241.

A1 | Das 1955 aufgestellte Ehrenmal in Breisach besteht zum einen aus der etwa lebensgroßen Statue eines Mannes auf einem Sockel. Die Person ist barfuß und mit einem Mantel bekleidet; ihr Kopf ist gesenkt und die Miene wirkt verzweifelt. Zum anderen stehen an der gegenüberliegenden Mauer drei Birkenkreuze mit Stahlhelmen, darüber die Worte „Opfer + Friede + Freiheit“. Das Denkmal ist den gefallenen und aus dem Krieg zurückgekehrten Soldaten gewidmet und steht ganz in der Nähe des auf einer Anhöhe gelegenen Münsters auf einem kleinen, von Begrenzungsmauern eingefassten Platz, mit Blick in Richtung Westen (Frankreich). Eine weitere Sehenswürdigkeit, der Hagenbachturm ist ebenfalls nicht weit entfernt. Geschaffen wurde das Denkmal von dem Bildhauer Karl Heinz Engelin. Auf dem Platz befindet sich auch ein Gedenkstein, der an die Deportation von Juden aus Breisach am 22. Oktober 1940 erinnert.

1938 und damit noch vor dem Zweiten Weltkrieg wurde das Kriegerdenkmal in Murg gestaltet und aufgestellt. Es zeigt zwei überlebensgroße Soldaten in Kampfausrüstung, u. a. mit Stahlhelmen. Während der eine Soldat in der Rechten eine Handgranate trägt und vom Betrachter aus gesehen nach links sieht, blickt der andere mit einem Gewehr in der Hand fast in die entgegengesetzte Richtung. Die Mienen beider Soldaten sind ernst und wirken kampfesmutig. Ursprünglich nur für das Gedenken an die Gefallenen des Ersten Weltkrieges gedacht, wurde die auf dem Sockel angebrachte Inschrift nach dem Zweiten Weltkrieg ergänzt: „Unseren Gefallen 1914–1918 | 1939–1945 zum Gedächtnis“. Die Martialität des Denkmals, das in der Zeit des Nationalsozialismus errichtet worden war, und dessen unmittelbare Nähe zu einer Schule führten zu langen kontroversen Diskussionen darüber, ob es beseitigt werden sollte. Eine Kompromisslösung führte zu einer Versetzung der Großskulptur und der Ergänzung um eine Mahntafel, die im Auftrag der Stadt von einer Arbeitsgruppe erarbeitet wurde: *Nie wieder Krieg! Für Frieden, Freiheit und Demokratie!*

Die beiden Denkmäler haben zwar nur einen zeitlichen Abstand von 15 Jahren, verdeutlichen aber eine grundsätzlich unterschiedliche Haltung gegenüber dem Krieg. Das Denkmal in Breisach stellt die Leiden der Soldaten (und Angehörigen) als Folgen des Krieges in den Vordergrund. Es stellt den Menschen in seiner Verzweiflung dar, seiner Kampfausrüstung und damit seines Schutzes völlig entkleidet. Das Gesicht der Statue ist auf Augenhöhe mit dem Betrachter. Demgegenüber muss man bei den heroischen Darstellungen der Soldaten in Murg nach oben sehen, während die Kämpfer selbst „den Feind im Blick haben“ und beeindrucken sollen.

An beiden Beispielen wird deutlich, wie sehr sich der jeweilige zeitliche Kontext auf die verschiedenartige Gestaltung von Denkmälern auswirkt. Das nationalsozialistische Regime glorifizierte die Gefallenen des Ersten Weltkrieges, rüstete gleichzeitig für den Zweiten Weltkrieg, betrieb eine Revision des Versailler Vertrages und ließ die Heranwachsenden zielstrebig als künftige Soldaten ausbilden. 1955 erholte sich nach der Teilung Deutschlands die Bundesrepublik allmählich von den verheerenden Folgen des Zweiten Weltkrieges und war mit den nationalsozialistischen Verbrechen konfrontiert. Es gab über 11 Millionen Soldaten, die bei Kampfhandlungen oder in Kriegsgefangenschaft starben. 1955 erreichte Bundeskanzler Konrad Adenauer die Freilassung der noch lebenden Kriegsgefangenen in der Sowjetunion.

Wie das Rommel-Denkmal in Heidenheim an der Brenz (siehe S. 232f.) ist auch das Denkmal in Murg ein Beispiel dafür, wie ein Monument aufgrund gewandelter Grundeinstellungen Anstoß erregen kann. Auch hier wurde auf eine vollständige Beseitigung verzichtet, stattdessen ergänzt.

A2 | Vor dem Zweiten Weltkrieg, zumal im Nationalsozialismus mussten die (künftigen) Soldaten einem Ideal entsprechen, in dem individuelles Leid, Verzweiflung und Niederlage keinen Platz hatten, sondern als nicht tolerierte „Verweichlichung“ gebrandmarkt wurden. Darstellungen von Soldaten sollten vielmehr ermutigend wirken. Der Einzelne musste sich in den Dienst der „Volksgemeinschaft“ bzw. Kampfgemeinschaft stellen, einordnen und seinen Beitrag zum Sieg leisten. Krieg und Kampf galten als erstrebenswert.

A3 | Mögliche Aspekte:
- Die Mahntafel verdeutlicht die mittlerweile vorherrschende Ablehnung von Krieg und das Eintreten für Grundwerte einer freiheitlich-demokratischen Gesellschaft.
- Beide Teile des Denkmals können das Geschichtsbewusstsein fördern. Denn einerseits führen sie vor Augen, wie Krieg heroisiert wurde und dessen Folgen verherrlicht, ignoriert oder ausgeblendet wurden. Andererseits zeigen sie, dass die Änderung von Einstellungen innerhalb der Gesellschaft möglich und sinnvoll ist. Anhand des Beispiels in Murg wird deutlich, wie Denkmäler/Mahnmale zu Zeugnissen einer früheren Zeit und damit zu Quellen werden können.
- Kritiker an der Entscheidung könnten einwenden, dass trotz der Ergänzung die Großskulptur mit ihrer Aussage noch immer öffentlich sichtbar ist und gegenüber der Mahntafel eine dominante Stellung hat.
- ...

# Fotografien als Quellen deuten

**Hinweis:** Die dazugehörigen Fotografien finden Sie auf S. 241.

A1 | Das Ausgangsfoto zeigt Lenin und Stalin 1923 nebeneinander auf einer Bank sitzend auf Lenins Landgut in Gorkij. Stalin sticht durch eine weiße Uniformjacke hervor. Auf der Retusche von 1928 sieht es aus, als liegte Lenin auf einem Liegestuhl und Stalin sitzte neben ihm erhöht auf einem Stuhl, mit einem Arm auf die Rückenlehne gestützt. Auch Stalins Jacke wurde getauscht gegen eine einfache Uniformjacke, wie sie auch Lenin trägt.

Durch die Fotomontage soll Lenin herabgesetzt werden. Er wirkt krank (1922 bereits erster schwerer Schlaganfall durch Folgen eines Attentats) und nicht mehr in der Lage, seine Rolle als Revolutionsführer auszufüllen. Stalin dagegen wirkt stark und offen.

Stalin wollte mit der Retusche deutlich machen, dass er in Lenins Tradition stand, und legitimierte so seinen Machtanspruch als Führer der Sowjetunion nach Lenins Tod im Jahre 1924. (Hinweis: Stalin richtete den Sozialismus anders aus als Lenin, beispielsweise mit seiner „Sozialismus in einem Land“-Doktrin, siehe S. 212)

A2 | Beispiele:
- Foto vom 14. Mai 1998, das im Vordergrund den damaligen US-Präsidenten Bill Clinton bei seinem Staatsbesuch in Deutschland sowie Bundeskanzler Helmut Kohl und den thüringischen Ministerpräsidenten Bernhard Vogel lächelnd vor einer Menschenmenge in Eisenach zeigt. Von dem Originalfoto einer Nachrichtenagentur wurde ein Plakat mit der Aufschrift „Ihr habt auch in schlechten Zeiten dicke Backen“ entfernt.
- Titelbild des Nachrichtenmagazins „Der Spiegel“ vom 6. April 1992, mit dem Titel „Asyl. Die Politiker versagen“. In ein Foto, das Asylbewerber vor dem geöffneten Tor einer Antragsstelle zeigt, wurden nachträglich zwei Polizisten eingefügt, die sich scheinbar gegen die Menschenmenge stellen.

# ... in Kooperation

## M1 „Gefährdungen für die liberale Demokratie“

**Hinweis:** Das dazugehörige Material finden Sie auf S. 424.

A2a | Hinweise zur Legitimation:

- In einer liberalen Demokratie sollte gemäß dem Konzept der Volkssouveränität die Macht vom Volk, d.h. der wahlberechtigten Bevölkerung, ausgehen. Dazu dienen (im Idealfall freie, allgemeine, gleiche und geheime) Wahlen. In ihnen werden Parteien oder Kandidatinnen und Kandidaten gewählt, entweder direkt als Spitze der Exekutive (wie zum Beispiel in der Weimarer Republik der Reichspräsident) oder indirekt durch Parlamentsmehrheiten, die die Regierung wählt und ihr ggf. wieder das Vertrauen entziehen kann. (In der Weimarer Republik beispielsweise setzte sich der Reichstag gemäß dem Verhältniswahlrecht entsprechend den Stimmanteilen zusammen und wählte den Reichskanzler – außer bei den Präsidialkabinetten).
- Sowohl im Nationalsozialismus als auch im Stalinismus sind die jeweiligen Diktatoren, Adolf Hitler und Josef W. Stalin nicht vom Vertrauen bzw. der Wiederwahl der Bevölkerung abhängig.
- Im Nationalsozialismus galt Hitler (der sich von der angeblichen „Vorsehung“ auserwählt hielt) gemäß dem Führerprinzip als rechtmäßiger Lenker des Staates. Er nahm für sich in Anspruch, die Interessen der sogenannten „Volksgemeinschaft“ durchzusetzen, nach innen (rassistische Vorstellung von der „Reinheit des Blutes“, Ausgrenzung und Vernichtung missliebiger Gruppen in der Bevölkerung) und nach außen (Kampf gegen das angebliche „Weltjudentum“, gegen den Bolschewismus, für die kriegerische Expansion der angeblich überlegenen „arischen Rasse“ und für die Gewinnung von „Lebensraum“). Zentral für den Nationalsozialismus ist die Vorstellung von der legitimen Macht des „Stärkeren“. Dabei galt auch die rücksichtlose gewaltsame Durchsetzung von Machtansprüchen als gerechtfertigt.
- Auch im Stalinismus galten liberale Vorstellungen von einem pluralistischen Wettstreit von Meinungen als schädlich. Es gab einerseits das Konzept von der „Diktatur des Proletariats“, das nach leninistischer Vorstellung das auch gewaltsame Vorgehen zur Durchsetzung des Machtanspruchs der Kommunistischen Partei (KPdSU) als einzig legitimer Partei galt und zur Umgestaltung aller gesellschaftlichen Bereiche und ggf. zur „Umerziehung“ von Personen. Stalin hat darüber hinaus seinen unantastbaren Führungsanspruch innerhalb der Partei durchgesetzt. Dabei sollte der Personenkult um ihn diese Stellung propagandistisch als begründet und legitim darstellen.

A2b | Weitere Hinweise zum Verhältnis zwischen Regierung und „Volk“:

- In einer liberalen Demokratie gelten die Menschen als frei geboren und vernunftbegabt. In der Gesellschaft sollte es Meinungsfreiheit geben, nicht beschränkt oder verhindert von staatlichen Instanzen. Konsequenterweise sollten in dieser pluralistischen Gemeinschaft unterschiedliche Ansichten nicht nur geäußert werden dürfen, sondern auch zum Meinungsbildungsprozess beitragen. Die Etablierung der Staatsmacht sollte „von unten“ erfolgen, gemäß dem Prinzip der Volkssouveränität. Die Regierung sollte demnach einerseits auf dem Willen des Volkes beruhen (d.h. in der Regel durch Wahl legitimiert sein) und andererseits sich im Rahmen der ebenfalls vom Volk (bzw. dessen Repräsentanten) entwickelten Verfassung bewegen. Die Regierung ist also letztendlich von den freien Entscheidungen des Staatsvolkes abhängig (bzw. einer sie tragenden „arithmetischen Mehrhei[t]“ (Z. 23) und nur auf Zeit gewählt.
- Anders als in einer liberalen Demokratie ist im Nationalsozialismus und im Stalinismus das „Volk“ von oben vorgegebenen Doktrinen unterworfen und soll dementsprechend gestaltet, umgeformt und erzogen werden.

- Im Nationalsozialismus gelten nur die Gruppen als Teil des Volkes, die der rassistischen Vorstellung von der sogenannten „Volksgemeinschaft" entsprechen. Sie soll eine geschlossene Einheit („Entität", Z. 20) sein, in der jeder Einzelne keine individuellen Interessen verfolgen, sondern sich bedingungslos in den Dienst der Gemeinschaft stellen soll. Die Kriterien, wer ihr angehört bzw. wer von ihr ausgeschlossen wird (u. a. jüdische Mitbürgerinnen und Mitbürger, Angehörige anderer Völker), legt das Regime fest. Es bestimmt auch die angeblichen Interessen des Volkes. Die Bevölkerung darf dabei nicht anderslautende Vorstellungen vom Leben umsetzen oder mitbestimmen. Opposition wird deshalb konsequent unterdrückt und verfolgt.
- Im Sowjetkommunismus bzw. Stalinismus rekrutiert sich die Staatsführung aus den führenden Vertretern der Kommunistischen Partei. Diese bzw. die stalinistische Diktatur bestimmt ausschließlich über Staat, Gesellschaft und Wirtschaft. Auch hier werden im Sinne eines Antiindividualismus vom Volk Konformität und Unterordnung verlangt sowie oppositionelles Verhalten verfolgt. Es soll dem Aufbau einer sozialistischen Gesellschaft dienen.

**A2c** | Hinweise zu Machtverteilung und -kontrolle:
- Die Konzentration und fehlende Kontrolle von Macht ist mit einer liberalen Demokratie unvereinbar. Stattdessen sollten die Regierenden ihre Macht nur auf Zeit haben, sich regelmäßig dem Volk als dem Souverän in Wahlen stellen. Unabdingbar ist die Gewaltenteilung. Nach ihr sollen sich Legislative, Exekutive und Judikative gegenseitig kontrollieren und dadurch Machtmissbrauch und Verstöße gegen die Verfassung verhindern. Die Exekutive ist (in repräsentativen Demokratien) von Parlamentsmehrheiten abhängig. Diese können sich durch Wahlen, aber auch innerhalb der Legislaturperioden ändern.
- Dadurch ist das Parlament in einer liberalen Demokratie eine „Bremse" (Z. 29), d. h. eine Kontrollinstanz für die Exekutive (u. a. die Regierung). Als „Motor" (Z. 30) sollte sie insofern agieren, da sie neue Gesetze schafft bzw. bestehende abschafft – als Vertretung des Volkes. Es schafft dadurch den rechtlichen Rahmen, den die Exekutive umsetzen sollte und die Gerichte interpretieren und kontrollieren sollten.
- Sowohl im Nationalsozialismus als auch im Sowjetkommunismus haben die Staatsparteien NSDAP bzw. KPdSU das unangefochtene Machtmonopol. Diese werden noch vom Führungsanspruch Hitlers und Stalin überwölbt.
- In diesen Diktaturen unterliegen auch die Gerichte den Anweisungen der führenden Personen und sind nicht unabhängig. Die bestehenden „Parlamente" (Reichstag bzw. Parteigremien) haben nur im von oben geduldeten Rahmen Einflussmöglichkeiten und eher die Funktion, die gewünschte Einheit der Partei bzw. des Volkes abzubilden.

**A2d** | Hinweise zur Bedeutung von Wohlstand und Prosperität:
- Die Weimarer Republik kann als Beispiel dafür dienen, wie wichtig wirtschaftliche Prosperität für die Akzeptanz gerade einer demokratischen Gesellschaft sein kann. Die Startbedingungen in der Anfangsphase waren schwierig, bedingt durch die darniederliegende Wirtschaft, die notwendige Umstellung von Kriegs- auf Friedenswirtschaft, die damit verbundenen engeren finanziellen Spielräume der Regierungen (u. a. wegen geringerer Steuereinnahmen und zusätzlicher Belastungen wie den Reparationen), vor allem auch die Hyperinflation (als eine der Kriegsfolgen). Die Folge war, dass weite Teile der Bevölkerung die Demokratie (mit)verantwortlich machten für die schwierige Lage. Andererseits hat die beginnende Erholung nach 1923 zur Stabilität des Landes beigetragen. Die Weltwirtschaftskrise war ein Grund dafür, dass sich ein großer Teil verfassungsfeindlichen Parteien mit ihren Versprechungen zugewandt hat.

- Wohlstand und die Möglichkeit, sich einen guten Lebensstandard erarbeiten zu können, ist ein wesentliches Anliegen einer liberalen Demokratie mit einer Marktwirtschaft. Die produktiven Kräfte sollten sich dabei frei entfalten können.
- Das nationalsozialistische Regime hat zu Beginn seiner Herrschaft vom bereits zuvor einsetzenden Wirtschaftsaufschwung (der folglich nicht seinen Maßnahmen zu verdanken war) insofern profitiert, als seine Akzeptanz in der Bevölkerung stieg. Dazu trug einerseits die Verringerung der Arbeitslosigkeit bei. (Weitere Gründe: Arbeitsbeschaffungsmaßnahmen wie z. B. Reichsarbeitsdienst, weitestgehendes Berufsverbot für Frauen, Anhäufung massiver Staatsschulden, die durch den geplanten Sieg im nächsten Krieg ausgeglichen werden sollten.) Andererseits wurden Möglichkeiten geboten, sich am Eigentum anderer (vor allem von Juden) zu bereichern. Für die Nationalsozialisten hatte die Solidarität mit ärmeren Teilen der Bevölkerung (z. B. Eintopfessen) im Sinne der „Volksgemeinschaft" Vorrang vor einem immer höheren Lebensstandard der Bevölkerung.
- Auch im Sowjetkommunismus/Stalinismus galt der Wohlstand der Bevölkerung nicht als vordringliches Ziel. Das wird deutlich in den Vorgaben Stalins, dass das Ziel der konsequenten Industrialisierung des Landes auch auf Kosten des Lebensstandards der Menschen Vorrang habe. Die Mitglieder des „Kollektivs" sollten nicht ihre individuellen Interessen verfolgen (was als unsozialistisch bzw. bourgeois galt), sondern staatsdienlich handeln im Sinne der Partei. Dennoch versprach das sozialistische Modell letztendlich bessere, vor allem gerechtere Lebensverhältnisse.

A3 | Mögliche Aspekte für Frage, ob die Bedingungen in der Bundesrepublik Deutschland erfüllt sind:

- Die Bundesrepublik Deutschland hat eine repräsentative Demokratie auf der Grundlage einer schriftlichen Verfassung („Grundgesetz") mit freien, gleichen, allgemeinen und freien Wahlen in festgelegten Perioden (bundesweit: 4 Jahre, in einzelnen Bundesländern 4 bzw. 5 Jahre, auf kommunaler Ebene bis zu 6 Jahre). Zentrale Grundprinzipien sind Volkssouveränität und Gewaltenteilung. Von der Weimarer Verfassung wurden zahlreiche Elemente übernommen. Aber aufgrund der Erfahrungen mit dem Nationalsozialismus wurden wesentliche Änderungen vorgenommen: u. a. keine legitime Möglichkeit, die Grundrechte außer Kraft zu setzen; normative Demokratie, die Verfassungsfeinde wirksam bekämpfen soll; relativ schwache Stellung des Bundespräsidenten im Vergleich zum Reichspräsidenten in der Weimarer Republik; „5-Prozent-Klausel".
- Pluralismus und die Grundrechte für jeden Einzelnen („unabhängig[e] Individuen", Z. 22) sind grundgesetzlich geschützt. Das Volk hat (auch im Sinne einer Zivilgesellschaft) die Möglichkeit, sich zu organisieren (Koalitionsrecht) und seine Meinung auf vielfältige Art und Weise, nicht nur in Wahlen kundzutun.
- Die Bedeutung des Wohlstandes muss jeweils persönlich bewertet werden.
- Weitere mögliche Kriterien sind Gerechtigkeit und die Fähigkeit, momentane und akute (globale) Probleme lösen zu können.

Mögliche Aspekte hinsichtlich der potenziellen Gefahren für die Demokratie:

- wachsender Einfluss von autoritären, antidemokratischen Strömungen und Parteien
- Zu den Herausforderungen durch die Globalisierung für die heimische Wirtschaft gehört auch die Zunahme von Flüchtlingen (u. a. durch die zahlreichen Kriege und durch Armut weltweit).
- Eine wachsende Spaltung der Bevölkerung könnte dazu führen, dass die Bildung von Regierungen oder die effiziente Bewältigung von Herausforderungen und Krisen erschwert werden könnte.

# ... und in Selbsttätigkeit

**Hinweis:** Das dazugehörige Material finden Sie auf S. 242.

## M2 Schwere Bürden für die Weimarer Republik

A1 | Im November 1918 kam es zum Übergang vom Kaiserreich zur Republik. Schon einige Woche vorher hatte die Oberste Heeresleitung zugestanden, dass die Mittelmächte, das Deutsche Reich und Österreich-Ungarn mit ihren Verbündeten militärisch auf verlorenem Posten standen. Dennoch sollten Truppen in aussichtslose Gefechte geschickt werden. Der sogenannte Flottenbefehl vom 24. Oktober, mit dem die Marine in einen Einsatz geschickt wurde, war der Auslöser für die sogenannte **„Novemberrevolution“**. Denn es kam nicht nur zur Befehlsverweigerung, sondern zu einem Aufstand, der allmählich das gesamte Reich erfasste. In den Städten bildeten sich Soldaten- und Arbeiterräte. Am 9. November erreichte die Revolution die Hauptstadt Berlin. Unter dem Druck der Ereignisse verkündete Reichskanzler Max von Baden – ohne das Einverständnis Wilhelms II. – die Abdankung des Kaisers und setzte den Rat der Volksbeauftragten unter dem SPD-Politiker Friedrich Ebert als Übergangsregierung ein. Führende Repräsentanten, allen voran Generalfeldmarschall Paul von Hindenburg, lenkten von ihrem Versagen ab. Stattdessen sollte die neue Regierung die Verantwortung übernehmen. Sie musste unter Führung des Zentrumspolitikers Matthias Erzberger am 11. November das Waffenstillstandsabkommen unterzeichnen. Die republikanischen Kräfte wurden von den Repräsentanten und Anhängern wahrheitswidrig als schuldig an der Niederlage im Ersten Weltkrieg diffamiert. Obwohl sie angesichts der Aussichtslosigkeit der Lage und der Drohungen vonseiten der Alliierten keine realistische Alternative hatten, wurden sie als **„Novemberverbrecher“** und „Erfüllungspolitiker“ **diffamiert**.

Deshalb stellten neben anderen gewaltigen Herausforderungen für die noch junge Republik (von ihren Gegnern verächtlich als **„Novemberrepublik“** bezeichnet) die Verachtung und Bekämpfung der Demokratie durch die alten Eliten und durch Anhänger eines autoritären Systems große Belastungen für die Demokratie dar. Ein wichtiges Argumentationsmuster war auch, dass eine pluralistische liberale Demokratie angeblich der geforderten Einheit des Landes widerspreche.

A2 | Die Weimarer Verfassung stattete das Amt des Reichspräsidenten mit großen Befugnissen aus. Das war ein Zugeständnis an das Kaisertum. Das Staatsoberhaupt, das sich (nur) alle sechs Jahre einer Wahl stellen musste, konnte nicht nur den Reichstag auflösen, sondern mithilfe des Notverordnungsparagrafen 48 Grundrechte außer Kraft setzen und Präsidialkabinette einsetzen. Dadurch wurde das Parlament de facto entmachtet. Die Regierungsgewalt konnte zwischen dem Reichspräsidenten und anderen führenden Eliten, die wie beispielsweise General Kurt von Schleicher oder Franz von Papen antidemokratisch eingestellt waren und „alten Eliten“ angehörten, untereinander verteilt werden. Damit war die Gewaltenteilung außer Kraft gesetzt. Wie bereits im Kaiserreich, das erst unter Max von Baden in eine parlamentarische Monarchie umgewandelt worden war, hatte das Parlament nur begrenzte Kompetenzen und eine nur schwache Kontrollgewalt über die Exekutive.

A3 | Mögliche Aspekte, die herangezogen werden könnten:

- Für das Gelingen einer Demokratie ist wichtig, dass dazugehörige Einstellungen und das Einüben dazugehöriger Verhaltensweisen (Auseinandersetzung mit grundsätzlich gleichberechtigten anderen Meinungen nur mittels Argumenten) eingeübt werden.
- Demgegenüber kann die permanente Diffamierung liberalen Denkens junge Menschen prägen.

## M3 „Leningrad fordert alle heraus"

Hinweis: Das dazugehörige Material finden Sie auf S. 243.

**A1a** | Mit dem Plakat wirbt Leningrad stellvertretend für den ersten **Fünfjahresplan**, bei dem in diesem Zeitraum vorgegebene Ziele erreicht werden mussten. Ihn hatte die KPdSU als sogenannte **Kaderpartei**, in der (gemäß der Ideologie) die fähigsten Köpfe die führenden Positionen einnehmen sollten. In ihrem Selbstverständnis übte sie als rechtmäßige Vertretung der Arbeiter und Bauern die **„Diktatur des Proletariats"** aus. Dabei waren wesentliche Teilaspekte, dass sie sich einerseits als eine Modernisierungsdiktatur verstand. Dabei sollte die sozialistische Umgestaltung von Politik, Gesellschaft und Wirtschaft vorangetrieben werden. Ein wesentliches Ziel war dabei die zügige **Industrialisierung** des Landes. Das kommt im Plakat durch das rot gefärbte Fabrikgebäude zum Ausdruck. Dabei könnte die Farbe als Symbol für den Sozialismus bewusst gewählt worden sein. Die Ausübung der „Diktatur des Proletariats" schloss auch die Anwendung von Gewalt und Terror mit ein. Oppositionelle oder Menschen, die nicht das geforderte „Klassenbewusstsein" hatten, sollten bekämpft oder auf Parteilinie gebracht werden. Dadurch war die Sowjetunion auch eine **Erziehungsdiktatur**. Die Partei wollte zur Beschleunigung des Fortschritts **Massenmobilisierungen** auslösen. Die Einheit/Gleichförmigkeit der Menge kommt auf dem Plakat durch die sechs Männer zum Ausdruck, die stramm, aufrecht und mit erhobenem rechten Arm vor dem Fabrikgebäude zu sehen sind. Als „Überfigur" beherrscht Lenin, der Vorsitzende der Bolschewiki bis 1924, das obere Drittel des Plakats. Mit entschlossenem Gesichtsausdruck und vorgestrecktem rechten Arm weist er quasi den Weg. Sein Nachfolger Stalin hatte das Schlagwort vom **„Sozialismus in einem Land"** verkündet. Demnach müsse nicht die Weltrevolution angestrebt werden, sondern der Aufbau des Sozialismus in einem Land, der Sowjetunion, vollendet werden.

**A1b** | Bei dem Wettbewerb im Rahmen des Fünfjahresplans gibt es lediglich einen Wettbewerb von Städten und Regionen des Landes um die möglichst schnelle (Über-) Erfüllung staatlicher Vorgaben. Das widerspricht Vorstellungen der Marktwirtschaft. Bei ihr besteht nämlich ein freier Wettbewerb von Unternehmen. Dabei werden die Art und die Menge der Produktion nicht vom Staat vorgegeben. Die Wettbewerber sind (in der Regel) freiwillig gegründete Unternehmen, für die der Staat lediglich Rahmen- und Wettbewerbsbedingungen schafft. Sie sollen im Zusammenspiel von Angebot und Nachfrage selbstbestimmt die gewünschten Güter und Dienstleistungen herstellen bzw. leisten.

**A2** | Individuelle Ergebnisse

**Hinweis:** Das dazugehörige Material finden Sie auf S. 243.

## M4 Zum Besuch des preußischen Innenministers

A1 | Eine Gruppe von Männern, meist in militärischer Uniform, steht vor der Außenwand eines Gebäudes um einen Galgen herum, an dem ein Paragrafenzeichen aufgehängt ist. Dieses hält der zweite Mann von rechts in einem weißen Hemd mit den Fingerspitzen der rechten Hand fest und richtet es womöglich aus. Die Stimmung der abgelichteten Personen ist (meist) fröhlich bis ausgelassen. Besonders gut gelaunt scheint der preußische Innenminister (Hanns Kerrl) in der Mitte.

A2 | Mögliches Cluster:

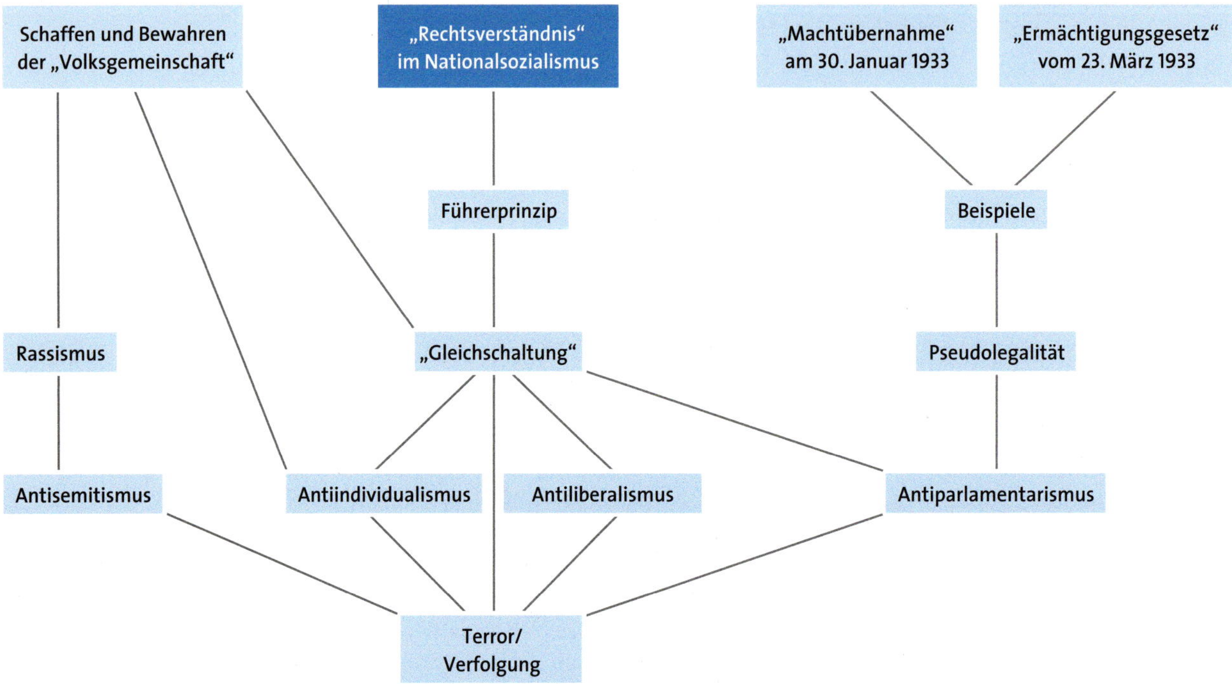


A3 | Beide Diktaturen ließen keine Möglichkeiten für die Verfolgung individueller Interessen oder für Meinungsfreiheit zu. Sie lehnten die liberale Vorstellung, nach der Meinungsvielfalt zu einer Weiterentwicklung der Gesellschaft und zu Fortschritt führe, kategorisch ab (**Antipluralismus**). Was zu glauben und zu tun sein sollte, gaben die Staatsparteien KPdSU unter der Führung Stalins bzw. NSDAP mit ihrem „Führer“ Adolf Hitler vor. Jeder Einzelne sollte sich dem Staat unterordnen bzw. dem Volk einordnen (**Antiliberalismus, Antiindividualismus**). In der Sowjetunion sollte das dem Aufbau des Sozialismus dienen und die Modernisierung des Landes mit vorantreiben. Im Nationalsozialismus sollte die sogenannte „Volksgemeinschaft“ eine Schicksals- und Kampfgemeinschaft sein, die durch ihre Einheit die Expansionskriege zur Gewinnung von „Lebensraum“ erfolgreich führen sollte.

A4 | Wesentlich für die liberale Demokratie ist, dass eine Konzentration von Macht und Machtmissbrauch verhindert werden sollten. Stattdessen soll die Gewaltenteilung die gegenseitige Kontrolle der Institutionen und Organe gewährleisten. Dabei legen Gesetze (= das Recht) die Rahmenbedingungen für die freie Entfaltung des Individuums fest und sichern die Grundrechte. Schon in den Anfängen der Liberalismus war die Forderung nach (schriftlich) festgelegten Verfassungen laut geworden. Dadurch sollten Möglichkeiten und Grenzen der Machtausübung definiert werden.

A5 | Wesentliche Aspekte dazu:
- In der Sowjetunion steigerte Stalin seine persönliche Macht sowie Terror und Verfolgung.
- Das faschistische Italien, das zunächst für Hitler eine Vorbildfunktion hatte, wurde ein enger Bündnispartner des NS-Regimes (Achse Berlin-Rom).
- Das NS-Regime setzte seine menschenverachtende Ideologie konsequent und gewissenlos um, u.a. Antisemitismus, Expansionspolitik, Kampf gegen den Bolschewismus.
- Wichtig für die Bewertung ist auch die rücksichtslose Behandlung anderer Völker (u.a. Besatzungspolitik der Nationalsozialisten, Abessinien-Krieg Italiens, Deportationen).

# Hilfen zum richtigen Umgang mit Operatoren

Die Operatoren, also die konkreten Arbeitsanweisungen innerhalb einer Aufgabe, werden in drei Anforderungsbereiche (I, II, III) gegliedert. Dabei ist die wechselseitige Abhängigkeit der Operatoren zu beachten. Wie bei einer Treppe schließt die Stufe III die Stufen I und II ein, die Stufe II die Stufe I.

| | | |
|---|---|---|
| | | III |
| | II | II |
| I | I | I |

- Bei **Operatoren aus dem Anforderungsbereich I** (nennen, beschreiben, bezeichnen) stehen das Wiedergeben und Beschreiben von Inhalten und Materialien im Vordergrund. Es geht also um eine reine Reproduktionsleistung, die sich in der Regel explizit auf das angegebene Material bezieht.
- **Operatoren aus dem Anforderungsbereich II** (z. B. erklären, charakterisieren, darstellen usw.) stehen für das selbstständige Erklären, Bearbeiten und Ordnen bekannter Sachverhalte sowie das Übertragen („Transfer") gelernter Inhalte und Methoden auf andere Sachverhalte. Hier stehen also die Reorganisation bzw. der Transfer von Wissen und Erkenntnissen im Vordergrund.
- **Operatoren aus dem Anforderungsbereich III** (z. B. beurteilen, überprüfen) stehen für das Lösen von neuen Problemstellungen, aber auch für die Reflexion von eingesetzten Methoden und gewonnenen Erkenntnissen. Ziel ist es dabei, zu begründeten Urteilen zu kommen. Hier ist also problemlösendes Denken gefragt.

| Operator* | Was ist zu beachten? | Wie ist vorzugehen? |
|---|---|---|
| **analysieren (II)** | Materialien oder Sachverhalte sind systematisch zu untersuchen und auszuwerten | - Stellen Sie den Zusammenhang zwischen den im Material (z. B. Statistik, Karikatur, Plakat, Text) enthaltenen Informationen und Ihrem Fachwissen her.<br>- Dabei ist es wichtig, zunächst die wesentlichen Informationen aus Materialien auszuwählen und zu strukturieren.<br>- In einem weiteren Schritt geht es um die Einordnung in den historischen Kontext. |
| **begründen (II)** | Aussagen (zum Beispiel eine Behauptung, eine Position) durch Argumente stützen, die durch Beispiele oder andere Belege untermauert werden | - Es geht darum, den kausalen, also begründeten Zusammenhang zwischen einem vorgegebenen Sachverhalt und Ihrem Fachwissen herzustellen.<br>- Dabei ist es wichtig, die Aufgabenstellung zunächst genau zu erschließen, das Fachwissen zu strukturieren und auszuwählen sowie schließlich die Begründungen auszuformulieren. |
| **beschreiben (I)** | Sachverhalte schlüssig wiedergeben | - Hier ist vor allem genaues Lesen bzw. Beobachten gefragt. |
| **beurteilen (III)** | Sachverhalte, Aussagen, Vorschläge oder Maßnahmen untersuchen, die dabei zugrunde gelegten Kriterien benennen und ein begründetes Sachurteil formulieren | - Zunächst ist die Ausgangsthese – etwa „Beurteilen Sie, ob die Weimarer Republik an Defiziten ihrer Verfassung scheiterte" – zu erfassen und präzise darzulegen.<br>- In einem zweiten Schritt ist die Aussage bzw. Behauptung argumentativ auf ihre Stichhaltigkeit zu prüfen bzw. zu erörtern. Auch die dabei angewandten Kriterien sind zu benennen.<br>- Die Beantwortung der Aufgabe muss in einem begründeten Fazit münden. |
| **bewerten (III)** | Sachverhalte, Aussagen, Vorschläge oder Maßnahmen beurteilen, ein begründetes Werturteil formulieren und die dabei zugrunde gelegten Wertmaßstäbe offenlegen | - Im Fokus stehen hier die Wertmaßstäbe, also etwa auch die abweichenden Wertmaßstäbe der betreffenden Vergangenheit.<br>- Somit sind Wertmaßstäbe zu definieren und gemäß der Kriterien zu bewerten. |
| **bezeichnen (I)** | Sachverhalte (insbesondere bei nichtlinearen Texten wie zum Beispiel Tabellen, Schaubildern, Diagrammen oder Karten) begrifflich präzise formulieren | - Die besondere Betonung liegt hier auf der begrifflichen Präzision.<br>- D. h., Fachbegriffe sind hier in ihrer exakten Definition anzubringen bzw. Sachverhalte aus dem angegebenen Material auf den Punkt zu bringen. |

| | | |
|---|---|---|
| **charakterisieren (II)** | Sachverhalte mit ihren typischen Merkmalen und in ihren Grundzügen bestimmen | - Hierzu ist es wichtig, die typischen Merkmale und Grundzüge von Sachverhalten zu kennen und dieses Wissen in die Antwort einzubringen. |
| **darstellen (II)** | Sachverhalte strukturiert und zusammenhängend verdeutlichen | - Hier ist eine eigenständige Strukturierungsleistung gefragt.<br>- Sachverhalte aus Ihrem Wissen sind auszuwählen und in einen inhaltlichen Zusammenhang zu bringen.<br>- Achten Sie darauf, diesen Zusammenhang zu verdeutlichen. |
| **ein-, zuordnen (II)** | Sachverhalte schlüssig in einen vorgegebenen Zusammenhang stellen | - Hier geht es darum, den Sachverhalt und den entsprechenden Kontext mithilfe einer klaren Struktur zu beschreiben und dabei die Beziehung zwischen Sachverhalt und Kontext herauszuarbeiten. |
| **entwickeln (III)** | zu einer vorgegebenen oder selbst entworfenen Problemstellung einen begründeten Lösungsvorschlag entwerfen | - Im Vordergrund steht hier problemlösendes Denken, das allerdings immer an die historischen Vorgaben gebunden sein sollte.<br>- Es geht also nicht um „Kreativität“, sondern um begründete Wissensanwendung. |
| **erklären (II)** | Sachverhalte schlüssig aus Kenntnissen in einen Zusammenhang stellen (zum Beispiel Theorie, Modell, Gesetz, Regel, Funktions-, Entwicklungs- und/oder Kausalzusammenhang) | - Gemeint ist die Herausstellung des Zusammenhangs zwischen gegebenen Informationen und dem angeeigneten Fachwissen.<br>- Konkret bedeutet dies, gegebene Informationen aufzuschlüsseln, Aspekte aus dem Fachwissen auszuwählen und die Beziehung zwischen gegebener Information und dem Fachwissen herzustellen. |
| **erläutern (II)** | Sachverhalte mit Beispielen oder Belegen veranschaulichen | - Im Grunde meint „erläutern“ das Gleiche wie „erklären“, allerdings müssen hier zusätzlich passende Beispiele bzw. Belege angeführt und beschrieben werden. |
| **erörtern (III)** | zu einer vorgegebenen These oder Problemstellung durch Abwägen von Pro- und Kontra-Argumenten ein begründetes Ergebnis formulieren | - Hier geht es insbesondere darum, Fachwissen zur Lösung einer Problemstellung anzuwenden.<br>- Dabei sind zunächst entsprechend der Aufgabenstellung Pro- und Kontra-Argumente auszuwählen und in eine sinnvolle Struktur zu bringen.<br>- Abschließend ist ein Urteil im Gesamtzusammenhang zu fällen. |
| **erstellen (II)** | Sachverhalte (insbesondere in grafischer Form) unter Verwendung fachsprachlicher Begriffe strukturiert aufzeigen | - Zu denken wäre etwa an eine Lerngrafik, die Sachverhalte in ihren Zusammenhängen verdeutlicht.<br>- Oft hilft zunächst die Festlegung auf die Fachbegriffe, die dann strukturiert in ihrer Beziehung zueinander dargestellt werden. |
| **gestalten (III)** | zu einer vorgegebenen oder selbst entworfenen Problemstellung ein Produkt rollen- bzw. adressatenorientiert herstellen | - Zu beachten ist, die „Kreativität“ nicht zu weit zu dehnen, sondern die Gestaltung immer eng an die Problemstellung zu binden.<br>- Auch der Rollen- bzw. Adressatenbezug („Wer gestaltet für wen?“) ist im Blick zu behalten. |
| **herausarbeiten (II)** | Sachverhalte unter bestimmten Gesichtspunkten aus vorgegebenem Material entnehmen, wiedergeben und/oder gegebenenfalls berechnen | - Ein unbedingt zu vermeidender Fehler bei diesem in der Regel auf einen Text bezogenen Operator ist es, den Text einfach „nachzuerzählen“.<br>- Vielmehr geht es darum, Informationen unter Oberbegriffen zu gliedern und so strukturiert wiederzugeben. |
| **nennen (I)** | Sachverhalte in knapper Form anführen | - Die zu nennenden Sachverhalte sind in der Regel im Material angelegt und können hier direkt entnommen werden. |
| **überprüfen (III)** | Aussagen, Vorschläge oder Maßnahmen an Sachverhalten auf ihre sachliche Richtigkeit hin untersuchen und ein begründetes Ergebnis formulieren | - Bei diesem anspruchsvollen Operator geht es zunächst darum, die in der Aufgabe angeführte These zu erfassen.<br>- Das eigene Fachwissen ist so einzubringen, dass immer der bestätigende oder widersprechende Bezug zur Ausgangsaussage deutlich wird.<br>- Am Ende muss die Ausgangsthese bestätigt oder verworfen werden, indem ein eigenes Urteil formuliert wird. |
| **vergleichen (II)** | Vergleichskriterien festlegen, Gemeinsamkeiten und Unterschiede gewichtend einander gegenüberstellen sowie ein Ergebnis formulieren | - Die Vergleichskriterien sollten den Text strukturieren.<br>- Das Ergebnis des Vergleichs sollte gewichtend sein, d. h. eine auswertende Feststellung, in welchem Verhältnis Gemeinsamkeiten und Unterschiede stehen und worauf der Vergleich insgesamt hinausläuft. |

* Die Ziffer in Klammer gibt den Anforderungsbereich an.

# Die mündliche Abiturprüfung

## Strategisches Lernen – Tipps für Prüflinge

„Nur noch eine Woche bis zur mündlichen Prüfung – und es sind so viele Themen, die drankommen können. Ich weiß gar nicht, wie ich das alles schaffen soll. Wo soll ich bloß anfangen?"

Die Ratlosigkeit, ja Panik, die aus diesen Worten spricht, lässt nur einen Schluss zu: Hier hat es jemand versäumt, sich rechtzeitig mit den Rahmenbedingungen der mündlichen Prüfung im Abitur zu beschäftigen und eine angemessene Strategie zu entwickeln, um diese Herausforderung erfolgreich zu meistern. Das Ergebnis ist Stress – aber das muss nicht so sein. Mit einer langfristigen, zielgerichteten Planung lässt sich diese Situation leicht vermeiden.

### Die Strategie über alle vier Halbjahre

Zunächst sollte Ihnen klar sein, dass Sie überhaupt nicht abschätzen oder gar wissen können, welches Thema Ihnen vorgelegt wird. Sie müssen also damit rechnen, dass alle Themengebiete, die Sie in den vier Kurshalbjahren erarbeitet haben, Gegenstand der mündlichen Prüfung sein können. Wie sieht eine erfolgversprechende Strategie nun aus?

1. Entscheiden Sie möglichst frühzeitig, ob Sie im Fach Geschichte die Prüfung ablegen wollen. Das schafft Klarheit und Sie können sich dann zielgerichtet auf diese Aufgabe konzentrieren.

2. Arbeiten Sie kontinuierlich im Unterricht mit. So eignen Sie sich die Inhalte nachhaltiger an, und Sie üben sich auch gleichzeitig in der mündlichen Auseinandersetzung mit historischen Inhalten (Standpunkt vertreten, Gedankengang verständlich darstellen, Gespräch führen usw.).

3. Reflektieren Sie nach jeder Unterrichtseinheit die erarbeiteten Aspekte des jeweiligen Themas, indem Sie kurze Zusammenfassungen schreiben, stichwortartig verfasste Merkblätter erstellen oder die Inhalte visualisieren. Insbesondere die bildhafte Veranschaulichung führt Ihnen Zusammenhänge im wahrsten Sinne des Wortes vor Augen und macht diese dadurch auch einprägsamer. Dies ist vor allem in Wiederholungsphasen ein unschätzbarer Vorteil.

4. Beschäftigen Sie sich im Laufe der Kurshalbjahre immer wieder mit diesen Aufzeichnungen, damit der Lernstoff nicht in Vergessenheit gerät. Sie verringern dadurch den zeitlichen Aufwand in der Phase unmittelbar vor der Prüfung.

▸ Wenn Sie diese Punkte berücksichtigen, werden Sie sich ganz automatisch und fast nebenbei das notwendige Basiswissen über alle Themengebiete erarbeiten.

## Methodische Kompetenzen

Ergänzend zur inhaltlichen Vorbereitung ist es aber auch unabdingbar, dass Sie souverän über die methodischen Kompetenzen verfügen, die Sie im Geschichtsunterricht erworben haben. Dies ist insbesondere der sichere Umgang mit den unterschiedlichen Materialien, die Ihnen in der Prüfung vorgelegt werden können. Dazu gehören schriftliche Quellen oder Fachtexte, ferner alle bildlichen Darstellungen (Schema, Foto, Historiengemälde, Karikaturen, Plakate) sowie Statistiken in verschiedenen Varianten (Säulen- / Tellerdiagramm, Tabelle usw.). Hierzu finden Sie in diesem Buch ausführliche Hinweise (vgl. Methodenseiten + Lösungen).

## Operatoren

Des Weiteren sollten Sie die Operatoren kennen und mit Ihnen vertraut sein, denn Sie zeigen an, was von Ihnen verlangt wird. Letztlich sind sie es auch, die den Schwierigkeitsgrad der einzelnen Aufgaben markieren, da sie die drei unterschiedlichen Anforderungsbereiche abbilden. So sind sie auch eine wichtige Richtschnur für die Bewertung. Die Aufgabenstellung ist in der Regel so gestaltet, dass Leistungen in allen drei Anforderungsbereichen erbracht werden (vgl. Hilfen zum richtigen Umgang mit Operatoren, S. 304 f.).

### So sieht die Prüfung aus:

Schließlich müssen Sie mit dem Prüfungsformat vertraut sein, damit Sie von dessen Charakter und dem Ablauf nicht verunsichert werden. In der Regel wird Ihnen ein Aufgabenblatt vorgelegt, auf dem Sie ein Material mit zwei oder drei Aufgaben finden. Diese leiten Sie einerseits dazu an, die Textquelle, das Bild etc. zu erschließen, andererseits den historischen Sachverhalt bzw. die gewonnenen Ergebnisse in übergreifende Zusammenhänge einzuordnen, zu bewerten oder auf weitere Urteilsaspekte zu beziehen. Gemäß den rechtlichen Vorgaben müssen die Aufgaben alle drei Anforderungsbereiche abdecken. Dies erkennen Sie an den eingesetzten Operatoren.

- Beispiel für eine zweigliedrige Aufgabenstellung:
  *„Analysieren Sie die Rede Bismarcks (vgl. M 1).“*
  *„Beurteilen Sie ausgehend von der Rede Bismarcks seine Rolle im preußischen Verfassungskonflikt.“*

- Beispiel für eine dreigliedrige Aufgabenstellung:
  *„Beschreiben Sie die Karikatur (vgl. M 1).“*
  *„Analysieren Sie den politischen Standpunkt des Karikaturisten.“*
  *„Überprüfen Sie, inwiefern bei dieser Darstellung Grundprobleme der Industrialisierung Deutschlands reflektiert werden.“*

## Ablauf der Prüfung

Die Prüfung besteht aus zwei Teilen: einem zehnminütigen Vortrag und einer ebenso langen Befragung. Im ersten Abschnitt stellen Sie Ihre Ergebnisse vor, im zweiten werden Ihnen von Ihrem Lehrer verschiedene Gesprächsimpulse (Fragen, Thesen, Bilder usw.) präsentiert, auf die Sie dann reagieren. Anknüpfend an Ihren Vortrag erfolgt dabei zunächst eine Vertiefung der Thematik, die dann aber im weiteren Verlauf in größere Zusammenhänge gestellt wird. Auch Verbindungen zu verwandten Themenbereichen sind möglich. Da im Prüfungsgespräch ebenfalls alle drei Anforderungsbereiche abgedeckt werden müssen, geht es auch in diesem Teil nicht allein um Faktenwissen, sondern um Argumentationskompetenz. Die Prüfung ist dann gelungen, wenn Sie in der Lage sind, eine differenziert begründete Meinung zu einem historischen Sachverhalt zu formulieren und zu vertreten. Dabei kann sich auch der Prüfungsvorsitzende in die Diskussion einschalten.

### Vorbereitung

Zunächst haben Sie zwanzig Minuten Zeit, sich mit dem vorgelegten Material und den Aufgabenstellungen zu beschäftigen. Im Vorbereitungsraum wird Ihnen meist ein bestimmter Platz zugewiesen. Setzen Sie sich in einer bequemen Sitzposition auf den Stuhl und atmen Sie einmal tief durch, das entlastet den Körper von der Anspannung. Machen Sie sich dann mit dem Material vertraut und lesen Sie vor allem die Aufgabenstellung genau – wenn nötig mehrmals. Nehmen Sie erst beim zweiten Durchgang einen Stift oder Marker in die Hand. Kennzeichnen Sie nun alles – wenn möglich mit unterschiedlichen Farben – was unter den gegebenen Fragestellungen wichtig ist. Sind die Aufgaben geschickt gestellt, so bauen sie aufeinander auf, woraus sich bereits ein roter Faden für Ihren Kurzvortag ergibt. Notieren Sie sich Stichworte zu jeder Teilaufgabe und erstellen Sie daraus eine Mindmap. Achten Sie dabei darauf, dass Sie Ihre Aspekte gut strukturieren und in eine sinnvolle Reihenfolge bringen. Anhand der Mindmap, die Ihnen als Vorlage dient, können Sie Ihre Ergebnisse dann sicher präsentieren.

### Vortrag

Ihr Vortag sollte zehn Minuten umfassen. Eine deutliche Abweichung von dieser Vorgabe wirkt sich auf die Bewertung negativ aus. Denken Sie daran, dass es bei Ihrer Ergebnispräsentation nicht darum geht, die einzelnen Aufgaben unverbunden zu beantworten, sondern in einem zusammenhängenden Vortrag die Resultate vorzustellen. Belegen Sie Ihre Aussagen durchaus auch mit konkreten Verweisen auf das Material, das Sie bearbeitet haben. Auch rhetorische Aspekte spielen bei der Bewertung eine Rolle. Aus diesem Grund sollte Ihre Stimme dem 3-K-Prinzip folgen: klangvoll – kraftvoll – klar. Schnelligkeit ist ebenso fehl am Platz wie schüchternes Zögern. Setzen Sie zudem Pausen und halten Sie Blickkontakt zur gesamten Prüfungskommission, denn Sie sprechen zu allen, nicht nur zu Ihrem Lehrer. Scheuen Sie sich auch nicht, einen Schluck Wasser zu trinken, wenn Ihnen danach ist.

## Prüfungsgespräch

Das anschließende Prüfungsgespräch stellt einen abrupten Wechsel der kommunikativen Situation dar. Aus einem monologischen Vortag wird ein dialogisch angelegtes Gespräch. Als Prüfling haben Sie dabei eine andere Rolle. Sie sind nun nicht mehr der Agierende, sondern der Reagierende. Sie reagieren ab jetzt auf Impulse, die Ihnen Ihr Lehrer anbietet. Machen Sie sich diesen Rollenwechsel im Vorfeld bewusst, damit Sie in der Situation nicht überrascht sind. Auch wenn Sie jetzt nicht mehr Regie führen, so heißt das nicht, dass Sie nicht auch initiativ werden können. Wenn sich die Gelegenheit bietet und es angemessen ist, so lenken Sie das Gespräch auf Themenbereiche, die Ihnen liegen. Wichtig ist ferner, dass Sie nicht nur in knappen Worten antworten, sondern Ihre Gedanken ausführen und Begründungszusammenhänge aufbauen. Im kommunikativen Miteinander von Prüfer und Prüfling ist es durchaus auch angebracht, Impulse des Lehrers zu kommentieren. Formulierungen wie: „Das ist eine interessante Frage“ oder „Das habe ich mich auch schon gefragt“ lockern das Gespräch auf und verleihen der Befragung eine gewisse Natürlichkeit. Nebenbei bemerkt gewinnen Sie dadurch auch Zeit für Ihre Antwort. Gleichermaßen dürfen Sie nachfragen, sollten Sie etwas inhaltlich oder akustisch nicht verstanden haben. Auch ist völlig in Ordnung, wenn Sie sich eine kurze Bedenkzeit erbitten, bevor Sie auf einen Impuls eingehen. „Lassen Sie mich bitte kurz überlegen“ oder „Da brauche ich einen Moment“ sind angemessene Formulierungen für diesen Fall. Wenn Sie tatsächlich mit einer Frage gar nichts anzufangen wissen, dann machen Sie das transparent und sagen das. Ihr Lehrer wird in diesem Fall zu einem anderen Aspekt wechseln. Das ist besser als minutenlang nach einer Antwort zu fahnden, die dann doch nicht kommt. Lassen Sie sich auch durch Nachfragen nicht verunsichern. Die sind Teil des Prüfungsgeschehens und nicht der Versuch, Sie in irgendeiner Weise in eine Falle zu locken.

- Zum Schluss all dieser Tipps für die Prüfung und deren Vorbereitung gilt: Durch Üben wird man Meister.
  Alle Aspekte können schon in den beiden Kurshalbjahren trainiert werden. Verabreden Sie als Kurs mit Ihrem Lehrer solche Trainingseinheiten, denn dann verliert die mündliche Abiturprüfung ganz viel von ihrem Schrecken.

# Übungsaufgaben: Deutsche Nationalstaatsbildung

**Aufgabenstellung:**
Stellen Sie Ihre Ergebnisse zu den folgenden Aufgaben in einem zusammenhängenden zehnminütigen Kurzvortrag dar.

- Arbeiten Sie aus dem Text heraus, wie der Verfasser Bismarcks Politik beurteilt.
- Der Autor sagt: „Bismarck vollstreckte […] das nationalstaatliche Testament der deutschen Revolution von 1848/49“ (Z. 6–9).
- Stellen Sie die Probleme dar, welche die Nationalversammlung bei der Gründung eines freiheitlichen deutschen Nationalstaates 1848/49 lösen musste.
- Erörtern Sie, inwiefern Bismarcks politisches Handeln zwischen 1864 und 1871 als „Revolution von oben“ (Z. 7) bezeichnet werden kann.

**M Der Historiker Ernst Engelberg kommt am Schluss seines Buches „Bismarck: Das Reich in der Mitte Europas“ zu folgendem Ergebnis:**

Der Parteienstreit über Bismarcks Wirken hat sich zwar von Generation zu Generation verändert, aber er ist geblieben. Gegen neuerdings auftauchende Meinungen, die Reichsgründung wäre vielleicht besser unterblieben und man hätte es bei der Kleinstaaterei lassen sollen, sind handfeste Tatsachen anzuführen: Bismarck vollstreckte 1864–1871 durch seine Revolution von oben nicht allein das nationalstaatliche Testament der deutschen Revolution von 1848/49, sondern bewegte sich auch im Strom der allgemeinen Geschichte seiner Zeit. Es sei an das erinnert, was […] über die nationalen Einigungskämpfe in Europa und Amerika gesagt worden ist. Man vollzog in ihnen nur politische Konsequenzen aus der industriellen Revolution. Darum blieben alle jene Länder, denen die nationalstaatliche Einigung im 19. Jahrhundert nur unvollständig oder gar nicht gelang, ökonomisch rückständig, jedenfalls relativ gesehen. […] Nach 1871 betrieb Bismarck eine Politik des europäischen Gleichgewichts, beruhend auf dem Prinzip der territorialen Saturiertheit des neugegründeten Reiches. Dem Sicherheitsbedürfnis auf dem Kontinent ordnete er auch den kolonialen Expansionismus unter, dem er mehr unter dem Druck von Interessenten und Ideologen eine Zeitlang nachgab. Er warnte jedoch vor einer „Weltpolitik“, die mächtige Gegenbündnisse heraufbeschwören könnte und schließlich auch heraufbeschwor. Auf der Negativseite im historischen Wirken Bismarcks blieben seine Feindschaft gegenüber allen demokratischen Kräften, insbesondere in der Arbeiterbewegung, und sein eingefleischter Royalismus, der ihn am Ende lähmte gegenüber Wilhelm II. So konnte dieser zur Symbolfigur einer nicht nur von Unternehmern, Bürokraten und Militärs, sondern auch von bürgerlichen Parteien getragenen Politik der Herausforderung anderer traditioneller Mächte werden. Damit wurde das bedeutendste politische Erbe Bismarcks, Umsicht im europäischen Kräftespiel walten zu lassen, schlechterdings vertan.

Ernst Engelberg, Bismarck. Das Reich in der Mitte Europas, Berlin 1990, S. 648 f.

**Tipp:**
Wie Sie wissen, ergeben sich die Anschlussfragen für das Kolloquium aus der jeweiligen Schwerpunktsetzung im Unterricht.
Formulieren Sie mögliche Anschlussfragen für das Kolloquium, die sich aus den Schwerpunkten in Ihrem Unterricht ergeben könnten.

# Übungsaufgaben: Herrschaftspraxis des Nationalsozialismus

**Aufgabenstellung:**
Stellen Sie Ihre Ergebnisse zu den folgenden Aufgaben in einem zusammenhängenden zehnminütigen Kurzvortrag dar.

- Beschreiben Sie M und arbeiten Sie seine Kernaussage heraus.
- Erläutern Sie, mit welchen darstellerischen Mitteln der Zeichner seine These unterstreicht.
- Überprüfen Sie die historische Haltbarkeit der Bildaussage anhand konkreter Maßnahmen der nationalsozialistischen Regierung.

## M „Der Kampf gegen die Arbeitslosigkeit“

Reichsarbeitsblatt 1934 II S.136. Das „Reichsarbeitsblatt“ war das offizielle Mitteilungsblatt des Reichsarbeitsministeriums.

**Tipp:**
Wie Sie wissen, ergeben sich die Anschlussfragen für das Kolloquium aus der jeweiligen Schwerpunktsetzung im Unterricht.
Formulieren Sie mögliche Anschlussfragen für das Kolloquium, die sich aus den Schwerpunkten in Ihrem Unterricht ergeben könnten.

# Lösungsskizze: Deutsche Nationalstaatsbildung

**Hinweis:** Die dazugehörige Übungsaufgabe finden Sie auf S. 310.

Die Antwortskizzen berücksichtigen die für den Vortrag zur Verfügung stehende Zeit von zehn Minuten und zielen in das obere Notenspektrum, ohne ausschließlich den Bereich der Note „sehr gut" zu repräsentieren.

Ernst Engelberg entwirft ein differenziertes Bild von Bismarcks Politik. Positiv wertet er folgende Aspekte:

- Vollstreckung des nationalstaatlichen Testaments von 1848/49 (vgl. Z. 6–9)
- nationalstaatliche Einigung als – auch im internationalen Kontext betrachtet – Vollzug der politischen Konsequenzen der Industrialisierung (vgl. Z. 11–14)
- Gleichgewichtspolitik nach 1871 (vgl. Z. 18–20) ▸ Warnung vor „Weltpolitik" (vgl. Z. 24–26)

Negativ bewertet der Autor dagegen Bismarcks feindliche Einstellung gegenüber der Demokratie, insbesondere der Arbeiterschaft, sowie seinen Royalismus (vgl. Z. 27–30). Die Leitbegriffe wie beispielsweise politische Konsequenzen der Industrialisierung, Haltung zur Arbeiterschaft, Gleichgewichtspolitik können anhand konkreter Ereignisse und Handlungsweisen exemplarisch erläutert werden (wirtschaftliches Erstarken des Bürgertums, Soziale Frage mit der Folge des Aufkommens und Erstarkens der SPD, Sozialistengesetz, Berliner Kongress, Bündnispolitik).

Die Nationalversammlung von 1848/49 stand vor einer Doppelaufgabe: Sie war berufen, eine Verfassung auszuarbeiten und gleichzeitig einen Nationalstaat zu formen. Weitere Probleme, die dabei eine wichtige Rolle spielten, waren die Frage nach den Grenzen des Staatsgebietes (großdeutsche oder kleindeutsche Lösung), die Staatsform ((konstitutionelle) Monarchie oder Republik) sowie Wahlrechts- und Grundrechtsfragen (Aufnahme der Grundrechte, allgemeines, gleiches und geheimes Wahlrecht).

Erwartet wird zunächst eine Klärung des Begriffs „Revolution von oben", der die fundamentale Veränderung einer bestehenden sozialen, gesellschaftlichen oder politischen Ordnung vonseiten der Herrschenden beschreibt. Die „Revolution von oben" stützt sich demnach nicht auf eine Massenbewegung, die den revolutionären Prozess „von unten" trägt.

Bismarcks außenpolitisches Agieren, das dem deutschen Einigungsprozess in den Jahren zwischen 1864 und 1871 durch drei siegreiche Kriege (Dänemark, Österreich-Ungarn, Frankreich) eine entscheidende Dynamik verlieh, sowie sein innenpolitisches Handeln während des preußischen Verfassungskonfliktes sind Elemente einer „Revolution von oben", da gravierende strukturelle Veränderungen des Staatsgefüges allein von den herrschenden Eliten ohne direkte Beteiligung einer Massenbasis realisiert wurden.

Eine besondere Leistung stellt die Kontextuierung des historischen Sachverhaltes dar, die den Beginn der Bestrebungen um einen deutschen Nationalstaat als Kontrast in die Darstellung miteinbezieht. Dabei sollten die sozialen Träger der liberalen Bewegung (Bürgertum) im frühen 19. Jh. und ihre Ziele (Einheit und Freiheit) charakterisiert werden und vom Ende des Prozesses unter Bismarck abgegrenzt werden. Was als „Bewegung von unten" (Burschenschaftsbewegung, Wartburg-Fest, Hambacher Fest, Revolution von 1848/49) begann, endete als „Revolution von oben" mithilfe von drei Kriegen.

# Lösungsskizze: Herrschaftspraxis des Nationalsozialismus

**Hinweis:** Die dazugehörige Übungsaufgabe finden Sie auf S. 311.

Die Darstellung stammt aus dem Jahr 1934 und trägt den Titel „Der Kampf gegen die Arbeitslosigkeit". Vor dem Hintergrund eines Koordinatensystems, das eine Statistik andeutetet, die die Jahre 1931–1934 umfasst, steht eine männliche Person im Zentrum des Bildes, die die Gesichtszüge von Hitler trägt. In gebückter Haltung drückt die Figur eine Schlange nach unten. Sie steht metaphorisch für die Entwicklung der Arbeitslosigkeit, die von 1931 bis Anfang 1933 sehr hoch gewesen ist („6 Millionen Arbeitslose") und eine große Bedrohung dargestellt hat, was an der Industrielandschaft im Hintergrund deutlich wird, die Züge des Verfalls zeigt. Das Bild sagt aus, dass mit der Machtübernahme der Nationalsozialisten im Januar 1933 sofort die Bekämpfung der Arbeitslosigkeit in Angriff genommen wurde und dass diese Bemühungen umgehend von Erfolg gekrönt waren, da sich die Kurve (= Schlange) bereits 1934 deutlich nach unten – nahe Null – neigt. Die entscheidende Person in diesem Kampf ist nach der Darstellung Adolf Hitler.

Der Zeichner unterstreicht seine These durch die dominante Darstellung Hitlers. Ihm wird Entschlossenheit und Tatkraft zugeschrieben, was insbesondere an der Körperhaltung deutlich wird. Diese erinnert zudem an die Arbeit mit einer Schaufel oder einem Spaten, was auch daraufhin deuten könnte, dass viele der nationalsozialistischen Arbeitsbeschaffungsmaßnahmen, insbesondere im Bereich der Infrastruktur, durch verstärkten Einsatz von Handarbeit bewerkstelligt wurden. Der metaphorische Einsatz der Schlage als Symbol für die Arbeitslosigkeit unterstreicht darüber hinaus die Gefahr, die von der wirtschaftlichen Krise ausgegangen ist. Der schmerzverzerrte Ausdruck des Schlangenkopfes könnte auf das unmittelbare Ende der Bedrohung hindeuten. Mit der Aufnahme des Koordinatensystems knüpft der Zeichner an bekannte Visualisierungsformen wirtschaftlicher Sachverhalte an; durch die Personalisierung bzw. Verbildlichung der abstrakten Arbeitsmarktdaten bricht er zugleich jedoch radikal mit den tradierten Sehgewohnheiten und macht so auf die veränderte politische Situation aufmerksam.

Als konkrete Maßnahmen könnten folgende genannt werden: Autobahnbau und andere infrastrukturelle Arbeitsbeschaffungsmaßnahmen, Senkung der KfZ-Steuer, Reichsarbeitsdienst, Einführung der allgemeinen Wehrpflicht, Ehestandsdarlehen. Dabei ist zu beachten, dass einige der Maßnahmen erst später ein- bzw. durchgeführt wurden, weshalb sich ihre mögliche Wirkung in der Darstellung gar nicht niederschlagen kann. Eine Überprüfung führt zu dem Ergebnis, dass die Arbeitslosigkeit tatsächlich zurückging, aber nicht in dem behaupteten Maß und dem genannten Zeitraum. Auch regionale Unterschiede hinsichtlich des Rückgangs spielen eine Rolle. Zudem verschweigt die Zeichnung entscheidende Begleitumstände der Bekämpfung der Erwerbslosigkeit durch die nationalsozialistische Regierung (Aufrüstung, Einschränkung der Grundrechte, Staatsverschuldung, Umsetzung ideologischer Standpunkte). Zudem ist die anfängliche Belebung nicht ausschließlich auf das Handeln Hitlers zurückzuführen, denn ohne die – schon zur Zeit der Weimarer Republik agierenden – staatlichen Institutionen (z. B. Arbeitsämter), wäre der Rückgang der Arbeitslosenzahlen nicht denkbar gewesen. Bei der Überprüfung sollte ferner reflektiert werden, dass es sich bei der Quelle um ein regierungsamtliches Dokument handelt, das die Regierung in diesem Fall zu propagandistischen Zwecken einsetzte. Dieser Umstand stärkt die Zweifel an der Belastbarkeit der aufgestellten Behauptung, macht die Darstellung aber zu einer wichtigen Quelle für das Selbstverständnis der nationalsozialistischen Machthaber und zeigt die Bedeutung, die die Arbeitsmarktpolitik für die Legitimierung von deren Regime hatte.

# Glossar

Agrarrevolution: Durch technischen Fortschritt und intensivere Landnutzung war die britische Landwirtschaft ab 1700 zunehmend in der Lage, mit weniger Arbeitseinsatz mehr Menschen zu versorgen. Diese Agrarrevolution trug zu einem Bevölkerungswachstum bei und setzte Arbeitskräfte frei, was eine Grundlage für die industrielle Entwicklung Englands darstellte.

Allgemeines Wahlrecht: Alle stimmberechtigten Bürgerinnen und Bürger verfügen über das gleiche Wahlrecht, dürfen also die gleiche Anzahl von Stimmen mit jeweils gleichem Gewicht abgeben.

Alter Nationalstaat: Als „alte Nationalstaaten" werden solche bezeichnet, die schon vor 1800 entstanden waren, wie zum Beispiel Frankreich oder England.

Antiindividualismus: Ideologie, die die Bedeutung des Individuums und dessen Anspruch auf freie Entfaltung seiner Persönlichkeit ablehnt. Zugunsten des Staates sollen die Menschen in ihrer Individualität und ihren Persönlichkeitsrechten eingeschränkt werden.

Antiliberalismus: Ideologie, die freiheitliche und machtpolitische Grundprinzipien des ▶ Liberalismus (u.a. Volkssouveränität und politische Mitbestimmung, ▶ Gewaltenteilung, ▶ Menschen- und Bürgerrechte), die in der Zeit der Aufklärung entwickelt wurden und in demokratischen Systemen eine zentrale Rolle spielen, ablehnt.

Antiparlamentarismus: Ideologie, die die Bildung eines Parlaments als repräsentative Vertretung des (Wahl-)Volkes auf Grundlage der Volkssouveränität ablehnt. Sie richtet sich zugleich gegen liberale Demokratien, in denen Parlamente als gesetzgebende Gewalt eine zentrale Funktion haben.

Antipluralismus: Haltung, die das Prinzip des ▶ Pluralismus ablehnt

Antisemitismus (wörtlich „Semitenfeindschaft"; Semiten: Angehörige bestimmter Ethnien in Vorderasien und Nordafrika): Der Begriff bezieht sich aber nur auf Angehörige der jüdischen Gemeinschaft. Die um 1880 in Deutschland entstandene Bezeichnung meint die seit dem 1. Jh. n. Chr. bestehende Ablehnung oder Bekämpfung von Juden aus religiösen oder sozialen Gründen sowie die in der 2. Hälfte des 19. Jh. beginnende vermeintlich rassisch begründete Judenfeindschaft.

Appeasement (engl.: Beruhigung, Beschwichtigung): beschreibt außenpolitische Zurückhaltung und Zugeständnisse, um den direkten Konflikt mit einem aggressiven Gegner zu vermeiden und Frieden zu wahren. Diese Haltung nahm vor allem die britische Außenpolitik unter Premierminister Neville Chamberlain gegenüber der auf Expansion angelegten nationalsozialistischen Außenpolitik ein. So akzeptierten die Regierungschefs von Großbritannien, Frankreich und Italien auf der Konferenz von München 1938 die Abtretung der überwiegend von Deutschen bewohnten Grenzgebiete Böhmens (Sudetenland) von der Tschechoslowakei („Münchner Abkommen").

Arbeiterbewegung: Um an den Arbeitsbedingungen in der Industrie etwas zu ändern und gemeinsam für mehr Rechte zu kämpfen, schlossen sich im 19. Jh. Arbeiter zu Gewerkschaften, Parteien und Verbänden zusammen. Umstritten innerhalb der Arbeiterbewegung war, wie diese Veränderungen erreicht werden sollten. Von den Ideen von Marx und Engels inspirierte Kommunisten sahen in einer sozialistischen Revolution, also der radikalen Umgestaltung von Staat und Gesellschaft, die einzige Lösung. Gemäßigte Arbeiterführer hielten es dagegen für möglich, die ▶ Soziale Frage durch Reformen zu lösen.

Aufrüstung: zielstrebige Steigerung des militärischen Potenzials durch einen Staat oder ein militärisches Bündnis

Auswanderung: Bezeichnung für Migration, bei der ein Land, eine Region oder Verwaltungseinheit dauerhaft oder für einen langen Zeitraum verlassen wird

Beschleunigung: im physikalischen Sinne die zeitliche Änderungsrate von Geschwindigkeit. Im erweiterten Sinne sind damit schnellere Möglichkeiten der Fortbewegung / Mobilität und Kommunikation gemeint (Eisenbahn, Straßenbahnen, Dampfschiff, Flugzeug, Automobil, Telegrafie, Telefon etc.). Auch festgelegte Arbeitszeiten mit schneller Taktung, Schicht- und Fließbandarbeit trugen zur Wahrnehmung einer Beschleunigung des Lebens bei.

Big Business: amerikanische Bezeichnung für die Geschäftswelt von Großunternehmern. Ende des 19. Jh., als die USA ihre Wirtschaftsmacht massiv steigerten, waren große Kapitalmengen in Aktiengesellschaften und Trusts (Verbund großer Unternehmen) Kennzeichen dafür.

Binnenmigration: Migrationsbewegung in eine andere Region innerhalb einer politischen Einheit oder eines Verwaltungsbereiches, z. B. eines Staates, um dort längerfristig einen neuen Lebensmittelpunkt aufzubauen.

Boom (engl.: Aufschwung): (plötzlicher) wirtschaftlicher Aufschwung oder gestiegene Nachfrage nach Gütern oder Dienstleistungen

Bourgeoisie (frz. bourgeois: Bürger): Begriff, den Friedrich Engels für die Klasse der modernen Kapitalisten, die im Besitz der Produktionsmittel sind und die Lohnarbeit ausnutzen, bzw. des Bürgertums prägte. Gemäß marxistischer Theorie befand sich diese Klasse mit dem ▶ Proletariat im ▶ „Klassenkampf".

Bürgerliche Familie: Im 18. Jh. entstand unter dem Einfluss der ▶ Industrialisierung ein neues Familienideal. Während der Mann außer Haus arbeitete und mit seinem Einkommen in der Lage sein sollte, die Familie allein zu versorgen, nahm die Frau die Rolle der Hausfrau und Mutter ein, die für die Erziehung der Kinder verantwortlich war. Dieses Ideal kam aus dem aufstrebenden Bürgertum der Industriegesellschaft und wird deshalb als bürgerliche Familie bezeichnet.

Deficit spending (engl.: Defizitfinanzierung): Form der staatlichen Finanz- und Wirtschaftspolitik. Sie wurde entwickelt vom Ökonom John Maynard Keynes, der neue Antworten zur Bekämpfung der Weltwirtschaftskrise in den 1930er-Jahren gab. Er hielt es für einen schweren Fehler, in der Krise die Währung um jeden Preis stabil zu halten und gleichzeitig eine strikte Sparpolitik zu verfolgen. Stattdessen sollte sich der Staat verschulden, um durch erhöhte Ausgaben die Wirtschaft wieder in Schwung zu bringen.

**Demokraten:** Anhänger demokratischer Prinzipien wie beispielsweise der Volkssouveränität, des ▶ allgemeinen Wahlrechts, der ▶ Gewaltenteilung und des ▶ Pluralismus

**Deportation:** zwangsweise Verbringung von Menschen oder ganzer Volksgruppen an vorherbestimmte Orte als Schikane oder Terrormaßnahme (▶ Terror)

**Deutsches Kaiserreich:** Bezeichnung für die Phase des Deutschen Reiches von 1871 bis 1918, in der das Bündnis von deutschen Fürsten und Freien Reichsstädten als ▶ konstitutionelle Monarchie organisiert war. Die Bezeichnung entstand im Nachhinein zur Abgrenzung der späteren Phasen des Deutschen Reiches, das bis 1945 existierte.

**Digitale Revolution:** Die tief greifenden Auswirkungen der Digitalisierung auf alle Lebensbereiche werden als Digitale Revolution bezeichnet.

**Diktatur:** Herrschaft einer Person, Gruppe oder Partei, die die Macht im Staat weitgehend unbeschränkt ausübt und die ▶ Menschen- und Bürgerrechte nicht beachtet

**„Diktatur des Proletariats“:** Konzept des ▶ Kommunismus: Es bezeichnet die Ausübung der Macht der Arbeiterklasse im Rahmen der ▶ sozialistischen Revolution. Geprägt wurde der Begriff von Karl Marx und Friedrich Engels; sie ließen dabei aber die konkrete politische Umsetzung offen. Im Leninismus wurde die „Diktatur des Proletariats“ definiert als Herrschaft der Kommunistischen Partei als Avantgarde der Klasse der Arbeiter und Bauern bis zur klassenlosen Gesellschaft ohne Staat und Privateigentum. Für die dabei erstrebte Vollendung der ▶ sozialistischen Revolution und der „Umerziehung“ von Oppositionellen wurden Gewalt und ▶ Terror legitimiert.

**Doppelrevolution:** Bezeichnung für die relative Gleichzeitigkeit der ▶ politischen Revolution (1789: Französische Revolution) und der ▶ Industriellen Revolution (ab 1750; zuerst in England) in Europa. Die politische und ▶ Industrielle Revolution wirkten als Motor der ▶ Modernisierung im 19. Jh., indem sie in einem relativ kurzen Zeitraum viele Bereiche des Lebens veränderten.

**Dreyfus-Affäre:** Justizskandal, der die französische Politik und Gesellschaft gegen Ende des 19. Jh. tief spaltete. In einem vom Militär manipulierten Prozess wurde der jüdische Hauptmann Alfred Dreyfus 1894 wegen angeblicher Spionage verurteilt. In den folgenden Auseinandersetzungen um Revision, Aufhebung des Urteils und Bestrafung der Militärs kam es über Jahre zu einer Spaltung der Gesellschaft in Dreyfusards und Anti-Dreyfusards, wobei letztere antisemitisch argumentierten. Heftige Krawalle waren eine Begleiterscheinung. 1906 wurde Dreyfus rehabilitiert.

**Dritte Französische Republik:** Die Erste Republik wurde während der Französischen Revolution 1792 ausgerufen und endete mit der Krönung Napoleon Bonapartes zum Kaiser im Jahre 1804. Die Zweite Republik wurde während der Revolution von 1848 in Frankreich proklamiert. Sie existierte bis 1852, als Napoleon III. den Kaisertitel annahm. Die Dritte Republik bestand in Frankreich zwischen 1870 und 1940. Sie war einerseits von vielen Konflikten, Krisen, Skandalen und häufigen Regierungswechseln geprägt. Andererseits gelang ihr die Abwehr republikfeindlicher, antiliberaler Kräfte in den 1930er-Jahren.

**Elitenkontinuität:** Verbleib von Personen in bedeutenden Positionen in den Bereichen Militär, Justiz, staatliche Verwaltung (Polizei), Schulen, Hochschulen und Kirchen nach einem (politischen) Umbruch

**„Endlösung“:** Begriff aus der Tarnsprache des NS-Regimes. Mit „Endlösung“ wurde ab dem Frühjahr 1941 die Vernichtung der europäischen Juden beschrieben. Der Begriff bezieht sich auf die Wendung „Lösung der Judenfrage“, die schon im 19. Jh. von Antisemiten verwendet wurde.

**„Entkulakisierung“:** stalinistischer Massenterror gegen die selbstständigen Bauern (Kulaken) im Zusammenhang mit der ▶ Kollektivierung der Landwirtschaft, der auch zu Enteignungen, ▶ Deportationen und Ermordungen sich widersetzender Bauern führte

**Erziehungsdiktatur:** diktatorische Herrschaft, die versucht, ihre Ideologie durch gezielte Erziehungsmaßnahmen an der Bevölkerung durchzusetzen

**„Euthanasie“** (griech.: „guter“ oder „leichter Tod“): Der Begriff bezeichnet dem Wortsinn nach einen angenehmen Tod aus Sicht des Sterbenden. Von den Nationalsozialisten wurde der Begriff benutzt, um die systematische Ermordung behinderter und kranker Menschen zu verschleiern und zu beschönigen.

**Expansion:** bezeichnet die Zunahme der räumlichen Ausdehnung des Herrschaftsbereichs eines Staates, oft durch die Nutzung militärischer Gewalt

**Faschismus:** antiliberale und antikommunistische sowie radikalnationalistische Weltanschauung und Bewegung, die nach dem Ersten Weltkrieg in Italien entstand und in fast allen europäischen Ländern Befürworter fand. Im Deutschen Reich vertraten die Anhänger des ▶ Nationalsozialismus faschistische Vorstellungen.

**Fordismus:** nach dem Beispiel von Henry Ford (1863–1947), Erfinder der Massenproduktion von Automobilen, organisierter Ablauf in der Industrie. Dazu gehören der Einsatz von Förderbändern, geregelte Arbeitsabläufe in Einzelschritten, aber auch eine möglichst geschlossene Kette zur Herstellung eines Produkts in einem einzigen Unternehmen, von der Energieversorgung über die Fertigung von Einzelteilen bis hin zum fertigen Endprodukt und Vertrieb.

**Fortschrittsoptimismus:** zuversichtlicher, durch positive Erwartung bestimmter Glaube an einen ständigen Fortschritt. Zahlreiche Neuerungen in Wissenschaft, Wirtschaft und Technik ließen viele Zeitgenossen das 19. Jh. als Zeitalter des Aufbruchs und Fortschritts empfinden. Entdeckungen in der Medizin und den neuen Gebieten der Chemie und Elektrotechnik führten zu einem höheren Lebensstandard, gesicherter Versorgung, neuen Arbeitsplätzen und einer verbesserten Infrastruktur u.a. durch beschleunigte Transport- (Eisenbahn, Flugzeug, Automobil, Dampfschiff) und Kommunikationsmittel (Telegraf, Telefon).

**Frauenbewegung:** Bewegung, die sich für die Gleichbehandlung und Gleichstellung von Frauen und Männern in allen Bereichen der Gesellschaft einsetzt. Erste Forderungen nach Frauenrechten kamen in der Französischen Revolution auf, verstärkt dann erst wieder nach 1848. Vier Hauptforderungen bildeten den Kern der Frauenbewegung in Europa: 1. das Recht auf Erwerb und freie Berufswahl 2. Zugang zu Bildung 3. aktives und passives Wahlrecht 4. rechtliche Gleichstellung der Frau.

**Front populaire** (frz.: Volksfront): Wahlbündnis von Kommunisten und Sozialisten in Frankreich, das 1936 angesichts des Erstarkens rechtsgerichteter autoritärer Kräfte und des ▶ Faschismus gebildet wurde und in selben Jahr die Regierung bildete

Frühindustrialisierung: erste Phase der industriellen Entwicklung. Erstmals in England ermöglichten Maschinen eine schnellere und arbeitsteilige Produktion von Baumwollstoffen in Fabriken und setzen so die ▶ Industrielle Revolution in Gang. Weil zuerst noch Wasser- und menschliche Arbeitskraft eingesetzt wurden, nennt man die Frühindustrialisierung auch leichtindustrielle Phase. Später ersetzte die Dampfmaschine mit dem Energieträger Kohle die natürlichen Antriebsarten.

Führerprinzip: radikal hierarchisches politisches System von Befehl und Gehorsam in faschistischen Staaten und im ▶ Nationalsozialismus. Der Wille des „Führers" soll demnach von oben nach unten weitergegeben werden; die einfachen Mitglieder oder die Gesamtbevölkerung haben keinen Anteil an der Willensbildung und keine Mitspracherechte.

Fünfjahresplan: Wirtschaftsplan Stalins zum forcierten Ausbau der ▶ Industrialisierung. 1929 wurde der erste Fünfjahresplan beschlossen, der den Bau von Wasserkraftwerken, Stahlwerken und Maschinenfabriken massiv vorantrieb, begleitet von zahlreichen Propagandakampagnen und der Mobilisierung der gesamten Bevölkerung. Mit der Parole „Amerika einholen und überholen" sollte aus der agrarisch geprägten Sowjetunion ein moderner Industriestaat werden.

Gefälligkeitsdiktatur: Die Loyalität der Mehrheit der Deutschen zum NS-System erklärt der Historiker Götz Aly mit seinem Konzept der „Gefälligkeitsdiktatur" (in: „Hitlers Volksstaat. Rassenkrieg und nationaler Sozialismus", Frankfurt am Main 2005). Er beschreibt, dass viele Bürgerinnen und Bürger Profiteure der NS-Politik waren und so dem Regime die Treue hielten: Sie erhielten Karrierechancen, Möglichkeiten zum Besitzerwerb, Beutegut aus dem Krieg oder das Gefühl, ein Teil der ▶ „Volksgemeinschaft" zu sein.

Gegenrevolution: Sammelbegriff für politische Strömungen, deren Ziel es ist, eine Revolution aufzuhalten und den Zustand vor der Revolution wiederherzustellen. Unter anderem in sozialistischen Staaten ist der Begriff „Konterrevolution" verbreitet.

Gelernte Demokratie: Damit wird eine Demokratie bezeichnet, deren Prozesse, Einstellungen und Prinzipien über längere Zeit gelernt, also eingeübt und angewandt wurden. Sie gilt als gefestigt und weniger gefährdet als sogenannte ▶ „improvisierte Demokratien".

Gewaltenteilung: eine während der Aufklärung entwickelte Lehre, die sich gegen die absolutistische Regierungsweise richtete. Demnach sind die Hauptaufgaben eines Staates von drei getrennten Machtbereichen (Gewalten) zu erfüllen, die sich gegenseitig kontrollieren: Die Legislative (▶ Parlament) beschließt Gesetze, die Exekutive (u. a. Regierung) führt sie aus und die Judikative (unabhängige Gerichte) spricht Recht.

„Gilded Age": Der auf Mark Twain zurückgehende Ausdruck des „vergoldeten" – und eben nicht „goldenen" – Zeitalters diente der Charakterisierung der Jahre nach dem Bürgerkrieg (1861–1865), als sich die USA in schnellem Tempo zu einer Industrienation und Wirtschaftsmacht entwickelten.

„Gleichschaltung": Begriff aus der Elektrotechnik, der erstmals während der Weimarer Republik politisch im Sinne von Vereinheitlichung und Zentralisierung verwendet wurde. Gesetzlich wurde der Begriff erstmals am 31. März 1933 im „Vorläufigen Gesetz zur Gleichschaltung der Länder mit dem Reich" verwendet und zu einem Synonym für die Maßnahmen der nationalsozialistischen Führung, um Staat, Gesellschaft und Kultur mit ihrer Partei personell und ideologisch zu durchdringen. Dabei nahmen die Nationalsozialisten den Ländern ihre Eigenständigkeit, führten eine Einparteienherrschaft ein, kontrollierten die Medien, lösten alle Gewerkschaften sowie sonstige Verbände auf und integrierten sie in ihre Organisationen.

„Goldene Zwanziger": Nach dem Krisenjahr 1923 erlebte die Wirtschaft der Weimarer Republik einen Aufschwung. Die Jahre zwischen 1924 und 1929 werden deshalb als „Goldene Zwanziger" bezeichnet. Sie zeichneten sich durch die ▶ Modernisierung in verschiedenen Lebensbereichen wie Kultur, Wissenschaft und Technik aus.

Großmacht: Staat, der wesentlichen geopolitischen Einfluss hat

GULag / Gulag (russ.: Glawnoje uprawlenije lagerei): Bezeichnung für die Hauptverwaltung der Lager im sowjetischen NKWD (Volkskommissariat für Staatsicherheit). Im weiteren Sinne auch als Begriff für das gesamte sowjetische Straflagersystem gebraucht. In der Zeit von 1929 bis 1956 waren über 20 Millionen Menschen im GULag interniert. Allein in der Hochphase Anfang der 1950er-Jahre waren es mehr als 2,5 Millionen.

Hochindustrialisierung (auch schwerindustrielle Phase genannt): Durch den zunehmenden Einsatz der Dampfmaschinen zur Produktion (Fabriken) und zum Transport (Eisenbahn) entwickelte sich die Schwerindustrie (Bergbau, Eisen- und Stahlherstellung, Maschinenbau) zum Führungssektor. Der Industrialisierungsprozess veränderte die gesamte Gesellschaft (Industriegesellschaft). In Deutschland führten Ende des 19. Jh. technische Innovationen zu neuen Industriezweigen (chemische und elektrotechnische Industrie), Energieträgern (Elektrizität) und einem starken wirtschaftlichen Aufschwung.

Hochmoderne: Der deutsche Historiker Ulrich Herbert bezeichnet den Zeitraum zwischen 1890 und 1990 als Hochmoderne. Kennzeichnend für diese Epoche sei das Vertrauen in das Potenzial von wissenschaftlichem und technologischem Fortschritt.

Holocaust – Shoah: Der griechische Begriff holókaustos (griech.: „völlig verbrannt" bzw. „Brandopfer") bedeutet im Englischen „Inferno" oder „Zerstörung". Er wird heute für die systematische Vernichtung von etwa sechs Millionen europäischen Juden und anderen Opfergruppen während des „Dritten Reiches" verwendet. Im Hebräischen wird für das Leiden der Juden während dieser Zeit der Begriff Shoah („Großes Unheil", „Katastrophe") gebraucht. 1996 wurde der 27. Januar in Deutschland zum „Holocaust-Gedenktag" erklärt. Das Datum erinnert an die Befreiung des ▶ Konzentrations- und Vernichtungslagers Auschwitz. Seit 2006 gilt auf Beschluss der Vereinten Nationen der „Tag des Gedenkens an die Opfer des Holocaust" weltweit.

Imperialismus: Als Imperialismus bezeichnet man das Bestreben eines Staatswesens bzw. seiner politischen Führung, über Gebiete außerhalb des Herrschaftsbereiches wirtschaftlichen und politischen Einfluss zu erlangen, bis hin zu deren Unterwerfung und zur Eingliederung in den eigenen Herrschaftsbereich. Er hat typischerweise das Ziel, eine ungleiche wirtschaftliche, kulturelle oder territoriale Beziehung aufzubauen und aufrechtzuerhalten.

Imperium (lat.: Herrschaft, Reich): großräumiger Herrschaftsverband, den eine multiethnische Zusammensetzung der Untertanen sowie ein Überlegenheitsanspruch gegenüber Nachbarn und Konkurrenten kennzeichnet

**Improvisierte Demokratie:** bedeutet im Gegensatz zur ▶ „gelernten Demokratie“, dass die Demokratie im betreffenden Land erst seit Kurzem besteht. Aufgrund fehlender Erfahrung und demokratischer Tradition müssen Prozesse, Haltungen und Prinzipien erst eingeübt werden und sind deshalb in den Köpfen der Menschen zunächst oft nicht oder nur schwach verankert.

**Individualismus:** Ideologie, die den einzelnen Mensch (Individuum) in den Mittelpunkt stellt. Der zentrale Grundsatz des Individualismus ist die Freiheit des Einzelnen. Dessen persönliche Entfaltung hat im individualistischen Denken Vorrang vor Ansprüchen der Gemeinschaft. Der Individualismus ist eng mit dem ▶ Liberalismus verbunden, da jeweils die Freiheit des Individuums Leitbild ist.

**Industrialisierung:** bezeichnet den Übergang von einer Agrar- zu einer Industriegesellschaft. Der Prozess fand zuerst in England zwischen 1750 und 1850 statt und wird aufgrund seiner Geschwindigkeit und radikalen Umwälzung großer Teile von Wirtschaft, Technik und Gesellschaft auch als Industrielle Revolution bezeichnet. Zentrale Merkmale von Industrialisierung sind 1. der Einsatz von Maschinen, die Massenproduktion ermöglichen, 2. eine Veränderung der Arbeitswelt, da arbeitsteilig und industriell gefertigt wird, 3. die Entstehung von Fabrikstandorten, Städten und die damit verbundene Trennung von Arbeits- und Wohnort sowie 4. eine ▶ Beschleunigung von technischen Innovationen und Wirtschaftswachstum.

**Industrielle Revolution:** ▶ Industrialisierung

**Integration:** Einbezug von Menschen in Lebens- und Arbeitsgemeinschaften, die vorher nicht zu diesen gehört haben. Häufig wird unter diesem Begriff die soziale Eingliederung von Zugewanderten verstanden. Er kann aber auch für andere gesellschaftliche Bereiche verwendet werden (soziale Gruppen in Familie, Schule, aber auch in den Bereichen Wirtschaft und Recht).

**Isolationismus:** Bestreben eines Staates, sein außenpolitisches Wirken zu beschränken und Bündnisverpflichtungen zu vermeiden. Seit der Monroe-Doktrin von 1823 war die US-amerikanische Politik von einem freiwilligen Selbstausschluss aus dem internationalen politischen Geschehen in Europa geprägt, der während des Ersten und Zweiten Weltkrieges ausgesetzt wurde.

**Italienisch-Ostafrika** (ital.: Africa Orientale Italiana, A.O.I.): Kolonialgebiet Italiens mit Libyen und Gebieten Ostafrikas, das von 1936 bis 1941 bestand. Es umfasste auch Abessinien (heutige Äthiopien), das vom faschistischen Italien 1935/36 erobert wurde.

**Jacksonian Democracy:** In der Amtszeit des US-amerikanischen Präsidenten Andrew Jackson (1829–1837) erfolgte eine Reihe von Reformen, die als wesentlicher Schritt bei der Demokratisierung der USA gelten. Dazu gehört die Bildung von Parteien, die Wahl von Beamten, die Nominierung der Präsidentschaftskandidaten durch Parteitage und vor allem die Ausweitung des Wahlrechtes auf alle männlichen Steuerzahler. Statt der Abmachungen der elitären Gründerväterelite war nun der Einfluss der Wahlberechtigten maßgeblich für die Vergabe der Regierungsstellen.

**Junger Nationalstaat:** Im Gegensetz zu „alten“ Nationalstaaten, wie Frankreich oder England, die sich schon vor 1800 als Nation verstanden, spricht man von „jungen Nationalstaaten“, wenn diese erst im späten 19. Jh. gegründet wurden.

**Kaderpartei:** straff organisierte Partei aus politisch geschulten und ausgewählten Mitgliedern, die als Spitze („Avantgarde“) die sozialistische Umgestaltung vorantreibt. Im Leninismus, einer Weiterentwicklung des Marxismus für Russland (die spätere Sowjetunion), sollte die Kommunistische Partei eine Kaderpartei sein.

**Kaiserkult:** Gesamtheit der Zeremonien, Festtage und Bräuche, mit denen Kaiser verehrt werden

**Klassendiktatur:** Nach Marx ist die ▶ „Diktatur des Proletariats“ der notwendige Schritt, um von der bürgerlichen Klassengesellschaft die ▶ klassenlose Gesellschaft zu erlangen. Der Begriff hebt die besondere Rolle der Kommunistischen Partei in der Sowjetunion hervor, die das ▶ Proletariat in diesem Kampf anführt. Seit den 1930er-Jahren verzichteten offizielle Stellen in der Sowjetunion zunehmend auf den Begriff.

**Klassengesellschaft:** Da sich in der Industriegesellschaft die alte Ständeordnung zunehmend auflöst, wird der Begriff der Klassengesellschaft verwendet: Aus den durch (fehlende) Geburtsprivilegien bestimmten Ständen wurden gesellschaftliche Klassen, deren Mitglieder sich jeweils in einer ähnlichen wirtschaftlichen und sozialen Situation befinden. Für Karl Marx (1818–1883) ist die Klassengesellschaft hierarchisch strukturiert und spaltet sich in zwei Klassen: die ▶ Bourgeoisie (Unternehmer, welche über die Produktionsmittel verfügen) und das ▶ Proletariat (Arbeiter, die nur ihre Arbeitskraft verkaufen können).

**„Klassenkampf“:** von Karl Marx entwickelter Begriff, der den Gegensatz zwischen ▶ Bourgeoisie und ▶ Proletariat als Kampf begreift. Die Theorie des Marxismus sieht darin das einzige und historisch folgerichtige Mittel zur Verbesserung der Lage des Proletariats.

**Klassenlose Gesellschaft:** Ziel der gesellschaftlichen Entwicklung im ▶ Marxismus. Sie ist gekennzeichnet von einem fehlenden Staat, der Gleichstellung aller Menschen und dem Fehlen jeglichen Privateigentums.

**Klassische Moderne:** Die Hochkultur in Literatur, Musik, Malerei und Architektur reagierte auf die Veränderungen der Lebenswelt und der Wahrnehmung zum Ende des 19. Jh. Eine Epochenabgrenzung war nicht mehr möglich. Das Nebeneinander vieler Stilrichtungen – moderner, aber auch konservativer – ist selbst ein typisches Phänomen der ▶ Moderne. Impressionismus, Expressionismus, Fin-de-Siècle und Dekadenz, Neoromantik und Neue Sachlichkeit existierten nicht nur nach-, sondern oft miteinander und beeinflussten die Literatur, die Kunst und die Architektur.

**Kollektivierung** (lat. collectivus: angesammelt): bezeichnet den organisierten Zusammenschluss von Menschen zu Gemeinschaften, Vereinen oder Genossenschaften. Im allgemeinen Sprachgebrauch ist damit meistens der Zusammenschluss einzelner Produzenten in landwirtschaftlichen, handwerklichen und anderen kleineren Betrieben gemeint. Der Begriff bezeichnet auch die in sozialistischen Staaten vorgenommene Neustrukturierung der Landwirtschaft, in der die privaten Produktionsmittel (Land, Viehbestand, Gerätschaften) z.B. in der Sowjetunion in Gemeinwirtschaften (Kolchosen und Sowchosen) überführt und die selbstständigen Bauern (Kulaken) zu angestellten Landarbeitern wurden. Diese Umstrukturierung wurde in der Sowjetunion ab dem Ende der 1920er-Jahre mit großer Brutalität durchgeführt. 1937 arbeiteten 93 Prozent der Bauern als Landarbeiter in Kolchosen oder Sowchosen. Etwa 25 Millionen Einzelhöfe gingen darin auf.

**Kolonie** (lat. colonia: Niederlassung, Länderei, Ansiedlung): politisch und wirtschaftlich abhängige Besitzung eines Staates, die zum Siedeln, als Militärstützpunkt oder als Rohstoffquelle genutzt wird.

**Kommunikationsrevolution:** Der Einsatz von Eisenbahnen und Dampfschiffen beschleunigte das Versenden von Nachrichten und Waren, jedoch verging immer noch eine große Zeit zwischen Versenden und Empfangen der Nachricht. Das änderte sich mit der Erfindung der Telegrafie und dem darauffolgenden Verlegen von transnationalen und -kontinentalen Leitungen. Innerhalb von Sekunden verbreiteten sich Nachrichten um die Welt und führten zu einer neuen Wahrnehmung der Wirklichkeit.

**Kommunismus** (lat. communis: allgemein, allen gemeinsam): eine politische, soziale und wirtschaftliche Weltanschauung, die von einem gemeinsamen Eigentum an den Produktionsmitteln ausgeht, in der es keine Ausbeutung mehr gibt und Frieden und Gerechtigkeit herrschen. Gegenteil des Kommunismus ist der Kapitalismus. Nach Marx und Engels ist der Kommunismus das anzustrebende Endstadium der gesellschaftlichen Entwicklung; ihre Gesellschaftstheorie wurde durch Lenin weiterentwickelt (Leninismus).

**Konstitutionelle Monarchie:** Staatsform, in der die Macht eines Monarchen durch eine Verfassung geregelt wird

**Konsumgesellschaft:** Gesellschaft, in der die Befriedigung möglichst vieler Bedürfnisse nur durch Konsum gegen entsprechende Bezahlung möglich ist.

**Konzentrationslager:** Der Begriff Konzentrationslager wurde im Deutschen offiziell erstmals von Reichskanzler Bernhard von Bülow am 11. Dezember 1904 im Zusammenhang mit der Internierung von gefangen genommenen Herero (in der Kolonie Deutsch-Südwestafrika, heute Namibia) verwendet. In anderen Sprachen tauchte das Konzept von Lagern zur Internierung schon früher auf (campos de reconcentración im kubanischen Unabhängigkeitskrieg gegen Spanien 1868–1898 und Concentration Camps während des Burenkrieges (1899–1902) in Südafrika). Das nationalsozialistische Regime unterhielt Konzentrationslager in Deutschland bereits ab März 1933. Hierhin wurden Personen deportiert, die als Regimegegner oder „minderwertige Menschen" galten. Ab 1941 wurden zusätzlich Vernichtungslager gebaut, in welchen Menschen in großer Zahl systematisch ermordet wurden.

**„Kriegsschuldartikel":** meint den Artikel 231 des ▶Versailler Vertrages, in dem festgelegt wurde, dass „Deutschland und seine Verbündeten als Urheber für alle Verluste und Schäden verantwortlich" seien, welche die anderen Länder im Ersten Weltkrieg erlitten hatten. Der Artikel macht zudem Deutschland und seine Verbündeten allein für den Kriegsausbruch verantwortlich. Mit dem Artikel sollten die harten Friedensbedingungen für das Deutsche Reich und seine Verbündeten legitimiert werden. In Deutschland selbst wurde er als moralische Ächtung des ganzen Volkes empfunden.

**Laissez-faire** (frz.: lassen Sie machen): Form des Wirtschaftsliberalismus und der Pädagogik, die die Eigeninitiative als oberste Pflicht hervorhebt und auf Eingriffe, Grenzen oder Vorgaben verzichtet

**Laizismus:** religionsverfassungsrechtliche Ideologie, der das Prinzip strenger Trennung zwischen Religion und Staat zugrunde liegt. Seit 1905 ist es durch das Gesetz zur Trennung von Staat und Kirche Prinzip des französischen Selbstverständnisses. Seit 1958 ist der Laizismus in der französischen Verfassung verankert.

**„Lebensraum im Osten":** Diesem Ziel des nationalsozialistischen Regimes liegt die Vorstellung zugrunde, dass das deutsche Volk über nicht ausreichend Lebensraum verfüge, wie es seiner angeblichen Überlegenheit als „Herrenrasse" zustehe. Neue Gebiete und Ressourcen sollten durch kriegerische Expansion und die Unterwerfung anderer, angeblich „minderwertiger" Völker, vor allem in Osteuropa gewonnen werden.

**Lebensreform:** Oberbegriff für soziale Reformbewegungen als Reaktion auf das moderne Großstadtleben und den wachsenden Einfluss der Technik. Im späten 19. Jh. entstanden zahlreiche zivilisationskritische Strömungen, die eine Rückkehr zur Natürlichkeit erreichen wollten. Hierfür wurden Pflege des Körpers, Jugendlichkeit, gesunde Ernährung, Nacktheit und Freikörperkultur, Tierschutz und Vegetarismus, ökologische Landwirtschaft, Naturheilkunde, Wandern und das Leben auf dem Land propagiert. Landkommunen und Jugendbünde entstanden. Der Einfluss der Lebensreformer wirkt bis in die Gegenwart nach (Naturkostläden, Heilpraktiker).

**Liberale:** Anhänger des ▶Liberalismus, ▶politischen Liberalismus, ▶Wirtschaftsliberalismus

**Massenkultur:** Die Moderne brachte neue Formen der Unterhaltung hervor, die sich nicht mehr auf ein kleines elitäres Publikum beschränkten. Sport (Fußball, Radsport) wurde in zahlreichen Vereinen und bei Großereignissen in Stadien zum Massenphänomen. Zu den klassischen Theatern traten Boulevardbühnen und vor allem das Kino in Konkurrenz. Zeitungen, Zeitschriften, aber auch billig hergestellte Bücher erreichten Millionen von Lesern. Großflächige Werbung, etwa auf Litfaßsäulen, und riesige Kaufhäuser verwiesen auf eine enorme Menge an Konsummöglichkeiten. Eine besondere Rolle kam im 20. Jh. neuen Medien zu, da durch Film und Rundfunk eine große Zahl an Konsumenten erreicht werden konnte.

**Liberalismus** (lat. liberalis: freiheitlich, eines freien Menschen würdig): Staats-, Gesellschafts- und Wirtschaftslehre, die von der Aufklärung geprägt war und sich von der freien Entfaltung des Einzelnen einen Fortschritt in Kultur, Recht, Wirtschaft und Gesellschaft erhoffte. Liberale forderten die Gründung einer Nation sowie Verfassungen, ▶Menschen- und Bürgerrechte und eine freie Wirtschaft (▶Marktwirtschaft).

**Ligue** (frz.: Liga, Verband): Diese Bezeichnung wird häufig als Abkürzung für die „Ligue d'extrême droite", also für antiparlamentarische, paramilitärische Verbände von rechtsextremen Parteien in Frankreich verwendet. In den 1930er-Jahren bekamen die Ligen vermehrt Zulauf, als Nationalismus, ▶Antisemitismus und Fremdenfeindlichkeit zunehmend das öffentliche Leben bestimmten. Die „Action Française", der „Croix de Feu" und die „Jeunesses Patriotes" fanden vor allem Zustimmung bei Weltkriegsveteranen, aber auch bei Intellektuellen und Jugendlichen. Sie dienten der Verbreitung autoritärer und faschistischer Ideen.

**Loyalitätsdefizit:** Mangel an Interesse daran, gemeinsam ein höheres Ziel zu verfolgen und dabei auch Werte (und Ideologien) von anderen entweder zu teilen oder auch dann zu vertreten, wenn man deren Ansichten nicht vollumfänglich teilt

**„Machtergreifung":** Begriff, der den Übergang der Regierungsgewalt auf Adolf Hitler bezeichnet. Tatsächlich fand eine Machtübertragung statt, indem Hindenburg Hitler am 30. Januar 1933 zum Reichskanzler ernannte. Die ▶NSDAP war zu diesem Zeitpunkt stärkste Partei im Reichstag, hatte jedoch keine absolute Mehrheit. Der Begriff „Machtergreifung" drückt ein aktives Erlangen der Regierungsgewalt aus und wurde von der NS-Propaganda selten verwendet, wohl um nicht den Eindruck einer illegitimen

Regierungsübernahme zu erwecken und um diesen „Umbruch“ geplant und ordentlich erscheinen zu lassen. Geprägt wurde der Begriff „Machtergreifung“ von der frühen Geschichtsschreibung zum ▶ Nationalsozialismus nach 1945.

**„Mare nostrum“:** (lat.: unser Meer): Ursprünglich wurde damit von den Römern in der Antike das Mittelmeer nach der Eroberung der umliegenden Gebiete bezeichnet. Die Faschisten unter Mussolini, die in ihrem Expansionsdrang an das Römische Reich anknüpfen wollten (▶ Imperium), griffen den Begriff für ihre Propaganda auf.

**Marktwirtschaft:** Wirtschaftssystem, in dem (anders als beispielsweise in der staatlich geregelten Planwirtschaft) der Wettbewerb von Unternehmen auf dem freien Markt die Produktion und Verteilung von Gütern regelt und der Staat dafür lediglich die Rahmenbedingungen setzt und garantiert (u. a. Vertragsfreiheit, Wettbewerbsregeln und funktionierendes Geldwesen). Angebot und Nachfrage regulieren weitgehend die Preise. Die Soziale Marktwirtschaft (wie in der Bundesrepublik Deutschland) bemüht sich im Vergleich zur freien Marktwirtschaft durch gesetzliche Rahmenbedingungen um einen möglichst gerechten Ausgleich zwischen wirtschaftlich stärkeren und schwächeren Gruppen der Gesellschaft.

**Massenkonsum:** Phänomen von Industriegesellschaften, in denen durch Steigerung der Produktivität und Massenproduktion ein breites, für den Großteil der Bevölkerung erschwingliches Warenangebot geschaffen wird

**Massenloyalität:** Unterstützung und Folgebereitschaft einer großen Gruppe bzw. eines großen Teils der Bevölkerung

**Massenmobilisierung:** Gewinnung großer Teile der Bevölkerung für ein oder mehrere Ziele

**Massenorganisation:** Organisation, deren Mitglieder aus breiten Kreisen der Bevölkerung stammen und die deren berufliche, ökonomische, politische, soziale und kulturelle Interessen vertritt. Zu den Massenorganisationen, die sich ab 1860 bildeten, zählten Parteien moderner Prägung wie die Arbeiterparteien (z. B. die SPD) und die katholische Partei „Zentrum“, die auf eine große Anhängerschaft einer bestimmten Klientel setzten und sich über Ortsvereine, Versammlungen und Wahlen auf allen Ebenen charakterisierten. Ihnen nahe standen die Gewerkschaften als Vertreter der Arbeitnehmerinteressen. Zudem wurden in der 2. Hälfte des 19. Jh. zahlreiche politische und unpolitische Vereine für fast jedes Interessensgebiet (Sport, Gesang, Veteranen, Tierschutz, Frauenrechte etc.) gegründet.

**Meiji-Restauration:** Meiji (jap.: „erleuchtete Regierung“) war das Motto des japanischen Kaisers Mutsuhito für seine Regierungszeit (1869–1912). Diese Epoche bezeichnet die Reformära, in der durch eine Reihe von Neuerungen, für die man westliche Vorbilder adaptierte, der Staat radikal umgebaut und sowohl politisch als auch wirtschaftlich modernisiert wurde. Die Reformen betrafen die Gesellschaft (Abschaffung des Kastensystems), die Wirtschaft (Steuer- und Verwaltungssystem), die Armee und die Politik (Verfassung, Revision der ▶ „ungleichen Verträge“). Der umstrittene Begriff Restauration bezieht sich auf die Wiedereinsetzung des Kaisers als Staatsoberhaupt.

**Menschen- und Bürgerrechte:** Als Menschenrechte werden unantastbare und unveränderliche Rechte bezeichnet, die jedem Menschen von Natur aus zustehen. Dazu gehören das Recht auf Leben und körperliche Unversehrtheit sowie das Recht auf Freiheit, Eigentum und Sicherheit der Person. Bürgerrechte sind Rechte, die sich auf das Verhältnis zwischen Staat und Bürger beziehen. In Kombination wurden Menschen- und Bürgerrechte erstmals 1789 von der französischen Nationalversammlung erklärt. Die Begriffe „Menschenrechte“ und „Bürgerrechte“ unterscheiden sich im Wesentlichen durch den von ihnen beanspruchten Geltungsbereich: Während die Menschenrechte sich auf alle Menschen beziehen, gelten Bürgerrechte nur für die Bürgerinnen und Bürger eines Staates, der sie verfassungsrechtlich garantiert.

**Militarismus:** Vorherrschen militärischen Denkens in Politik und Gesellschaft sowie Beherrschung des zivilen Lebens in einem Staat durch militärische Institutionen

**Mittelstandsbewegung:** Bewegung, die im 19. und 20. Jh. von Angehörigen des Mittelstandes ausgeht, mit dem Ziel, staatliche Gesetzgebung zu erwirken, die die ökonomische Situation des Mittelstandes stabilisiert oder verbessert. Zum Mittelstand zählten das untere Beamtentum, kleinere Handwerksbetriebe und vor allem die Angestellten. Sie wollten sich von den Arbeitern abgrenzen und folgten den Idealen des Bürgertums.

**Mobilität:** Beweglichkeit von Personen und Gütern im geografischen Raum

**Moderne:** Ausgangspunkt der Moderne sind die ▶ politischen Revolutionen in den USA und Frankreich sowie die ▶ Industrielle Revolution in England. Die damit verbundenen Entwicklungen (z. B. Demokratisierung, ▶ Industrialisierung) wirken bis in die Gegenwart hinein. Die Moderne unterscheidet sich fundamental von den vorherigen Epochen. Mit dem Begriff werden insbesondere die Jahrzehnte um 1900 bezeichnet.

**Modernisierung:** Der Begriff bezeichnet den Wandlungsprozess hin zur ▶ Moderne und seine außergewöhnliche Geschwindigkeit. Daher umfasst er die zahlreichen gesellschaftlichen (z. B. Klassengesellschaft), kulturellen (z. B. ▶ Individualismus), politischen (z. B. ▶ Partizipation) und wirtschaftlichen (z. B. Massenproduktion) Veränderungen im Europa und Nordamerika des 19. Jh.

**Modernisierungsdiktatur:** Staatswesen, das versucht, ▶ Modernisierung mithilfe diktatorischer Mittel durchzusetzen. Der Stalinismus, der ▶ Nationalsozialismus und auch der Maoismus (in der Volksrepublik China) realisierten ihre Gewaltherrschaften mit modernen Herrschaftstechniken, Propagandainstrumenten und wirtschaftlichen Maßnahmen. So versuchten sie die Industrialisierung voranzutreiben (Sowjetunion und China), oder die industriellen Entwicklungen für ihre Kriegs- und Eroberungspolitik (NS-System) zu nutzen.

**Modernisierungsverlierer:** Menschen, die durch Prozesse der ▶ Modernisierung ihre ökonomische Stellung teilweise oder ganz eingebüßt haben. Dazu zählen Gewerbetreibende und Handwerker, deren Berufe überflüssig geworden waren oder die unter dem Preisdruck der Massenware aufgeben mussten, Menschen, die ihre Wohnungen durch hohe Mieten verloren und in einen Abstiegsstrudel gerieten, Zugewanderte, die keine feste Stellung oder keinen sozialen und wirtschaftlichen Anschluss fanden, und Arbeiter, die durch Unfälle, Krankheiten oder Pleiten ihre Arbeit verloren.

**Nationalbewegung:** politische Bewegungen mit dem Ziel nationalstaatlicher Souveränität

**Nationalsozialismus:** völkisch-antisemitisch-nationalrevolutionäre Bewegung, die in Deutschland während der Weimarer Republik von der 1920 gegründeten Nationalsozialistischen Deutschen

Arbeiterpartei (▶NSDAP) ausging. Es handelt sich dabei um eine von mehreren radikalnationalistischen bzw. faschistischen Bewegungen im Europa dieser Zeit. Der Nationalsozialismus gilt wegen seines Rassenantisemitismus (▶Antisemitimus), seiner auf kriegerische Expansion ausgerichteten Außenpolitik (▶„Lebensraum im Osten") und seiner Vernichtungspolitik (▶Konzentrationslager) aber als am radikalsten. Die NS-Politik war verantwortlich für ▶Terror gegen Oppositionelle und gemäß ihrer Ideologie „missliebige Personen", die ▶„Euthanasie", den ▶Zweiten Weltkrieg und den ▶Holocaust – die Shoah.

**Nationalstaat:** Staatsmodell, in dem das staatliche Gebilde auf der Idee einer nationalen Gemeinschaft beruht

**Nationalversammlung:** Bezeichnung für parlamentarische Versammlungen eines ▶Nationalstaates

**New Deal:** 1933 als „Neuanfang" propagierte Reformpolitik des US-amerikanischen Präsidenten Franklin D. Roosevelt, mit der er die USA aus der Wirtschaftskrise führen wollte. Es handelt sich um mehrere Einzelmaßnahmen in zwei Etappen. Durch eine Eingrenzung des ▶Wirtschaftsliberalismus und sozialpolitische Maßnahmen hielt er die demokratische Ordnung stabil. Bereits im Präsidentschaftswahlkampf 1932 verlangte Roosevelt „eine Neuverteilung der Karten" (New Deal).

**Novemberrevolution:** Am Ende des Ersten Weltkrieges weiteten sich Aufstände von Matrosen zu revolutionären Erhebungen im gesamten Deutschen Reich aus. Es kam zur Bildung von Soldaten- und Arbeiterräten und zum Sturz der ▶konstitutionellen Monarchien. Deutschland wurde eine parlamentarische Demokratie, die Weimarer Republik (▶Weimarer Verfassung).

**NSDAP:** antidemokratische, antirepublikanische und antisemitische Partei, die 1920 aus der Deutschen Arbeiterpartei hervorging. Infolge eines vom Parteiführer Adolf Hitler (▶Führerprinzip) angeleiteten Putsches wurde sie 1923 verboten. Nach der Aufhebung des Verbotes gewann die NSDAP ab 1925 immer mehr Anhänger und wurde zur stärksten Partei der extremen Rechten in Deutschland. Im Juli 1932 wurde die NSDAP erstmals stärkste Fraktion im Reichstag. Kurz nach der Machtübertragung am 30. Januar 1933 (▶„Machtergreifung") war sie bis zum Ende der NS-Herrschaft 1945 die einzige zugelassene Partei im Deutschen Reich.

**Öffentlichkeit:** Dieser politisch-soziologischer Begriff entstand in der Aufklärung und richtete sich gegen den damals herrschenden Absolutismus. Öffentlichkeit meint den Bereich, der über den privaten hinausgeht und für die Allgemeinheit offen sein sollte. Im Idealfall sollten darin öffentliche Angelegenheiten, über die zuvor transparent informiert worden ist, frei diskutiert werden. Ein wichtiges Ziel ist auch die Kontrolle politischer Macht.

**Parlament** (frz. parler: sprechen): Versammlung der Vertreterinnen und Vertreter einer politischen Gemeinschaft, in der wichtige Entscheidungen für das Staatswesen getroffen bzw. Gesetze verabschiedet werden. In parlamentarischen Demokratien ist das Parlament die gesetzgebende Gewalt (Legislative).
Ursprünglich war das Parlament eine von einem Herrscher einberufene Versammlung angesehener Männer eines Reiches. So wurde in England seit 1295 der „Große Rat" des Königs durch gewählte Vertreter des Landadels und der Städte ergänzt. Er war der Ursprung des englischen Parlaments, das sich seit dem 14. Jh. in eine Vertretung des Hochadels (House of Lords) und eine Vertretung des niederen Adels und der Städte (House of Commons) aufteilte.

**Parlamentarisierung:** Transformationsprozess, in dem die Bedeutung eines ▶Parlaments gestärkt wird. Eine Demokratie oder ▶konstitutionelle Monarchie ist parlamentarisiert, wenn das Parlament die Regierung bestimmt.

**Partito Nazionale Fascista (PNF):** Partei der italienischen Faschisten, die sich aus den Kampfgruppen der „Fasci di Combattimento" entwickelte. Die Nationale Faschistische Partei bestand von 1921 bis 1943. Ab 1922 war der PNF mit Benito Mussolini als Ministerpräsident an der italienischen Regierung beteiligt und während der faschistischen Diktatur von 1926 bis 1943 Staatspartei.

**Partizipation** (lat. participare: teilnehmen lassen): in Demokratien unterschiedliche Möglichkeiten für Bürgerinnen und Bürger, in der Politik und der ▶Zivilgesellschaft mitzuwirken: u. a. durch das aktive und passive Wahlrecht, in Parteien, Interessenverbänden, Bürgerinitiativen, durch Streiks, Petitionen oder Demonstrationen

**Personenkult:** übermäßige Verehrung einer Person als politischer Führer und gesellschaftliches Vorbild. Sie geht einher mit der übersteigerten Darstellung positiver Eigenschaften und Fähigkeiten der betreffenden Person in der Propaganda. Der Personenkult dient in totalitären Staaten zur Begründung und zum Erhalt der Macht, zum Unterbinden von Kritik und zur „Disziplinierung" der Bevölkerung.

**Pluralismus:** innerhalb einer Gesellschaft oder eines Staates in allen Bereichen vorhandene Vielfalt gleichberechtigt nebeneinander bestehender und miteinander um Einfluss und Macht konkurrierender Gruppen, Organisationen, Institutionen, Meinungen, Ideen, Werte und Weltanschauungen

**Politischer Liberalismus** (lat. liberalis: freiheitlich): politische Strömung, die im frühen 19. Jh. entstand. Der politische Liberalismus zielte auf die Freiheit von adliger und kirchlicher Herrschaft und staatsbürgerliche Gleichheit ab. (▶Liberalismus)

**Politische Revolution:** ▶Doppelrevolution

**Politisierung:** Prozess des Entstehens oder Wachsens politischen Interesses oder Engagements. Die Mittel der ▶Moderne, u. a. Zeitschriften, Propaganda, Massenversammlungen, führten zu einer Politisierung auch des Alltags, die sich u. a. im Kampf um das Demonstrations- und allgemeine Wahlrecht und die Gründung von Ortsvereinen auch in kleinen Städten und Dörfer manifestierte.

**Postindustrielle Gesellschaft:** Die überwiegend auf Wissen und Information (statt Rohstoffen) basierende Wertschöpfung wird als postindustriell (wörtlich „nach-industriell") bezeichnet. Eine postindustrielle Gesellschaft ist daher maßgeblich vom dritten ▶Sektor geprägt.

**Postmoderne:** Bezeichnung für die Gesellschaft nach der ▶Moderne, in der Grundannahmen der Epoche der Moderne (▶Fortschrittsoptimismus, Innovationsstreben) kritisiert und infrage gestellt werden

**Präsidialkabinett:** Von 1930 bis 1933 hatten die Regierungen im Deutschen Reich keine parlamentarische Mehrheit im Reichstag; sie waren auf das Vertrauen des Reichspräsidenten Hindenburg angewiesen, der nach der ▶Weimarer Verfassung ohne parlamentarische Zustimmung Verordnungen mit Gesetzeskraft (Notverordnungen) erlassen durfte, wenn „die öffentliche Sicherheit und Ordnung erheblich gestört oder gefährdet" war (Artikel 48).

Von der in der Verfassung vorgesehenen Möglichkeit, die Notverordnungen „auf Verlangen des Reichstages außer Kraft zu setzen", wurde mangels fehlender Mehrheiten und der drohenden Auflösung des Reichstages durch den Reichspräsidenten kein Gebrauch gemacht.

**Progressive Era** (engl.: Progressive Ära): bezeichnet den Zeitraum um die Jahrhundertwende des 19. zum 20. Jh. in den USA. In dieser Phase versuchten Reformer, die sich selbst „progressive" nannten („Progressive Movement"), die Herausforderungen der modernen Industriegesellschaft, wie zum Beispiel das Auseinanderklaffen von wirtschaftlichem Wohlstand und sozialen Problemen, zu lösen. Dabei wurde dem Staat eine wichtigere Rolle zuerkannt. Bei der Gestaltung einer effizienten und gerechten Zukunft sollten u. a. die Rückbesinnung auf religiöse Werte und die Fortschritte in den Wissenschaften zusammenwirken.

**Proletariat:** Begriff, den Friedrich Engels für die besitzlosen Massen der Lohnarbeiter in der industriellen Gesellschaft prägte, deren Mitglieder nur ihre Arbeitskraft zu verkaufen haben.

**Proletarische Familie:** Im 19. Jh. galt die ▶ bürgerliche Familie als Ideal für alle Gesellschaftsschichten. Allerdings konnte sich der Großteil der Bevölkerung diesen Lebensstandard nicht leisten. In Arbeiterfamilien mussten in der Regel auch die Frau, zum Teil auch die Kinder arbeiten, um den Lebensunterhalt der Familie zu sichern. In diesen proletarischen Familien waren Frauen einer Doppelbelastung ausgesetzt: Sie mussten einerseits arbeiten und andererseits die Rolle als Hausfrau und Mutter einnehmen.

**Propaganda** (lat. propagare: ausbreiten): Durch bewusste Steuerung beispielsweise der mündlichen und schriftlichen Medien und oft unter Einsatz von Massenmedien soll die Bevölkerung gezielt beeinflusst werden.

**Pseudolegalität:** bezeichnet eine vorgetäuschte gesetzliche Zulässigkeit einer Handlung, einer Duldung oder eines Unterlassens. Unter Berufung auf Gesetze und Verordnungen, die zum Großteil unter Ausschaltung politischer Gegner oder deren Einschüchterung zustande kamen, versuchten u. a. die Nationalsozialisten ihre Herrschaft zusätzlich zu legitimieren.

**Radikalnationalismus:** radikale Ausprägung der Ideologie des Nationalismus. Sie zielt darauf ab, alle Mitglieder der „erdachten Gemeinschaft" (Benedict Anderson) einer Nation in einem ▶ Nationalstaat zu vereinigen und die Identität der Nation im Staatswesen zu reproduzieren.

**Rassendiktatur:** Herrschaftsform der ▶ Diktatur, die den Herrschaftsanspruch durch die Zugehörigkeit zu einer vermeintlichen „Rasse" begründet

**Rassismus:** Ideologie, die fälschlicherweise von einer Aufteilung der gesamten Weltbevölkerung in „höhere und niedere Rassen" ausgeht. Den „Rassen", die sich angeblich in einem „permanenten Kampf" befinden, werden stereotype äußere Merkmale und Eigenschaften zugeschrieben. Die Interessen der „höheren Rassen" werden über die der „niederen" gestellt. Nach nationalsozialistischer Ansicht sei die Aufgabe des Staates die „Reinhaltung der Rasse", weshalb die Ausgrenzung, Auslese und Vernichtung missliebiger Menschen folgerichtig seien. Heute gilt die Einteilung von Menschen in „Rassen" wissenschaftlich als unhaltbar.

**Reform:** ▶ Arbeiterbewegung

**Reichsverfassung:** Bezeichnung für die Verfassungen des Deutschen Reiches; ferner wird der Begriff auch für die Verfassung des Kaiserreiches Österreich von 1848 verwendet.

**Republik** (lat. res publica: öffentliche Angelegenheit): Kennzeichen einer Republik sind seit der Französischen Revolution eine nicht monarchische Staatsform, eine ▶ Verfassung, ein ▶ Parlament, ▶ Gewaltenteilung, bei der öffentliche Ämter durch Wahlen vergeben werden, und Volkssouveränität.

**Republikanische Kultur:** Kultur, die die Prinzipien der ▶ Republik verinnerlicht hat und ihren Zielen folgt. Die republikanische Kultur war in Frankreich, auch im Vergleich zu Deutschland, aufgrund der Folgen der Französischen Revolution schon sehr früh ausgeprägt.

**Revision:** bezeichnet im historisch-politischen Sinn das Bestreben, bestimmte vertraglich geregelte Zustände, die oft infolge von Kriegen entstanden sind, rückgängig zu machen. Der Begriff wird u. a. in Bezug auf die Bestrebungen im Deutschen Reich, Bestimmungen des ▶ Versailler Vertrages zu annullieren, verwendet.

**„Revolution von oben":** Begriff in der Geschichtswissenschaft, der von Friedrich Engels geprägt und in den 1970er-Jahren durch Hans-Ulrich Wehler, Ernst Engelberg und Michael Stürmer aufgegriffen wurde. Er bezeichnet grundlegende Reformen, die von Herrschenden vollzogen wurden, um eine Revolution abzuwenden.

**„Revolution von unten":** Begriff in der Geschichtswissenschaft, der sich in Abgrenzung zum Begriff ▶ „Revolution von oben" gebildet hat. Damit wird der grundlegende Wandel eines Systems bezeichnet, der von Gruppen eingeleitet und durchgeführt wurde, die vor der Revolution nicht zu den Herrschenden des Systems gehört haben.

**Risorgimento** (ital.: Wiedererstehung): bezeichnet in der italienischen Geschichte den Zeitabschnitt zwischen dem Wiener Kongress (1815) und der Ausrufung des geeinten Königreiches Italien (1861). Gleichermaßen umfasst der Begriff auch alle politischen und sozialen Bewegungen, die in diesem Zeitraum die Vereinigung Italiens in einem unabhängigen ▶ Nationalstaat anstrebten. Ursprünglich war „Risorgimento" der Titel einer politischen Zeitschrift, die sich für dieses Ziel einsetzte.

**„Roaring Twenties"** (engl.: dröhnende Zwanziger): US-amerikanische Bezeichnung für die 1920er-Jahre. Sie waren geprägt von einer überschäumenden kulturellen Aufbruchstimmung, die sich parallel mit der prosperierenden Wirtschaft entwickelte. Radio und Film ergänzten die bisherigen Medien. Die Filmindustrie erlebte im kalifornischen Hollywood ihren Durchbruch. Neben Kinos und Musicaltheatern zählten Jazzlokale zu den neuen Attraktionen.

**Schauprozess:** öffentliches Gerichtsverfahren mit propagandistischer Zielsetzung. Die Anklagen in Schauprozessen sind oftmals konstruiert, die Verurteilungen stehen schon von Beginn an fest. Schauprozesse dienen der Ausschaltung politischer Gegner und der Einschüchterung weiterer Oppositioneller bzw. der gesamten Bevölkerung.

**Schrittmacherindustrie:** Bezeichnung für einen Industriezweig, der durch seine Nachfrage nach den produzierten Waren, sein Angebot und Innovationen die gesamte Wirtschaft beeinflusst. Eine solche Rolle nahm im 19. Jh. in Deutschland die Eisenbahn ein. Einerseits schuf sie die Nachfrage nach Kohle, Stahl und Maschinen, andererseits steigerte sie die Möglichkeit des Transports von Waren und Personen hinsichtlich Umfang und Geschwindigkeit und stimulierte so die gesamte Wirtschaft.

**Sektor:** Bereich der Wirtschaft. Es werden drei Sektoren unterschieden: Der erste Sektor umfasst die Landwirtschaft und den Bergbau, also die Produktion von Rohstoffen. Der zweite besteht aus Handwerk und Industrie, also das produzierende Gewerbe, das Rohstoffe zu Erzeugnissen weiterverarbeitet. Als dritter Wirtschaftssektor werden Dienstleistungen bezeichnet, also das Angebot von Fähigkeiten und Wissen.

**Selbstbestimmungsrecht der Völker:** Grundsatz, der auf den Ideen der Amerikanischen und Französischen Revolution fußt. In der „Oktoberrevolution" berief sich Wladimir I. Lenin 1917 darauf mit dem Ziel, das russische Vielvölkerreich zu zerschlagen. US-Präsident Wilson machte es am Ende des Ersten Weltkrieges öffentlichkeitswirksam zu einer zentralen Forderung der amerikanischen Außenpolitik. Während der Pariser Friedensverhandlungen 1919 stand vor allem das Streben einzelner Völker nach Eigenstaatlichkeit und Autonomie in politischen, wirtschaftlichen, sozialen und kulturellen Fragen im Fokus.

**Shoah:** ▶ Holocaust – Shoa

**Singularität der nationalsozialistischen Verbrechen:** Die NS-Vernichtungspolitik, die sich vorrangig gegen Juden wandte, richtete sich auch gegen andere Gruppen: Sinti und Roma, ermordete Zivilisten vor allem in Polen und der Sowjetunion, aber auch in den anderen besetzten Ländern (12–14 Mio. ermordete Zivilisten insgesamt), und als von der Norm abweichend definierte Gruppen wie homosexuelle, psychisch kranke und behinderte Menschen. Diese Vielzahl der verschiedenen Opfergruppen sowie die angestrebten und realen Opferzahlen sind einzigartig. Entscheidend ist jedoch die staatliche Planung als gesellschaftliches Gesamtkonzept und sowie die systematische und industrielle Durchführung der Vernichtung von Menschen.

**SS** (Abk. für Schutzstaffel): 1925 gegründete Parteiformation zum persönlichen Schutz Hitlers, ab 1934 „selbstständige Organisation" der ▶ NSDAP mit polizeilicher Machtbefugnis

**Sozialdarwinismus:** Übertragung der biologischen Evolutionstheorie Charles Darwins (1809–1882) von der natürlichen Auslese und vom Kampf ums Dasein auf die Gesellschaft. Sozialdarwinistische Vorstellungen gingen von der angeblichen Überlegenheit bestimmter Individuen und Gesellschaften aus und rechtfertigten so den ▶ Imperialismus, die Rassenlehre (▶ Rassismus) und den ▶ Antisemitismus.

**Soziale Frage:** Während die ▶ Industrialisierung einerseits für Wachstum, Wohlstand und Arbeitsplätze sorgte, führte sie andererseits unter den Arbeitern zu großen Problemen in Form von geringen Löhnen, langen Arbeitszeiten, schlechten Arbeitsbedingungen, Wohnungsnot, Gesundheitsproblemen und geringer Lebenserwartung. Diese Not eines großen Teils der Bevölkerung und die Frage, wie diese Zustände beseitigt werden können, werden als Soziale Frage bezeichnet.

**„Sozialer Volksstaat":** Von den Nationalsozialisten geprägter Begriff, der die „soziale/sozialistische Komponente" der ▶ NSDAP zum Ausdruck bringen soll. Die scheinbaren sozialen Verbesserungen für die ▶ „Volksgemeinschaft" wurden durchgesetzt unter Schädigung der Ausgeschlossenen und durch eine massive Staatsverschuldung.

**„Sozialismus in einem Land":** Doktrin Stalins seit 1942. Mit der Idee vom Aufbau des „Sozialismus in einem Land" wendete sich die Sowjetunion unter Stalin von der Weltrevolutionstheorie des Sozialismus ab. Begründet wurde die neue Leitlinie mit den unterschiedlichen ökonomischen Verhältnissen in den verschiedenen Staaten. Die Sowjetunion sollte zum Vorbild für andere Staaten werden, daher wurde „Sozialismus in einem Land" zum Maßstab der politischen und wirtschaftlichen Veränderungen unter Stalin.

**Sozialistenverfolgung:** Aufgrund ihrer revolutionären Forderungen wurde die ▶ Arbeiterbewegung vom konservativen Bürgertum und Adel als Bedrohung wahrgenommen. Für den deutschen Reichskanzler Otto von Bismarck galt die Sozialdemokratie als Reichsfeind und er versuchte, den Einfluss der Arbeiterbewegung gesetzlich auszuschalten. Dieses sogenannte Sozialistengesetz (1878) erlaubte Verbote sozialistischer Parteien, Organisationen und Druckschriften sowie politischer Versammlungen. Mit Gesetzen und Verfolgungsmaßnahmen ließen sich die sozialistischen Ideen aber nicht unterdrücken, weshalb die Sozialdemokraten bei den Reichstagswahlen ihre Stimmen bis 1890 verdreifachen konnten. Nach 1890 wurde das Gesetz nicht verlängert.

**Sozialistische Revolution:** der Theorie des ▶ Marxismus folgend ein Etappenziel auf dem Weg zur Überwindung des Kapitalismus und der Schaffung einer gerechten ▶ „klassenlosen Gesellschaft"

**Sozialistischer Realismus:** ideologisch begründete künstlerische Stilrichtung im 20. Jh. Der Sozialistische Realismus wurde 1932 für alle Bereiche der Kunst der einzig zugelassene Kunststil in der Sowjetunion und später in anderen sozialistischen Staaten. Er sollte erzieherisch wirken im Sinne des Sozialismus und der Staatsführung. Realistische Darstellung, Volksverbundenheit und „Wahrheit" waren weitere Leitprinzipien. Häufige Themen waren das Arbeitsleben, die Zukunft der sozialistischen Gesellschaft und die Verherrlichung von Staatslenkern wie Stalin (▶ Personenkult).

**Staatliche Sozialpolitik:** Zur Lösung der ▶ Sozialen Frage entstand im Deutschen Reich eine Sozialgesetzgebung, die zentrale Nöte der Arbeiterschaft mildern sollte. Dazu gehörten eine gesetzliche Krankenversicherung für Arbeiter (1883), eine Unfallversicherung (1884) für die Folgen eines Betriebsunfalls sowie eine Alters- und Invalidenversicherung (1889), Vorläufer der heutigen Rentenversicherung. Damit wurde die soziale Absicherung der Arbeiter zur Aufgabe des Staates, was zur damaligen Zeit neu und für viele europäischen Staaten ein Vorbild war.

**Systemwechsel:** Übergang von einer politischen Ordnung zu einer grundsätzlich anderen

**Take-off** (engl.: Abheben eines Flugzeuges / einer Rakete): im Stufenmodell von Walt W. Rostow (1916–2003) die Bezeichnung für eine Phase sprunghaften Wirtschaftswachstums, wie z. B. das Wachstum der englischen Textilproduktion in wenigen Jahrzehnten ab 1780

**Taylorismus:** Der Ingenieur Frederick Winslow Taylor (1856–1915) entwickelte das – seiner Meinung nach – „wissenschaftliche Management", das einen streng geregelten Arbeitsablauf in Einzelschritten vorsah. Jeder Arbeiter hatte zwar nur noch wenige einzelne Handgriffe zu tun, diese jedoch in sehr kurzen Zeitabständen und extrem hoher Anzahl. Er wurde zum Bestandteil eines Automatismus, der die Effizienz steigern sollte.

**Terror:** brutales und rücksichtsloses Vorgehen, das die Unterdrückung oder Vernichtung anderer zum Ziel hat

**Tertiarisierung:** Umwandlung einer von Industrie geprägten Gesellschaft hin zu einer Dienstleistungsgesellschaft (tertiärer ▶ Sektor)

**Toleranz** (lat. tolerare: erdulden, ertragen): Haltung, die abweichende Ansichten, Einstellungen und Lebensweisen anderer duldet bzw. anerkennt. Toleranz wird als wichtige Grundlage für ein friedliches Zusammenleben in einer offenen Gesellschaft (▶ Zivilgesellschaft) betrachtet.

**„Totaler Krieg“:** Art der Kriegsführung, bei der die gesellschaftlichen Ressourcen umfassend für den Krieg in Anspruch genommen werden. Der Begriff tauchte erstmals im Französischen („guerre totale“) während des Ersten Weltkrieges auf. Propagiert wurde er während des ▶ Zweiten Weltkrieges durch Joseph Goebbels‘ Rede am 18. Februar 1943 im Berliner Sportpalast.

**Totalitarismus:** Konzept, das durch die Analyse des ▶ Nationalsozialismus und des Sowjetsystems Kriterien formuliert, um staatliche Zwangssysteme zu beschreiben. Friedrich und Brzezinski (Totalitarian Dictatorship and Autocracy, 1956) erarbeiteten sechs Kriterien: Einparteiensystem, umfassende Ideologie, terroristische Geheimpolizei, Propaganda- und Waffenmonopol (▶ Propaganda), Planwirtschaft. Im Laufe des Kalten Krieges wurde das Konzept als Mittel der Auseinandersetzung zwischen Ost und West benutzt, behält aber bis heute seine Bedeutung und seinen Erkenntniswert (vgl. Hannah Arendt, Origins of Totalitarianism 1951).

**Trade Union** (engl.): Bezeichnung für Gewerkschaft

**„Umvolkung“:** Der Begriff entstand in den 1920er-Jahren und beschrieb die Entwicklung, dass sich „volksfremde Elemente“ z. B. durch Umsiedlung in die bestehende Kultur eines Volkes mischen und dieses dadurch verändern. In der Zeit des ▶ Nationalsozialismus wurde der Begriff zum einen verwendet, um die Eingliederung deutschstämmiger Menschen aus anderen Staaten in das deutsche Volk zu beschreiben, zum anderen, um zu verdeutlichen, warum „rassisch“ oder politisch unerwünschte, nicht in Deutschland lebende Bevölkerungsgruppen vom deutschen Volk ferngehalten werden müssten (▶ Rassismus).

**Ungleiche Verträge:** Verträge, bei denen einer der Vertragspartner seine überlegene Position zur Durchsetzung seiner Interessen nutzt. Nach der erzwungenen Öffnung Japans schlossen die westlichen Mächte Verträge mit dem Inselstaat ab, die ihre eigene Position stärkten. Zwischen 1858 (USA) und 1869 (Österreich-Ungarn) musste Japan den ausländischen Mächten niedrige Zölle, Nutzung von Häfen, eine eigene Gerichtsbarkeit und andere Vergünstigungen zugestehen, die die Souveränität des Landes einschränkten. Die Aufhebung dieser ungleichen Verträge war ein Hauptmotiv der durchgeführten ▶ Modernisierung Japans in den folgenden Jahrzehnten.

**Urbanisierung:** Prozess gesellschaftlicher Beschleunigung, Verdichtung und Neuorganisation. Das wichtigste Ergebnis dieses Prozesses war es, Räume gesteigerter menschlicher Interaktion entstehen zu lassen, in denen Informationen schnell ausgetauscht und optimal genutzt sowie neues Wissen unter günstigen institutionellen Bedingungen geschaffen werden konnten. Manche Historiker unterscheiden zwischen „Verstädterung“ als einem quantitativen Prozess räumlicher Verdichtung und „Urbanisierung“ als dem qualitativen Entstehen neuer Handlungs- und Erfahrungsräume, anders gesagt: der Entwicklung besonderer urbaner Lebensweisen.

**Verfassung:** zentrales Rechtsdokument, in dem die Grundordnung einer Gemeinschaft sowie die Rechte und Pflichten der Mitglieder der Gemeinschaft festgelegt sind

**Verfassungsstaat:** Staatswesen, in dem die Staatsgewalt, d. h. die Macht der Menschen, die den Staat repräsentieren, an eine ▶ Verfassung gebunden ist

**Verfolgung:** Als Verfolgung werden diskriminierende Maßnahmen oder die Anwendung von Gewalt aufgrund von (vermeintlichen) Gruppenzugehörigkeiten, Überzeugungen oder anderer Zuschreibungen bezeichnet.

**Verkehrsrevolution:** Die Dampfmaschine revolutionierte im 18. und 19. Jh. als Antriebskraft innerhalb kurzer Zeit die Beförderung von Personen und Waren. Die Kohle ersetzte als Energieträger die bisherigen natürlichen Ressourcen und ermöglichte Transport unabhängig von Wetter (Schiffe) und Tieren (Kutschen). Mit der Eisenbahn und dem Dampfschiff veränderten sich die Kapazität und Geschwindigkeit des gesamten Verkehrswesens.

**Vernichtungskrieg:** Krieg, dessen Ziel die vollständige Vernichtung des Gegners durch die massenhafte Ermordung der Bevölkerung oder die Zerstörung ihrer Lebensgrundlage ist

**Versailler Vertrag:** Ergebnis der Pariser Friedenskonferenz von 1919, an der das Deutsche Reich, Österreich-Ungarn und Sowjetrussland nicht teilnehmen durften. Der Vertrag wurde am 28. Juni 1919 im Schloss von Versailles unterzeichnet, trat am 10. Januar 1920 in Kraft, beendete mit weiteren Verträgen den Ersten Weltkrieg und war Grundlage für den Völkerbund. Er machte das Deutsche Reich und seine Verbündeten für den Kriegsausbruch verantwortlich (▶ „Kriegsschuldartikel“ 231) und legte Gebietsabtretungen sowie Wiedergutmachungsleistungen (Reparationen) fest.

**Verunsicherung:** Sie entsteht bei Verlust von emotionaler Sicherheit und Störung von Vertrauen, wenn z. B. eine Möglichkeit zur Beeinflussung der Umwelt fehlt. Die ▶ Industrialisierung und die Urbanisierung beschleunigten die Alltagsabläufe; niedrige Löhne, Massenquartiere und Umweltverschmutzung brachten weitere Ängste in der Bevölkerung hervor. Gesellschaftliche Konflikte (▶ Arbeiterbewegung) und sog. „Zivilisationskrankheiten“ wurden ebenso gefürchtet wie Vereinsamung in der Masse oder technische Katastrophen („Titanic“-Unglück 1912).

**Vierjahresplan:** Wirtschaftsplan der nationalsozialistischen Regierung, um binnen vier Jahren ab 1936 wirtschaftliche und militärische Kriegsfähigkeit durch Autarkie und Aufrüstung zu erreichen

**„Volksgemeinschaft“:** Nationales Ziel Hitlers war es, eine einheitliche und homogene „Volksgemeinschaft“ zu schaffen, in der – ganz im völkischen Sinne – die gesamte „arisch-deutsche“ Bevölkerung aufgehe. Ein ▶ „Klassenkampf“, wie von Marx vorgesehen, sollte keinesfalls stattfinden.

**Vormärz:** Epochenbegriff für die Zeit zwischen dem Wiener Kongress 1815 und der Revolution 1848; im engeren Sinne der Zeitraum zwischen der französischen Julirevolution von 1830 und 1848 in den Staaten des Deutschen Bundes. Geprägt war der Vormärz durch die aufkommenden Ideologien des Nationalismus, ▶ Liberalismus und Sozialismus sowie die sich gegen diese Strömungen richtende Politik der Restauration.

**Wahlrecht:** ▶ allgemeines Wahlrecht ▶ Zensuswahlrecht

**Wehrmacht:** Aus der Reichswehr der Weimarer Republik wurde 1935 mit der Einführung der allgemeinen Wehrpflicht die „Wehrmacht“. Entgegen den Bestimmungen des ▶ Versailler Vertrages wurde ein Friedensheer von 550 000 Soldaten (mit Luftwaffe und Kriegsmarine) aufgebaut. Ab Dezember 1941 übernahm Hitler den Oberbefehl über das Heer. Nach dem ▶ Zweiten Weltkrieg wurden die Verstrickungen der Wehrmacht in die verbrecherische

Kriegsführung des NS-Systems erst allmählich thematisiert und letztendlich nachgewiesen.

**Weimarer Koalition:** Bezeichnung für die Koalition bestehend aus der Sozialdemokratischen Partei Deutschlands (SPD), der katholischen Zentrumspartei und der linksliberalen Deutschen Demokratischen Partei (DDP). Schon während des Ersten Weltkrieges kooperierten die Fraktionen dieser Parteien. In der Verfassunggebenden ▶Nationalversammlung, bei deren Wahl am 19. Januar 1919 sie insgesamt 76,1 Prozent der Stimmen erhielten, bildeten sie erstmals die sogenannte „Weimarer Koalition".

**Welfare state** (engl.: Wohlfahrtsstaat): System von Institutionen in einem Staat, welches seine Bevölkerung in Fällen wie Arbeitslosigkeit, Krankheit, Unfall und im Alter unterstützt

**Weltanschauungskrieg:** Der Vernichtungskrieg gegen die Sowjetunion wurde von Hitler zum Weltanschauungskrieg stilisiert. Antisemitische, antikommunistische und rassistische Vorstellungen charakterisierten die Praxis des Krieges. Als Beispiele sind das Aushungern der Stadt Leningrad zu nennen (▶Rassismus und Antikommunismus) oder die Vernichtung der Juden in den Lagern der „Aktion Reinhardt" (▶Antisemitismus). Die ökonomischen und militärstrategischen Erfordernisse des Krieges wurden hinter die ideologischen Vorgaben zurückgestellt.

**Weltwirtschaftskrise:** ökonomische Krise, die in zahlreichen oder allen Ländern der Welt Auswirkungen hat. Konkret wird damit häufig die Krise der Wirtschaft nach dem Zusammenbruch der New Yorker Börse im Oktober 1929 bezeichnet. Ihre Folgen waren ein weltweiter Rückgang von Produktion und Handel, der Zusammenbruch von Banken sowie der Verlust von Sparvermögen, Massenarbeitslosigkeit und Verelendung. In Deutschland machte sie eine begonnene politische Entspannung (▶„Goldene Zwanziger") zunichte und stärkte die radikalen Parteien.

**Widerstand:** Als Widerstand wird im politischen Sinne die Verweigerung des Gehorsams oder das aktive oppositionelle Handeln gegenüber der Herrschaft bezeichnet.

**Wirtschaftsliberalismus:** Grundidee des Wirtschaftsliberalismus (▶Liberalismus) ist, dass sich der Markt ohne staatliche Eingriffe durch freien Wettbewerb entwickeln soll. Auf diese Weise fördere der Einzelne, indem er seinen persönlichen Vorteil verfolge, das Gemeinwohl stärker, als wenn er bewusst zu diesem beitragen wolle. Die Idee geht auf Adam Smith (1723–1790) zurück, der die positiven Effekte von Arbeitsteilung, Spezialisierung und freiem Markt hervorhob. Der Wirtschaftsliberalismus stellt eine wichtige Grundlage der ▶Industrialisierung in England dar.

**Zensuswahlrecht:** Form des Wahlrechtes, in der das Wahlrecht an ein bestimmtes Vermögen gebunden ist. Es kann auch eine Gewichtung der Stimmen nach Vermögen erfolgen.

**Zivilgesellschaft:** Begriff, der durch den italienischen Theoretiker Antonio Gramsci (1891–1937) geprägt wurde. Er beschrieb die Zivilgesellschaft als die Gesamtheit aller nichtstaatlichen Organisationen der selbstständigen, politischen und sozial engagierten Bürgerinnen und Bürger, welche die öffentliche Meinung beeinflussen können. Gemeint sind alle Aktivitäten, welche weder Profit noch parteipolitische Interessen erzielen. Sie können zum Beispiel die Arbeit in Vereinen, Verbänden, Initiativen und sozialen Bewegungen beinhalten.

**Zuwanderung:** Bezeichnung für Migration, die die Perspektive des Ankommens in einem Verwaltungswesen einnimmt

**Zwangsarbeit:** unter Androhung von Gewalt oder Strafe erpresste Arbeitsleistung. Zwangsarbeit wird von totalitären Staaten zur Disziplinierung, Bestrafung und Bereicherung eingesetzt. Nach der „Oktoberrevolution" und im russischen Bürgerkrieg wurden Zwangsarbeitslager errichtet. Unter Josef Stalin und seinen Nachfolgern bestand in der Sowjetunion ein Lagerkomplex (▶GULag) mit Millionen Zwangsarbeitern. Im ▶Nationalsozialismus wurden Häftlinge der ▶Konzentrationslager zu Zwangsarbeit herangezogen, im ▶Zweiten Weltkrieg zusätzlich Kriegsgefangene u. a. zur Rüstungsproduktion. Die Verpflichtung der Deutschen zum Reichsarbeitsdienst kann ebenfalls als eine Form angesehen werden. Auch in der DDR gab es solche Lager; Zwangsarbeit wurde besonders zur Disziplinierung von Jugendlichen eingesetzt.

**Zweiter Weltkrieg:** Er begann am 1. September 1939 mit dem deutschen Überfall auf Polen. Mit der Kapitulation Japans am 2. August 1945 endete die Serie regionaler Kriege, die als Zweiter Weltkrieg in die Geschichte des 20. Jh. einging. Die Opferzahl ist bis heute umstritten: Die Forschung geht von ca. 65 Millionen Toten aus (Zivilisten, Soldaten, Opfer der NS-Vernichtungspolitik). Die Erinnerung an den Zweiten Weltkrieg ist bis heute in allen beteiligten Staaten für das nationale Selbstverständnis gegenwärtig und im Bewusstsein der Gesellschaft verankert.

**6 février** (frz.: 6 Februar): Datum des sogenannten „Marsches auf Paris", mit dem 1934 rechtsextreme Vereinigungen in Frankreich versuchten, die linksliberale Regierung wegen eines Betrugsskandals zu stürzen. Es kam zu gewaltsamen Unruhen; letztlich blieb die Republik trotz dieser Krise aber erhalten.

# Personenregister

# Sachregister

# Bildnachweis

© 2009 Mephisto Film GmbH / Jochen A. Freydank, S. 200, 201;
AdobeStock / caifas – S. 52;
akg-images – S. 8, 34, 45, 72, 79, 116, 138, 143, 147, 160, 162, 177, 179, 190, 196, 197;
- / © Estate of George Grosz, Princeton, N. J., © VG Bild-Kunst, Bonn 2021 – S. 86, 114;
- / Fototeca Gilardi – S. 160;
- / Heritage Images, Fine Art Images – S. 214;
- / Liszt Collection – S. 126;
- / Science Photo Library, Cci Archives – S. 218;
- / SNA – S. 116;
- / Sputnik – S. 137, 221 (2);
- / © VG Bild-Kunst, Bonn 2021 – S. 141;
Alamy Stock Photo / Arco Images GmbH – S. 241;
- / CTK – S. 212;
- / Granger Historical Picture Archive – S. 67;
- / Heritage Image Partnership Ltd. – S. 177;
- / Photo 12 – S. 215;
- / Pictorial Press Ltd – S. 121, 171;
Alexander Altenhof / CC BY-SA 4.0 – S. 30;
Arkivi-Bildagentur – S. 83;
Bergmoser + Höller Verlag AG, Aachen – S. 118, 197;
Bibliothek der Friedrich-Ebert-Stiftung / Historische Presse der deutschen Sozialdemokratie online – S. 90, 91;
bpk-Bildagentur – S. 57, 88, 95, 132, 154, 163, 221 (2), 243 (2), 311;
- / adoc-photos – S. 168;
- / Bayerische Staatsbibliothek, Archiv Heinrich Hoffmann – S. 241;
- / Hermann Buresch – S. 42;
- / Deutsches Historisches Museum – S. 60 (2);
- / Deutsches Historisches Museum, Arne Psille – S. 58, 226;
- / Deutsches Historisches Museum, © The Heartfield Community of Heirs, VG Bild-Kunst, Bonn 2021 – S. 150;
- / Dietmar Katz – S. 55;
- / Kunstbibliothek, SMB, Dietmar Katz – S. 103;
- / Kunstbibliothek, SMB, Knud Petersen – S. 75;
- / Staatsbibliothek zu Berlin – S. 8, 188;
Bridgeman Images / Archives Charmet – S. 225;
- / Private Collection, © Christie's Images, Hausmann, Raoul, © VG Bild-Kunst, Bonn 2021 – S. 153;
Bundesarchiv / Plak 002-019-014 – S. 135;
- / Sig. Bild 183-71043-0003, TASS – S. 133;
Bündnis für Demokratie und Toleranz – gegen Extremismus und Gewalt – S. 130;
© CEphoto / Uwe Aranas – S. 233;
dpa Picture-Alliance / akg-images – Cover, S. 8, 24, 48, 88, 128, 156, 159, 161, 194, 238;
- / akg-images, © VG Bild-Kunst, Bonn 2021 – S. 144;
- / AP Photo, fostrop – S. 227;
- / arkivi – S. 184;
- / empics, Steve Parsons – S. 126;
- / Heritage-Images – S. 181;
- / imageBROKER, Karl-Heinz Spremberg – S. 239;
- / Judaica, Sammlung Richter – S. 227;
- / Leemage – S. 89;
- / Mary Evans Picture Library – S. 224;
- / Photo 12,
Ann Ronan Picture Library – S. 113, 175;
- / Winfried Rothermel – S. 241;
- / Tass Sindeyev Vladimir – S. 219;
- / ullstein bild, Heinrich Hoffmann – S. 190;
- / Zentralbild, Berliner Verlag, Archiv – S. 58;
- / Zentralbild, Sebastian Kahnert – S. 234;
Getty Images / AFP – S. 241;
Getty Images Plus / iStockphoto, ChiccoDodiFC – S. 36;
- / iStockphoto, NirutiStock – S. 106;
Institut für Zeitgeschichte, München – S. 230;
Interfoto / Foto Wilhelm – S. 116;
© ITS Archive / Arolsen Archives – S. 192;
Rainer Jooß, Heidenheim / www.rommel-denkmal.de – S. 232, 233 (2);
© Ludwig Meidner-Archiv / Jüdisches Museum der Stadt Frankfurt am Main – S. 79;
Mauritius Images / Alamy Stock Photo, Abbus Acastra – S. 195;
- / Alamy Stock Photo, AGB Photo Library – S. 53;
- / Alamy Stock Photo, CBW – S. 191;
- / Alamy Stock Photo, Chronicle of World History – S. 104;
- / Alamy Stock Photo, CPA Media Pte Ltd. – S. 207;
- / Alamy Stock Photo, Sergio Delle Vedove – S. 40;
- / Alamy Stock Photo, GL Archive – S. 43, 121;
- / Alamy Stock Photo, Historic Collection 3 – S. 25;
- / Alamy Stock Photo, Historic Images – S. 52;
- / Alamy Stock Photo, Peter Horree – S. 55;
- / Alamy Stock Photo, IanDagnall Computing – S. 203;
- / Alamy Stock Photo, NMUIM – S. 120;
- / Alamy Stock Photo, Photo 12 – S. 173;
- / Alamy Stock Photo, Pictorial Press Ltd. – S. 70;
- / Alamy Stock Photo, Quagga Media – S. 101;
- / Alamy Stock Photo, Shawshots – S. 178;
- / Alamy Stock Photo, The History Collection – S. 71;
- / Alamy Stock Photo, The Picture Art Collection – S. 122;
- / Alamy Stock Photo, Universal Images Group North America – S. 100;
- / Alamy Stock Photo, UtCon Collection – S. 12;
- / imageBROKER, XYZ PICTURES – S. 125;
- / JT Vintage – S. 37 (2), 65;
- / Science Faction, Library of Congress digital ve – S. 71;
- / Science Source, LOC – S. 145;
- / TopFoto, Between the wars – S. 202;
- / World Book Inc. – S. 37;
© Peter Palm, Berlin – Vorsatz vorne, Vorsatz hinten, S. 222;
Penguin Random House / Penguin Classics – S. 64;
- / Random House US Group – S. 64;
Rainer Söhnlein © beim Produzenten – S. 211;
Stadtarchiv Pfullingen A 220 – S. 98;
Statistisches Bundesamt Wiesbaden – S. 108, 109 (4);
Süddeutsche Zeitung Photo – S. 77;
- / Bilderdienst – S. 144;
- / Scherl – S. 88;
TECHNOSEUM / Foto: Klaus Luginsland – S. 29;
Uhrenindustriemuseum Villingen-Schwenningen – S. 28;
ullstein bild / Granger Collection – S. 69;
- / United Archives, PictureLux, T – S. 170;
www.wikimedia.org / Jürgen Matern – S. 8;
- / Albert Scobel – S. 23

# Europa 1923 bis 1936